Schöningh

Abi Philosophie

Mehr wissen.
Mehr können.

Erarbeitet von
Helmut Engels, Klaus Goergen

[redacted] : [redacted]

[redacted] : [redacted] [redacted]

www.schoeningh-schulbuch.de
Schöningh Verlag, Jühenplatz 1–3, 33098 Paderborn

Druck 5 4 3 2 1 / Jahr 2017 16 15 14 13
Die letzte Zahl bezeichnet das Jahr dieses Druckes.

Redaktion: Joachim Siebert, Hannover
Lay-out und Satz: Jesse Konzept & Text GmbH, Hannover
Umschlaggestaltung: Nora Krull, Bielefeld
Umschlagbild: Henning Bode/imagetrust (v. l.); Hybrid Images/Cultura RF/Avenue Images (v. r.); Westend61/Tom Chance (h.); Reinhild Kassing/Verlagsarchiv Schöningh (h., Illustration)
Druck und Bindung: westermann druck GmbH, Braunschweig

ISBN 978-3-14-025049-8

Inhalt

Vorwort

Liebe Schülerinnen und Schüler,

was Sie in diesem Buch finden, wird Sie optimal auf das Abitur in Philosophie vorbereiten – sei es auf eine schriftliche oder eine mündliche Prüfung. Sie werden sicherlich nicht alle Kapitel für Ihre Prüfung erarbeiten müssen, aber Sie finden zu allen Themen, die für eine Abiturprüfung von Bedeutung sein können – von der Anthropologie über die Erkenntnistheorie bis zur Ästhetik – ein Kapitel.
Zwei allgemeine Leitfragen gliedern die beiden Teile des Buchs: „Wie wird philosophiert?" – hier finden Sie drei Kapitel zur Methodik des Philosophierens – und: „Worüber wird philosophiert?" – hier finden Sie acht Kapitel zu den wichtigsten Themen der Philosophie.

Das Buch enthält also nicht nur **Denkergebnisse**, sondern zeigt auch **Denkwege**. Es nennt nicht nur **Argumente**, sondern vermittelt auch das **Argumentieren**. Es enthält nicht nur neutrale Darstellungen philosophischer Positionen, sondern auch deren kritische Bewertung und Beurteilung. Es bietet keine isolierende Behandlung von Positionen, sondern ordnet sie in größere Zusammenhänge ein.

In jedem Unterricht werden Schwerpunkte gesetzt, aber die elf Kapitel dieses Buchs sollen alle denkbaren Schwerpunkte abdecken.
Die Kapitel orientieren sich an den Themen der Lehr- und Bildungspläne für das Fach Philosophie in allen Bundesländern und an den „Einheitlichen Prüfungsanforderungen im Abitur" (EPA), die bundesweite Geltung haben.
Das Buch ist zur kompakten Wiederholung dessen gedacht, was Sie sich im Unterricht Schritt für Schritt erarbeitet haben. Im Idealfall werden Sie in den Kapiteln, die Sie für Ihre persönliche Abiturprüfung benötigen, nichts grundsätzlich Neues finden. Aber hier ist das abiturrelevante Wissen zu jedem Thema in konzentrierter, verständlicher Form und auf aktuellem Stand zusammengefasst, und deshalb eignet sich das Buch besonders gut zur Prüfungsvorbereitung.

Natürlich können Sie die einzelnen Kapitel auch während Ihrer Jahre in der Oberstufe zur Vorbereitung auf Klausuren, für Referate, Präsentationen oder Hausarbeiten nutzen – oder einfach als zusätzliche Lernhilfe neben Ihrem Unterricht. Sie können das Buch natürlich auch ganz voraussetzungslos als Einführung in philosophisches Denken und in die Philosophie lesen.
Neben der Gliederung des Inhaltsverzeichnisses eignet sich auch die **Personen- und Themenübersicht** am Ende des Buchs zum schnellen Auffinden von Philosophen, Sichtweisen und Sachverhalten. In diesem Sinn können Sie das Buch auch als Nachschlagewerk verwenden.
Lösungen zu den Übungen im Logik-Kapitel (S. 35 ff.) finden Sie im Anhang.

Wir wünschen Ihnen eine erfolgreiche Arbeit mit diesem Buch.

Helmut Engels war Philosophielehrer und Fachleiter für Philosophie in NRW, er ist tätig in der Lehrerfortbildung und philosophiert regelmäßig mit Kindern und Jugendlichen.
Klaus Goergen ist Philosophie- und Ethiklehrer in Baden-Württemberg und Fachleiter für Philosophie/Ethik am Studienseminar in Weingarten.

TEIL 1:
WIE WIRD PHILOSOPHIERT? – METHODEN DER PHILOSOPHIE

Heuristik oder: Wie kommt man auf philosophische Gedanken?

1. Fragen als Stimulantien
2. Bildhaftes Vorstellen
3. Probleme entdecken und lösen
4. Gedankenexperimente durchführen
5. Sprache als Anregung nutzen

Sie werden sich nicht nur einmal gefragt haben: Wie fällt mir etwas ein, wie komme ich auf Ideen? Was muss ich tun, damit mir „ein Licht aufgeht", wie finde ich die Lösung zu Problemen? Im Folgenden geht es vor allem um die Frage: „Wie kommt man auf philosophische Gedanken?" Die Wissenschaft vom Finden und Entdecken heißt „Heuristik". (Als **Archimedes** die Lösung für das Problem gefunden hatte, wie man das spezifische Gewicht einer Krone bestimmen kann, lief er auf den Marktplatz von Syrakus und rief laut: „Heureka!", also: „Ich hab's herausgefunden!") Daher nennt man die Verfahren, von denen die Rede sein wird und die Ihnen helfen können, damit Ihnen etwas einfällt, *heuristisch*.

1. Fragen als Stimulantien

Es gibt einige – eigentlich recht einfache – Fragen, die die Voraussetzung dafür bilden, dass Sie auf Gedanken kommen, die philosophisch relevant sind. Wichtig ist hier Folgendes:

1. Zu eigen machen müssen Sie sich vor allem das ***radikale Weiterfragen***, das erst Halt macht, wenn es beim letzten Grund, der radix (= Wurzel), angekommen ist. Dieses Weiterfragen hat etwas geradezu Kindliches, ist aber bezeichnend für die Philosophie. Auch wenn Sie nicht zur „radix" vorstoßen, so ist die Suchrichtung von Bedeutung. Wichtig sind hier vor allem Fragen, die auf das Allgemeine im Sinne des Grundsätzlichen wie des Übergreifenden abzielen, oder auch Fragen nach obersten Zwecken und Zielen.
2. Fragen Sie sich immer: ***„Was ist* xyz*?"*** oder ***„Was bedeutet* xyz*?"*** Gemeint ist die uralte sokratische Was-Frage: „Was ist das eigentlich, worüber wir da reden? Was ist Tapferkeit, was ist Zivilcourage, was sind Menschenrechte, was ist positives Recht, was ist eine Kategorie, was ist Leben, was ist Pflicht, was ist der Mensch?" Da kommen in einem Text die Begriffe „Trieb", „Instinkt", „Reflex" und „Handlung" vor, und man lässt es in der Diskussion des Textes bei einem Wischiwaschi-Vorverständnis bewenden, statt nachzufragen, worum es genau geht. Eine vernünftige Argumentation ist nur möglich, wenn die Begriffe klar und deutlich sind. (Genaueres über die Vielzahl entsprechender Verfahren finden Sie in dem Abschnitt *Verfahren der Begriffsbestimmung und Begriffsklärung* S. 38.)
3. Eine für die Philosophie grundlegende Frage lautet: ***„Ist das wahr?"*** Diese Frage bezieht sich nicht auf Begriffe, sondern auf Aussagen oder Aussagenkomplexe. Wahrheit im Sinne der logischen Stimmigkeit gilt als eher unproblematisch (siehe das Kapitel über Logik S. 35). Schwieriger zu beantworten ist die schlichte Frage nach der Wahrheit im Sinne der Aussagenwahrheit. Eine solche Frage – wie die: „Ist das wahr, was Kant hier schreibt?" – lehnen nicht wenige Philosophielehrer glatt ab. Der Grund: Es gibt so viele und zudem so schwierige Wahrheitstheorien, dass man sich gar nicht traut, diese Frage zu stellen.

Allerdings genügt es vollauf, an dem alltäglichen, jedem Kind bekannten Wahrheitsbegriff festzuhalten: Wahrheit besteht in der Übereinstimmung einer Aussage mit der Sache, auf die sie sich bezieht. Die entsprechenden durchaus üblichen Fragen lauten: „Stimmt das, was da gesagt wird?", „Ist richtig, was der Autor hier äußert?" oder „Ist es wirklich – oder tatsächlich – so, wie an dieser Stelle behauptet wird?" Im Blick ist hier immer eine Beziehung, eine Korrespondenz oder Konvenienz, ausdrückbar in einem „So – Wie“ (siehe auch Korrespondenztheorie S. 60 f.). Ihnen ist dieser Wahrheitsbegriff durchaus vertraut. Sie sollten ihn aber auch beim Philosophieren anwenden. Sie sollten fragen: „Gibt es Ideen als von unserem Erkennen unabhängige Urbilder aller Dinge wirklich, wie Platon behauptet?“, „Sind die Kategorien der Quantität, Qualität, Relation und Modalität für all unser Erkennen notwendig oder nur für einen bestimmten Bereich? Gibt es noch mehr Kategorien oder auch andere?“, „Entspricht die Beschreibung des ‚Man‘ bei Heidegger der personalen und sozialen Wirklichkeit?“, „Sind wir tatsächlich, wie Leibniz behauptet, fensterlose Monaden?“

Warum solche Fragen wichtig sind? Es geht in der Philosophie nicht um unverbindliche Gedanken, um eine Art Dichtung, um ein Glasperlenspiel, sondern um Erkenntnis. **Die Unterscheidung von Erkenntnis und Irrtum wäre aufgehoben, zumindest irrelevant, wenn die Frage nach der Wahrheit nicht mehr gestellt werden dürfte.**

Der heuristische Wert solcher Fragen liegt darin, dass die entsprechenden Antworten selten einfach Ja oder Nein lauten. Man ist vielmehr gezwungen weiterzufragen: „Wie lässt sich das zeigen?“, „Was spricht dafür?“, „Entspricht dies meiner bisherigen Auffassung?“, „Was sagen andere Autoren dazu?“

Mit der heuristischen Bedeutung der Frage nach der Wahrheit ist u. a. auch die Anwendung des Satzes vom Widerspruch verbunden. Denn er zwingt zu der Frage, welche von den beiden einander widersprechenden Aussagen denn die wahre sei (siehe S. 50).

2. Bildhaftes Vorstellen

Wenn wir Begriffe wie „Hierarchie“, „Struktur“, „Widerspruch“, „Autonomie“, „Reflexion“, „diskursiv“ und „simultan“ hören oder lesen, verbinden wir – jedenfalls die meisten – trotz ihrer Abstraktheit anschauliche Vorstellungen mit ihnen. Ihnen wird es nicht viel anders gehen. Nicht nur einzelne Begriffe, sondern auch Aussagen, Aussagenkomplexe, Theoreme und Theorien werden mit anschaulichen Vorstellungen verknüpft, mehr oder minder bewusst, mehr oder minder klar und deutlich. Was bringen uns solche anschaulichen Vorstellungen, seien es die von grafischen Zeichen, Symbolen, Bildern, Schemata, räumlichen Anordnungen oder konkreten Gegenständen? Warum sollte man mit ihnen arbeiten? Antwort: Informationen werden auf doppelte Weise gespeichert, nämlich im analytischen, begrifflichen und im analogen, bildhaften Speicher. Die zweifache Repräsentation, durch die Repräsentation im Abstrakt-Verbalen und im Bildmedium, erhöht nachweislich die „Behaltensleistung“ und erleichtert das Denken. Demjenigen wird leichter etwas einfallen, der auch fähig ist, mit bildhaften Vorstellungen umzugehen, als dem, der mehr im bloß Begrifflichen verharrt.[1]

Wie lässt sich dies anwenden?

1. Wenn Sie über einen Begriff, einen Satz oder einen Gedankengang grübeln und nicht weiterkommen, ***zeichnen*** Sie, was Ihnen Kopfschmerzen bereitet, und zwar in Form konkreter Gegenstände und Szenen oder als Strichmännchen, geometrische Gebilde oder Symbole aller Art. Ihnen wird – je nach Glück und Talent – sogar zu so abstrakten Begriffen wie „Freiheit“, „Widerspruch“, „Kategorie“, „metaphysisch“, „Gemeinwille“ oder „Dilemma“ etwas einfallen.
2. Eine Methode, die das Schreiben mit einer nichtlinearen, zweidimensionalen Anordnung verbindet, ist das ***Clustering***, das mit dem bekannten Mindmapping verwandt ist. (Vielleicht sollte man besser von einem „Gedankenfeld“ sprechen.) Clustern geht so:

▶ Schreiben Sie den Begriff (oder Satz) in die Mitte eines quer liegenden DIN-A4-Blattes und kreisen Sie ihn ein. Schreiben Sie alle Begriffe – es dürfen auch Satzfragmente sein –, die Ihnen durch den Kopf gehen, in entsprechender Nähe oder Ferne zum Kern hin. Wenn Sie wollen, können Sie auch eine Seite für eher Negatives, die andere für eher Positives verwenden.

Die Aufteilung in eine „positive“ und eine „negative“ Hälfte kann die Ausklammerung von Aspekten verhindern. Das Clustern ist effektiv, weil

Informationen auch bildlich verarbeitet werden (s. o.) und sie – merkwürdig genug! – durch die zweidimensionale Anordnung zugänglich gemacht werden können. Innere Zusammenhänge zwischen den Informationen werden eher sichtbar, als dies beim linearen Schreiben der Fall ist. Wenn Sie beim Nachdenken über einen Begriff und seine vielfältigen Zusammenhänge nicht weiterkommen: Clustern Sie! Es lohnt sich.

3. Probleme entdecken und lösen

Probleme enthalten ein Potenzial an Fragen und erzeugen so eine fruchtbare Spannung, die uns weitersuchen lässt.[2]
Im Alltag ist der Gebrauch des Begriffs „Problem" meist vage. Man versteht darunter Unterschiedliches: Aufgabe, Hindernis, Widerstand, komplizierter Fall, Frage, die sich schwer beantworten lässt, und Streitfrage. Noch die kleinste Schwierigkeit wird als Problem bezeichnet. („Was essen wir heute?" – „Tja, das ist ein Problem: Wir haben nur Reste im Kühlschrank.")
Dass es in der Philosophie nur so von Problemen wimmelt, haben Sie im Unterricht erfahren. Um philosophische Probleme zu erkennen und vielleicht auch zu lösen, bedarf es eines genauen Problembegriffs. Grundlage eines solchen brauchbaren Begriffs kann die Auffassung von **Aristoteles** sein. Für ihn liegt ein Problem dann vor, wenn die auf eine Frage gegebenen Antworten einander entgegengesetzt sind, wobei es keine Rolle spielt, ob der Gegensatz zwischen den Meinungen der Gelehrten und denen des Volkes besteht oder ob sich innerhalb der beiden Gruppen Fraktionen bilden.[3]
Es handelt sich also um eine Art gedanklichen Konflikts oder Zusammenpralls von Meinungen. Eine Begriffsbestimmung, die mit der Auffassung von Aristoteles vereinbar und weder zu weit noch zu eng ist, lautet:

▶ Ein Problem liegt vor, wenn zwei Positionen gegeben sind, die aus guten Gründen Respekt verdienen, die aber in einem unvereinbaren Gegensatz zueinander stehen, den es aufzulösen gilt.

Einige Beispiele sollen diese Bestimmung erläutern.

1. Naturwissenschaft versus Common Sense
Das erste Beispiel findet sich bei Jay F. Rosenberg.[4] Sein Ausgangspunkt: „Astronomen sagen, Licht brauche vier Jahre, um vom nächstgelegenen Stern bis zu uns zu gelangen. Doch in diesen vier Jahren könnte der Stern aufgehört haben zu existieren, und wir können nichts sehen, was nicht existiert. Sehen wir also jemals einen Stern?"[5] Nachdem Rosenberg an einige naturwissenschaftliche Erkenntnisse über Sterne, die Natur des Lichts und den Vorgang des Sehens erinnert und den Standpunkt des *Common Sense* wiedergegeben hat – natürlich sehen wir Sterne! –, stellt er die Frage: „Was ist hier überhaupt das Problem?" Seine Antwort: „Der *Common Sense* unterstellt, wir wüssten ganz genau, dass wir manchmal Sterne sehen, die naturwissenschaftliche Forschung hat dagegen ein Bündel von Fakten über Sterne und über Sehen entdeckt, die zu implizieren scheinen, dass wir in Wirklichkeit nicht wissen können, ob wir jemals Sterne sehen oder nicht."[6]
In dieser Formulierung wird sichtbar, was ein Problem ausmacht: Das angesprochene Problem liegt in dem Widerspruch zwischen den Behauptungen „Wir wissen genau ..." und „Wir können nicht wissen ..." Jeder der beiden Sätze enthält die Negation des anderen. Damit entspricht der Problembegriff Rosenbergs dem des Aristoteles, für den ein Problem dann vorliegt, wenn die auf eine Frage gegebenen Antworten einander entgegengesetzt sind.

1 Vgl. *Brander, S./Kompa, A./Peltzer, U.*: Denken und Problemlösen. Opladen 1985. S. 39f.
2 Vgl. *Engels, Helmut*: Vorschlag, den Problembegriff einzugrenzen. In: Zeitschrift für Didaktik der Philosophie (ZDP), 3/1990. S. 126ff.
3 Vgl. *Wild, Christoph*: Problem. In: Handbuch philosophischer Grundbegriffe, Bd. 4. München 1973. S. 1139f.
4 *Rosenberg, Jay F.*: Philosophieren. Frankfurt/M. [3]1986. S. 140.
5 Ebd.
6 Ebd. S. 145.

Die Auffassungen, die aufeinanderprallen, müssen allerdings jeweils gute Gründe auf ihrer Seite haben oder zumindest durch Anerkannt-Sein Beachtung verdienen. Dies setzt auch Rosenberg voraus. Die Richtigkeit naturwissenschaftlicher Erkenntnisse zieht er als Nichtfachmann gar nicht erst in Zweifel. Aber auch der *Common Sense* wird respektiert. Denn für ihn spricht nach seiner Ansicht, dass er funktioniert und im Allgemeinen ein nützlicher und praktischer Bezugsrahmen für unser tägliches Leben und Handeln ist. Für den Autor ergibt sich aus dem Zusammenprall der entgegengesetzten Auffassungen, die beide Respekt verdienen, die Aufgabe, den anscheinend vorliegenden Widerspruch zu beseitigen: „Wir müssen uns der Frage zuwenden, wie der Konflikt, der hier anscheinend besteht, gelöst werden soll."[7] Er sagt nicht, wieso sich aus dem Konflikt die Forderung, ja die Notwendigkeit seiner Beseitigung ergibt. Offensichtlich setzt er – wie andere Philosophen auch – als selbstverständlich voraus, dass durch den Widerspruch die Einheit des Wissens gestört ist und diese durch seine Auflösung wiederhergestellt werden muss. Ohne die Forderung nach Konsistenz und gegebenenfalls auch Kohärenz des Wissens gäbe es kein Problem. Wie aber lässt sich das geschilderte Problem lösen?

2. Die Vielfalt moralischer Vorstellungen

Ein bekanntes Problem der Ethik ist das sog. Relativismus-Problem. Kurt Wuchterl bringt es auf den Punkt. Nachdem der Autor auf das Fehlen allgemeingültiger Normensysteme und auf den unversöhnlichen Streit zwischen Gruppen und Einzelpersonen mit ganz verschiedenen Wertvorstellungen hingewiesen hat, sagt er: „Dieses [das Relativismus-Problem, Verf.] betrifft zugleich den Widerstreit zwischen der angegebenen Vielfalt moralischer Vorstellungen und den allgemeinen Ansprüchen einer philosophischen Ethik, die meistens die Möglichkeit einer rationalen Argumentation auch im Bereich des Sittlichen voraussetzt und verschiedentlich sogar allgemeingültige Prinzipien zur Begründung der Moral angibt."[8] Der Autor spricht nicht von einem Widerspruch – der ja auch nicht vorliegt –, sondern von dem *Widerstreit* zwischen dem Anspruch der Philosophie und dem Faktum der Vielfalt moralischer Vorstellungen. Der Problembegriff, den Wuchterl verwendet, deckt sich mit dem oben vorgestellten. Aber: Lässt sich dieses Problem lösen?

3. Das Verlangen nach Supersinn

In seinem Vortrag „Zur Diätetik der Sinnerwartung"[9] setzt sich Odo Marquard mit dem „Sinnproblem"[10] auseinander. Die beiden Positionen lassen sich so rekonstruieren:

1. *Wir brauchen zu einem erfüllten Leben Sinn; das Bewusstsein der Sinnlosigkeit führt zu Unglück, zu Verzweiflung, ja zum Selbstmord.*
2. *In der gegenwärtigen Welt ist allenthalben ein deutliches Sinndefizit zu verspüren.*

Hier liegt kein logischer Widerspruch vor, vielmehr divergieren Anspruch und die Möglichkeit der Erfüllung. Beide Positionen haben ihre Berechtigung. Der ersteren wird wohl jeder zustimmen. Und die zweite spiegelt sich nach Marquard in der Expansion eines einschlägigen Beratungs-, Betreuungs- und Therapiegewerbes von Sinnproduzenten und in philosophischen Großturnieren um das Sinnverwaltungsmonopol. Es liegt hier also ein folgenreiches Problem vor, dessen Lösung Auswirkungen auf Lebenseinstellung und Lebensgestaltung haben kann.

4. Ein Trilemma als Spielverderber

Das erkenntnistheoretische Problem der Begründung diskutiert Hans Albert.[11] Nach seiner Auffassung hat es folgenden Inhalt: Die erste Position lautet: „Suche stets nach einer zureichenden Begründung aller deiner Überzeugungen."[12] Das klingt vernünftig, hier geht es immerhin um die Gewissheit unseres Erkennens. Aber aus diesem Postulat selbst ergibt sich die Gegenposition: „Wenn man für *alles* eine Begründung verlangt, muss man auch für die Erkenntnisse, auf die man jeweils die zu begründende Auffassung – bzw. die betreffende Aussagen-Menge – zurückgeführt hat, wieder eine Begründung verlangen. Das führt zu einer Situation mit drei Alternativen, die alle drei unakzeptabel erscheinen, also: zu einem Trilemma …"[13] Man hat nur die Wahl zwischen 1. einem infiniten Regress, der nicht durchführbar ist, 2. einem logischen Zirkel, der, da fehlerhaft, nicht zu einer sicheren Grundlage führt, und 3. dem Abbruch des Begründungsverfahrens an einem bestimmten Punkt, was den Rekurs auf ein Dogma enthält. Die zweite Position behauptet die Unmöglichkeit der Durchführung des Postulats der zureichenden Begründung und führt es damit ad absurdum. Hier liegt also ein Konflikt zwischen einer berechtigten Forderung rationalen Denkens und der Unmöglichkeit seiner Erfüllung vor. Lässt sich das Problem überhaupt lösen?

5. Der Kommandant in der Zwickmühle

Ein praktisches Problem schildert Watzlawick. Die Ausgangslage: „Während der im 19. Jahrhundert häufigen Unruhen in Paris erhielt der Kommandant einer Gardeabteilung den Befehl, einen Platz durch Gebrauch der Schusswaffe von der dort demonstrierenden *canaille* zu räumen. Er befahl seinen Leuten, durchzuladen und die Gewehre auf die Demonstranten anzuschlagen. Während die Menge vor Entsetzen erstarrte, ...“[14] Man könnte das praktische Problem, vor dem der Kommandant der Gardeabteilung steht, so umreißen:

1. Position: „Ich bin gezwungen, dem Befehl zu folgen, den Platz durch Gebrauch der Schusswaffe zu räumen, da ich sonst wegen Befehlsverweigerung Schwierigkeiten bekomme.“
2. Position: „Ich halte es aber für sittlich nicht gerechtfertigt, in eine unbewaffnete Menge zu schießen. Außerdem würden sich die Unruhen dadurch nur vergrößern.“[15]

Der Kommandant ist nicht zu beneiden. Er befindet sich in einer Zwickmühle. Er hat natürlich den Wunsch, mit heiler Haut aus der Situation herauszukommen. Andererseits hat er ethische und pragmatische Bedenken, dem Befehl zu folgen. Er löst, das sei verraten, sein Problem mit Bravour.

Deutlich wurde Folgendes: Die in Problemen aufeinanderstoßenden Positionen können unterschiedlich besetzt sein. Es gibt hier Aussagen, Thesen, Fakten, Forderungen, Ansprüche, Wünsche, Gebote und anderes mehr. Die Opponenten müssen auch nicht von gleicher Art sein, wie das beim strengen Widerspruch der Fall ist (Aussage steht gegen Aussage), sondern es kann einem Anspruch der Hinweis auf die Unmöglichkeit seiner Erfüllung oder der Schilderung einer Notlage ein ethischer Grundsatz gegenübergestellt werden. Das Verhältnis der Positionen zueinander kann in einem logischen Widerspruch, einem Widerstreit, einer Divergenz, einem Konflikt u.Ä. bestehen. Immer liegt eine Art Unvereinbarkeit vor.

Lösungsmöglichkeiten

Wie unterschiedlich Probemlösungsstrategien aussehen, kann man an der Behandlung des sog. Theodizeeproblems deutlich machen. „Theodizee“ heißt „Rechtfertigung Gottes“. Die Positionen des Problems lauten: 1. „Gott ist allgütig, allmächtig und allwissend.“ 2. „Es gibt in der Welt unverschuldetes Leid.“ Das Faktum des Leids in der Welt gilt als unvereinbar mit den Gott zugeschriebenen Eigenschaften. Lange Zeit hielt man an der 1. Position fest und versuchte, das Problem zu lösen, indem man den Sinn von Leid erklärte oder die Welt als die beste aller möglichen Welten darstellte. Eine andere Auffassung strich einfach die 1. Position: Gott existiert nicht, also gibt es auch kein Problem. Neuere Versuche gehen einen anderen Weg. Am Faktum des Leids in der Welt hält man fest, man modifiziert aber den Gottesbegriff: Gott ist ein werdender Gott, und er ist nicht allmächtig. Wenn dies

7 *Rosenberg, J. F.*: A.a.O. (s. Anm. 4) S. 145.
8 *Wuchterl, Kurt*: Lehrbuch der Philosophie. Bern/Stuttgart 1984. S. 177.
9 *Marquard, Odo*: Apologie des Zufälligen. Stuttgart 1986. S. 33 ff.
10 Ebd. S. 33.
11 *Albert, Hans*: Traktat über kritische Vernunft. Tübingen 1969.
12 Ebd. S. 10.
13 Ebd. S. 13.
14 *Watzlawick/Weakland/Fisch*: Lösungen. Bern/Stuttgart/Wien 1974. S. 103.
15 Vgl. ebd. S. 104 f.

richtig ist, dann gibt es das genannte Problem nicht mehr (s. auch „Theodizee" S. 233 f.).

Grundsätzlich gilt: Unvoreingenommene Problemlösungsversuche müssen *beide* Positionen auf ihre Berechtigung hin untersuchen und das Verhältnis beider zueinander analysieren. Das gebietet die wissenschaftliche Redlichkeit. Oft genug aber wird die Arbeit an Problemen von Interessen bestimmt.

Wie man Probleme konkret lösen kann, zeigen mit Blick auf die oben genannten fünf Probleme die folgenden Hinweise.

Zu 1. Rosenberg möchte eine Lösung, die in gewisser Weise beiden Positionen gerecht wird. Die von den Naturwissenschaften gelieferten Fakten zieht er nicht in Zweifel. Das heißt: der *Common Sense* soll verteidigt werden. Nachdem der Autor eine Scheinlösung – wir sehen eben nur Licht – zurückgewiesen hat, kommt er zum springenden Punkt, nämlich zu der Prämisse, die bei der Problementfaltung benutzt worden war: „Wir können nichts sehen, was nicht existiert."[16] Die Analyse dieses Satzes bringt die Lösung, denn er hat zwei Lesarten: „Wir können nichts sehen, was zum Zeitpunkt, in dem wir es zu sehen meinen, nicht existiert" und „Wir können nichts sehen, was niemals existiert".[17] Wenn die durchaus berechtigte zweite Lesart hinzugezogen wird, lässt sich die Auffassung des *Common Sense* retten, ohne dass die von den Naturwissenschaften gelieferten Fakten angezweifelt werden müssen. Die Problemlösung geschieht also durch die ***Bedeutungsanalyse*** eines zentralen Satzes.

Zu 2. Das oben – in der Version Wuchterls – wiedergegebene Relativismus-Problem in der Ethik hat Günther Patzig gelöst oder zumindest entschärft, indem er eine mehrfache Differenzierung vornimmt.[18] Zunächst unterscheidet er drei Arten des Relativismus. Der *deskriptive Relativismus* liefert die empirischen Fakten, die die Vielfalt moralischer Landschaften bezeugen. Der *normative Relativismus* behauptet, die Verschiedenheit der Standpunkte sei sittlich gerechtfertigt. Und der *prinzipielle Relativismus* schließt aus der Verschiedenheit konkreter Verhaltensweisen und Stellungnahmen auf die Verschiedenheit ethischer Grundsätze und behauptet daher die Unmöglichkeit einer allgemeingültigen Ethik. Da der deskriptive Relativismus selbst nicht wertet und daher harmlos ist, wendet sich Patzig den beiden anderen Arten zu. Er zeigt, dass der normative Relativismus unhaltbar ist, da er den Sinn moralischer Urteile – Allgemeingültigkeit und Objektivität – verfehlt. In der Auseinandersetzung mit dem prinzipiellen Relativismus gibt Patzig zu, dass man den ethischen Relativismus nicht ein für allemal widerlegen, aber seine Argumente entkräften kann.
Der Autor tut dies, indem er zwischen konkreten Normen und moralischen Prinzipien unterscheidet und mithilfe einer Reihe von überzeugenden Beispielen den Nachweis bringt, „dass denselben moralischen Prinzipien bei verschiedenen sachlichen Gegebenheiten, verschiedenen geistigen Traditionen und verschiedenem Informationsstand jeweils verschiedene konkrete Normen entsprechen können".[19]
Patzig hat damit etwas Wichtiges erreicht: Er hat den Anspruch des Relativismus, bewiesen zu sein, widerlegt. Demnach bleibt der Versuch einer philosophischen Ethik, d. h. einer Angabe von Begründungsprinzipien moralischer Forderungen, sinnvoll. Das Mittel der Problementschärfung ist in Patzigs Erörterung die ***Differenzierung***, die eine gezielte Argumentation allererst ermöglicht: Er nennt drei Unterarten des Relativismus, statt nur von *dem* Relativismus zu sprechen, und er unterscheidet zwischen konkreten Normen und moralischen Prinzipien.

Zu 3. Wie geht Marquard vor, um die Divergenz von Sinnbedarf und Fehlen von Sinn zu beseitigen? Er greift zu dem bewährten Mittel der Differenzierung und unterscheidet den sensationellen Sinn vom unsensationellen, den direkten Sinn vom indirekten, und dem absoluten Sinnbeweis stellt er das Fehlen eines Beweises der absoluten Sinnlosigkeit gegenüber. Diese Differenzierung macht es möglich zu zeigen, dass nicht etwa Sinn fehlt, sondern die Erwartung zu hoch ist. Marquard empfiehlt daher eine Art Diät der Sinnerwartung: Man muss nach seiner Ansicht ablassen „von der Verachtung kleiner Sinnantworten, von den Perfektionismen, von der Bindung der Lebensbejahung an den absoluten Sinnbeweis".[20] Versteht man Sinn als unsensationell und nur indirekt zu erreichen, bleibt die erste Position – wir brauchen Sinn – richtig, die zweite aber – es gibt ein überwältigendes Sinndefizit – erweist sich als falsch, sodass sich das Problem auflöst. Die Strategie, die Marquard verfolgt, hat also das bekannte Muster: Nachweis der Unrichtigkeit oder des Nichtberechtigtseins einer Position mithilfe begrifflicher ***Differenzierung***. Natürlich genügt die bloße Differenzierung nicht. Marquard macht durchaus plausibel, dass die Einschränkung auf einen bestimmten engen Begriff ihre Berechtigung hat.

Zu 4. Hans Albert geht bei der Lösung des Begründungsproblems rigoros vor: Er lässt das Postulat der zureichenden Begründung fallen. Das Trilemma wird damit nicht falsch, aber es erübrigt sich. Die Vorstufe der Problemlösung besteht also in der ***Streichung*** der beiden Positionen. Allerdings gibt Albert Rationalität keineswegs auf, sondern er verzichtet nur auf Rationalität, die an der zureichenden Begründung orientiert ist. Er ersetzt nämlich das genannte Postulat durch die Idee der kritischen Prüfung, d.h. durch die Idee „der kritischen Diskussion aller infrage kommenden Aussagen mithilfe rationaler Argumente". Hierzu gehört wesentlich, dass „jeder *Unfehlbarkeitsanspruch* für irgendeine Instanz zugunsten eines konsequenten *Fallibilismus* zurückgewiesen wird".[21] (Fallibilismus: Auffassung, dass alle Problemlösungen prinzipiell fehlbar sind. Die Aufgabe der Wissenschaft besteht nicht im Nachweis der Wahrheit wissenschaftlicher Aussagen, der Verifikation, sondern in der Elimination von Irrtümern, der Falsifikation).

Folgt man der Auffassung H. Alberts, so wird das Begründungsproblem konstruktiv gelöst. Die unhaltbare Position der klassischen Methodologie wird gestrichen und durch eine ***Neuformulierung*** ersetzt, die die genannten Schwierigkeiten nicht enthält.

Zu 5. Wie löst der Kommandant das Dilemma, in dem er steckt? „Er befahl seinen Leuten, durchzuladen und die Gewehre auf die Demonstranten anzuschlagen. Während die Menge vor Entsetzen erstarrte, zog er seinen Säbel und rief mit schallender Stimme: ‚Mesdames, m'sieurs, ich habe den Befehl, auf die canaille zu schießen. Da ich vor mir aber eine große Anzahl ehrenwerter Bürger sehe, bitte ich sie, wegzugehen, damit ich ungehindert auf die canaille feuern kann.' Der Platz war in wenigen Minuten leer."[22] Die kreative Leistung des Kommandanten besteht also darin, die beiden Positionen unangetastet zu lassen, sie jedoch durch eine ***Umdeutung*** der Situation zu vermitteln. Mit der „demonstrierenden *canaille*" dürfte die auf dem Platz befindliche Menschenmenge gemeint gewesen sein, der Kommandant aber unterscheidet – was nicht ausdrücklich verboten war – zwischen der „*canaille*" und den „ehrenwerten Bürgern" und schafft sich so die Möglichkeit, den Befehl auszuführen *und* Unheil zu verhindern.

▶ Als Problemlösungsmöglichkeiten sind dargestellt: die Bedeutungsanalyse, die Differenzierung, die Streichung einer Position und deren Neuformulierung sowie die Umdeutung. Es gibt sicherlich noch andere Verfahren.

Ob Sie wirklich philosophische Problemlösungen erreichen können, sei dahingestellt. Für die Beurteilung Ihrer Leistung ist jedoch wichtig, dass Sie Probleme erkennen und die Positionen klar darstellen. Wenn Sie außerdem zeigen können, wie man bei der Lösung des erkannten Problems vorgehen könnte, dürfte dies positiv ins Gewicht fallen.

16 *Rosenberg, J. F.*: A. a. O. (s. Anm. 4) S. 145.
17 Ebd. S. 147.
18 *Patzig, Günther*: Relativismus und Objektivität moralischer Normen. In: *Ders.*: Ethik ohne Metaphysik. Göttingen 1971. S. 62 ff.
19 Ebd. S. 92.
20 *Marquard, O.*: A. a. O. (s. Anm. 9) S. 48.
21 *Albert, H.*: A. a. O. (s. Anm. 11) S. 35 f.
22 *Watzlawick* u. a.: A. a. O. (s. Anm. 14) S. 103 f.

Wie müsste man beispielsweise bei dem Versuch der Lösung des sog. Freiheitsproblems vorgehen, bei dem es um die Willensfreiheit geht? Zunächst müssen die beiden Positionen vorgebracht werden:

1. Wir erleben uns als frei in unserem Willen, und auch die Justiz geht davon aus, dass Menschen für ihr Tun meist verantwortlich sind, was wiederum Freiheit voraussetzt.
2. Wissenschaftler behaupten, dass unser Tun in Wirklichkeit kausal determiniert ist.

Folgende Fragen müssten geklärt werden: Was wird gewöhnlich unter „Willensfreiheit" verstanden? Benutzen die Wissenschaftler „Willensfreiheit" mit derselben Bedeutung, wie sie üblich ist, oder gibt es Unterschiede? Sind die möglichen Bedeutungsunterschiede so gravierend, dass damit das Problem entfällt? Sind die Befunde der Wissenschaftler allgemein anerkannt? Falls dies der Fall ist: Ist die Deutung der Befunde richtig? (s. auch „Willensfreiheit" S. 117ff.).
Wer solche Fragen stellt, beweist damit, dass er zumindest über wichtige Voraussetzungen einer Problemlösungskompetenz verfügt.

4. Gedankenexperimente durchführen

Nehmen wir an, Sie müssten einen Text beurteilen, dessen Verfasser behauptet, uns gehe es im Leben letztlich nur um Lustmaximierung, um ein ununterbrochenes Wohlergehen. Wie können Sie sich mit dieser Behauptung auseinandersetzen? Am besten wäre es, Sie führten ein Gedankenexperiment durch. Dabei müssten Sie sich Folgendes vorstellen. Man bietet Ihnen die Möglichkeit an, durch eine Art Stargate zu gehen und in ein irreales Land zu gelangen, in dem Sie ununterbrochen euphorisch sind. Sie haben stets beglückende Erlebnisse und bleiben in dieser Welt so lange, wie Sie auch in der Realität leben würden. Fragen Sie sich, ob Sie diese Möglichkeit annehmen würden, ununterbrochen glücklich zu sein. Sie werden wahrscheinlich eine Menge an Gründen finden, die gegen dieses ununterbrochene Glück sprechen. Möglich ist natürlich auch, dass Sie dem Angebot zustimmen würden. In jedem Fall weckt das Experiment in Ihnen eine Fülle von Gedanken, die Sie zur Auseinandersetzung mit der Behauptung des Textes – uns ist nur an Lustmaximierung gelegen – nutzen können.

Das Gedankenexperiment ist wohl die wichtigste Methode, um zu neuen Erkenntnissen zu gelangen.[23] Es spielt in der Philosophie schon seit über 2000 Jahren eine Rolle und findet heute vor allem in der angelsächsischen Philosophie häufig Verwendung. Gedankenexperimente sind – vereinfacht ausgedrückt – wohldurchdachte Was-wäre-wenn-Überlegungen, die dem Erkenntnisgewinn im Zusammenhang mit bedeutsamen Fragen dienen. Vorformen gibt es im Alltag: Was wäre, wenn heute die Schule brennen würde? Was würde ich tun, wenn ich eine Million gewinnen würde? Versteckte Formen gibt es in der Literatur und in Filmen: Was geschähe, wenn Jungen auf einer einsamen Insel allein zurechtkommen müssten (Golding: „Lord of the Flies")? Was wäre, wenn man die Gene eines künftigen Kindes optimieren könnte („Gattaca")?
Zum Gedankenexperiment in einem **engen,** strengen Sinne gehören folgende Merkmale:

1. Zu jedem Gedankenexperiment gehört eine **Versuchsanordnung**. Sie besteht aus einer oder mehreren Annahmen. Diese Annahmen sind nicht nur fiktiv, nicht nur ausgedacht wie ein Roman, sondern sogar ***irreal***, d.h., sie widersprechen dem, was in der Wirklichkeit überhaupt möglich ist (siehe das Stargate-Beispiel). Einleitungen solcher Annahmen sind z.B.: - *Angenommen, man könnte ... - Gehen wir einmal davon aus, dass ... - Wenn X nun die Eigenschaften c, d und e hätte ...* Oder: - *Man stelle sich vor, X wollte ...* Beispiel: „Nehmen wir einmal an, ein Wissenschaftler hätte eine Pille erfunden, die irdische Unsterblichkeit verleiht."
2. Der Formulierung der Versuchsanordnung folgt die **Experimentieranweisung** (denn eine Versuchsanordnung ist noch kein Versuch, ich muss wissen, was ich, indem ich von den Annahmen ausgehe, zu tun habe). Die Experimentieranweisung hat meist die Form einer Frage. Mögliche Anweisungen zu dem genannten Beispiel könnten lauten: „Sollte der Wissenschaftler seine Erfindung geheimhalten?", „Sollte er sie nur besonderen Men-

schen zugute kommen lassen?", „Würdest du die Pille nehmen? Wenn ja, warum, wenn nein, warum nicht?"

3. Das eigentliche **Gedankenexperiment**, die Durchführung, besteht in den Überlegungen, die zur Beantwortung der aufgeworfenen Frage führen. In diese Überlegungen können noch weitere Voraussetzungen einbezogen werden, etwa moralische Normen, Wertentscheidungen, Erkenntnisse der Einzelwissenschaften, Einsichten aus der Lebenserfahrung und lebensweltliches Wissen.
4. Das Gedankenexperiment steht in einem **größeren Zusammenhang**. Denn es soll ja helfen, eine Antwort auf eine wichtige Frage zu finden. Die übergeordneten Fragen des oben genannten Beispiels könnten lauten: „Welchen Sinn hat der Tod für unser Leben?" oder „Darf der Mensch alles machen, was machbar ist?"

Wenn man den Begriff des Gedankenexperiments **weiter** fasst, gehören auch solche Was-wäre-wenn-Überlegungen dazu, deren Annahmen nicht den Gesetzen der Wirklichkeit widersprechen, mögen sie auch fiktiv oder recht unwahrscheinlich sein. Dazu gehören folgende Formen:

1. Das Gedankenexperiment als ***Ersatz für ein Realexperiment***, das nicht durchgeführt werden kann oder darf, sei es aus technischen Gründen, aus Kostengründen oder aus moralischen Gründen.
2. Das ***Fallbeispiel***, das einer Analyse unterworfen wird. Man kennt dies aus dem Jurastudium oder aus der Ethik. Meist nimmt man ungewöhnliche, eher unwahrscheinliche, extreme Fälle, um etwas besser sichtbar zu machen.
3. ***Utopien:*** Hier wird durchgespielt und ganz konkret geschildert, welche Folgen sich bei der Verwirklichung bestimmter Prinzipien oder Maßnahmen in Staat und Gesellschaft zeigen würden. Oder wir durchdenken, welche Folgen sich einstellten, wenn sich gegenwärtige Tendenzen ungehindert fortsetzten.
4. Die ***experimentelle Umkehrung***. Sie lautet allgemein: „Nehmen wir an, es verhielte sich gerade umgekehrt, als wir gewöhnlich glauben!" Oder: „Man treffe Maßnahmen, die den üblichen entgegengesetzt sind!"
5. Das ***Verfahren des fremden Blicks***. Ich komme aus einer fremden Kultur und schaue mir die hiesigen Verhältnisse an. Mir kann bewusst werden, wie fragwürdig hier vieles ist.

Es geht bei allen Gedankenexperimenten um Erkenntnis im weitesten Sinne: Ich will etwas herausfinden, und wenn es sich nur um die Klärung meiner eigenen Vorstellungen handelt. Und es geht darum, Argumente für oder gegen eine Auffassung zu entdecken und vorzutragen.

Vorschläge für den Entwurf von Versuchsanordnungen

Es ist gar nicht so schwer, Gedankenexperimente durchzuführen, wenn die Voraussetzungen und die Experimentieranweisungen gegeben sind. Schwieriger ist, selbst Gedankenexperimente zu entwerfen und sich vor allem tragfähige Versuchsanordnungen auszudenken. Zu Letzterem einige Tipps, denen jeweils ein Beispiel beigefügt ist. Sie beziehen sich freilich nur auf ein Geschehen rein in Gedanken, von Zauberei ist nicht die Rede.

1. Lass alles Beiwerk beiseite und konzentriere dich auf das Wesentliche: „Wenn du zum Kern der Problematik der Todesstrafe vordringen willst, dann gehe hypothetisch davon aus, dass die Erkenntnis über die Tat des Delinquenten absolut sicher ist – ein Justizmord wäre ausgeschlossen –, dass es keine negativen Folgen für die Betroffenen (Henker, Arzt, Familie des Angeklagten, die Angehörigen des Opfers, die Insassen des Gefängnisses, Aufseher und Bevölkerung überhaupt) gibt, dass die allgemeine Moral nicht leidet, dass ferner der Tod, medizinisch gesehen, nicht qualvoll ist und so weiter. Unter dieser Voraussetzung kannst du dich dem Grundsätzlichen zuwenden und fragen, ob im Namen der Gerechtigkeit ein Mensch hingerichtet werden darf."
2. Lasse verschwinden, was üblich ist: „Man stelle sich vor, einen Monat lang wären alle

23 *Engels, Helmut*: „Nehmen wir an …" Das Gedankenexperiment in didaktischer Absicht. Weinheim/Basel 2004.

Fernseher, Videogeräte und Spielcomputer verschwunden! Wie sähe das Leben in unserer Gesellschaft in dieser Zeit aus?“

3. Stelle Übliches auf den Kopf: „Nehmen wir an, es verhielte sich gerade umgekehrt, als man gewöhnlich glaubt, und es wäre richtig, Kranke ins Gefängnis zu stecken und Kriminelle in Krankenhäuser. Ließen sich dafür gute Argumente finden?“
4. Schaffe eine Parallelwelt: „Angenommen, auf einem Planeten gäbe es Menschen, die nur schwarz-weiß sehen, und eines Tages hätte ein einziger Mensch ein Farberlebnis: Könnte er sich mitteilen und könnten die anderen ihn verstehen?“
5. Stelle eine Hochrechnung an: „Nehmen wir an, wir würden mit der Natur weiterhin so umgehen wie bisher, nämlich ... Welche Folgen ergäben sich?“
6. Erzeuge bisher Unmögliches: „Nehmen wir an, es gäbe eine Pille (man kann auch Apparate einsetzen) - für die Unsterblichkeit, - fürs Unsichtbar-Machen, - zum Gedankenlesen, - um die Zukunft vorhersagen zu können, - für die Möglichkeit, von vorn anzufangen usw. – Wäre es sinnvoll sie zu nehmen?“
7. Lasse Fähigkeiten verschwinden, die wir besitzen: „Stelle dir vor, jemand hätte die Freiheit verloren, etwas zu verschweigen, und müsste immer sagen, was er denkt! – Welche Schwierigkeiten ergäben sich?“
8. Schaffe eine Situation, in der Wesentliches fehlt: „Gesetzt, es gäbe Menschen, die in völlig abgeschlossenen Höhlen wohnten und eines Tages ans Tageslicht gelangten. Wie würden sie die Außenwelt bewerten und beurteilen?“
9. Manipuliere die Zeit: „Stelle dir vor, du könntest von vorn anfangen, was würdest du anders machen?“, „Angenommen, du würdest nach einer Zeitreise zurückkommen und dir selbst begegnen? Wie würdest du dich verhalten? Welche Eigenschaften wirst du an dir entdecken?“, „Angenommen, du hättest bei einer Reise in die Vergangenheit unabsichtlich eine Kleinigkeit verändert. Wie sähe die Welt aus, wenn du zurückkehrst?“
10. Vervielfältige, was es schon gibt: „Vorausgesetzt, man könne eine Instant-Klonung durchführen, und es gäbe nun x-mal Albert Einstein, Sting oder Halle Berry, wäre dies eine wünschenswerte Welt?“, „Angenommen, man könne Gegenstände beliebiger Größe multiplizieren, und es gäbe x-mal die Insel Lanzarote, den Eiffelturm, die Mona Lisa, die Tower Bridge. Wäre das toll?“
11. Nimm eine dir fremde Perspektive ein: „Nehmen wir an, wir könnten die Art, wie wir leben (wie bei uns unterrichtet wird, wie wir mit Tieren umgehen, wie wir unsere Freizeit gestalten) mit fremden Augen sehen (mit den „Augen“ eines Außerirdischen, eines Kindes der Zukunft, eines Tieres, eines in Armut lebenden Menschen). Was würde uns auffallen?“

Weitere Tipps in knapper Form:

- Erfinde ideale Wesen oder Wesen, die ungeahnte Fähigkeiten haben. - Hebe Gattungsgrenzen auf, etwa die zwischen Mensch und Tier, Mensch und Automat, Roboter und Tier, Tier und Pflanze.
- Denke dir Maschinen und Apparate aus, die etwas können, was noch nicht möglich ist oder auch nie möglich sein wird. - Lass Unbelebtes lebendig sein, statte es mit Bewusstsein aus. - Hebe bestimmte Naturgesetze auf. - Greife in die vergangene Geschichte ein, verändere bestimmte Ereignisse, gib dem Geschehen einen neuen Dreh. - Stelle dir vor, in Zukunft sei das vollständig verwirklicht, was sich heute schon tendenziell ankündigt. - Nimm als wahr an, was keineswegs bewiesen ist, und arbeite damit. - Stelle dir vor, du wüsstest bestimmte Dinge nicht, die dir durchaus vertraut sind.

Allgemeine Ratschläge:

- Mache ungeniert Anleihe bei Märchen, Mythen, Sagen, Fantasy-Geschichten, Science-Fiction, Unterhaltungsfilmen und Comics. Der fliegende Teppich aus dem Märchen lässt sich genauso gut für ein Gedankenexperiment verwenden wie Harry Potters Mantel, der unsichtbar macht. Und die Zeitraffung im „Mönch von Heisterbach“ ist genauso brauchbar wie der Tausch der Seelen von Mann und Frau oder Vater und Sohn in Hollywoodfilmen.

- Habe keine Skrupel, bekannte Gedankenexperimente abzuwandeln, wenn es deiner Intention entspricht. Auch Profi-Philosophen übernehmen Ideen von anderen, ohne die Ideengeber zu nennen. Die Vorstellung irdischer Unsterblichkeit ist ein Motiv, das in unterschiedlicher Form und zu unterschiedlichen Zwecken immer wieder auftaucht, ohne dass die Herkunft des Motivs kenntlich gemacht würde.

Das Durchspielen solcher Überlegungen ist nicht Selbstzweck (wenn dies auch amüsant sein kann, wie einige amerikanische Spielfilme zeigen). Vielmehr geht es um die Beantwortung von Fragen, die von einiger Bedeutung sind. - Das Nachdenken über Gott kann sich mithilfe von Nr. 3 (s. o.) verschärfen: Nehmen wir an, dass Gott schwarz und weiblich ist. - Aus welchen Motiven handeln Menschen, und wie sind ihre Motive zu bewerten? Arbeiten Sie mit Nr. 6 und geben Sie einem bestimmten Menschen die unsichtbar machende Pille. - Die Frage, in welchen Fällen wir sagen sollten, was wir denken, und in welchen Fällen es aus pragmatischen oder moralischen Gründen nicht richtig ist, unsere Gedanken zu äußern, lässt sich mithilfe von Nr. 7 klären. - Wie sollten wir mit Tieren umgehen? Deutlich machen kann man dies mithilfe von Nr. 11: Erzählen Sie, was ein Schwein wahrnimmt und empfindet, das aus dem Stall geführt und zum Schlachthaus gebracht wird.

Grundsätzlich gilt: Effektiv für den Experimentierenden und wirkungsvoll hinsichtlich der Überzeugungskraft sind Gedankenexperimente, wenn man sie ganz anschaulich in Form kleiner Erzählungen durchführt. Es geht also nicht nur darum, selbst etwas herauszufinden, sondern auch mithilfe des vorgetragenen Experiments einen Leser zu überzeugen. Der passende Ort für die Formulierung eines Gedankenexperiments dürfte in einer Klausur der Teil sein, in dem eine begründete Stellungnahme verlangt wird.

Als Ubung gedacht:
Denken Sie sich Gedankenexperimente aus, mit deren Hilfe Sie herausfinden können,

- was für ein Mensch Sie sind,
- welche Werte Sie für wichtig halten,
- welche Ziele im Leben erstrebenswert sind,
- wie man mit der eigenen Lebenszeit umgehen sollte,
- welche Bedeutung körperliche oder seelische Schmerzen für uns haben,
- wie unterschiedlich die Menschen die Welt wahrnehmen,
- welche Bedeutung die Technik für uns hat,
- welcher Unterschied zwischen der wirklichen Wirklichkeit und der virtuellen Realität besteht,
- ob staatliche Gewalt notwendig ist,
- wohin es führt, wenn Eltern das Geschlecht ihres künftigen Kindes festlegen können,
- welche Rechte einem jeden Menschen zukommen sollten.

5. Sprache als Anregung nutzen

Das Kapitel **Sprachanalyse** (S. 19 ff.) schildert ausführlich, wie vorsichtig, ja misstrauisch wir gegenüber der Sprache sein müssen. Sprache kann man aber auch anders sehen: Sie ist ein Schatz, in dem die Erfahrung einer Sprachgemeinschaft aufgehoben ist. Zu diesem Schatz gehören Vokabular, Metaphern, Bilder, Sprichwörter, Redensarten, gängige Zitate, Gedichtanfänge, die man kennt, Zeilen aus Liedern und überhaupt das, was man so sagt. Mit Sprache in diesem Sinne zu arbeiten bedeutet, sich von der Sprache anregen zu lassen, wenn man zu – subjektiv – neuen Erkenntnissen kommen möchte. Dieses Verfahren hat Tradition: Als Grundzug der aristotelischen Philosophie gilt, „zumindest vor jeder Sachanalyse die einschlägigen Redeweisen in dem entsprechenden Phänomen- und Problemfeld zu analysieren“.[24]
Damit Ihnen klar wird, wie Sie dieses Verfahren anwenden können, folgen hier drei Beispiele unterschiedlicher Art.

- Der Zugang zum Thema Handlungsfreiheit lässt sich über gängige Redewendungen finden, die die Selbstbestimmung des Menschen

24 *Böhme, Gernot*: Weltweisheit, Lebensform, Wissenschaft: eine Einführung in die Philosophie. Frankfurt/M. 1994. S. 290.

oder auch den Verlust der Selbstbestimmung ausdrücken. Es gibt eine Reihe von Formulierungen, die dem Ausdruck *sich beherrschen* entsprechen. Zu nennen sind beispielsweise *sich im Zaum halten, sich zügeln, sich an die Kandare nehmen, sich zusammennehmen, sich zusammenreißen, sich kontrollieren, sich unter Kontrolle haben, sich überwinden, sich im Griff haben* und *seine Gefühle meistern*. Hier drückt sich die Auffassung aus, dass es dem Menschen möglich ist, sein Tun und Lassen selbst zu bestimmen. Auch für das Gegenteil, also den Verlust der Selbstbeherrschung gibt es eine Reihe von Wendungen. Die meisten werden Ihnen nicht fremd sein: *sich gehen lassen, sich hängen lassen, die Sau rauslassen, aus der Haut fahren, die Selbstkontrolle verlieren, nicht mehr Herr seiner selbst sein, sich nicht in der Gewalt haben, außer sich sein, von Sinnen sein, ausflippen* und *ausrasten*. Diese Fülle der Ausdrücke, die fast synonym gebraucht werden, lässt eine fundamentale Erfahrung sichtbar werden, nämlich das Phänomen der Selbstbeherrschung oder des Verlustes der Selbstbeherrschung. Diese sich in der Sprache zeigende Erfahrung des Menschen bietet somit eine bedenkenswerte Basis für eine Diskussion des Problems der Freiheit des Menschen. (Damit ist noch nichts entschieden in dem Streit zwischen Deterministen und Indeterministen.)

- In seiner Untersuchung unseres Verhältnisses zur Natur zieht Gernot Böhme Ausdrücke zu Rate, die heute gang und gäbe sind und an denen sich die Bewertung der Natur ablesen lässt. Genannt werden: *natürliche Geburt, Naturvolk, natürliche Lebensweise, Naturseife, Naturschwamm, Naturprodukt, Bio-Äpfel, Vita-Korn, Naturschutzpolitik, natürliche Kosmetik* u.a. Wozu ist es gut, solche Ausdrücke in den Blick zu nehmen? Dazu sagt Böhme, dass „unsere Art, über Natur zu reden und zu denken, unsere Wahrnehmung der Probleme, die wir mit der Natur haben, mitbestimmt und die Lösungsmöglichkeiten präjudiziert".[25] Sprachbetrachtung macht uns bewusst, wie wir denken, und lässt mögliche Hindernisse einer Problemlösung sichtbar werden.
- In der phänomenologischen Beschreibung des Schweigens benutzt Bollnow vorgefundene Formulierungen wie *Schweigen der Wälder, Schweigen des Weltalls, Verschwiegenheit, ehrfürchtiges Schweigen, betretenes Schweigen, trotziges* und *verstocktes Schweigen*.[26] Und Werner Kemper geht bei demselben Thema von Sprichwörtern und Redewendungen aus wie „Reden ist Silber, Schweigen ist Gold" und „Keine Antwort ist auch eine Antwort", und er spricht vom „vielsagenden Schweigen", vom „Totschweigen". Auf die Frage, welche typischen Attribute des Schweigens unsere Sprache kenne, stellt er eine erstaunlich lange Liste von Attributen zusammen. Er unterscheidet u.a. zwischen einem *überraschten, erstaunten, betroffenen, betretenen, verstimmten, verletzten, benommenen Schweigen*.[27] Das Schweigen ist offenbar etwas für uns Menschen ungeheuer Wichtiges. Die gefundenen Formulierungen öffnen uns den Blick für die Vielzahl der Aspekte, die beim Nachdenken zu beachten sind.

► Beherzigen Sie also folgenden Tipp:
Untersuchen Sie vor jeder Sachanalyse die einschlägigen Redeweisen in dem entsprechenden Phänomen- und Problemfeld.

25 Ebd. S. 83ff.
26 *Bollnow, Otto Friedrich*: Sprache und Erziehung, Stuttgart/Berlin/Köln/Mainz 1966. S. 87ff.
27 *Kemper, Werner*: Der Patient schweigt. In: Psyche, 1/1948. S. 503f.

Kein Philosophieren ohne Sprache

1. Äquivokationen und wie man mit ihnen umgehen kann
2. Objekt- und Metasprache
3. Das „uneigentliche" Sprechen
4. Bestimmung von Sprechakten. Oder: Sprechend handeln wir
5. Verhexung durch die Sprache
6. Zur Arbeit mit philosophischen Texten

Sprache ist vieldeutig, ungenau und unsystematisch. Sie bedarf der Deutung. Man kann wörtlich meinen, was man sagt, es gibt aber auch das „uneigentliche" Sprechen. Wie erkennt man dies? Wer spricht, handelt zugleich. Aber was tut er, indem er spricht? Sprache kann das Denken in die Irre führen. Wie schützt man sich dagegen? Da Philosophie sprachlicher Natur ist, verlangt das Verstehen und auch das Hervorbringen von philosophischen Texten eine erhöhte Wachsamkeit. Seien Sie skeptisch gegenüber der Sprache!

1. Äquivokationen und wie man mit ihnen umgehen kann

Zu den Tücken der Sprache gehören die Äquivokationen, in der Grundschule „Teekesselchen" genannt. (s. S. 36) Die **Vieldeutigkeit** der Begriffe (besser: Begriffsnamen) verlangt ein genaues Hinsehen. Denken Sie an das Begriffspaar *positiv* und *negativ*. Diese Begriffe bedeuten im landläufigen Sinne so viel wie *gut*, *wertvoll*, *nützlich* bzw. *schlecht*, *wertlos*, *schädlich*. Daher kommt es zu Missverständnissen, wenn von *positivem Recht* die Rede ist. Man könnte denken, es handle sich um ein Recht, dem man seine Zustimmung geben kann – es ist ja positiv –, aber gemeint ist nur das gesetzte, das erlassene Recht, das bisweilen höchst negativ im Sinne eines Unrechts sein kann. Das Gegenteil zum positiven Recht ist nicht das negative, wie man meinen könnte, sondern das Vernunft- oder Naturrecht, das als *überpositiv* bezeichnet wird. Aus der Medizin wissen Sie, dass ein positiver Befund etwas Negatives darstellt, während ein negativer Befund mit Erleichterung aufgenommen wird. Wertneutral werden *positiv* und *negativ* in der Logik gebraucht, als Bezeichnung für Bejahung und Verneinung. Die negative Bestimmung eines Begriffs sagt lediglich, welche Momente nicht vorliegen – wenn etwa *Freiheit* als *Nicht*-Vorhandensein von Zwängen bestimmt wird –, während die positive Bestimmung von *Freiheit* zutreffende Merkmale nennt: Freiheit als Autonomie oder Spontaneität. Nicht nur Allerweltswörter, sondern auch Fachtermini sind vor der Mehrdeutigkeit nicht sicher. Denken Sie an die Begriffe *Hyperbel*, *Parabel* und *Ellipse*, die in Mathematik und Literaturwissenschaft jeweils andere Bedeutungen besitzen. Zu den mehrdeutigen Wörtern gehören in der Philosophie die Begriffe *Idee*, *Idealismus*, *Materie*, *Materialismus*, *Natur*, *Wesen*, *Umwelt*, *Kategorie*, *transzendental* und *Dialektik*.

Vorsicht ist bei den Termini der Logik geboten: Das unbestimmte Zahlwort „einige" bedeutet in der Normalsprache etwa soviel wie „mehr als drei, aber nicht alle". In der Logik dagegen ist die Bedeutung streng festgelegt auf „mindestens eines", was „alle" keineswegs ausschließt.

Bei der Lektüre eines philosophischen Textes müssten Sie also immer wieder fragen: „Was ist an dieser bestimmten Stelle genau mit dem Begriff X gemeint?" Es gibt praktikable Verfahren, mit denen man Äquivokationen aufdecken kann:

1. Manchmal lohnt es sich, zu einem Begriff den entsprechenden Gegenbegriff, das Antonym, ausfindig zu machen. Es kann sich zeigen, dass es mehrere Gegenbegriffe gibt, woraus man auf die Mehrdeutigkeit des Ausgangsbegriffes schließen kann. Dies ist etwa der Fall bei dem Adjektiv „gut", dessen Gegenbegriffe „schlecht" und „böse" lauten.

2. Das Spektrum der unterschiedlichen Bedeutungen eines Begriffs kommt ans Licht, indem man Sätze betrachtet, in denen dasselbe Begriffswort vorkommt. Vom Sinn des Satzes her lässt sich die jeweilige Bedeutung erschließen. Nehmen wir als Beispiel den Begriff „Geist": „Hanna hat sich als Geist verkleidet", „Das Gesetz widerspricht dem Geist der Verfassung", „Herr Maier war immer schon ein Mensch mit einem wachen, regen Geist", „Der Geist der Zeit kommt in diesem Werk klar zum Ausdruck" und „In diesem Konflikt zeigt sich der Kampf zwischen Macht und Geist."
3. Ein effektives Verfahren zur Ermittlung von Äquivokationen ist die Übersetzung eines Begriffs in eine Fremdsprache. Die Doppeldeutigkeit von „Bürger" wird durch die Übertragung ins Französische sichtbar, wo die Begriffe „bourgeois" und „citoyen" keinen Zweifel daran aufkommen lassen, dass hier ein gravierender Unterschied vorliegt. Eine breite Palette von Übersetzungsmöglichkeiten bietet „Bedeutung", dessen englische Entsprechungen lauten: *signification, meaning, sense, acceptation, importance, consequence, weight.* Die Rückübersetzung erbringt das Spektrum der Bedeutungen von „Bedeutung".

2. Objekt- und Metasprache

Eine eigentümliche Vieldeutigkeit entsteht dadurch, dass wir die Sprachebenen wechseln können, so dass ein und dasselbe Wort unterschiedliche Rollen spielen kann. Zu unterscheiden sind die Ebenen **Objektsprache** und die **Metasprache**. In der Objektsprache spreche ich von Objekten, von Gegenständen im weitesten Sinne, und auf der Ebene der Metasprache beziehe ich mich auf die Sprache selbst, auf Begriffe oder Sätze. Das klingt kompliziert. In dem Satz „Köln liegt am Rhein" ist mit *Köln* ein bestimmtes **Objekt** gemeint. Wir haben einen objektsprachlichen Satz. Dagegen ist in dem Satz „*Köln* ist von *Colonia* abgeleitet" nicht von einem Objekt, sondern von einem **Wort** die Rede. Um die metasprachliche Ebene zu kennzeichnen und so Missverständnisse zu vermeiden, hat sich die Konvention gebildet, Anführungszeichen oder zuweilen auch – wie in dem zuletzt genannten Satz, in dem es um den Namen Köln geht – Kursivschreibung zu benutzen. Folgendes ist wichtig:

Ich gebrauche oder verwende ein Wort, wenn ich mich damit auf Dinge im weitesten Sinne beziehe. Ich erwähne ein Wort oder führe es an, wenn ich auf das Wort selbst schaue und über das Wort selbst etwas sage. Zu unterscheiden sind also ***gebrauchen*** oder ***verwenden*** (to use) auf der einen Seite und ***erwähnen*** oder ***anführen*** *(to mention)* auf der anderen. Wenn ich ein Wort oder einen Satz erwähne oder anführe, dann muss ich Anführungszeichen oder die Kursivschreibung benutzen.

Entsprechendes gilt für die Unterscheidung von Realbeziehungen auf der einen Seite und Begriffsverhältnissen im Sinne der Logik auf der anderen. Der Begriffsname muss eigens angeführt werden, wenn nicht von den Dingen, sondern von den Begriffen selbst die Rede ist. Beispiel: „Pflanze" ist allgemeiner als „Baum". Man hätte auch sagen können: Der Begriff „Pflanze" ist allgemeiner als der Begriff „Baum". In einem Test zur Begriffslehre schreibt ein Schüler:

„Der Begriff Dackel hat alle Eigenschaften eines Hundes und noch seine eigenen. Der Dackel ist somit dem Hund untergeordnet, und der Hund ist dem Dackel übergeordnet, weil er viel weniger differenziert ist."

Beim Lesen spüren Sie, dass hier einiges durcheinandergeht. Aber erst die Unterscheidung der Ebenen – hier reale Verhältnisse, dort die Metaebene der Logik – kann Klarheit verschaffen. Der Verfasser des oben zitierten Satzes meint offenbar:

„Der Begriff *Dackel* hat alle Eigenschaften von *Hund* und noch seine eigenen. *Dackel* ist somit *Hund* untergeordnet, und *Hund* ist *Dackel* übergeordnet, weil dieser Begriff viel weniger differenziert ist."

▶ Als **Faustregel** gilt: Überall da, wo zur Verdeutlichung die Begriffe *Wort*, *Begriff*, *Ausdruck*, *Formulierung* oder *Satz* **vorangestellt** werden können, müssen Anführungszeichen gesetzt oder andere Möglichkeiten der Hervorhebung verwendet werden.

3. Das „uneigentliche“ Sprechen

Der bei Linguisten umstrittene Begriff „uneigentlich“ bedeutet im Folgenden etwas Einfaches: Wir meinen nicht immer wörtlich, was wir sagen. Wir sprechen ironisch, übertreiben scherzhaft oder meinen das Gesagte „bildlich“.

1. Metaphorik

In philosophischen Texten ist vom *Licht* der Vernunft, vom *blinden* Zusammenwirken der Einzelkräfte und vom Leben als einer *Schiffsreise* die Rede, und die Welt wird als *Buch*, der Mensch als *Maschine* und das Gehirn als *Computer* bezeichnet. In all diesen Fällen handelt es sich um Metaphern. Allerdings ist die metaphorische Rede auch Gegenstand philosophischer Untersuchungen, und in philosophischen Texten „wimmelt“ es nur so von Metaphern.

Sie erinnern sich, wie Metaphern zustande kommen: Ein Begriff wird auf einen anderen Bereich übertragen. Die metaphorische Formulierung „Dieser Mann ist ein Bär“ ist dadurch möglich, dass zwischen Mann und Bär eine Ähnlichkeit besteht, etwa die Körpergestalt, das Kraftvolle, aber vielleicht auch das Brummige und Tapsige. Dieses Gemeinsame, eine Schnittmenge von Merkmalen, nennt man das *„tertium comparationis“*, „das Dritte des Vergleichs“. Es enthält den Vergleichspunkt, besser – da es sich meist um mehrere Merkmale handelt – den Vergleichs*bereich*. Zum Verstehen von Metaphern gehört das genaue Erfassen des vom Sprecher gemeinten Tertium Comparationis.

Metaphern sind in sprachlichen Äußerungen fast allgegenwärtig. Meist sind es „verblasste“ Metaphern, die zum Redealltag gehören. Man denke an die zum Bereich des Erkennens gehörigen Begriffe *Vorstellung*, *Grund*, *Aspekt*, *schließen*, *begreifen*, *erfassen*, *klar* und *einleuchtend*. Von ihnen zu unterscheiden sind die bewusst verwendeten Metaphern: Hier ist es dem Sprecher und – meist – auch dem Hörer bewusst, dass ein Ausdruck nicht wörtlich zu nehmen, sondern „übertragen“ gemeint ist.

Eine wichtige Funktion metaphorischer Rede besteht darin, dort Formulierungsmöglichkeiten zu bieten, wo es an Begriffen für das Erfassen eines Gegenstandes fehlt. Metaphern werden jedoch auch aus rhetorischen Gründen benutzt, da sie wegen ihrer Anschaulichkeit einprägsam und leicht zu behalten sind.

Für Ihren Umgang mit Metaphern ist Folgendes wichtig:

1. Metaphorische Rede ist „uneigentliche“ Rede, sie kann aber auch gegen die Intention des Sprechers wörtlich genommen und damit missverstanden werden. So hatte etwa Darwin Mühe, das Missverständnis abzuwenden, die Ausdrücke „Kampf ums Dasein“ und „natürliche Zuchtwahl“ seien wörtlich zu verstehen.
2. Metaphern haben die Tendenz, zu verblassen und schließlich zu Begriffen zu werden, die wörtlich zu nehmen sind. Wer denkt etwa bei den Begriffen „Rücksicht“, „Umsicht“, „Vorsicht“ und „Hinsicht“ noch an die ursprüngliche Bedeutung und ihre metaphorische Verwendung? Allerdings enthalten Begriffe, die aus Metaphern entstanden sind, oft noch ***Bildreste***, die eine Wirkung auf das Verständnis einer Sache und ihrer Bewertung ausüben können. Wird ein Ministerpräsident als *Landesvater* bezeichnet, so schwingen auch dann, wenn der Sprecher nur eine synonyme Variation des Ausdrucks beabsichtigt, positive Momente wie Fürsorglichkeit und Güte mit. (Kant hat den Begriff Landesvater für den Regenten strikt abgelehnt: Wir sind keine unmündigen Kinder!)
3. Das Verstehen einer Metapher setzt ein Doppeltes voraus: Zunächst muss man die wörtliche Bedeutung des metaphorisch gebrauchten Ausdrucks verstehen. Dazu bedarf es der ***Sachkenntnisse***. Wird der Mensch als *Wolf* bezeichnet, so muss man wissen, in welcher Zeit dies gesagt wird und welche Vorstellungen vom Wolf beim Sprecher vorauszusetzen sind. Im 17. Jahrhundert waren die mit *Wolf* verbundenen Vorstellungen andere als heute, da die Verhaltensforschung viele Vorurteile beseitigt hat. Wenn Hobbes sagt: „Homo homini lupus“ (Der Mensch ist für den Menschen ein Wolf), dann muss zum Verständnis der Metapher zunächst dessen Vorstellung vom Wolf untersucht werden.
   Sodann muss man erfassen, welche Merkmale des als Metapher gebrauchten Begriffs dem

primären Gegenstand zugesprochen werden können. Jede Metapher enthält mehr, als vom Sprecher gemeint ist. Es dürfen also nur die – vom Kontext her zu bestimmenden – ***relevanten Merkmale*** übertragen werden.

4. Die meisten Metaphern zeichnen sich durch Anschaulichkeit aus. Dadurch besitzen sie eine besondere Eindringlichkeit, sprechen das Gefühl an und üben eine starke Überzeugungskraft aus. Sie ***suggerieren*** daher manchmal *eine* ***Problemlösung***, wo nur eine eindrucksvolle Formulierung vorliegt, und sie verführen dazu, dass wir auch dann an ihnen festhalten, wenn ihre sinnvolle Verwendung schon zweifelhaft geworden ist. So wird über Jahrhunderte an der Metapher *Spiegel* für den menschlichen Geist festgehalten und das Erkennen als *Widerspiegelung* der Wirklichkeit aufgefasst, obwohl man früh sah, dass die Spiegelmetapher der Kreativität und Spontaneität des Geistes nicht gerecht wird.
5. Metaphern können besser und schlechter sein. Sie können eine Sache unter neuen Aspekten erscheinen lassen, sie können aber auch die Sache in einem ***falschen Licht*** zeigen und so dazu beitragen, dass die Erkenntnis der Sache verfehlt wird. Fragwürdige Metaphern sind: *Abdruck eines Siegels im Wachs* für Erinnerung, *tabula rasa* für den anfänglichen Zustand des Geistes, *Holograph* als Bezeichnung für das Gehirn, *Uhr* als Bild der Welt und *nackter Affe* als Charakterisierung des Menschen. Alles andere als harmlos sind die Staatsmetaphern *Organismus*, *Körper*, *Familie*, *Schiff*, *Boot* und *Maschine*.
6. Die Arbeit mit Metaphern kann helfen, ***weiterführende Fragen*** zu finden. So wird behauptet, das Experiment sei eine *Frage* an die Natur. Die Berechtigung dieser Behauptung kann man untersuchen, indem man fragt: „Welche Sprache spricht denn die Natur? Kann sie auch schweigen, obwohl sie gefragt wird? Kann sie zum Sprechen gebracht werden, und wenn ja: wie? Sind ihre Antworten verständlich?"

Während bis jetzt von einzelnen Begriffen die Rede war, die als Metaphern verwendet werden, geht es im Folgenden um eine ***komplexe Metaphorik***. So kann man das ***sprachliche Bild*** als Supermetapher auffassen, da es mehrere Elemente hat. Beispiele:
I. Kant: „Aus so krummem Holze, als woraus der Mensch gemacht ist, kann nichts ganz Gerades gezimmert werden."
F. Nietzsche: „Man muss noch Chaos in sich haben, um einen tanzenden Stern gebären zu können."
W. Baumeister: „Es könnte sein, dass die Augen ein Netzwerk ins Dunkel auswerfen, das eine dem Menschen fassbare Welt durch den Menschen selbst entstehen lässt."

Um ein solches Bild zu verstehen, müssen Sie

▶ – jedes seiner Elemente betrachten und auf seine Bedeutung hin befragen,
– diese Elemente wiederum im Zusammenhang mit dem Gesamtbild untersuchen,
– die Deutung des Gesamtbildes wiederum vom Kontext des Gedankenganges her überprüfen.

Das heißt für Sie ein Hin- und Hergehen zwischen den Einzelheiten und dem Ganzen. Das klingt kompliziert, oft aber werden Sie das Gemeinte intuitiv erfassen. Ihre Intuition muss sich aber durch eine genaue Analyse bestätigen lassen. Vorsicht: Es ist keineswegs immer möglich, die Bildelemente eins zu eins zu übertragen!
Wenn Sie meinen, das Bild richtig gedeutet zu haben, bleiben noch einige Fragen:

▶ – fungiert das Bild als Argument, und wie weit trägt es als solches,
– dient es durch seine Prägnanz der Verdichtung eines komplexen Gedankenganges, der so fassbar und erinnerbar wird,
– soll es durch seine Eindringlichkeit und Anschaulichkeit den Leser lediglich zu der Annahme eines bestimmten Denkens verführen?

Für den Umgang mit der komplexen Metaphorik gilt auch, was oben zur einfachen Metapher gesagt wurde.
Weitere Beispiele einer komplexen Metaphorik: Gleichnis, Parabel, Fabel und Personifikation.

Auch hier muss das Gemeinte durch den Vollzug der Übertragung erschlossen werden. Wie das geschehen kann, soll ein Text des Chinesen **Menzius (371–289 v. Chr.)** zeigen.

Ein Mann aus Sung war traurig darüber, dass sein Korn nicht [schnell genug] wachsen wollte, und so zog er es, Sprössling für Sprössling, in die Höhe. Ganz zerschlagen kam er nach Hause und sagte: „Heute bin ich aber müde. Ich habe dem Korn beim Wachsen geholfen!" Sein Sohn rannte hinaus aufs Feld, und da sah er, dass alle Sprösslinge verwelkt dalagen.[1]

Diese kleine Geschichte lässt sich vom geübten Leser intuitiv verstehen. Dies setzt aber eine Reihe gar nicht so einfacher geistiger Operationen voraus, die weitgehend unbewusst ablaufen. Hier folgen schematisch und im Zeitraffer die notwendigen Fragen und die möglichen Antworten.

Erster Schritt: Ist die Geschichte wörtlich zu verstehen, oder hat sie eine tiefere Bedeutung? Antwort: Sie kann nur bildlich gemeint sein: Es ist kaum denkbar, dass eine Geschichte nach über zweitausend Jahren erzählt wird, wenn sie nur das unverständliche, nicht einmal ein Lächeln hervorrufende Verhalten eines Dummkopfes wiedergibt.

Zweiter Schritt: Wenn die Geschichte bildlich gemeint ist, wo liegt dann der Kern und was ist unwesentlich? Antwort: Der Kern besteht offenbar in dem befremdlichen Verhalten des Mannes: Er will, dass sein Korn schneller wächst, und erreicht damit nur, dass die Pflanzen verdorren. Unwesentlich und daher auszublenden sind: Alter und Aussehen des Mannes, die Heimkehr, die Hütte oder das Haus, der Sohn und das Hinauslaufen des Sohnes auf das Feld.

Dritter Schritt: Was könnte mit dem befremdlichen Geschehen gemeint sein? Antwort: Mit dem Mann ist ein handelnder Mensch überhaupt gemeint. Das Korn bedeutet alles, was eine eigene Zeit braucht, um sich zu entwickeln. Das Hochziehen der Pflanzen bedeutet den gewaltsamen, von Ungeduld bestimmten Versuch, die gewünschte Entwicklung zu beschleunigen. Und das Verdorrtsein der Pflanzen bedeutet die Zerstörung dessen, was sich entwickeln soll.

Vierter Schritt: Worauf trifft zu, dass der gewaltsame Versuch, eine Entwicklung zu beschleunigen, zur Zerstörung führt? Zu nennen ist zunächst der gesamte Bereich der Natur: Hier kann gewaltsames Vorgehen nur Schaden anrichten. Aber auch der Bereich menschlicher Beziehungen dürfte gemeint sein: Wer Liebe, Freundschaft, Vertrauen oder die gewünschte Entwicklung eines Kindes erzwingen will, statt geduldig darauf zu warten, dass hier etwas eigengesetzlich „wachsen" muss, der zerstört oder beeinträchtigt, was er doch eigentlich bewirken möchte.

Die Schritte der Erschließung in Kurzfassung:

▶ 1. Überprüfung, ob es sich bei der Geschichte um die Darstellung eines möglichen konkreten Verhaltens, das wörtlich zu verstehen ist, oder aber um einen bildlich zu verstehenden Text handelt. 2. Erfassen dessen, was genau übertragen werden muss, was also für die Aussage des Textes relevant ist. 3. Verallgemeinerung des relevanten Geschehens; es muss eine Art Oberbegriff gefunden werden, der alle wesentlichen Momente enthält. 4. Es müssen Bereiche ausfindig gemacht werden, auf die das gefundene Allgemeine zutrifft. Damit Sie die Tragweite der Textaussage und ihre Berechtigung überprüfen können, müssen Sie das Allgemeine auf entsprechende konkrete Situationen anwenden.

2. Metonymik

Trotz seiner im Alltag selbstverständlichen Anwendung ist das Phänomen der ***Metonymie*** wenig bekannt. Wörtlich bedeutet dieser Begriff „Namensvertauschung" oder „Umbenennung". Wenn es heißt „Paris verständigte sich mit Berlin", wissen Sie, was genau gemeint ist. Hier findet innerhalb eines Sachbereichs eine Art Verschiebung des Wortgebrauchs statt: Gemeint sind die Vertreter der Regierungen in Berlin und Paris. Selbstverständlich ist Ihnen auch, nicht nur den Leib als gesund zu bezeichnen, sondern auch die

1 *Bauer, Wolfgang*: Ackerbau im Paradies. Glücksvorstellungen im Alten und im Neuen China. In: Was ist Glück? Ein Symposion. München 1976. S. 179.

Speise, die Luft, den Spaziergang, welche gesund erhalten, die Arznei, die gesund macht, und die Gesichtsfarbe, welche Gesundheit anzeigt. Die Metonymie trägt wesentlich zur – oft verwirrenden – Vieldeutigkeit von Begriffen bei.
Drei Arten von Metonymien sind wichtig für den Umgang mit philosophischen Texten:

1. Oft bezeichnen wir einen ***Prozess*** und das ***Resultat des Prozesses*** mit demselben Wort. Dies gilt für die Begriffe „Schluss" (es kann das Schließen und das Erschlossene gemeint sein), „Denken" (das „Denken der Antike" bezeichnet auch das, *was* gedacht wurde) und für die Begriffe „Bau", „Arbeit", „Bildung", „Vorstellung" und „Wahrnehmung".
2. Mit demselben Wort bezeichnet man sowohl eine ***Sache*** als auch die – im weitesten Sinne – ***Rede über die Sache***. Zwar bedeutet „Mythos" eigentlich die *Erzählung* von Göttern, Helden und Ähnlichem. Dennoch verwenden wir Formulierungen wie „der Mythos Marilyn Monroe" oder „James Dean wurde zum Mythos": Hier wird der Gegenstand eines Mythos selbst als Mythos bezeichnet. Ähnliches gilt für den Begriff „Legende".
   Auch „Ästhetik" wird metonymisch gebraucht: Zunächst bezeichnet dieser Begriff die Wissenschaft vom Wahrnehmen, vom Schönen oder von der Kunst. Aber auch dem, womit sich die Ästhetik beschäftigt, wird dieser Begriff zugeordnet, wenn wir etwa über die Ästhetik eines besonders ansprechenden Gebäudes sprechen. „Ethik" bezeichnet zwar vorwiegend das philosophische Nachdenken über Moral. Aber auch das moralische Verhalten wird als ethisch und die Moral eines Menschen als seine Ethik bezeichnet.
3. Eine Metonymie liegt auch vor, wenn der ***Träger einer Eigenschaft oder Fähigkeit*** mit dem betreffenden ***Abstraktum*** selbst bezeichnet wird. So kann man eine Frau, die schön ist, als Schönheit bezeichnen. Ähnlich verfährt man mit dem Begriff „Wahrheit", wenn man ihn – durchaus dem üblichen Sprachgebrauch folgend – auf Aussagen oder Aussagensysteme anwendet. „Sag die Wahrheit", so heißt es. Gemeint aber sind Aussagen, die wahr sind. Eine Übersetzung ins Lateinische zeigt, dass „Wahrheit" in der Tat doppeldeutig ist. „Die Wahrheit sagen" heißt übersetzt „verum dicere", also „das Wahre sagen".

Die Metonymie dient der Bequemlichkeit, indem sie Gemeintes verkürzt ausdrückt. Hier gibt es harmlose und durchaus gefährliche Varianten. Dass man jemanden, der auf tragische Weise existiert, eine tragische Existenz nennt, mag angehen. Wenn jedoch Philosophen das Seiende als „das Sein" bezeichnen, dann liegt offenbar eine sprachliche Schluderei vor, wo man ein eigentliches Sprechen erwarten sollte. Ähnlich verhält es sich, wenn Lebendes oder Lebendiges als „Leben" bezeichnet wird.
Ferner dient die Metonymie der Intensivierung der Rede bis zum Pathos. So bei Hans Jonas, in dessen Texten sich Formulierungen finden wie „die Macht ist verantwortlich", „die bloße Selbstsucht der Macht" und „das Gewissen der Macht". Hier kann nur gemeint sein, dass der Mächtige, also der Träger der Macht, verantwortlich ist und dass man dem Mächtigen Selbstsucht und Gewissen zusprechen kann.
Der Verschleierung dient die Metonymie, indem man einerseits als anonym darstellt, was auf konkrete Personen zurückgeführt werden sollte, andererseits dort personalisiert oder gar heroisiert, wo gerade nicht nur einzelne Personen am Werk sind. Wenn es etwa heißt „Die Wirtschaft (die Industrie, die Politik, die Wissenschaft, die Technik) verschärfte die Krise", dann fragt sich doch, wer genau die Verantwortlichen sind, während ein Satz wie „Napoleon schuf den Code civil" die eigentlichen Verfasser übergeht.
Man sollte überall da, wo es auf den präzisen Ausdruck ankommt, statt des Metonyms den wörtlich zu verstehende Ausdruck wählen. Dies würde der Klarheit des Denkens und der Verständlichkeit der Rede dienen. Auch philosophische Texte zeichnen sich nicht immer durch eine genaue Verwendung von Begriffen aus.

Zur „uneigentlichen", d. h. nicht wörtlich zu nehmenden Rede gehören auch die sprachlichen Mittel ***Ironie***, ***rhetorische Frage***, ***Scheintautologie*** („Jungen sind Jungen", „Es ist, wie es ist", „Vorbei ist vorbei"), ***Übertreibung*** und ***Understatement***. Diese Formen bereiten gewöhnlich keine Schwierigkeiten.

4. Bestimmung von Sprechakten. Oder: Sprechend handeln wir

1. Paraphrasieren reicht nicht

Philosophen haben sich fast immer auch auf Texte anderer Philosophen bezogen und diese analysiert, interpretiert und kritisiert. Ähnliches gilt für Sie, wenn Sie als Teile von Prüfungsaufgaben Inhaltswiedergaben zu philosophischen Texten schreiben oder mündlich vortragen müssen. Dabei wird mehr verlangt, als den Text nur zu paraphrasieren: 1. Die Struktur des vorgelegten Textes soll deutlich werden, und es soll 2. zum Ausdruck kommen, dass es sich bei Ihrem Text um die Wiedergabe fremder Gedanken handelt.
Der folgende Text ist die **Inhaltswiedergabe** eines kleinen Textes, den Georg Christoph Lichtenberg zur Zeit der Aufklärung verfasst hat. Der Verfasser der Inhaltswiedergabe hat sich bemüht, den beiden genannten Forderungen nachzukommen.

In dem vorliegenden Text gibt Lichtenberg seine Beobachtungen wieder, die den Unterschied zwischen dem „großen Genie" und dem „gemeinen Haufen" bzw. dem „gewöhnlichen Kopf" betreffen. Zuerst charakterisiert der Autor den „gewöhnlichen Kopf": Dieser sei stets der „herrschenden Meinung und der herrschenden Mode konform", er halte den jeweiligen Zustand „für den einzig möglichen" und verhalte sich in allem passiv. Als Ursache für diese Haltung gibt Lichtenberg Einfallslosigkeit an: Der „gewöhnliche Kopf" komme nicht auf die Idee, dass alles „von der Form der meublen bis zur feinsten Hypothese hinauf" auf Konvention beruhe und damit auch von ihm abhänge. Lichtenberg veranschaulicht das Gesagte, indem er als Beispiel die Schuhmode anführt, der der „gewöhnliche Kopf" auch dann folge, wenn sie unbequem und unzweckmäßig sei.
Als charakteristisches Merkmal des „großen Genies" sieht Lichtenberg die Bereitschaft, stets zu fragen: „Könnte dies nicht auch falsch sein?" Er erwähnt zur Verdeutlichung einen ihm bekannten Mann, dessen geistiger und materieller Besitz sich durch Ordnung und Nützlichkeit ausgezeichnet habe und dem es unmöglich gewesen sei, zugunsten einer bloßen Konvention auf ein eigenes Urteil zu verzichten.
Nachdem Lichtenberg den selbständig denkenden Männern dafür gedankt hat, dass sie die Menschen aufrütteln, wenn Stagnation droht, warnt er seine Zeitgenossen davor, wie die Chinesen zu werden, und er äußert die Vermutung, dass alle Nationen zu dem chinesischen Stillstand gelangen würden, wenn sie keinen Kontakt miteinander hätten.[2]

Auch ohne über die passenden Fachbegriffe zu verfügen, haben Sie wahrscheinlich herausgefunden, wie der Autor des Sekundärtextes vorgeht. Die beiden Forderungen können durch eine einzige Operation erfüllt werden, nämlich durch die Benennung der vom Autor vollzogenen Sprechakte.[3]
Jeder Text hat zwei Aspekte: einen *inhaltlichen* und einen *pragmatischen*. Der inhaltliche ist gleichzusetzen mit dem, *was* geäußert wird. Der pragmatische Aspekt dagegen meint die vom Autor vollzogenen Akte, die den geäußerten Inhalten ihre jeweilige Funktion oder Rolle zuweisen. Wenn jemand sagt: „Der Mensch ist Zweck an sich", äußert er nicht nur einen Inhalt, sondern er *tut* zugleich damit noch etwas anderes, z. B.: Er *begründet* damit eine Behauptung, er *formuliert einen Einwand*, er *widerlegt*, er *folgert*, er *referiert* oder er *bezieht* sich auf einen anderen Autor usw. Solche Akte nennt man *Sprechakte*. Die entsprechenden Verben heißen *performative Verben*. Neben dem Erfassen des *Inhalts* einer Äußerung wäre also zu fragen: Was *tut* der Autor eigentlich in eins damit, dass er sich äußert, welche Sprechakte vollzieht er? Man erkennt, was der Autor tut, *aus dem Zusammenhang* und *an bestimmten Wörtern*: an unterordnenden Konjunktionen wie *weil*, *wenn*, *obwohl* und *sodass*, an nebenordnen-

2 Der Originaltext: *Lichtenberg, Georg Christoph*: Schriften und Briefe, Bd. 1. Hrsg. v. *W. Promies*. München 1968. Nr. 194. S. 195.
3 Vgl. *Engels, Helmut*: Handwerkliches zum Schreiben über Texte. Eine metasprachliche Formulierungshilfe. In: Ethik und Unterricht, 3/2004. S. 4 ff.

den Konjunktionen wie *aber*, *denn* und *folglich* und an Adverbien wie *vielleicht*, *keineswegs*, *dadurch* und *allerdings*.
Durch die Benennung der Sprechakte bei der Inhaltswiedergabe wird von selbst die Struktur des Textes deutlich. Und da man dabei auch den *Autor* nennt, der die Sprechakte vollzieht, erkennt der Leser Ihres Textes, dass es sich um die Wiedergabe fremder Gedanken handelt. Beispiel: „Kant *behauptet*, das einzig absolut Gute in der Welt sei der gute Wille. Er *begründet* diese Behauptung, indem er *aufzählt* und *erläutert*, was nur relativ gut ist, nämlich …“

2. Vokabular und Regeln

Die Verben, die Sprechakte bezeichnen, heißen performative Verben. Die folgende Liste ist als eine Art Sehhilfe gedacht, damit es leichter fällt, vollzogene, aber nicht explizit benannte Sprechakte zu erkennen.
Ohne genaue Trennschärfe lassen sich performative Verben folgenden Bereichen zuordnen: dem Gespräch oder der Diskussion, dem Umgang mit (eigenen oder fremden) Texten sowie dem Sprechen und Schreiben in Wissenschaft und Philosophie. Die unten aufgeführte vierte Gruppe bringt Beispiele dafür, dass Sprechakte häufig recht komplex sind und sich daher nur mit entsprechend komplexen Formulierungen benennen lassen.

(1)	(2)	(3)	
sagen	wiedergeben	bezeichnen	beweisen
behaupten	zitieren	benennen	argumentieren
feststellen	paraphrasieren	bestimmen	abwägen
mitteilen	referieren	definieren	ausschließen
fragen	verweisen	unterteilen	negieren
hinterfragen	erläutern	strukturieren	bestätigen
antworten	erklären	nebenordnen	verifizieren
entgegnen	deuten	unterordnen	falsifizieren
erwidern	interpretieren	subsumieren	postulieren
einwenden	belegen	überordnen	angeben/nennen:
widersprechen	bewerten	klassifizieren	– Bedingung
widerlegen	beurteilen	spezifizieren	– Zweck
bestreiten	würdigen	abstrahieren	– Folge
bezweifeln	wiederholen	verallgemeinern	– Ursache
ablehnen	zusammenfassen	exemplifizieren	– Mittel
zustimmen	präzisieren	beziehen	– Voraussetzung
bejahen	konkretisieren	vergleichen	– Grund
danken	problematisieren	analysieren	– Geltungsbereich
bitten	kritisieren	eine These aufstellen	einen Syllogismus aufstellen
loben	erörtern	eine Prämisse nennen	auf eine Analogie hinweisen
tadeln		folgern	Gedankenexperimente durchführen
erinnern an		schließen	
vorschlagen		ableiten	einen Widerspruch nachweisen
auffordern		begründen	

(4)

– an einem Beispiel seine Auffassung verdeutlichen, – einen Einwand gegen die angebliche Stichhaltigkeit eines Arguments vortragen, – in Form einer Erzählung eine Utopie entwerfen, – ein mögliches Missverständnis ausräumen, – mithilfe eines Gedankenexperiments die Reichweite eines Gebots überprüfen, - einen Mythos, ein Gleichnis, eine Parabel erzählen, um das Verständnis eines schwierigen Sachverhalts zu erleichtern, – die Thesen des Opponenten abwertend kommentieren, - die Lösung zu einem Problem vorschlagen

Als weitere Hilfe für die Arbeit mit performativen Ausdrücken beim Verfassen von Texten über Texte hier einige **Regeln**:

- Nennen Sie bei der Inhaltswiedergabe nur die wichtigsten, vor allem die satzübergreifenden Sprechakte.
- Wählen Sie zur Benennung von Sprechakten aus der Reihe zutreffender Ausdrücke den genauesten, also statt des blassen „antworten“ da, wo dies angebracht ist, „zugeben“ „verneinen“, „bestätigen“ oder „einwenden“.
- Wenn Sie Sprechakte nennen, müssen Sie immer auch die entsprechenden *Inhalte* mitformulieren. Der Satz „Anschließend trägt Jonas Beispiele vor, die er dann erläutert“ ist überflüssig, wenn der Leser nicht erfährt, *welche* Beispiele der Autor nennt und wie er sie erläutert.
- Sätze ohne einleitende performative Ausdrücke sollten im Konjunktiv der indirekten Rede stehen. Wörtlich Wiedergegebenes wird durch Anführungszeichen hervorgehoben.

3. So kann man's machen

Nützlicher als alle Ratschläge und Regeln, die hier zu beachten sind, ist ein konkretes Beispiel, das als Muster dienen kann und ein Gefühl dafür vermittelt, was zu beachten ist. Ein solches Muster, das keineswegs Perfektion beansprucht, bietet das folgende Beispiel. Hierbei geht es um einen Textabschnitt aus einem Aufsatz von Hans Jonas.[4]

Hans Jonas vertritt die Auffassung, dass der Mensch die übliche anthropozentrische Ethik überwinden müsse, da seine technische Macht so ungeheuer groß geworden sei. Hierzu sagt er:

Immer waren es das menschliche Gut, das gefördert werden sollte, die Interessen und Rechte von Mitmenschen, die zu respektieren waren, ihnen geschehenes Unrecht, das gutzumachen war, ihre Leiden, die gelindert werden sollten. Gegenstand menschlicher Pflicht waren Menschen, äußerstenfalls: die Menschheit, und sonst nichts auf dieser Erde. (Gewöhnlich war der ethische Horizont viel enger gezogen, wie etwa in „Liebe deinen Nächsten“.) Nichts von dem verliert seine bindende Kraft.

Aber jetzt beansprucht die gesamte Biosphäre des Planeten mit all ihrer Fülle von Arten, in ihrer neu enthüllten Verletzlichkeit gegenüber den exzessiven Eingriffen des Menschen, ihren Anteil an der Achtung, die allem gebührt, das seinen Zweck in sich trägt – d. h. allem Lebendigen. Das Alleinrecht des Menschen auf menschliche Rücksicht und sittliche Beachtung ist genau mit seinem Gewinn einer fast monopolistischen Macht über alles andere Leben durchbrochen worden. Als eine planetarische Macht ersten Ranges darf er nicht mehr nur an sich selber denken.

Zwar drückt das Gebot, unseren Nachkommen kein verödetes Erbteil zu hinterlassen, diese Erweiterung des ethischen Blickfeldes immer noch im Sinne einer menschlichen Pflicht gegenüber Menschen aus – als Einschärfung einer interhumanen Solidarität des Überlebens und des Nutzens, der Neugier, des Genießens und Erstau-

4 *Jonas, H.*: Ist erlaubt, was machbar ist? Bemerkungen zur neuen Schöpferrolle des Menschen. In: UNIVERSITAS, 2/1987. S. 105 ff.

nens. Denn verarmtes außermenschliches Leben, verarmte Natur, bedeutet auch ein verarmtes menschliches Leben. Aber recht verstanden, reicht die Einbeziehung der Existenz der Fülle als solcher in das menschlich Gute und damit der Einschluss ihrer Erhaltung in des Menschen Pflicht über den nutzenorientierten und jeden anthropozentrischen Blickpunkt hinaus.

Die erweiterte Sicht verbündet das menschliche Gute mit der Sache des Lebens im Ganzen, anstatt jenes diesem feindlich gegenüberzustellen, und gewährt dem außermenschlichen Leben sein eigenes Recht. Seine Anerkennung bedeutet, dass jede willkürliche und unnötige Auslöschung von Arten an sich schon zum Verbrechen wird, ganz abgesehen von den gleichlautenden Ratschlägen des verständigen Selbstinteresses; und es wird zur transzendenten Pflicht des Menschen, die am wenigsten wiederherstellbare, unersetzbarste aller „Ressourcen" zu schützen – den unglaublich reichen Genpool, der von Äonen der Evolution hinterlegt worden ist. Es ist das Übermaß an Macht, das dem Menschen diese Pflicht auferlegt; und gerade gegen diese Macht – also gegen ihn selbst – ist sein Schutz erforderlich. So kommt es, dass die Technik, dies kühl pragmatische Werk menschlicher List, den Menschen in eine Rolle einsetzt, die nur die Religion ihm manchmal zugesprochen hatte: die eines Verwalters oder Wächters der Schöpfung.

Indem die Technik seine Wirkungsgewalt bis zu dem Punkte vergrößert, wo sie fühlbar gefährlich wird für den Gesamthaushalt der Dinge, dehnt sie des Menschen Verantwortung auf die Zukunft des Lebens auf Erden aus, das nunmehr wehrlos dem Missbrauch dieser Gewalt ausgesetzt ist. Die menschliche Verantwortung wird damit zum erstenmal kosmisch (denn wir wissen nicht, ob das Weltall sonst noch ein gleiches hervorgebracht hat). Die beginnende Umweltethik, die wahrhaft präzedenzlos sich unter uns regt, ist der noch zögernde Ausdruck dieser präzedenzlosen Ausdehnung unserer Verantwortung, die ihrerseits der präzedenzlosen Ausdehnung der Reichweite unserer Taten entspricht. Es bedurfte der sichtbar werdenden Bedrohung des Ganzen, der tatsächlichen Anfänge seiner Zerstörung, um uns dazu zu bringen, unsere Solidarität mit ihm zu entdecken (oder wiederzuentdecken): ein beschämender Gedanke.

In die folgende Inhaltswiedergabe ist die Nennung der jeweiligen Sprechakte so eingearbeitet, dass sich ein zusammenhängender Text ergibt.

Inhaltswiedergabe des Jonas-Textes

In dem Ausschnitt aus dem Aufsatz „Ist erlaubt, was machbar ist?" von 1987 setzt sich Hans Jonas mit der Frage auseinander, wieweit der Mensch heute für die Natur verantwortlich ist.

In einem Rückblick *erinnert* Jonas daran, dass es in der Ethik nur um den Menschen gegangen sei, um die Pflicht, die Interessen und Rechte der Mitmenschen zu beachten, Unrecht gutzumachen und Leid zu mindern; nichts anderes auf der Erde sei Gegenstand der Pflicht gewesen. Nebenher *merkt* er *an*, dass aber gewöhnlich die Pflichten nicht einmal die ganze Menschheit umfasst hätten. *Sein Kommentar* zu der traditionellen Ethik: Ihre Gebote behielten auch jetzt noch ihre Verbindlichkeit. Gegenüber früheren Zeiten habe sich jedoch die Situation verändert: Die Biosphäre als Ganze beanspruche wegen ihrer Verletzlichkeit durch die gewaltigen technischen Möglichkeiten des Menschen Achtung, eine Achtung, die allem gebühre, was Selbstzweck sei, also allem Lebendigen.

Jonas *räumt* ein, dass das Gebot, den Nachkommen eine Natur zu hinterlassen, die den Menschen Überleben, Genuss und Staunen ermögliche, eine „Erweiterung des ethischen Blickfeldes" (Z. 25 f.) darstelle. Allerdings gehe die Pflicht zur Erhaltung des natürlichen Reichtums über ein nutzenorientiertes, nur anthropozentrisches Denken hinaus. Dem außermenschlichen Leben werde in der erweiterten ethischen Sicht ein eigenes Recht gewährt.

Als Konsequenz hieraus *bezeichnet* Jonas die „willkürliche und unnötige Auslöschung von Arten" (Z. 44 f.) schon an sich als ein Verbrechen. Es sei sittlich notwendig, den unersetzbaren, überaus reichen Genpool, den die Natur in ungeheuren Zeiträumen hervorgebracht habe, zu schützen. *Als Grund* für diese Pflicht *nennt* Jonas die

Technik selbst, die den Menschen in die Rolle eines „Verwalters oder Wächters der Schöpfung" (Z. 59 f.) eingesetzt habe. Ihre Macht sei so groß, dass sie für den „Gesamthaushalt" (Z. 63) gefährlich werde; daher weite sie die Verantwortung des Menschen auf das zukünftige Leben auf Erden aus. *Diesen Gedanken spitzt* Jonas *zu*, indem er die heutige Verantwortung des Menschen *als* kosmisch *bezeichnet*, da wir nicht wüssten, ob das Weltall anderenorts Leben hervorgebracht habe. Jonas *beklagt*, dass erst die Anfänge der von uns verursachten Zerstörung des Ganzen uns dazu gebracht hätten, „unsere Solidarität mit ihm zu entdecken" (Z. 78 f.).

Die Kursivschreibung kennzeichnet die performativen Ausdrücke. Die Unterstreichung zeigt, welches Subjekt die genannten Sprechakte vollzieht, sodass eine Distanz zum Wiedergegebenen sichtbar wird. Sätze, die nicht durch performative Verben eingeleitet werden, sind im Konjunktiv der indirekten Rede formuliert, um wiederum die Distanz des Referierens herzustellen. Das wörtlich Übernommene ist in Anführungszeichen gesetzt und wird durch Zeilenangabe dem Bezugstext zugeordnet.

4. *Anwendung performativer Ausdrücke bei der Textkritik*

An einem weiteren Beispiel wird deutlich, dass auch beim Verfassen anderer Textsorten oder Schreibaufgaben sich die Arbeit mit performativen Verben wie von selbst einstellt, wenn man sie einmal in den Blick genommen hat.

Wer einen philosophischen Text schriftlich kritisiert, muss den Inhalt dieses Textes wiedergeben und sollte nach Möglichkeit auch sagen, wie er selbst vorzugehen gedenkt. Hier ist die Bestimmung von vorliegenden Sprechakten ebenso wichtig wie die Verwendung performativer Ausdrücke. Denn bei dem Ineinander von Wiedergabe und Kritik muss deutlich werden, wer der jeweilige Autor ist und was er „tut". Ein Beispiel soll dies verdeutlichen. Es geht um folgenden Text.[5]

Kulturelle Evolution. Die Evolution lief – bevor der Mensch verändernd eingriff – nach folgendem Schema ab: In den Nucleinsäuren sind Informationen über Bau und Funktion der Lebewesen gespeichert. Sie werden durch Mutationen abgewandelt. Durch die Selektion werden die ihnen entsprechenden Merkmale auf ihre Tauglichkeit überprüft. Über den Weg der Vererbung werden sie an die folgenden Generationen weitergegeben. Nur mutativ entstandene, neue Eigenschaften werden vererbt. Dieses Verfahren ist ungeheuer langwierig und aufwändig, aber es ist sehr sicher. Die Existenz des Lebens auf der Erde seit viereinhalb Milliarden Jahren beweist dies.

Mit der Fähigkeit, Erfahrungen von Generation zu Generation weitergeben zu können, wendet der Mensch im Grunde das gleiche Prinzip an, wie es in der Entstehung und Weitergabe von Erbanlagen vorliegt: Neue Informationen werden gefunden und weitergegeben. Innerhalb einer Population bildet sich ein Schatz gemeinsamer Erfahrungen und Informationen, die von Generation zu Generation überliefert werden. Wir bezeichnen diese Erfahrungs- und Informationsmenge der Population als ihr Kulturgut. Im Prinzip ist das auf molekulargenetischer Ebene dem gemeinsamen Erbgut beziehungsweise dem Gen-Pool vergleichbar.

Der gemeinsame Informationsschatz der Menschheit ist in seiner Evolution den gleichen Mechanismen unterworfen, wie das Erbmaterial in der biologischen Evolution. Gute Ideen werden angewandt und setzen sich durch, unzweckmäßige gehen verloren. Dabei ist es – wie in der Natur – nicht von vornherein sichtbar, ob eine neue Entwicklung gut oder schlecht ist. Auch die Saurier erlebten erst einmal eine ungeheure Blüte, ehe sie von überlegenen Lebensformen verdrängt wurden und ausstarben. Der Entwicklungsprozess, dem das gemeinsame Kulturgut der Menschen unterliegt, wird *als kulturelle Evolution* bezeichnet. Sie erfolgt nach ähnlichen Gesetzmäßigkeiten wie die biologische, aber ihre Geschwindigkeit ist unvergleichlich viel größer. In der biologischen Evolution müssen viele Generationen

5 Abschnitt „Kulturelle Evolution". In: Biologie heute, S II. Hannover 1985. S. 327.

aufeinander folgen, bis sich eine Mutation – d.h. eine neue Information – durchgesetzt hat. Die kulturelle Evolution dagegen verläuft explosiv. Wenn man an die Veränderungen denkt, die seit dem Beginn des 19. Jahrhunderts als Folgen der industriellen Revolution eingetreten sind, wird das deutlich.

Hier folgt eine (gekürzte) Fassung der Kritik. Die Passagen, in denen Kritik geäußert wird, sind durch Unterlegung hervorgehoben, um damit die Verflechtung von Inhaltswiedergabe und kritischem Kommentar sichtbar zu machen. Kursivschreibung (performative Verben) und Unterstreichung (Nennung des Sprechers) erscheinen sowohl in der Inhaltswiedergabe wie auch in der eigentlichen Kritik.

Kritische Auseinandersetzung mit dem Abschnitt „Kulturelle Evolution" eines Biologiebuches

In dem Abschnitt „Kulturelle Evolution" *vergleichen* die Autoren des Biologie-Lehrbuchs die kulturelle Entwicklung des Menschen mit der biologischen Evolution.

Zunächst *schildern* sie ganz knapp die biologische Evolution.[...] Die Darstellung der biologischen Evolution entspricht der üblichen Auffassung und dürfte nach allem, was man weiß, richtig sein.

Nun *stellen* die Autoren die *Behauptung auf*, es bestehe eine Parallele zwischen der Vererbung und der von Generation zu Generation stattfindenden Weitergabe von Erfahrungen. Hier werde „im Grunde" das gleiche Prinzip angewendet wie bei der Weitergabe von Erbanlagen. Ihre *Erläuterung*: Neue Informationen würden gefunden und weitergegeben, innerhalb einer Population bilde sich ein Schatz gemeinsamer Erfahrungen und Informationen, die von Generation zu Generation überliefert würden. Die Erfahrungs- und Informationsmenge *bezeichnen* die Autoren als „Kulturgut" und *behaupten*, es sei „im Prinzip" mit dem „gemeinsamen Erbgut beziehungsweise dem Gen-Pool vergleichbar".

An dieser Stelle möchte ich schon eine vorläufige *Kritik äußern.* Neue Informationen werden keineswegs einfach gefunden, sondern in vielen Fällen hart erarbeitet, und zwar zielgerichtet, während die Mutationen sich unbeabsichtigt, also zufällig einstellen.
Einen weiteren Unterschied zwischen der Vererbung und der Tradition *sehe* ich ferner darin, dass die Vererbung automatisch und mechanisch stattfindet, während die Weitergabe von Erfahrungen und Informationen zu einem großen Teil durch geplante, wohlüberlegte Maßnahmen zustande kommt. Sie geschieht nicht einfach, sondern wird absichtlich herbeigeführt, es liegt ihr ein Handeln zugrunde.

Nebenher *bemerkt*: Neue Erfahrungen werden nicht nur an die nächste Generation weitergegeben, sondern verbreiten sich auch innerhalb einer Generation. Vergleichbares gibt es in der biologischen Evolution nicht.

Die Autoren des Biologiebuches *sehen* noch weitere Parallelen zwischen Tradition und Vererbung. Denn *nach ihrer Ansicht* sind die gleichen Mechanismen am Werke: „Gute Ideen werden angewandt und setzen sich durch, unzweckmäßige gehen verloren." Hier wird, so *meine* ich, in unzulässiger Weise vereinfacht, was in Wirklichkeit sehr kompliziert ist. Es geht in der Kultur nicht nur um Zweckmäßigkeit und Unzweckmäßigkeit. Im Unterschied zur biologischen Entwicklung, deren einziges Kriterium die Lebensdienlichkeit oder die Angepasstheit ist, spielen in der Kultur noch andere Kriterien als die der bloßen Nützlichkeit eine Rolle: *Genannt* seien etwa Wahrheit, Schönheit und moralische Qualität.
Man kann beispielsweise *nicht behaupten*, dass Religionen sich auf Grund einer Zweckmäßigkeit durchsetzen. Denn Wein ist aus religiösen Gründen in Gegenden verboten, wo er gut gedeihen würde, und Kühe werden ebenfalls aus religiösen Gründen nicht geschlachtet, obwohl Nahrungsmangel herrscht.

„Gute Ideen", so *sagen* die Autoren, „setzen sich durch." Hier liegt der Verdacht nahe, dass sie das als gut *bezeichnen*, was sich durchsetzt: ein höchst bedenklicher Gedanke. Denn nicht alles,

was sich durchsetzt, ist gut, und nicht alles, was gut ist, hat sich durchgesetzt. Es gibt Ideologien, die sich „durchgesetzt“ haben, aber ob sie deshalb als gut zu *bezeichnen* sind, das lässt sich bezweifeln. Zu *fragen* ist natürlich, was unter „gut“ im Zusammenhang mit der menschlichen Kultur zu verstehen ist. „Zweckmäßig“ als Synonym reicht jedenfalls nicht, aber man kann „gut“ sicherlich auch mit „gerecht“, mit „ethisch gerechtfertigt“ und „human“ *gleichsetzen*. Man muss schon recht optimistisch sein, um anzunehmen, das Gute im genannten Sinne setze sich durch.
Außerdem ergäbe sich als Konsequenz aus der Auffassung der Autoren, dass wir einen ständigen Fortschritt hätten, was ich wiederum *infrage stellen* möchte. Es gibt heute keinen Geschichtsphilosophen mehr, der *behauptet*, es gebe einen beständigen kulturellen Fortschritt.

Dass die „kulturelle Evolution“ nach „ähnlichen Gesetzmäßigkeiten wie die biologische“ erfolgt, wie die Verfasser *meinen*, ist nach der bisherigen Kritik wohl kaum noch haltbar. Außerdem *nennen* sie keine Gesetzmäßigkeiten, die ihre Auffassung unterstützen könnten.
Wenn die Autoren *sagen*, dass die Geschwindigkeit der kulturellen Evolution „unvergleichlich viel größer“ sei als die der biologischen und im Unterschied zu dieser „explosiv“ verlaufe, so könnte man ihnen *zustimmen*, nämlich dann, wenn man nur auf die Schnelligkeit der Veränderung achtet (hier wird auch ausnahmsweise *ein Beispiel genannt*, nämlich die Veränderungen, „die seit dem Beginn des 19. Jahrhunderts als Folgen der industriellen Revolution eingetreten sind“). Allerdings *habe* ich *Bedenken*, die kulturellen Veränderungen einfach als „Evolution“ zu *bezeichnen*, so als entfalte sich einfach, was schon irgendwie angelegt ist.

Der Gedanke, es gebe gewisse Parallelen zwischen der biologischen Evolution und der kulturellen Veränderung, ist sicher bedenkenswert. So, wie ihn die Autoren des Biologiebuches *vortragen*, ist er aber kaum zu halten. Hier wird dogmatisch *behauptet*, was im Einzelnen *ausgewiesen* werden müsste. Ich *meine*, es wäre gut gewesen, wenn die Biologen die Grenzen ihres Faches nicht überschritten hätten, sondern „bei ihren Leisten“ geblieben wären.

Kriterien, die bei der Beurteilung des Textes aus dem Biologie-Buch, eine Rolle spielten, sind: Kohärenz mit der konventionellen Auffassung, begriffliche Genauigkeit, Notwendigkeit der Differenzierung, sachliche Richtigkeit und die Hinlänglichkeit der Begründung. Es wird nicht nur Kritik geübt, die Kritik wird auch begründet. Nebenher: Die Ausdrücke „sehen“, „meinen“ und „Bedenken haben“ sind oben durch Kursivschreibung auch als performativ gekennzeichnet, was, streng genommen, nicht korrekt ist. Allerdings kann man dem Gemeinten Aktcharakter zusprechen, wenn man „sehen“ als „konstatieren“, „meinen“ als „eine Meinung wiedergeben“ und „Bedenken haben“ als „Bedenken vortragen“ versteht.
Wenn man jene Kritik laut liest, klingt sie keineswegs prätentiös, trotz der vielen – nahezu dreißig – performativen Ausdrücke, die der Text enthält. Ihr Gebrauch ist so selbstverständlich, dass wir ihn meist gar nicht bemerken, man denke nur an die täglichen und stündlichen Nachrichten, in denen es von performativen Ausdrücken nur so wimmelt.
Immer, wenn wir darüber sprechen oder schreiben, was andere gesagt oder geschrieben haben, kommen wir nicht umhin, uns der metasprachlichen Rede zu bedienen. Ihre wichtigste Komponente dürfte in dem Wortschatz bestehen, der sich auf die sprachlich vollzogenen Akte bezieht. Wer eine Textkritik schreiben will oder soll, braucht Kriterien, um den Text beurteilen zu können. Geeignet sind Begriffspaare wie: logisch richtig – logisch fehlerhaft, schlüssig – nicht schlüssig, widerspruchsfrei – widersprüchlich, gut begründet – bloß thetisch, lückenhaft – vollständig. Ferner sachlich richtig – sachlich falsch, allgemeingültig – eingeschränkt gültig, moralisch – unmoralisch, legitim – nicht legitim, wertvoll – ohne Wert, sinnvoll – sinnlos, zweckmäßig – unzweckmäßig. Die Art der Darstellung betreffen Kriterien wie anschaulich – abstrakt, klar – verwirrend, leserfreundlich – rein sachorientiert.
Die Bestimmung der durch Sprechakte gebildeten Struktur eines Textes kann auch Grundlage

einer Kritik sein. Man kann so erkennen, in welchem Maße ein Autor argumentiert oder ob er zwar eine Reihe von Behauptungen aufstellt, die notwendigen Begründungen aber vernachlässigt.

5. Verhexung durch die Sprache

Sprache gibt zu Missverständnissen Anlass. Es gibt aber auch eine „Verhexung unseres Verstandes durch Mittel unserer Sprache“ (Ludwig Wittgenstein). Vor dieser Verhexung sind auch Philosophen nicht gefeit. Zunächst etwas ganz Simples. Menschen neigen zu der Annahme: Wenn es ein Wort für eine Sache gibt, dann gibt es auch die Sache. Es gibt das Wort „Geister“, also gibt es Geister. Dieses Denken ist natürlich höchst fragwürdig. Wichtiger ist Folgendes: Man kann an Wortarten und an der Satzstruktur indoeuropäischer Sprachen zeigen, wie wir uns von der Sprache verhexen lassen.

1. Substantive und Verben

Dass eine Wortklasse zu den Verführern des Denkens zählt, mag seltsam erscheinen, lässt sich aber für das Substantiv nachweisen.[6] In den indoeuropäischen Sprachen werden mit dem Substantiv (auch Ding- oder Hauptwort) zunächst konkrete Gegenstände, Personen und Lebewesen überhaupt bezeichnet. Das mit dem Substantiv Bezeichnete ist also etwas, das in sich steht. Es hat Substanzcharakter und damit eine gewisse Beständigkeit oder ist zu einer spontanen, eigenmächtigen Wirkung fähig. Allerdings bleibt die Anwendung des Substantivs nicht auf das Genannte beschränkt. Wenn ein Mensch *hustet*, dann kann man auch sagen, dass *der Husten* behandelt werden muss. In einer abkürzenden Sprechweise kann das Substantiv also auch auf etwas bezogen werden, das keinen Substanzcharakter hat, etwa auf Eigenschaften, Fähigkeiten, Vorgänge, Funktionen und Tätigkeiten. Nun kann es aber geschehen, dass die ursprüngliche Funktion des Substantivs sich in den Vordergrund drängt: Es kommt zur Verdinglichung, zur Substanzialisierung oder sogar zu einer Personifizierung. Denken Sie an die Kinderfrage „Wo ist der Wind, wenn er nicht weht?“ Wind ist aber nichts anderes als das Wehen der Luft selbst. Das Substantiv „Wind“ suggeriert aber eine Vorstellung, die das Kind jene Frage stellen lässt.

Begriffe, die im Verdacht stehen, unser Denken durch die Form des Substantivs in die Irre zu leiten, sind beispielsweise: *die Vernunft, der Verstand, der Geist, der Wille, die Seele, das Ich, das Selbst* und *das Bewusstsein*. Die Vernunft beispielsweise zeigt sich uns nicht als eine Substanz, die etwas tut, sondern nur in Form von Tätigkeiten.

Dem Einfluss eines Substantivs erliegt auch, wer den Satz „X hat einen Wert“ so interpretiert wie „Y hat einen Apfel“ und damit den Wert als etwas an sich Bestehendes betrachtet. Schließlich existiert der Apfel auch unabhängig von dem, der ihn hat. So spricht man vom Werteverfall, als ob die Werte etwas an sich Existierendes seien und verfallen können. Umstritten ist allerdings, ob Werte unabhängig von dem existieren, was für uns wertvoll ist. Auf die Substantivierung fällt auch herein, wer sagt: „Die Wahrheit wird sich durchsetzen“ oder „Die Vernunft wird siegen“.

Auch Verben können tückisch sein. Verben sind, so haben wir in der Grundschule gelernt, Tätigkeits- oder Tu-Wörter. Das ist nicht ganz falsch, denn im Indoeuropäischen bezeichnen Verben vor allem Tätigkeiten oder Handlungen. Wir müssen uns aber dessen bewusst sein, dass Verben keineswegs immer Tätigkeiten bezeichnen. *Frieren, fallen, leiden, sterben, ruhen, einschlafen, schlafen* sind keine Tätigkeiten. Das weiß man. Aber auch Verben wie *fürchten, hoffen, wünschen, trauern, lieben, verachten, hassen, meinen* und *glauben* bezeichnen keine Aktivitäten, sondern sog. intentionale Zustände.

2. Das Täter-Tätigkeit-Modell

Es könnte sprachlich bedingt sein, dass wir dazu neigen, bei allem Geschehen einen „Täter“ anzunehmen, der etwas bewirkt. „Der Blitz leuchtet“, so sprechen wir. Aber es gibt kein Etwas, das ein Blitz ist und zudem noch etwas tut, nämlich leuchten. Ein Satz wie „Der Baum wirft einen Schatten“ lässt den Baum zu einem Täter werden, obwohl er hier keineswegs etwas tut. (Im Japanischen gibt es solche Sätze nicht.) Das hängt mit dem Subjekt-Prädikat-Schema unserer Sprache zusammen, das sich wie in den genannten Fällen zu dem Täter-Tätigkeit-Modell (Agens-Actio-Modell) verschärft. Dieses Modell hat eine starke Wirkung auf unser Denken:

a) Die Sprache gaukelt auch dort die ***Aktivität*** eines Subjekts vor, wo entweder ein Nichttun des Subjekts vorliegt oder sogar ein Erleiden, eine Widerfahrnis. „Hans fürchtet den Hund": Hans ist hier keineswegs aktiv, vielmehr erleidet er etwas.[7]
b) Ferner gaukelt uns die Sprache vor, dass es in der Realität auch dort ***Subjekte*** gibt, wo dies höchst fragwürdig ist. „Die Natur sorgt dafür, dass …", „Die Natur wehrt sich …" und „Die Natur hat alles zweckmäßig eingerichtet": Die Vorstellung, dass die Natur ein Akteur ist, kann durchaus sprachlich bedingt sein. Die oft gehörte Personifizierung der Natur ist nur Ausdruck dafür, dass hier ein „Subjekt" am Werke ist. Die Natur wird aber nicht nur als Akteur gesehen, sondern auch als Schöpfung. Das wiederum setzt voraus, dass es ein weiteres Subjekt gibt, das die Schöpfung hervorgebracht hat, nämlich einen Schöpfer. Man kann zumindest diskutieren, ob bei dieser Vorstellung ein Einfluss der Sprache vorliegt.
Ein weiteres Beispiel: Der Satz „Ich denke" könnte falsch sein. Vielleicht gibt es ein Denken ohne Subjekt, und das, was wir als Subjekt des Denkens ansehen, nämlich unser Ich, könnte eine bloße Illusion sein. Diese These wird seit geraumer Zeit ernsthaft diskutiert. Ähnliches gilt für den Satz „Ich will …".
c) Da handelnde Subjekte auf Zwecke gerichtet sind, könnte auch ein Denken, das überall ***Zwecke*** entdeckt – wie dies im 18. Jahrhundert der Fall war – von der Sprache verhext sein. Die Naturwissenschaften jedenfalls gehen heutzutage höchst vorsichtig mit dem Zweckbegriff um. So darf man zwar sagen „Die Raupe ist grün, sodass sie nicht gefressen wird", aber nicht „Die Raupe ist grün, damit sie nicht gefressen wird." Denn dies setzt ein Subjekt voraus, das sein Tun nach einem Zweck richtet.

6. Zur Arbeit mit philosophischen Texten

Die folgenden Hinweise beziehen sich darauf, was philosophische Texte verlangen, wenn man sich mit ihnen sachlich auseinandersetzen möchte. Die Hinweise greifen auf, was bis jetzt zur Sprache gesagt worden ist, sie bringen zugleich einige notwendige Ergänzungen.

1. Philosophische Texte verstehen sich meist nicht von selbst, sie bedürfen der Interpretation (Deutung, Auslegung). **Ziel der Interpretation** ist der vom Autor beabsichtigte Sinn, also das, was der Autor in seinem Text ausdrücken will. Es reicht nicht, wenn man sich bei der Lektüre des Textes irgendetwas Gescheites denkt, denn dann wäre es in das subjektive Belieben des Einzelnen gestellt, was er aus dem Text herausholt.
2. Zu einer angemessenen Interpretation, die das vom Autor Gemeinte erfassen will, gehören Kenntnis und **Anwendung des hermeneutischen Zirkels**: Das Ganze ist von den Teilen und die Teile sind vom Ganzen her zu erschließen. Sie erkennen so, ob und an welcher Stelle der Autor Begriffe in einer ungewöhnlichen Weise verwendet und wie Metaphern und Bilder vom Kontext her zu entschlüsseln sind. Sie sollten sich bewusst machen, welches Vorverständnis Sie hinsichtlich des Themas und der Bedeutung der verwendeten Begriffe haben, um sich für Fremdes zu öffnen. Sie haben die Intention des Textes verstanden, wenn Sie die häufig unausgesprochene Frage erkannt haben, als deren Antwort der Text aufzufassen ist.
3. Neben der Klärung des Inhalts eines Textes ist die Bestimmung der mit den sprachlichen Äußerungen vollzogenen **Sprechakte** eine wichtige Interpretationsleistung. Um einen Text zu verstehen, genügt es nicht zu erfassen, *was* geäußert wird, man muss auch erkennen, welche *Rolle* das Geäußerte spielt oder was der Sprechende *tut, indem* er etwas äußert. So kann die Struktur des Textes erfasst werden.

6 *Kainz, Friedrich*: Über die Sprachverführung des Denkens. Berlin 1972. S. 208–225.
7 Ebd. S. 244 f.

4. Das von einem Philosophen Gemeinte nur zur Kenntnis nehmen, genügt nicht, die Interpretation ist nicht Selbstzweck. Die Texte sind als ***Partner eines vernünftigen Gesprächs*** anzusehen, in dem es um philosophische Fragen und Probleme geht. Das heißt: Diese Texte sind weder eine Art Autorität, der Sie sich bedenkenlos anvertrauen können, noch sind sie bloß ausgedachte Produkte, denen keine Verbindlichkeit zukommt. Sie sind vielmehr in der Erwartung ernst zu nehmen, dass sie Wichtiges zu sagen haben. Gerade dies schließt **Kritik** ein, die, auf Erkenntnis gerichtet, das Wahre vom Falschen, das Gültige vom Ungültigen trennt.

   Die kritische Frage nach der Wahrheit hat zwei unterschiedliche Richtungen. Zu unterscheiden sind die „innere" und die „äußere" Wahrheit.

   a) Wer nach der „inneren Wahrheit" fragt, untersucht, ob der Text in sich stimmt, ob er widerspruchsfrei und kohärent ist oder ob er Lücken und Fehler in der Argumentation enthält. Zirkelschluss, unvollständige Disjunktion, der Schluss vom Sein aufs Sollen und unbemerkte Äquivokation sind einige der Fehler, die es aufzudecken gilt.

   b) Schwieriger zu beantworten ist die Frage nach der „äußeren Wahrheit": Zu fragen ist, ob die dargestellten Sachverhalte Tatsachen sind oder nicht, ob es das, was behauptet wird, irgendwie auch außerhalb des Textes gibt. Die Wahrheit einer philosophischen Theorie festzustellen, ist angesichts der Eigenart der Gegenstände, von denen in der Philosophie gesprochen wird, schwieriger als in anderen Wissenschaften. Es wird für Sie notwendig sein, auf andere Texte zurückzugreifen. Erlaubt ist aber auch der Hinweis auf Ihre persönlichen Erfahrungen. Oft werden Sie sich damit begnügen müssen zu zeigen, aufgrund welcher Prämissen einer Theorie Wahrheitsgehalt zukommen kann. Die Frage, ob diese Prämissen ihrerseits wahr sind, darf offen bleiben.

   Die Phase der Kritik erfordert zwei Grundsätze: 1. Sie sollten sich vergewissern, ob Sie den Text wirklich verstanden haben, bevor Sie ihn kritisieren. 2. Sie sollten vor einer endgültigen Beurteilung möglichst viele Argumente ausfindig machen, die für die Thesen des Autors sprechen.

   Der erste Grundsatz ist trivial. Kritik mag noch so scharfsinnig sein, sie läuft ins Leere, wenn sie sich auf eine Sache richtet, die noch nicht verstanden ist.

   Der zweite Grundsatz verlangt den gutwilligen Leser. Der Autor kann sich nicht selbst verteidigen, und so ist es sozusagen eine Sache der Fairness, seine Thesen durch weitere Argumente zu stützen. Vorausgesetzt wird, dass eine philosophische Theorie richtig sein kann, auch wenn es Lücken oder sogar Fehler in der Argumentation gibt. Da das Ziel der Kritik nicht Ablehnung und Verwerfung, sondern Zuwachs an Erkenntnis ist, entspricht der genannte Grundsatz genau dieser Intention.

   Zur kritischen Beurteilung eines Textes gehört auch die Frage, welche Bedeutung er für gegenwärtiges und zukünftiges Erkennen, Werten und Handeln hat. Jetzt wird nicht mehr die Frage nach Wahrheit und Gültigkeit gestellt, sondern die nach der Relevanz des Gesagten, und es soll das Belanglose von dem unterschieden werden, was wesentlich ist.

5. Wenn Sie selbst einen ***Text über einen Text*** verfassen, sollten Sie Folgendes beachten:

▶
- Machen Sie deutlich, welche Gedanken von Ihnen und welche von dem Autor des Textes stammen, über den Sie schreiben. Dies können Sie vor allem mithilfe von performativen Verben erreichen (siehe Abschnitt über Sprechakte, S. 25 ff.).
- Sagen Sie ausdrücklich, wie Sie vorgehen wollen. So wird der Leser darauf vorbereitet, was ihn erwartet.
- Zeigen Sie, dass Sie die Fachsprache beherrschen. Zugleich müssen Sie sich allgemeinverständlich ausdrücken.
- Machen Sie sich klar, wer der Adressat Ihres Textes sein soll. Wenn Sie nur für die Lehrerin oder den Lehrer schrieben, könnten Sie sich viele Erläuterungen sparen. Da aber deutlich werden soll, was Sie gelernt haben, sollten Sie Ihre Überlegungen so weit entfalten, dass auch ein Gleichaltriger, der nicht mit Ihnen im Philosophiekurs gesessen hat, verstehen kann, was Sie meinen.

Logik – vernünftig denken und argumentieren

Argumentieren ist für die Philosophie wesentlich. Wie aber erkenne ich, ob Argumentationen – fremde und eigene – richtig sind? Die wichtigste Methode hierfür ist die Anwendung logischer Regeln und Grundsätze. Logik (griech. *logiké téchne* = Kunst oder Lehre vom Denken) verstehen wir oft als Lehre vom richtigen Denken. Das ist nicht falsch, aber missverständlich. Denn es geht nicht um die sich tatsächlich abspielenden Denkvorgänge in unserem Bewusstsein, sondern um die Beurteilung des Gedachten. Logik ist vor allem die Lehre vom richtigen, nämlich folgerichtigen Schließen. Da aber Schlüsse aus Aussagen bestehen, diese wiederum Begriffe enthalten, kann man sagen: Gegenstand der Logik sind Begriffe, Aussagen und Schlüsse.
Zur Logik gehören auch die Grundsätze des Denkens, ohne die ein Denken, das Wahrheit und Richtigkeit intendiert, nicht möglich ist. Hierzu zählt u. a. der Satz vom Widerspruch.
Während die Logik im Formalen bleibt, untersucht die Argumentationslehre auch, welche *inhaltlich* fragwürdigen Voraussetzungen einer Argumentation zugrunde gelegt werden, mag dies absichtlich geschehen, wie zuweilen in der Rhetorik, oder unbewusst, nämlich auf Grund von Irrtümern. Formale Gültigkeit garantiert noch nicht die Wahrheit der Ergebnisse einer Argumentation.
Im Folgenden ist immer wieder auch von Sprache die Rede. Dies ist notwendig, da Sprache unser Denken oft in die Irre führt und so Argumentationen misslingen lässt.[1]

1. Begriffe

Sokrates stellte Fragen wie „Was ist Tapferkeit?", „Was ist Frömmigkeit?" und „Was ist Erkenntnis?" Solche Was-ist-Fragen sind typisch für die Philosophie bis heute. Dabei geht es um die Klärung der mit dem Begriffswort gemeinten Sache. Und es geht darum herauszufinden, was man allgemein unter einem bestimmten Begriff versteht. Die Klärung von Begriffen ist für die Philosophie fundamental. Ziele sind die Erweiterung der Erkenntnis und die Gewinnung einer Sprache, die sich durch Klarheit und Eindeutigkeit auszeichnet und so eine philosophische Diskussion erst ermöglicht.

1. Begriff und Sprache

Begriffe sind notwendige Elemente unseres Denkens und Erkennens. Das Wort „Begriff" ist mehrdeutig. Wenn wir fragen „Welchen Begriff hast du gerade gebraucht?", dann meinen wir ein bestimmtes ***Wort***. Sagen wir aber „Davon kannst du dir keinen Begriff machen", meinen wir eine ***Vorstellung***.
Die traditionelle Bedeutung von „Begriff", vor allem in der Philosophie, ist ***„Allgemeinvorstellung"***.
Dass wir zwischen dem Begriff als Wort und dem Begriff als Allgemeinvorstellung unterscheiden müssen, zeigt sich daran, dass wir ein und denselben Begriff (als Allgemeinvorstellung) durch un-

1 Im Folgenden kann vieles nur angerissen werden. Für eine selbständige Beschäftigung mit Logik und Argumentationslehre sind zu empfehlen: *Weimer, Wolfgang*: Logisches Argumentieren. Stuttgart 2005; *Salmon, Wesley C.*: Logik. Stuttgart 1983.

terschiedliche Wörter bezeichnen können. Das, was wir als „Haus“ bezeichnen, heißt in anderen Sprachen „casa“, „ev“, „maison“ oder „oikia“. Und wenn Philosophen vom Begriff der Gerechtigkeit sprechen, dann meinen sie nicht das Wort, sondern eine bestimmte Vorstellung, und es spielt keine Rolle, ob das entsprechende Wort „Gerechtigkeit“, „iustitia“ oder „justice“ lautet.
Um der Eindeutigkeit willen wäre es sinnvoll, Wörter, die Allgemeinvorstellungen bezeichnen, als „Begriffswörter“ oder als „Begriffsnamen“ zu bezeichnen. Allerdings entspricht dies nicht dem üblichen Sprachgebrauch.
Wenn mehrere Wörter ein und denselben Begriff bezeichnen, sprechen wir von ***„Synonymie“***, die entsprechenden Wörter heißen ***„Synonyme“***. Beispiele: „Medikament“ und „Arzneimittel“, „Blaukraut“ und „Rotkohl“, „Harke“ und „Rechen“.
Wenn dagegen ein Wort mehrere Begriffe bezeichnet, sprechen wir von ***„Homonymie“*** oder ***„Äquivokation“***; ein solches Wort heiß ***„Homonym“*** (in der Kindersprache: „Teekesselchen“. Übrigens: Ist der Satz „*Teekesselchen* ist ein *Teekesselchen*“ sinnvoll?) Beispiele für Homonyme: „Himmel“ („sky“ und „heaven“), „Bau“ („Bauwerk“ und „Bauprozess“), „Wahrnehmung“ (gemeint ist einmal der Vorgang und ein andermal der Inhalt der Wahrnehmung), ferner: „Strauß“, „Tau“, „Philosophie“, „Bürger“, „Welt“, „Parabel“ oder auch „positiv“.
Meist wird ein Begriff durch ein Wort ausgedruckt: „ungeduldig“, „schön“, „Tisch“, „Monitor“, „Schnabeltier“, „Gerechtigkeit“, „singen“, „klassifizieren“. Zuweilen wird ein Begriff aber auch durch eine Wortgruppe benannt: „der deutsche Staatsbürger“, „spitzwinkliges Dreieck“.
Bei Übersetzungen stellen wir oft fest, dass ein Wort, das einen Begriff bezeichnet, nur mit einer aus mehreren Wörtern bestehenden Formulierung wiedergegeben werden kann. Beispiele: „pietas“ = „pflichtmäßige Gesinnung gegenüber Eltern, Kindern, Geschwistern, Anverwandten und Vaterland“; „virtus“ = „alles, was den Mann in geistiger und körperlicher Hinsicht ziert und adelt“ („virtus“ wird gewöhnlich verkürzt mit „Tugend“ übersetzt), „eudaimonia“ = „Beglücktheit als göttliche Gabe wie als persönlicher Wert“, übersetzt meist mit „Glückseligkeit“; „heiraten“ = „in matrimonium ducere“.
Begriffe kann man auch durch Formeln oder grafische Zeichen ausdrücken: „H_2O“, „∞“.
In der Alltagssprache ist die Zuordnung von Begriffsname und Allgemeinvorstellung oft recht ungenau. In den Wissenschaften wird die Zuordnung daher ausdrücklich festgelegt. Wissenschaftliche Begriffe, genauer: Begriffsnamen, heißen ***„Termini“*** (Singular: „Terminus“). Die systematische Einheit der Begriffe einer Wissenschaft heißt „Terminologie“.

2. Inhalt und Umfang, Über- und Unterordnung

Man unterscheidet den ***Inhalt*** eines Begriffs, seine ***Intension***, von seinem ***Umfang***, seiner ***Extension.***
Der ***Inhalt*** eines Begriffs besteht aus seinen Merkmalen. Beispiele: „Tisch“: Platte, Abladezweck, Stützfunktion; „Schule“: Gebäude, Wissensvermittlung, Erziehung. „Globus“: um feste Achse drehbare Kugel, Abbild der Erde.
Der ***Umfang*** eines Begriffs besteht aus all dem, worauf sich der Begriff beziehen lässt oder was ihm unterzuordnen ist. Der Ausdruck „Umfang“ selbst ist nicht günstig, da es ja um all das geht, was der Begriff umfängt; es müsste also heißen „das Umfangene“. Beispiele: Zum Umfang des Begriffs „Tisch“ gehören alle Tische, also alle Esstische, Schreibtische, Küchentische usw. Da der Umfang eines Begriffs aus der Summe aller „Dinge“ besteht, auf die er sich anwenden lässt, können wir auch den Mengenbegriff verwenden und daher auch mit der grafischen Darstellung von Mengen, dem Euler-Diagramm, arbeiten.
Begriffe stehen in vielfachen ***Beziehungen*** zueinander. Die wichtigste Beziehung ist die von Über- und Unterordnung. Der Begriff „Hund“ ist dem Begriff „Dackel“ übergeordnet: Er enthält weniger Merkmale als dieser, ist daher allgemeiner und weiter. Der Begriff „Dackel“ hat dagegen mehr Merkmale und ist damit konkreter, spezifischer und enger. Der höhere Begriff heißt ***„Oberbegriff“*** (nicht „Überbegriff“!), „genus“, „Gattung“ oder „Gattungsbegriff“, der „niedrigere“ aber heißt ***„Unterbegriff“***, „species“, „Art“ oder „Artbegriff“.
Wichtig ist: ***Man muss den Oberbegriff von dem Ausgangsbegriff „aussagen“ können.*** Ich muss also sagen können: „Der Pudel ***ist*** ein Hund“ und

„Die Meise *ist* ein Singvogel". Der Oberbegriff zu „Deutschland" ist keineswegs „Europa"; denn man kann nicht sagen: „Deutschland ist Europa", wohl aber: „Deutschland ist ein europäisches Land." Der Unterbegriff zu „Auge" ist auch nicht, wie manche sagen, „Iris". Denn man kann nicht sagen: „Die Iris ist ein Auge." Unterbegriffe zu „Auge" sind aber „Facettenauge" und „Linsenauge".

Je nach Blickrichtung kann ein und derselbe Begriff Ober- und Unterbegriff sein. „Dackel" ist Oberbegriff zu „Kurzhaardackel", aber Unterbegriff zu „Hund".

Als Regel (mit Ausnahmen) lässt sich festhalten:

▶ **Je größer der Umfang eines Begriffs, umso geringer ist sein Inhalt und umso allgemeiner ist er; je kleiner der Umfang eines Begriffs, umso mehr Merkmale enthält er und umso konkreter ist er.**

Eine Reihe von über- und untergeordneten Begriffen nennt man eine ***Begriffskette*** oder ***Begriffsleiter***. Beispiel: *Bergahorn, Ahorn, Baum, Pflanze, Lebewesen*. Manchmal ist es möglich, weitere Zwischenbegriffe einzufügen. So steht *Laubbaum* zwischen *Ahorn* und *Baum*.

Von einer ***Begriffspyramide*** oder – in den Wissenschaften – von einem ***Begriffssystem*** spricht man, wenn zu einem Oberbegriff mehrere nebengeordnete Unterbegriffe gegeben sind, die wiederum als Oberbegriffe zu spezifischeren Unterbegriffen fungieren (usw.).

Begriffe, die nichts miteinander zu tun haben, also weder im Verhältnis der Über- oder Unterordnung stehen noch einander nebengeordnet sind, nennt man ***disparate*** Begriffe.

Vorsicht! Es gibt nicht nur Begriffsverhältnisse, sondern auch Sachverhältnisse: Deutschland – Europa (Teilsein von), Schnupfen – rote Nase (Ursache – Wirkung), Mehl – Brot (Stoff – Gegenstand), Uhr – Zeit (Messinstrument – zu Messendes). Während zwischen Hammer und Werkzeug ein begriffliches, also logisches Verhältnis besteht, haben wir zwischen Hammer und Eisen ein Sachverhältnis: Der Hammer besteht (u.a.) aus dem Material Eisen. Wenn es um Begriffe als Begriffe geht, müssen Anführungszeichen oder andere Möglichkeiten der Anführung (z.B. Kursivschreibung) benutzt werden. Also müsste es oben richtig heißen: „Hammer" und „Werkzeug" bilden ein Begriff-Oberbegriff-Verhältnis.

3. Die Definition

Unter „Definition" (wörtlich „Umgrenzung") versteht man die Bestimmung von Begriffen. Definitionen dienen der Verständigung oder der Erkenntnis. Man unterscheidet:

- ***Real-*** oder ***Sachdefinitionen*** definieren Begriffe, denen sich schon Bekanntes zuordnen lässt; sie können also wahr oder falsch (unzureichend) sein. Die Definition von „Mensch" müsste also eine Realdefinition sein. Wenn jemand behauptet, der Mensch sei das lachende Lebewesen, stimmt das natürlich, aber als Definition wird das Eigentliche, nämlich die Vernunft des Menschen, nicht genannt. Lachen ist eine Wesensfolge, nicht das, was das Wesen des Menschen ausmacht.
- ***Nominaldefinitionen*** legen den Sprachgebrauch fest. Von Bedeutung sind sie im Bereich des Rechts, in den Naturwissenschaften und in der Mathematik. Sie sind weder wahr noch falsch, können aber zweckmäßig oder unzweckmäßig sein. Man könnte sie als Festlegungs- oder Festsetzungsdefinitionen bezeichnen.
- ***Feststellungsdefinitionen*** erfassen den herrschenden Sprachgebrauch (Was versteht man gewöhnlich unter „xyz"?) Sie können wahr oder falsch sein, insofern der Sprachgebrauch vielleicht ein anderer ist, als der Feststellende behauptet.

Die klassische ***Regel*** für das Definieren lautet: „Definitio fit per genus proximum et differentiam specificam", also: „Eine Definition wird gebildet durch Angabe des nächst höheren Oberbegriffs und des artbildenden Unterschieds (der spezifischen Differenz)." Beispiel: „Das Quadrat ist ein Rechteck mit gleich langen Seiten." „Rechteck" ist hier der nächst höhere Oberbegriff, und die Formulierung „mit gleich langen Seiten" gibt die spezifische Differenz an. - Jede Definition besteht aus zwei Teilen, aus dem „***Definiendum***", dem zu Definierenden, und dem „***Definiens***", dem Definierenden. In der Formu-

lierung „Der Schimmel ist ein weißes Pferd“ ist „Schimmel“ das Definiendum und „weißes Pferd“ das Definiens.
Die ***Ersetzungsregel*** besagt: Überall dort, wo das Definiendum steht, darf das Definiens eingesetzt werden und umgekehrt.

▶ ***Eine Definition sei nicht zu eng und nicht zu weit, sie gebe nicht an, welche Merkmale der Begriff nicht hat, sie enthalte keinen Zirkel, und sie gebe nicht nur Beispiele.***

Eine Definition ist zirkulär, wenn im Definiens genannt wird, was erst definiert werden soll. Beispiel: „Eine Kreistangente ist eine Gerade, die einen Kreis berührt.“ „Tangente“ heißt ja „Berührende“. Aber genau das Berühren des Kreises müsste in der Definition bestimmt werden. Richtig also: „Die Kreistangente ist eine Gerade, die mit einem Kreis genau einen Punkt gemeinsam hat.“

<u>Übungen zur Definition</u>
1. Definieren Sie: „Kreis“, „Primzahl“, „Tapferkeit“, „Planet“.
2. Entspricht die überlieferte Definition des Menschen der klassischen Definitionsregel? Sie lautet: „Der Mensch ist das vernunftbegabte Lebewesen (animal rationale).“
3. Überprüfen Sie folgende Definitionen:
   a) Der Kreis ist eine runde geometrische Figur.
   b) Ein Radio ist ein Gerät zum Anhören von Musik.
   c) Vergiftung ist eine schädliche Einwirkung toxischer Stoffe.
   d) Ein Punkt ist ein Winkel mit ausgerissenen Schenkeln.
   e) Dackel sind Hunde.
   f) Humor ist, wenn man trotzdem lacht.
   g) Lüge ist das Gegenteil zu Wahrheit.
   h) Ein Bumerang ist, wenn man ihn wirft, und er kommt nicht zurück, dann ist es keiner.
   i) Lächerlich ist, worüber man lachen kann.
   j) Fixstern ist ein Stern, der weder Planet noch Komet ist.
   k) Philosophie ist der Versuch, das Erkenntnisproblem zu lösen.
   l) Unter „Mord“ versteht man die Tötung eines Menschen.

4. Verfahren der Begriffsbestimmung und Begriffsklärung

Sie werden bei einer schriftlichen oder mündlichen Prüfung oft gezwungen sein, Begriffe selbst zu bestimmen und Ihre Auffassung dem Adressaten verständlich zu machen. Und da Ihnen immer auch Texte vorliegen werden, kommt es darauf an, die Bedeutung der vorliegenden Begriffe (Begriffsnamen) zu verstehen. Die folgende Übersicht soll Ihnen Möglichkeiten an die Hand geben, wie Sie vorgehen können, um einem anderen Ihre Vorstellung von der Bedeutung des von Ihnen benutzten Begriffs deutlich zu machen. Und sie stellt Verfahren vor, wie Sie herausbekommen, wie ein anderer einen bestimmten Begriff versteht, den dieser selbst nicht erläutert.

a) Einem anderen Begriffe erklären
1. Das bekannteste, aber keineswegs immer notwendige Verfahren der Begriffsbestimmung ist die **intensionale Definition**. Sie bezieht sich auf den **Inhalt** eines Begriffs. Sie haben oben schon das Wesentliche erfahren.
2. Ebenfalls auf die Intension bezieht sich die oft praktikablere **Charakteristik** eines Begriffs: Sie nennt nicht alle wesentlichen Merkmale, sondern nur die, die für den Zusammenhang der jeweiligen Kommunikationssituation von Bedeutung sind. Etwa: „Zum Handeln gehört das Setzen von Zwecken“ oder „Eine Aussage ist immer entweder wahr oder falsch“. Was sonst noch zum Handeln oder zu Aussagen gehört, ist hier ausgeblendet. Weitere Beispiele: „Zur Tapferkeit gehört das Bewusstsein der Gefahr“ und „Muße ist durch Selbstzweck-Sein gekennzeichnet.“
3. Wenn Ihnen schwerfällt, eine exakte Definition zu geben, können Sie sich mit auch mit **Dass- oder Wenn-Sätzen** helfen. Allerdings muss die Einleitung zu den Nebensätzen geschickt gewählt sein. So kann man die Frage nach der Bedeutung von „Gerechtigkeit“ so beantworten:
   - Zur Gerechtigkeit gehört, dass man einem jeden gibt, was ihm zusteht.

- Gerechtigkeit besteht darin, dass man jedem gibt, was ihm zusteht.
- Ein Mensch handelt gerecht, wenn er jedem gibt, was ihm zusteht.
- Gerechtigkeit herrscht, wenn jeder das bekommt, was ihm zusteht.
- Man spricht von Gerechtigkeit, wenn jeder das bekommt, was ihm zusteht.

Die verpönte Wenn-Formulierung bei einer Definition („Humor ist, wenn man trotzdem lacht") kann also, richtig eingesetzt, deutlich machen, dass man einen Begriff im Wesentlichen verstanden hat.

4. Statt den Inhalt eines Begriffes zu bestimmen, können Sie auch den Umfang, die Extension, angeben. Gemeint ist all das, was der Begriff „umfängt", genauer: all das, was sich ihm zuordnen oder unter ihn subsumieren lässt. Bei der **extensionalen Definition** werden, wenn sie vollständig sein soll, alle Unterbegriffe oder Elemente aufgezählt: „Zu den Kategorien gehören nach Kant nur Quantität, Qualität, Relation und Modalität", „Als Skandinavier bezeichnet man Dänen, Schweden und Norweger".
5. Eine abgeschwächte Form der Möglichkeit, den Umfang eines Begriffs zu bestimmen, ist die, charakteristische **Beispiele** – Unterarten oder konkret Einzelnes – anzuführen: „Begriffe sind z. B. *Haus, Gerechtigkeit, singen* und *tugendsam*." Mithilfe der exemplarischen Begriffsbestimmung lassen sich auch schwierige Begriffe verstehen, verstehen im Sinne einer klaren, nicht aber einer deutlichen Erkenntnis. Zur Verdeutlichung des Gemeinten empfiehlt es sich oft, neben Beispielen auch **Gegenbeispiele** zu nennen: „Aussagen sind Sätze wie *Hans schwimmt*, *Margret ist schön* und *Newton war Astronom*", keine Aussagen sind dagegen Sätze wie *Hat es gestern geregnet?*, *Gib mir bitte das Buch!* und *Hätte ich doch das Examen!*"
6. Eher ungewöhnlich, aber hin und wieder nützlich, ist die **Begriffserörterung** im ganz engen Sinne, nämlich im Sinne einer locatio, einer Ortsbestimmung: Genannt werden der Oberbegriff, nebengeordnete Begriffe, untergeordnete Begriffe und Beispiele. Der zu erörternde Begriff wird also wie eine Leerstelle eingekreist. Ein nur partiell ausgeführtes Beispiel für eine locatio wäre: „Philosophie gehört zu den Bemühungen des Menschen um Erkenntnis wie z. B. der Mythos, die Theologie, die Kosmologie und die Geschichte; Einzeldisziplinen sind z. B. Ethik, Logik, Metaphysik, Ästhetik und Erkenntnistheorie." Es ist jedenfalls einfacher, die Disziplinen zu definieren als den Begriff „Philosophie" selbst.
7. Auf die Gemeinsamkeit von Begriffen oder von Begriff und bildhafter Vorstellung kommt es beim **Vergleich** an. Beispiele: „Nach Platon sind *Ideen* für das Erkennen das, was das Licht für das Sehen ist", „Die *Philosophen* sind eher Anatome als Ärzte" und „*Ambivalent* nennt man etwas, das man als Medaille mit zwei Seiten bezeichnet". Vergleiche sind oft besonders einprägsam.
8. Im Gegensatz zum Vergleich sieht man bei der **Begriffsunterscheidung**, der „distinctio", gerade auf die nicht übereinstimmenden Merkmale meist nebengeordneter Begriffe und kann so das Besondere klarer erfassen. Man denke an „Furcht" und „Angst" oder an „Anschauung" und „Begriff". „Legalität" und „Moralität" beziehen sich bei Kant auf ein und dasselbe: auf die Realisierung des sittlich Gebotenen. Kant spricht von „Moralität", wenn das moralisch Richtige aus Pflicht getan wird, von „Legalität", wenn das Motiv die Neigung ist.
9. Um zu verdeutlichen, was Sie mit einem Begriff meinen, genügt es oft, den fraglichen Begriff durch ein **Synonym** zu ersetzen. Allerdings ist hier Vorsicht geboten. Denn Begriffe sind eher selten uneingeschränkt synonym, unterscheiden sich vielmehr in Nuancen, vor allem in der Konnotation (Konnotation: das, was bei der Verwendung eines Begriffs in stilistischer oder affektiver Hinsicht noch mitschwingt). So sind *wirkungsvoll* und *effektiv* zwar bedeutungsgleich, doch klingt *effektiv* technischer, kompetenter als das eher schwerfällige *wirkungsvoll*. Und *Team* klingt moderner, dynamischer und effizienter als *Arbeitsgruppe*.

Trotz leichter Nuancen dient es aber der Verständigung, *Empathie* durch *Einfühlungsvermögen*, *Witz* durch *Esprit* und *gemein* durch *üblich* oder *gewöhnlich* zu ersetzen. Vorsicht ist geboten bei Synonymen, deren Konnotation von dem zu ersetzenden Wort erheblich abweicht: So gibt es eine Reihe von Ausdrücken für das *Stehlen*: *klauen, mopsen, mitgehen lassen, abstauben, ausleihen; korrekter Abzug*. Welche Wertung drückt sich aus? Wird hier verharmlost? (Siehe unten: b) 6.)

b) Herausfinden, was mit einem Begriff gemeint ist

1. Eine Hilfe bei der Begriffsbestimmung von sogenannten Abstrakta wie „Wahrheit", „Gerechtigkeit", „Weisheit" und „Lüge" besteht darin, zunächst die **Grundbegriffe** zu **bestimmen**, von denen sie abgeleitet sind. Es ist einfacher, die entsprechenden Adjektive und Verben, hier also „wahr", „gerecht", „weise" und „lügen" zu erläutern, als die entsprechenden Nomen. Zur Vereinfachung der Formulierung ist es zweckmäßig, in die Begriffsbestimmung Wenn-Sätze einzubauen, z. B. „Man nennt einen Satz wahr, wenn ..." oder „Ein Mensch lügt, wenn er ...".
2. Ein Mittel der Begriffsklärung ist das **Gedankenexperiment**. Man denkt sich irreale Beispiele aus und überprüft an ihnen die bisherige Auffassung von der Bedeutung des fraglichen Begriffs. „Nehmen wir an, wir entdeckten unter der Erde Hunderte von Kilometern unter der Erdoberfläche Wesen, die mehr oder weniger wie Menschen aussehen, intelligent sind, aber keine Gefühle besitzen, keine Kunst hervorbringen und niemals scherzen. Würden wir sie für Menschen halten?"
3. Als Vorbereitung für die Begriffsbestimmung kann die **Wortfelduntersuchung** dienen, in der verwandte und korrespondierende Begriffe zusammengestellt werden, die durch Unterscheidungen und Gemeinsamkeiten einander erläutern. So gehören zu dem Wortfeld von *Ich* die Begriffe *ichbezogen*, *selbst*, *selbstlos*, *selbstsüchtig*, *ego*, *Egoismus*, *Eigenliebe*, *du*, *alter*, *Altruismus*, *Subjekt* und *subjektiv*.
4. Eine Hilfe für das rechte Verstehen eines Begriffs ist manchmal die **etymologische Untersuchung.** Sie geht der Frage nach, welche Bedeutung das Wort ursprünglich hatte. Nützlich ist sie vor allem bei Fremdwörtern und beim Vorliegen älterer Texte, deren Sprachgebrauch nicht mehr dem gegenwärtigen entspricht. Gewöhnlich wird *Autonomie* zu Recht als *Selbstbestimmung* verstanden; die präzisere Bedeutung dieses Begriffs ergibt sich allerdings aus seinen etymologischen Bestandteilen *autos* und *nomos: Autonomie* heißt wörtlich *Selbstgesetzgebung*.
   Bei dem Rückgang auf das Etymon dürfen Sie nicht vergessen, dass die ursprüngliche Bedeutung eines Begriffs verloren gehen kann und sich zuweilen in sein Gegenteil verkehrt. Der *Kontrahent* ist ursprünglich der *Vertragspartner*, eine falsche Etymologie hat aus ihm aber einen *Gegner* gemacht.
5. Wenn eine Textlektüre zeigt, dass der Autor einen bestimmten Begriff möglicherweise in einer anderen Bedeutung verwendet, als dies üblich ist, so empfiehlt es sich, den Begriffsnamen faktisch oder auch nur in der Vorstellung **unleserlich** zu machen, so als habe man einen fragmentarischen Text. Und man frage sich, welches Wort vom Kontext her am besten in die Lücke passt. Die Beachtung des Kontextes ist bei allen Fachtexten zu empfehlen.
6. Zur Klärung von Begriffen kann auch gehören, ihre **emotive Bedeutung** zu bestimmen. Diese liegt in der Tendenz, bestimmte Emotionen auszudrücken und hervorzurufen. Wir empfinden die Verwendung eines entsprechenden Begriffes als lobend oder abfällig. Die emotive Bedeutung eines Wortes kann sich wandeln und je nach Kontext unterschiedlich sein. *Weib* war früher ein neutraler Paarbegriff zu *Mann*. Heute wird dieser Begriff eher im verächtlichen Sinne gebraucht.
   Von Bedeutung ist die emotive Rolle von Begriffen besonders bei den Euphemismen, die durch ihre positiv-emotionale Sinnkomponente der Verharmlosung, der Beschönigung oder sogar der Verschleierung dienen. Beispiele für Euphemismen: *Entsorgungspark, Freisetzung von Arbeitern und Angestellten, Null-Wachstum, Lean-Management, finaler Rettungsschuss, Kollateralschäden* oder auch der in der Jugendsprache beheimatete Begriff *korrekter Abzug* für Raub.
   Auch das Schlechtmachen des Gegners gehört zur emotiven Bedeutung von Begriffen. Im

Bereich der Philosophie werden die Begriffe *Rationalist*, *Positivist*, *Materialist*, *Utilitarist* und *Metaphysiker* zuweilen mit negativem Unterton verwendet. Im Alltag gelten die Begriffe *Frauenversteher*, *Warmduscher* oder *Mausklicker* als Ausdruck der Verachtung. Ein besonders infamer Ausdruck ist der Begriff *Gutmensch*. Man benutzt diesen Ausdruck, um Menschen, die sich für eine gute Sache einsetzen, die aber politisch nicht unbedingt erwünscht ist, als naiv und unrealistisch abzustempeln.

7. Zur Begriffsklärung gehört auch, den Unterschied zwischen den sogenannten **absoluten Begriffen** und den **Relationsbegriffen** zu beachten. Bei letzteren ist die Bestimmung der Anzahl der „Stellen" erforderlich, die in der Relation verbunden sind.
   Als absolute Begriffe bezeichnet man solche, die sich auf Dinge beziehen, die man losgelöst von anderen betrachten kann, wie Haus, Baum, Pferd und Stein. Begriffe aber, die eine Beziehung enthalten oder etwas betreffen, zu dem notwendigerweise eine Beziehung gehört, heißen auch *relative Begriffe* oder auch *Relatoren*.
   Relationsbegriffe, die eine Beziehung *zwischen* „Dingen" bezeichnen, sind beispielsweise „lieben", „größer als", „abhängig", „relevant", „ähnlich" und „deuten". Die hier gemeinten Beziehungen verknüpfen mindestens zwei „Dinge" miteinander: „*Harry* liebt *Bärbel*." Der Begriff „lieben" ist also *zwei*stellig. Ein *drei*stelliger Relationsbegriff ist „Autorität": Er setzt einen *Träger* (z. B. den Professor, der Autorität hat), ein *Subjekt* (den Studenten, für den der Professor Autorität hat) und ein *Gebiet*, für das der Träger der Autorität zuständig ist (z. B. Sinologie), in Beziehung. (Es ist denkbar, dass der Student für den Professor ebenfalls eine Autorität ist, allerdings auf einem anderen Gebiet.)
   Relationsbegriffe führen leicht zu Missverständnissen. So ist der Begriff der *Gleichheit* immer wieder Fehldeutungen ausgesetzt. Der Satz „Alle Menschen sind gleich" ist, für sich genommen, unsinnig, da die Menschen doch verschieden sind nach Geschlecht, Körpergröße, Alter, Haarfarbe, Fähigkeiten, Absichten usw. Man muss also fragen: „Worin oder in welcher Beziehung sind alle Menschen gleich?" Ähnliches gilt für den Relationsbegriff *Freiheit*, bei dem zu fragen ist, wovon oder wozu jemand frei sei.
   Was bedeutet z. B die Forderung „Gleiche Steuern für alle!"? Bei der Kopfsteuer bezahlen alle den gleichen Betrag, bei der Proportionalsteuer bezahlen alle den gleichen Prozentsatz ihres Einkommens, und bei der progressiven Steuer sollen die Belastungen gleich groß sein, d. h. dass sowohl die Beträge als auch die Prozentsätze unterschiedlich sind. Was also soll genau gleich sein?
8. Der Gebrauch eines allgemeinen **Wörterbuchs** oder eines **Fachlexikons** ist keineswegs überflüssig; denn trotz der Abhängigkeit der genauen Bedeutung eines Begriffs vom Zusammenhang (Kontextdetermination) ist die lexikalische Bedeutung von Nutzen: Sie enthält, wenn auch zuweilen in vager Weise, einen sozial verbindlichen Kern. Auch für das Erkennen eines unüblichen Sprachgebrauchs bietet sie einen Anhaltspunkt.
9. Grundsätzlich sollten Sie sich bei dem Versuch, die Bedeutung eines Begriffs in einem gegebenen Zusammenhang herauszufinden, folgende Fragen stellen:
   - Wird der zu untersuchende Begriff in einem **engen** oder in einem **weiten** Sinne verstanden? Mit „Ding" meinen wir gewöhnlich leblose Gegenstände. In einem ganz weiten Sinn gebrauchen wir „Ding", wenn in einem religiösen Kontext von den höchsten und letzten Dingen die Rede ist.
   - Ist der Begriff **alltagssprachlich** oder im Sinne einer **wissenschaftlichen** Terminologie zu verstehen? So ist mit „Strecke" in der Alltagsrede etwas anderes gemeint als mit „Strecke" in der Mathematik. Denn in der Mathematik ist die Strecke immer die kürzeste Verbindung zwischen zwei Punkten, was auf eine Rennstrecke keineswegs zutreffen muss.
   - Wird der Begriff im **eigentlichen**, direktbegrifflichen Sinne oder **uneigentlich**, also metaphorisch oder metonymisch verwendet? Wenn ein Zeitungsartikel einen Politiker als schlauen Fuchs bezeichnet, kann

nicht der Fuchs der Biologie gemeint sein. In dem Satz „Ich habe mein Buch in der Biologie liegen lassen“, ist „Biologie“ nicht als Wissenschaft zu verstehen. Gemeint ist bloß der Raum, in dem Biologie unterrichtet wird.
Aber: auch wenn ein Begriff nicht wörtlich zu verstehen ist, kann man seine uneigentliche Verwendung nur verstehen, wenn die wörtliche Bedeutung bekannt ist.

Übung
Erschließen Sie aus dem Zusammenhang, was jeweils mit „Wahrheit“ und „wahr“ gemeint ist. Es genügt, wenn Sie Synonyme finden oder das Gemeinte umschreiben.

1. Ich bezweifle die Wahrheit dieser Aussage.
2. Dies ist die Stunde der Wahrheit.
3. Sag die Wahrheit, die ganze Wahrheit.
4. Die Wahrheit wird ans Licht kommen.
5. Dem habe ich einmal gründlich die Wahrheit gesagt.
6. aus der Wahrheit leben
7. subjektive Wahrheit
8. wahre Liebe, ein wahrer Freund, ein wahrer Teufel, ein wahrer Rembrandt
9. Pilatus: „Was ist Wahrheit?“ Der Philosoph: „Was ist Wahrheit?“
10. Was du da machst, ist nicht das Wahre.

2. Einfache Aussagen

Aussagen (früher auch „Urteile“) sind Sätze, bei denen man grundsätzlich entscheiden kann, ob sie wahr oder falsch sind. Die Form der Aussage ist gewöhnlich der Aussagesatz. (Die rhetorische Frage „Ist dieser Herbst nicht traumhaft?“ ist als die Aussage „Dieser Herbst ist traumhaft“ gemeint.)
Die Veranschaulichung der logischen Struktur einfacher Aussagen der Form „S ist P“ (S = Subjektsbegriff, P = Prädikatsbegriff) ist mithilfe des oben schon genannten Mengendiagramms möglich (s. S. 36). Hierbei geht man vom Umfang der Begriffe aus. Das Verfahren wirkt sehr einfach, bewährt sich aber – wie noch gezeigt werden soll – bei der Überprüfung der Korrektheit von Schlüssen.[2] Es gibt folgende Möglichkeiten:

1.

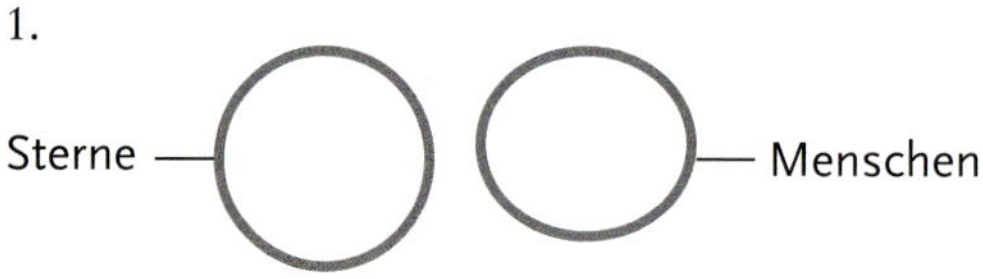

Diese Darstellung veranschaulicht die Aussagen „Kein Stern ist ein Mensch“ und „Kein Mensch ist ein Stern“.

2.

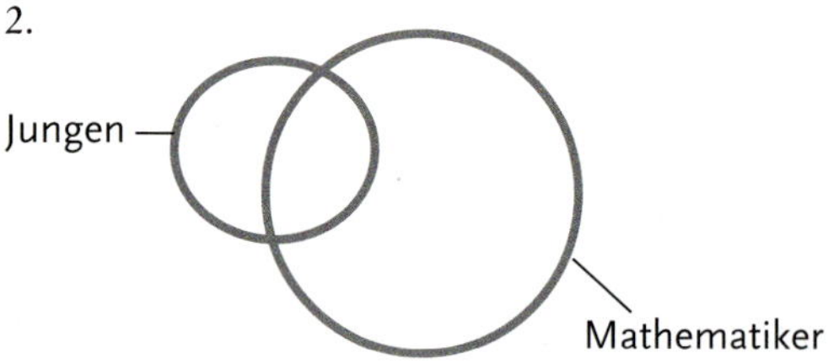

Bedeutung: „Einige Jungen sind Mathematiker.“ Und: „Einige Mathematiker sind Jungen.“

3.

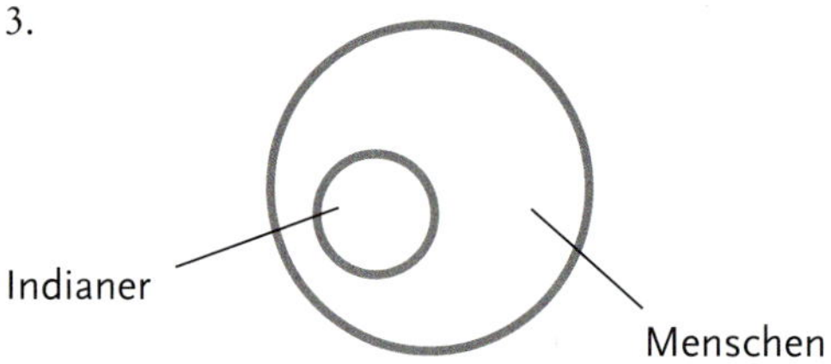

Bedeutung: „Alle Indianer sind Menschen.“ Und: „Einige Menschen sind Indianer.“

Der Blick auf die Kreise zeigt, dass man aus einer einfachen Aussage einen – wenn auch simplen – Schluss ziehen kann, und zwar indem man den Satz umkehrt, genauer: indem man den Subjekts- und den Prädikatsbegriff vertauscht. So können wir aus dem Satz „Kein Genie ist ein Dummkopf“ schließen: „Kein Dummkopf ist ein Genie.“ Aber aus dem Satz „Alle Indianer sind Menschen“ dürfen wir keineswegs schließen: „Alle Menschen sind Indianer“. Es muss jetzt heißen: „Einige Menschen sind Indianer.“ Aus „Einige Mädchen sind Sängerinnen“ dürfen wir allerdings nur unter Vorbehalt schließen: „Einige Sängerinnen sind Mädchen.“ Wir setzen hier auf-

grund unserer Kenntnis voraus, dass nicht nur Mädchen Sängerinnen sind. Das Wort „einige" kann sich nämlich auf eine Schnittmenge und auf eine Teilmenge beziehen. Schwierig? Nein: Schauen Sie sich nur die Grafiken an, denen „einige" zugeordnet wird.
Der Volksmund weiß: „Alles Gold glänzt, aber nicht alles, was glänzt, ist Gold." Wenn es heißt: „Alle Antisemiten sind gegen die Siedlungspolitik Israels", dann darf man daraus nicht schließen: „Alle Gegner der Siedlungspolitik Israels sind Antisemiten." Und der Schluss von „Machtversessene Politiker wollen unbedingt die Wahl gewinnen" zu der Aussage „Alle Politiker, die unbedingt die Wahl gewinnen wollen, sind machtversessen" ist schlicht unerlaubt.
Zur Terminologie: Aussagen sind hinsichtlich ihrer ***Qualität*** entweder positiv (bejahend) oder negativ (verneinend) und hinsichtlich der ***Quantität*** universal (allgemein) oder partikular (besonders). Der Satz „Einige Lehrer sind keine Fantasy-Fans" ist eine negative partikulare Aussage.
Den Schluss aus einer einfachen Aussage durch „Umkehrung" nennt man „unmittelbarer Schluss". Die so genannten mittelbaren Schlüsse beruhen auf mehreren Aussagen. Um solche Schlüsse geht es im folgenden Unterkapitel. Der – zu enge – Titel wurde gewählt, da wir gewöhnlich unter Schlüssen solche verstehen, die aus mehreren Aussagen gebildet werden.

3. Schlüsse

Aristoteles war der erste Philosoph, der eine Schlusslehre, und zwar die Syllogistik, verfasst hat. Es geht hier um Verfahren, wie ich von schon bekannten Aussagen folgerichtig zu neuen Aussagen kommen kann. Wenn heute gesagt wird „Das ist doch logisch", dann bestätigt man eine überzeugende Folgerichtigkeit des Gesagten oder meint, dass hier richtig geschlossen wurde. Man kann zwar auch ohne Kenntnis der Schlusslehre folgerichtig denken, die Kenntnis der Verfahren gibt allerdings Sicherheit und hilft, Fehler zu vermeiden oder zu entdecken.

1. Der kategorische Schluss

Hier befinden wir uns im Kern der Logik. Als Argument (oder Argumentation) bezeichnet man eine Gruppe von Aussagen, die in einem Begründungszusammenhang stehen: Eine der Aussagen ist die zu begründende ***Behauptung*** oder ***These***, die anderen Aussagen dienen der ***Begründung***. (Zuweilen werden auch die begründenden Aussagen als Argumente bezeichnet.)

Die Form, in der ein Argument (eine Argumentation) auftritt, kann recht unterschiedlich sein:

a) Sokrates ist sterblich; denn er ist ein Mensch, und Menschen sind sterblich.
b) Sokrates ist ein Mensch. Daher ist er sterblich, denn alle Menschen sind sterblich.
c) Da Sokrates ein Mensch ist, muss er sterblich sein. Schließlich sind alle Menschen sterblich.
d) Alle Menschen sind sterblich. Daher ist auch Sokrates sterblich. Er ist auch nur ein Mensch.

Zur Überprüfung der Richtigkeit eines Arguments (einer Argumentation) bringt man dieses in eine Standardform, die aus zwei ***Prämissen*** (Voraussetzungen) und der ***Konklusion*** (Schluss oder Schlussfolgerung) besteht.

1. Prämisse:	Alle Menschen sind sterblich.
2. Prämisse:	Sokrates ist ein Mensch.
Konklusion:	Sokrates ist sterblich.

Diese Standardform nennt man ***„Schluss"*** oder ***„Syllogismus"***. (Manchmal wird auch der ganze Syllogismus als Schlussfolgerung bezeichnet und die Konklusion als Schluss. Die Sprache ist nicht frei von Willkür.) Der Syllogismus ermöglicht die Gewinnung einer neuen Erkenntnis durch Herleitung aus zwei vorgegebenen Aussagen. Diese müssen allerdings einen gemeinsamen Begriff, den sog. ***„Mittelbegriff"***, aufweisen. Der Mittelbegriff des Beispiels ist „Mensch". Zur Bildung der Konklusion wird er sozusagen weggekürzt.
Je nach Stellung des Mittelbegriffs und abhängig davon, ob es sich bei den Prämissen um ***positive*** („alle" und „einige") oder ***negative*** („kein" und „einige nicht") Aussagen handelt, gibt es eine Vielzahl von Kombinationen, den „Figuren", von

2 Vgl. *Schupp, Hans*: Elemente der Logik. Braunschweig 1970.

denen aber nur ein Teil „logisches“, also korrektes Schließen ermöglicht.

Richtig ist folgender Schluss.

Alle Navahos sind Indianer.
Alle Indianer sind Menschen.

Alle Navahos sind Menschen.

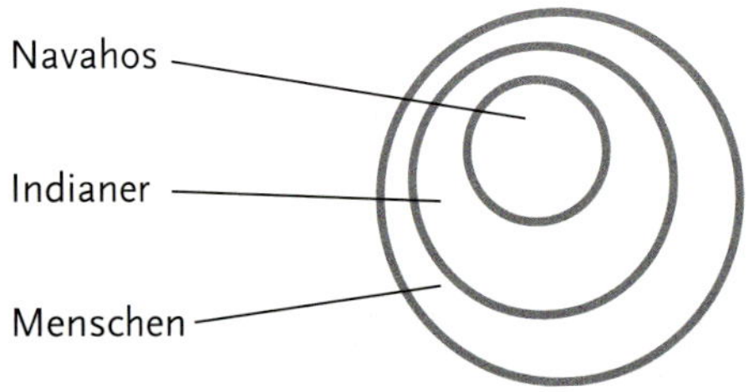

Ein negatives Beispiel:

Alle Philosophen sind gute Denker.
Schüler sind noch keine Philosophen.

Also: Schüler sind noch keine guten Denker.

Auch wenn die beiden Prämissen wahr sind, ist die Schlussfolgerung falsch, da nicht nur Philosophen gute Denker sind. Das heißt, der Umfang des Begriffs „gute Denker“ ist größer als der Umfang des Begriffs „Philosophen“.

Zur Überprüfung der Richtigkeit eines Schlusses ist es nützlich, sich des Mengendiagramms zu bedienen. Der Kreis für „Schüler“ liegt bei dem geschilderten Beispiel laut 2. Prämisse außerhalb des Kreises für „Philosophen“. Aber ob er auch außerhalb des Kreises für „gute Denker“ liegt oder diesen schneidet, lässt sich von den Prämissen her nicht sagen. Es ist also kein korrekter Schluss möglich.

Sinnvoll ist auch die Formulierung von analogen Beispielen, an denen man die Korrektheit von Schlüssen überprüfen kann. Der folgende Syllogismus ist genauso gebildet wie das oben formulierte negative Beispiel von den Schülern und den guten Denkern:

Alle Menschen sind Zweibeiner.
Hühner sind keine Menschen.

Kein Huhn ist Zweibeiner.

Hier springt ins Auge, dass es sich um einen nicht korrekten Schluss handeln muss.
Es gibt eine Reihe von Regeln zur Überprüfung der formalen Richtigkeit von Schlüssen, z. B.: *Es dürfen nicht beide Prämissen partikulär oder nur verneinend sein.* Aber auch ohne Kenntnis der Regeln entdeckt, wer Verstand hat, fehlerhafte Formen des Schließens. Hilfreich ist hier vor allem der Mengenkreis.

▶ Man muss unterscheiden zwischen der formalen Richtigkeit eines Schlusses und der Wahrheit der Aussagen des Schlusses.

Beispiel für einen formal richtigen Schluss:

Alle Rheinländer sind Kölner.
Alle Kölner sind stets melancholisch.

Demnach: Alle Rheinländer sind stets melancholisch.

Es liegt auf der Hand, dass dieser Schluss trotz der formalen Richtigkeit unsinnig ist.

Erster Nachtrag: Umgangssprachlich kann eine Allaussage unterschiedlich formuliert werden: Statt „alle Italiener“ kann es heißen „*der* Italiener“ oder „*jeder* Italiener“. – Wenn Logiker das unbestimmte Zahlwort „einige“ benutzen, mei-

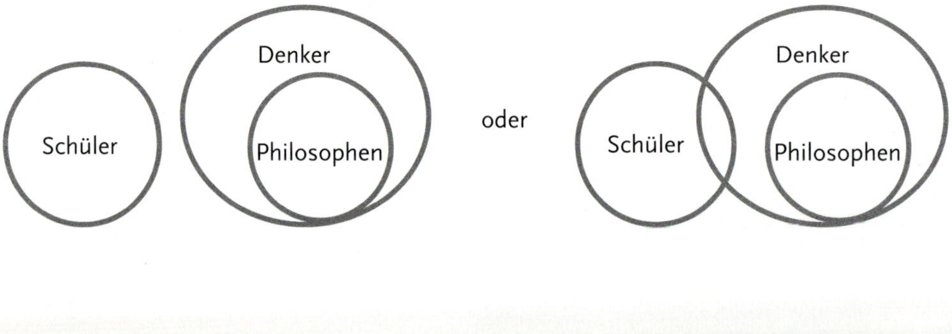

nen sie nur „mindestens einer", wobei es nach oben keine Grenze gibt. In der Alltagsrede würden wir „einige" verwenden, wenn mehr als drei Dinge gegeben sind; und wenn sich die Anzahl der jeweils obersten Grenze nähert, benutzen wir den Ausdruck „viele".

Zweiter Nachtrag (nur eine Wiederholung): Wenn wir argumentierend miteinander diskutieren, tragen wir normalerweise nicht zunächst zwei Prämissen vor und formulieren dann die Konklusion. Vielmehr gehen wir umgekehrt vor. Am Anfang steht eine These – im Syllogismus ist dies die Schlussfolgerung –, und wir schieben als Begründung nach, was wir in der Standardform als Prämissen bezeichnen. *These:* Sokrates ist sterblich. *Begründung:* Sokrates ist ein Mensch, und alle Menschen sind sterblich.

Vorsicht: Fehlschlüsse

Ein zuweilen vorkommender Fehler liegt vor, wenn ein Begriff zwei Bedeutungen hat, dies aber übersehen wird. Es kommt dadurch zur „Vervierfachung der Begriffe" („quaternio terminorum"). Ein Schluss darf aber nur drei Begriffe enthalten.

Der Star ist ein Vogel.
Mick Jagger ist ein Star.

Folglich: Mick Jagger ist ein Vogel.

Wunder sind göttliche Eingriffe in die Natur.
Dass Markus das Abitur geschafft hat, ist ein Wunder.

Dass M. ..., ist ein göttlicher Eingriff in die Natur.

Trotz der formalen Richtigkeit des Schlusses und trotz der Wahrheit der Prämissen ist das Ergebnis falsch, da der Mittelbegriff äquivok (siehe „Teekesselchen", S. 36) gebraucht wird.

Verhängnisvoll kann der folgende, ebenfalls auf der „quaternio" beruhende Fehler sein:

Was negativ ist, ist etwas Schlechtes.
Der ärztliche Befund ist negativ.

Also: Der ärztliche Befund bedeutet also etwas Schlechtes (= ich bin krank).

Die bisher dargestellten Schlüsse heißen „kategorisch", da sie aus kategorischen Aussagen bestehen. Diese haben die Form „Subjekt – *Prädikat*": Alle Menschen *sind sterblich.*

Übung zum kategorischen Schluss

Formulieren Sie Ihre Schlüsse aus den genannten Voraussetzungen auf einem Blatt. Wenn kein Schluss möglich ist, begründen Sie dies.

1. Alle Mathematiker sind gute Denker.
   Herr Müller ist Mathematiker.
   Also: ...

2. Alle Chinesen sind Menschen.
   Kein Mensch ist allwissend.
   Also: ...

3. Einige Jungen sind Kunstturner.
   Alle Kunstturner sind gute Sportler.
   Also: ...

4. Einige Mädchen sind hervorragende Sängerinnen.
   Einige Mädchen sind sehr intelligent.
   Also: ...

5. Alle Blumen sind Pflanzen
   Einige Pflanzen sind giftig.
   Also: ...

6. Alle Spinnen sind Achtbeiner.
   Kein Insekt ist Achtbeiner.
   Also: ...

7. Einige Teenies sind fröhliche Menschen.
   Alle Teenies haben manchmal Kummer.
   Also: ...

2. Der hypothetische Schluss

Eine Schlussart, bei der oft Fehler gemacht werden, ist der hypothetische Schluss, der einen oder mehrere Wenn-Sätze (hypothetische oder konditionale Sätze) enthält. Die Hauptform ist der gemischt hypothetische Schluss, bei dem die erste Prämisse ein Wenn-Satz, die zweite aber eine kategorische Aussage ist.

Überprüfen Sie mithilfe des gesunden Menschenverstandes die folgenden (gemischt hypothetischen) Schlüsse:

a) Wenn p, dann q.	Wenn es regnet, wird die Straße nass.
Nun p.	Nun regnet es.
Also q.	Also wird die Straße nass.
b) Wenn p, dann q.	Wenn es regnet, wird die Straße nass.
Nun nicht q.	Nun wir die Straße nicht nass.
Also nicht p.	Also regnet es nicht.
c) Wenn p, dann q.	Wenn es regnet, wird die Straße nass.
Nun nicht p.	Nun regnet es nicht.
Also nicht q.	Also wird die Straße nicht nass.
d) Wenn p, dann q.	Wenn es regnet, wird die Straße nass.
Nun q.	Nun wird die Straße nass.
Also p.	Also regnet es.

Schluss c und d sind falsch: Die Straße wird nicht nur nass, wenn es regnet; denn sie kann auch mithilfe eines Gartenschlauches nass gemacht werden.

Die **Regel** lautet also:

▶ Wenn die Bedingung gilt, gilt auch das Bedingte, und wenn das Bedingte nicht gilt, gilt auch nicht die Bedingung.
Aber: Wenn die Bedingung nicht gilt, darf man nicht auf das Nichtgelten des Bedingten schließen, und wenn das Bedingte gilt, darf man nicht auf das Gelten der Bedingung schließen.

Mit anderen Worten: Die Geltung der Bedingung ist hinreichend, aber nicht notwendig für das Gelten des Bedingten, und das Bedingte ist notwendig, aber nicht hinreichend für das Gelten der Bedingung.
Wem das zu kompliziert ist, kann sich auch Folgendes merken:

▶ *Richtig* sind
– das „Ja zur Bedingung"-Argument
– das „Nein zum Bedingten"-Argument

Ein Beispiel: Wenn Gerechtigkeit herrscht, dann werden die Menschen bei gleichen Voraussetzungen auch gleich behandelt. Aber Gleichbehandlung bei gleichen Voraussetzungen verbürgt noch nicht Gerechtigkeit, denn bei der Gleichbehandlung kann der Maßstab ungerecht sein. Das heißt: Gleichbehandlung ist zwar notwendig für die Gerechtigkeit, aber keineswegs hinreichend.
Ein weiteres Beispiel: Wenn Sonnenfinsternis ist, dann ist Neumond. Aber nicht immer, wenn Neumond ist, tritt eine Sonnenfinsternis ein. Das heißt: Der Neumond ist zwar notwendig, aber nicht hinreichend für eine Sonnenfinsternis. Denn der Mond kann sich – von der Erde aus gesehen – bei Neumond auch unterhalb oder oberhalb der Sonne befinden.

Übung zum hypothetischen Schluss
Überprüfen Sie die Richtigkeit der Schlussfolgerung

1. Wenn die Welt von Gott geschaffen wurde, dann zeigt sie Ordnung und Gesetzmäßigkeit.
   Die Welt zeigt tatsächlich Ordnung und Gesetzmäßigkeit.
   Also wurde die Welt von Gott geschaffen.

2. Wenn man maßvoll lebt, wird man alt.
   Herr Meyer lebt nicht maßvoll.
   Also wird Herr Meyer nicht alt.

3. Sokrates ist glücklich, wenn Xanthippe verreist ist.
   Xanthippe ist verreist.

   Sokrates ist glücklich.

4. Wenn Till moralische Bedenken gegen das Trinken hat, trinkt er niemals.
   Till trinkt niemals.

   Folglich hat er moralische Bedenken gegen das Trinken.

5. Wenn Großvater ein Gläschen Rotwein trinkt, ist er gut gelaunt.
   Großvater ist gut gelaunt.

   Also hat er ein Gläschen getrunken.

6. Henry schreibt gute Klassenarbeiten, wenn er fleißig gelernt hat.
   Henry hat eine gute Klassenarbeit geschrieben.

   Demnach hat Henry fleißig geübt.

7. Wenn das Barometer fällt, verschlechtert sich das Wetter.
   Das Barometer fällt.

   Also verschlechtert sich das Wetter.

8. a) Wenn jemand Mitgefühl für andere hat, ist er hilfsbereit.
   Herr Müller ist hilfsbereit.

   Folglich hat er Mitgefühl für andere.

   b) Wenn jemand Mitgefühl für andere hat, ist er hilfsbereit.
   Herr Meier hat kein Mitgefühl für andere.

   Demnach ist er auch nicht hilfsbereit.

   c) Wenn jemand Mitgefühl für andere hat, ist er hilfsbereit.
   Herr Schmitz ist nicht hilfsbereit.

   Also hat er auch kein Mitgefühl für andere.

   d) Wenn jemand Mitgefühl für andere hat, ist er hilfsbereit.
   Herr Schulz hat Mitgefühl für andere.

   Folgerung: Herr Schulz ist hilfsbereit.

3. Der praktische Syllogismus

Im Bereich der Ethik spielt der praktische Syllogismus eine Rolle. Dabei muss eine der Prämissen normativ (normgebend, präskriptiv, wertend) sein, die andere ist deskriptiv (beschreibend). Die Schlussfolgerung ist wieder normativ. Dabei gibt es u. a. folgende Möglichkeiten.

a) Bewertung einer konkreten Handlung
1. *Normative Prämisse:*
   Lügen ist eine moralisch schlechte Handlung.
2. *Deskriptive Prämisse:*
   X hat gelogen.

   Normativer Schluss:
   X hat moralisch schlecht gehandelt.

b) Herleitung einer Handlungsanweisung
1. *Normative Prämisse:*
   Die Gesundheit darf nicht gefährdet werden.
2. *Deskriptive Prämisse:*
   Das Rauchen in Kneipen gefährdet die Gesundheit.

   Normativer Schluss:
   In Kneipen darf nicht geraucht werden.

4. Das Toulmin-Schema der Argumentation

Die Syllogistik (s. S. 43) kümmert sich nicht um die Wahrheit der Aussagen. Sie überprüft lediglich die Gültigkeit der Schlüsse im Sinne des korrekten Schließens. Bei formal richtigen Schlüssen ist die Konklusion wahr, wenn die Prämissen wahr sind. Um die Aufmerksamkeit auch auf die Wahrheit der Prämissen zu richten und das Argumentieren in Alltag und Wissenschaft effektiver zu machen, hat der Philosoph Stephen Toulmin ein angereichertes Argumentationsschema entworfen.[3]

Dabei ergänzt er die drei Bausteine des Syllogismus (1. Prämisse, 2. Prämisse, 3. Konklusion) um drei weitere Bausteine. Diese sind:

- **Backing:** Die ***Absicherung*** oder ***Stützung*** der 2. Prämisse.
- **Qualifier**: Die Benennung des ***Geltungsanspruchs*** oder des ***Wahrscheinlichkeitsgrads*** der Schlussfolgerung durch Modaloperatoren,

3 *Toulmin, Stephen*: Der Gebrauch von Argumenten. Weinheim ²1996. S. 86–130.

vor allem durch Modaladverbien wie „notwendig", „wahrscheinlich" oder „vermutlich".

- **Rebuttal:** Die Möglichkeit, ***Gegenbehauptungen, Ausnahmebedingungen*** oder den ***Geltungsbereich*** zu formulieren; es geht darum, die Anfechtbarkeit der 2. Prämisse zu vermindern oder auch Gegenbeispiele zuzulassen oder zu antizipieren.

Diese Ergänzungen zum üblichen Schema machen eine Schlussfolgerung durchsichtiger und überzeugender.
Die Benennung der Bausteine des Syllogismus ist gewöhnungsbedürftig.

- **Datum**: benennt die ersten Prämisse. Es geht um sichere ***Informationen, Tatsachen*** oder ***Fakten***.
- **Warrant:** gemeint ist die allgemeine zweite Prämisse. Sie enthält die ***Rechtfertigung*** der Schlussfolgerung. Der englische Begriff wird meist auch – missverständlich – mit ***„Schlussregel"*** übersetzt.
- **Claim**: Die Schlussfolgerung des Syllogismus erscheint bei Toulmin als ***Behauptung***. Der Autor spricht hier aber auch von „conclusion". Das ist völlig korrekt. Denn wenn wir diskutieren, benutzen wir nicht die Standardform des Syllogismus (Prämisse, Prämisse, Konklusion), sondern beginnen mit einer Behauptung und schieben dann die Prämissen als Begründung hinterher.

Ein Beispiel:
„Tim wird im Beruf Karriere machen, denn er hat gute Noten. Wenn seine Noten bis zum Abitur nicht schlechter werden, hat er beste Chancen für seinen weiteren beruflichen Werdegang, wie Statistiken über den Zusammenhang von Schulnoten und Berufs-Chancen belegen."

Da die Übersetzungen ins Deutsche uneinheitlich sind, geschieht die folgende Anwendung des Toulmin-Schemas mithilfe der Anfangsbuchstaben der englischen Bezeichnungen (siehe Schaubild 1, rechts).

Für Ihr eigenes Argumentieren bedeutet das Toulmin-Schema:

- Stützen Sie die (oft fragwürdige) allgemeine 2. Prämisse.
- Sagen Sie ausdrücklich, wie gewiss oder wahrscheinlich Ihre Behauptung ist.
- Nennen Sie gegebenenfalls Ausnahmebedingungen, die Ihre Behauptung abschwächen können (so beweisen Sie, dass Sie gründlich nachgedacht haben).
- Falls auch Ihre 1. Prämisse eine allgemeine Aussage ist, sollten Sie diese auch absichern.

Auch wenn Sie das Toulmin-Schema nicht bei Ihrer Argumentation anwenden, dürfte es als Suchanweisung bei der Überprüfung der Argumente anderer nützlich sein. So können Sie etwa erkennen, ob ein Autor seine Prämissen noch weiter begründet und ob er den Wahrscheinlichkeitsgrad der Wahrheit seiner These benennt.

Das Toulmin-Schema ist in vereinfachter Form auch auf praktische Syllogismen anwendbar (siehe Schaubild 2, rechts).

Wichtig ist hier die Stützung (**B**) der normativen Prämisse (**W**). Sie kann auf unterschiedliche Art geschehen. Als Folgen kann man moralische Gefühle, Moralkodizes, moralische Autoritäten, ethische Systeme der Philosophie oder das Gewissen nennen.

1

D Tim hat gute Schulnoten. → *deshalb* → **Q** Zu vermuten: **C** Er wird Karriere machen.

wegen **W**
Gute Schüler haben gute Berufsaussichten.

aufgrund von **B**
Statistiken über den Zusammenhang von Schulnoten und Karrierechancen

wenn nicht **R**
Seine Noten werden schlechter.

2

D Katrin hat gelogen. → *deshalb* → **C** Katrin hat moralisch schlecht gehandelt.

wegen **W**
Lügen ist eine moralisch schlechte Handlung.

aufgrund von **B**
Lügen zerstört das Vertrauen.

es sei denn **R**
Katrin hat einen Mord verhindert.

4. Gegensätze, Widersprüche und Disjunktionen

Dieser Abschnitt hat mit Unterschiedlichem zu tun, nämlich mit einem der Grundsätze des Denkens, mit der Begriffslehre, mit Aussagen und mit Schlüssen. Die Durchbrechung der Systematik ist sinnvoll, da es innere Beziehungen zwischen den dargestellten Sachverhalten gibt.

1. Der Satz vom (zu vermeidenden) Widerspruch

Der Satz vom Widerspruch gehört zu den Grundsätzen, ohne die ein vernünftiges Denken nicht möglich wäre.
A sagt: „Der Mensch ist durch die Evolution entstanden." B sagt: „Nein, der Mensch ist von Gott erschaffen worden." Wenn wir dies hören, sagen wir: „Das widerspricht sich." Wir sehen hier einen Widerspruch. Allerdings versteht die Logik etwas anderes unter einem Widerspruch als die Alltagsrede. Nicht jede Unvereinbarkeit oder Gegensätzlichkeit von Aussagen wird als Widerspruch aufgefasst, sondern nur bestimmte. Beispiele: „Gott existiert." – „Gott existiert nicht." „Auf dem Mars gibt es Wasser." – „Auf dem Mars gibt es kein Wasser." „Der Mensch ist von Natur aus gut. – „Der Mensch ist von Natur aus nicht gut." Bei diesen Fällen ist der eine Satz jeweils die Verneinung des anderen. Hier liegt ein echter Widerspruch vor. Dabei gilt, dass nicht beide Aussagen zugleich wahr sein können, dass aber eine der beiden Aussagen wahr und die andere falsch sein muss. Ich kann also von der Falschheit einer der beiden Aussagen auf die Richtigkeit der jeweils anderen schließen. Und die Richtigkeit einer der beiden Aussagen schließt die Falschheit der jeweils anderen ein.

Der Satz vom – zu vermeidenden – Widerspruch wird in der Formel gefasst: „A ist nicht Nicht-A." Damit können Sie nicht viel anfangen. Aristoteles hat sich bei der Formulierung des Satzes vom Widerspruch komplizierter, aber auch informativer ausgedrückt:

> ▶ „Es ist unmöglich, demselben dasselbe in derselben Hinsicht zugleich zu- und abzusprechen."

Warum so kompliziert? Nun: Man muss natürlich von derselben Sache sprechen. Mit dem Begriff „Star" kann Unterschiedliches gemeint sein. Und es muss sich um denselben Zeitraum oder Zeitpunkt handeln, denn Dinge verändern sich. „Till war Schüler" – „Till war nicht Schüler": Das muss sich nicht widersprechen, da von unterschiedlichen Zeiten die Rede sein kann. Und warum ist die Hinsicht (die Relation, die Beziehung) zu beachten? „Milch ist gesund" – „Milch ist ungesund": Das muss ebenfalls kein Widerspruch sein, denn es kommt erstens auf die Menge an, die man trinkt, und zweitens gibt es Menschen mit einer Milchunverträglichkeit.
Wenn ein echter Widerspruch vorliegt, brauchen wir also: 1. Zwei Aussagen, die einander verneinen. 2. Es muss sich um **dieselben** „Dinge" handeln, über die etwas gesagt wird. 3. Es muss über diese „Dinge" **dasselbe** gesagt werden. 4. Es muss sich um **denselben Zeitraum** handeln, und es muss 5. **dieselbe Hinsicht** gemeint sein.
Die Beachtung des Satzes vom Widerspruch ist überall da unerlässlich, wo es um Erkenntnis, also um Wahrheit geht. Außerdem hat er die Funktion einer *Suchanleitung*: Er lässt uns nach Argumenten suchen, die die eine oder die andere der beiden einander widersprechenden Behauptungen stützen.

<u>Übung zum Satz vom Widerspruch</u>
Liegt in den Beispielen ein logischer Widerspruch vor?

a) Der Angeklagte: „Ich war zum betreffenden Zeitpunkt in X." – Der Zeuge: „Der Angeklagte war zum betreffenden Zeitpunkt in Y."
b) Der Fingerhut ist giftig. – Der Fingerhut enthält eine wertvolle Medizin.
c) Tini lügt. – Tini sagt die Wahrheit.
d) Hans ist Atheist. – Hans glaubt an Gott.
e) Der Punkt der Mathematik ist ausdehnungslos. – Der Punkt der Mathematik ist ausgedehnt.

2. Konträre und kontradiktorische Gegensätze

Zu den Begriffsbeziehungen gehört auch die Gegensätzlichkeit: Begriffe können logische Gegensätze bilden. Man unterscheidet hier den konträren vom kontradiktorischen Gegensatz.

Ein *konträrer* – auch diametraler oder polarer – Gegensatz liegt vor, wenn zwei Begriffe die äußersten Enden einer Reihe bilden, also Extreme sind: „Tag“ – „Nacht“, „weiß“ – „schwarz“, „Hütte“ – „Palast“. Hier ist jeweils ein Mittleres möglich: „Dämmerung“, „grau“ und „Einfamilienhaus“.

Beim *kontradiktorischen,* also einen Widerspruch enthaltenden Gegensatz ist der eine Begriff die Negation (die Verneinung) des anderen und umgekehrt; eine dritte Möglichkeit gibt es hier nicht: „sterblich“ – „unsterblich“ (wer nicht unsterblich ist, ist sterblich; wer nicht sterblich ist, ist unsterblich). Weitere Beispiele: „direkt“ – „indirekt“, „unmittelbar“ – „mittelbar“, „farbig“ – „farblos“, „endlich“ – „unendlich“, „staubig“ – „staubfrei“, „sinnvoll“ – „sinnlos“.

Die Negation wird nicht immer sprachlich ausgedrückt oder ist nicht immer als solche ohne Weiteres zu erkennen; sie liegt auch vor bei „lebendig“ – „tot“, „zeitlich“ – „ewig“, „wahr“ – „falsch“, „Ruhe“ – „Bewegung“ (hinsichtlich desselben Bezugspunktes), „Notwendigkeit“ – „Kontingenz“, „relativ“ – „absolut“ und „normal“ – „anomal“. In der Umgangssprache verbürgt die Negation nicht immer einen kontradiktorischen Gegensatz. Wenn man sagt: „Hans ist nicht unhöflich“, bedeutet dies noch nicht, dass man ihn für wirklich höflich hält.

„Weiß“ und „schwarz“ sind konträre, „weiß“ und „nicht weiß“ dagegen kontradiktorische Gegensätze.

Auch Aussagen können kontradiktorische oder konträre Gegensätze bilden. Konträr sind beispielsweise die Aussagen „Karla ist übergewichtig“ und „Karla ist untergewichtig“: Es kann nicht beides gleichzeitig zutreffen, aber beide Aussagen können falsch sein; dann nämlich, wenn Karla ihr Idealgewicht hat. Bei konträren Aussagen kann man zwar von der Wahrheit der einen Aussage auf die Falschheit der anderen schließen. Aber ich darf nicht von der Falschheit einer der beiden Aussagen auf die Richtigkeit der anderen schließen.

Kontradiktorisch, also im strengen Sinne widersprüchlich, ist das Verhältnis bei Sätzen wie „Die Oberfläche der Kugel ist unbegrenzt“ und „Die Oberfläche der Kugel ist begrenzt.“ Beide Aussagen können nicht richtig sein. Und man darf von der Richtigkeit der einen auf die Falschheit der anderen schließen und von der Falschheit der einen auf die Richtigkeit der anderen (siehe: Satz vom Widerspruch!).

Übrigens lautet das kontradiktorische Gegenteil zu dem Satz „Alle Wege führen nach Rom“ keineswegs „Kein Weg führt nach Rom.“ Denn es gibt hier etwas Mittleres: „Einige Wege (also mindestens einer) führen nach Rom.“ Das kontradiktorische Gegenteil zu „Alle Wege führen nach Rom“ lautet also „Einige Wege (also mindestens einer) führt nicht nach Rom“. Dies schließt auch die Möglichkeit ein, dass kein Weg nach Rom führt.

3. Disjunktionen

„Oder-Verbindungen“ oder „Oder-Verknüpfungen“ heißen in der Logik *Disjunktionen* (disjungere = trennen). Im Deutschen ist das „oder“ doppeldeutig. (Das Lateinische unterscheidet „vel“ von „aut – aut“.) „Oder“ kann „entweder – oder“ bedeuten oder „und/oder“.

Nehmen wir folgende Aussagen: „An einer Bedarfshaltstelle hält der Bus, wenn Leute einsteigen oder aussteigen wollen“ und „Dreiecke sind rechtwinklig, stumpfwinklig oder spitzwinklig“.

Im *ersten* Satz ist das „oder“ ein einschließendes „oder“, d.h. es bedeutet „und/oder“; denn es kann ja sein, dass Leute zur selben Zeit aus- und die draußen wartenden einsteigen wollen.

Im *zweiten* Satz ist das „oder“ ein ausschließendes „oder“. Ein Dreieck ist entweder rechtwinklig oder stumpfwinklig oder spitzwinklig. Es kann nicht sowohl spitzwinklig als auch rechtwinklig und auch nicht rechtwinklig *und* stumpfwinklig sein und auch nicht …

Wenn wir im Alltag Oder-Verbindungen benutzen, meinen wir fast immer dieses „entweder-oder“. „Heute Abend gehe ich ins Theater oder in die Oper.“ – Dennoch: Welches „oder“ ist in den folgenden Sätzen gemeint:

– „Es wäre schön, wenn ich am nächsten Samstag im Toto oder im Lotto gewinnen würde.“ – „Der Nikolaj hat bestimmt wieder eine Eins oder eine Zwei geschrieben.“ – „Ich wette mit dir, dass du heute Nachmittag die Petra oder die Marie triffst.“ Gegebenenfalls müssen wir nachfragen, was gemeint ist.

Die Frage, ob eine Disjunktion vollständig ist oder nicht, ist wichtig in einer Argumentation. Eine Disjunktion ist vollständig, wenn sie alle zutreffenden Glieder umfasst: „Ein Skandinavier ist entweder ein Schwede, ein Norweger oder ein Däne."

Häufig tauchen in Disjunktionen Gegensätze auf. Dabei kommt es vor, dass eine zweigliedrige Disjunktion mit einem kontradiktorischen Gegensatz behauptet wird, wo in Wirklichkeit ein konträrer Gegensatz oder eine andere, mehr als zwei Glieder umfassende Reihe nebengeordneter Begriffe vorliegt. Wenn man von einem Schüler mit schlechten Noten sagt: „Der Hans ist dumm oder faul", so ist diese Disjunktion unvollständig, da es noch andere Gründe für schlechtes Abschneiden gibt, z. B. Sorgen oder Desinteresse.

Unvollständige Disjunktionen liegen auch den folgenden Beispielen zugrunde:

1. Wer kein Pazifist ist, ist ein Kriegshetzer.
2. Jan hat nicht die Wahrheit gesagt, er hat also gelogen.
3. Wer kein Befürworter der staatlichen Herrschaft ist, ist ein Chaot.
4. Über dieses Thema kann man nur eine Doktorarbeit oder oberflächliches Geschwafel schreiben.
5. Wer nicht für mich ist, ist gegen mich.
6. Wenn dies keine Kunst ist, ist es eben Kitsch.
7. Jemand, der nicht altruistisch denkt, denkt egoistisch.
8. Wer sich so freundlich anderen Menschen gegenüber verhält, fürchtet entweder die Konfrontation oder will bei allen beliebt sein.
9. Wenn Tiere keine Personen sind – und sie sind es nicht –, dann sind sie Sachen, also rechtlos.

In allen Beispielen lässt sich ein weiteres Glied einfügen.

Bei echten kontradiktorischen Gegensätzen gibt es nur zwei Glieder, nur eine Alternative im strengen Sinne: „Ein Dreieck ist entweder spitzwinklig oder nicht spitzwinklig", „Aussagen sind entweder wahr oder falsch", „Gott existiert, oder er existiert nicht".

Manche (viele, vielleicht alle?) Menschen neigen zu undifferenziertem Denken, zur Schwarz-Weiß-Malerei. Sie nehmen z. B. an, dass das, was nicht durch und durch gut ist, durch und durch schlecht oder böse sein muss (Letzteres gilt immer von den „anderen").

4. Der disjunktive Schluss

Disjunktive Schlüsse haben u. a. diese Form:

S ist entweder P oder Q oder R.
<u>S ist P.</u>
S ist nicht Q und nicht R.

Beispiele:

a) 1. Arzneimittel sind (entweder) nützlich, wirkungslos oder schädlich.
   2. Dieses Mittel ist nicht schädlich.
   ___
   Also: Dieses Mittel ist entweder nützlich oder wirkungslos.

b) 1. Die Winkel im Dreieck sind entweder rechte, spitze oder stumpfe Winkel.
   2. Dieser Winkel ist kein rechter Winkel und auch kein spitzer Winkel.
   ___
   Also: Dieser Winkel ist stumpf.

Disjunktive Schlüsse sind einfach, aber tückisch. Denn es kommt häufig vor, dass die Disjunktion unvollständig ist.

- Von einem Schüler, der keine guten Leistungen bringt, sagt A: „Bert ist dumm oder faul." B sagt darauf: „Dumm ist der jedenfalls nicht, das weiß ich von einem Intelligenztest." Darauf A: „Also ist der Bert faul." Der Schluss ist nicht erlaubt. Warum nicht?
- Jana: „Du weißt doch: Wer nicht für mich ist, ist gegen mich. Du bist aber nicht für mich. Also bist du gegen mich." Stimmt's?
- Niklas: „Der Mensch hält die Gesetze nur ein, weil er entweder zu feige ist, sie zu brechen, oder weil er sich einen persönlichen Vorteil davon verspricht." Nennt Niklas alle Möglichkeiten?

Vollständig sind auf jeden Fall Disjunktionen, deren Glieder in einem kontradiktorischen Gegensatz stehen: „weiß" – „nicht weiß", „krank" – „gesund", „alle" – „einige nicht", „kein" – „mindestens einer".

5. Fehlschlüsse

<u>1. Kausale Fehlschlüsse</u>

„Kausal" bedeutet: auf ein Ursache-Wirkungs-Verhältnis bezogen. Kausale Fehlschlüsse bestehen also darin, dass zu Unrecht auf ein bestimmtes Ursache-Wirkungs-Verhältnis geschlossen wird, wo in Wirklichkeit keines vorliegt. Diese Fehlschlüsse gründen u. a. darauf, dass Ursachen der Wirkung vorausgehen, also ein zeitliches Verhältnis vorliegt. Man darf zwar von einer Ursache auf die Wirkung schließen, aber nicht umgekehrt von der Wirkung auf die Ursache.

Post hoc ergo propter hoc (Der „Nach X, also durch X"-Fehlschluss).
Weil B nach A auftritt, glaubt man, dass A auch die Ursache für B ist. Beispiele, die unmittelbar einleuchten:
- Mein Großvater trank immer ein Glas Himbeergeist, wenn er die ersten Anzeichen einer Erkältung feststellte. Und siehe da, er wurde ganz schnell wieder gesund. Der Himbeergeist tat stets gute Wirkung.
- Dennis hatte die letzten Arbeiten in allen Fächern schlechter geschrieben als sonst. Sein Vater hielt ihm einen langen Vortrag darüber, wie wichtig es sei, sich in der Schule anzustrengen. Die nächsten Arbeiten fielen wieder besser aus. „Siehst du", sagte der Vater von Dennis zu seiner Frau, „ meine Gardinenpredigt hat gewirkt." – Was war geschehen? Dennis hatte sich in ein Mädchen der Parallelklasse verliebt. Er hatte gehört, dass sie viel von Jungen hielt, die gut in der Schule waren. Und da hatte sich Dennis energisch auf den Hosenboden gesetzt.
- Die alten Chinesen glaubten, dass bei einer Mondfinsternis der Mond von einem Drachen verschlungen wurde. Was taten sie dagegen? Sie brannten Feuerwerk ab und machten einen Höllenlärm. Und siehe da: Der Drache wurde von Furcht erfüllt und ließ vom Mond ab, der sich bald wieder in vollem Glanz zeigte. Ihre Anstrengung war nie vergebens.

Vertauschung von Ursache und Wirkung
- Ein englischer Reformer des 19. Jahrhunderts bemerkte, dass die Landwirte, die in allem maßvoll und fleißig waren, wenigstens eine oder zwei Kühe besaßen. Die, die keine besaßen, waren für gewöhnlich faul und trunksüchtig. Er machte den Vorschlag, all den Landwirten eine Kuh zu geben, die noch keine besaßen, um sie in allem maßvoll und fleißig zu machen.[4]
- Von Bertolt Brecht gibt es einen kleinen Dialog, der mit „Erfolg" überschrieben ist:
  Herr K. sah eine Schauspielerin vorbeigehen und sagte: „Sie ist schön." Sein Begleiter sagte: „Sie hat neulich Erfolg gehabt, weil sie schön ist." Herr K. ärgerte sich und sagte: „Sie ist schön, weil sie Erfolg gehabt hat."
- Till hat ein sehr geringes Selbstbewusstsein, weil er oft gehänselt wird. Oder ist es so, dass er …?
- Katrin bekommt gute Noten in der Schule, weil die Lehrer sie mögen. Oder ist es so, dass …

Cum hoc ergo propter hoc (Der „Gemeinsam mit X, also durch X"-Fehlschluss)
Ein manchmal vorkommender Fehlschluss besteht darin, dass zwei gemeinsam auftretende Ereignisse als Ursache und Wirkung interpretiert werden. Hierbei wird nicht nur ohne genauere Untersuchung ein Zusammenhang zwischen den Ereignissen behauptet, sondern eines der beiden Ereignisse gilt als die Ursache des anderen. Genauer: A und B treten gemeinsam im Sinne von gleichzeitig auf, und behauptet wird, dass A die Ursache von B ist.
Beispiel: In Europa nimmt seit Jahrzehnten die Anzahl der Störche (A) und zugleich die Zahl der Geburten (B) ab. Ist dies ein Beleg dafür, dass die Störche die Babys bringen? In Wirklichkeit werden immer mehr Landschaften in Siedlungsfläche verwandelt, so dass die Störche weniger Feuchtwiesen vorfinden, und Frauen sind öfters berufstätig und bekommen daher weniger Kinder.
Grundsätzlich ist es richtig, nach einem Zusammenhang zu suchen, wenn es eine als stabil erscheinende Korrelation zwischen zwei Ereignissen gibt. Aber ob es 1. wirklich einen Zusammenhang gibt und ob 2. eines der Ereignisse die Ursache des anderen ist, müsste genau untersucht werden. Es gibt hier vier Möglichkeiten: **1.** A verursacht B. **2.** B verursacht A. **3.** A und B haben

4 *Salmon, W. C.*: A. a. O. (s. Anm. 1) S. 212.

eine gemeinsame Ursache X. **4.** A und B treten zufällig zur gleichen Zeit auf.

Beispiele:

- Man hat festgestellt, dass Italiener verhältnismäßig viel Rotwein trinken, aber auch verhältnismäßig selten einen Herzinfarkt bekommen. Also, so schließt man, mindert der Genuss von Rotwein das Herzinfarktrisiko. Aber könnte es nicht sein, dass beide Sachverhalte durch ein Drittes verursacht werden, etwa durch eine gesündere Ernährung und eine weniger hektische Lebensweise?
- Afroamerikaner schneiden bei Intelligenztests schlecht ab und neigen zur Kriminalität. Also führt, so schließt man, Dummheit zur Kriminalität. In Wirklichkeit verhindern schlechte soziale Verhältnisse, die die Folge einer lange bestehenden Diskriminierung sind, die Entfaltung der Intelligenz *und* fördern die Neigung zur Kriminalität.

2. Der Analogieschluss

Der Analogieschluss ist eine Schlussfolgerung aufgrund der Analogie (Ähnlichkeit, Übereinstimmung, Entsprechung) zwischen zwei Objekten nach dem Muster:
A hat Ähnlichkeit mit B. B hat die Eigenschaft C. Also hat auch A die Eigenschaft C.
Analogieschlüsse sind keineswegs sicher, oft aber durchaus hilfreich.
Ein bekannter Analogieschluss bezieht sich auf das Bewusstsein:

- *Ich weiß von mir selbst, was es bedeutet, Bewusstsein zu besitzen.*
- *Ich nehme Ähnlichkeiten (beispielsweise im Verhalten) zwischen mir und anderen Menschen wahr.*
- *Daraus schließe ich, dass alle Menschen ein Bewusstsein besitzen.*

Aufgrund vieler Ähnlichkeiten schließe ich also von dem bei mir vorhandenen X, das mir unmittelbar zugänglich ist, auf das Vorhandensein dieses X bei anderen Menschen, das mir unmittelbar nicht zugänglich ist.

Weitere Beispiele

a) Aus einem Logikbändchen von 1909:
   - *Die Erde ist Trägerin organischen Lebens.*
   - *Die Erde ist ein unsere Sonne umkreisender Planet mit Achsendrehung, mit Atmosphäre, mit Wechsel der Jahreszeiten, usw.*
   - *Der Mars ist ein unsere Sonne umkreisender Planet mit Achsendrehung, mit Atmosphäre, mit Wechsel der Jahreszeiten, usw.*
   - *Also ist auch der Mars Träger organischen Lebens.*

Der Analogieschluss ist nicht sicher, aber er kann der Hypothesenbildung dienen, etwa bei der Frage, ob es auf dem Mars organisches Leben gibt.

b) Aus der Medizin:
   - *Das Medikament X ist wirksam bei Männern.*
   - *Frauen sind wie Männer Menschen.*
   - *Also ist das Medikament X auch gut für Frauen.*

Medizinstudien zeigen jedoch, dass Patientinnen oft so behandelt werden, als wären sie kleine Männer. Dass hier ein Fehlschluss vorliegt, hat die Gender-Medizin aufgedeckt. Aber: Je mehr relevante Ähnlichkeiten zwischen den Objekten bestehen, um so sicherer ist die Schlussfolgerung.

3. Sein-Sollens-Fehlschluss

Das Verbot, vom Sein auf das Sollen zu schließen, geht auf **David Hume (1711–1776)** zurück. Man kann es unterschiedlich ausdrücken: *Vom Sein (wie etwas ist) darf nicht aufs Sollen (wie etwas sein soll) geschlossen werden.* Oder: *Aus Tatsachen folgen keine Normen.* Oder: *Aus beschreibenden Aussagen folgen keine Bewertungen, Bewertungsmaßstäbe oder Ziele.* Oder: *Die Behauptung des Sachverhalts p erlaubt weder zu folgern „es ist geboten, dass p", noch „es ist verboten, dass p".*
Der genannte Fehlschluss kommt häufig vor. So schließt man: *Wenn alle Schüler bei Klausuren mogeln, dann ist dies moralisch auch erlaubt.* Oder: *Wenn alle die Steuern hinterziehen, kann dies nicht verwerflich sein.* Oder: *Alle Männer haben die Neigung zum Seitensprung. Also kann dies moralisch nicht verboten sein.*

Ein schwerwiegendes Beispiel für den Fehlschluss vom Sein auf das Sollen ist der sogenannte Sozialdarwinismus. Dem Darwinismus zufolge hat es die biologische Evolution im Sinne einer Höherentwicklung dadurch gegeben, dass die Stärksten *(fittest)* im Kampf ums Dasein *(struggle for life)* überlebt haben. Daraus hat der Sozialdarwinismus geschlossen, dass die Stärksten auch in der menschlichen Gesellschaft herrschen sollten und die Solidarität mit den Schwachen moralisch falsch sei. Selbst wenn die Aussagen der Darwinisten richtig wären, dürfte man aus den Ist-Aussagen keine Aussagen darüber ableiten, was sein soll. Die Beschreibung eines Geschehens sagt noch nichts darüber, ob das Geschehen moralisch richtig ist.

In vielen Fällen kann der genannte Fehlschluss in einen regulären Schluss verwandelt werden. Als Beispiel der folgende Fehlschluss:

1. *Große und alte Öltanker verunglücken häufig. (Tatsachenbehauptung)*
2. *Das ausgelaufene Öl der Tanker tötet Pflanzen und Tiere im Wasser. (Tatsachenbehauptung)*
3. *Du sollst neue und kleine Öltanker bauen. (moralischer Sollenssatz)*

Das klingt vernünftig, ist so aber nicht erlaubt. Im Grunde handelt es sich hier lediglich um einen unvollständigen Syllogismus, wie er auch im Alltag häufig vorkommt. Man setzt voraus, dass der Gesprächspartner weiß, was gemeint ist. Eingefügt werden müsste ein moralisches Urteil, das hier stillschweigend vorausgesetzt wird. Das Beispiel lautet so richtig:

1. *Große und alte Öltanker verunglücken häufig.*
2. *Das ausgelaufene Öl der Tanker tötet Pflanzen und Tiere im Wasser.*
3. *Es ist nicht gut, dass Pflanzen und Tiere durch auslaufendes Öl verunglückter Tanker sterben müssen.* (moralisches Urteil)
4. *Du sollst neue und kleine Öltanker bauen!*

Jetzt ist der moralische Sollenssatz 4. gerechtfertigt.

Übung zur Vermeidung des Sein-Sollens-Fehlschlusses
Überlegen Sie selbst, welche Sollenssätze in den folgenden Beispielen eingefügt werden müssten, um den Fehlschluss zu vermeiden.

1. Kriegsschiffe senden Unterwasser-Signale aus, die für das Gehör von Walen extrem schmerzhaft sind.
2. Wale fliehen vor den Unterwasser-Signalen und verirren sich.
3. Kriegsschiffe sollen keine Unterwasser-Signale aussenden.

1. Die Kosmetikindustrie testet ihre Produkte an Tieren.
2. Die Versuchstiere leiden unter den Tierversuchen.
3. Die Kosmetikindustrie soll auf Tierversuche verzichten.

1. Viele Skipisten werden mit Kunstschnee präpariert.
2. Die Bergpflanzen leiden stark unter dem Kunstschnee, die Lawinengefahr wächst.
3. Du sollst auf Kunstschnee verzichten.

4. Fragwürdige Argumente
1. Das historisch-genetische Argument
Eine Auffassung, eine Theorie oder eine Weltanschauung werden historisch erklärt, wenn man zeigt, wie sie im Laufe der Geschichte entstanden sind.

- So wird die Entstehung der Religionen dadurch erklärt, dass auf die Furcht früherer Menschen vor der Natur hingewiesen wird: Die Beschwichtigung der Götter durch Opfer kann, so glaubte man, die Naturgefahren verringern. (Siehe auch Freud: Gott als Projektion des Bildes eines strengen Vaters.) Eine historisch-genetische Erklärung verführt dazu, die Frage nach einer inhaltlichen Richtigkeit erst gar nicht zu stellen. Was genetisch erklärt wird, kann – so meint man – als nicht ernst zu nehmen abgetan werden.

- „Die herrschenden Ideen einer Zeit waren stets nur die Ideen der herrschenden Klasse." Dieser Satz steht im „Kommunistischen Manifest" von Karl Marx und Friedrich Engels. Hiermit wird behauptet, dass die historische Entstehung von Ideologien lediglich Klasseninteressen zu verdanken sei. Dies bedeutet: Es lohne sich nicht, sich mit diesen Ideologien inhaltlich auseinanderzusetzen, da sie mit den zugehörigen Klassen nicht nur entstehen, sondern auch wieder verschwinden (nach H. Schleichert).

2. Das Quellenargument
Eine These wird oft dadurch gestützt oder verworfen, dass man zeigt, aus welcher Quelle sie stammt oder von welchem Menschen sie aufgestellt worden ist. So haben Buchreligionen einen Kanon heiliger Schriften, auf die man sich zur Unterstützung einer These berufen kann. – Das ***argumentum ad hominem*** (Argument, das sich auf einen Menschen bezieht) wird gern gebraucht, wenn es gilt, eine These zu verwerfen. Man zeigt, dass der Urheber der These ein verwerflicher Mensch ist, und erspart sich so eine inhaltliche Auseinandersetzung. Die Nazis lehnten die Relativitätstheorie ab, weil sie von einem Juden stammte. (Ähnliches gilt auch für den Umgang der Parteien miteinander. Eine These oder eine Forderung gilt dann schon als fragwürdig, wenn sie von der konkurrierenden Partei vorgebracht worden ist.)
Hierher gehört auch das ***Tu-quoque*-Argument** (*Du-doch-auch*-Argument). Wer selbst etwas tut, was er bei anderen tadelt, hat dazu zwar kein moralisches Recht, aber inhaltlich kann der Tadel durchaus berechtigt sein.
Wenn ein Lehrer, der raucht, das Rauchen untersagt, so widerspricht das keineswegs der These, dass das Rauchen schädlich ist. Die Glaubwürdigkeit eines Menschen, der sich nicht nach dem richtet, was er von anderen verlangt, dürfte allerdings gering sein.

3. Das Slippery-Slope-Argument (Argument der schiefen Ebene, Dammbruch-Argument)
Die Kurzfassung dieses Arguments lautet: „Principiis obsta!", „Wehre den Anfängen!" Wenn du A zulässt, wird man auch B tun. Das Argument – auch „Dammbruch-Argument" genannt – hat die Form:

1. Aus A folgt B, oder A führt über Zwischenschritte zu B.
2. B ist moralisch oder rechtlich abzulehnen.
3. Daher darf A nicht zugelassen werden.

Mit der Freigabe von A begibt man sich auf eine schiefe Ebene: Es gibt kein Halten mehr, und man gelangt zu einer verwerflichen Position. Man unterscheidet das *logisch-begriffliche* vom *empirischen* Dammbruchargument. Beim ersten werden eine Unschärfe oder nur graduelle Unterschiede zwischen den Handlungen A und B angenommen, zwischen denen es die Zwischenschritte A_1, A_2, A_3 … A_n gibt (siehe Tempolimit). Beim zweiten wird die begriffliche Trennung von A und B nicht bezweifelt, vielmehr wird bezweifelt, dass wir praktisch, also durch geeignete Regelungen, diese Trennung aufrechterhalten können (siehe Tötung auf Verlangen und Mord): Man gerät auf eine glatte, schiefe Ebene, die wir unaufhaltsam hinunterrutschen. Angenommen wird also eine Art Determinismus. Dieser kann allerdings bezweifelt werden. Es ist nicht sicher, dass die Dämme wirklich brechen werden.
Als ein erster fragwürdiger Schritt wird z. B. die Präimplantationsdiagnostik angesehen, bei der im Zusammenhang mit der In-vitro-Fertilisation Tests an Embryonen durchgeführt werden. Die Lockerung des Tötungsverbots von Embryonen kann, so wird gesagt, zu einer Schwächung des Tötungsverbots von Personen führen. Außerdem ermöglicht die PID Menschen nach Maß, was wiederum die Diskriminierung von Behinderten zur Folge haben könnte. Ähnliches wird gegen das therapeutische Klonen und die Stammzellenforschung angeführt. (Siehe auch „Slippery-Slope-Argument", S. 174)

4. Weitere fragwürdige Argumente

- Man operiert mit Aussagen, die der gesunde Menschenverstand für wahr hält (argumentum ad iudicium).

- Man beruft sich darauf, dass eine Behauptung allgemein als wahr anerkannt wird (argumentum e consensu gentium).
- Man weist darauf hin, dass bestimmte Aussagen und Normen durch die Tradition, durch Sitten und Gebräuche autorisiert oder geheiligt sind (argumentum ad verecundiam.)
- Man appelliert an die Gefühle der Volksmenge (argumentum ad populum).
- Man beruft sich darauf, dass die Annahme einer Behauptung, wenn sie schon nicht nützt, so doch keinesfalls schadet (argumentum a tuto).
- Man trägt Aussagen vor, die der Kontrahent nicht überprüfen kann (argumentum ad ignorantiam).

  Man beruft sich darauf, dass eine Autorität den vorgetragenen Aussagen zustimmen würde (argumentum ex auctoritate).
- Man argumentiert mithilfe von Aussagen, denen der Gesprächspartner zustimmen kann, auch wenn sie nicht bewiesen sind oder der Sprecher sie selbst nicht für richtig hält (auch hier spricht man von einem „argumentum ad hominem“).

TEIL 2:

WORÜBER WIRD PHILOSOPHIERT? – THEMEN DER PHILOSOPHIE

Wahrheit und Erkenntnis

1. Meinen – Glauben – Wissen
2. Wahr sein und für wahr halten –Wahrheitstheorien
3. Zwischen Wahrnehmung und Offenbarung – klassische Erkenntnistheorien
4. Kritizismus – Perspektivenwechsel im Erkennen
5. Von der Sprache der Logik zum Sprachspiel
6. Hermeneutik und kritischer Rationalismus – Methoden der Erkenntnis

Die Wahrheit wollen wir wissen. Wir wollen sie nicht nur meinen oder glauben. Das Nachdenken über Wahrheit beginnt mit der Abgrenzung des Wissens vom Glauben und vom Meinen. Zur Wahrheit gehört auch, dass wir unterscheiden zwischen dem, was wahr ist, und dem, was für wahr gehalten wird. Aber schon hier ist umstritten, ob es etwas Wahres jenseits eines Fürwahrhaltens überhaupt geben kann.
Schließlich wollen wir wissen, wie wir die Wahrheit erkennen können, d. h. einerseits, auf welche geistigen Fähigkeiten sich die Erkenntnis des Wahren stützen kann, und andererseits, wie wir methodisch vorgehen müssen, um der Wahrheit möglichst nahe zu kommen. Auch hier gibt es in der Geschichte der Erkenntnistheorie ganz unterschiedliche Zuschreibungen und Wege.

1. Meinen – Glauben – Wissen

Natürlich ist es vollkommen legitim, unterschiedlicher **Meinung** zu sein. Es ist geradezu ein Kennzeichen moderner, offener Gesellschaften, dass sie unterschiedliche Meinungen, etwa in Geschmacksfragen, in politischen oder gesellschaftlichen Fragen akzeptieren. Aber meine Meinung ist *mein*; auch wenn ich von ihr überzeugt bin, sie ist ein bloß **subjektives Fürwahrhalten**, und das schließt ein, dass ich dem anderen jederzeit zugestehe, anderer Meinung zu sein, da ich für meine Meinung keinen objektiven Wahrheitsanspruch erhebe. Denn „das, was der Meinung gegenübersteht, ist die Wahrheit. Wahrheit ist es, vor der die Meinung erbleicht", stellte **Georg Wilhelm Friedrich Hegel (1770–1831)** fest.[1]
Anders verhält es sich mit dem **Glauben**. Nicht alles, was ich zeitweilig meine, glaube ich auch. Glauben – schon im weltlichen Sinne (*belief*) und erst recht im religiösen Sinne (*faith*) – setzt eine tiefere, langerfristige und **allgemeinere Überzeugung** voraus. Für ihren Glauben waren viele bereit zu kämpfen und zu sterben, für eine Meinung wird niemand sein Leben einsetzen wollen. Glaubensüberzeugungen haben, anders als Meinungen, mit Lebenseinstellungen und -zielen zu tun. Als religiöser Glaube sind sie mit einem höchsten Grad an subjektiver Gewissheit verbunden. Wer prüfen will, was bloße Meinung von festem Glauben unterscheidet, der kann es mit einer Wette versuchen: „Wenn man sich in Gedanken vorstellt, man solle worauf das Glück des ganzen Lebens verwetten"[2], so wird man dazu nur bei wenigen Überzeugungen bereit sein.
Glauben gehört auch zum Wissen. Wer nicht glaubt, dass die Zugspitze der höchste deutsche Berg ist – weil er vielleicht den Watzmann für den höchsten deutschen Berg hält –, der weiß es auch nicht, obwohl es wahr ist. Es gibt also **kein Wissen ohne Glauben**.
Aber selbst der stärkste Glaube garantiert noch kein Wissen. Gleichgültig, wie fest ich daran glaube, dass die Zugspitze der höchste deutsche Berg ist, ich weiß es nicht, wenn es nicht wahr ist. Die Beispiele für Glaubensüberzeugungen, die sich als unwahr erwiesen und deshalb nicht wirkliches Wissen garantierten, sind zahlreich. Aristoteles glaubte, Fliegen hätten vier Beine und Männer mehr Zähne als Frauen; wir werden nicht

1 *Hegel, G. W. F.*: Werke, Bd. 18. Frankfurt/M. 1969 ff. S. 30.
2 *Kant, I.*: Kritik der reinen Vernunft. B 852.

sagen, die Physik habe bis 1930 *gewusst*, dass Atome die kleinsten, nicht spaltbaren Einheiten an Materie sind. Es gibt also **kein Wissen ohne Wahrheit**.

Aber Glauben und Wahrheit reichen noch nicht aus, um Wissen zu sichern. Angenommen, ich glaube fest daran, dass Lena den „European-Song-Contest" gewinnen wird – und sie gewinnt ihn auch tatsächlich, dann werde ich dennoch nicht behaupten können, ich hätte es gewusst, bevor das Ergebnis tatsächlich feststeht. Wunschdenken begründet noch kein Wissen. Angenommen, ich glaube, Hautkrebs zu haben, weil der Befund der Gewebeprobe so lange auf sich warten lässt und auch weil ich mich seit dem Arztbesuch immer schwächer fühle. Wenn die Gewebeprobe nun tatsächlich ergab, dass meine Befürchtungen zutreffen, es also wahr ist, dass ich Hautkrebs habe, habe ich es dennoch nicht gewusst, weil es nur irrationale Befürchtungen und Spekulationen waren, auf die sich mein Glauben stützte. Gerechtfertigt wäre mein Glaube nur, wenn der Arzt mir den Befund mitgeteilt hätte. Ein wahrer Glaube ist noch kein gerechtfertigter Glaube. Es gibt also auch **kein Wissen ohne Rechtfertigung**.

Damit haben wir die drei Elemente einer Definition von Wissen, wie sie bereits Platon in seinem Dialog „Theätet" zum ersten Mal formuliert hat und bis heute die meisten Philosophen akzeptieren: **Wissen ist wahre, gerechtfertigte Überzeugung**.

Aber brauchen wir wirklich alle drei Elemente, um Wissen zu definieren? Dass eine wahre Überzeugung ohne Rechtfertigung nicht hinreicht, haben wir gesehen. Aber wie ist es umgekehrt? Reicht es nicht, Wissen als gerechtfertigte Überzeugung zu definieren? Kann es denn eine gerechtfertigte Überzeugung geben, die nicht zugleich auch wahr ist? Angenommen, im obigen Beispiel habe ich tatsächlich den befürchteten ärztlichen Befund über meinen Hautkrebs erhalten. Wir würden dann sicher zugestehen, dass meine Überzeugung gerechtfertigt ist. Aber nun hat sich das Labor getäuscht und eine falsche Diagnose ermittelt. Mein scheinbares Wissen ist also nicht wahr, obwohl es gut begründet ist. Wir würden nun sicher nicht sagen, ich hätte *gewusst*, dass ich Hautkrebs habe. Es scheint also, dass wirklich alle drei Elemente: die Überzeugung, die Wahrheit und die Rechtfertigung zur Definition von Wissen notwendig sind.

Ob ich von etwas überzeugt bin, das spüre ich; wie man eine Überzeugung vernünftig rechtfertigen kann, dazu gibt es verschiedene Vorschläge, die noch genauer untersucht werden; aber wie stelle ich fest, ob eine begründete Überzeugung wahr ist? Es liegt nahe zu sagen, die Überzeugung sei wahr, wenn sie gerechtfertigt ist. Aber dann gäbe es keinen Unterschied zwischen Wahrheit und Rechtfertigung mehr, und wir müssten aus unserer Definition des Wissens den Wahrheitsanspruch streichen.

Wenn etwas unabhängig davon wahr sein soll, ob es gerechtfertigt ist, ist eine Wahrheitsbestimmung jenseits des Fürwahrhaltens nötig. Aber kann es das überhaupt geben, angesichts des Umstands, dass die Wahrheit sich nicht von sich aus zu erkennen gibt und wir Menschen keinen unmittelbaren Zugang zur Wahrheit haben? Das Wahre leuchtet ja nicht grün, wenn es gefunden wird.

2. Wahr sein und für wahr halten – Wahrheitstheorien

Die Liste der verkannten Wahrheiten ist lang. Dass die Erde einer Kugel ähnelt, nicht im Zentrum des Kosmos liegt und nicht aus vier Elementen besteht – das sind Wahrheiten, die lange nicht für wahr gehalten wurden. Die Gesetze der Gravitation galten auch schon, als noch kein Mensch sie mit einer Formel berechnete.

Die klassische Formulierung einer Wahrheitsbestimmung, die auf einem Wahr-Sein, unabhängig vom Anerkannt-Werden der Wahrheit beharrt, stammt von **Thomas von Aquin (1225–1278)**, der eine Definition von Aristoteles auf die Formel bringt: **Wahrheit ist die Übereinstimmung zwischen dem denkenden Bewusstsein und der Sache** *(veritas est adaequatio intellectus et rei)*.[3]

Mit dieser Formel wird deutlich, dass Wahrheit etwas mit der Wirklichkeit, mit der außermenschlichen Welt zu tun hat und nicht nur mit menschlichen Erwägungen. Thomas behauptet eine Übereinstimmung, eine Korrespondenz von Welt und menschlichem Geist. Daher heißt diese Wahrheitstheorie **Korrespondenztheorie**. Sie scheint das Problem der Wahrheitsbestimmung auf einfache und unmittelbar einsichtige Weise zu lösen, indem sie zugesteht, dass Wahrheit etwas ist, was der Wirklichkeit zukommt, und das Menschen finden, aber nicht erfinden.

Das Problem liegt in der Behauptung einer „Übereinstimmung". Übereinstimmen können einerseits Menschen in ihrer Einschätzung eines Sachverhalts, andererseits können Dinge in der Wirklichkeit übereinstimmen. Aber in welchem Sinn können Menschen mit Dingen „übereinstimmen"? Eine solche Übereinstimmung wäre nur feststellbar von einem dritten Standpunkt aus, der außerhalb des menschlichen Erkennens liegt. Aber da es diesen Standpunkt nicht gibt, ist das Wahrheitsverständnis der Korrespondenztheorie nicht geeignet, die Frage nach der Wahrheit zu klären. Und selbst wenn es eine Übereinstimmung von Mensch und Wirklichkeit gäbe, sagt die Korrespondenztheorie nichts darüber, in welcher Hinsicht sie übereinstimmen.

Diesen Mangel hat schon **Immanuel Kant (1724–1804)** bemerkt, der ansonsten der Korrespondenztheorie in dem Sinne zustimmt, dass auch er auf einem möglichen Wahr-Sein jenseits des Fürwahrhaltens beharrt. Die Korrespondenztheorie sei „hier geschenkt und vorausgesetzt; man verlangt aber zu wissen, welches das allgemeine und sichere Kriterium der Wahrheit einer jeden Erkenntnis sei".[4]

Das Problem der unplausiblen „Übereinstimmung" von Mensch und Sache versucht **Alfred Tarski (1901–1983)** zu lösen. Tarski war Mathematiker und Logiker in Berkeley, seine **semantische Wahrheitstheorie**, die er in den 1930er-Jahren entwickelt hat, gilt bis heute als bedeutendste Wahrheitstheorie.

Er versteht Wahrheit sprachanalytisch als eine Eigenschaft von Sätzen und nicht mehr von Wirklichkeit. Damit lässt sich vermeiden, dass eine Beziehung zwischen einer Aussage und einer Tatsache behauptet wird, die tatsächlich nicht bestehen kann. Seine semantische (die Bedeutung von Begriffen betreffende) Theorie bestimmt: „p" ist wahr genau dann, wenn p. Das berühmte Beispiel dazu lautet: „Der Satz ‚Schnee ist weiß' ist wahr genau dann, wenn Schnee weiß ist."[5]

Hier ist von einer „Übereinstimmung" zwischen menschlichem Bewusstsein und der Wirklichkeit nicht mehr die Rede. Wahrheit wird als Problem von Sätzen bestimmt – „der Satz x ist wahr" – und damit anerkannt, dass nur Menschen nach Wahrheit suchen, der Wirklichkeit ist es egal, ob sie als wahr bezeichnet wird oder nicht. Gleichzeitig beharrt der zweite Teil der Definition Tarskis – „wenn Schnee weiß ist" – darauf, dass Wahrheit nicht nur ein Fürwahr-Halten meint, sondern dass eine bestimmte Qualität der Wirklichkeit gegeben sein muss, damit wir sie korrekterweise als „wahr" bezeichnen dürfen. Die Bewertung, dass etwas „wahr" sei – oder auch „falsch" –, ist dabei einer **„Metasprache"** vorbehalten, also jener übergeordneten Sprache, die Aussagen über den Wahrheitsgehalt von Aussagen macht, die wir in einer „Objektsprache", der Alltagssprache, machen. In der **Objektsprache** behaupten wir: „Schnee ist weiß", die Metasprache sagt, dieser „Satz ... ist wahr genau dann, wenn Schnee weiß ist".

Sind damit alle Schwierigkeiten der klassischen Korrespondenztheorie gelöst und ist eine Wahrheitstheorie gefunden, die ein Wahr-Sein jenseits des Fürwahrhaltens schlüssig begründet? Auch Tarski gelingt es nicht, ein Kriterium zu benennen, an dem sich bemisst, wann etwas tatsächlich wahr ist. Auf die Frage „Und wann ist der Schnee weiß?" gibt er keine Antwort. Gegen Tarskis Wahrheitstheorie spricht derselbe Einwand, der gegen alle Ansätze spricht, die Wahrheit unabhängig von einem Anerkannt-Werden bestimmen wollen: Wir müssten eine außermenschliche Perspektive einnehmen, um ein objektives, allgemeingültiges Wahrheitskriterium zu finden.

Hier haben es die anderen Wahrheitstheorien, die nicht auf einem objektiven Wahr-Sein bestehen, leichter. Sie können Kriterien, z. B. Evidenz,

3 *Thomas von Aquin*: Summa contra Gentiles, Kap. 59.
4 *Kant, I.*: Kritik der reinen Vernunft. B 82.
5 *Tarski, A.*: Die semantische Konzeption der Wahrheit und die Grundlagen der Semantik. In: *Skirbekk, G.* (Hrsg.): Wahrheitstheorien. Frankfurt/M. 1977. S. 169 f.

Nützlichkeit, Konsens, Kohärenz, benennen, an denen sich die Wahrheit erweisen kann.

René Descartes (1596–1650) ging davon aus, wir verfügten immer schon über „erste Samenkörner der Wahrheit, die dem menschlichen Verstand von Natur aus angeboren sind".[6] Diese „Samenkörner" ermöglichen es, die Wahrheit als unmittelbar einsichtig – evident – zu erfassen, denn es sei unmöglich, „dass etwas, was ich klar und deutlich perzipiere [wahrnehme] falsch sein könnte".[7] Das Wahrheitskriterium ist also die Evidenz oder die Selbst-Evidenz des für wahr Gehaltenen. Dabei versteht Descartes unter klarer und deutlicher Wahrnehmung nicht etwa eine sinnliche Wahrnehmung, sondern eine reine Denkleistung. „Klar nenne ich jene Idee", sagte er, „die dem aufmerksamen Geist gegenwärtig und offenkundig ist."[8] Er erläutert das am Beispiel eines Stücks Bienenwachs. Wenn ich dessen eigentliche Natur erkennen will, komme ich mit seinen sinnlich-wahrnehmbaren Eigenschaften – hart, gelb, wohlriechend – nicht ans Ziel. Denn erhitzt, schmilzt es und ändert auch Farbe und Geruch. Um sein Wesen erkennen zu können, muss ich mir jene Eigenschaft vergegenwärtigen, die unabhängig von seiner sinnlichen Eigenschaft dem Bienenwachs zukommt, und das ist seine räumliche Ausdehnung. Genau diese Eigenschaft macht die Natur des Wachsstücks eigentlich aus. Es ist also „einzig und allein der geistige Einblick, der unvollkommen und konfus […] oder klar und deutlich sein kann, je nachdem, ob ich mehr oder weniger darauf achte, woraus das Wachsstück besteht".[9]

Der letzte bedeutende Vertreter einer **Evidenztheorie** der Wahrheit ist **Edmund Husserl (1859–1939)** der in seiner „Phänomenologie" davon ausgeht, dass wir das Wesen der Dinge, ihre Wahrheit, durch unmittelbare geistige Anschauung erfassen. Der unvoreingenommene, kritische, sezierende Blick auf die Gegenstände der Welt lässt uns ihr Wesen evident werden. „Wer mehr sieht, hat Recht" – mit dieser Parole forderte Husserl dazu auf, präzise zu erfassen, was wir sinnlich wahrnehmen, welche Empfindungen, Überlegungen, Konsequenzen sich daraus ergeben.

Aber alle Evidenz ist immer nur einsichtig für mich, ist immer nur ein Fürwahrhalten. Der Anspruch, Wahrheit als etwas Objektives, Allgemeines zu verstehen, ist nicht eingelöst.

Entsprechendes gilt für den Pragmatismus, der davon ausgeht, Wahrheit erweise sich durch ihre Begründbarkeit. Und eine gute Begründung dafür, etwas für wahr zu halten, sei, es für fruchtbar und nützlich zu halten. Die Formeln, nach denen eine Brücke konstruiert wird, dürfen dann als wahr gelten, wenn die Brücke hält.

„Gedanken werden genau in dem Maße wahr, in dem sie dazu beitragen, dass unser Verhältnis zu anderen Teilen unserer Erfahrung erfreulich wird", sagt **William James**[10], einer der Begründer des Pragmatismus, und der zeitgenössische Pragmatist **Richard Rorty (1931–2007)** formuliert noch deutlicher: „Der ganze Witz des Pragmatismus liegt darin, dass man zwischen der Nützlichkeit einer Formulierung und ihrer Wahrheit keinen Unterschied mehr macht."[11]

Der Vorteil einer pragmatischen Wahrheitstheorie liegt in ihrer **Intersubjektivität,** d.h. in dem Umstand, dass das, was als wahr gelten soll, nicht nur für mich einsichtig ist, sondern für die Allgemeinheit einsichtig sein kann.

Dennoch ist die pragmatische Wahrheitsvorstellung unbefriedigend. Schon allein, weil „wahr sein", sprachlich gesehen, einstellig ist (x ist wahr.) aber „nützlich sein" zweistellig (Y ist nützlich für A). Und die Frage, ob etwas nützlich für A ist, kann ihrerseits eine Wahrheitsfrage sein (Ist es wahr, dass x nützlich für A ist?). Alle pragmatischen Versuche, Wahrheit durch andere Ziele (Fortschritt, Fruchtbarkeit, Nützlichkeit) zu ersetzen, gehen am Anspruch auf Objektivität vorbei.

Der Begründer des Pragmatismus, **Charles S. Peirce (1839–1914)**, versteht Wahrheit als etwas, was sich innerhalb der Wissenschaft als Ergebnis der Wahrheitssuche dann herausstellt, wenn niemand mehr Einwände vorbringt: „Die Meinung, der alle Forscher schicksalhaft am Ende zustimmen müssen, ist das, was wir mit Wahrheit meinen, und der Gegenstand, der durch diese Meinung repräsentiert wird, ist das Reale", sagt Peirce.[12]

An der Idee der Intersubjektivität setzt auch die **Konsenstheorie der Wahrheit** an, wie sie vor allem Apel und Habermas entwickelt haben.

Karl Otto Apel (*1922) glaubt, eine Letztbegründung für wahre Aussagen leisten zu können. Für ihn ergibt sich eine unbedingte Geltung von Wahrheitsansprüchen aus dem Nachdenken über die Voraussetzungen allen Argumentierens. Es gebe einen elementaren „Willen zur Argumentation", der sich u.a. darin zeige, dass Menschen widerspruchsfrei sprechen wollen und nur widerspruchsfreie Argumente akzeptieren. Der Umstand, dass menschliche Sprache von Anfang an auf Verständigung gerichtet ist, sei eine „unhintergehbare" Tatsache. Auf Kommunikation gerichtete Sprache enthält damit von Beginn an einen Wahrheitsanspruch, insofern jede Äußerung auf ihr Verstanden-werden-Wollen hin angelegt ist.

So genannte **„performative Selbstwidersprüche"**, das sind Aussagen, die etwas mit Anspruch auf Wahrheit behaupten, was sie zugleich bestreiten, muss auch ein extremer Skeptiker, der jeglichen Wahrheitsanspruch bestreitet, als widersprüchlich und damit nicht-wahr akzeptieren.

Beispiele:

„Ich behaupte – mit dem Anspruch auf Wahrheit: Alle Wahrheit ist relativ."

„Ich sage – mit dem Anspruch, dich allein durch Argumente überzeugen zu können: Überzeugung ist nur Suggestion, ein taktisches Überreden."

Apel glaubt nun, man könne zeigen, dass sich ein Skeptiker notwendigerweise in Widersprüche verstrickt, wenn er bestimmten Aussagen widerspricht. Diese Behauptungen können dann als letztbegründet gelten, d.h. als vernünftig nicht mehr bestreitbar.

Jürgen Habermas (*1929) verzichtet auf eine Letztbegründung. Für ihn ergibt sich die Wahrheit von Aussagen aus dem Verfahren eines „herrschaftsfreien Diskurses", an dem jeder teilnehmen darf, jeder ungehindert sagen darf, was er für wahr hält, und in dem so lange diskutiert wird, bis Einigkeit – Konsens – hergestellt ist. Die Aussagen, die auf diese Weise gefunden werden, können dann als wahre Aussagen gelten. **Wahrheit** ist für Habermas also ein **Geltungsanspruch**, der behauptenden Äußerungen zugrunde liegt, das **Wahrheitskriterium** ist der im Diskurs erzielte **Konsens**.

Die **Konsenstheorie** präzisiert die Voraussetzungen, die für den Wahrheitsdiskurs gelten müssen, damit sein Ergebnis wirklich zu allgemein anerkennbaren Wahrheiten führt, durch vier Bedingungen für den idealen Diskurs. Zum Beispiel müssen „alle Diskursteilnehmer die gleiche Chance haben, Deutungen, Behauptungen, Empfehlungen, Erklärungen und Rechtfertigungen aufzustellen und deren Geltungsanspruch zu problematisieren, zu begründen oder zu widerlegen ..."[13] Insgesamt müssen die Diskursteilnehmer frei, gleich und vernünftig sein.

Habermas sieht, dass Menschen diese Regeln in der praktischen Lebenswelt nicht alle einhalten. Es sind Regeln für eine ideale Kommunikationsgemeinschaft. Tatsächliche Diskurse, in denen es darum geht, Konflikte und Interessengegensätze von Menschen und Gruppen zu lösen, indem man sich auf einen kleinsten gemeinsamen Nenner einigt, sind nicht geeignet, Wahrheiten im geforderten Sinn zu finden. Aber auch wenn dort nicht alle Diskursregeln wirklich eingehalten werden, unterstellen wir dabei doch, dass sie im Grunde gelten sollen. Habermas nennt dieses gedankliche Vorwegnehmen eines idealen in einem realen Diskurs **„kontrafaktische Antizipation"**. Auch wenn wir in Wirklichkeit durch unsere Sozialisation, unsere uneingestandenen Wünsche und unausgesprochenen Interessen geprägt sind, wird das, was wir in einem ernsthaften

6 Œuvres de Descartes, Bd. 10. Hrsg. v. *Ch. Adam* u. *P. Tannery.* Paris 1982–1991. S. 376.
7 Ebd. Bd. 7. S. 35.
8 Ebd. Bd. 8,1. S. 22.
9 Ebd. Bd. 7. S. 31.
10 William James; zit. nach: *Davidson, D.*: Wahrheit, Sprache und Geschichte. Frankfurt/M. 2008. S. 27.
11 Richard Rorty; zit. nach: Ebd.
12 *Peirce, Ch.*: Collected Papers, Bd. 5: Pragmatism and Pragmaticism. Hrsg. v. *C. Hartshorne* u. *P. Weiss.* Bristol 1998. Abs. 407.
13 *Habermas, J.*: Vorstudien und Ergänzungen zur Theorie des kommunikativen Handelns. Frankfurt/M. 1984. S. 177.

Diskurs an Argumenten einbringen, doch so aufgenommen, als sei es die Aussage eines freien und vernünftigen Menschen.
Wir akzeptieren, so Habermas, den „sanften Zwang des besseren Arguments“ auch im praktischen Diskurs.
Nun nehmen wir beim konkreten Sprechen, so Habermas, immer auf mehrere Welten Bezug. Im Bezug auf die objektive Welt geht es um den Geltungsanspruch der *Wahrheit,* in der sozialen Welt geht es um den Anspruch auf normative *Richtigkeit,* im Bezug auf die Innenwelt geht es um die subjektive *Wahrhaftigkeit* – und als Grundbedingung einer gelingenden Kommunikation geht es um *Verständlichkeit.* Zwar steht bei jeder einzelnen Aussage ein Geltungsanspruch im Vordergrund, doch indirekt sind alle vier Aspekte bei jeder Äußerung von Bedeutung.
Ein Beispiel:
Angenommen, in einem Gespräch, in dem es um die wahren Kapazitäten eines neuen Bahnhofs geht, sagt ein Sprecher: „Der neue Bahnhof wird acht Zugangsgleise haben.“
Nun können mit folgenden Aussagen die vier Geltungsansprüche in Frage gestellt werden:

1. „Ich weiß gar nicht, was Zugangsgleise sind.“ (bestreitet die Verständlichkeit)
2. „Nein, es sind in Wahrheit nur vier Zugangsgleise.“ (bestreitet die Wahrheit)
3. „Sie wissen doch genau, dass das falsch ist.“ (bestreitet die Wahrhaftigkeit)
4. „Acht Zugänge würden den Bahnhof völlig überlasten.“ (bestreitet die Richtigkeit)

Damit sich die Wahrheit einer Aussage im konsensorientierten Diskurs erweisen kann, müssen also alle vier Geltungsansprüche eingelöst sein. Die Aussage muss verständlich, wahrhaftig, richtig und wahr sein.

Obwohl die Konsenstheorie, anders als der moderne Pragmatismus, auf der Allgemeingültigkeit von wahren Aussagen beharrt, gelingt es auch ihr nicht, ein objektives Kriterium für die Wahrheit zu finden. Worauf alle Menschen sich einigen, das ist noch nicht die Wahrheit.

- In der Vergangenheit gab es häufig Einigkeit über Unwahres.
- Auch was alle für falsch halten, kann also wahr sein.
- Viele Wahrheiten waren lange nur Minderheitenwissen.
- Ein Konsens ist vielleicht nur ein Zwischenstadium, am Ende eines Diskurses steht dann wieder ein Dissens.
- Wenn alle sich im Diskurs an die Regeln halten, kann es keine Uneinigkeit über die Wahrheit geben, da es nur eine Wahrheit gibt, der alle sogleich zustimmen werden.
- Sind sie dennoch uneins, steht am Ende nicht die Wahrheit, sondern ein Konsens.

Die **Kohärenztheorie** (kohärent = zusammenpassend), die vor allem **Otto Neurath (1882–1945)** entwickelt hat, ist die bescheidenste der Wahrheitstheorien. Sie versteht Wahrheit als Widerspruchsfreiheit zwischen Aussagen innerhalb einer wissenschaftlichen Theorie oder eines Systems von Aussagen. Wahr ist eine Aussage, wenn sie nicht in Widerspruch zu anderen Aussagen gerät, die bereits ohne Widersprüche zusammenpassen. Otto Neurath: „Jede neue Aussage wird mit der Gesamtheit der vorhandenen, bereits miteinander in Einklang gebrachten Aussagen konfrontiert. Richtig heißt eine Aussage dann, wenn man sie eingliedern kann.“[14]
Das **Wahrheitskriterium** der Kohärenztheorie ist also die **Widerspruchsfreiheit**. (vgl. Apel) Kohärent ist eine Theorie, wenn alle ihre Sätze logisch miteinander verträglich sind und wenn sie in sich logisch geschlossen ist.
Aber auch hier gilt: Die Tatsache, dass Sätze ohne Widerspruch zueinander passen, sagt noch nichts über ihre Wahrheit aus. Beispiel: Alle Mäuse lieben Katzen, Susi ist eine Maus, also liebt Susi Katzen. (vgl. S. 43 ff.) Das ist ein logisch geschlossener Syllogismus – und dennoch nicht wahr.

Der Streit darüber, wie Wahrheit richtig zu bestimmen sei, ist unentschieden. Richard Rorty fasst die Position der einen Seite dahingehend zusammen „dass wir gar keine Wahrheitskriterien außer Rechtfertigung oder Begründung kennen. […] Die Anwendungsbedingungen des Begriffs ‚wahr‘ werden immer relativ bleiben. Denn so etwas wie eine Überzeugung, die ein für allemal begründet wäre, gibt es nicht.“[15]

Solche Positionen, die Wahrheit als etwas auffassen, was von menschlichem Bewusstsein abhängig ist, heißen **epistemische** (auf Erkenntnis beruhende) **Theorien**.

Die Position der anderen Seite fasst Michael Hampe zusammen: „Der Zweifel am Wert der Wahrheit ist gefährlich. [...] Wer am Wert der Wahrheit zweifelt, droht den **vernünftigen Weltbezug**, ja sogar seine Freiheit zu **verlieren**. Denn wer glaubt, dass alle Wahrheiten Konstrukte sind, die auch anders sein könnten, weil sie sich auf keine (außermenschliche) Wirklichkeit beziehen, der darf zwischen dem ‚gefälschten' Lebenslauf in einer stalinistischen Personalakte und meinem erinnerten Lebenslauf keinen entscheidenden Unterschied sehen, Konstrukt ist schließlich Konstrukt."[16]

Solche Positionen, die Wahrheit als etwas auffassen, was unabhängig von menschlichem Bewusstsein existiert, heißen **nicht-epistemische** Theorien.

Die folgende Tabelle stellt die Positionen noch einmal gegeneinander.

Wahrheitstheorien		
Arten	**Nicht-epistemische Theorien** Wahrheit ist unabhängig von menschlicher Erkenntnis. Wahrheit wird entdeckt.	**Epistemische Theorien** Wahrheit ist abhängig von menschlicher Erkenntnis. Wahrheit wird konstruiert.
Namen und Vertreter	Korrespondenztheorie *(Aristoteles, Th. v. Aquin, Frege, Popper)* Semantische Theorie *(Tarski, Davidson)*	Evidenztheorie *(Descartes, Husserl)* Pragmatismus *(James, Dewey, Putnam, Rorty)* Konsenstheorie *(Peirce, Apel, Habermas)* Kohärenztheorie *(Bradley, Neurath, Rescher)*
Vorteile	Wahrheit wird nicht mit Geltung, Rechtfertigung, Begründung verwechselt; die Ansprüche von Objektivität, Allgemeinheit, Öffentlichkeit der Wahrheit bleiben gewahrt; Wahr sein kann auch, was alle für falsch halten.	Die Theorien machen plausible Vorschläge für Wahrheitskriterien: Unmittelbare Einsicht = Evidenz, Nützlichkeit des Erkannten, Konsens im Wahrheitsdiskurs, Zusammenstimmen der Aussagen einer Theorie = Kohärenz
Nachteile	Der Wahrheitsanspruch kann nicht begründet werden, es gibt kein Kriterium, um wahre von falschen Aussagen zu unterscheiden.	Die Theorien verwechseln Wahrheit mit Rechtfertigung; sie können nicht erklären, wieso etwas wahr sein kann, was der Mensch noch nicht als wahr erkannt hat; sie sind in Gefahr, instrumentalisiert zu werden. Wahrheit bleibt etwas Subjektives.

14 *Neurath, O.*: Soziologie im Physikalismus. In: Erkenntnis, 2/1931. S. 403.
15 *Rorty, R.*: Wahrheit und Fortschritt. Frankfurt/M. 2000. S. 9.
16 *Hampe, M.*: Das vollkommene Leben. München 2009. S. 67.

Jürgen Habermas erkennt das „Dilemma, dass wir über nichts anderes als über rechtfertigende Gründe verfügen, um uns von der Wahrheit einer Aussage zu überzeugen“ – und gleichzeitig verwenden wir die Bezeichnung „wahr“ doch „in einem absoluten Sinne“, der jenseits aller „möglichen Rechtfertigungen“ liegt. „Dieser realistische Stachel hindert uns“[17] daran, Wahrheit einfach auf begründete Behauptung zu reduzieren.

3. Zwischen Wahrnehmung und Offenbarung – klassische Erkenntnistheorien

Über welche Fähigkeiten verfügen wir Menschen, um die Wahrheit zu finden? Mit dieser Frage beschäftigen sich die Erkenntnistheorien (**Epistemologie**, von griech. *epistéme* = Erkenntnis, und *logos* = Lehre). Dabei bewerten wir erstens die verschiedenen geistigen Fähigkeiten (z. B. wahrnehmen, kombinieren, sich vorstellen, erfassen), zweitens unterscheiden wir unterschiedliche Grade an Wahrscheinlichkeit (von zweifelhaft bis absolut wahr), drittens stellen wir einen Zusammenhang zwischen diesen Wahrscheinlichkeitsgraden und den verschiedenen geistigen Fähigkeiten her: Die Fähigkeit erscheint umso wertvoller, je höher der mit ihr erreichbare Wahrscheinlichkeitsgrad ist. In keinem dieser drei Punkte gibt es Einigkeit unter den Erkenntnistheoretikern.
Platon z. B. ist der Meinung, die vollkommene Wahrheit sei nur durch eine Art Offenbarung zu erreichen; John Locke glaubt, ein sicheres Wissen erreiche man nur durch Wahrnehmung und Erfahrung; Immanuel Kant glaubt, es gebe ein absolut sicheres Wissen nur ohne Erfahrung.

Einigkeit besteht im **Misstrauen gegenüber** der Sicherheit **sinnlicher Wahrnehmungen**. Unsere Sinne können uns täuschen: Wir glauben, am Horizont einen Berg zu sehen, aber es ist eine Wolke; wir glauben, das Handy klingele, aber ein Vogel zwitschert, wir glauben, Erdbeeren zu schmecken, aber es sind nur Aromastoffe. Alle Aussagen über die Wirklichkeit, die sich auf Wahrnehmungen stützen, leiden unter dieser Unsicherheit. Das gilt auch für alle wissenschaftlichen Untersuchungen, die sich auf Beobachtung, Messung und Experimente stützen. Ihre Aussagen können niemals absolut und objektiv wahr sein, weil sie immer von den subjektiven sinnlichen Fähigkeiten abhängen.

Beispiele für optische Täuschungen

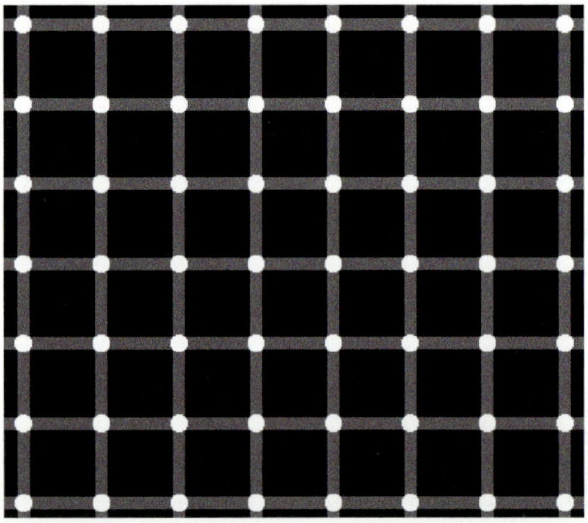

Andererseits haben wir keinen anderen unmittelbaren Zugang zur Welt als über unsere Sinne. Nur mit ihrer Hilfe können wir überhaupt etwas erkennen. Das hätte aber zur Folge, dass wir endgültige Wahrheiten überhaupt nie erkennen könnten. Aus diesem Dilemma ziehen die Erkenntnistheoretiker unterschiedliche Konsequenzen. Die einen (von Protagoras über Locke und Hume bis zu den Konstruktivisten) versuchen „das Beste daraus zu machen" und ihre Erkenntnistheorien auf die Wahrnehmungsfähigkeiten der Menschen zu stützen; die anderen (von Platon über Descartes und Kant bis zu Frege) wollen sich nicht mit der Fehlbarkeit menschlicher Sinne abfinden und suchen nach anderen Fähigkeiten, die es dennoch erlauben, eine objektive und absolute Wahrheit zu erkennen. Sie beharren darauf, dass es diese Wahrheit gibt und wir sie auch erkennen können. Sie verweisen auf die Fähigkeit zum logischen und begrifflich-abstrakten Denken, die mit Wahrnehmungen nichts zu tun habe und in uns angelegt sei.

Protagoras (485–415 v. Chr.), der berühmteste unter den Sophisten, glaubt, Wahrheit zeige sich aus dem Blickwinkel des Menschen. Sie ist nichts Geheimnisvolles, Übernatürliches, vielmehr mit wachen Sinnen für jeden erkennbar. Nichts liegt außerhalb der Bemessungsmaßstäbe des Menschen. Was ein Mensch sinnlich wahrnimmt, ist für ihn wirklich und damit wahr, was er nicht wahrnimmt, existiert nicht und kann daher auch nicht wahr sein. Eine andere – tiefere oder höhere – Wahrheit kann es nicht geben, denn „der Mensch sei das Maß aller Dinge, der seienden, dass sie sind, der nichtseienden, dass sie nicht sind".[18]

Diesen berühmten Satz – der als **„homo-mensura-Satz"** bekannt ist (lat. *homo*: Mensch, *mensura*: Maß) hat Platon überliefert, dessen eigene Erkenntnistheorie sich scharf von Protagoras absetzt. Protagoras will, auch wenn Platon ihm das unterstellt, keinesfalls die Wahrheit relativieren und behaupten, jeder finde nur seine eigene Wahrheit. Vielmehr verweist er darauf, dass es keinen anderen Maßstab als einen menschlichen gibt, vor allem keinen göttlichen, um die Wahrheit zu entdecken. Die Wahrheit ist zwar subjektiv, aber nicht relativ.

Platon (427–347 v. Chr.) entwirft in seiner Ideenlehre die bedeutendste Erkenntnistheorie der Philosophiegeschichte überhaupt. Sie inspiriert und fordert bis heute zur Kritik heraus. Er stellt sie konzentriert in mehreren aufeinanderfolgenden Gleichnissen (Sonnen-, Linien-, Höhlengleichnis) in seinem Hauptwerk „Politeia"[19] (Politik) dar. Platon versteht Erkenntnis als Prozess stufenweiser Überwindung von Täuschungen, von vermeintlichen Wahrheiten. In vier Stufen vollzieht sich dieser Prozess, die ersten beiden sind an den Körper, die sinnlichen Wahrnehmungen gebunden, mit denen man nur zu vorläufigen Wahrheiten vordringt. Die beiden anderen Stufen beruhen auf rein geistigen Tätigkeiten, benötigen also keinen Körper und keine Sinne für ihre Erkenntnisleistungen. Auf der höchsten Stufe gelingt so die Erkenntnis absoluter Wahrheit. Platon sieht die vier Erkenntnisstufen in einem Spiegelungs- oder Abbildverhältnis zueinander: Die unterste Stufe zeigt uns Spiegelbilder oder Schatten, dies ist die Stufe der Einbildung, des **Vermutens**. Sie ist ein Abbild der zweiten Stufe, auf der wir mit sinnlichen Wahrnehmungen reale Gegenstände erfassen. Dies ist die Stufe des Glaubens oder **Meinens**. Zusammen mit der untersten umfasst sie das körperlich Wahrgenommene, das „Reich des Sichtbaren"[20]. Dies wiederum ist ein Abbild der dritten Stufe, auf der wir durch **Nachdenken** und logisches Kombinieren zu höherer Wahrheit vordringen. Platon denkt hier bei den Erkenntnisgegenständen an mathematische Erkenntnisse. Aber auch diese sind nur ein Abbild der höchsten Stufe, dem **Erkennen der reinen Ideen**. Erst diese „Ideenschau", die Platon sich als eine Art Offenbarung vorstellt, führt zur vollständig wahren Erkenntnis und zur Erkenntnis des wahren Wesens der Wirklichkeit.

17 *Habermas, J.*: Wahrheit und Rechtfertigung. Frankfurt/M. 1999. S. 288.
18 *Platon*: Theaitetos. 152a.
19 Vgl. *ders.*: Politeia. 508b–517d.
20 Ebd. 510a.

Erkenntnistheorie Platons nach dem Liniengleichnis

	WELT höchster Grad an Wahrheit	MENSCH höchster Grad an Klarheit	
Welt durch Denken zugänglich	Ideen	Erkennen	geistige Erkenntnis (= Wissen)
	mathematische Formeln	nachdenken	
Welt durch Sinne zugänglich	sinnlich Wahrnehmbares	glauben, meinen	körperliche Erkenntnis (= Meinung)
	Schatten und Spiegelbilder	einbilden, vermuten	
	niedrigster Grad an Wahrheit	niedrigster Grad an Klarheit	

Ein Beispiel:
Ich sehe das Foto von einem runden, gelben Ding und bilde mir ein, es zeige den Vollmond.
(1. Stufe: Vermutung)
Ich habe das runde, gelbe Ding in Händen, sehe und fühle, es scheint ein Ball zu sein.
(2. Stufe: Meinen, Glauben)
Ich errechne die Oberfläche der Kugel nach der Formel „4π x r^2“, die davon ausgeht, dass alle Punkte auf der Oberfläche der Kugel den gleichen Abstand vom Mittelpunkt haben.
(3. Stufe: Nachdenken, unter bestimmten, vorgegebenen Voraussetzungen)
Ich weiß, es gibt die Idee der Gleichheit. Ohne diese Idee kann ich die Formel nicht denken.
(4. Stufe: Erkennen)

Platon verwendet den Begriff „Ideen“ anders, als wir es heute tun, wenn wir von einer Idee als einem Bewusstseinsinhalt von Menschen sprechen. Die Ideen, ebenso wie die mathematischen Formeln, gehören nach Platon zur Welt, sie sind, wie reale Gegenstände auch, *Objekte* menschlicher Erkenntnis. Diese Vorstellung geht davon aus, die Ideen existierten unabhängig davon, ob Menschen sie erkennen oder nicht. Die Idee der Gleichheit (der Schönheit, Gerechtigkeit, Ewigkeit etc.) bleibt ebenso bestehen, wenn kein Mensch mehr existieren sollte, wie Bäume weiter existieren können, ohne als solche von Menschen erkannt zu werden. Das Erkennen der Ideen ist nach Platon ein passiver Vorgang, die Ideen werden uns bewusst, sie werden von uns erfasst, erkannt als etwas, das vorgängig vorhanden ist. Wir brauchen sie, um die Welt zu verstehen und richtig bewerten zu können: Die reine Wahrnehmung von schönen Dingen oder Personen ist etwas anderes als die Idee der Schönheit, ohne die wir nichts schön finden können; die Beobachtung gerechter Handlungen ist etwas anderes als die Idee der Gerechtigkeit etc.
Wodurch Menschen fähig sind, Ideen zu erkennen, erklärt Platon in mythologischen Erzählungen: Der „göttliche Weltbaumeister“ (Demiurg) erschuf die Welt aus den Ideen und der ungeformten Materie, diese **Ideen sind Teil der unsterblichen Seele** des Menschen und schlummern nach seiner Geburt bereits in ihm. Das Erkennen

der Ideen ist eigentlich ein **Wiedererkennen** (*anámnēsis*), ein Bewusstmachen von unbewusst Vorhandenem – daher auch die ewige Gültigkeit und höchste Wirklichkeit dieser Ideen.
Im Höhlengleichnis veranschaulicht Platon den Erkenntnisprozess als ein anstrengendes Emporsteigen vom unwissenden, aber selbstgewissen Leben in geistiger Finsternis zum wissenden Leben im Licht reiner Erkenntnis.

Aus moderner Perspektive erscheint Platons mythologische Erklärung der Ideenschau ebenso unhaltbar wie die Vorstellung einer Welt der Ideen insgesamt. Aus logischer Sicht wird eingewandt, Platon verwechsle Wahrheit mit Deutlichkeit: Bei der Wahrheit gebe es keine Abstufungen, ein Umstand sei wahr oder falsch. Die Stufen der Wahrheit, von denen Platon spricht, seien tatsächlich nur Stufen der Deutlichkeit oder Klarheit in der Erkenntnis der Wirklichkeit. Problematisch erscheint auch die massive Abwertung aller körperlichen und sinnlichen Fähigkeiten und die Aufwertung des rein Geistigen in Platons Stufenmodell. Friedrich Nietzsche hält den „Verächtern des Leibes", zu denen er Platon zählt, entgegen: „Es ist mehr Vernunft in deinem Leibe, als in deiner besten Weisheit."[21]
Dennoch: Ob es menschliches Wissen gibt, das nicht aus sinnlichen Wahrnehmungen gewonnen ist, sondern auf reinem Nachdenken beruht – und das gerade deshalb als gesicherter erscheint –, bleibt noch offen.

Gottlob F. L. Frege (1848–1925) gilt als Begründer der modernen Logik und hat die analytische Philosophie maßgeblich angeregt. Seine Erkenntnistheorie kann als moderne, realistische Version von Platons Ideenlehre gelten. Frege unterscheidet zwischen Vorstellungen (Gefühlen, Wünschen, Phantasien) und sinnlichen Wahrnehmungen (sehen, riechen, schmecken etc.) einerseits und Gedanken andererseits. Vorstellungen und Wahrnehmungen sind an einen Träger gebunden, Menschen **haben** sie. Damit gehören sie zu den Bewusstseinsinhalten, so wie Bäume und Steine zur Außenwelt gehören. Von seinen Vorstellungen und Wahrnehmungen kann man überzeugt sein, sie erscheinen uns subjektiv als wahr. Anders die Gedanken, von denen wir, so Frege, nicht behaupten sollten, dass wir sie *haben*, da wir nicht ihre Träger sind. „Wir haben einen Gedanken nicht, wie wir etwa einen Sinneseindruck haben [...]. Darum ist es anzuraten, hier einen besonderen Ausdruck zu wählen, und als solcher bietet sich uns das Wort ‚fassen' an. [...] Beim Denken erzeugen wir nicht die Gedanken, sondern wir ***fassen*** sie."[22]
Gedanken können wahr sein, auch wenn sie nicht gedacht werden – und sie sind zeitlos wahr und absolut wahr. Frege hat dabei mathematische Gedanken im Sinn, Formeln, mathematische Beweise und logische Schlüsse. Die Arbeit des Wissenschaftlers sollte darin bestehen, wahre Gedanken zu entdecken, und nicht den nur subjektiv wahren Vorstellungen und Wahrnehmungen zu vertrauen.
Was Frege als ewig wahre Gedanken versteht, die von Menschen nur „gefasst" werden können, erinnert einerseits an Platons Bestimmung der „Ideen", andererseits entsprechen sie wohl eher der Stufe des „Nachdenkens" in Platons Modell.

René Descartes (1596–1650), mit dem die neuzeitliche Philosophie beginnt, fand eine Begründung für die Annahme Platons, es gebe ein vom Körper unabhängiges Denken. Dieses Denken ist zugleich die Basis allen Wissens. In seinem Hauptwerk „Meditationen über die erste Philosophie" (1641) stellt er die Frage der Erkenntnistheorie ganz neu.
Das Muster für sicheres Wissen stellt nach Descartes die Mathematik dar. Die Regeln, nach denen sie zu absolut wahren Aussagen gelangt, empfiehlt er auch als Grundlage philosophischen Denkens. Die Philosophie soll also nach dem Vorbild der Mathematik erneuert werden. **Vier Regeln** sind es, die Descartes dabei als Weg zur sicheren Erkenntnis empfiehlt:

21 *Nietzsche, F.*: Die fröhliche Wissenschaft. Kritische Studienausgabe, Bd. IV. Hrsg. v. *G. Colli* u. *M. Montinari.* München 1980. S. 39.
22 *Frege, G.*: Logische Untersuchungen. Hrsg. v. *G. Patzig.* Göttingen 1993. S. 53.

1. Vermeide Vorurteile und vorschnelle Schlüsse. Nur das sollst du als wahr anerkennen, was jedem Zweifel standhält.
2. Zerlege komplexe Probleme in ihre Einzelteile, so dass jedes einzelne sich leichter lösen lässt.
3. Beginne mit den einfachsten Problemen und steigere dich bis zu den komplexen Fragen, ordne dein Denken also nach Schwierigkeitsgraden.
4. Achte auf Vollständigkeit und Übersichtlichkeit bei der Lösung des Problems.[23]

Diese Regeln wendet Descartes nun selbst an, um ein zentrales, erkenntnistheoretisches Problem zu lösen. Er geht von der Überzeugung aus, vieles für wahr und selbstverständlich Genommene sei in Wirklichkeit äußerst zweifelhaft, und ist überzeugt, er „müsse einmal im Leben von Grund auf alles umstürzen und von den ersten Grundlagen an ganz neu anfangen, wenn ich je irgend etwas Festes und Bleibendes in den Wissenschaften aufstellen wollte".[24] Gesucht ist also eine unbezweifelbare, **absolut sichere erste Aussage**, auf deren Basis sich dann alles weitere Wissen ebenso sicher aufbauen lässt.
In Anwendung der ersten Regel (s. oben) zweifelt er nun schrittweise an allem, was üblicherweise für wahr gehalten wird:

1. Schritt: Zweifelhaft erscheint die Wahrheit der sinnlichen Wahrnehmungen. Nicht nur, weil unsere Sinne uns ohnehin täuschen können (s. oben), sondern auch, weil es vielleicht nur Träume sind, die uns scheinbare Wahrnehmungen vorgaukeln und wir kein verlässliches Maß haben, um Traum und Wirklichkeit eindeutig zu unterscheiden.
2. Schritt: Zweifelhaft sind selbst alle denkbaren Inhalte von Träumen oder sinnlicher Wahrnehmung, da ich mir vielleicht nur einbilde, Sinnesorgane zu haben, und tatsächlich alles, was zur Außenwelt gehört, in Wirklichkeit nur Phantasiegebilde sind. Letztlich habe ich keine Möglichkeit, zweifelsfrei festzustellen, ob mein Geist mir nicht alles Körperliche nur vormacht.
3. Schritt: Aber ist nicht wenigstens unbezweifelbar, was ohnehin unabhängig von der äußeren Wirklichkeit gilt? „Denn ob ich schlafe oder wache: Zwei und drei geben zusammen fünf."[25] Aber selbst die mathematischen Gewissheiten könnten mir von einem „bösen und listigen Geist" vorgegaukelt werden – sodass scheinbar nichts Sicheres bleibt, worauf sich ein Wissen gründen ließe.

Mit einer Ausnahme: Die Tatsache allein, dass ich denke, ist unbestreitbar. Und da ich denke, kann ich sicher sein, dass ich existiere, denn es muss ein etwas sein, ein „denkendes Ding" (***„res cogitans"***), das da denkt. **„Ich denke, also bin ich"**, („cogito ergo sum"), so formuliert Descartes diese erste, unbestreitbare Wahrheit später[26] und erklärt sie zu einer angeborenen Idee.
„Ich dachte, also bin ich" – das ist kein notwendig wahrer Satz, denn nur im unmittelbaren Vollzug des Denkens kann ich mir meiner Existenz gewiss sein. „René denkt, also ist er" – auch das ist keine erlaubte Prämisse, denn über die Existenz anderer kann ich nichts wissen. „Ich atme, also bin ich" – auch dieser Schluss ist nicht erlaubt, denn er setzt bereits die Existenz eines Körpers voraus, und schließlich ist die Negation der Behauptung „ich denke nicht, also bin ich auch nicht" nicht möglich, da sie zu einem Selbstwiderspruch führt: Auch wer denkt, er denke nicht, denkt. Wohl aber kann das Denken in verschiedenen Formen auftreten, das „denkende Ding" ist eines, das „zweifelt, einsieht, bejaht, verneint, will, nicht will, das auch vorstellt und empfindet".[27] „Ich fühle, also bin ich." – auch diese Aussage ist als erste möglich.
In der zweiten „Meditation" erläutert Descartes nochmals, wie grundsätzlich sich das übliche Verständnis von Körper und Geist von der Sichtweise unterscheidet, die er durch radikalen Zweifel gewonnen hat. Er stellt seine früheren Überzeugungen seiner jetzigen Erkenntnis gegenüber:

Descartes: Körper-Geist-Beziehungen		
	früher (= übliches Verständnis)	heute (= Erkenntnis Descartes')
Was erscheint als sicheres Wissen?	Körper, Gesicht, Hände, Arme, „Gliedermaschine“ alles im Raum Begrenzte, alles Ausgedehnte „res extensa“ sich ernähren, gehen, wahrnehmen	Seele, Vernunft, Verstand, Geist, Denken „denkendes Ding“, das zweifelt, einsieht, bejaht, begehrt, „res cogitans“ Selbstbewusstsein
Was erscheint als unsicher, zweifelhaft?	Seele, etwas Feines, Wind, Feuer, Kraft	Körper, Bewegungen, Wahrnehmungen, Außenwelt
Welche Rolle spielen die Sinne?	„Gesicht, Gehör, Geschmack, Geruch“ – dienen dazu, den Körper zu erkennen – gehören eher zur Seele, erscheinen als sicher	Sinne = unmöglich ohne Körper, dienen nicht dazu, Körper zu erkennen, sind vom Geist gesteuert, ihre Wahrnehmungen sind unsicher

Mit der Herleitung des Selbstbewusstseins als Basis aller Erkenntnis ist aber noch kein Wissenssystem begründet – im Gegenteil, Descartes' Zweifel scheinen eher zu belegen, dass jenseits des aktuellen Denkens gar nichts sicher existiert. Eine solche Position heißt **Solipsismus** (lat. *solus*: „allein“, *ipse*: „selbst“), und Descartes muss begründen, warum seine Argumentation dort nicht endet, und erklären, weshalb wir berechtigt sind, neben unserem Selbstbewusstsein auch die Existenz der Außenwelt für sicher gegeben zu halten. Das gelingt ihm aber nur durch Berufung auf Gott, also nicht mehr mit einer rationalen Argumentation: Weil Gott, als gütiges Wesen, die Menschen, seine Geschöpfe, nicht betrügen will, diese aber alle von der Existenz einer Außenwelt überzeugt sind, muss es diese Außenwelt auch geben.

Gleichzeitig entwirft Descartes eine **Ideenlehre**. Die Menschen verfügen über angeborene Ideen[28], zu denen neben den beiden elementaren Ideen des Selbstbewusstseins *(res cogitans)* und der ausgedehnten Körper *(res extensa)* etwa die Ideen von Bewegung, Schmerz, Farbe, Ton, Gott, Wahrheit etc. gehören. Diese Ideen sind aber, anders als bei Platon, nicht etwa Teile der Außenwelt, sondern Denkakte, geistige Tätigkeiten, Begriffe, die in uns schlummern und die wir im Bedarfsfall aktivieren. Die angeborenen Ideen existieren ohne jeden Einfluss von Wahrnehmungen, es sind rein geistige Akte: Wenn wir an Freiheit denken, aktivieren wir die Idee „Freiheit“. „Ich habe eine Idee von x“ heißt nichts anderes als „Ich denke an x“. Erkenntnis ist also ein rein geistiges Vermögen, die Repräsentation der Außenwelt im Bewusstsein. Dieses Bewusstsein existiert unabhängig vom Körper und seinen Sinnesorganen. Was diesem Bewusstsein als „klar und deutlich“ erscheint (siehe 2.), ist wahr. Diese Sichtweise, die glaubt, Erkenntnis sei durch reines, vernünftiges Denken zu gewinnen, nennt man **Rationalismus** (lat. *ratio*: „Vernunft“); Descartes ist sein Begründer in der Neuzeit.

23 Vgl. *Descartes, R.*: Von der Methode. Übers. v. *L. Gäbe*. Hamburg 1960. S. 15f.
24 *Ders.*: Meditationen über die erste Philosophie. 1. Meditation. Stuttgart 1972. S. 37.
25 Ebd. S. 40.
26 *Ders.*: Principia. AT VIII-1. S. 7.
27 *Ders.*: Meditationen. A. a. O. (s. Anm. 24) S. 49.
28 Daneben unterscheidet Descartes noch „erworbene Ideen“, die sich aus Wahrnehmungen bilden, (z. B. Idee eines Baumes) und „selbst gemachte Ideen“, die sich aus der beliebigen Verbindung von Wahrnehmungen und reinen Vorstellungen ergeben (z. B. Idee eines geflügelten Pferdes).

John Locke (1632–1704) gilt als einer der bedeutendsten Vertreter des **Empirismus** (griech. *empéiria*: „Erfahrung“), der unter den Erkenntnistheorien die Gegenposition zum Rationalismus darstellt. Locke beginnt sein erkenntnistheoretisches Hauptwerk „Versuch über den menschlichen Verstand“ (1690) daher auch mit einer scharfen Kritik der Annahme „angeborener Ideen“ bei Descartes. Der menschliche Geist sei bei Neugeborenen völlig leer, wie eine unbeschriebene Tafel („tabula rasa“). Auch werde die kreative Tätigkeit der Vernunft abgewertet, wenn alle wesentlichen Denkakte bereits in uns vorhanden wären. Tatsächlich gelangten wir ausschließlich über unsere Sinne zu Erkenntnissen, nichts sei in unserem Verstand, das nicht zuvor in den Sinnen war („nihil est in intellectu quod non antea fuerit in sensu“). Die einzigen Erkenntnisquellen sind also die Sinnesdaten und ihre Verarbeitung im Verstand. Als Beispiel führt Locke einen Blinden an, der Kugeln und Würfel nur durch Ertasten unterschieden kann. Könnte er plötzlich sehen, so Locke, würde er Kugel und Würfel nicht durch reines Betrachten unterscheiden können – er braucht die sinnliche Erfahrung des Tastens, um die Formen richtig erfassen zu können.

Die Erfahrung speist den Verstand mit Vorstellungen *(**ideas**)*. Zu Erfahrungen gelange ich auf zweierlei Weisen:

1. Durch sinnliche Wahrnehmung der Außenwelt (***sensations***) entstehen einfache Ideen von sinnlichen Qualitäten (z. B. Ideen von *gelb, heiß, hart, süß*).
2. Durch die eigene, nach innen gerichtete Beobachtung der wiederholten gedanklichen Verarbeitung dieser einfachen Ideen, an die ich glauben kann, an denen ich zweifeln kann, aus denen ich Schlüsse ziehen kann etc., entstehen die komplexen Ideen des Zweifelns, Glaubens, Schließens etc. Diese geistige Tätigkeit, die sich nicht auf sinnliche Wahrnehmung stützt, sondern auf Selbstbeobachtung von Denkvorgängen, nennt Locke ***„reflexion“*** oder „innerer Sinn“.

Die einfachen Ideen werden früh erworben, ein „innerer Sinn“ bildet sich erst später – oder nie. Jedenfalls sind diese geistigen Fähigkeiten keinesfalls, wie Descartes behauptete, angeboren, vielmehr erfordern sie ein hohes Maße an Überlegung und aufmerksamer Selbstbetrachtung geistiger Verarbeitung.

Was den Nachweis einer Außenwelt anbelangt, zu deren Begründung Descartes auf Gott zurückgreifen muss, argumentiert Locke pragmatisch: Vielleicht hat der Zweifler an der Außenwelt den Zweifel nur geträumt; für unsere menschlichen praktischen Bedürfnisse reicht der Gewissheitsgrad, den unsere Sinne uns über die Existenz der Außenwelt vermitteln, völlig aus. „Wer eine brennende Kerze sieht und die Wirkung ihrer Flamme festgestellt hat, indem er den Finger hineinhielt, wird kaum daran zweifeln, dass hier etwas außer ihm existiert“[29], sagt Locke.

Dennoch: Auch Locke gesteht zu, dass der Wahrheitsgehalt von Ideen, die auf unmittelbarer sinnlicher Wahrnehmung beruhen (*sensations*), gering ist. Diese Ideen verbürgen zwar Wissen, aber Gewissheit nur für den Moment der aktuellen Wahrnehmung: Vielleicht existiert dasjenige, was ich soeben beobachtete, inzwischen nicht mehr. **Sensitive Erkenntnis** ist nur bedingt wahr.

Einen höheren Wahrheitsgehalt haben demonstrative Erkenntnisse. So bezeichnet Locke das Wissen, das durch vernünftiges Kombinieren, Vergleichen, Beweisen von einfachen Ideen entsteht. Dies sind nach Locke die mathematischen Gewissheiten.

Den höchsten Wahrheitsgrad können intuitive Erkenntnisse beanspruchen. In dieser Hinsicht denkt Locke nicht anders als Descartes (s. S. 62). Wir erfassen intuitiv, dass „weiß nicht schwarz ist, dass ein Kreis kein Dreieck, dass drei mehr als zwei … ist“.[30] „Diese Art der Erkenntnis“, so Locke, „ist die klarste und sicherste, die der menschlichen Unzulänglichkeit möglich ist.“[31]

David Hume (1711–1776) übernimmt die Grundüberzeugungen des Empirismus, das Fehlen von angeborenen Ideen und die Erfahrung als einzige Quelle des Tatsachenwissens, von Locke. Er ist aber radikaler in der Skepsis gegenüber der Erkenntnis der Wahrheit, präziser in der Darstellung der geistigen Tätigkeiten und konsequenter, was die Rolle der sinnlichen Wahrnehmungen als ausschließliche Basis des Wissens anbelangt. Er gilt daher nicht nur als bedeutendster Vertreter des Empirismus, sondern auch des **Sensualismus** (lat. *sensu* = Sinne).

Im Gegensatz zu Locke bestreitet Hume die Möglichkeit, die Existenz der Außenwelt empirisch beweisen zu können. Es gibt keine Instanz, die uns Sicherheit darüber vermittelt, ob das, was der sinnlichen Erfahrung als wirkliche Welt erscheint, auch tatsächlich existiert. Aus Erfahrung kann man nicht beweisen, dass Erfahrung überhaupt etwas beweisen kann. Dazu müsste man über eine Art Meta-Erfahrung verfügen, die es aber nicht gibt, weil wir den Rahmen unserer Erfahrung nicht überschreiten können: „Hier schweigt die Erfahrung völlig und muss es tun", sagt Hume.[32] Unter diesem Vorbehalt stehen sämtliche Erkenntnisse, die sich auf Tatsachen beziehen, also auch alles naturwissenschaftliche Wissen. Es kann damit keinen absoluten Wahrheitsanspruch erheben.

Allerdings leugnet Hume damit nicht die Existenz einer Außenwelt – sie lässt sich nur nicht aus Erfahrung beweisen. Dennoch können wir nicht anders, als an die Existenz der Außenwelt zu glauben, da wir unseren Sinnen unbedingt vertrauen. Durch einen „natürlichen Instinkt" sind wir „dazu getrieben", dem von uns Wahrgenommenen eine von uns unabhängige Existenz zuzusprechen.[33]

Absolut wahr können nur jene Erkenntnisse sein, die wir durch reines Denken, ohne jeden Bezug zur Wirklichkeit und damit ohne Erfahrung gewinnen. Dies sind die Erkenntnisse der „Geometrie, Algebra und Arithmetik"[34], also der Mathematik. Hume bezeichnet sie als Beziehungen zwischen Ideen *(Relations of ideas)*. Alle anderen Erkenntnisse beziehen sich auf Tatsachen *(Matters of Facts)*. Für sie gilt der Vorbehalt letztlicher Unbeweisbarkeit. Diese Differenzierung nennt man **Humes Gabelung**.

Das Kriterium, nach dem sich mathematische Wahrheiten von Tatsachenwissen unterscheiden lassen, ist die Möglichkeit der Vorstellung von Widersprüchen: *Blaue Tomaten* stehen zwar im Widerspruch zu unseren Wahrnehmungen, aber ich kann sie mir vorstellen, ja sogar malen; *runde Vierecke* kann ich mir weder vorstellen, noch sie malen. In diesem Sinn sind mathematische Wahrheiten einfache Begriffsanalysen. In den Begriffen „zwei" „und" „drei" ist „fünf" bereits enthalten.

Hume differenziert nun das Tatsachenwissen in dreierlei Hinsicht:

1. Grundlage allen Wissens sind die unmittelbaren sinnlichen Wahrnehmungen *(feelings)*. Durch sie gelangt man zu Eindrücken *(impressions)*. Diese Eindrücke werden in Ideen *(ideas)* gespiegelt, die allerdings stets schwächer sind als die unmittelbaren Eindrücke: Der sinnliche Eindruck beim Biss in ein Wurstbrot ist lebhafter als die Erinnerung an diesen Biss.
2. Eindrücke und Ideen sind jeweils zweigeteilt. Neben den Sinneswahrnehmungen gibt es auch Eindrücke der Selbstwahrnehmung, d. h. innere Erfahrungen von Gefühlen (Schmerz, Hunger) oder Empfindungen (Reue, Mitleid). Neben den Ideen der Erinnerung (z. B. an die letzte Mahlzeit) gibt es Ideen der Einbildung, die auf gedanklichen Verknüpfungen von bekannten Ideen beruhen, ohne dass wir sie selbst unmittelbar erlebt haben. Einen „goldenen Berg" kann ich mir einbilden, ohne je einen gesehen zu haben, weil ich die Idee eines Bergs und die Ideen von Goldenem in der Erfahrung vorfinde und verknüpfen kann.
3. Beide Arten von Eindrücken und beide Arten von Ideen können in einfacher oder komplexer Form vorkommen: Eine einfache Sinneswahrnehmung: Hitze einer Flamme; eine komplexe Sinneswahrnehmung: Biss in einen Apfel, den ich sehe, fühle, schmecke, rieche. Einfache Erinnerung: ein konkreter Ton; komplexe Erinnerung: Besuch einer Oper.

---

29 *Locke, J.*: Versuch über den menschlichen Verstand, Bd. 2. Hamburg: 1989. S. 317.
30 Ebd. S. 175.
31 Ebd.
32 *Hume, D.*: Eine Untersuchung über den menschlichen Verstand. Komm. *v. L. Wiesing*. Frankfurt/M. 2007. S. 192.
33 Ebd. S. 189.
34 Ebd. S. 45.

Erkenntniswege und Wahrheit bei Hume

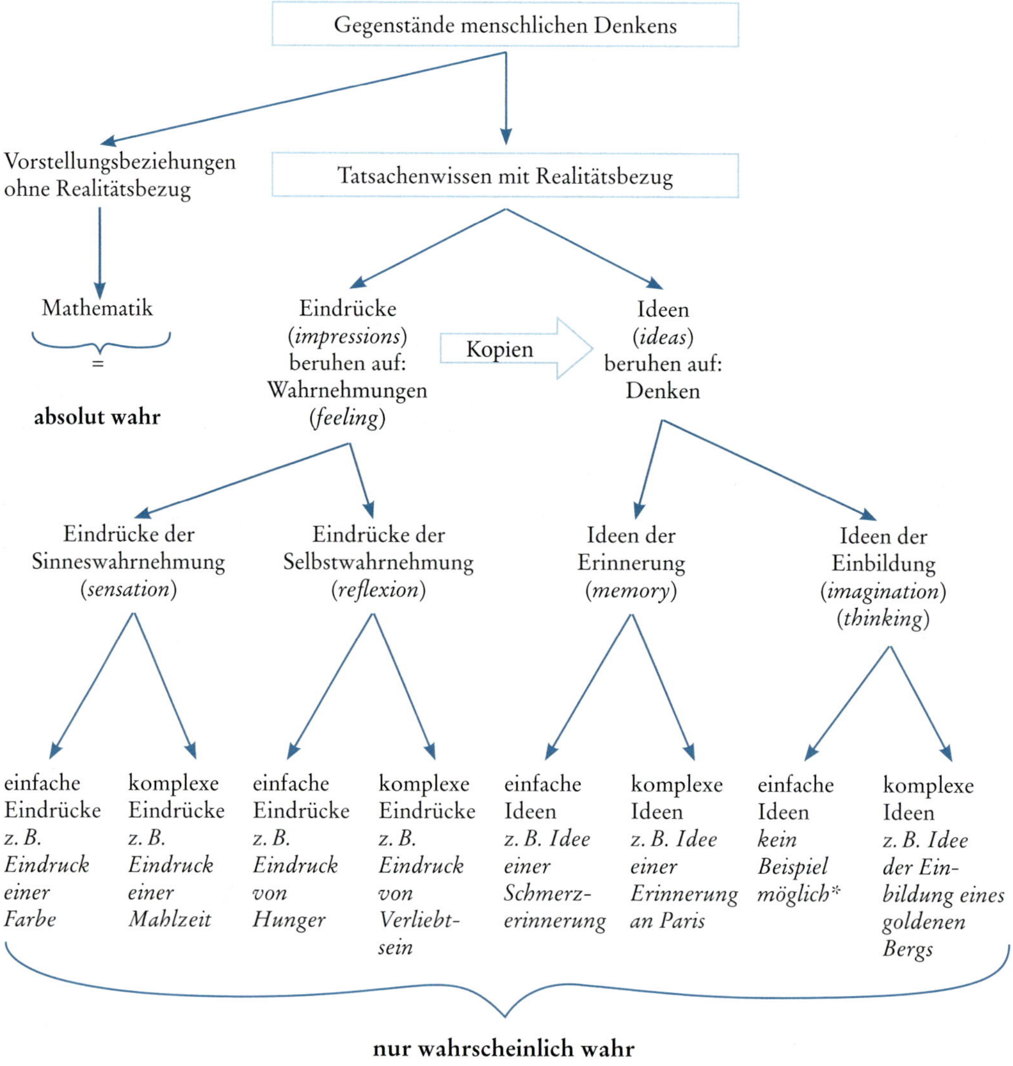

* Da alle Ideen letztlich auf Erfahrung beruhen, wären einfache Einbildungen, ohne Erfahrung, ein Beispiel für ein Wissen a priori, das es aber nicht geben kann.

Entscheidend für Humes empiristische Grundüberzeugung ist, dass er glaubt, alle Formen von Bewusstseinsinhalten stets auf unmittelbare Eindrücke zurückführen zu können: „Alle unsere Ideen oder schwächeren Perzeptionen [Wahrnehmungen] sind Kopien unserer Eindrücke oder lebhafteren Perzeptionen.“[35]

Die komplexen Ideen entstehen, so Hume, weder nach logischen Denkgesetzen noch durch willkürliche Assoziationen, sondern durch einige wenige Arten immer gleicher Verknüpfungen, die ebenfalls auf Erfahrung beruhen. Wir verbinden in Gedanken unsere Vorstellungen nach den Prinzipien von **Ähnlichkeit**, **raum-zeitlicher Berührung** und **Ursache** oder **Wirkung**: Beim Anblick eines Berges fällt mir ein anderer Berg ein (Ähnlichkeit), bei der Erinnerung an ein Strandhotel kommt mir der Strand in den Sinn (raum-zeitliche Berührung) bei der Einbildung eines Verkehrsunfalls denke ich an das Reh auf der Fahrbahn, die Wunden und die Schmerzen (Ursache und Wirkung). Nur auf diese Weise entstehen unsere komplexen Ideen, die sich auf die Wirklichkeit beziehen.

Völlig neu sind Humes Überlegungen zur **Kausalität**. Er sieht auch unsere Fähigkeit, von Ursachen auf Wirkungen zu schließen, als etwas, das wir nur durch Erfahrung, also im Nachhinein (**a posteriori**) gewinnen. Diese Annahme ist entscheidend für seinen Ansatz: Wäre ein Schließen von Ursachen auf Wirkungen ohne Erfahrung, durch reines Denken im Voraus (**a priori**) möglich, dann wäre seine Unterscheidung zwischen absolut wahrem mathematischem Wissen und bloß wahrscheinlichem Tatsachenwissen hinfällig, denn man könnte von einer Tatsache ohne Erfahrung „weiterdenken" und auf die Existenz von daraus folgenden Tatsachen schließen. Bloß wahrscheinliche Tatsachen wären dann absolut wahr miteinander verbunden – eine ziemlich absurde Vorstellung. Hume nennt drei Argumente, um seine Vorstellung von **Kausalität als Erfahrungswissen** zu erhärten:

1. Den Gegenständen und Tatsachen der Welt sieht man nicht an, welche Ursachen sie haben und welche Wirkungen sie auslösen. Das gilt für die Billardkugel, an der selbst die schärfste Vernunft a priori nichts entdecken wird, was darauf hinweist, wohin sie rollt, wenn sie angestoßen wird, und es gilt für ganze Staaten, denen man selbst durch scharfes Nachdenken a priori nicht anmerkt, wann sie zusammenbrechen (vgl. den unerwarteten Zusammenbruch des Ostblocks).
2. Ursachen und Wirkungen sind grundverschieden. Auch ihnen ist durch reine Vernunft nicht anzumerken, wie die eine in der anderen enthalten sein soll. Der Schwerkraft, als Ursache, merke ich a priori nicht an, dass sie den Stein nach unten zieht. Dem Eis, als Wirkung, merke ich durch Nachdenken nicht an, dass es durch Kälte verursacht wurde. Welche Tatsache aus welcher folgt, lerne ich nur aus Erfahrung. Und weil hierbei Irrtümer nicht ausgeschlossen sind – denn beim nächsten Mal hat sich vielleicht die Ursache geändert oder die Folge –, ist unser ganzes spekulatives Denken nur auf Wahrscheinlichkeit gebaut.
3. Wir lernen tatsächlich, was Kausalität heißt, durch die Erfahrung, dass zwei Tatsachen regelmäßig in derselben Reihenfolge nacheinander auftreten: Immer wenn ich morgens den Vorhang aufziehe, wird es hell im Zimmer. Also lerne ich: Das Aufziehen ist die Ursache der Helligkeit. Kausalität ist eigentlich nur ein Analogieschluss, ein Schließen aufgrund von Ähnlichkeit. „Von ähnlich erscheinenden Ursachen erwarten wir ähnliche Wirkungen. Das ist die Summe aller unserer Erfahrungsschlüsse", so Hume.[36]

Und da diese „Erfahrungsschlüsse" niemals ganz sicher sein können, bleiben alle Prognosen über zukünftige Wirkungen bestenfalls wahrscheinlich – ja, unser gesamtes Tatsachenwissen, das auf der Verknüpfung von Ursachen und Wirkungen beruht, steht unter dem Vorbehalt, dass die Tatsachen auch ganz anders verknüpft sein könnten. Wir verwechseln Wahrscheinlichkeiten mit Wahrheit. Das ist der Kern von Humes Skeptizismus.

Grundlage unserer Erkenntnisse sind also 1. die Eindrücke aus sinnlichen Wahrnehmungen, 2. die Gefühle, die sich aus Erlebnissen bilden, 3. die Verknüpfungen der Ideen durch gewohnheitsmäßig erworbene Verbindungen (z. B. Ähnlichkeit) und schließlich die Vernunft. Hume versteht die Vernunft als eine Art Instinkt, der uns die Verallgemeinerung von Erfahrungen ermöglicht, oder als instrumentelle Vernunft, die Mittel ersinnt, um Zwecke zu erreichen, die vorab von den Gefühlen festgelegt wurden. Mein Gefühl des Mitleids bestimmt den Zweck: Dem Bettler soll geholfen werden. Die Vernunft legt fest, in welcher Weise dies geschehen kann. Hume bezeichnet die Vernunft daher als „**Sklaven der Affekte** [...], sie darf niemals eine andere Funktion beanspruchen, als die, denselben zu dienen und zu gehorchen".[37]

35 Ebd. S. 28.
36 Ebd. S. 50.
37 *Hume, D.*: Traktat über die menschliche Natur, Bd. 2, III, Abs. 8. Übers. v. *T. Lipps.* Hamburg 1978. S. 153.

Aus heutiger Sicht ist Humes Modell der Erkenntniswege nicht haltbar. **Drei Einwände**:

1. Eindrücke unterscheiden sich von Ideen nicht dadurch, dass sie „lebhafter“ sind, sondern ihre Objekte sind unmittelbar gegenwärtig, was für Erinnerungen und Einbildungen nicht gilt. Mein aktuelles Hungergefühl ist in anderer Weise gegenwärtig als meine Erinnerung daran. Der Fehler rührt daher, dass Hume Eindrücke wie Ideen als Wahrnehmungen *(perceptions)* versteht.
2. Ideen als „Kopien“ von Eindrücken zu verstehen, die einander wie Spiegelbilder ähneln, ist ein zu naives Bild des menschlichen Geistes. Bei abstrakten Ideen z. B. ist fraglich, auf welche Eindrücke sie sich stützen sollen. Hier zeigt sich die Grenze einer Erkenntnistheorie, die den engen Zusammenhang von Denken und Sprache noch nicht ausreichend sieht.
3. Nach Humes Auffassung gehen wir von kausalen Beziehungen immer dann aus, wenn zwei Ereignisse wiederholt nacheinander auftreten. Hier ist Kausalität als Vorzeitigkeit zu verstehen. Aber zum einen treten auch Tag und Nacht stets nacheinander auf – ohne dass sie einander bedingen, zum anderen ist eine tatsächliche Verursachung (Hitze verursacht das Verdampfen von Wasser) etwas anderes als schlichte Vorzeitigkeit (weil Adam vor neun Monaten mit Eva geschlafen hat, muss er nicht der Vater ihres Kindes sein). Zudem übersieht Hume das Kausalprinzip: Auch wenn man im konkreten Fall Ursache und Wirkung nicht eindeutig bestimmen kann, gilt doch, dass es keine Tatsache gibt, die nicht verursacht wurde. Schließlich ist es mit Humes Kausalitätsverständnis unmöglich, eine Technikfolgenabschätzung zu betreiben, der es ja darum geht, bloße Gleich- oder Vorzeitigkeit von Ereignissen von echten kausalen Zusammenhängen – etwa bei der Strahlenbelastung durch AKWs – zu unterscheiden: Kein Kraftwerksbetreiber ist bereit, für Leukämiekranke, die sich gehäuft im Umfeld von AKWs finden (Gleichzeitigkeit) zu zahlen, solange nicht bewiesen ist, dass die Erkrankungen ursächlich von der Strahlenbelastung (Kausalität) herrühren.

4. Kritizismus – Perspektivenwechsel im Erkennen

Alle bisher dargestellten Erkenntnistheorien, auch wenn sie Vernunft und Sinne, Außenwelt und Innenwelt, Denken und Fühlen in ihrer Bedeutung für die Erkenntnis ganz unterschiedlich einschätzen, stimmen doch in einem Punkt überein: Niemand zweifelte daran, dass es beim Erkennen der Wahrheit um einen Suchvorgang geht, bei dem das Gesuchte – die Wirklichkeit – feststeht und der Suchende einen Weg finden muss, sich dieser fixen Wirklichkeit zu nähern. Das Subjekt (der Erkenntnissuchende) musste sich nach dem Objekt (dem Erkenntnisgegenstand) richten.

Ganz neu ist daher der Perspektivenwechsel beim Erkennen, der von einem umgekehrten Verhältnis ausgeht: Die Wirklichkeit hängt vom erkennenden Subjekt ab. Dem menschlichen Geist erscheint die Wirklichkeit in der Weise, wie es seinen Denkmöglichkeiten und seinen Wahrnehmungsfähigkeiten entspricht. Er gliedert sie nach seinen Begriffen und beschreibt sie in seinen Denkkategorien, über die er a priori verfügt. Dies ist eine gemäßigte Sichtweise, wie sie vor allem Kant vertritt. Radikaler ist eine Sicht, die behauptet, wir konstruierten uns die Wirklichkeit mittels der Sprache. „Die Grenzen meiner Sprache sind die Grenzen meiner Welt“, sagt Wittgenstein.[38] Dies ist der Basissatz der Sprachphilosophie.

Immanuel Kant (1724–1804) vermittelt zwischen den Positionen des Rationalismus und des Empirismus und überwindet zugleich die beiden Extrempositionen durch einen völlig neuen Blick auf die Erkenntnismöglichkeiten und ihre Grenzen.

Er widerspricht Descartes' Grundannahme eines Selbstbewusstseins ohne jeden Bezug zur Außenwelt und pflichtet ihm zugleich bei, wenn es um angeborene Ideen und die Hochschätzung der Vernunft für die Erkenntnis geht. Er widerspricht Humes Sichtweise der Kausalität als reines Erfahrungswissen und pflichtet ihm zugleich in der Einschätzung bei, dass alle Erkenntnis mit der Erfahrung beginnt und dieses Erfahrungswissen nur bedingt wahr sein kann.

Es gelingt ihm, die Leistungen des reinen Denkens, der Phantasie und der Sinne in einer einheitlichen Theorie zu verbinden, die er selbst als **Kritizismus** bezeichnet.

Kant widerspricht Hume nicht nur in der Einschätzung der Kausalität, vielmehr sieht er bereits dort, wo Hume es nicht einmal vermutet, ein erfahrungsfreies Denken am Werk, nämlich bei der sinnlichen Wahrnehmung:

1. Mit sinnlicher Wahrnehmung erkennen wir im Grunde gar nichts. Wir *sehen* etwas Grünes, Rundes, es *fühlt* sich glatt und fest an, es *schmeckt* süßlich. Das ist alles. Um es als Apfel zu erkennen, müssen wir vorab den Begriff „Apfel" kennen, ja, selbst das, was wir wahrnehmen, wird erst „grün" und „fest" durch die Begriffe dafür. Wenn Sinnesdaten die einzige Erkenntnisquelle wären, wie die Empiristen behaupten, dann könnten wir über „Äpfel" nichts wissen.
2. Beim Wahrnehmen des Apfels spielt ferner eine Rolle, dass wir ihn nicht anders wahrnehmen können als räumlich. Zum einen als Körper, der einen Raum einnimmt, zum anderen als einen Körper im Raum. Diese Fähigkeit ist aber angeboren. „Der **Raum** ist kein empirischer Begriff, der von äußeren Erfahrungen" herrührt, sagt Kant. Vielmehr ist der Raum „eine notwendige Vorstellung, a priori, die allen äußeren Anschauungen zum Grunde liegt. Man kann sich niemals eine Vorstellung davon machen, dass kein Raum sei."[39]
3. Umfassender noch verhält es sich mit der **Zeit**. Ein Raumbewusstsein a priori brauchen wir nur bei der Wahrnehmung äußerer Gegenstände, das Zeitbewusstsein liegt sämtlichen Vorstellungen zugrunde. Alles, was ich wahrnehme, fühle, denke, mir einbilde, findet in der Zeit statt. Wir können nichts denken, was außerhalb der Zeit stattfindet. Das müssen wir nicht lernen, sondern wir bringen es als „apriorische Anschauungsform", wie Kant sagt, mit.
4. Was die Einschätzung der Kausalität betrifft, hat Kant vorab von Hume gelernt. Er gesteht zu, die Verknüpfung von Ereignissen liege nicht in den Dingen selbst, sondern werde vom erkennenden Subjekt geleistet. Aber für Hume ist Kausalität nur eine Erfahrung von *vorher* und *danach* – und kein *deshalb*. Aber wenn ich erkenne, es wird hell im Zimmer, *weil* ich die Vorhänge aufgezogen habe (Ursache und Folge sind also nicht nur zeitlich miteinander verbunden, sondern es gibt einen inhaltlichen Begründungszusammenhang), dann gelingt das nur unter Anwendung eines Kausalprinzips. „Durch die bloße Wahrnehmung" eines Vorher und Nachher, so Kant, bleibt „das *objektive Verhältnis* der einander folgenden Erscheinungen unbestimmt."[40]
   Dieses Kausalprinzip kann ich aber nicht aus Erfahrung gewinnen, da es weder in den Dingen selbst erkennbar ist (so schon Hume), noch sich aus der Erfahrung eines Vorher und Nachher ableiten lässt. Es muss also a priori, vor aller Erfahrung, als Denkkategorie in meinem Verstand angelegt sein. Zur Kausalität als Denkkategorie gehört, dass der Begriff „Ursache" notwendig mit „Wirkung" zusammengedacht wird – es gibt keine Ursache ohne Wirkung, und umgekehrt – das Verhältnis ist regelhaft und allgemein, und es ist unumkehrbar. Ursache und Wirkung können nicht vertauscht werden. Es kann nicht zuerst die Scheibe zersplittern, bevor der Stein sie trifft.

Von diesen Denkkategorien, so Kant, gibt es insgesamt zwölf. Unser Verstand weiß a priori auch, was „Möglichkeit" bedeutet oder „Notwendigkeit" oder „Ausschließlichkeit". Er kann ohne Erfahrung unterscheiden zwischen „einem", „einigen" und „allen", zwischen Bejahung und Verneinung.
Diese Denkkategorien – die meisten finden sich schon bei Aristoteles – bilden die Grundlage unserer Erkenntnisurteile. Sie stellen eine Art Vor-Formatierung des Gehirns dar und ermöglichen jeweils entsprechende Urteilsformen.

38 *Wittgenstein, L.*: Philosophische Untersuchungen. Frankfurt/M. 1992. S. 29.
39 *Kant, I.*: Kritik der reinen Vernunft (KrV). A 42
40 Ebd. B 234 (Hervorhebung v. Kant).

Tafel der Urteilsformen (und Kategorien) – mit Beispielen	
1. Quantität Allgemeine (Einheit) (Alle S sind P.) *Alle Menschen sind Säugetiere.* Besondere (Vielheit) (Einige S sind P.) *Einige Tiere sind Säugetiere.* Einzelne (Allheit) (Ein einzelnes S ist P.) *Platon ist ein Mensch.*	**2. Qualität** Bejahende (Realität) (S ist P.) *Der Kölner Dom ist hoch.* Verneinende (Negation) (S ist nicht P.) *Dieses Haus ist kein Dom.* Begrenzende (Limitation) (S ist Nicht-P.) *Das Haus neben dem Kölner Dom ist niedriger.*
3. Relation Kategorische (Zugehörigkeit) (S ist P.) *Körper sind ausgedehnt.* Hypothetische (Kausalität) (Wenn: S ist P, dann: Q ist R) *Wenn der Bodensee zufriert, wird der Schiffsverkehr eingestellt.* Disjunktive (Ausschließlichkeit) (S ist entweder P oder Q oder R.) *Der Hautfleck ist gutartig oder bösartig oder ein Muttermal.*	**4. Modalität** Problematische (Möglichkeit) (Es ist möglich, dass: S ist P.) *Es könnte heute Nacht schneien.* Assertorische (Tatsächlichkeit) (Es ist wirklich, dass: S ist P.) *Heute schneit es.* Apodiktische (Notwendigkeit) (Es ist notwendig, dass: S ist P.) *Ich muss eines Tages sterben.*

Diese zwölf Urteilsformen bilden zusammen mit den entsprechenden Kategorien das Raster unseres Denkens und Erkennens. Mit ihrer Hilfe ordnen wir die Begriffe, die wir für die Dinge der Außenwelt haben oder für abstrakte Begriffe. Mit ihrer Hilfe stellen wir fest, in welcher Verbindung die Begriffe stehen, fällen Urteile. Kant betont selbstbewusst die Vollständigkeit der von ihm formulierten Liste an Urteilen und Denkkategorien: „Dieses ist nun die Verzeichnung aller ursprünglich reinen Begriffe der Synthesis, die der Verstand a priori in sich enthält, und um deren willen er auch nur ein reiner Verstand ist.“[41]

Insgesamt ist Erkenntnis also nur möglich, weil wir einerseits über Begriffe und erfahrungsfreie Kategorien verfügen, andererseits über sinnliche Wahrnehmung, auf die wir diese Begriffe und Kategorien anwenden können. Kant geht also davon aus, „dass es zwei Stämme der menschlichen Erkenntnis gebe [...], nämlich *Sinnlichkeit* und *Verstand*, durch deren ersteren uns Gegenstände *gegeben*, durch den zweiten aber *gedacht* werden“.[42] Zeitlich gesehen, beginnt die Erkenntnis zwar mit der sinnlichen Wahrnehmung, aber wir können das Wahrgenommene zu Erfahrung und Wissen nur verarbeiten, wenn wir es zugleich durch Begriffe benennen und durch die Denkkategorien ordnen. Beides ist notwendig. Die Begriffe und Kategorien blieben ein leeres Raster, wenn sie nicht mit den Inhalten aus den sinnlichen Wahrnehmungen gefüllt würden. Sie wären wie ein Schnittmuster ohne Stoff. Die sinnlichen Eindrücke würden gar nicht verstanden, unser Sehvermögen z. B. wäre nur eine Kamera, die Bilder aufnimmt und speichert, ohne sie zu verstehen, würden sie nicht mit Begriffen belegt und nach Denkkategorien geordnet. In Kants Worten: „Gedanken ohne Inhalt sind leer, Anschauungen ohne Begriffe sind blind. [...] Der Verstand vermag nichts anzuschauen und die Sinne nichts zu denken.“[43] Hier kommt zum Ausdruck, wie Kant **Rationalismus** („Verstand“) und **Empirismus** („Sinne“) verbindet: Ich kann mir zwar rein gedanklich Dreidimensionalität vorstellen, aber das würde „doch gar nichts bedeuten, könnten wir nicht immer an Erscheinungen (empirischen Gegenständen) ihre Bedeutung darlegen“.[44] Gegen den Empirismus behauptet Kant also, dass es reine Verstandesbegriffe gebe, und gegen den Rationalismus, dass sie ohne empirische Anschauung keine Erkenntnis ermöglichten. „Verstand und Sinnlichkeit können bei uns *nur in Verbindung* Gegenstände bestimmen.“[45]

Die beiden den Menschen zugeschriebenen Fähigkeiten zur Erkenntnis, nämlich sinnliche Wahrnehmung und reine Verstandestätigkeit, sind bei Kant in sein Menschenbild eingebettet, das uns als Doppelwesen sieht, als „Bürger zweier

Welten", wie Kant sagt. Einerseits sind wir Naturwesen, mit angeborenen sinnlichen Fähigkeiten, mit Gefühlen und Trieben. Andererseits sind wir Vernunftwesen, die unabhängig von ihren natürlichen Anlagen reine Verstandesurteile fällen können, d.h. Begriffe mit Denkkategorien verbinden können. Auch diese Fähigkeit ist nach Kant angeboren und muss nicht aus Erfahrung erlernt werden. Hier knüpft Kant an Descartes an und erweitert ihn: Das Ich-Bewusstsein, d.h. das Bewusstsein von mir als einer einheitlichen Person, schließt die konkreten Verstandestätigkeiten ein. Das „Ich denke ..." von Descartes ist kein leeres Denken, sondern „dieses Vermögen (nämlich zu denken) ist der Verstand".[46] Konkret: Wenn es, wie Descartes gezeigt hat, ohne jede sinnliche Wahrnehmung unbestreitbar ist, dass ich denke, so ist dieses „reine" Denken inhaltlich reine Verstandestätigkeit, und diese zeigt sich im Wissen um die Denkkategorien.

Was den Wahrheitsgehalt von Erkenntnissen anbelangt, stimmt Kant Hume in der Einschätzung zu, dass Urteile, die sich auf Erfahrung berufen, niemals absolut wahr sein können. Da wir Erfahrungsurteile immer nur auf frühere Eindrücke stützen können, müssten wir, anstatt zu behaupten, diese Urteile seien wahr, bescheidener sagen: „Soviel wir bisher wahrgenommen haben, findet sich von dieser oder jener Regel keine Ausnahme."[47] Urteile dieser Art nennt Kant **„Urteile a posteriori"**, also Urteile im Nachhinein, *nachdem* wir Erfahrungen gemacht haben. Dazu zählen u.a. alle Erkenntnisse, die in den Naturwissenschaften möglich sind, z.B. Erkenntnisse über die Wirkung von Medikamenten, über das Brutverhalten von Vögeln, über die Reaktionen von chemischen Elementen. Sie sind **nur unter Vorbehalt wahr**.

Daneben gibt es aber auch Urteile, so Kant, die vorbehaltlos wahr sind, die gewonnen werden *vor* jeder Erfahrung oder sinnlichen Wahrnehmung. Solche Erkenntnisse nennt Kant **„Urteile a priori"**, also im Voraus, vor jeder Erfahrung. Sie sind **absolut wahr**, weil nicht durch Erfahrung getrübt, sondern aus reinem Denken gewonnen.

Nun unterscheidet Kant die Urteile weiterhin in **analytische** und **synthetische** Urteile. Analytische oder auch „Erläuterungsurteile" sagen nichts Neues. Sie erläutern nur das, was in einem Begriff oder einer Aussage schon enthalten ist. Die Aussagen „alle Kreise sind rund", „die Eltern von Vettern sind Geschwister" sind möglich, ohne je einen Kreis oder Vetter gesehen zu haben, einfach weil im Begriff „Kreis" das Rund-Sein, im Begriff „Vetter" das Geschwister-Sein ihrer Eltern bereits enthalten ist. Deshalb sind diese analytischen Urteile a prori-Urteile, sie gelten auch ohne Erfahrung, und deshalb sind sie vorbehaltlos wahr. Die synthetischen oder Erweiterungsurteile sagen etwas Neues, sie definieren oder zergliedern einen Begriff nicht nur, sondern verbinden ihn mit einer neuen Aussage. Dazu gehören alle Erfahrungsurteile.

So weit würden auch Descartes und Hume Kant noch zustimmen, auch wenn sie andere Begriffe verwenden. Aber Kant überwindet den Rationalismus und den Empirismus nun nicht, indem er einen Kompromiss zwischen beiden Erkenntnistheorien sucht, sondern indem er eine neue, dritte Erkenntnisquelle einführt: **synthetische Urteile a priori.** Dies sind also wirklich neue Erkenntnisse, die ohne Erfahrung gewonnen werden, und deshalb vorbehaltlos wahr sind. Falls es diese Art von Erkenntnis wirklich gibt, wäre die Welt um unumstößliche neue Wahrheiten bereichert. Daher betont Kant auch, das Hauptziel seines erkenntnistheoretischen Werks „Kritik der reinen Vernunft" sei es, die Frage zu beantworten, „Wie sind synthetische Urtheile a priori möglich?"[48]

41 Ebd. B 107.
42 Ebd. B 29 (Hervorhebung v. Kant).
43 Ebd. B 75.
44 Ebd. B 299.
45 Ebd. B 314 (Hervorhebung v. Kant).
46 *Kant, I.*: Anthropologie in pragmatischer Absicht. B A3.
47 *Ders.*: Kritik der reinen Vernunft. B 3,4.
48 Ebd. B 19.

Urteilsformen bei Descartes, Hume, Kant

Descartes: angeborene Ideen ≙ Hume: Beziehungen zwischen Ideen ≙ *Sätze der Mathematik* Kant: **Analytische Urteile a priori** = Erläuterungsurteile *Alle Witwer waren verheiratet.*	Descartes: erworbene Ideen ≙ Hume: Tatsachenwissen („matters of fact) ≙ Kant: **Synthetische Urteile a posteriori** = Erweiterungsurteile *Alle Sätze der Naturwissenschaften*

Kant:
Synthetische Urteile a priori
Alle Sätze der Mathematik,
der Physik Newtons,
das Kausalprinzip

Der Umstand, *dass* synthetische Urteile a priori möglich sind, scheint für Kant unzweifelhaft zu sein: Mathematik und theoretische Physik sind erfahrungsfreie Wissenschaften; gleichzeitig verdanken wir ihnen zahlreiche neue Erkenntnisse, die sich nicht in Begriffsdefinitionen erschöpfen. Klärungsbedürftig scheint ihm daher nur, *wie* diese Urteile möglich sind.

Allgemein verweist er darauf, das Bewusstsein von Raum und Zeit liege auch allem mathematischen Denken zugrunde. Da es sich dabei um „apriorische Anschauungen" (s. o.) handelt, können wir uns mit ihrer Hilfe Dinge vorstellen – z. B. geometrische Formen – ohne diese tatsächlich wahrzunehmen. Dann können wir mithilfe der Logik und der Denkkategorien weiter über diese Dinge nachdenken und sie berechnen.

Ein Beispiel: Ich denke mir einen Würfel, ohne an einen konkreten, aus der Erfahrung gewonnenen zu denken. Dann habe ich eine „reine Anschauung", so Kant, gewonnen. Über die mathematischen Verhältnisse dieses Würfels kann ich nun weiter nachdenken und mir überlegen, welche Eigenschaften alle denkbaren Würfel auszeichnen. Auf diese Weise kann ich zum Ergebnis kommen, dass sich bei allen Würfeln die Oberfläche aus der Summe der sechs Seitenflächen errechnen lässt. So gelange ich schließlich zur Formel: $O = 6a^2$ und damit zu einem „reinen Begriff" des Würfels – der vorbehaltlos wahr ist und den ich ohne sinnliche Erfahrung gewonnen habe. Konkret nennt Kant als Beispiel für ein synthetisches Urteil a priori die algebraische Aussage „$7 + 5 = 12$". Die Summe der beiden Zahlen, so Kant, ist keineswegs bereits in den Zahlen 7 und 5 enthalten, daher nicht einfach ein analytisches Urteil. „Der Begriff von Zwölf ist keineswegs dadurch schon gedacht, dass ich mir bloß eine Vereinigung von Sieben und Fünf denke, und ich mag meinen Begriff von einer solchen möglichen Summe noch so lange zergliedern, so werde ich doch die Zwölf darin nicht antreffen."[49] Je komplexer die mathematischen Formeln sind, umso plausibler scheint es, sie als synthetische Urteile zu verstehen.

Ob synthetische Urteile a priori, also erfahrungsfreie, neue Erkenntnisse allerdings wirklich möglich sind, ist umstritten. Kritiker in der Tradition Humes wenden ein, auch diese seien in Wirklichkeit nur analytische Urteile. Was Kant als neue Erkenntnis bezeichne, sei in Wirklichkeit schon in den Begriffen enthalten. Alle Sätze der Mathematik z. B. seien „nicht-triviale Tautologien" (Wittgenstein). Andere (Kripke oder Frege) glauben, dass es auch notwendig-wahre Aussagen gibt, die dennoch erst aus Erfahrung gewonnen werden, z. B. die Aussage „Der Abendstern ist

der Morgenstern". Wieder andere behaupten, eine Aussage wie „ich bin jetzt hier" sei zwar erfahrungsfrei möglich, aber dennoch nur unter Vorbehalt wahr.
Schließlich wird von Seiten der Mathematik darauf verwiesen, Kant könne sich nur auf die Mathematik bis Leibniz und die Physik Newtons beziehen. Neuere Erkenntnisse in beiden Wissenschaften (Frege, Einstein, Heisenberg) stellten seine Behauptungen in Frage.
Auch die Tafeln der Urteilsformen und Denkkategorien, die Kant für abgeschlossen und endgültig hält, sind es nicht: „Vom Standpunkt der heutigen Logik und Semantik sind Kants Tafeln... weder einsichtig noch vollständig", stellt Holm Tetens fest.[50]

Entscheidend für den Umstand, dass mit Kant die moderne Philosophie beginnt, bleibt sein Perspektivenwechsel: die Einsicht, dass die Erkenntnis der Wirklichkeit sich nach dem erkennenden Subjekt richtet. Es drückt der Wirklichkeit seinen Stempel auf. Ob sinnliche Erfahrung oder Anwendung der Denkkategorien: Was wir erkennen können, sind stets Erscheinungen. Es ist die Welt, wie sie für uns, aus menschlicher Perspektive, erscheint. Darüber hinaus bleibt es zwar theoretisch denkmöglich, dass es **„Dinge an sich"** gibt, aber „was es für eine Bewandtnis mit den Gegenständen an sich (hat) [...], bleibt uns gänzlich unbekannt".[51]
Kants Verdienst ist es zudem, das streng vernünftige Kombinieren und die Arbeit am Begriff aufgewertet zu haben, ohne das anschauliche Lernen aus Erfahrung abzuwerten: „Die Vernunft muss mit ihren Prinzipien [...] in einer Hand und mit dem Experiment [...] in der anderen an die Natur gehen."[52] Auf diese Weise soll Philosophie aus dem Zustand des „bloßen Herumtappens" (Kant) in eine strenge Wissenschaft überführt werden.

5. Von der Sprache der Logik zum Sprachspiel

Johann Gottfried Herder (1744–1803), Kants Zeitgenosse und Schüler, warf Kant vor, die **Sprache als Erkenntnisquelle** missachtet zu haben. In der Philosophie der menschlichen Sprache sei die letzte und höchste Stufe des Philosophierens erreicht. Wenn es Unsicherheiten und Widersprüche in den Erkenntnistheorien gibt, so liege das am „schlecht gebrauchten Werkzeuge der Sprache".[53]

Wilhelm von Humboldt (1767–1835) präzisiert eine Generation später die Bedeutung der Sprache für die menschliche Erkenntnis: „Die Sprache ist das bildende Organ des Gedankens [...]. Das Denken kann sonst nicht zur Deutlichkeit gelangen, die Vorstellung nicht zum Begriff werden."[54] Seine vergleichenden Sprachanalysen von europäischen Sprachen und amerikanischen und asiatischen Stammessprachen führten Humboldt zu der Überzeugung, dass nicht nur unser menschliches Denken grundsätzlich von der Sprache abhängt, vielmehr verändere sich die Art des Denkens je nach der Einzelsprache. Wortschatz und Grammatik der Sprache prägten die „Weltansicht", die Muttersprache bestimme den „Nationalcharakter". Von einer einheitlichen, menschlichen Vernunft könne angesichts der kulturellen Unterschiede der Sprachen und damit des Denkens keine Rede sein.
Friedrich Nietzsche (1844–1900) fragt zwei weitere Generationen später: „Was ist also Wahrheit" – und antwortet –: „Ein bewegliches Heer von Metaphern [...], die **Wahrheiten sind Illusionen**, von denen man vergessen hat, dass sie welche sind, Metaphern, die abgenutzt und sinnlich kraftlos geworden sind."[55] Er stellt damit den Anspruch der Erkenntnistheorie, Wege zur Wahrheit zu zeigen, radikal in Frage. Wenn die

49 Ebd. B 15.
50 *Tetens, H.:* Kants „Kritik der reinen Vernunft". Ein systematischer Kommentar. Stuttgart 2006. S. 92.
51 Ebd. S. 65
52 Ebd. S. 10.
53 *Herder, J. G.*: Werke, Bd. VIII. Hrsg. *v. J. Arnold.* Frankfurt/M. 1881. S. 19.
54 *Humboldt, W. v.*: Gesammelte Schriften, Bd. VII. Berlin 1903. S. 53.
55 *Nietzsche, F.*: Über Wahrheit und Lüge im außermoralischen Sinn. In: Kritische Studienausgabe, I. S. 880.

Begriffe der Sprachen von Metaphern und anderen bildlichen Ausdrucksweisen durchsetzt sind, wenn also gar keine eindeutige und präzise Sprache existiert, dann können auch keine eindeutigen und präzisen Aussagen gemacht werden, die Voraussetzung für die Wahrheitsfähigkeit wären. Ein Beispiel: Seit Platons „Höhlengleichnis" werden die Begriffe „unten", „dunkel" „Körper", mit „unaufgeklärt" verbunden und negativ bewertet, die Begriffe „oben", „hell", „Licht" und „Geist" werden mit „aufgeklärt" in Verbindung gebracht und positiv bewertet. Diese bildlichen Ausdrücke setzen sich unbewusst in der Rede vom „finsteren Mittelalter" fort, die „Aufklärung" heißt im Englischen „century of enlightment" und im Französischen „siècle de lumière", und selbst in der Sprache der Psychologie ist die Rede vom „*Unter*bewusstsein" und vom „*Über*-Ich". Das Bildliche und Bewertende an diesen ehemaligen Metaphern ist nicht mehr bewusst, und gerade deshalb verhindert die lebendige Sprache eine metaphernfreie Ausdrucksweise, die Voraussetzung für wahre Aussagen wäre.

Herder, Humboldt und Nietzsche sind die Wegbereiter der sprachphilosophischen Wende, des sogenannten *linguistic turn*, der zu Beginn des 20. Jahrhunderts in der Philosophie einsetzt. Vor allem in der analytischen Philosophie glaubte man, alle philosophischen Probleme ließen sich durch Begriffsanalysen und Analysen von Redeweisen lösen. In der Ethik z. B. untersuchte man die korrekte Verwendung des Begriffs „gut", um festzustellen, welchen Geltungsanspruch moralische Sätze haben; in der Diskussion um Willensfreiheit fragte man, wie die Aussage „Ich hätte anders handeln können." zu verstehen sei, und in der Erkenntnistheorie basiert z. B. Tarskis Wahrheitstheorie (siehe S. 61) auf Sprachphilosophie. Drei Linien der Sprachphilosophie sind für die Erkenntnistheorie von Bedeutung: der Sprachrelativismus, die Philosophie einer Idealsprache und die „Ordinary-Language-Philosophy", die Philosophie der Normalsprache.

A. Als **Sprachrelativismus** bezeichnet man eine Position, die in der Nachfolge von Humboldt behauptet, die sprachlichen Strukturen in Wortschatz und Grammatik prägten unser Denken, unsere räumliche und zeitliche Vorstellung, damit unsere Vernunft und zuletzt unsere Erkenntnismöglichkeiten. Es gibt demnach nicht die eine Erkenntnis des Wahren, vielmehr ist Erkenntnis kultur- und sprachabhängig. Konzentriert wird diese Position in der sogenannten **Sapir/Whorf-Hypothese** vertreten, die nach den gleichnamigen Forschern der 1920er Jahre Edward Sapir und Benjamin Whorf benannt ist: Die Sprache formt das Denken, und da die Sprachen kulturell unterschiedlich strukturiert sind, sei es auch das Denken. Eine alle Menschen in gleicher Weise verbindende Vernunft als Grundlage einheitlicher Erkenntnis gebe es nicht. Eine Relativität von Erkenntnis wird im doppelten Sinne behauptet:

1. Relativ ist die Einteilung der Wirklichkeit in den Sprachen. Begriffe in den einzelnen Sprachen decken nicht dasselbe Spektrum an Gegenständen der Wirklichkeit ab. Z. B. werden Farbbegriffe (grün, blau, braun) in europäischen Sprachen unterschiedlich verwendet, für die Begriffe „Holz", „Wald" „Baum" gibt es im Französischen und Dänischen nur zwei Begriffe, die aber nicht dasselbe abdecken. Für die philosophischen Begriffe „Glück" oder „Freiheit" gibt es in anderen Sprachen mehrere Begriffe (*luck, happiness, freedom, liberty*).
2. Relativ sind die Bedeutungen von Begriffen und die Verfügung über Begriffe für zeitliche und räumliche Verhältnisse in den Sprachen. Damit werde eine einheitliche Begriffsbildung, die Voraussetzung für eine universale Verständigung über das Wahre ist, unmöglich. In manchen Sprachen werden etwa räumliche Verhältnisse ausschließlich durch absolute Raumangaben ausgedrückt – *Nord, Ost, Südwest* etc. Man sagt etwa: „Nordöstlich von deiner Hand sitzt eine Fliege"; in China werden Zeitverhältnisse eher vertikal, in Europa eher horizontal ausgedrückt: Wir sagen: „eine harte Zeit liegt vor mir", in China heißt der letzte Monat der „untere", der nächste, der „obere". Entsprechend zeigt sich bei unterschiedlicher Redeweise von Raum und Zeit auch ein unterschiedliches Raum- und Zeitbewusstsein. Aktuelle Sprachforschungen scheinen zu zeigen, „dass sprachliche Gesetz-

mäßigkeiten tatsächlich eine kausale Rolle für den Aufbau unserer Denkweise spielen können".[56]

Aus dem Sprachrelativismus lassen sich unterschiedliche Konsequenzen ziehen:

1. Wer seine Behauptungen akzeptiert, wird als erkenntnistheoretische Konsequenz an einer universalen Verständigung über das Wahre zweifeln und eher von kultur- oder sprachenspezifischen Wahrheiten sprechen.
2. Da allerdings nicht bestreitbar ist, dass trotz aller sprachlichen Unterschiede Menschen sich weltweit verstehen und wissenschaftliche Kommunikation global problemlos funktioniert, könnte dies auch bedeuten, dass Denken und Sprechen eben doch zwei getrennte Bewusstseinsvorgänge sind. Das Denken bildet sich demnach unabhängig vom Sprechen aus. Dies ist die These des entwicklungspsychologischen **Kognitivismus** in der Tradition von Jean Piaget. Kleine Kinder können z. B. kausale Verhältnisse feststellen, bevor sie die Konjunktion „weil" verstehen oder gar verwenden können. Räumliche Orientierung gelingt, lange bevor wir Präpositionen des Raums (*vor, hinter, zwischen*) beherrschen. Zuletzt hat M. Tomasello gezeigt, „dass die ersten, nur beim Menschen vorkommenden Formen der Kommunikation im Zeigen und Gebärdenspiel bestanden".[57] Sprache entwickelt sich also auch phylogenetisch (menschheitsgeschichtlich) erst nach der Entwicklung des Denkens.
3. Eine weitere Konsequenz des Sprachrelativismus ist der Versuch, eine wissenschaftliche Idealsprache zu erfinden, damit sich Wissenschaftler unabhängig von den Ungereimtheiten der Normalsprachen begrifflich präzise verständigen können.

B. Die **Philosophie der Idealsprache (Ideal-Language-Philosophy)** geht davon aus, dass bei der Suche nach sicherem Wissen die Präzision der Sprache eine entscheidende Rolle spielt. Als einer exakten wissenschaftlichen Sprache abträglich gilt der Umstand, dass gerade die Philosophie oft eine dunkle, mehrdeutige, bildhafte und schwer verständliche Sprache verwendet, sodass der Wahrheitsgehalt der Aussagen kaum geprüft werden kann. Die Überprüfbarkeit von Aussagen aber erscheint den Vertretern einer Philosophie der Idealsprache – Frege, Carnap, Russell, Wittgenstein, Popper – als die erste Voraussetzung, um gesichertes Wissen zu erlangen.

Gottlob Frege (1848–1925) und sein Schüler **Rudolf Carnap (1891–1970)** wollen die Mathematik und die Naturwissenschaften durch eine moderne, formale Logik auf eine neue Grundlage stellen. Mathematik soll auf Logik reduziert und ihre Aussagen als ein System von Axiomen und logischen Beziehungen beschrieben werden. Dazu entwickeln sie eine Kunstsprache, die Mehrdeutigkeiten der normalen Sprache vermeiden soll, um so zu klaren, überprüfbaren Aussagen zu gelangen.

Zwei Beispiele: 1. Die traditionelle, auf Aristoteles zurückgehende Logik konnte nur durch ausführliche und aufwändige Prüfung einzelner Sätze feststellen, welche logischen Schlüsse in der Syllogistik (s. S. 43 ff.) richtig sind. Von den 256 möglichen Schlüssen wurden einmal 19, dann 24 oder 18 oder 15 oder gar 97 für richtige Schlüsse gehalten.[58] Es herrschte also keine Eindeutigkeit. Durch die Einführung von Buchstaben für Sätze und eindeutige Junktoren, die logische Beziehungen beschreiben, ist die Prüfung logischer Schlüsse viel einfacher.

2. Der Satz der Normalsprache „Hanna geht zur Schule, obwohl sie krank ist", enthält in der **Konjunktion** „obwohl" eine versteckte Bewertung – ein Lob oder einen Tadel. Dies vermeidet die moderne Logik, die den Satz auflöst in die zwei Aussagen: „Hanna geht zur Schule" und „Hanna ist krank". Die Konjunktionen der Normalsprache, wie „aber", „dennoch", „jedoch", „obwohl", „trotz", „falls", „andererseits" etc. werden auf wenige **Junktoren**: „und", „oder", „nicht",

56 L. Boroditsky in: Süddeutsche Zeitung, 16. 04. 2010. S. 12.
57 *Tomasello, M.*: Die Ursprünge der menschlichen Kommunikation. Frankfurt/M. 2009. S. 13.
58 Aristoteles selbst ging von 14 richtigen Schlüssen aus, allerdings auf der Basis von nur 64 (4^3) möglichen.

„wenn, dann" reduziert, die eine präzisere Darstellung logischer Verhältnisse ermöglichen. Frege rechtfertigt diese Reduzierung mit den Worten: „Gewiss sind solche Umformungen nicht in jeder Hinsicht gleichgültig; aber sie berühren den Gedanken nicht, sie berühren das nicht, was wahr oder falsch ist."[59]

Als bedeutungstragende Elemente der Sprache werden nicht länger einzelne Begriffe angesehen, sondern Sätze. Nicht einzelne Worte, sondern Aussagen sind die kleinsten vollständigen Elemente, mit denen man wahre oder falsche Urteile fällen kann. Begriffe sind noch unvollständige Ausdrücke, die erst im Kontext eines Satzes ihre volle Bedeutung erlangen. Der Begriff „Welle" zum Beispiel hat im Satz eines Matrosen, eines Physikers, eines Friseurs oder eines Fußballfans durchaus eine unterschiedliche Bedeutung. Besonders konsequent lehnt Carnap die bisherige Sprache der Philosophie mit ihren vielen mehrdeutigen Begriffen ab. Er hält sie für „bloße Scheinsätze" und „leeres Gerede"[60].

Um überhaupt wahrheitsfähig zu sein, müssen Sätze also mehrere Bedingungen erfüllen:

1. Ein Satz muss aus eindeutigen Begriffen bestehen.
2. Die Begriffe müssen mit wenigen, eindeutigen, wertfreien Junktoren oder Operatoren verbunden sein.
3. Ein Satz muss operationalisiert sein, d.h. er muss so formuliert sein, dass seine Wahrheit überprüft (verifiziert) und festgestellt werden kann, ob er wahr oder falsch ist, und es muss klar sein, aus welchen Sätzen ein Satz ableitbar ist und welche Sätze aus ihm ableitbar sind.
4. Die Bedingungen, unter denen ein Satz wahr sein kann, müssen klar sein.

Beispiele:

1. *„Der Raum, der im umsichtigen In-der-Welt-Sein als Räumlichkeit des Zeugganzen entdeckt ist, gehört je als dessen Platz zum Seienden selbst."*[61] – Einen solchen philosophischen Satz halten die Vertreter einer Idealsprache für völlig sinnlos, da er keine der Bedingungen für wahrheitsfähige Sätze erfüllt.

2. *„Der absolute Nullpunkt der Temperatur ist unerreichbar."* Dieser dritte Hauptsatz der Thermodynamik entspricht den Anforderungen an einen wahrheitsfähigen Satz: Seine Begriffe „absoluter Nullpunkt" und „Temperatur" sind eindeutig definiert, er ist operationalisiert, und seine Bedingung ist genannt: Er gilt unter allen Bedingungen. Tatsächlich wurde er mit Methoden der Quantenstatistik bewiesen.

Was die vier Bedingungen fordern, ist zugleich das erkenntnistheoretische Programm des so genannten **logischen Empirismus**, also der Verbindung von Empirismus im Sinne Humes mit moderner, formaler Logik.[62] Erkenntnis ist ausschließlich über wahrnehmungsgestützte Erfahrung zu gewinnen. Diese Erfahrungen bilden das „Material", um wahrheitsfähige Sätze mithilfe der logischen Kunstsprache zu formulieren. Die Wahrheitsfähigkeit muss durch weitere Erfahrungen und Experimente überprüft (verifiziert) werden, damit sie zur Gewissheit wird.

So bedeutsam die Philosophie der Idealsprache für die Erneuerung der Mathematik und für den Fortschritt in den Naturwissenschaften ist, so eindeutig ist sie beim Versuch gescheitert, eine konsequente Kunstsprache zu entwickeln, die als alleinige Sprache der Wissenschaft funktioniert. Zum einen müssen die künstlich-formalen Formulierungen aus Buchstaben, Zahlen und Zeichen zum Verständnis wieder in Normalsprache übersetzt werden, zum anderen ist die Vielfalt der Normalsprache jeder Kunstsprache überlegen, wenn es um die Formulierung von Feinheiten der Bedeutung geht. Und schließlich nutzt auch die moderne Wissenschaftssprache der Naturwissenschaften anschauliche Bilder der Normalsprache. Aus einem „roten Riesen" wird ein „weißer Zwerg", der zu einem „schwarzen Loch" werden kann.

C. Die **„Ordinary-Language-Philosophy"**, die Sprachphilosophie, die sich auf die Analyse der Normalsprache bezieht, ist vor allem mit dem Namen **Ludwig Wittgenstein (1889–1951)** verbunden. Bereits in seinem frühen Werk, dem **„Tractatus logico-philosophicus"** (1921) hatte er nach den Grenzen der Sprache bei der Beschreibung der Welt gesucht – dabei aber noch eine Idealsprache als Wissenschaftssprache skizziert. In diesem frühen Werk steht er den Vertretern des logischen Empirismus, besonders Frege und Russell, noch nahe. Er entwirft als erster „Wahrheitstabellen“ auf der Grundlage der modernen, formalen Logik.

Sprache sieht er im Frühwerk noch ganz traditionell als Instrument zur Beschreibung der Wirklichkeit. Die Bedeutung von Worten schien ihm darin zu liegen, ein „Etwas“ in der Außenwelt zu bezeichnen, für jedes Wort sollte es ein entsprechendes „Ding“ geben. „Der Name bedeutet den Gegenstand. **Der Gegenstand ist seine Bedeutung**“[63] heißt es im „Tractatus“.

Im Spätwerk geht Wittgenstein von einem völlig anderen Sprachverständnis aus: Die Beziehung zwischen den Worten und dem von ihnen Bezeichneten ist gänzlich willkürlich. Es gibt keinerlei Notwendigkeit, einen Baum mit dem Wort „Baum“ zu bezeichnen (oder „tree“ oder „arbre“ oder „fa“). Und doch tun wir es alle – und müssen es tun, um uns über Bäume verständigen zu können. Eine Privatsprache, in der jeder seine eigenen Begriffe verwendet, taugt nicht zur Verständigung. Die Bedeutung eines Wortes muss also einen anderen Ursprung haben als eine Beziehung zu einem außersprachlichen Gegenstand. In seinen „Philosophischen Untersuchungen“ legt Wittgenstein fest: **„Die Bedeutung eines Wortes ist sein Gebrauch in der Sprache.“**[64] Die Bedeutung wird also innersprachlich festgelegt, ohne Bezug zur Außenwelt. Dabei kann die Bedeutung ein und desselben Wortes je nach Gebrauch in unterschiedlichen Sätzen sich verändern. In dem Satz „die Rose ist rot“ hat „ist“ eine andere Bedeutung als in dem Satz „zwei und zwei ist vier“.[65] Ob in dem Satz „Otto ist ein Clown“ das Wort „Clown“ als Metapher oder als Berufsbezeichnung zu verstehen ist, wird erst im Kontext verständlich. Der Gebrauch der Sprache kann aber nicht beliebig sein, er folgt Regeln. Diese Regeln sind Spielregeln vergleichbar, etwa jenen des Schachspiels. Welche Regeln im Schachspiel gelten, das ist letztlich beliebig, man kann auch Schach spielen, wenn die Züge für Türme, Läufer, Springer vertauscht werden. Wichtig ist nur, dass alle Teilnehmer die Regeln kennen und sich danach richten. Deshalb spricht Wittgenstein von „Sprachspielen“, in denen die Regeln für den Gebrauch der Wörter festgelegt werden. Solche Sprachspiele gibt es unzählige: „Befehlen, Beschreiben, Berichten, eine Hypothese aufstellen, eine Geschichte erfinden, Bitten, Danken, Fluchen, Grüßen, Beten.“[66] Die Sprachspiele entstehen aus unterschiedlichen „Lebensformen“, die als Gesamtheit der Handlungsmuster einer Sprache beschrieben werden. Vermittelt werden die Regeln des Gebrauchs durch das Erlernen der Sprache, durch das Vormachen und Nachahmen. „Wie erkenne ich, dass diese Farbe Rot ist? – Eine Antwort wäre: „Ich habe Deutsch gelernt.“[67], erklärt Wittgenstein. Sprache ist also ein soziales Phänomen, eine Konvention. Ohne das Eingebunden-Sein in eine Lebensform werde ich die Sprache nicht erlernen – und somit z. B. einen Satz wie „ich denke, also bin ich“ auch nicht bilden können – womit Wittgenstein beiläufig Descartes' Basissatz allen Wissens in Frage stellt.

Lebensformen, Sprachspiele, Regeln, Bedeutungen von Wörtern sind endlos und nie eindeutig, sie sind vage, und sie verändern sich ständig mit dem Gebrauch. Eine Zeitungsüberschrift, die lautet: „Weder Ampel noch Jamaika“[68], wäre vor 20 Jahren völlig unsinnig erschienen. Dieser Umstand ist die Ursache für Missverständnisse. Umgekehrt: Wären sich alle Menschen einig in der

59 *Frege, G.*: Logische Untersuchungen. Hrsg. v. *G. Patzig*. Göttingen 2003. S. 43.
60 *Carnap, R.*: Überwindung der Metaphysik durch logische Analyse der Sprache. In: *Ders./Reichenbach, W. (Hrsg.)*: Erkenntnis, Bd. II. Leipzig 1931. S. 228.
61 *Heidegger, M.*: Sein und Zeit. Tübingen 1979. S. 104.
62 Den logischen Empirismus bezeichnet man auch als Positivismus oder Neo-Positivismus.
63 *Wittgenstein, L.*: Tractatus logico-philosophicus, 3.203. Frankfurt/M. 2003. S. 20.
64 *Ders.*: Philosophische Untersuchungen. Frankfurt/M. 2003. S. 40 (§ 43).
65 Vgl. ebd. S. 241 (§ 558).
66 Ebd. S. 26 (§ 23). Die Sprechakttheorie (Searle) baut auf dieser Idee von Sprachspielen auf.
67 Ebd. S. 191 (§ 381).
68 Süddeutsche Zeitung, 22. 05. 2010, zu den Koalitionsspekulationen nach der Landtagswahl in NRW.

Verwendung von Sprachregeln und der Bedeutung von Wörtern, gäbe es keinerlei Meinungsunterschiede mehr. Erkenntnisgewinn **heißt** also: Beseitigung von Missverständnissen durch Bewusstmachen des Gebrauchs der Sprache. „Wir wollen in unserm Wissen vom Gebrauch der Sprache eine Ordnung herstellen“[69], so Wittgenstein. Wäre diese Ordnung vollkommen, so wären auch die Probleme der Philosophie vollkommen verschwunden: Alle Erkenntnisprobleme sind letztlich Sprachprobleme. Hier erweist sich Wittgenstein als radikaler Sprachphilosoph. Selbst für die Sprache der Mathematik und der Logik, von der wir doch gemeinhin annehmen, sie müsse „vom reinsten Kristall sein, [...] etwas Reines und Scharfgeschnittenes“[70], gilt, dass sie ein Sprachspiel ist, das auch nach anderen Regeln gespielt werden könnte.

Ein Beispiel: Es wäre eine mathematische Regel denkbar, die besagt, dass alle Additionen von Zahlen, größer als 120, in der Summe 7 ergeben. Also: 120 + 120 = 240; 120 + 121 = 7. Das mag grotesk anmuten, wäre aber kein Hindernis für eine sinnvolle Mathematik. Was Wittgenstein vermitteln möchte: Selbst die Wahrheiten der Logik und Mathematik haben keine unabhängige, objektive Stütze, auch sie gründen auf sprachlichen Konventionen. Allerdings: Die Regeln in ihrem Sprachspiel, einmal festgelegt, sind streng, und sie gelten unbedingt.

Wahrheit ist etwas, was Sätzen zukommt, nicht der Wirklichkeit. Nur Sätze können wahr oder falsch sein. Wer nach Wahrheit sucht, muss den Regeln der Grammatik, denen wir im Alltag blind folgen[71], und dem praktischen Gebrauch der Sprache nachspüren und sie beschreiben.

6. Hermeneutik und kritischer Rationalismus – Methoden der Erkenntnis

Fragen die Erkenntnistheorien ganz grundsätzlich, *womit* wir erkennen (Sinne, Erfahrung, Gedanken, Vorstellungen) und *worüber* wir sicheres Wissen erreichen (Ideen, die Außenwelt, Erscheinungen, Sätze), so fragen die Wissenschaftstheorien, *wie* in den einzelnen Wissenschaften Erkenntnisse gewonnen werden können. Dabei liegen diesen Methoden der Erkenntnis die grundsätzlichen Theorien zugrunde. Da sich im Verlauf des 19. Jahrhunderts die Wissenschaften deutlich differenzierten und vor allem die Naturwissenschaften große Fortschritte machten, entwickelten sich Wissenschaftstheorien besonders für die zwei wichtigsten Zweige, die **Geisteswissenschaften** und die **Natur- und Technikwissenschaften.** Es erschien nun notwendig, zwischen wissenschaftlichen Verfahren beim Deuten eines Gedichts, beim Auslegen eines Gesetzes, beim Verstehen eines historischen Ereignisses einerseits zu unterscheiden und beim Beschreiben einer chemischen Reaktion, beim Durchführen eines physikalischen Versuchs und beim Experimentieren mit Ratten andererseits.

Die modernen Wissenschaftstheorien beider Zweige verzichten dabei auf den Anspruch, absolute Wahrheiten zu finden, und begnügen sich mit dem bescheideneren Ziel von Annäherungen an die Wahrheit. W. Reichenbach formuliert dies bereits 1930 so: „Wahrheit oder Falschheit ist nicht die Alternative der Wissenschaft, sondern es gibt für wissenschaftliche Sätze nur stetige Wahrscheinlichkeitsstufen, deren unerreichbare Grenzen nach oben und unten Wahrheit und Falschheit sind.“[72]

Wilhelm Dilthey (1833–1911) macht den Begriff „Geisteswissenschaften“ populär, grenzt ihn scharf von den Naturwissenschaften ab und bestimmt ihn zugleich durch seine Erkenntnismethode, die Hermeneutik. Sein Lebenswerk sah er darin, die Geisteswissenschaften zu begründen, ihre Aufgabe zu bestimmen und ihre Existenzberechtigung gegen die Naturwissenschaften zu verteidigen.

Der Begriff **„Hermeneutik“** (griech.: *hermēneuein* = „interpretieren“, „übersetzen“, „verstehen“) greift den Namen des Götterboten *Hermes* auf. So wie dieser zwischen den Göttern und den Menschen pendelt, diesen die Botschaften der Götter vermittelt und jenen von den Menschen berichtet, so soll nach Auffassung der Hermeneutik der Erkenntnisprozess in den Geisteswissenschaften verlaufen: Vermittelt wird zwischen dem erkennenden Subjekt und dem Objekt der Erkenntnis, zwischen dem **Ganzen** und seinen Teilen. Das Ganze des Erkenntnisgegenstands erschließt sich erst aus dem Verständnis seiner Teile, diese werden erst im Zusammenhang des Ganzen verständlich. Konkret: Ein Gedicht als Ganzes werde ich erst verstehen, wenn ich jeden einzelnen Vers verstanden habe, den einzelnen Vers werde ich nur dann ganz verstehen, wenn ich ihn im Kontext des ganzen Gedichts deute.

Der scheinbare Widerspruch, der in diesem Verfahren steckt – wie kann ich das Einzelne aus dem Ganzen erkennen, wenn ich das Ganze doch erst aus dem Einzelnen erschließen muss? –, löst sich im so genannten **hermeneutischen Zirkel** auf: Das Verstehen ist als ein wiederholter Prozess der Annäherung an den Erkenntnisgegenstand gedacht. Ich gehe mit meinem Vorverständnis, über das ich immer verfüge, an den Gegenstand der Erkenntnis, erweitere es dadurch, gehe nun erneut an den Gegenstand, erweitere oder revidiere mein Vorwissen erneut und betreibe diesen Prozess solange, bis sich jedes einzelne Element vollkommen als Teil des Ganzen erschließt und bis das Ganze mit all seinen Teilen zusammenstimmt. Der Gegenstand rückt dem verstehenden Subjekt durch diesen wiederholten Prozess näher, es kommt zu einer **Horizontverschmelzung** zwischen Subjekt und Objekt. Das Ergebnis des hermeneutischen Prozesses ist schließlich eine Horizonterweiterung des erkennenden Subjekts.
Was mit dem Begriff „hermeneutischer Zirkel" etwas unglücklich ausgedrückt ist, meint eigentlich eine spiralförmige Bewegung der schrittweisen Revision von Vorwissen durch wiederholte Annäherung an den Erkenntnisgegenstand. Es sind Versuche des Verstehens.

Hermeneutische Spirale:

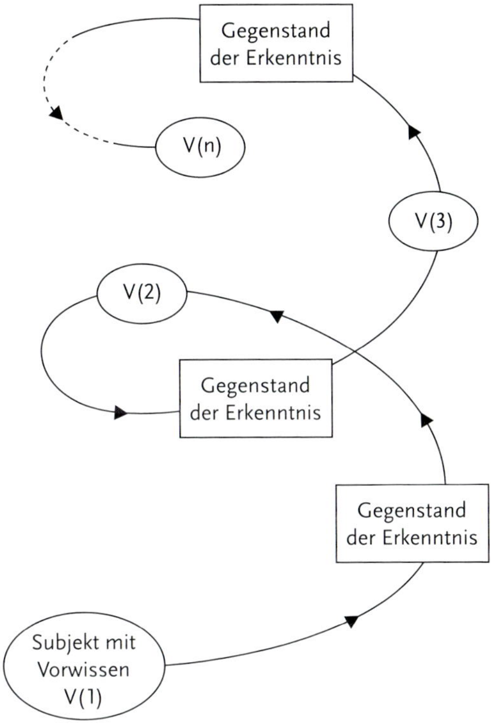

Dilthey grenzt Natur- und Geisteswissenschaften nun in erster Linie durch ihr unterschiedliches Herangehen an den Erkenntnisgegenstand voneinander ab. Naturwissenschaften wenden sich ihrem Gegenstand innerlich distanziert, emotionslos und rein analytisch zu. Sie zerlegen und vermessen ihn und suchen nach Gesetzmäßigkeiten in seinem Verhalten. Dies geschieht letztlich in der Absicht, den Gegenstand zu beherrschen und ihn nutzbar zu machen. Dilthey spricht von einem „äußeren Sinn", mit dem sich Naturwissenschaften ihrem Gegenstand nähern. Dieses rein kognitive Herangehen sieht er als maßgeblich in der gesamten philosophischen Tradition und kritisiert es als völlig unzulänglich: „In den Adern des erkennenden Subjekts, das Locke, Hume und Kant konstruierten, rinnt nicht wirkliches Blut, sondern der verdünnte Saft

69 *Wittgenstein, L.*: Philosophische Untersuchungen. A. a. O. (s. Anm. 61) S. 87 (§132).
70 Ebd. S. 76ff.
71 Ebd. S. 140 (§ 219): „Wenn ich der Regel folge, wähle ich nicht. Ich folge der Regel blind."
72 *Reichenbach, W.*: Kausalität und Wahrscheinlichkeit. In: Erkenntnis, 1/1930. S. 186.

von Vernunft als bloßer Denktätigkeit."[73] Geisteswissenschaften hingegen wenden sich ihrem Gegenstand „ganzheitlich" zu: Das erkennende Subjekt sehen sie als fühlendes, wollendes und vorstellendes Wesen, das sich mit seiner gesamten Lebenserfahrung und all seinen rationalen und emotionalen Fähigkeiten auf den Gegenstand der Erkenntnis einlässt. Dilthey spricht hier von einem „inneren Sinn", der in den Geisteswissenschaften zur Anwendung kommt. Nur dieser innere Sinn sichert ein umfassendes Verstehen; der äußere Sinn dient nur dem Erkennen des Gegenstands: „Dort entsteht im Verstehen ein geistiges Objekt, hier im Erkennen der physische Gegenstand", so Dilthey.[74]

Erkenntnistheoretisch vertritt Dilthey einen Holismus, eine Position, die neben dem sinnlich Wahrnehmbaren und logisch Kombinierbaren immer auch die Werthaltungen, die Gefühle und den Sinn des Gegenstands in das Verstehen mit einbeziehen will. Er spricht vom „Zusammenhang von Erleben, Ausdruck und Verstehen", durch den „die Menschheit als geisteswissenschaftlicher Gegenstand für uns da ist".[75] „Erleben" meint dabei die Summe der individuellen Sinneseindrücke, der körperlichen Empfindungen und der Erinnerungen, wie sie im Bewusstsein auftauchen und verschwinden; „Ausdruck" meint die geistige Verarbeitung dieser Erlebnisse in symbolischen Zeichen, „Verstehen" meint jene letzte Phase, in der solche Zeichen als Ausdrücke des Erlebens bewusst verstanden werden und damit den Schatz der Erfahrungen insgesamt erweitern.

Die bedeutendste Erkenntnismethode für die Naturwissenschaften stellt der logische Empirismus bereit (s. S. 84). Grundlage der Erkenntnis ist das präzise Beobachten, Beschreiben und Vermessen im naturwissenschaftlichen Experiment. Aus wiederholten Experimenten wird schließlich eine Gesetzmäßigkeit abgeleitet. Bewahrheitet sich diese theoretische Gesetzmäßigkeit in erneuten Experimenten, gilt das Resultat als **verifiziert**, also bewahrheitet. Den Hintergrund bildet dabei Humes Analyse der Kausalität als Erfahrungswissen (s. S. 75 f.). Wir schließen aus Regelmäßigkeiten in der Vergangenheit auf zukünftige Regelmäßigkeiten. Dieses Verfahren des Schließens von wiederholten Einzelbeobachtungen auf allgemeine Gesetzmäßigkeit heißt **Induktion**. Das induktive Verfahren galt lange als „Königsweg" der Erkenntnis in den Naturwissenschaften.

Karl R. Popper (1902–1994) verwirft nun sowohl die Induktion als auch die Verifikation als untaugliche Verfahren zur Gewinnung und Überprüfung von naturwissenschaftlichen Theorien. Allerdings baut er in fünf Hinsichten auf dem logischen Empirismus auf:

1. Auch Popper will vor allem eine Erkenntnismethode für die Naturwissenschaften entwerfen. Später weitet er seine Methode auf die Sozialwissenschaften aus.
2. Auch Popper wendet sich scharf gegen „Pseudowissenschaften", so wie Carnap gegen „Scheinsätze". Für Popper sind nur jene Theorien wissenschaftlich ernst zu nehmen, die einer empirischen Überprüfung standhalten. Er hält besonders die Psychologie und die marxistischen Theorien in diesem Sinne für unwissenschaftlich.
3. Auch Popper verzichtet auf einen absoluten Wahrheitsanspruch. So wie die logischen Empiristen von „Wahrscheinlichkeit" als Erkenntnisziel sprechen, spricht er von „Bewährung"[76]: Eine naturwissenschaftliche Theorie kann nicht im strengen Sinne wahr sein, aber sie kann sich „bewähren".
4. Auch Popper verwendet eine weitgehend formalisierte Sprache. Wissenschaftliche Sätze müssen klar, eindeutig und operationalisiert sein, d. h. einer Überprüfung zugänglich.
5. Auch Popper hält empirische Überprüfungen für wichtig, wenn es um die Bewährung einer Theorie geht. Sie „muss an der Erfahrung scheitern können".[77]

Vom Verfahren der Induktion sagt er hingegen, dass es „überflüssig ist und zu logischen Widersprüchen führen muss".[78] Es ist, so Popper, logisch nicht erlaubt, von Aussagen über Einzelfälle, und seien sie noch so häufig beobachtet, auf allgemeingültige Sätze zu schließen. „Bekanntlich berechtigen uns noch so viele Beobachtungen von weißen Schwänen nicht zu dem Satz, dass *alle* Schwäne weiß sind."[79] All-Aussagen sind im Induktionsverfahren niemals statthaft, d.h. Naturgesetze sind auf diese Weise nicht zu gewinnen. Dazuhin ist das Induktionsprinzip als allgemeine Behauptung nicht begründbar, wie schon Hume wusste: Um aus Erfahrung behaupten zu können, dass es erlaubt ist, aus Erfahrungen allgemeine Schlüsse zu ziehen, brauchte man ja eine vorgängige „Erfahrung höherer Ordnung“, die dies rechtfertigt. Aber die gibt es eben nicht.

Für überflüssig hält Popper die Induktion, weil er selbst ein besseres Verfahren kennt: die Deduktion. Danach stellt ein Wissenschaftler *zuerst* eine Hypothese auf, das ist ein noch unbegründeter Einfall, eine spontane Theorie. Anschließend überprüft er, ob diese Hypothese sich widerspruchsfrei in das System der bisher bewährten Aussagen und Theorien einfügt. Dann prüft er die Hypothese im Experiment oder in der Anwendung. Bewährt sie sich hier, kann sie als vorläufig gesichert gelten. Um sie zu erhärten, muss nun wiederholt versucht werden, sie zu falsifizieren, also zu widerlegen. Je mehr Falsifizierungsversuchen sie widersteht, umso stärker hat sie sich bewährt. Popper schlägt in seiner Theorie des kritischen Rationalismus also den umgekehrten Weg zur Erkenntnis vor wie die logischen Empiristen: vom Allgemeinen, zum Besonderen, von der Theorie zur Praxis. Auf diese Weise vermeidet er die Mängel des Induktionsverfahrens.

Für die Induktionstheorie beginnt ein Erkenntnisprozesses mit empirischer Beobachtung; für Popper beginnt er mit einem Problem, das nach einer Lösung verlangt. Nicht sinnliche Wahrnehmung, sondern eine geistige Anstrengung ist der Ausgangspunkt wissenschaftlicher Forschung.

WISSENSCHAFTSTHEORIEN – METHODEN DER ERKENNTNIS		
Bezugswissenschaften	Geisteswissenschaften: Sprach-, Kunst- und Literaturwiss. Rechts- und Geschichtswiss. Religionswissenschaften, Anthropologie etc.	Natur- und Technikwissenschaften: Chemie, Physik, Biologie, Medizin, Pharmazie, Informatik, Astronomie, Ingenieurwissen- schaften etc.
Gegenstände der Erkenntnis	Geistesprodukte, von Menschen Gemachtes: Kunstwerke, Gesetze, Organisationen, soziale, politische, moralische, wirtschaftliche Systeme	Natur, Materie, Gewordenes, technisch Hergestelltes
Ziel der Erkenntnis	verstehen, deuten und bewerten der Geistesprodukte	erkennen, beschreiben von Gesetzmäßigkeiten, beherrschen und verändern v. Materie u. Natur
Erkenntnismethoden/ Wissenschaftstheorien	HERMENEUTIK	KRITISCHER RATIONALISMUS

73 *Dilthey, W.*: Einleitung in die Geisteswissenschaften. In: Gesammelte Schriften, Bd. 1. Stuttgart/Göttingen 1959. S. 17.
74 *Ders.*: Der Aufbau der geschichtlichen Welt in den Geisteswissenschaften. In: Ebd. Bd. 7. S. 85.
75 Ebd. S. 86f.
76 *Popper, K. R.*: Logik der Forschung. Tübingen 2004. S. 237–271 (Kap. 10: Bewährung).
77 Ebd. S. 17.
78 Ebd. S. 5.
79 Ebd. S. 3.

Erkenntniswege	Annäherung an die Wahrheit durch: – Gefühl, Wille, historisches Denken – Ganzheitliches Erfassen d. Dinge (Dilthey) – wiederholtes Vergleichen von Einzelnem und Ganzem, Vorwissen und Gegenstand (hermeneutischer Zirkel) – Bewusstmachen und Revision von Vorurteilen (Gadamer) – Ideologiekritik (Habermas)	Annäherung an die Wahrheit durch: – problemlösendes Denken – logisches Denken, Kombinieren – operationalisierte, wahrheitsfähige Sätze und eindeutige Begriffe – Hypothesenbildung und deduktives Verfahren: Überprüfen auf Widerspruchsfreiheit und Kohärenz mit anderen Hypothesen und durch Experimente – Falsifizierungsversuch als Test für die Gültigkeit der Hypothese
Wahrheitsbegriffe	Wahrheit als Horizonterweiterung zeit- u. raumabhängige Plausibilität Werthaftigkeit der Erkenntnis relativer, komplexer Wahrheitsbegriff: Konsens, Evidenz, Kohärenz als Wahrheitskriterien	Wahrheit als Bewährtheit zeit- u. raumunabhängiges Wissen Wertfreiheit d. Erkenntnis absoluter, einfacher Wahrheitsbegriff: w-o-f-Bedingung, Korrespondenztheorie
Vorläufer und Vertreter	Hegel, Schleiermacher, Dilthey, Heidegger, Gadamer	Descartes, Comte, Frege, Carnap Popper, Albert

Den Unterschied zwischen induktivem und deduktivem Verfahren kann ein Beispiel aus der Biologie verdeutlichen: Der Zoologe Karl von Frisch hatte in den 1920er Jahren Bienen beobachtet, die seltsame Bewegungen ausführten. Anfangs glaubte er an einen „Scherz der Bienen“. Weitere Beobachtungen zeigten Regelmäßigkeiten im „Tanz“ der Bienen, die offenbar andere Bienen auf Futterquellen hinwiesen. Nach weiteren ausführlichen Untersuchungen formulierte Frisch schließlich seine Theorie vom „Schwänzeltanz“ der Bienen, für die er 1973 den Nobelpreis erhielt. Auf induktivem Weg hatte er scheinbar ein Naturgesetz gefunden.[80]

Ein deduktives Verfahren würde von dem Problem ausgehen, erklären zu wollen, wie Bienen ihre Futterquellen finden. Dazu würde eine Hypothese aufgestellt: „Bienen informieren sich gegenseitig über den Standort von Futterquellen.“ Passt diese Hypothese zu anderen, bisher bewährten Aussagen über die Fähigkeiten von Bienen und ähnlichen Insekten? So würde im Folgenden gefragt. Schließlich würden Bienen bei der Futtersuche beobachtet, um zu prüfen, ob sich die Hypothese in der Praxis bewährt. Im Weiteren müsste dann versucht werden, die Hypothese durch Experimente zu widerlegen. Gelingt dies nicht, kann die Hypothese als (vorläufig) gültige Theorie gelten.

Tatsächlich haben Falsifizierungsversuche inzwischen gezeigt, dass die Theorie vom „Schwänzeltanz“ nicht zu halten ist.[81]

So verbreitet die Erkenntnismethode des kritischen Rationalismus heute in den Naturwissenschaften ist, so untauglich ist sie für den Alltag, in dem wir ohne Induktion nicht auskommen. Wir vertrauen vernünftigerweise auf Erfahrungen, eigene und fremde, bei Prognosen über die Zukunft. Niemand wäre bereit, die Hypothese, bei 3 Grad minus könne man einen See zu Fuß überqueren, im Selbstexperiment zu prüfen.[82] Die Erfahrung spricht dagegen.

80 Süddeutsche Zeitung, 02. 12. 2009. S. 16.
81 Ebd.
82 Vgl. *Hoerster, N.*: Was können wir wissen? München 2010. S. 67, dort zahlreiche weitere Argumente zur Verteidigung der Induktion. S. 61–76.

Philosophische Anthropologie

1. Bestimmung des Menschen
2. Streitfragen der Anthropologie
3. Geschichtliche Positionen des Nachdenkens

Anthropologie, von griech. *anthropos* (Mensch) und *logos* (Wort, Rede, Grund, Vernunft), bedeutet allgemein die Lehre oder Wissenschaft vom Menschen. Als „Anthropologie" in einem weit verstandenen Sinne kann man alles Nachdenken über den Menschen bezeichnen, wie es sich etwa in Mythen, Religionen, Weltanschauung und in der Kunst zeigt. In einem engeren Sinne umfasst Anthropologie Einzelwissenschaften wie die biologische, die medizinische, die soziologische, die pädagogische, die theologische und die philosophische Anthropologie.
Der Begriff Anthropologie wurde erstmals im 16. Jahrhundert gebraucht, wenn auch Antike und Mittelalter bereits über den Menschen als Menschen reflektiert haben. Als Begründer der philosophischen Anthropologie gilt Immanuel Kant mit seiner Schrift „Anthropologie in pragmatischer Hinsicht", die er um 1796/97 verfasst hat. Den Begriff „Philosophische Anthropologie" gibt es erst seit dem 20. Jahrhundert bei Max Scheler.
Die philosophische Anthropologie fragt nach dem Wesen des Menschen, sie fragt: „Was ist der Mensch?" Sie fragt nicht: „Was ist ein Mensch?" Eine solche Frage zielt auf eine exakte Definition. Sie fragt auch nicht „Wer ist ein Mensch?". Hier müsste der Mensch von unseren Vorfahren abgegrenzt werden oder von fötalen Entwicklungsstufen im Sinne von „Ab wann ist ein Fötus ein Mensch, dem Rechte zuerkannt werden müssen?"
Die philosophische Anthropologie nimmt das Ganze des Menschen in den Blick, nicht nur, wie die Einzelwissenschaften, isolierte Aspekte. Kennzeichnend ist für sie die Verbindung von zwei unterschiedlichen Perspektiven: Sie bedient sich der Innenperspektive der 1. Person im Sinne der Fragen „Wer bin ich?" und „Wer sind wir?" (Man spricht hier auch von der Teilnehmerperspektive.) Und sie verwendet die Außenperspektive, d. h. die Perspektive der 3. Person, wie dies in den Wissenschaften der Fall ist, die die objektive Beobachterperspektive einnehmen. Dies bedeutet, dass die Anthropologie auch wissenschaftliche Ergebnisse in ihre Untersuchungen einbezieht.
Während Erkenntnisse den Erkenntnisgegenstand gewöhnlich nicht verändern, können die Erkenntnisse der philosophischen Anthropologie einen Einfluss auf den Menschen haben.

1. Bestimmungen des Menschen[1]

1. Denken: Der Mensch als animal rationale

Das Denken gilt seit der Antike als wesentliche Eigenschaft des Menschen und bestimmt ihn somit als *animal rationale*, als vernünftiges Lebewesen. Dem entspricht die biologische Klassifizierung des Menschen als *homo sapiens*, als weiser Mensch.

Ratio, Vernunft, ist die Übersetzung des griechischen *logos*, wird jedoch der eigentlichen Bedeutung dieses Begriffs nicht ganz gerecht, da *logos* sowohl Vernunft (*ratio*) als auch Rede (*oratio*) bedeutet. Die Dimension der Sprache wird also ausgeblendet. Eine Verengung besteht auch darin, dass wir Vernunft heute vielfach mit Rationalität gleichsetzen, diese aber vor allem als effiziente Zweck-Mittel-Kalkulation verstehen. Der

1 Die Darstellung der fünf Bestimmungen des Menschen ist in hohem Maße dem folgenden Einführungswerk verpflichtet. *Thies, Christian*: Einführung in die philosophische Anthropologie. Darmstadt ²2009. S. 55–104.

Begriff „Vernunft“ hat in der Philosophie jedoch eine wesentlich weitere Bedeutung.

Den Menschen als *animal rationale* zu bezeichnen, bedeutet weder, dass alle Menschen immer vernünftig sind, noch, dass jeder Mensch die höchste Stufe der Vernunft erreicht. Gleichwohl ist Vernunft eine Fähigkeit, die der Möglichkeit nach jeder Mensch besitzt. Kant hat daher den Menschen als *animal rationabile* bezeichnet, als ein mit Vernunft begabtes Tier, das sich selbst zum vernünftigen Tier machen kann.

In der Alltagssprache werden die Begriffe „Vernunft“ und „Verstand“ meist synonym gebraucht. In der Philosophie gibt es hier keine einheitliche Terminologie, jedoch gilt im Großen und Ganzen Vernunft als höherwertig, da auf Prinzipielles bezogen, und Verstand als untergeordnet, da er mit der Erkenntnis des Konkreten zu tun hat.

Zur Klärung des Vernunftbegriffs lohnt ein Rückblick auf die Merkmale, wie sie sich im Denken von Sokrates gezeigt haben. 1. Vernunft besteht nicht nur im Wissen, sondern vor allem im Wissen über das Wissen, sie ist ein „Metawissen“. Wir Menschen wissen z. B., dass unser Wissen nur ein Bruchteil möglichen Wissens ist, und wir können es vielfältig anwenden. 2. Zur Vernunft gehört, dass wir Rede und Antwort stehen können, d. h., wir suchen Gründe und Gegengründe für eine Aussage und wägen diese ab. Die menschliche Vernunft ist die Fähigkeit der kritisch-argumentativen Prüfung unseres Wissens; sie ist diskursiv in dem Sinne, dass sie schrittweise das Pro und Contra durchgeht. 3. Die Vernunft hat in einem dreifachen Sinne mit dem Allgemeinen zu tun: a) Sie bleibt nicht beim Einzelnen, beim Konkreten stehen, sondern sucht das Allgemeine, das immer und überall gilt. b) Sie ist ein allgemeines Vermögen, sofern es allen Menschen zukommt. c) Sie bezieht sich auf Fragen, die alle Menschen betreffen, also von allgemeinem Interesse sind. Dabei unterscheidet sie Relevantes von Irrelevantem und Wesentliches von Unwesentlichem.

Die Bedeutung der Vernunft für den Menschen hat dazu geführt, dass andere kognitive Fähigkeiten oft nicht angemessen gewürdigt wurden. So wurde die Wahrnehmung als bloß passiv und rezeptiv bezeichnet. Der Wahrnehmungsapparat ist aber keineswegs passiv: Was wir von der Außenwelt empfangen, formt sich in unserem Gehirn nach Gestaltgesetzen und organisiert sich nach Relevanzkriterien. So gliedern wir das sensorische Bild in abgegrenzte Bereiche, unterscheiden die Figur vom Hintergrund und deuten als gute Gestalt, was sich durch Prägnanz und Geschlossenheit auszeichnet. Farb-, Größen- und Formkonstanz ermöglicht die Identifizierung identischer Objekte bei unterschiedlichen Bedingungen. Durch intermodalen Vergleich – es werden unterschiedliche Sinne eingesetzt – überprüfen wir die Richtigkeit einer Wahrnehmung.

Außer der oben beschriebenen diskursiven Vernunft – sie *durchläuft* mehrere Vorstellungen – gibt es die intuitive Vernunft, die in der Philosophiegeschichte unterschiedlich bewertet wurde. Intuition ist die Fähigkeit zu einer unmittelbaren, nicht auf ein schrittweises Vorgehen angewiesenen Erkenntnis. Sie ereignet sich plötzlich („Aha-Erlebnis“). Sie erfasst auch komplexe Sachverhalte sozusagen mit einem Blick, sie ist ganzheitlich. Alle Menschen sind mit der intuitiven Vernunft begabt, wenn auch in unterschiedlichen Bereichen und in unterschiedlichem Grade. Es ist anzunehmen, dass die linke Hälfte der Großhirnrinde für das logisch-analytische Denken, die rechte für ganzheitlich-kreative Leistungen zuständig ist.

2. Fühlen: Der Mensch als homo emotionalis

Die Philosophie hat sich zwar immer schon mit Gefühlen beschäftigt, diese aber oft als minderwertig angesehen, da es galt, ihre Auswirkungen zu unterdrücken. Erst in den letzten Jahrzehnten kam es zu einer Aufwertung.

Entgegen einer verbreiteten Auffassung sind Gefühle keineswegs etwas nur Individuelles oder etwas von der jeweiligen Kultur Abhängiges, vielmehr gibt es universale Merkmale.

- Jedes Fühlen ist mit einer Wertung verbunden, die sich auf die Elementargefühle Lust und Unlust zurückführen lassen.
- Starke Gefühle besitzen immer auch eine physische Außenseite: die meist unwillkürlichen Ausdrucksbewegungen.
- Die Gefühle der großen Affen unterscheiden sich nur wenig von den menschlichen Gefühlen. Wahrscheinlich besitzen sie zwei Gefühle

nicht: die sadistische Lust am Quälen und die langjährige Liebe zwischen Individuen.

Man kann Gefühle 1. und 2. Ordnung unterscheiden. Bei Gefühlen 1. Ordnung spüre ich etwas: meinen Leib oder Phänomene der Lebenswelt. Bei Gefühlen der 2. Ordnung fühle ich *mich* („Wie fühlst du dich?").

Gefühle der 1. Ordnung werden durch Bedürfnisse ausgelöst (Hunger, Müdigkeit). Der Verzicht auf die unmittelbare Bedürfnisbefriedigung gilt als ein typisch menschliches Merkmal. Bedürfnisse sind hierarchisch geordnet, sie reichen von biologischen Bedürfnissen über das Sicherheitsbedürfnis und Bedürfnis nach Bindung bis zu transpersonalen Bedürfnissen, das Streben nach Transzendenz. Höherrangige Bedürfnisse und entsprechende Gefühle melden sich erst, wenn elementare Bedürfnisse befriedigt sind.

Zum Fühlen 1. Ordnung gehört auch die Empathie, die die Voraussetzung für Mitleid und Liebe, aber auch für Schadenfreude und Hass ist. Empathie findet sich auch bei den großen Affen, nicht aber bei anderen Tieren.

Das Fühlen 2. Ordnung setzt die Gefühle 1. Ordnung voraus, bezieht diese aber in das eigene Selbst ein. Zu den intentionalen, d. h. auf etwas gerichteten Gefühlen gehören hier die plötzlich auftretenden, kurzfristigen Affekte und die andauernden Leidenschaften. Zu den nicht gerichteten Gefühlen zählen die vorübergehenden Stimmungen und die langfristigen Gestimmtheiten, die sozusagen zum Charakter gehören: die Temperamente.

Scham oder Empörung sind Beispiele für moralische Affekte, die mit moralischen Wertungen verbunden sind und soziales Handeln motivieren.

Leidenschaften muss man von Trieben und Süchten unterscheiden. Triebe sind mit biologischen Funktionen wie Ernährung und Fortpflanzung verbunden. Süchte liegen vor, wenn wir von Gegenständen abhängig werden, auf die sich unsere Leidenschaften richten, und unser Ziel ein Haben ist. Neben vitalen Süchten wie Trunksucht oder Sexsucht gibt es auch die Süchte des Geistes: Habsucht, Herrschsucht und Ehrsucht.

Bei den Stimmungen können wir gehobene und gedrückte Stimmungen unterscheiden: Ausgelassenheit, Glück und Seligkeit auf der einen und Verzagtheit, Verdüsterung und Verzweiflung auf der anderen.

Den zum Charakter gehörenden Gestimmtheiten werden die sogenannten vier Temperamente zugeordnet, deren Einteilung in die Antike zurückreicht: der Sanguiniker, der Melancholiker, der Phlegmatiker und der Choleriker.

Gefühle sind im Laufe der Philosophiegeschichte vor allem unter ethischen Gesichtspunkten behandelt worden: Starke Gefühle galt es zu zügeln und der Vernunft unterzuordnen. Man hat sogar behauptet, es sei für den Menschen besser, gar keine Gefühle zu haben. Richtig ist, dass der angemessene Umgang mit ihnen gelernt werden muss. Dazu gehören die Fähigkeiten, Gefühle wahrzunehmen, sie zu beurteilen und ihrem Impuls je nach Bewertung zu folgen oder die Gefolgschaft zu verweigern. Wie schon lange bekannt, sind Gefühle formbar. Es gilt, bestimmte Gefühle zu kultivieren oder ihre Wirksamkeit abzuschwächen.

Untersucht wird seit kurzem die Rolle der Gefühle für das Erkennen. Emotionen können Irrtümer begünstigen, Vorurteile festigen und schlechte Gewohnheiten verankern. Andererseits helfen sie, die Relevanz von Ereignissen und Situationen richtig einzuschätzen.[2] Empathie ist für den Umgang mit anderen unerlässlich, da sie erkennen lässt, wie es diesen geht und was sie brauchen.

Für das Handeln sind Gefühle unerlässlich: Ohne sie fänden keine adäquaten Handlungen statt. Vieles wäre uns gleichgültig, handlungsleitende Entscheidungen könnten wir nicht treffen.[3]

Ohne Emotionalität könnte der Mensch viele ihn auszeichnende Merkmale nicht verwirklichen. Auf Emotionalität angewiesen ist unsere Fähigkeit, vernünftig zu handeln (*animal rationale*), wie auch die Fähigkeit, Gemeinschaften zu bilden und aufrechtzuerhalten (*zoon politikon*).

3. Sprechen: der Mensch als homo loquens

Die menschliche Sprache hat eine Vielzahl unterschiedlicher Funktionen. Sie dient u. a. der Kom-

2 *Kast, Bas*: Wie der Bauch dem Kopf beim Denken hilft. Frankfurt/M. 2009.
3 *Damásio, António R.*: Descartes' Irrtum. Fühlen, Denken und das menschliche Gehirn. München 1994.

munikation, dem Erkennen, der Tradition (vgl. Herder, s. S. 105).

Zu unterscheiden sind Sachebene, Beziehungsebene und Ausdrucksebene. Die Darstellungsleistung der Sprache auf der Sachebene, nämlich die Tatsachenfeststellung mit ihrer Orientierung an wahren Aussagen, wurde in der philosophischen Tradition überbetont. Denn Sprache ist auch Handeln im Sinne der Sprechakttheorie: Im illokutionären Akt (s. S. 25) vollziehe ich eine Handlung, *indem* ich etwas sage (ich bitte, frage, referiere, ...), bei der Perlokution erziele ich beim Adressaten eine Wirkung *dadurch*, dass ich etwas sage (ich überzeuge, verärgere, kränke, tröste, ...).[4]

Zu unterscheiden sind ferner die Objektsprache, die sich auf nichtsprachliche Gegenstände bezieht („Köln liegt am Rhein"), und die Metasprache, die sich auf Wörter, sprachliche Formulierungen und Sätze bezieht („*Köln* ist von *Colonia* abgeleitet").

Sprache wird aus Lauten, Silben und Wörtern gebildet. Für die Verknüpfung gibt es grammatische und syntaktische Regeln. Trotz der Endlichkeit der sprachlichen Elemente und Verknüpfungsregeln gibt es eine unbegrenzte Menge sinnvoller sprachlicher Einheiten.

Wie verhalten sich **Sprache und Denken** zueinander? Für ihre Identität wird angeführt, Denken sei inneres Sprechen, und Sprechen sei entäußertes Denken. Andererseits gibt es Denken ohne Sprache. Gehörlose Kinder können Gegenstände klassifizieren. Gehörlose Erwachsene, die nicht über eine Gebärdensprache verfügen, können logisch-mathematische Operationen durchführen. Kinder im 2. Lebensmonat sind fähig, Mengen zu erfassen. Die Kognitionspsychologie unterscheidet ferner das semantische Wissen, das sprachlich ist, und das nichtsprachliche prozedurale Wissen (Wissen, wie man eine Schleife bindet; die richtige Anwendung grammatischer Regeln ohne ihre Kenntnis). Unbestritten ist, dass sich sprachliche und kognitive Kompetenzen gegenseitig fördern.

Aus der Vielzahl der Sprachen ergibt sich die Frage, ob Sprache etwas Universales oder etwas Partikulares ist. Für Letzteres spricht, dass die Unterschiedlichkeit von Wortschatz und Grammatik in den einzelnen Sprachen die These stützt, jede Sprache vermittle eine eigene Weltsicht. Andererseits ist es möglich, fremde Sprachen zu verstehen und – auch mithilfe von Umschreibungen – zu übersetzen. Es gibt – so nimmt man an – eine Tiefenstruktur, die für alle Sprachen gilt (Noam Chomsky).

Gibt es wesentliche Unterschiede zwischen der menschlichen und tierischen Kommunikation? Vor allem sozietäre Tiere müssen sich verständigen (Bienen: „Tänze"). Schimpansen besitzen eine differenzierte Körper- und Gesichtssprache (Gestik und Mimik), symbolische Verhaltensweisen (Begrüßung, Demutsgebärden) und Rufe mit einer bestimmten Bedeutung. Sie besitzen aber keine Wortsprache. Der Versuch, Affen die Gebärdensprache zu vermitteln, hatte Erfolg: Erlernt wurde ein Wortschatz mit Hunderten von Ausdrücken (Zeichen für konkrete Dinge und Tätigkeiten, Vokabeln für „dein" und „mein"), einfache grammatische Regeln. Unmöglich war es, ihnen eine rekursive Grammatik beizubringen, in der die in einem Satz angewendete Regel für die Erweiterung des Satzes gebraucht wird (z. B. SPO: *Hans fällt einen Baum > Peter sieht, dass Hans einen Baum fällt > Fritz weiß, dass Peter sieht, dass Hans einen Baum fällt).* Die großen Affen erreichen ungefähr den sprachlichen Entwicklungsstand dreijähriger Kinder. Bei der Weitergabe der den Tieren beigebrachten Sprache an die nächste Generation kommt es zu einem Sprachverfall. Beim Menschen aber entwickelt sich eine rudimentäre Behelfssprache („Pidgin") in den nächsten Generationen zu einer Sprache auf normalem grammatischem Niveau.

Nur der Mensch besitzt eine Sprache, die die jeweilige Situation, den Bezug auf konkrete Gegenstände und einen begrenzten Raum-Zeit-Horizont überschreiten kann. Im formal-operationalen Stadium (Jean Piaget) geschieht das abstrakt-begriffliche Denken, die systematische Überprüfung von Hypothesen und die Konstruktion möglicher Welten. Hierher gehört auch die sprachliche Kommunikation des argumentativen Diskurses etwa theoretischer oder normativpraktischer Art.

4. Arbeiten: der Mensch als homo faber

Als Merkmale des Menschen gelten der Werkzeuggebrauch, das Feuer, Arbeit und Spiel. Bei Benjamin Franklin heißt es: „Man is a toolmaking animal." Die Fähigkeit, Werkzeuge zu benutzen, teilt der Mensch jedoch mit einer Reihe von Tieren (Finken benutzen Stacheln, um an Insekten zu gelangen, Affen knacken Nüsse mit Steinen). Und auch Affen stellen Werkzeuge selbst her (sie streifen Blätter von Zweigen, mit denen sie dann nach Termiten angeln). Aber nur der Mensch verwendet Werkzeuge, um Werkzeuge herzustellen, mit denen er wieder Werkzeuge herstellen kann.

Der Mensch ist das einzige Lebewesen, das sich des Feuers bedient, um Nahrung zuzubereiten oder sich vor Feinden zu schützen.

Als *homo faber* (der Mensch als Schmied, Handwerker, Arbeiter, Künstler) verändert der Mensch die Umwelt durch Anwendung technischer Hilfsmittel. Menschliche Arbeit ist ein soziales Geschehen, in dem die Kooperation vor allem durch Arbeitsteilung erfolgt (verschiedene Berufe, Zerlegung des Arbeitsprozesses in immer kleinere Teile). Zum Bereich der Arbeit gehört auch die Distribution der Produkte. Kooperation und Distributionen erfordern Organisationsvermögen und soziale Normen.

Arbeit dient nicht nur der Schaffung unserer Lebenswelt, sondern nach **Karl Marx (1818–1883)** auch der Selbstverwirklichung des Menschen. Dies ist bei nicht entfremdeter Arbeit der Fall: In der Arbeit erzeugt der Mensch sich selbst und entdeckt sein eigenes Wesen. Im Produkt der Arbeit als seiner Vergegenständlichung schaut sich der Produzent selbst an. Bei einer entfremdeten Arbeit aber verwandeln sich die Produkte in eine fremde, feindliche Macht, die Gewalt über den Produzenten hat.

Marx orientiert sich bei der Beschreibung der Arbeit am Herstellen (Produzieren), übersieht dabei nach **Hannah Arendt (1906–1975)** den für die menschliche Existenz notwendigen Bereich der Reproduktion, die dem Überleben sowie der Aufrechterhaltung unseres Leibes und unserer Lebenswelt dient. Der Mensch ist nicht nur *homo faber*, sondern auch *homo laborans* (der Mensch als Arbeitender). In den meisten Gesellschaften sind reproduktive Tätigkeiten Sache der Frau: Ihre Arbeit verzehrt sich immer wieder selbst.

Zu den Handlungen des Menschen gehören nicht nur Produktion und Reproduktion. Aristoteles unterscheidet *poiesis* von *praxis*. *Poiesis* ist auf ein Ziel außerhalb der Tätigkeit gerichtet, das Ergebnis löst sich von der Tätigkeit ab. Dies gilt für alles Herstellen, aber auch für das Lernen. Die Handlung ist nur Mittel zur Erreichung des Zwecks. Zur *praxis* dagegen gehören alle Tätigkeiten, die ihren Zweck in sich selbst tragen: Betrachtung von Kunst, Gespräche führen, musizieren, tanzen, ein Fest feiern oder spazieren gehen (falls dieses nicht primär der Gesundheit dient).

Eine typisch selbstzweckhafte Tätigkeit ist das Spiel. Es kommt in allen Gesellschaften vor. Daher der Begriff *homo ludens*: der Mensch als spielendes Wesen. Im Unterschied zu Tieren bleibt beim Menschen die Fähigkeit zum Spielen das gesamte Leben erhalten. Zum Spiel gehört, dass es in der Regel aus Freude an dieser Tätigkeit geschieht. Dem widerspricht nicht, dass es zugleich auch andere Funktionen haben kann wie die Sozialisation der Kinder oder den Abbau von Aggressionen. Das Spiel gilt auch als Wurzel der Kunst. Merkmale des Spiels: Es steht außerhalb des Alltags und findet in abgegrenzten Zeiten und Räumen statt. Gewöhnlich geschieht es nach allgemeinen Regeln. Beim Spiel der Kinder unterscheidet **George Herbert Mead (1863–1931)** „play" – hier spielen Kinder allein nach eigenen Regeln – und „game": Mehrere Kinder spielen nach gemeinsamen Regeln.

Der Vorstellung, der Mensch schaffe sich durch Arbeit in gewisser Weise selbst, ist entgegenzuhalten, dass die menschliche Existenz auch durch das bestimmt wird, was uns widerfährt. Es gibt zwei Formen der Widerfahrnis: 1. Das Notwendige, wie der Zwang unseres Stoffwechsels oder die Gesetze einer verrechtlichten Gesellschaft. 2. Der Zufall, von dem abhängt, wer meine Eltern sind, wie ich mich entwickle und wem ich begegne. Nach Odo Marquard sind wir mehr unsere Zufälle als unsere Leistungen. Die Zufälligkeit der menschlichen Existenz in einer Welt, die er vorfindet, bezeichnet Martin Heidegger als „Geworfenheit".

4 *Austin, John Langshaw*: Zur Theorie der Sprechakte. Stuttgart 1972.

5. *Soziales Handeln: der Mensch als* zoon politikon, animal sociale

Außer dem Arbeiten gibt es eine weitere Art des praktischen Lebens: die Interaktion zwischen Menschen oder das politische Handeln. Hier gibt es zwei anthropologische Fragen: 1. Sind die Menschen eher Gemeinschaftswesen oder eher Einzelgänger? 2. Sind die Menschen eher gleich oder ungleich? Hier lassen sich vier idealtypische Formen ausmachen.

1. Die Menschen sind sozietär und ungleich. Nach **Aristoteles (384–322 v. Chr.)** ist der Mensch als *zoon politikon* (gesellschaftliches Lebewesen) darauf ausgerichtet, sich in einer gerechten politischen Ordnung zu verwirklichen. Ziel der Politik ist das Gute im Sinne der *eudaimonia* (Glückseligkeit). Wer den Staat nicht braucht, ist entweder ein Tier oder ein Gott. Neben der *polis*, der politischen Gemeinschaft, nennt Aristoteles den *oikos*, die Hausgemeinschaft, zu der die Familie und die Sklaven gehören. Er ist hierarchisch gegliedert. An der Spitze steht der männliche Haushaltsvorstand. Nach Aristoteles sind alle Barbaren potenzielle Sklaven; ihr Verstand reicht nur zum Gehorchen.
2. Die Menschen sind solitär und ungleich. Einige Sophisten sehen die Menschen als a-soziale Wesen, die nur durch äußeren Zwang und Notlagen wie Bedrohung durch Feinde soziale Beziehungen entwickeln. Die anthropologische Unterscheidung von Hirt und Herde stammt von **Thrasymachos (um 450 v. Chr.)**. **Kallikles (Ende des 5. Jahrhundert v. Chr.)** hebt die Ungebundenheit der von Natur besseren Menschen hervor. Nach **Friedrich Nietzsche (1844–1900)** sind die Menschen ungleich, es gibt die Starken und die Schwachen. Die Schwachen verbünden sich gegen die Starken, die außergewöhnlichen Menschen. Auch Starke verbünden sich untereinander, aber nur zeitweilig und für egoistische Ziele. Die Auffassung von der natürlichen Gleichheit der Menschen hält Nietzsche für eine Lüge der Schwachen.
3. Die Menschen sind solitär und gleich. Nach **Thomas Hobbes (1588–1679)** sind sie von Natur aus gleich, die Unterschiede zwischen den Individuen fallen nicht ins Gewicht. Der Mensch ist kein *zoon politikon*. Nur aus egoistischen Interessen, vor allem aus Furcht voreinander, schließen sich die Individuen durch Verträge zusammen.
4. Die Menschen sind sozietär und gleich. Diese Position geht auf die **Stoa** zurück: Alle Menschen sind durch natürliche Zuneigung verbunden. Sie können als vernünftige Wesen gleichermaßen die Weltordnung erkennen. Die Naturrechtslehre von **John Locke (1632–1704)** unterstreicht die Gleichheit der Menschen. Der Mensch ist zudem ein Wesen, das das Bedürfnis hat, mit anderen zusammen zu sein.

Der Begriff „Gleichheit“ ist problematisch. Der Kreis der Menschen, die als gleich angesehen werden, hat sich im Lauf der Geschichte ständig erweitert, von der Gleichheit der Bürger der Polis bis zur Anerkennung allgemein menschlicher Eigenschaften der Frauen, Fremden und Außenseiter. Allerdings hat sich die egalitäre Auffassung noch nicht weltweit durchgesetzt. Noch in der Mitte des 20. Jahrhunderts hatten nicht alle Frauen in Europa das Wahlrecht.

„Gleichheit“ sollte als normativer Begriff für die Gleichheit der Rechte aller Bürger gebraucht werden. Dem steht „Ähnlichkeit“ als deskriptiver Begriff gegenüber. Er bedeutet keineswegs Identität. Menschen sind biologisch und soziokulturell ähnlich. Menschen sind Individuen, sie unterscheiden sich voneinander.

Hier sind zwei Arten von Differenzen zu unterscheiden. Die vertikale Differenz bedeutet ein „besser als …“, z. B. hinsichtlich der Kompetenzen. Hieraus dürfen keine grundlegenden Rechte abgeleitet werden. Die horizontale Differenz bezieht sich auf ein „anders als …“: Frauen sind anders als Männer, Weiße anders als Schwarze. Die Feststellung horizontaler Unterschiede bedeutet kein Werturteil. Grundsätzlich gilt: Die Unterschiede zwischen Menschen sind geringer als ihre Gemeinsamkeiten.

In der Streitfrage, ob die Menschen eher Einzelgänger oder Gemeinschaftswesen sind, spricht vieles gegen die solitäre Anthropologie.

Dies zeigt die ***phylogenetische*** Betrachtung, die die stammesgeschichtliche Entwicklung des Menschen in den Blick nimmt. Die nichtmensch-

lichen Primaten leben in Sozialverbänden, wenn auch unterschiedlicher Art. Sie verlangen von jedem Tier eine soziale Intelligenz. Nur wenn es mehr Kooperation als Konflikte in der Gruppe gibt, können die Vorteile des Zusammenlebens genutzt werden. Voraussetzung sind stabile Binnenverhältnisse.
In der Menschheitsgeschichte haben sich drei Beziehungsarten gebildet, die noch für die heutige Gesellschaft kennzeichnend sind.

1. Die Beziehung von Mutter und Kind. Die Kinder sind Traglinge, sie brauchen lange die Mutter. Zu vermuten ist, dass die Interaktionen zwischen Kind und Mutter (oder einer anderen primären Bezugsperson) die Grundlage für das spätere Sozialverhalten bildet.
2. Die Einbeziehung des Vaters in die Familie. Dadurch kommt es zu konkurrierenden Sozialformen: Familie *(oikos)* und Gesamtverband *(polis)*.
3. Das Inzestverbot und die Exogamie (Außenheirat): Diese führen zu Kontakt mit anderen Gruppen und stabilen Beziehungen zwischen den Gemeinschaften.

Für eine sozietäre Anthropologie spricht auch die ***ontogenetische*** Betrachtung, die die Entwicklung des Individuums in den Blick nimmt. Hier zeigt sich eine fortschreitende Dezentrierung der sozial-kognitiven Kompetenz. Im egozentrischen Stadium gelingt es dem Individuum noch nicht, die eigene Handlung aus der Sicht einer anderen Person zu betrachten. Etwa im 5. Lebensjahr gelingt es Kindern, sich in die Perspektive anderer zu versetzen. Zunächst bleibt das Verstehen und die Beurteilung von Handlungen auf die eigene soziale Gruppe bezogen (soziozentrisches Bezugssystem). Das Individuum orientiert sich zunächst an den Normen und Konventionen der Gemeinschaft, dann an denen der übergreifenden Gesellschaft. Erst in einem postkonventionellen Stadium nimmt es alle Menschen, eventuell sogar künftige Generationen in den Blick. Die Normen werden an universalen Prinzipien überprüft. Zu fragen ist, ob der Speziesismus, also die Einengung moralischen Handelns auf die Spezies Mensch, überwunden werden kann.

Der sozial-kognitive Horizont der Mehrheit der Menschen ist auf die eigene Gesellschaft beschränkt.

Weitere Bestimmungen des Menschen:
Homo oeconomicus: der wirtschaftende Mensch
Homo oecologicus: der ökologisch denkende und handelnde Mensch
Homo sociologicus: der Mensch in der Gesellschaft, als Träger vorgeformter Rollen
Homo ridens: der lachende Mensch
Homo superior: der Übermensch, der Idealmensch
Homo viator: der Mensch als Pilger, Reisender, auf dem Wege zu Gott
Homo creator: der schöpferische Mensch
Homo educandus: der erziehungsbedürftige Mensch
Homo pictor: der malende Mensch; der Mensch als Bildner, Künstler
Homo inermis: der wehrlose Mensch, der Mensch als Mängelwesen, schutzlos, ohne Instinkte
Homo symbolicus: der „symbolische" Mensch: Er ist fähig zu Herstellung, Deutung und Gebrauch von Symbolen; auch: *animal symbolicum*

2. Streitfragen der Anthropologie

1. Der Mensch: gut oder böse?[5]

Die Beantwortung der Frage, ob der Mensch gut oder böse ist, hängt davon ab, welche anthropologische Position man vertritt. Die **pessimistische Anthropologie** hat zwei Varianten: Der Mensch ist böse. Oder: Der Mensch ist schlecht.
Böse ist, wer anderen Leid zufügt, um ihnen Leid zuzufügen. Ein solcher Mensch ist dabei sogar bereit, auf eigene Vorteile zu verzichten.
Immanuel Kant (1724–1804) unterscheidet einen dreifachen Hang zum Bösen: Böse ist ein Mensch aufgrund seiner Schwäche, wegen der Vermischung guter und schlechter Maximen und aufgrund einer bewussten Entscheidung gegen moralische Maximen. Möglich ist das Böse durch unsere Freiheit.

5 Vgl. *Thies, Chr.*: A. a. O. (s. Anm. 1) S. 124–134.

Vier Formen des Bösen lassen sich unterscheiden:

1. Das affektiv Böse wie beim Amoklauf oder beim Massaker.
2. Das kalkulierte Böse, das sich durch Selbstbeherrschung auszeichnet; es gibt eine systematische Quälerei, eine kontrollierte Grausamkeit.
3. Das banale Böse, das Hannah Arndt beim Schreibtischtäter Adolf Eichmann fand; diesen Menschen fehlen Motive, Vorstellungsvermögen und Urteilskraft; sie wissen, was sie tun, aber nicht, was sie anrichten. Diese Form des Bösen ist sogar mit Sekundärtugenden verbunden.
4. Das heilige Böse, das sich durch absolute Werte gerechtfertigt weiß, kennt keine Ausnahmen und keine Gnade. Hierher gehören die religiös motivierten Selbstmordattentäter.

Schlecht ist, wer sein eigenes Wohl auch auf Kosten anderer sucht.

In den Zusammenhang der Behauptung, der Mensch sei schlecht, gehört die Diskussion über den ***Egoismus***. Dass Menschen beim Verfolgen ihrer Absichten keine Rücksichten auf andere nehmen, bezweifelt niemand. Die Frage ist aber, ob jedes Handeln egoistisch motiviert ist. Hier gibt es zwei Fehlschlüsse:

1. Aus der Tatsache, dass allen Handlungen eine Intention zugrunde liegt, darf nicht gefolgert werden, sie seien damit schon egoistisch. So wird behauptet, ein Mensch, der für den anderen sorgt, habe bloß eine seltsame Neigung oder er sei sogar selbstsüchtig, da es ihm nur um die Reinheit seines Gewissen gehe.

2. Aus dem Umstand, dass mit dem Erreichen von Handlungszielen ein angenehmes Gefühl verbunden ist, darf nicht gefolgert werden, dass die Ziele egoistisch sind. Es wird aber die Genugtuung darüber, jemandem geholfen zu haben, als Beleg für ein egoistisches Motiv genommen. Zu fragen ist jedoch: Freue ich mich, weil ich das Richtige getan habe, oder tue ich das Richtige, weil mir dies ein gutes Gefühl vermittelt.

Zu unterscheiden sind *amour de soi* und *amour propre* (Rousseau; vgl. S. 191), Selbstliebe und Selbstsucht. Ohne Selbstliebe könnten wir nicht leben. Sie dient der Selbsterhaltung und der Selbststeigerung. Wenn wir andere übertreffen wollen, kann die Selbstliebe zur Selbstsucht werden, die sich rücksichtslos gegen andere verhält. Der nach Glück strebende Mensch ist nicht notwendigerweise ein Egoist; Glück und Moral müssen sich keineswegs ausschließen.

Der **anthropologische Optimismus** behauptet: Der Mensch ist gut. ***Gut*** ist, wer fremdes Wohl auch auf Kosten des eigenen Glücks fördert. Das Gute hat unterschiedliche Erscheinungsformen:

Das ***affektiv*** Gute zeigt sich in spontanen Gesten der Großzügigkeit gegenüber Fremden, in selbstlose Liebe und Freundschaft.

Das ***kalkulierte*** Gute besteht in Wohltätigkeitsmaßnahmen und Hilfsaktionen.

Das ***alltägliche*** Gute beweist sich in Kooperation, Solidarität und Menschlichkeit im Umgang miteinander.

Die Förderung des Wohls anderer nennt man ***Altruismus***. Hier muss differenziert werden. Bei einem schwachen Altruismus erwartet man eine Gegenleistung; Prinzip dieses Altruismus ist die Reziprozität (*do ut des*: „Ich gebe, damit du gibst"). Beim starken Altruismus erwarten wir keine Gegenleistung. Auf das eigene Wohl wird verzichtet zugunsten des Wohlergehens anderer. Als „amity" gilt dieses Wohlwollen innerhalb der Verwandtschaft, kann sich aber auch auf größere Gruppen wie religiöse Gemeinschaften oder sogar Nationen ausweiten. Eine obere Grenze lässt sich nicht angeben.

Außer auf Reziprozität und Gruppenzugehörigkeit stützt sich Altruismus auf moralische Affekte wie Mitleid oder Liebe und auf die praktische, also sittlichen Vernunft, die uns sagt, dass jeder Mensch als Selbstzweck zu betrachten ist und nicht bloß als Mittel für unsere Zwecke gebraucht werden darf.

Eine ***mittlere anthropologische*** Position behauptet: Der Mensch ist potenziell gut, schlecht und böse. Die Grenzen zwischen Gut und Böse verlaufen nicht zwischen Rassen, Klassen, Völkern und Geschlechtern, sondern quer durch jeden Menschen.

Dass auch gewöhnliche Menschen zum Bösen fähig sind, bewiesen das Stanley-Milgram-Experiment und das Stanford-Prison-Experiment.

2. Das Leib-Seele-Problem

Nach gängiger Auffassung besteht der Mensch aus Leib, Seele und Geist. Wie ist dieses Kompositum zu verstehen? Was ist das Eigentliche des Menschen? Wie hängen die „Teile" zusammen, wie beeinflussen sie einander?

Für Platon ist die Seele des Menschen etwas Nichtkörperliches, etwas Geistiges. Sie ist das Eigentliche des Menschen und kann sich vom Körper lösen und unabhängig von ihm existieren (siehe Platon, S. 103). Als Prinzip der Lebendigkeit macht sie den Körper zu etwas Lebendigem und ist selbst unsterblich.

Auch bei Aristoteles ist die Seele Prinzip des Lebendigen, daher haben alle Lebewesen eine Seele. Zur Seele des Menschen gehört die Vernunft. Die vernünftige Seele ist aber im Unterschied zu Platon nichts vom Körper Ablösbares, sondern die „Form" des Menschen. „Form" eines Dinges ist bei Aristoteles das, was dieses zu dem macht, was es ist, sie macht also die wesentlichen Fähigkeiten und Eigenschaften aus. Wenn die Seele das ist, was ein Lebewesen zu dem macht, was es ist, dann kann sie auch nicht unabhängig vom Körper existieren. Sie ist nichts Selbständiges, sondern vergeht mit dem Körper.

René Descartes (1596–1650) gibt die Auffassung auf, dass Seele und Leben zusammenhängen. Alle Lebensphänomene sind mechanisch zu erklären. Pflanzen und Tiere sind lediglich seelenlose Maschinen, vergleichbar mit einer Uhr, die aufgrund einer bestimmten Anordnung von Zahnrädern, Federn und Gewichten funktioniert.

Von größter Wichtigkeit ist für Descartes der Begriff der Substanz. „Substanz" bedeutet in der Philosophie nicht Stoff, aus dem etwas besteht, sondern etwas, das Träger von Eigenschaften und Fähigkeiten ist und selbständig existiert. Eigenschaften und Fähigkeiten dagegen brauchen immer einen Träger.

Descartes unterscheidet zwei Substanzen: die *res extensa* (das ausgedehnte Ding) und die *res cogitans* (das denkende Ding). Der Körper und damit alles Materielle gehört zur ersten Art, die Seele zur zweiten Art: Sie ist unausgedehnt, rein geistig. Die Seele macht wie bei Platon das Eigentliche des Menschen aus. Descartes' Argument hierfür: Zwar kann sich der Mensch vorstellen, ohne seinen Körper und ohne alle körperlichen Eigenschaften zu existieren, aber nicht, ohne sein Denken zu sein. Also ist der Mensch keine körperliche, sondern eine ausdehnungslose, denkende Substanz.

Aus der Auffassung, dass der Mensch aus den beiden genannten Substanzen besteht, ergibt sich das Problem, wie die Wechselwirkung zwischen Seele und Körper zu erklären ist. Wir wissen, dass Körperliches auf die Seele einwirken kann (Alkohol verändert unsere Stimmung) und Seelisches eine Wirkung auf den Körper hat (Scham lässt uns erröten). Wie aber ist ein ***interaktionistischer Dualismus*** zu erklären, genauer: Wie ist es möglich, dass das unausgedehnt Geistige eine Wirkung auf das ausgedehnt Körperliche hat und Körperliches auf die unräumliche Seele einwirkt? Körperliches und Geistiges sind wesensmäßig völlig unterschiedlich. Zur Kausalität, dem Ursache-Wirkungs-Verhältnis, gehört nach Descartes, dass jede Wirkung in gewisser Weise in ihrer Ursache enthalten ist. Auch wenn er als Organ, in dem Seele und Körper miteinander verbunden sind, die Zirbeldrüse sah, konnte er die Interaktion zwischen den beiden Substanzen nicht erklären.

Philosophen nach Descartes suchten nach Alternativen zum interaktionistischen Dualismus. Der ***Parallelismus*** vertritt die Auffassung, dass mentale und körperliche Phänomene sich nicht kausal beeinflussen, sondern nur parallel ablaufen und so den Anschein erwecken, es fände eine Wechselwirkung statt. Nach Leibniz besteht eine von Gott eingerichtete prästabilierte Harmonie zwischen Seele und Körper. Er hat sie mit zwei synchronisierten Uhren verglichen, die die gleiche Zeit auch ohne einen Kausalzusammenhang zwischen ihnen anzeigen.

Der ***Okkasionalismus***, den Geulincx und Malebranche vertreten haben, nimmt an, dass Gott bei Gelegenheit (*occasio*) eingreift, um Körper und Seele aufeinander abzustimmen. Bei Gelegenheit von körperlichen Bewegungen erzeugt Gott seelische Empfindungen im Menschen, und bei Gelegenheit von Willensakten erzeugt er Muskelbewegungen.

Beide Auffassungen sind wenig befriedigend. Denn sie setzen nicht nur die Existenz Gottes, sondern auch die keineswegs selbstverständliche

Annahme eines bestimmten Wirkens Gottes voraus.

Der *Epiphänomenalismus* gab den Gedanken, dass die Seele Substanz ist, also etwas Selbständiges, auf. Seelisches ist einfach nur die Begleiterscheinung von körperlichen Vorgängen. Für **Thomas Henry Huxley (1825–1895)** verhält sich das Bewusstsein zum Gehirn wie das Tuten der Dampfpfeife zur Lok. Dieses begleitet die Lok, hat aber keine Wirkung auf ihr Funktionieren. Diese Auffassung ist problematisch, denn sie setzt voraus, dass das Leben genauso ablaufen würde, wenn kein Mensch je bewusste Überzeugungen, Erlebnisse und Wünsche hätte. Wozu dann also Seelisches?

Das Interaktionsproblem wirft die Frage auf, ob es überhaupt eine reine *res cogitans*, ein rein geistiges Wesen ohne Körper geben kann. Wenn wir von Person sprechen, meinen wir immer die *Einheit* von Seele und Körper. Wir sagen nicht – wie sich ein Cartesianer ausdrücken müsste –: „Der Geist von Till überlegt, wie er die Matheaufgabe lösen soll", sondern: „Till überlegt …" Und wir sagen nicht: „Der Körper von Till macht einen Spaziergang", sondern: „Till geht spazieren." Daher bereitet der Begriff eines reinen, gänzlich körperlosen Geistes große Schwierigkeiten: Wie soll ein solches Wesen wahrnehmen und mit anderen kommunizieren? Wie können andere Geister etwas mitteilen? Die landläufige Vorstellung von Geistern und Gespenstern setzt zumindest eine feinkörperliche Substanz voraus.

Die Auffassung des Substanz-Dualismus gilt heute als weitgehend überholt. Dass die Seele Substanz ist, hat schon **David Hume (1711–1776)** bestritten. „Seele" ist für ihn lediglich ein Ausdruck für das Seelenleben, sie ist also die Gesamtheit seelischer Vorgänge und Zustände. Diese Auffassung nennt man *Aktualitätstheorie*. Sie wird heute, sieht man von wenigen Gegenstimmen ab, allgemein anerkannt. Die empirische Psychologie (Lehre von der Seele, der Psyche) kommt ohne einen Seelenbegriff aus, da mit seiner Hilfe keine beobachtbaren Phänomene festgestellt werden können. Sie versteht sich als Wissenschaft vom Erleben und Verhalten.

Zwischenbemerkung zur Terminologie. Der übliche Ausdruck „Leib-Seele-Problem" wird aus gutem Grund heute meist ersetzt durch „Körper-Geist-Problem". Der Begriff „Seele" bezieht sich gewöhnlich auf den Bereich der Gefühle und der Intuition, „Geist" dagegen auf den Bereich des rationalen Überlegens und Handelns. Der englische Begriff „mind" umfasst jedoch, worauf es hier ankommt, beides. In der philosophischen Fachsprache hat sich eingebürgert, „mind" mit „Geist" zu übersetzen. Das entsprechende Adjektiv lautet dann wie im Englischen „mental". „Leib" wird durch „Körper" ersetzt, da in der anthropologischen Diskussion das deutsche Wort „Leib" eine engere Bedeutung hat als „Körper" (siehe Plessner, S. 109).

Auch wenn man den Substanzbegriff der Seele aufgibt, bleibt die Frage, wie sich seelische, psychische Phänomene auf Körperliches, also Physisches, zurückführen lassen. Empirische Befunde zeigen jedenfalls, dass mentale Zustände und Vorgänge von der Gehirntätigkeit abhängen. Wenn das Gehirn funktionsunfähig wird, hören alle mentalen Prozesse auf. Sauerstoffmangel, Blutverlust oder auch eine Gehirnerschütterung können zur Bewusstlosigkeit führen. Bestimmte Chemikalien wie Äther, Chloroform oder Evipan bewirken, dass in der Hirnrinde keine Prozesse mehr stattfinden, die dem bewussten Erleben zugrunde liegen. Damit steht fest, dass Mentales nicht ohne Körperliches existiert. Heißt dies, dass Mentales letztlich nur etwas Physisches ist? Hier tun sich wieder Schwierigkeiten auf. Es gibt Argumente dafür, dass Mentales keineswegs identisch mit dem Physischen ist, wenn dieses jenem auch zugrunde liegt.

Gegen die Identität von Mentalem und Physischem spricht Folgendes. Das Wesentliche an Wahrnehmungseindrücken und körperlichen Empfindungen ist ihr qualitativer Charakter. Sie sind sogenannte Qualia. Das, was ich als Rot wahrnehme, ist nicht identisch mit einer elektromagnetischen Welle, sondern es ist ein bestimmtes Erleben, und dieses Erleben ist wieder etwas anderes als die neurophysiologischen Vorgänge im Gehirn. Während ein physisches Phänomen etwas Objektives ist und aus allen möglichen Perspektiven zugänglich ist (Standpunkt der 3. Person), ist Mentales subjektiv in dem Sinne, dass es nur aus der Sicht der 1. Person zugänglich ist. Nur *ich* kann meinen Schmerz oder mein Roterleben wahrnehmen. Objektiv zugänglich sind höchstens physikalische Vorgänge in meinem Gehirn, die während meines Wahrnehmens oder Empfindens ablaufen. Auch wer über alle physikalischen Informationen über das verfügt, was vorgeht, wenn ein Mensch den blauen Himmel sieht, weiß damit noch nicht, *wie* es ist, das Blau des Himmels wahrzunehmen. Es gibt also einen Unterschied zwischen Mentalem und Physischem.

Ferner sind unsere Gedanken auf etwas gerichtet, sie haben den Charakter der Intentionalität und können daher wahr oder falsch sein. Die physikalischen Prozesse aber, die den Gedanken zugrunde liegen, sind weder wahr noch falsch, sie existieren oder sie existieren nicht. Der Inhalt des Gedankens, dass alle Menschen sterblich sind, ist für eine physikalische Betrachtung des Gehirns nicht zugänglich. Gedanken sind etwas Nichtphysisches.

Eine noch nicht gelöste Aufgabe besteht darin zu zeigen, wie Physisches überhaupt Mentales entstehen lassen kann.

Eine extreme Position nimmt **Thomas Metzinger (*1958)** ein.[6] Er behauptet nicht nur, es gebe keine Seele, sondern es gebe auch kein Ich oder Selbst. Metzinger hat eine Selbstmodell-Theorie entwickelt, deren Kernaussage lautet, dass es in der Welt ein Selbst nicht gibt. Es gibt das erlebte Ich-Gefühl und die ständig wechselnden Inhalte unseres Selbstbewusstseins, das sogenannte phänomenale Selbst. Zu ihm gehören Zentriertheit und die Perspektive der 1. Person. Aber es entspricht ihm kein „Ding“, etwas Substanzielles, es ist vielmehr nur ein Modell, etwas sozusagen Virtuelles. Aber dieses Modell ist transparent, d.h. durchsichtig in dem Sinne, dass wir es nicht als Modell erkennen. Hinter dem Selbstmodell gibt es nichts, wovon das Modell ein Abbild wäre. Man könnte von einer Ich-Illusion sprechen, aber dies wäre falsch, denn es gibt niemanden in dem Informationsverarbeitungssystem Mensch, für den die Illusion eine Illusion ist und der sich täuschen lassen könnte. Wenn es keine Seele und kein Ich gibt, dann gibt es auch kein Leib-Seele-Problem. Allerdings ist die Frage, wie neuronale Vorgänge Bewusstsein erzeugen, noch nicht geklärt.

3. Die Stellung des Menschen im Kosmos: Mittelpunkt oder Randstellung?[7]

Die Auffassung, welche Stellung der Mensch im Ganzen der Wirklichkeit einnimmt, hat sich im Laufe der Menschheitsgeschichte stark gewandelt.

Der Mensch galt als etwas Besonderes. Neben den Göttern sind die Menschen die einzigen Lebewesen, die Vernunft *(logos)* haben. Zu dieser Auffassung der alten Griechen gehörte die Überzeugung, dass die Menschen dank ihrer Sprache die Welt erkennen können, zumal sie den Kosmos als von der Vernunft durchwaltet ansahen, die diesem eine harmonische Gesetzmäßigkeit verlieh.

Für die christlichen Denker der Antike und des Mittelalters gründete die Sonderstellung des Menschen in seiner Gottesebenbildlichkeit. Diese galt als Grund dafür, dass der Mensch die von Gott geschaffene Natur erkennen kann und die Möglichkeit besitzt, sein Leben in Freiheit selbst zu bestimmen, sich von Gott ab- oder sich ihm zuzuwenden. Der Mensch stand einem durch Allgüte, Allwissen und Allmacht ausgezeichneten persönlichen Gott gegenüber, vor dem er sich zu verantworten hatte.

Noch in der frühen Neuzeit sah sich der Mensch als Mittelpunkt der Welt. Er glaubte, dass die Welt um seinetwillen geschaffen sei. Pico della Mirandola (s. S. 104) nahm an, Gott habe den Menschen zur Mitte der Welt gemacht. Diese Einschätzung seiner selbst wurde, so **Sigmund Freud (1856–1939)**, der Begründer der Psychoanalyse, enttäuscht: Der Mensch musste drei narzistische Kränkungen hinnehmen. Als narzistisch werden sie bezeichnet, da sie den Menschen in seinem Selbstwertgefühl einschränken.

6 *Metzinger, Thomas:* Die Selbstmodell-Theorie der Subjektivität: Eine Kurzdarstellung in sechs Schritten. In: *Herrmann, C. S./Pauen, M./Rieger, J. W./Schicktanz, S.* (Hrsg.): Bewusstsein: Philosophie, Neurowissenschaften, Ethik. Stuttgart 2005. S. 242–269.

7 Vgl. *Thies, Chr.*: A. a. O. (s. Anm. 1) S. 138–145.

1. *Die kosmologische Kränkung*. Der Mensch glaubte, die Erde sei Mittelpunkt der Welt, Sonne, Mond und Sterne kreisten um sie. Dies war die Auffassung des **Ptolemäus (~100–~175)**. **Kopernikus (1473–1543)** ersetzte das ptolemäische durch das heliozentrische Weltbild: Erde und die Planeten kreisen um die Sonne, die nun als Mittelpunkt der Welt galt: kopernikanisches Weltbild. Heute wissen wir, dass die Sonne nur ein unbedeutender Zwergstern in einem der Spiralarme unserer Galaxie ist, die wiederum nur eine von vielen Milliarden Galaxien ist.
2. *Die biologische Kränkung*. Der Mensch sah sich als Krone der Schöpfung, als verschieden von den anderen Lebewesen. Seit **Charles Darwin (1809–1882)** wissen wir jedoch, dass der Mensch das Ergebnis der Evolution ist und mit den Affen gemeinsame Vorfahren hat.
3. *Die psychologische Kränkung*. Der Mensch war stolz auf seine Vernunft, sah sich als *animal rationale*. Die Entdeckung des Unbewussten vor allem durch Freud zeigte, dass unser Handeln, ohne dass wir dies merken, in starkem Maße vom Unbewussten bestimmt wird, vom Es, dem Triebhaften, und vom Über-Ich, den verinnerlichten Normen der Gesellschaft. Freud: „Das Ich ist nicht Herr im eigenen Haus." Allerdings sagt Freud auch: „Wo Es war, soll Ich werden." Wird dies erreicht, geht dies mit einem Zuwachs an Freiheit einher.

Man spricht inzwischen von einer 4. Kränkung: Der Biologe **Richard Dawkins (*1941)** vertritt die (umstrittene) These: Der einzige Sinn der Evolution oder des Lebens besteht im Überleben von Genen. Der Mensch stellt nur eine Art „Genhülle" dar, die das Überleben der Gene sichern soll.

Wenn der Mensch schon nichts Besonderes ist, will er aus sich etwas Besonderes machen. Es entstand die Idee, einen neuen Menschen zu schaffen: Genetische Defekte und Anlagen zu unerwünschten Eigenschaften sollen beseitigt und unsere DNS-Strukturen verbessert werden, um den Menschen zu optimieren. Es ergibt sich hier allerdings eine Fülle von moralischen, rechtlichen und politischen Fragen.

Einige sehen die Zukunft des Menschen in der Schaffung des Cyborg. Der Begriff Cyborg (abgeleitet vom englischen *cybernetic organism*) bezeichnet ein höchst leistungsfähiges Mischwesen aus lebendigem Organismus und Maschine. Der Anfang ist schon gemacht: Menschen mit technischen Implantaten wie Herzschrittmachern, künstlichen Gliedmaßen, komplexen Prothesen oder Implantaten in Auge und Ohr (Cochlea- oder Retina-Implantate) könnte man auch schon als Cyborgs bezeichnen. Die Implantation von Gehirn-Biochips, die Informationen vermitteln, ist allerdings noch Zukunftsmusik.
Die Außenperspektive zeigt den Menschen als hinfälliges, schwaches Wesen. Die Innenperspektive erweist seine Großartigkeit. **Blaise Pascal (1623–1662)**, Mathematiker, Physiker und Philosoph, sagt: „Der Mensch ist nur ein Schilfrohr, das schwächste in der Natur. Aber ein Schilfrohr, das denkt." Und Kant sagt: „Zwei Dinge erfüllen das Gemüt mit immer neuer und zunehmender Bewunderung und Ehrfurcht, je öfter und anhaltender sich das Nachdenken damit beschäftigt: der gestirnte Himmel über mir und das moralische Gesetz in mir." Der Anblick des gestirnten Himmels vernichtet nach seiner Auffassung sozusagen die Wichtigkeit des Menschen als eines tierischen Geschöpfs, „das die Materie, daraus es ward, dem Planeten (einem bloßen Punkt im Weltall) wieder zurückgeben muss". Das moralische Gesetz aber erhebt den Wert des Menschen aufgrund seiner Vernunft unendlich. Denn es offenbart ihm ein von der Tierheit und selbst von der ganzen Sinneswelt unabhängiges Leben.

Ergänzung
Die Positionen zu den Streitfragen, ob der Mensch ein solitäres oder sozietäres Wesen ist und ob die Menschen gleich oder ungleich sind, finden Sie unter „Soziales Handeln" (S. 96) dargestellt.

Weitere Streitfragen der Anthropologie:
- *Angeboren oder erworben?* Es handelt sich um die Naturalismus-Kulturalismus-Kontroverse. Es geht um die Frage, ob bestimmte beobachtbare Eigenschaften genetisch oder gesellschaftlich bedingt sind. So behaupten einige, die den Frauen zugesprochenen Eigen-

schaften und Fähigkeiten wie Gefühlsbetontheit, Fürsorglichkeit, intuitives Erkennen, Kommunikationsfähigkeit oder Empathie seien angeboren, während andere der Ansicht sind, dass Frauen diese durch Erziehung und gesellschaftliche Erwartungen erwerben.

- Ist der *Mensch frei in seinem Handeln oder determiniert*? (s. S. 114)

3. Geschichtliche Positionen des philosophischen Nachdenkens über den Menschen

Die Vorstellung **Platons (427–347 v. Chr.)** vom Menschen hat eine bis heute andauernde Wirkung. Für Platon besteht der Mensch der sinnlich wahrnehmbaren Welt aus Körper und Seele. Die Seele ist der eigentliche Mensch, sie ist das „den Körper Beherrschende“. Der Körper ist nur die Wohnstätte der Seele, ihr Gefängnis oder ihr Grab. Sie existiert schon vor der Vereinigung mit dem Körper. Sie ist unsterblich und existiert auch nach dem Tod, der nur ihre Trennung vom Leib bedeutet. Ihr weiteres Ergehen nach dem Tod hängt ab vom Tun des Menschen als Lebewesen.
Als beseeltes Lebewesen hat der Mensch mit Pflanzen und Tieren das Leben, nur mit den Tieren die Sinneswahrnehmung gemeinsam. Aber nur er ist zum Erkennen dessen fähig, was in Wahrheit ist, der Ideen. Diese sind nicht bloß Vorstellungen, sondern die unabhängig von unserem Denken selbständig existierenden, unwandelbaren und zeitlosen geistigen Urbilder der Dinge der Erscheinungswelt. Als unwandelbar und immerwährend sind sie von göttlicher Natur. Um sie zu erfassen, muss der Mensch die Wahrnehmung transzendieren. Das Bemühen um Erkenntnis wird durch alles, was vom Leib her kommt, gestört. Wer nach Erkenntnis durch das reine Denken strebt, muss versuchen, sich von den Affekten und Bedürfnissen des Leibes freizumachen.
In Verbindung mit dem Leib besteht die Seele aus drei Teilen: aus dem Vernünftigen *(logistikon)*, dem Muthaften *(thymoeides)* und dem Begehrenden *(epithymetikon)*. Diese werden in Platons Staatslehre „Politeia“ durch ein „Seelentier“ symbolisiert, das aus einem Menschen, einem Löwen und einem vielköpfigen Ungeheuer zusammengewachsen ist. Ein gerechter, harmonischer Zustand der Seele wird gestört, wenn der „Löwe“ die Oberherrschaft gewinnt oder das „Ungeheuer“ die Gewalt an sich reißt, wenn also diese Seelenteile sich die Aufgabe des „inneren Menschen“ anmaßen, über den ganzen Menschen zu herrschen.
Die Seele, die während des Lebens die Gemeinschaft mit dem Körper auf ein Mindestmaß beschränkt und sich im Streben nach Erkenntnis dem Unveränderlichen angleicht, gelangt nach dem Tod in den Bereich des Göttlichen und findet dort ihre Glückseligkeit *(eudaimonia)*.
Der Staat, der sich für Platon im Wesen des Menschen begründet, ist in seinem Idealzustand entsprechend der menschlichen Seele gegliedert: Er besteht aus den Herrschern, die die Vernunft verkörpern, den Wächtern oder Kriegern, denen die Verteidigung obliegt, und den Gewerbetreibenden, die für die Versorgung zuständig sind. Ihre entsprechenden Tugenden sind: Weisheit, Tapferkeit und Mäßigung. Gerechtigkeit herrscht, wenn jeder Stand das Seine tut.

Der Mensch ist für **Aristoteles (384–322 v. Chr.)** ein leib-seelisches Lebewesen. Er ist *zoon logon echon*: „ein Lebewesen, das Vernunft und Sprache hat“.
Merkmale des Leibes sind: Sprache, Händigkeit (die Hand ist das Werkzeug der Werkzeuge), aufrechter Gang, eine herausragende Gehirngröße (das Gehirn dient nur der Kühlung des Blutes), Sensibilität des Tastsinns über die ganze Haut, Nacktheit und lange Lebensdauer. Der Leib ist Organ (Werkzeug) der Seele.
Die Seele ist das Prinzip der Lebendigkeit und Form des Menschen. Sie hat fünf Hauptvermögen: das vegetative Vermögen (Wachstum, Ernährung, Fortpflanzung), das Begehrungsvermögen (es strebt einfach das Gute an oder lehnt sich gegen Hindernisse auf), das Vermögen der Sinneswahrnehmung (einschließlich Einbildungskraft und Gedächtnis), das Bewegungsvermögen und die Vernunft. Das vegetative Vermögen ist dem Einfluss der Vernunft entzogen. Das Begehrungsvermögen hat einen Bezug zur Vernunft, da es mit ihr in Einklang gebracht werden kann und soll. Die äußere Bewegung ist durch das Bewe-

gungsvermögen der Seele bedingt, wird aber durch leibliche Organe, in welchen diese ihren Sitz hat, ausgeführt. Sie steht beim Menschen ebenfalls unter dem leitenden Einfluss der Vernunft.

Die Vernunft, für die die sinnliche Wahrnehmung Voraussetzung ist, gelangt durch Abstraktion zu Begriffen und durch diese schließlich zur Erkenntnis der Prinzipien. Außer der Vernunft sind die Seelenvermögen wesentlich an den leiblichen Organismus gebunden. Ihre Funktionen können daher nur durch leibliche Organe, in welchen sie ihren Sitz haben, ausgeübt werden. Die Vernunft ist dagegen nicht an den leiblichen Organismus gebunden und betätigt sich daher ohne leibliches Organ.

Die an den leiblichen Organismus gebundenen Seelenvermögen sind von diesem nicht zu trennen und gehen mit dem Leib unter. Die Vernunft, durch die der Mensch Anteil am Göttlichen hat, entsteht nicht wie die anderen Vermögen durch die Zeugung, sondern tritt von außen in den Leib. Sie stirbt nicht, sondern existiert nach dem Tod weiter. Aristoteles spricht allerdings nicht von einer persönlichen Unsterblichkeit, da die Vernunft nach dem Tod keine Erinnerung und kein individuelles Denken hat.

Der Mensch ist nach Aristoteles auch *zoon politikon*, ein gesellschaftliches, Staaten bildendes Lebewesen.[8] Beweis dafür, dass der Mensch auf den Staat hin angelegt ist, ist die Sprache, die gerade der Verbindung der Menschen dient. Mit ihr werden die für den Staat grundlegenden Gedanken über Nützliches und Schädliches, Gerechtes und Ungerechtes, Gutes und Böses vermittelt.

Wichtiger ist Folgendes. Für Aristoteles ist das höchste Gut des Menschen die *eudaimonia*, die Glückseligkeit. Alle Menschen streben nach ihr, sie ist Selbstzweck. Sie besteht in der vollkommenen Betätigung der Wesensart des Menschen, also der Vernunft. Die Tauglichkeiten der Verwirklichung der Vernunft, die Tugenden, sind entsprechend der Doppelnatur des Menschen von zweifacher Art. Es gibt die ethischen und die dianoetischen Tugenden. Die ersteren betreffen die Herrschaft der Vernunft über den Leib und seine Begierden. Hierzu zählen u.a. Tapferkeit, Gerechtigkeit, Selbstbeherrschung und Großzügigkeit. Zu den dianoetische Tugenden, die das Denken und Erkennen vervollkommnen, gehören Weisheit *(sophia)*, Wissen *(episteme)*, Kunst oder herstellendes Können *(techne)* und Klugheit *(phronesis)*, die mit der Anwendung von Wissen zu tun hat.

Der Staat dient zwar auch der Vorsorge für die Bedürfnisse des Menschen und seinem Schutz, sein eigentliches Ziel aber ist das gute und vollkommene Leben. Nur im Staat kann der Mensch seine Tugenden verwirklichen und damit die *eudaimonia* erlangen. Das höchste Glück sieht Aristoteles in der *theoria*, in der Betrachtung der Wahrheit um ihrer selbst willen.

Der italienische Renaissancephilosoph **Giovanni Pico della Mirandola (1463–1494)** hat den Menschen als ein sich selbst gestaltendes Wesen definiert. Seine Schrift, die unter dem Titel „Rede über die Würde des Menschen" bekannt ist, sollte die Eröffnungsrede zu einem vom Autor einberufenen europäischen Gelehrtenkongress in Rom sein, der allerdings vom Papst untersagt wurde.

Pico lässt in seiner geplanten Rede den „höchsten Vater und Schöpfergott" zum ersten Menschen sprechen und ihm seine Bestimmung verkünden. Gott hat dem Menschen weder einen festen Platz in der Welt zugewiesen, noch eine bestimmte äußere Erscheinung oder eine besondere Gabe. Denn der Mensch soll seinen Platz, sein Aussehen und alle Gaben, die er sich wünscht, nach eigenem Entschluss erhalten und besitzen. Alle Fähigkeiten sind in ihm als Samen angelegt, er muss sie selbst entwickeln. Während sich die fest umrissene Natur der übrigen Geschöpfe innerhalb der von Gott vorgeschriebenen Gesetze entfaltet, muss der Mensch, der frei ist von allen Einschränkungen, seine Natur nach seinem eigenen freien Willen selbst bestimmen. Dem Menschen ist gegeben, das zu haben, was er wünscht, und das zu sein, was er will. Er ist Bildhauer und Dichter seiner selbst. Gott hat ihn zur Mitte der Welt gemacht. Ihm ist freigestellt, in die Unterwelt des Tieres zu entarten oder sich in den Bereich des Göttlichen zu erheben.

Die Würde des Menschen liegt in seiner Freiheit. Pico wertet allerdings die Möglichkeiten, die dem Menschen zu Verfügung steht. Er warnt vor der Entartung zum Tier und preist als Ziel des Men-

schen die Vereinigung mit Gott. Der Aufstieg zu Gott geschieht mithilfe von Ethik, Dialektik (Logik), Naturphilosophie und Theologie.
Das anthropologische Konzept Picos enthält keine Überlegungen zu einer Sozialethik oder Ansätze zur Bestimmung des Menschen als eines sozialen Wesens.

Der englische Philosoph **Thomas Hobbes (1585–1679)** hatte ein naturalistisches Menschenbild. Wie das Verhalten der Tiere wird auch das des Menschen von Zu- und Abneigung bestimmt. Das Begehrte bezeichnet er als gut, den Gegenstand der Abneigung als übel. Wertungsbegriffe sind subjektiv, sie drücken nur aus, was eine Person zu einem bestimmten Zeitpunkt begehrt oder meidet. Im Unterschied zu den Tieren kann sich der Mensch dank seiner Vernunft auf zeitlich oder räumlich entfernte Gegenstände beziehen.
Was der Mensch will, ist die Resultante aus seinen Zu- und Abneigungen und seiner Vorstellungen hinsichtlich der Wirkung seines Tuns. Der Mensch ist frei zu tun, was er will, falls keine äußeren Hindernisse vorliegen. Sein Wollen aber ist von seinem Begehren und entsprechenden Berechnungen seiner Vernunft bestimmt. Glück besteht für den Menschen darin, von einem Ziel zum nächsten fortzuschreiten. Erforderlich hierfür ist Macht. Daher ist das Leben ein rastloses Verlangen nach Macht.
Außerhalb der Gesellschaft, also im Naturzustand, hat jeder ein *Recht auf alles*. Der natürliche Zustand ist damit die Bereitschaft zum Kampf, zum *bellum omnium contra omnes* („Krieg aller gegen alle"). Daher ist der Mensch dem Menschen ein Wolf: *homo homini lupus*. In diesem Zustand ist der Mensch permanent von der Gewalt anderer bedroht. Da es so dem Menschen nicht möglich ist, sein Glück zu verwirklichen, lautet das erste natürliche Gesetz: „Jedermann hat sich um Frieden zu bemühen, solange dazu Hoffnung besteht."
Friedenstiftung ist aber nur möglich, wenn der Mensch auf sein Recht auf alles verzichtet und in einem Gesellschaftsvertrag die wechselseitige Einschränkung der Freiheit beschließt. Der Zweck des so entstehenden Staates, der mit Zwangsgewalt ausgestattet ist und von einem absolut herrschenden Souverän regiert wird, besteht im Frieden und im Erhalt innerer und äußerer Sicherheit.
Der Mensch ist nach Hobbes kein *zoon politikon*. Den Gesellschaftsvertrag schließt er nur aus Eigeninteressen.

Im Unterschied zur Tradition sieht **Johann Gottfried Herder (1744–1803)** den Menschen als ein Wesen, das mit all seinen Eigenschaften und Fähigkeiten aus der Natur hervorgeht. Der Mensch entwickelte sich durch die Reorganisation und Neuausrichtung des im Tier schon Vorhandenen: „Der Menschen ältere Brüder sind die Tiere."[9]
Nach Herder ist die Sprache das Hauptmittel zur Bildung des Menschen, dieser ist das „Sprachgeschöpf". Sprache und Vernunft sind für Herder gleich ursprünglich, da sie sich wechselseitig voraussetzen.
Tiere und ihre Organe sind auf eine enge Umwelt bezogen. Der Mensch dagegen hat Sinne für alles, sie sind damit auch schwächer als die der Tiere. Der Mensch ist weltoffen. (Dieser Begriff taucht bei Herder nicht auf; dennoch kann man ihn als Vertreter der These von der Weltoffenheit des Menschen ansehen.) Statt der Instinktsicherheit hat der Mensch Sprache, die ihn überhaupt erst lebensfähig macht. Sie ist allerdings keineswegs – wie Herder unterstellt wird – eine Kompensation für Fehlendes. Der Begriff „Mängelwesen" taucht in seinen Schriften nicht auf, und Herder sagt ausdrücklich, dass Lücken und Mängel nicht den Charakter einer Gattung ausmachen können. Das Nichtvorhandensein von scharfen Sinnen und Instinkten ist vielmehr die Voraussetzung für die Entfaltung der unvergleichlichen Kräfte des Menschen.
Sprache hat eine Fülle von Aufgaben. Sie ist ein Mittel, Erfahrungen zu sammeln und zu fixieren. Sie hilft bei elementaren Prozessen der Bedürfnisartikulation und -regulierung, sie dämmt die

8 *Aristoteles*: Politik, A, 2; 1253 a 2.
9 *Herder, Johann Gottfried*: Ideen zur Geschichte der Menschheit (1784/91). Hrsg. v. *Gerhart Schmidt* (1966). Wiesbaden 1985.

Flut seiner Affekte ein. Durch die Namensgebung sichert sie die Herrschaft des Menschen über die Natur. Die Gesellschaftlichkeit des Menschen ist nur durch Sprache möglich. Der hilflos auf die Welt kommende Säugling bedarf der Unterrichtung, also der Sprache. Diese regelt auch das Verhältnis zwischen den Generationen und ermöglicht Tradition und Geschichte.

Sprache ist dem Menschen nicht als Fertiges gegeben, sie entwickelt sich weiter und höher durch die Wechselwirkung zwischen Menschen und Völkern.

Eine zentrale These Herders lautet: „Der Mensch ist der erste Freigelassene der Natur." Dennoch bleibt der Mensch ein Gewächs der Natur, nur eine Sprosse auf der Leiter des Lebens. Die Züge aller anderen Wesen kehren in ihm wieder. Welt und Mensch versteht Herder als etwas in Entwicklung Begriffenes.

Zu dem Neuen, das den Menschen auszeichnet und das die Erfüllung seiner Bestimmung ermöglicht, gehören der aufrechte Gang und damit das Freiwerden der Hände für den handwerklich-technischen Gebrauch, die besondere Gehirnbildung und die Gestaltung des für die Sprache notwendigen Kehlkopfes.

Zweck der Menschennatur und Ziel der Geschichte ist die Herausbildung von Humanität. Zu ihr zählt Herder Freiheit, Vernunft, Geselligkeit, Freundschaft, Teilnehmung, Gerechtigkeit, Aufrichtigkeit, Güte und Gottesebenbildlichkeit. Den Umfang von Humanität legt Herder bewusst nicht fest. Der Mensch ist durch Geschichte und Kultur geprägt, er setzt das Erreichte in Gemeinschaft mit anderen schöpferisch fort: „Er ist zur Gesellschaft geboren."

Immanuel Kant (1724–1804) bestimmt den Menschen als ein mit Vernunftfähigkeit begabtes Tier *(animal rationabile)*, das aus sich ein vernünftiges Tier *(animal rationale)* machen kann. Das heißt, der Mensch ist sich selbst Aufgabe. Alles, was über das Organische dieses Lebewesens hinausgeht, muss er durch den Gebrauch der Vernunft selbst hervorbringen.

Zur animalischen Seite des Menschen sagt Kant nur wenig:

„Er [der Mensch] sollte nämlich nun nicht durch Instinkt geleitet oder durch anerschaffene Kenntnis versorgt und unterrichtet sein; er sollte vielmehr alles aus sich selbst herausbringen. Die Erfindung seiner Nahrungsmittel, seiner Bedeckung, seiner äußeren Sicherheit und Verteidigung (wozu sie ihm weder die Hörner des Stiers noch die Klauen des Löwen noch das Gebiss des Hundes, sondern bloß die Hände gab), alle Ergötzlichkeit, die das Leben angenehm machen kann, selbst seine Einsicht und Klugheit, und sogar die Gutartigkeit seines Willens sollten gänzlich sein Werk sein."[10]

Kant spricht in diesem Zusammenhang von der „größten Sparsamkeit" der Natur und der knappen tierischen Ausstattung des Menschen. Dennoch vermag der Mensch überall auf der Welt Fuß zu fassen:

„Der Mensch war für alle Klimate und für jede Beschaffenheit des Bodens bestimmt; folglich mussten in ihm mancherlei Keime und natürliche Anlagen bereit liegen, um gelegentlich entweder entwickelt oder zurückgehalten zu werden, damit er seinem Platze in der Welt angemessen würde."[11]

Die Aufgabe des Menschen als Gattung ist gewaltig: Er ist durch seine Vernunft bestimmt, „in einer Gesellschaft mit Menschen zu sein und in ihr sich durch Kunst und Wissenschaft zu cultivieren, zu zivilisieren und zu moralisieren".[12] Das heißt, er soll seine Talente selbst entfalten, er soll Umgangsformen entwickeln, die das soziale Leben erträglich machen, und er soll eine dem Sittengesetz entsprechende Gutartigkeit seines Willens hervorbringen. All dies kann nicht ein Einzelner bewirken, wohl aber die Gattung Mensch im Laufe der Geschichte, die Kant als im Fortschreiten befindlich sieht.

Der Mensch kann diese Aufgabe nur dadurch bewältigen, dass ihm die Natur Eigensinn, Selbstsucht, Unverträglichkeit, Missgunst, Eitelkeit, Ehrsucht, Herrschsucht und Habsucht mitgegeben hat.[13] Diese keineswegs liebenswürdigen Eigenschaften bewirken auf Dauer eine Höherentwicklung entsprechend der genannten Aufgaben. Was zunächst nur ein aus der Not entstandener Fortschritt ist, kann schließlich in eine aus Einsicht gewonnene frei übernommene Aufgabe umschlagen.

Die Menschwerdung wird nicht nur durch Negatives befördert, sondern auch durch Anlagen, die ihn vom Tier unterscheiden.

Die technische Anlage betrifft den vernunftgeleiteten Umgang mit Dingen. Dass der Mensch ein vernünftiges Tier ist, zeigen schon Gestalt und Organisation der Hand, seiner Finger und Fingerspitzen. Der Gebrauch der Hand ist unbestimmt, d.h. nicht auf eine Art des Umgangs mit Dingen festgelegt, und somit der Vernunft dienlich.
Die pragmatische Anlage bezieht sich auf den Umgang der Menschen miteinander. Dem Menschen ist aus wohlverstandenem Eigeninteresse daran gelegen, Umgangsformen zu kultivieren und in Eintracht mit anderen zu leben.
Die *moralische Anlage* befähigt den Menschen zum sittlichen Handeln. Er ist sich seiner Willensfreiheit bewusst und sieht sich daher unter einem Pflichtgesetz. Er hat ein Gefühl dafür, dass ihm oder durch ihn anderen Recht oder Unrecht geschieht. (Vgl. Kants Ethik, S. 151) Damit ist der Mensch von Natur aus gut. Andererseits hat der Mensch einen Hang zum Bösen, der sich schon regt, wenn der Mensch anfängt, von seiner Freiheit Gebrauch zu machen. Der Mensch ist der Erziehung nicht nur fähig, sondern auch ihrer bedürftig. Er muss zum Guten erzogen werden.[14]
Aus seiner Fähigkeit zur Sittlichkeit ergibt sich ein grundlegender Unterschied zu den Tieren: Tiere als Sachen haben zwar einen Wert, aber nur der Mensch besitzt Würde. Diese hat er aufgrund seiner Autonomie, der Selbstgesetzgebung seines Willens. Seine Würde hat zur Folge, dass er nie bloß als Mittel gebraucht werden darf, sondern immer auch als Zweck behandelt werden muss.
Eine Antwort auf die Frage, was der Mensch sei, lässt sich nach Kant auch indirekt durch die Grundfragen der Philosophie beantworten: „1. Was kann ich wissen? 2. Was soll ich tun? 3. Was darf ich hoffen? 4. Was ist der Mensch? […] Im Grunde könnte man aber alles dieses zur Anthropologie rechnen, weil sich die drei ersten Fragen auf die letzte beziehen."[15]
Die Beantwortung der ersten Frage kann zeigen, was wir Menschen als *Erkennende* sind. Hier werden nicht nur die Quellen, sondern auch die Grenzen unseres Wissens abgesteckt. Die Beantwortung der zweiten Frage bezieht sich auf den Menschen als *Handelnden*. Nach Kant sind wir Menschen im Tun und Lassen der Vernunft verpflichtet. In der Moral erlegt sie uns ein unbedingtes Sollen auf. Nur bedingt ist das Sollen der technischen Imperative (der Regeln der Geschicklichkeit) und der pragmatischen Imperative (der Ratschläge der Klugheit). Die dritte Frage zielt auf den Menschen als ein Wesen, das nach *Glückseligkeit strebt* und sich fragt, ob seine Sittlichkeit im Jenseits belohnt wird.
Kant wird zuweilen vorgeworfen, er sehe den Menschen zu idealistisch, vor allem in seiner Ethik. Seine Einschätzung des konkreten Menschen ist jedoch durchaus von Realismus geprägt. Er sagt: „Aus so krummem Holze, als woraus der Mensch gemacht ist, kann nichts ganz Gerades gezimmert werden."[16] In seiner „Anthropologie" heißt es: „Von dem Tage an, da der Mensch anfängt, durch Ich zu sprechen, bringt er sein geliebtes Selbst, wo er nur darf, zum Vorschein, und der Egoismus schreitet unaufhaltsam fort."[17] Und in der „Grundlegung zur Metaphysik der Sitten" merkt Kant an, man brauche kein Feind der Tugend zu sein, sondern nur ein kaltblütiger Beobachter, um „zweifelhaft zu werden, ob auch wirklich in der Welt irgend wahre Tugend angetroffen werde". Er räumt ein, dass die meisten unserer Handlungen pflichtmäßig sind; wenn man aber genau hinschaue, so stoße man doch „allenthalben auf das liebe Ich".[18]

10 *Kant, Immanuel:* Idee zu einer allgemeinen Geschichte in weltbürgerlicher Absicht, 3. Satz. In: Kleinere Schriften zur Geschichtsphilosophie, Ethik und Politik. Hrsg. v. *Karl Vorländer.* Hamburg1959. S. 8.
11 *Ders.:* Schriften zur Physischen Geographie. Hrsg. v. *F. W. Schubert.* Leipzig 1839. S. 323.
12 *Ders.:* Anthropologie in pragmatischer Hinsicht. A 321.
13 *Ders.:* A. a. O. (s. Anm. 10) 4. Satz. S. 9f.
14 *Ders.:* A. a. O. (s. Anm. 12) A 321.
15 *Ders.:* Logik. In: Werke, Bd. VI. Hrsg. v. *W. Weischedel.* Frankfurt/M. 1977. S. 447f.
16 *Ders.:* A. a. O. (s. Anm. 10) 6. Satz. S. 12.
17 *Ders.:* A. a. O. (s. Anm. 12) BA 5,6.
18 *Ders.:* Grundlegung zur Metaphysik der Sitten. Hrsg. v. *Karl Vorländer.* Hamburg1959. S. 26.

Ludwig Feuerbachs (1804–1872) Religionskritik hat bis heute ihren Einfluss auf Philosophie und Theologie nicht verloren. Die Kritik der Religion war für ihn eine Rehabilitierung des Menschen. Ihm ging es darum, die Theologie in eine Anthropologie zu verwandeln.

Das Wesen des Menschen erschließt sich – so Feuerbach –, wenn wir uns die üblichen Vorstellungen von Gott anschauen. Der Philosoph geht hierbei davon aus, dass Gott nicht existiert, dieser sei nur eine Schöpfung des Menschen. Für Feuerbach ist Gott ist nichts als das nach außen gekehrte vergegenständlichte Wesen des Menschen selbst. Das Wissen von Gott ist demnach in Wirklichkeit Wissen des Menschen von sich selbst, die Eigenschaften Gottes sind in Wahrheit Bestimmungen des Menschen. So gilt es nach Feuerbach, die Gott vom Menschen verliehenen Eigenschaften auf den Menschen zurückzuübertragen. Nur das Menschliche ist das Wahre und Wirkliche.

Wenn Gott als das moralische Gesetz angesehen wird, dann zeigt sich in Wirklichkeit das moralische Wesen des Menschen. In dem Satz „Gott ist die Liebe“ streicht Feuerbach das Subjekt. Entscheidend ist das Prädikat, es kennzeichnet den Menschen. Die Neuformulierung „Liebe ist göttlich“ bedeutet jetzt, dass sie das Höchste des Menschen ist.

Im Christentum heißt es, dass Gott für andere leidet. Die Umkehrung bedeutet, dass der Mensch fähig ist, für andere zu leiden, und dass er dies als hohen Wert ansieht.

Religion ist für Feuerbach Bewusstsein des Unendlichen. Da Theologie eigentlich Anthropologie ist, die sich ihrer nicht bewusst ist, bedeutet diese Kennzeichnung der Religion, dass sich hierin das Bewusstsein des unendlich bestimmungsreichen und grenzenlos sinnlich wirkenden Wesens des Menschen als Gattung ausspricht.

Die Bestimmungen, die das Wesen der Gattung Mensch konstituieren, sind für Feuerbach die Vernunft, der Wille und das Herz. Der Mensch existiert, um zu denken, um zu wollen und um zu lieben. Denken, Wollen und Lieben geschehen um ihrer selbst willen, sie sind damit in der Terminologie Feuerbachs göttlich. Sie bilden die den Menschen beseelenden, bestimmenden, beherrschenden Mächte.

Ein einflussreicher Gedanke Feuerbachs besagt, dass das Wesen des Menschen nur in der Gemeinschaft des Menschen mit dem Menschen zu finden ist. Seine Ich-Du-Philosophie wirkte bis ins 20. Jahrhundert, etwa auf **Martin Buber (1878–1965)**. In Feuerbachs Schrift „Grundsätze der Philosophie der Zukunft“ heißt es:

„Der einzelne Mensch *für sich* hat das *Wesen* des Menschen *weder in sich als moralisches noch in sich als denkendes Wesen*. Das *Wesen* des Menschen ist nur in der Gemeinschaft, in der Einheit des *Menschen mit dem Menschen* enthalten – eine Einheit, die sich nur auf die *Realität des Unterschieds* von Ich und Du stützt.“[19]

Der Atheist Feuerbach wendet sich gegen die Religion, weil sie den Blick für die wahre Größe des Menschen verstellt: Der Mensch, der sich von seiner Gottesvorstellung gelöst hat, denkt nicht nur höher von sich, er kann sich auch höher entwickeln.

Feuerbachs Religionskritik wird oft mit dem aus der Psychoanalyse bekannten Begriff der „Projektion“ erläutert, den Feuerbach selbst nie verwendet hat. Feuerbach ging es nicht um die Aufdeckung einer möglichen Fehlleistung des Menschen, sondern um die Sichtbarmachung des unter den religiösen Bildern verborgenen Gehalts.

Die Sonderstellung des Menschen bestimmt **Max Scheler (1874–1928)** nicht von der körperlichen Ausstattung her, sondern von der Innenseite des Lebens, dem Seelischen. Er nimmt dabei den gesamten Aufbau der biophysischen Welt in den Blick. Diese ist in Wesensstufen gegliedert, die der Mensch in sich zusammenfasst.[20]

Die 1. Stufe ist der „Gefühlsdrang“ der Pflanzen. Er läuft empfindungs- und vorstellungslos ab. Der jeweilige Lebenszustand wird nicht an ein Zentrum zurückgemeldet. In seinem vegetativen Nervensystem nimmt der Mensch an dem Gefühlsdrang teil. Er ist bei ihm die Kraft, die alles Schaffen trägt und vorantreibt.

Die 2. Stufe ist der „Instinkt“ der Tiere. Instinktverhalten ist lebensdienlich, auf artspezifische Situationen starr angepasst und läuft automatisch ab. Da der Instinkt erblich und angeboren ist, versagt er vor neuen Situationen. Seine Ausführung unterliegt einem festen Rhythmus (z. B. Nestbau der Vögel). Der Mensch besitzt nur

stark zurückgebildete Instinkte, etwas im Bereich der Sexualität.
Das „assoziative Gedächtnis" bildet die 3. Stufe, die Lernen und damit eine zweckmäßige Gestaltung des Verhaltens und die Anpassung an nicht arttypische Situationen ermöglicht. Voraussetzungen sind ein Wiederholungstrieb in Verbindung mit einer Erfolgsmeldung an das Lebenszentrum, Probierbewegungen und Übungen. Die so möglichen Verhaltensänderungen können zu individuellen Gewohnheiten werden, welche beim Menschen vor allem im Alter eine Rolle spielen.
Die „praktische Intelligenz", die 4. Stufe des Psychischen, ist organisch gebunden, insofern die Lebewesen bei ihrer Ausübung ein bestimmtes Triebziel zu erreichen suchen. Sie ist ein vom Probierverhalten unabhängiges, zweckmäßiges Verhalten gegenüber völlig neuen Situationen. Neue Vorstellungen werden geweckt, wenn wir Aspekte der Umwelt in bestimmten Beziehungen betrachten wie „gleich, ähnlich, analog zu x, Mittelfunktion zur Erreichung von etwas, Ursache von etwas".[21] Zur praktischen Intelligenz gehören auch die Wahlhandlung und die Entscheidung gegen unmittelbare Vorteile zugunsten eines Umweges, der mehr Erfolg verspricht. Charakteristisch für die 4. Stufe ist der Werkzeuggebrauch, zu dem auch Affen fähig sind. Der Besitz der praktischen Intelligenz, wie er sich etwa in den Erfindungen eines Thomas A. Edinson zeigt, unterscheidet den Menschen nicht vom Affen, sie macht nur einen graduellen, keinen wesentlichen Unterschied aus.
Die Sonderstellung des Menschen beruht auf dem „Geist", der die genannten Stufen zur Voraussetzung hat, ihnen aber entgegengesetzt ist: Er steht außerhalb des Lebens. Grundbestimmung eines geistigen Wesens ist die „existenzielle Entbundenheit von allem Organischen".[22] Der Mensch hat keine Umwelt, er ist weltoffen, *hat* Welt. Geist bedeutet „Sachlichkeit", also Bestimmbarkeit von den Sachen selbst. Zu ihm gehören Selbstbewusstsein, Vernunft, Anschauung von Urphänomenen, die volitiven und emotionalen Akte wie Güte, Reue und freie Entscheidung. Der Geist selbst ist kraftlos, kann aber den Triebimpulsen neue Ziele geben und sie umlenken. Das Aktzentrum des geistigen Wesens bezeichnet Scheler als Person. Der Mensch ist „Neinsagenkönner", „Asket des Lebens, der ewige Protestant gegen alle bloße Wirklichkeit".[23] Er transzendiert alles Lebendige, wird „weltexzentrisch". Er muss sein Zentrum jenseits der Welt verankern: in einem absoluten Sein oder dem Weltgrund, an dem er – so Schelers metaphysische Annahme – als Drang und Geist teilhat und an dessen *Werden* er mitwirkt. Für Scheler bedeutet daher Menschwerdung auch Gottwerdung.

Die Frage, die der Anthropologie **Helmuth Plessners (1892–1985)** zugrunde liegt, lautet: „Welches sind die Bedingungen der Möglichkeit menschlichen Seins?" Er versucht, den Menschen im Horizont seiner Geschichtlichkeit und seiner Leiblichkeit als natürliche Einheit zu verstehen, dies jenseits von Metaphysik und Biologismus.
Der zentrale Begriff seiner Anthropologie ist „Positionalität".[24] Er bezeichnet das Verhältnis eines lebendigen Körpers zu seiner Umgebung, ein Verhältnis, das durch seine Grenze und damit durch die Unterscheidung von Innen und Außen bestimmt ist.
Der anorganische Körper besitzt keine Positionalität, er hört einfach da auf, wo das ihn Umgebende beginnt. Beim organischen Körper gehört die Grenze zum Körper selbst, dieser grenzt sich ab von der Außenwelt. Der belebte Körper bedarf zu seiner Erhaltung des Austauschs mit der Umgebung. Mithilfe seiner Organe geht das Lebewesen aus sich heraus und in sich zurück.

19 *Feuerbach, Ludwig*: Grundsätze der Philosophie der Zukunft. Krit. Ausg. mit Einl. u. Anm. v. *G. Schmidt*. Frankfurt/M. 1983. S. 110.
20 *Scheler, Max*: Die Stellung des Menschen im Kosmos. Bern/München [6]1962.
21 Ebd. S. 33.
22 Ebd. S. 38.
23 Ebd. S. 55.
24 *Plessner, Helmuth*: Der Mensch als Lebewesen. In: *Ders.*: Mit anderen Augen. Aspekte einer philosophischen Anthropologie. Stuttgart 1982.

Der Organismus ist das absolut Bedürftige, das ohne Ergänzung zugrunde geht.

Pflanzen haben eine offene Positionalität. Beim Stoffwechsel und bei der Fortpflanzung sind sie unmittelbar und unselbständig in die Umgebung eingegliedert. Sie besitzen kein Zentrum.

Das *Tier* hat eine geschlossene Positionalität. Seine Organisationsform ist zentrisch: Es lebt aus seiner Mitte heraus und in seine Mitte hinein. Es erlebt Inhalte der Umgebung und kann Herrschaft über seinen eigenen Leib gewinnen. Sein Leben ist durch Reiz und Reaktion vermittelt, es steht in einer Umwelt, zu der es sich in Suche und Anpassung beweglich verhält. Entgegenstehendes bemerkt es, reagiert aber von seinem Zentrum aus spontan und unreflektiert. Es bildet zwar ein rückbezügliches System, aber es erlebt sich nicht. Es hat Bewusstsein, aber kein Selbstbewusstsein. Es fehlt ihm die Distanz ermöglichende Reflexion.

Der *Mensch* hat eine exzentrische Positionalität: Er ist körperlich Tier, sein Selbstbewusstsein ermöglicht ihm aber, sein Erleben und sich selbst als Urheber seiner Handlungen zu erkennen. Er weiß sich selbst und kann sich von außen her betrachten, ist zur Distanz zu sich selbst fähig. Exzentrik bedeutet etwas Paradoxes: ein Außer-sich-Stehen, ohne das Zentrum zu verlassen. Die Aufspaltung in Außenfeld, Innenfeld und Selbstbewusstsein gibt es nur beim Menschen. Seine innere Spannung zeigt sich darin, dass der Mensch aus der Innenperspektive Leib *ist* – ich erlebe mich selbst –, in der Außenperspektive, wie sie auch dem Wissenschaftler möglich ist, aber einen Körper *hat*.

Plessner formuliert drei anthropologische Grundgesetze, die sich aus der Exzentrizität ergeben.

1. „Das Gesetz der natürlichen Künstlichkeit": Der Mensch ist von Natur aus künstlich. Das Tier lebt unreflektiert aus der Mitte seines Leibes, der Mensch aber muss sein Leben *führen* und muss sich zu dem machen, was er ist. Als ein von Natur heimatloses Wesen ist er auf die von seinesgleichen geschaffene Kultur angewiesen. Sie ist seine Lebenssphäre, die er permanent erweitert.
2. „Das Gesetz der vermittelten Unmittelbarkeit": Die Dinge des Umfeldes sind dem Menschen zunächst gegenständlich gegeben in der Weise der Unmittelbarkeit. In der Reflexion geht dem Menschen aber auf, dass er in seinem Bewusstsein gefangen ist, dass also die erlebte Unmittelbarkeit durch sein Bewusstsein nur vermittelt ist. Der Gefangenschaft im Bewusstsein, der „Immanenz", steht die Expressivität gegenüber, der Zwang, sich auszudrücken und auszusprechen. Das Mitteilungs- und Gestaltungsbedürfnis kann nur mit anderen Menschen zusammen befriedigt werden. Die Expressivität ist der Grund für die geistig-schöpferischen Leistungen des Menschen und damit für den historischen Charakter der menschlichen Existenz. Die nicht abschließbare Geschichte beweist dem Menschen seine Vergänglichkeit und das Zufällige seiner Existenz.
3. „Das Gesetz des utopischen Standorts": Die Exzentrizität verleiht dem Menschen das Bewusstsein der eigenen Nichtigkeit und der Nichtigkeit der Welt. Er braucht daher einen Halt. Diesen kann ihm nur die Religion geben: „Letzte Bindung und Einordnung, den Ort seines Lebens und seines Todes, Geborgenheit, Versöhnung mit dem Schicksal, Deutung der Wirklichkeit, Heimat schenkt nur die Religion."[25] Dies widerspricht aber dem geistigen Wesen des Menschen, der in Widersprüchen lebt und sie auszuhalten hat. „Wer nach Hause will, in die Heimat, in die Geborgenheit, muss sich dem Glauben zum Opfer bringen. Wer es aber mit dem Geist hält, kehrt nicht zurück."[26] Damit ist der Standort von utopischer Art, er ist „ou topos", „Nicht-Ort". Der Mensch steht also im Nirgendwo, er ist auf Nichts gestellt.

Die Gebrochenheit der exzentrischen Positionalität zeigt sich nicht nur in der Spannung von Körper und Leib, sondern auch in dem Verhältnis von Gesellschaft und Gemeinschaft, Seele und Erlebnis, Person und Rolle, Welt und Umwelt, Unersetzlichkeit und Vertretbarkeit, Fremdheit und Vertrautheit sowie Geist und Glaube.

Für Plessner ist der Mensch *homo absconditus*, wörtlich: der verborgene Mensch. Er ist letztlich unergründlich, eine offene Frage. Unhuman wäre es, ihn durch Wissenschaft oder Gesellschaft festlegen zu wollen. Seine Zukunft muss offengehalten werden. Plessner vertritt eine rückhaltlose Skepsis und Selbstrelativierung.

Arnold Gehlen (1904–1976) entwirft eine Anthropologie ohne Metaphysik: Der Mensch ist kein Kompositum aus Geist und Natur. Andererseits sieht er den Menschen auch nicht wie die Evolutionsbiologie als „arrivierten Affen“, es gibt keineswegs einen nur graduellen Unterschied zwischen Mensch und Tier. Vielmehr ist der Mensch als Ganzer ein Sonderentwurf der Natur. Seine Sonderstellung hat der Mensch, weil er Mängelwesen ist (vgl. Protagoras; Herder, s. S. 105). Die Mängel sind Unangepasstheiten, Unspezialisiertheiten und Primitivismen (z. B. das lückenlose Gebiss). Sie zeigen sich im Fehlen des Haarkleides, der natürlichen Angriffsorgane, der spezifischen Schärfe der Sinnesorgane, der zur Flucht geeigneten Körperausstattung und der verlässlichen Leitung durch Instinkte, die dem Tier das Überleben ermöglichen. Außerdem ist der Mensch einer Reizüberflutung ausgesetzt, während Tiere durch eine artspezifische Wahrnehmung nur das für sie vital Notwendige erfassen.

Lebensfähig ist der Mensch durch Kompensation der Mängel und Entlastung durch Institutionen. Die Bedeutung der Institutionen fasst Gehlen so zusammen: „Die Formen, in denen Menschen miteinander leben oder arbeiten, in denen sich die Herrschaft ausgestaltet oder der Kontakt mit dem Übersinnlichen – sie alle gerinnen zu Gestalten eigenen Gewichts, den Institutionen, die schließlich den Individuen gegenüber etwas wie eine Selbstmacht gewinnen [...]. Die Forderungen des Berufes und der Familie, des Staates oder irgendwelcher Verbände, denen man angehört, regeln uns nicht nur in unserem Verhalten ein, sie greifen bis in unsere Wertgefühle und Willensentschlüsse durch.“[27] Institutionen sind Formen der Bewältigung lebenswichtiger Aufgaben, und sie sind stabilisierende Gewalten, etwas, worauf man sich im eigenen Verhalten und dem der anderen verlassen kann. Damit bieten sie eine *bienfaisante certitude*, eine wohltätige Fraglosigkeit und Sicherheit, die wiederum die Voraussetzung für ein persönliches erfinderisches und fruchtbares Wirken ist.

Die *Instinktreduktion* beim Menschen wird durch die Schaffung von Verhaltensregeln, Normen und Gesetzen kompensiert, wie sie sich in den Institutionen Recht, Moral, Staat, Kirche, Schule, Familie, Ehe und Eigentum manifestieren.

Die organische *Unspezialisiertheit* verlangt eine bewusste Naturbearbeitung durch Handwerk, Technik und Wirtschaft. Technik ist für den Menschen Organersatz (der Faustkeil als Waffe), Organentlastung (man denke an das Tragtier) und Organüberbietung (das Flugzeug ersetzt nicht nur die nicht gewachsenen Flügel, sondern überbietet sie weit über alle organische Flugleistung hinaus). Zur Technik zählt Gehlen auch die Zähmung und Züchtung von Tieren.

Die *Weltoffenheit*, die mit Reizüberflutung und daher mit Unsicherheit einhergeht, bedarf als Gegengewicht einer entlastenden Weltdeutung. Sie geschieht im Mythos, in der Religion, in Wissenschaft und Philosophie sowie in der Sprache.

Der Mensch ist ein *handelndes* Wesen, d. h. ein Wesen, das die beliebig vorgefundenen Naturumstände auf intelligente Weise verändert und zu seinen Zwecken, zur Sicherung des Überlebens, umformt. Dabei können Hände und Gehirn als spezialisierte Organe angesehen werden, aber in einem anderen Sinne als die tierischen: „Verwendungsvieldeutig, spezialisiert für unspezialisierte Aufgaben und Leistungen, gewachsen daher den unvorhersehbaren Problemen der offenen Welt.“[28] Zum Handeln gehört, dass der Mensch nicht unmittelbar einem Reiz folgen muss, sondern innehalten und sich dem Reiz gegenüber verhalten kann.

Der Mensch ist also von Natur ein Kulturwesen. Für Gehlen ist Kultur der Inbegriff der vom Menschen ins Lebensdienliche umgearbeiteten Natur. Einen Naturmenschen gibt es nicht.

25 Ebd. S. 56.
26 Ebd.
27 *Gehlen, Arnold*: Anthropologische Forschung. Reinbek 1965. S. 71.
28 Ebd. S. 95.

Kritik an Gehlen besteht vor allem darin, dass er das Angewiesensein des Menschen auf entlastende Institutionen überschätzt und den autonomen, mündigen Menschen, dem man die ganze Verantwortung und Selbstbestimmung zumuten kann, in seiner Anthropologie nicht berücksichtigt.

Die zentrale These des atheistischen Existenzialismus von **Jean-Paul Sartre (1905–1980)** besagt, dass beim Menschen die Existenz der Essenz vorausgeht. „Essenz" bedeutet Wesen, Natur, Was-Sein einer Sache, „Existenz" Dasein. Bei Dingen, die ein Handwerker herstellt, geht die Essenz der Existenz voraus, denn der Handwerker hat eine Vorstellung von der Funktion und dem Zweck des Gegenstandes und der entsprechenden Beschaffenheit. Der Gegenstand existiert erst nach der Herstellung. Gott kann mit einem Handwerker verglichen werden, der den Menschen nach seiner Idee geschaffen hat. Da es Gott nicht gibt, gibt es auch keine vorgängige Natur des Menschen, die bestimmt, was und wie er zu sein hat. „Es bedeutet, dass der Mensch zuerst existiert, sich begegnet, in der Welt auftaucht und sich danach definiert."[29] Der Mensch ist also nichts anderes als das, wozu er sich macht. Somit ist er verantwortlich für das, was er ist. Er ist zugleich verantwortlich für alle Menschen, da seine Wahl alle Menschen betrifft. „Tatsächlich gibt es nicht eine unserer Handlungen, die, indem sie den Menschen schafft, der wir sein wollen, nicht gleichzeitig ein Bild des Menschen schafft, so wie wir meinen, dass er sein soll. Wählen, dies oder jenes zu sein, heißt gleichzeitig, den Wert dessen, was wir wählen, bejahen, denn wir können nie das Schlechte wählen."[30]
Der Selbstentwurf vollzieht sich in absoluter Freiheit. Alles menschliche Sein ist Freiheit: „Der Mensch ist verurteilt, frei zu sein. Verurteilt, weil er sich nicht selbst geschaffen hat, anderweit aber dennoch frei, da er einmal in die Welt geworfen, für alles verantwortlich ist, was er tut."[31] Wenn es heißt, der Mensch sei absolut frei, so bedeutet dies nicht, dass wir alles erreichen können, was wir wollen. Ich kann nicht wählen, groß zu sein, wenn ich klein bin, und nicht zwei Arme zu haben, wenn ich einarmig bin.[32] Freiheit bedeutet lediglich, „sich zu einem Wollen entschließen" oder „Autonomie der Wahl".[33] Die Dinge, die sich unserem Wollen entgegenstellen, sind kein Argument gegen unsere Freiheit, denn sie werden erst durch unsere Freiheit zu Widerständen.[34]
Sartres Vorstellung vom Menschen gibt das folgende Zitat wieder: „Für uns ist der Mensch vor allem durch das Überschreiten einer Situation gekennzeichnet, durch das, was ihm aus dem zu machen gelingt, wozu man uns gemacht hat."[35]
Der Grund der Freiheit des Menschen liegt in seinem Bewusstsein, das Sartre auch als „Für-sich-Sein" bezeichnet. Der Mensch kann sich nicht nur auf sich selbst und auf die Dinge beziehen, sondern ist auch fähig, alles Gegebene zu negieren, d. h. als nicht seiend vorzustellen. Als das „An-sich-Sein" bezeichnet Sartre alles, was unabhängig von einem Bewusstsein existiert.

In seiner „Anthropologie in pragmatischer Hinsicht" (1985) folgt **Gernot Böhme (*1937)** der Tradition Kants, eine Anthropologie zu schaffen, die darstellt, was der Mensch aus sich machen kann oder soll.[36] Im Unterschied zu Kant geht es Böhme aber nicht um den Vernunftmenschen. Dieser zeige zwar ein hohes Maß an Selbstbeherrschung und Berechenbarkeit seines Verhaltens, er sei in bewundernswerter Weise arbeitsfähig, und es gelinge ihm, ein geordnetes Leben zu führen, die Kosten dafür seien aber zu hoch. Der Vernunftmensch werde sich selbst fremd, vernünftige Stabilität werde durch eine Unempfindlichkeit gegenüber Stimmungen und leiblichen Regungen erreicht, und Spontaneität unterliege einer radikalen Kontrolle. Der von Kant geforderte autonome Mensch fürchte, seinen Selbstbesitz zu verlieren, da er sich von dem Anderen der Vernunft bedroht sehe, nämlich durch Natur, Leib, Fantasie, Begehren, Gefühle und Weiblichkeit. (Mit dem Anderen der Vernunft ist das gemeint, was von anderer Art ist als die Vernunft.)
Der neue Mensch, den Böhme skizziert, ist der ***souveräne Mensch*** in dem Sinne, wie man sagt, jemand sei souverän, wenn er die Leistungen anderer anerkennen kann. Der souveräne Mensch muss nicht über alles herrschen. Er ist fähig zu lieben, wozu gehört, sich von anderen betreffen zu lassen, sich etwas widerfahren zu lassen und sich Gefühlen auszusetzen. Er kann Frustrationen hinnehmen, was eine Rücknahme der Tendenz bedeutet, mit dem eigenen Willen und den

eigenen Vorstellungen überall hinzureichen. Er besitzt die Fähigkeit, als Teil eines Ganzen zu leben, wie dies in der Ehe der Fall ist.

Zentral ist der Gedanke der Anerkennung des anderen. Hierher gehört auch das Verhältnis zum eigenen Leib, den es wiederzugewinnen gilt. Es geht um die Reintegration des Leibes in das menschliche Selbstverständnis: Leibliche Praxis muss, so Böhme, die Lebensform im Ganzen verändern. Die Wiederaneignung des Leibes bedarf des paradoxen Könnens, das keine Aktivität ist, sondern ein Herunterspielen von Aktivität und ein Sichenthalten, es ist die Kunst des Sichlassens. Böhme versteht den Leib dabei als etwas, „das man zwar selbst ist, worauf man sich aber gleichwohl als eine Aktivität einlassen muss, deren Akteur man selbst qua Ich *nicht* ist“.[37]

Zum Anderen der Vernunft gehört auch der Bereich der Emotionalität. Hier sei, so Böhme, die Lage des durchschnittlichen Menschen in der technischen Zivilisation einerseits durch eine weitgehende Unempfänglichkeit bestimmt, andererseits durch eine Unfähigkeit, die Gefühle und Erregungen, wenn sie einmal da sind, auch zu leben oder „auszudrücken“.[38] Einzuüben sei ein Sich-öffnen-Können, und wiederzugewinnen seien Formen des Ausdrucks von Gefühlen. Das Sich-öffnen-Können bezieht Böhme auf Kunst und Natur sowie auf das Leid anderer Menschen und anderer Lebewesen überhaupt. Was den zuletzt genannten Bereich angeht, so akzeptiert Böhme mit Freud zwar die Notwendigkeit der Verdrängung im Alltag, der Philosoph müsse aber zumindest ein partielles Sich-Einlassen von sich fordern.

Böhme spricht davon, dass es darauf ankommt, sich auszusetzen, Teil zu sein und das Andere gelten zu lassen. Dabei setzt er voraus, dass wir Vernünftigkeit schon entwickelt haben. Deshalb dürfe man die Möglichkeit, Gefühle zu leben, nicht mit Disziplinlosigkeit gleichsetzen oder das Geltenlassen des Unbewussten nicht mit der Ausschaltung des Bewusstseins verwechseln. Die Bereitschaft, sich etwas widerfahren zu lassen, sei keineswegs identisch mit dem Verlust der Selbstbeherrschung.

Böhme hält die geschichtliche Situation für die Erscheinung des souveränen Menschen für günstig. „Die außerordentliche Anhäufung von Wissen über den Menschen, die Möglichkeiten realer Kulturbegegnungen, das vielfältige Angebot zur Erlernung von Praktiken, die den Übergang von einem Zustand des Daseins zum anderen ermöglichen, erlauben, das Andere kennenzulernen und an sich selbst zu erfahren.“[39] Souveränität ist allerdings nicht nur Sache des Einzelnen, sondern muss von anderen mitgetragen werden. „Die Gemeinschaft der souveränen Menschen aber wird nicht ohne eine neue Kultur möglich sein.“[40]

---

29 *Sartre, Jean Paul*: Ist der Existentialismus ein Humanismus?“ In: *Ders.*: Drei Essays. Frankfurt a. M./Berlin/Wien 1970. S. 11.
30 Ebd. S. 12.
31 Ebd. S. 16.
32 *Ders.*: Das Sein und das Nichts. Reinbek 1962. S. 651.
33 Ebd. S. 563.
34 Ebd. S. 562.
35 *Ders.*: Marxismus und Existentialismus. Reinbek 1964. S. 74.
36 *Böhme, Gernot*: Anthropologie in pragmatischer Hinsicht. Frankfurt/M. 1985.
37 Ebd. S. 175.
38 Ebd. S. 193.
39 Ebd. S. 289.
40 Ebd.

Freiheit und Determinismus

1. Freiheitsbegriffe
2. Freiheit und Institutionen
3. Die Diskussion um die Willensfreiheit
4. Befürworter der Willensfreiheit
5. Kritiker der Willensfreiheit
6. Willensfreiheit und Hirnforschung
7. Schwache und starke Freiheitsbegriffe
8. Freiheit und Verantwortung

Freiheit ist in einem doppelten Sinn ethisch bedeutsam. Einerseits ist sie ein **Grundbedürfnis** und daher ein zentraler ethischer Wert des Menschen. Damit sie zu einem in demokratischen Verfassungen garantierten **Grundrecht** werden konnte, musste sie in zahlreichen Freiheitskämpfen und Emanzipationsbewegungen erstritten werden. Und der Kampf um Freiheit in diesem Sinne ist noch längst nicht abgeschlossen:

- „Freiheit – Gleichheit – Brüderlichkeit" hieß die Parole der Französischen Revolution von 1789;
- „Der Freiheit eine Gasse" dichtete Georg Herwegh im Vorfeld der deutschen Revolution von 1848.
- Die „Freiheitsstatue" vor New York (Frankreich hatte sie 1886 gestiftet) galt den Einwanderern als Symbol ihrer Sehnsucht nach Freiheit, um derentwillen sie ihre Heimat verlassen hatten.
- Das Bedürfnis nach Freiheit war es, das Bürger der DDR unter Lebensgefahr dazu trieb, aus ihrem abgeschotteten Staat zu fliehen.
- Auf der Suche nach Freiheit riskieren auch heute Millionen Menschen die oft waghalsige Flucht aus ihrer Heimat.

Freiheit in diesem Sinne meint das Fehlen von rechtlichen, politischen, wirtschaftlichen, sozialen und natürlichen Hemmnissen und Einschränkungen, die Menschen daran hindern, sich frei zu entfalten und ihre Bedürfnisse zu befriedigen.

Andererseits ist Freiheit eine typisch menschliche **Fähigkeit**, die uns, im Gegensatz zu instinkt- und triebgeleiteten Tieren, dazu dient, Entscheidungen unter Beteiligung vernünftiger Abwägungen zu treffen, zwischen „richtig" und „falsch", „gut" und „böse" zu wählen. Wir bestrafen Tiere, kleine Kinder und Wahnsinnige für ein Fehlverhalten deshalb nicht, weil wir ihnen die Fähigkeit zu einer freien Entscheidung nicht zusprechen.

Von Freiheit in diesem zweiten Sinn sprechen wir, wenn wir sagen:

- „Ich kann nicht voraussagen, wie er sich entscheiden wird."
- „Ich hätte auch anders entscheiden können."
- „Sie ist voll verantwortlich für ihr Tun, egal, welche Umstände sie zur Entlastung anführt."
- „Ich verspreche, dir zu helfen, gleichgültig was kommen mag."

Freiheit in diesem Sinne meint eine **anthropologische Eigenschaft** des Menschen, die ihn befähigt, sich über sinnliche Bedürfnisse, Neigungen, Gelüste und Ängste hinwegzusetzen und sich gegen innere Widerstände „frei" für das zu entscheiden, was er für richtig erkannt hat. In dieser zweiten Bedeutung gilt Freiheit auch als Voraussetzung für moralisches Handeln.

1. Freiheitsbegriffe

Es gibt also keine einheitliche Vorstellung davon, über welche Art von Freiheit die Menschen verfügen, vielmehr gibt es seit der Antike eine Diskussion darüber, was unter menschlicher Freiheit zu verstehen sei. Gegenwärtig unterscheidet man vier Freiheitsbegriffe:

- äußere und innere Freiheit
- negative und positive Freiheit

Handlungsfreiheit, als positive äußere, und **Willensfreiheit**, als positive innere Freiheit, sind die geläufigsten Begriffe zur Unterscheidung von Freiheiten (s. Tabelle unten.).

Negative und positive Freiheit stehen in einem **Voraussetzungsverhältnis** zueinander. Das gilt sowohl für äußere wie innere Freiheiten:
Nur wenn ich frei bin **von** äußeren Hemmnissen, habe ich die Möglichkeit der Freiheit **zu** handeln, wie ich möchte; nur wenn ich frei bin **von** inneren Zwängen, kann ich frei sein **zu** wollen, was ich für richtig erkannt habe. Negative Freiheit kann man auch als **passive,** positive Freiheit als **aktive** Freiheit verstehen: Erst wer aktiv seine Handlungsmöglichkeiten nutzt, die ihm passiv gegeben sind, handelt tatsächlich frei.
Die Freiheitsbegriffe stehen auch in einem **Steigerungsverhältnis** zueinander:
Wer frei ist **von** äußeren Zwängen, muss diese Freiheiten nicht automatisch auch positiv nutzen **zu** freien Handlungen: Wer zum Beispiel über die negative äußere Freiheit einer Teilnahme an Parlamentswahlen verfügt, muss sie nicht im positiven Sinn auch nutzen und kann den Wahlen fernbleiben. Allgemein gilt: Die Abnahme an Freiheitseinschränkungen in modernen liberalen Gesellschaften führt nicht automatisch zu einer Zunahme an wahrgenommenen Handlungsfreiheiten.
Wer frei ist **von** inneren Zwängen, muss diese Freiheit nicht automatisch **zu** freien Willensentscheidungen nutzen: Wer sein Bedürfnis, lange zu schlafen, zügeln kann, muss noch nicht zum Frühaufsteher werden.
Das deutlichste Steigerungsverhältnis verläuft von äußerer zu innerer Freiheit: Wer nur frei ist von äußeren Zwängen, ist weniger frei als jemand, der sich auch von inneren Zwängen befreien kann.

FREIHEITSBEGRIFFE

	Negativ	*positiv*
außen	**negative äußere Freiheit** Unabhängigkeit von äußeren Zwängen u. Einschränkungen, die daran hindern, zu tun, was man will. *(Aristoteles, Hobbes, Locke, Voltaire, d'Holbach)*	**positive äußere Freiheit** (Handlungsfreiheit im engeren Sinn) eigene persönliche u. kollektive Absichten verfolgen, Bedürfnisse befriedigen, Wünsche erfüllen können, „tun können, was man will" (äußere Autonomie) *(Spinoza, Hume, Moore)*
innen	**negative innere Freiheit** psycho-physiologische Freiheit Abwesenheit von psychischen und physiologischen Hindernissen und Hemmnissen (Trieben, Ängsten, Neigungen, körperlichen Bedürfnissen, Wünschen) Unabhängigkeit von inneren Bestimmungen, die daran hindern, Subjekt eigenen Wollens zu sein *(Stoa, Rousseau, Schopenhauer)*	**positive innere Freiheit** (Willensfreiheit im engeren Sinn) Möglichkeit, allein durch Vernunft bestimmt, eigene Ziele setzen und Absichten verfolgen zu können. Der Mensch ist selbst Ursprung seines So-und-nicht-anders-Wollens. „Wollen können, was man will" (innere Autonomie) *(Descartes, Kant, Sartre)*

Die Freiheitsbegriffe stehen schließlich in einem **Gegensatzverhältnis** zueinander:
Wem alle Handlungsfreiheit fehlt, weil er im Kerker sitzt, der kann doch über einen freien Willen verfügen; wer allein auf einsamer Insel über alle Handlungsfreiheiten verfügt, der kann doch ein willenlos Getriebener sein.
Wer annimmt, menschliche Freiheit beschränke sich auf die Möglichkeit zur Handlungsfreiheit, weil es keinen freien Willen gebe, steht im Gegensatz zu jenen, die glauben, erst die Willensfreiheit sei die wahre menschliche Freiheit (s. genauer unter 4. und 5.)
Die einzelnen Freiheitsbegriffe können auch über ihre jeweiligen Gegenbegriffe präzisiert werden:

Negative äußere Freiheit	⇔	Unterdrückung, Zwang
Positive äußere Freiheit	⇔	Beliebigkeit, Unentschlossenheit
Negative innere Freiheit	⇔	Triebhaftigkeit, Instinktsteuerung
Positive innere Freiheit	⇔	Pflichtvergessenheit, Unvernunft

Wahlfreiheit und **Entscheidungsfreiheit** stehen als Formen von Freiheit zwischen Handlungs- und Willensfreiheit.
Zur **freien Wahl** gehört als Bedingung nur, dass mindestens zwei Optionen äußerlich zur Wahl stehen; warum ich dann die eine oder andere Jeans kaufe – ob aus freiem Willen oder durch Vorlieben oder unbewusste Manipulation gelenkt, das ändert nichts an der Wahlfreiheit.
Der Begriff **Entscheidungsfreiheit** liegt näher bei der Willensfreiheit: Wenn zu entscheiden ist, welche weiterführende Schule ein Kind besuchen soll, dann wird man von einer echten Entscheidung nur sprechen, wenn vernünftige Gründe und nicht sachfremde Erwägungen den Ausschlag geben.

2. Freiheit und Institutionen

Menschen leben nicht als Einzelwesen und auch nicht mehr in familiären Clans und Stämmen, sondern als Bürger großer Gesellschaften und Staaten. Diese haben zahlreiche Institutionen ausgebildet, in die jeder eingebunden ist und denen er sich unterordnen muss.

Institutionen im Nahbereich:
Ehe und Familie, Wohngemeinschaften, Gemeinschaften in Schulklassen und Arbeitskollegien, Nachbarschaften, Vereine und Berufsverbände, Kirchengemeinde, Fan-Clubs
Institutionen im Fernbereich:
Gemeinde-, Landes- und Bundesbehörden, Polizei, Militär, Ökonomie, Justizverwaltung, Steuerverwaltung, Medien
Alle diese Institutionen stellen Forderungen an uns, verbieten oder gebieten ein bestimmtes Verhalten. Sie formulieren, direkt oder indirekt, Rollenerwartungen und sorgen durch positive und negative Sanktionen dafür, dass wir ein bestimmtes Rollenverhalten zeigen. Die Sanktionen sind äußerst vielfältig und präzise abgestuft. Sie sorgen dafür, dass der Rollendruck erhalten bleibt.
Institutionen sind also **Widersacher** der Freiheit: Sie schränken uns ein, dirigieren, zwingen und fordern Unterordnung.
Theodor W. Adorno (1903–1969) sah vor allem die „ins Ungeheure zusammengeballte Wirtschaft“ und die mit ihr verwobene Verwaltung als Institutionen, die den Menschen so sehr beherrschen, dass sie zur „entsetzlich drückenden Last“ werden und alle Entfaltungsmöglichkeiten „in einem nie dagewesenen Maß verkümmern“ lassen.[1]
Gleichzeitig sind sie aber auch **Garant** der Freiheit: Ohne Institutionen wären wir, vor allem in der modernen, arbeitsteiligen Welt, gar nicht mehr überlebensfähig oder ununterbrochen damit beschäftigt, unsere elementaren Bedürfnisse nach Nahrung, Wohnung, Sicherheit zu befriedigen, so dass für freie Entfaltung keinerlei Spielraum bliebe.
Der Kulturphilosoph **Arnold Gehlen (1904–1976)** hat auf diese freiheitssichernde **Entlastungsfunktion** der Institutionen verwiesen. Er sieht den Menschen als instinktarmes Mängelwesen gegenüber den Tieren. In der Natur könnte der Mensch nicht (mehr) überleben, daher kompensiert er seine Mängel durch Kultur, und in dieser bildet er Institutionen aus, die ihm das

Überleben sichern: Statt täglicher Nahrungssuche durch Jagd und Sammeln von Essbarem reicht nun der Gang zur Institution „Supermarkt“; statt permanenter Wachsamkeit gegenüber Feinden reicht die Telefonnummer der Institution Polizei. Institutionen sind also ambivalent (mehrdeutig) in ihrer Beziehung zur Freiheit (s. Grafik unten):

3. Die Diskussion um die Willensfreiheit

Philosophisch und ethisch sehr viel bedeutsamer, folgenreicher und auch umstrittener als die Frage nach der Handlungsfreiheit ist jene nach der Willensfreiheit:

- Sie entscheidet wesentlich über unser Selbstbild als freie oder determinierte Wesen;
- Sie legt fest, was es heißt, Menschen zu loben oder zu tadeln;
- Sie steht in engem Zusammenhang mit Verantwortlichkeit und Schuldfähigkeit;
- Sie bestimmt, ob wir uns überhaupt moralisch verhalten können – falls freies Wollen die Bedingung für moralisches Handeln ist.

Die philosophische Diskussion um die Willensfreiheit setzt zwar bereits in der Antike ein, gewinnt aber an Klarheit und Schärfe erst in der Neuzeit und wird gegenwärtig durch Behauptungen von Naturwissenschaften, besonders der Psychologie, der Biochemie und der Neurowissenschaften (Hirnforschung) angeheizt.

Platon (427–347 v. Chr.) kann als früher Befürworter einer Willensfreiheit im Sinne einer Wahlfreiheit zwischen vorgeburtlich vorgegebenen Charaktereigenschaften (daimon) gelten. „Nicht euch wird der Daimon erlösen, sondern ihr werdet den Daimon wählen … Die Schuld ist

Institutionen als

Widersacher **oder** **Garant**

der Freiheit:

Widersacher	Garant
– prägen Rollenerwartungen und Rollen, die wir zu spielen haben, üben Gruppendruck aus	– befreien aus Hilflosigkeit (Eltern)
– beschränken die Selbstbestimmung durch Verbote, Pflichten, Gesetze (Steuern, Arbeitspflicht, Schulpflicht)	– bieten Schutz vor Übergriffen anderer, die meine Freiheit beschränken wollen (Polizei, Justiz, Militär)
– bedrohen freie Entfaltung durch das Gewaltmonopol des Staats und Verpflichtungen in Familie, Schule, Betrieb etc.	– bieten Entfaltungsmöglichkeiten für meine Bedürfnisse (Vereine, Parteien, Kirchen, peer-groups)
– erzwingen ein Absehen vom nur persönlichen Nutzen, fordern eine Berücksichtigung des Allgemeinen und des Gemeinwohls.	– entlasten von der Überfülle von Eindrücken, die mich lähmen würden, schaffen Freiräume für das Handeln
	– wirken wissens-, gewissens- und charakterbildend als Voraussetzung für Entfaltung von Freiheit (Schule, Erziehung, Medien).

1 Aus einem Radio-Streitgespräch mit A. Gehlen. In: *Grenz, F.*: Adornos Philosophie in Grundbegriffen. Frankfurt/M. 1974. S. 247.

bei dem Wählenden" lässt er einen Propheten verkünden.[2] Er wehrt sich gegen den Fatalismus (Schicksalsergebenheit), der in den antiken Dichtungen, besonders bei Homer, das Schicksal der Helden bestimmt, und betont dagegen die Fähigkeit des Menschen, seine Geschicke selbst zu steuern. Es ist erkennbar: Platon will den Einzelnen für seine Handlungen, seine Selbstdefinition und seinen Charakter verantwortlich machen können. Im **Gleichnis von den Seelenrossen**, in dem der Wagenlenker für die zügelnde Vernunft und das Gespann aus schwarzem und weißem Ross für die bösen und guten Triebkräfte im Menschen stehen, entwirft er bildlich eine Vorstellung von der Beherrschbarkeit und Steuerbarkeit der Triebe durch die Vernunft, wie sie bis in die Neuzeit die Diskussion um die Willensfreiheit prägte.

Aristoteles (384–322 v. Chr.) hingegen bestimmt **Freiheit als Handlungsfreiheit**. Eine Handlung gilt ihm als frei, wenn sie:

1. ihren Ursprung nicht außerhalb des Handelnden hat;
2. nicht erzwungen ist;
3. wissentlich ausgeführt wurde;
4. einem Vorsatz oder einer bewussten Auswahl folgt.[3]

Mit diesen vier Bedingungen ist noch nichts darüber gesagt, ob und inwieweit der frei Handelnde in seinem Vorsatz oder seiner Wahl dennoch determiniert ist.

Da die Menschen als letztes Handlungsmotiv stets ihr Glück anstreben, ob bewusst oder unbewusst, sind sie nicht frei in der Wahl ihrer Handlungs*ziele*. Ihr Wollen richtet sich unvermeidlich auf ihre Glückseligkeit *(eudaimonia)*. Allerdings: Die *Mittel* können sie frei wählen. Und man kann sie dafür loben oder strafen, ob sie die richtigen Mittel erwählt haben.

Dies entscheidet über ihre Tugend- oder Lasterhaftigkeit. Damit bleibt es auch Aristoteles möglich, Menschen als Verantwortliche für ihr Handeln zu sehen, auch wenn sie keinen freien Willen haben.

Der grundsätzliche Unterschied zwischen der antiken und der neuzeitlichen Sichtweise der Willensfreiheit besteht darin, dass die antiken Philosophen Willensfreiheit stets als Wahlfreiheit verstanden, als Wahl zwischen verschiedenen Lebensentwürfen, Charaktereigenschaften, Temperamenten. In der Renaissance zeigt sich erstmals eine Sichtweise, die Willensfreiheit als Schöpfungskraft sieht.

Giovanni Pico della Mirandola (1463–1494) preist die Willensfreiheit im Zusammenhang mit menschlicher Würde als jenes vorzügliche Vermögen, über sich selbst zu bestimmen, seinen Charakter, seine Schwächen und Stärken nach eigenem Urteil und aus eigener Kraft zu formen. Kein Gott, keine Natur und kein Schicksal haben ihn vorgeprägt. Der Mensch ist sein eigener Schöpfer.

Er sagt ihm: „Wir haben dich weder himmlisch noch irdisch erschaffen, weder sterblich noch unsterblich, damit du wie ein freischaffender Bildhauer und Erdichter deiner selbst dich in der Form darstellst, die du gewollt hast."[4] **Willensfreiheit** wird damit erstmals humanistisch bestimmt, als **Zeichen menschlicher Würde** und als bewundernswerte Leistung, die den Menschen über andere Spezies hinaushebt. Diese positive Bewertung der Willensfreiheit, einer Freiheit, die den Menschen adelt, zeigt sich in der Folge bei den meisten neuzeitlichen und aktuellen Befürwortern der Willensfreiheit.

Die frühen Kritiker der Willensfreiheit hingegen haben ein weniger positives Menschenbild, sie schätzen die Fähigkeit, sich selbst zu bestimmen, skeptischer ein. **Baruch Spinoza (1632–1677)** ist der Ansicht, der Mensch bilde sich seine Freiheit nur ein, er sei so wenig frei, wie ein Stein im Flug seine Flugbahn frei bestimmen könne; ein freier Gestaltungswille komme nur Gott zu. **Thomas Hobbes (1588–1679)** sieht den Menschen als egoistisches, gewalttätiges und kriegslüsternes Wesen, seine Freiheit beschränke sich darauf, seine Interessen durchzusetzen, daher definiert er sie auch nur als Abwesenheit von äußeren Hindernissen – eine typische Definition negativer, äußerer Freiheit.

Befürworter und Kritiker der Willensfreiheit in der Neuzeit

Zeit	Befürworter	Kritiker
16.+ 17. Jhd.	R. Descartes	B. Spinoza, Th. Hobbes
18. Jhd.	**Idealisten:** J.J. Rousseau, I. Kant, J.G. Fichte	**Materialisten, Sensualisten:** d' Holbach, D. Hume, Voltaire, D. Diderot
19. Jhd.	**Romantiker:** F. W. J. Schelling	**Naturalisten, Nihilisten:** K. Marx, H. Bergson, F. Nietzsche
20. Jhd.	**Existenzialisten:** J. P. Sartre, M. Heidegger	**Soziologen, Postmoderne:** E. Durkheim, A. Gehlen, J. Derrida, R. Rorty
	Kritische Rationalisten, Neokantianer: K. R. Popper, J. Habermas, J. Searle, J. Nida-Rümelin, R. Brandt, O. Höffe	**Psychologen, Neurologen, analytische Philosophen:** S. Freud, B. F. Skinner, G. Roth, W. Singer, D. Markowitsch, H. Frankfurt, D. Dennett, E. Tugendhat, P. Bieri, M. Pauen

4. Befürworter der Willensfreiheit

René Descartes (1596–1650) sieht den Menschen als Doppelwesen: Einerseits besteht er aus Materie (*res extensa* – das Ausgedehnte), dazu zählt Descartes alle körperlichen Bedürfnisse, Gefühle und Reize, andererseits ist er ein materieloses Geistwesen (*res cogitans* – das Denkende). Zum Geist gehören Verstand und freier Wille. Descartes ist **Dualist**. Der Verstand ermöglicht es, Vorstellungen zu entwickeln, Erkenntnisse zu erlangen, aber er kann keine Urteile fällen. Das kann allein der Wille. Weil mein Verstand begrenzt ist („Das Erkenntnisvermögen erkenne ich sofort als äußerst gering und eng begrenzt“[5]), der „Wille in mir (aber) so vollkommen und so groß ist, dass ich ihn mir nicht noch vollkommener und größer denken könnte“[6], fallen verstandesmäßige Durchdringung und Urteil nicht stets zusammen. Das ist der Grund dafür, dass Menschen irren können. Der freie Wille trifft seine Entscheidungen zwar auf der Grundlage verstandesmäßiger Überlegungen, aber da diese nicht richtig sein müssen, weil sie nicht alle Umstände bedenken können, kann ein falsches Urteil gefällt werden.

Man kann die Vorstellung entwickeln, man werde ein guter Arzt sein (Verstand) und daraufhin die Entscheidung fällen, Medizin studieren zu wollen (freier Wille) – um dann feststellen zu müssen, man schafft das Abitur nur mit knapper Not und bekommt keinen Studienplatz in Medizin.

Der Verstand schlägt zwar Entscheidungsalternativen vor, aber ich muss ihnen nicht folgen, um das Urteil als frei gewolltes zu verstehen (vgl. dagegen Kant, S. 120f.).

2 *Platon*: Mythos von der jenseitigen Charakterwahl, Politeia 617e.
3 *Aristoteles*: Nikomachische Ethik, Kap. III 1110b.
4 *Pico de Mirandola, Giovanni*: De dignitate hominis. Hrsg. v. *H. H. Reich*. Frankfurt/M. 1968. S. 29.
5 *Descartes, René*: Meditationen, 3. Meditation. Hrsg. v. *G. Schmidt*. Stuttgart 1976. S. 78
6 Ebd.

Nur bei Gott reicht der Verstand ebenso weit wie der Wille. Deshalb irrt er sich nie.
Ein Fehlurteil zu fällen, ist zwar einerseits „menschlich", aber dennoch z.T. vorwerfbar, weil ich eigentlich gehalten bin, nicht zu urteilen, wenn ich bemerke, dass mein Verstand kein eindeutiges Urteil erlaubt.
Der freie Wille, als Teil des Geistwesens Mensch, ist aber stark genug, die Materie zu bezwingen. Der Wille kann frei darüber entscheiden, welchen körperlichen Bedürfnissen ich nachgeben will und welchen nicht, er kann völlige Macht über die Leidenschaften gewinnen.
Die natürlichen Reiz-Reaktions-Schemata, die uns üblicherweise in unserem Verhalten bestimmen, können durch „unnatürliche" Reaktionen auf Reize ersetzt werden, die wir bewusst wollen. Der Geist ist stärker als die Materie.

Willensfreiheit ist bei Descartes also, durchaus in scholastischer (s. S. 118) Tradition:
- eine eigene Schöpfungskraft, Teil des Geistwesens Mensch,
- eine „göttliche" Fähigkeit, weil sie uns „zu Herren über uns" macht,
- nicht identisch mit dem Verstand, der weniger weit reicht,
- irrtumsfähig, weil ich auch wollen kann, was ich nicht überblicke,
- etwas Lobenswertes, weil wir mit ihr unsere Impulse beherrschen.

Aus heutiger Sicht ist die Bestimmung der Willensfreiheit bei Descartes unzulänglich und z.T. überholt:
- Der strenge Dualismus, der einen vom Körper unabhängigen und diesen dominierenden Geist annimmt, ist nicht mehr haltbar.
- Der Zusammenhang zwischen Verstand und Wille ist nicht eindeutig geklärt.
- Der Unterschied zwischen Handlungsfreiheit und Willensfreiheit ist nicht klar genug bestimmt.
- Der Zusammenhang von freiem Willen, Verantwortung und Moralität ist nicht befriedigend dargestellt.
- Die Vorstellungen davon, wie im Einzelnen und wo im Gehirn eine Willensentscheidung stattfindet, erscheinen heute naiv.

Immanuel Kant (1724–1804) bestimmt die Willensfreiheit anspruchsvoller, facettenreicher und in klarerem Zusammenhang mit der Moral als Descartes. Ein absoluter, freier Wille ist für ihn die Basis der Moralbegründung: Nur jene Handlungen dürfen beanspruchen, moralisch begründet zu sein, die einer völlig freien Willensentscheidung entspringen. Auch Kant sieht den Menschen als Doppelwesen, als „Bürger zweier Welten":
Einerseits ist er Naturwesen, als solches unterliegt er den Zwängen der **„Naturkausalität"**, d.h. alles, was er tut, fühlt und denkt, ist durch Ursachen kausal vorherbestimmt, er ist also nicht frei. Das verbindet ihn mit der übrigen belebten und unbelebten Natur, in der ebenfalls alles, was geschieht, durch vorgängige Ursachen festgelegt ist. Andererseits ist er ein intelligibler Charakter, d.h. er kann seine Handlungen nur durch den freien Willen bestimmen lassen, der sich ausschließlich auf vernünftige Gründe und nicht auf vorgegebene Ursachen stützt. Diese Fähigkeit der Intelligibilität besitzt der Mensch, weil es neben der Naturkausalität auch denkmöglich ist, dass eine **„Kausalität aus Freiheit"** besteht, d.h. eine Handlung ist nicht eingereiht in die endlose Kette von Ursachen und Folgen, die ihrerseits Ursachen weiterer Folgen sind, vielmehr wird diese Kette durch einen freien Willensakt unterbrochen und beginnt anschließend von Neuem. Der freie Wille besitzt also die Fähigkeit, aus sich selbst heraus, ohne jede äußere oder innere Ursache, einen Zustand neu zu beginnen, er kann erste Ursache – *prima causa* – einer Handlung sein.
Die Idee einer „Kausalität aus Freiheit" gewinnt Kant im Zusammenhang seiner **Transzendentalphilosophie.** Diese sucht nach den Bedingungen der Möglichkeiten für wahre Aussagen. In seiner theoretischen Hauptschrift, der „Kritik der reinen Vernunft" (1781) prüft Kant, ob alles in der Welt der „Naturkausalität" gehorcht, oder ob es daneben auch eine „Kausalität aus Freiheit" geben könne. Er kommt zum Ergebnis, dass beides der Fall sein kann. Da man also nicht ausschließen könne, dass eine „Kausalität aus Freiheit" existiert, dürfe man sie für möglich halten und sie als theoretische Grundlage menschlicher Entscheidungsfreiheit betrachten.
Kant nennt dies die **transzendentale Freiheit** oder Freiheit im kosmologischen Sinne. Sie bildet

nur die denkmögliche Grundlage der „Freiheit im praktischen Verstande" und ist nicht empirisch beweisbar.

Die **praktische Freiheit** hält Kant für beweisbar: Weil wir fähig sind, uns über „Antriebe der Sinnlichkeit" hinwegzusetzen, weil wir unsere „Neigungen" unterdrücken können und unsere Urteile nur auf der Grundlage vernünftiger Gründe fällen können, haben wir einen freien Willen.

Alle Inhalte des Wollens sind vorherbestimmt, in letzter Instanz wollen wir unser Glück. Gleichgültig, was ich will, solange ich ein inhaltliches Ziel damit verfolge, ist dieses Wollen nicht wirklich frei: Wer nicht betrügt, um nicht in Gefahr zu geraten, bestraft zu werden, bliebt nicht aus freiem Willen ehrlich.

Nur die Form des Wollens selbst ist wirklich frei: Nur wenn ich will, weil ich will, ohne jede inhaltliche Festlegung, kann dieser Wille als frei gelten. Dieser freie Wille ist aber nicht Willkür oder Beliebigkeit, im Gegenteil. Ein freier Willensentschluss kommt durch die Tätigkeit der reinen Vernunft zustande, bei der ausgeschlossen ist, dass sie „wiederum durch andersweitige Einflüsse bestimmt" ist. D.h., ein Willensentschluss ist nur dann wirklich frei, wenn ich zuvor kritisch und ohne alle persönlichen Interessen vernünftig geprüft habe, nach welcher Regel (Maxime) eine Handlung erfolgen soll und ob diese Regel verallgemeinerbar ist (vgl. S. 155 ff.).

Dabei sieht Kant sehr wohl, dass man in der Lebenspraxis „an keinem Beispiel mit Gewissheit" zeigen kann, dass der Wille durch keine „andere Triebfeder" als durch die reine Berufung auf das Gesetz bestimmt werden kann: „Denn es ist immer möglich, dass insgeheim Furcht vor Beschämung, vielleicht auch dunkle Besorgnis anderer Gefahren Einfluss auf den Willen haben möge."[7]

Freier Wille ist Selbstverpflichtung, das für richtig Erkannte zu tun. Damit setzt Kant Willensfreiheit, Vernunft und Moral in eins:

- Ein Wille ist frei, wenn er ausschließlich durch die Vernunft bestimmt ist, und nur dann entspricht die frei gewählte Handlung der Moral.
- Weil Menschen fähig sind, sich über ihre Bedürfnisse und Neigungen hinwegzusetzen, sind sie auch voll verantwortlich für ihr Handeln, im moralischen und rechtlichen Sinn. Kant selbst konstruiert das Beispiel eines Diebes, der sich vergebens darauf beruft, seine Tat sei das Ergebnis seiner Determination. Auch wenn er behauptet, es sei „unmöglich, dass sie hat unterbleiben können", weil er doch aus „Bestimmungsgründen der vorhergehenden Zeit" zum Diebstahl gezwungen worden sei, gilt nach „dem moralischen Gesetze [...] dass sie doch habe unterlassen werden können, weil das Gesetz sagt, sie hätte unterlassen werden sollen".[8] Das „Sollen", so Kant, hat eine zwingende Kraft. Wer will, was er soll, handelt vernünftig und frei.

Kants Vorstellung von Willensfreiheit hat bis heute weitreichende Folgen, auch für das Rechtssystem. So urteilte der BGH 1952:

„Strafe setzt Schuld voraus. Schuld ist Vorwerfbarkeit. [...]

Der Grund des Schuldvorwurfs liegt darin, dass der Mensch auf freie, verantwortliche sittliche Selbstbestimmung angelegt und deshalb befähigt ist, sich für das Recht und gegen das Unrecht frei zu entscheiden."[9]

Jean-Paul Sartre (1905–1980) geht als wichtigster Vertreter des Existenzialismus von dessen zentraler Formel für die Sonderstellung des Menschen aus: „Die Existenz geht dem Wesen voraus." (Vgl. S. 112)

Im Gegensatz zu allen anderen Dingen und Lebewesen der Welt, deren Wesen sich darin erschöpft zu existieren, weil sie kein Bewusstsein von sich selbst haben, gilt dies für die Menschen nicht. Am Beginn ihres Lebens existieren sie nur, ihr Wesen müssen sie sich erst selbst erschaffen. Und dazu dient ihr freier Wille.

Dieser freie Wille ist absolut, er ist keine Festlegung Gottes; keine Natur, keine vorfindliche Moral schränken die Notwendigkeit ein, sich selbst zu definieren. Da Menschen ständig in

7 *Kant, I.*: Grundlegung zur Metaphysik der Sitten. BA 49.
8 *Ders.*: Kritik der praktischen Vernunft. A 171.
9 Entscheidungen des BGH, Bd. 2. S. 200 f.

Situationen geraten, in denen sie sich entscheiden müssen, sind sie gleichsam „dazu verurteilt, frei zu sein". Und weil sie sich bei diesen Entscheidungen auf nichts berufen können als ihren freien Willen, sind sie vollkommen verantwortlich für ihre Entscheidungen.

Freiheit ist also das entscheidende Wesensmerkmal des Menschen, mit dem er sich erst zu einem Subjekt bildet, seine **Essenz** gewinnt, sich selbst wählt.

Das menschliche Bewusstsein „existiert durch sich selbst". Es ist fähig, einen Gedankengang aus sich selbst heraus abzubrechen und einen neuen Gedanken zu fassen. Unsere Fähigkeit, Alternativen zu entwerfen, etwas zu negieren, Absichten zu entwickeln, ist Ausdruck unserer Freiheit. Freiheit ist bei Sartre also vor allem eine Bewusstseinsleistung.

Die **Nicht-Voraussagbarkeit** in Entscheidungssituationen ist für Sartre ein weiteres Indiz der Willensfreiheit. Die Zukunft ist nicht „verlängerte Vergangenheit", sondern wir müssen unsere Zukunft aus dem Nichts heraus völlig frei und neu gestalten.

Diese absolute Freiheit fällt vielen schwer. Es ist bequemer, sein Handeln damit zu entschuldigen, man folge einer religiösen, moralischen, sozialen oder natürlichen Prägung.

Diese Flucht vor der Freiheit nennt Sartre **„mauvaise foi"**, eine Art Unaufrichtigkeit, Feigheit gegenüber den eigenen Möglichkeiten der Freiheit. Die Menschen neigen zu „mauvaise foi", weil ihnen ihre unendliche Freiheit Angst bereitet.

Absolut frei sein heißt aber nicht, tun zu können, was einem beliebt. Vielmehr trägt man Verantwortung für den anderen; das eigene Handeln muss stets „im Angesicht des anderen" erfolgen: „Der Mensch schafft sich, indem er seine Moral wählt [...]. Wir definieren den Menschen nur im Verhältnis zu einem Engagement."[10] Sartre hat dieses Engagement für den anderen in vielfältiger Weise vorgelebt: im Widerstand gegen den Faschismus, gegen den Algerienkrieg Frankreichs, gegen den Vietnamkrieg der USA, gegen die Unterdrückung der armen Länder.

Jürgen Habermas (*1929) bestimmt die Willensfreiheit bereits auf dem Hintergrund der aktuellen naturwissenschaftlichen Kritik an ihr.

- Er bestreitet nicht, dass es eine naturwissenschaftliche Beschreibung von Willensentscheidungen geben kann, die lückenlos erklärt, welche psychologischen und physiologischen Ursachen eine Entscheidung bestimmen.
- Er hält auch nicht mehr an Kants Vorstellung einer „Kausalität aus Freiheit" fest, die den Willensakt als einen „ursprungslos-unbedingten" ansieht, der aus dem Nichts entsteht.
- Vielmehr versteht Habermas „Kausalität aus Freiheit" als bedingt durch vernünftige Argumente, die Menschen in ihrer Lebenswelt vorfinden, und sich zu Eigen machen.
- Entsprechend definiert er Willensfreiheit als „Selbstbindung des Willens auf der Basis von einleuchtenden Gründen"[11] – der **„sanfte Zwang des besseren Arguments"**, der bei einer freien Willensentscheidung den Ausschlag gibt, ist zwar nicht in der Weise zwingend wie Naturgesetze, aber Menschen müssen es sich doch vorwerfen lassen, wenn sie sich nicht zum Gebrauch ihrer Willensfreiheit „durchgerungen" haben, d.h., wenn sie die einschlägigen vernünftigen Gründe für eine Entscheidung nicht hinreichend bedacht haben.
- Der Hirnforschung, die behauptet, der menschliche Geist sei durch sein Gehirn eindeutig determiniert (vorherbestimmt) hält er vor, man könne ebenso von einer umgekehrten Determination sprechen: Der Geist determiniert das Gehirn. Dazu unterscheidet Habermas zwischen dem subjektiven Geist des Einzelnen und einem objektiven Geist, der alles kulturelle Wissen der Welt umfasst. Diesen objektiven Geist eignet sich der subjektive Geist in Lernprozessen teilweise an, sein Geist wird durch seine Lebenswelt determiniert.

Im Gehirn des Menschen werden nun diese Lernprozesse – in Form von Sprache, Zeichen, Bildern etc. – gespeichert. Bis ins Jugendalter strukturieren die Lernprozesse das Gehirn, später erweitern sie das Gedächtnis. Es kommt also zu einer Art „Programmierung des Gehirns durch den objektiven Geist".[12]

- Die Hirnforschung behauptet, Willensfreiheit existiere nur aus der Perspektive der 1. Person – ich erlebe mich als frei entscheidend –, aber diese entlarve sich aus der Perspektive des wissenschaftlichen Beobachters (3. Person) als Illusion, man könne Willensfreiheit objektiv nur aus der Distanz des Beobachters überprüfen, und dann erweise sie sich als Irrtum. Dem hält Habermas Folgendes entgegen:

1. Die Perspektive der ersten Person ist unverzichtbar. Menschen können nur handeln und kommunizieren, wenn sie sich selbst als Freie verstehen.
2. Die Welt kann niemals vollständig naturwissenschaftlich aus der Beobachterperspektive beschrieben werden, dazu sind die Zusammenhänge viel zu komplex.
3. Wir können die beiden Perspektiven niemals streng von einander trennen, wir nehmen uns selbst gegenüber oft eine Beobachterperspektive ein, auch der Beobachter urteilt letztlich aus seiner Ich-Perspektive.
4. Auch der Naturwissenschaftler, der behauptet, es gäbe aus der Beobachterperspektive keine Willensfreiheit, fällt dies Urteil letztlich aus der Ich-Perspektive. Die Ich-Perspektive ist letztlich unhintergehbar.

5. Kritiker der Willensfreiheit

Die Befürworter der Willensfreiheit sind überzeugt, frei zu sein heiße, wollen zu können, was man will. Die Kritiker der Willensfreiheit sind der Ansicht, frei zu sein heiße, tun zu können, was man will.
Warum man etwas will:

- das spielt entweder in ihren Überlegungen keine Rolle, das Nachdenken über die Freiheit beginnt dann jenseits der Schädeldecke (so meist in der Antike),
- oder sie verstehen wollen als wünschen und trennen damit nicht zwischen rationalen (vernünftigen) und emotionalen (gefühlsmäßigen), bewussten und unbewussten Antrieben des Willens (viele analytische Philosophen und Pragmatiker),
- oder sie glauben zeigen zu können, dass das Wollen niemals frei ist, vielmehr durch eine Reihe von psychologischen, physiologischen (chemische und physikalische Vorgänge im Körper betreffend) und sozialen Ursachen eindeutig determiniert (so argumentieren skeptische Philosophen, Psychologen, Soziologen und Hirnforscher).

Wenn aber das Wollen selbst nicht frei sein kann, dann bleibt als Gegenstand der Freiheit nur das Handeln. Kritiker der Willensfreiheit sind also zugleich Befürworter der Handlungsfreiheit.

Zumindest die letzte Gruppe der Kritiker der Willensfreiheit bezeichnet man auch als **Deterministen**, weil sie den Willen des Menschen als vorherbestimmt, determiniert, sehen, die Befürworter der Willensfreiheit nennt man **Indeterministen**, weil sie den Willen für nicht vorherbestimmt, indeterminiert halten (s. Tabelle S. 124).

Baruch Spinoza (1632 – 1677) war zwar ein Schüler Descartes und schätzte wie dieser den Menschen als vernünftiges Wesen ein, in der Frage der Willensfreiheit vertrat er aber eine scharfe Gegenposition: Die Menschen bilden sich ein, frei zu sein, weil sie sich ihrer geheimen Wünsche und Begierden nicht bewusst sind. Sie verwechseln Ursache und Wirkung, wenn sie glauben, aus freien Stücken etwas zu wählen, was sie begehren. In Wirklichkeit begehren sie es und wählen es genau deshalb. Sie wählen es notwendig, weil sie, als Teil der Natur, den Naturgesetzen von Ursache und Wirkung unterworfen sind und ihre Natur sie zwingt, den unbewussten oder uneingestandenen Leidenschaften zu folgen.
Einen Spielraum an Freiheit gewinnt der Mensch allein dadurch, dass er diese ihn prägenden und zwingenden Gesetzmäßigkeiten erkennt. Hier spielt die Vernunft eine entscheidende Rolle.
Unfrei ist derjenige, der sich von seinen Gefühlen und Vorurteilen blind treiben lässt und sich dabei einbildet, frei zu sein.

10 *Sartre, Jean Paul*: Der Existenzialismus ist ein Humanismus. Reinbek 2000. S. 170.
11 Deutsche Zeitschrift für Philosophie (DZPhil), 54/2006. S. 675.
12 Ebd., 52/2004. S. 881.

Die Willensfreiheit ist begrenzt:		
biologisch	durch	eingeschränkte Sinneswahrnehmung, körperliche Beschränkungen, vegetative Notwendigkeiten, Reizbarkeit, instinkthaftes Verhalten, Nachahmungsverhalten etc.
familiär/genetisch	durch	vorgeburtliche und frühkindliche Prägungen, ererbtes Suchtverhalten, ererbte Fähigkeiten und Mangelerscheinungen, Vorbildfunktion der Eltern und Geschwister etc.
physiologisch	durch	vorgegebene Abläufe im Gehirn, neuronale und hormonelle Steuerung, somatische Marker, Bereitschaftspotentiale, „Spiegelneuronen", etc. die Denken, Fühlen und Verhalten steuern
psychisch	durch	triebhaftes Verhalten, Zwangsneurosen, Steuerung durch unbewusste Bedürfnisse, Ängste, Wünsche etc.
kognitiv	durch	Wissensgrenzen (was ich nicht kenne, kann ich nicht frei wählen), begrenzte Aufnahmefähigkeit, geistige Manipulierbarkeit, Vorurteile, ideologische und religiöse Verblendung etc.
sozial	durch	verinnerlichte Rollenerwartungen, Rollenverhalten, Gruppendruck und Sanktionen, Verpflichtungen, Gemeinschaftsregeln, etc., die sich aus der Lage als Gemeinschaftswesen ergeben und Teil des Bewusstseins wurden
sozio-ökonomisch	durch	Produktions- und Arbeitsverhältnisse, Klassen- oder Schichtbewusstsein als Bauer, Arbeiter, Angestellter etc.

Frei ist diejenige, die sich vernünftig darum bemüht, die Notwendigkeiten zu erkennen, denen sie in ihrem Denken und Handeln folgt. Indem sie einsieht, was sie antreibt, kann sie es akzeptieren und so zu ihrem eigenen Wollen machen. Freiheit heißt für Spinoza also nicht, einen „freien Entschluss" fassen, sondern **„freie Notwendigkeit"**.

Eine moderne Veranschaulichung: Wer die Tricks und Manipulationen der Konsumwerbung nicht kennt, wird ihnen blind unterliegen; wer die Gesetze der Werbung durchschaut, wird seine eigenen Konsumwünsche freier beurteilen können – auch wenn er dadurch nicht frei ist, sich der Werbung zu entziehen.

Die Idee Spinozas, Freiheit als vernünftige Einsicht in das zu verstehen, was uns determiniert, haben spätere Denker aufgegriffen:

Georg Wilhelm Friedrich Hegel (1770–1831) war kein Determinist, aber auch er versteht Freiheit als begriffene Notwendigkeit. Sie hat dort ihren Platz, wo es um das komplizierte Verhältnis von Ursache und Wirkung geht. Dieses bestimmt er nicht einfach kausal, als zeitliche Abfolge, sondern **dialektisch** in dem Sinne, dass Ursache und Wirkung sich wechselseitig aufeinander beziehen. Die Kausalität verliert damit ihren nötigenden Charakter. Und in dieser Offenheit liegt die Freiheit.

„Ein Verbrecher, welcher bestraft wird, mag die Strafe, die ihn trifft, als eine Beschränkung seiner Freiheit betrachten; in der Tat jedoch ist die Strafe nicht eine fremde Gewalt, der er unterworfen wird, sondern nur die Manifestation seines eigenen Tuns, und indem er dies anerkennt, so verhält er sich hiermit als ein Freier."[13] Der Verbrecher erkennt sich also selbst als Verursacher seiner Strafe und kann sie damit frei akzeptieren. Hätte er diese vernünftige Einsicht nicht, bliebe er unfrei. „Blind ist die Notwendigkeit nur, insofern dieselbe nicht begriffen wird."[14]

Friedrich Engels (1820 – 1895) bringt die Idee in ihre populäre Form: „Freiheit ist die Einsicht in die Notwendigkeit", so fasst er die Position Hegels zusammen und stimmt ihr zu.[15] Als Revolutionär, der die gesellschaftlichen Verhältnisse geändert sehen will, und zugleich als Materialist, der von der Determination des Willens überzeugt ist, steht er vor dem Problem, die Freiheit so zu bestimmen, dass sie mit beiden Überzeugungen zusammenstimmt. Er geht deshalb davon aus:

- Freiheit besteht in der Erkenntnis von natürlichen und gesellschaftlichen Gesetzen, und zugleich der Möglichkeit, diese Erkenntnisse zu bestimmten Zwecken wirksam werden zu lassen.
- Freiheit des Willens meint also die Fähigkeit, mit vernünftiger Sachkenntnis Entscheidungen treffen zu können.
- Freiheit ist „damit notwendig Produkt der gesellschaftlichen Entwicklung".[16]

Freiheit ist also für Engels nichts Statisches, Feststehendes, vielmehr nimmt sie zu in dem Maße, wie die Menschen fähig werden, Naturgesetze zu erkennen und zu beherrschen, und wie sie gesellschaftliche Emanzipation erreichen.
Freiheit ist also für Engels wesentlich ein Prozess zunehmender Handlungsfreiheit. Willensfreiheit im eigentlichen Sinne hält der Materialist Engels für unmöglich.

Peter Bieri (*1944) spricht neuerdings vom „Handwerk der Freiheit" und sieht damit in ähnlicher Weise Freiheit als einen Prozess der Aneignung von Entscheidungskompetenz. Willensfreiheit *hat* man nicht, man kann sie *erwerben*.
Bieri kritisiert scharf die Vorstellung einer, im Sinne Kants, unbedingten Willensentscheidung, die durch nichts verursacht ist und der nichts vorausgeht:

- Eine solche unbedingte Willensfreiheit ist völlig unrealistisch, weil sie alle bewussten und unbewussten, rationalen und emotionalen Vorüberlegungen und Stimmungen, die einer Entscheidung in Wirklichkeit vorausgehen, ausblendet.
- Ein solcher Wille würde mich „überfallen" wie eine fremde Macht. Er hätte nichts mit mir zu tun, es wäre eigentlich gar nicht *mein* Wille, der hier entscheidet. Er entspricht nicht meinem Charakter und meinen allgemeinen Ansichten.
- Da der freie Wille ja Ausdruck der Autonomie, der Selbständigkeit des Menschen sein soll, verfehlt eine solche Vorstellung von unbedingtem Willen genau diese Autonomie.
- Ein unbedingter freier Wille steht also im Widerspruch zur Autonomie eines ganzheitlich verstandenen Menschen.

Der **Wille** ist also nur **bedingt frei**, und das ist gut so, denn nur dadurch kann ich ihn als *meinen* Willen empfinden.
Meine Freiheit vergrößert sich in dem Maße, wie ich die Bedingungen kenne, die meine Willensentscheidung beeinflussen. Das bezeichnet Bieri als „Aneignung des Willens".[17] Sie geschieht in drei Schritten:

- *Artikulation des Willens*: Ich werde mir darüber bewusst, was genau ich eigentlich will.
- *Verstehen des Willens*: Ich suche nach einer Betrachtungsweise meines Willens, die ihn mir verständlich macht, da ich einen Willen u. U. als fremd empfinde.
- *Bewerten des Willens*: ein Wille kann als unfrei empfunden werden, weil ich ihn ablehne. Ich suche also nach Ursachen für mein Urteil über meinen Willen und gelange zu einer Billigung oder Missbilligung.

Die drei Schritte hängen zusammen und bedingen sich, bei allen spielen Vernunft und Gefühle eine Rolle.

---

13 *Hegel, Georg Wilhelm Friedrich*: Werke, Bd. 8. Frankfurt/M. 1970. S. 303 f.
14 Ebd. S. 147, Zusatz.
15 *Engels, Friedrich*: Anti-Düring. In: Marx-Engels-Werkausgabe, Bd. 20. S. 106.
16 Ebd.
17 Vgl. *Bieri, Peter*: Das Handwerk der Freiheit. Wien 2001. S. 381 ff.

David Hume (1711–1776) sieht die Rolle der Vernunft bei der Frage nach der Willensfreiheit sehr viel kritischer als die Denker von Spinoza bis Bieri. Sie ist für ihn von untergeordneter Bedeutung bei der Urteilsfindung, da wir vor allem von Gefühlen gesteuert sind und unsere Urteile gefühlsmäßig und nicht vernünftig fällen.
Die Vernunft ist nur „Sklavin der Leidenschaften", sie ist „vollkommen passiv" und kann „weder Affekte noch Handlungen jemals verhindern oder hervorrufen".[18] Hume geht davon aus, dass alle unsere Urteile nur auf sinnlichen Eindrücken und ihrer Verknüpfung in unseren Gehirnen beruhen. Diese Verknüpfung besteht in der Suche nach Ähnlichkeiten, nach einem Zusammenhang in Raum und Zeit und nach Ursache und Wirkung. An einem Spiel, bei dem Begriffe spontan assoziiert werden sollen, ist das nachvollziehbar: Wer bei „rot" an „blau" denkt, bei „Wohnzimmer" an „Sofa" und bei „Unfall" an „Verletzte", der hat die Begriffe genau nach diesen drei Assoziationsgesetzen gedanklich verknüpft. (Vgl. S. 72 ff.)
In dieser Weise bildet sich nach Hume unsere Erfahrung, und nur aus Erfahrung können wir Urteile fällen. Das gilt auch für die Kausalität. Es gibt sie nicht unabhängig davon, dass wir beobachten, wie zwei Dinge regelmäßig nacheinander in gleicher Reihenfolge auftreten. Erst dadurch gewinnen wir einen Eindruck von Verursachung (Kausalität) des einen durch das andere: Wer oft genug beobachtet, es wird dunkel im Zimmer, wenn ich die Jalousien schließe, erkennt den kausalen Zusammenhang. (Vgl. S. 75)
Es gibt also **keine Urteile a priori**, d. h. vor und unabhängig von der Erfahrung, also auch keine Willensentscheidungen, die sich nur auf eine reine Vernunft stützen, weil es eine „reine Vernunft" (Kant), die erfahrungslos Urteile fällt, gar nicht geben kann.
Auch moralische Entscheidungen sind „keine Erzeugnisse der Vernunft"[19], sondern beruhen auf ursprünglichen, natürlich angelegten moralischen Gefühlen *(„moral sense")*.

Gefühl und Vernunft stehen in Bezug auf ihre Anteile bei Willensentscheidungen im Verhältnis Zweck und Mittel: Die Gefühle legen fest, wie etwas zu beurteilen ist und wie entschieden werden soll, die Vernunft hilft bei der Suche nach den besten Mitteln der Realisierung. Je stärker die Gefühle – Neugier, Lust, Angst, Scham, Empörung –, umso deutlicher lenken sie uns auf ein Ziel hin, die Vernunft zeigt uns, wie wir das Ziel erreichen können, sie ist nur **instrumentelle Vernunft**. Unentschlossenheit resultiert daraus, dass Gefühle im Widerstreit miteinander liegen.
Freiheit ist bei Hume also **Handlungsfreiheit**, „eine Macht zu handeln oder nicht zu handeln, je nach den Entschließungen des Willens".[20] Und dieser Wille ist durch Motive, Neigungen, Umstände und Charakterzüge des Handelnden bestimmt. Dies bringt ihn mit Notwendigkeit, so wie überall in der Natur, zu einer im Voraus festgelegten Entscheidung.

Friedrich Nietzsche (1844–1900) kritisiert die Idee der Willensfreiheit radikal. Er hält sie für eine Erfindung der Herrschenden, um Menschen glaubwürdig strafen zu können. Die „ganze alte Willens-Psychologie" dient nur dem Zweck, dass Menschen sich schuldig und verantwortlich fühlen, wenn sie anders handeln, als die öffentliche Moral es fordert.
Die Vorstellungen von Selbstbeherrschung und Selbstüberwindung durch einen freien Willen wurde den Menschen eingeredet, um sie gefügig und leichter beherrschbar zu machen. In Wirklichkeit ist „niemand dafür verantwortlich, ... dass er so und so beschaffen ist, dass er unter diesen Umständen, in dieser Umgebung ist".[21] Menschen unterliegen ihrem Schicksal – „der Fatalität alles dessen, was war und was sein wird"[22], und Freiheit erlangen sie nur in dem Maße, wie es ihnen gelingt, die alten Vorstellungen von Moral, von freiem Willen und Verantwortlichkeit abzulegen. Dann werden sie zur Einsicht gelangen, dass es nur zwei Antriebe ihres Willens sind, die sie beherrschen und denen sie folgen sollten: dem Willen zur Macht und dem Willen zur Liebe.
Amor fati – Liebe zum Schicksal – nennt Nietzsche jene Lebenseinstellung, die uns dadurch glücklich macht, dass wir unser vorgezeichnetes Schicksal annehmen und so unser Leben bejahen. Für eine freie Willensentscheidung ist hier kein Platz.

Sigmund Freud (1856–1939) hat als Begründer einer neuen Wissenschaft, der Psychoanalyse, erstmals systematisch untersucht, wie Bewusstes und Unbewusstes im Denken und Fühlen zusammenspielen und damit auch unsere Willensentscheidungen prägen.

- Bewusst ist uns nur ein geringerer Teil dessen, was unser Denken und Fühlen tatsächlich bestimmt. Freud nennt diesen bewussten Teil das **Ich**.
- Gleichzeitig wirkt aber auch das Unterbewusstsein, die unbewussten Triebe und Ängste, vor allem der Sexualtrieb, auf uns ein. Freud nennt diesen unbewussten Teil das **Es**.
- Zusätzlich werden wir bestimmt von den schon frühkindlich vermittelten Normen und Werten, Geboten und Verboten, die wir verinnerlicht haben. Freud nennt diesen Teil des Unbewussten **Über-Ich**.

Diese drei Elemente bilden beim erwachsenen, psychisch gesunden Menschen eine mehr oder weniger stabile Einheit, Es und Über-Ich halten sich gegenseitig „in Schach" und sorgen dafür, dass keines von beiden das bewusste Ich zu sehr beeinflusst. Beim Kleinkind und beim Triebtäter dominiert das Es, beim Ordnungs- oder Reinlichkeitsfanatiker ist das Über-Ich zu stark ausgeprägt.
Erwachsen zu werden heißt, die Bedeutung des Triebhaften zu reduzieren: „Wo Es war, soll Ich werden", sagt Freud.

Die stärkste der drei Kräfte bleibt aber stets das triebhafte Unterbewusstsein. Es steuert im Wesentlichen unsere Wünsche, es lenkt unser Denken und entscheidet über unsere Gefühle.
In Träumen kommt dieses Unterbewusste zum Ausdruck, weil hier die „Sperre" der Über-Ich-Kontrolle weniger wirksam ist. Daher sieht Freud in der Traumdeutung den Schlüssel zum Verständnis des Unterbewusstseins.

Für die Kritik der Willensfreiheit ist entscheidend, dass nach diesem Modell ein freier Wille im Sinne einer reinen Vernunftentscheidung, die sich nur auf bewusste, rationale Gründe stützt, unmöglich ist.
Wenn alles bewusste Denken durch Unbewusstes bedingt ist – als unbewusste triebhafte Wünsche und unbewusste normative Vorentscheidungen – dann kann es keinen unbedingten freien Willen geben.
Und wenn wir etwas als rein vernünftiges Wollen ausgeben, so ist das nur ein nachträgliches, scheinbares Vernünftig-Machen von triebhaften Wünschen. Freud nennt es **Rationalisierung:** Wer den Kauf eines neuen Wagens mit dessen geringem Benzinverbrauch scheinbar vernünftig begründet, obwohl ihn eigentlich Form, Marke und Motorstärke emotional ansprechen, der rationalisiert seine Entscheidung.
Was wir immer und zuerst wollen, ist triebhafte Befriedigung. Freud stellt die Vorherrschaft des Unvernünftigen fest, er begrüßt sie aber nicht. Im Gegenteil, er sucht nach Möglichkeiten, den Anteil des Vernünftigen in unserem Denken und Handeln zu erhöhen. Kultur, Moral und Wissenschaft sind solche **Sublimationsleistungen**, also Leistungen, die möglich werden, weil wir die unmittelbare Triebbefriedigung zurückstellen können und Lust auch daraus gewinnen, dass wir ersatzweise vernünftig handeln (sublimieren).

6. Willensfreiheit und Hirnforschung

Ob es einen freien Willen gibt, das entscheidet sich letztlich im Gehirn. Und dieses kann in seiner Funktionsweise heute viel genauer untersucht und verstanden werden als früher, besonders durch moderne naturwissenschaftliche Forschung und Technik:

- so genannte bildgebende Verfahren, Computer- und Kernspintomographie (MRT)

18 *Hume, David*: Über Moral. Hrsg. v. *H. Pauer-Studer.* Frankfurt/M. 2007. S. 16.
19 Ebd. S. 17.
20 *Hume, David*: Eine Untersuchung über den menschlichen Verstand. Kommentar v. *L. Wiesing.* Frankfurt/M. 2007. S. 124.
21 *Nietzsche, Friedrich*: Götzen-Dämmerung. In: Werke, Bd. 6. Kritische Studienausgabe. S. 96.
22 Ebd.

- Analyse von Hirndefekten, vor allem nach Schlaganfällen und bei Hirntumoren,
- medizinische und psychologische Experimente,
- operative Eingriffe ins Gehirn,
- Messungen von Hirnströmungen (EEG), Augenbewegungen, Reiz-Reaktions-Mustern,
- Wirkungsanalyse von Hormonen, Enzymen, Neurotransmittern im Gehirn,
- digitale Auswertung von Hirnsonden bei Tierversuchen etc.

Die neurowissenschaftlichen, psychologischen und biochemischen Forschungen führten zu Ergebnissen, die viele Forscher dazu brachten, die Idee eines freien Willens zu verneinen:

- Patienten, deren Gehirn von außen elektrisch so gereizt wurde, dass sie einen Arm heben mussten, antworteten auf die Frage, warum sie den Arm heben: „Weil ich es wollte."
- Personen, die unter Hypnose Befehle ausführen, behaupten anschließend, sie hätten aus eigenem, freiem Willensentschluss gehandelt.
- Die Experimente von **Benjamin Libet** u.a. zur Überprüfung von Willensfreiheit stellten fest, der Eindruck, einen Willensentschluss zu fassen, kommt zeitlich erst, nachdem das Gehirn bereits eine Vorentscheidung über die Handlung getroffen hat. „Der freie Wille *folgt* dem Beginn des Bereitschaftspotentials." (G. Roth)[23] (Die Experimente sind umstritten.)
- Menschliche und tierische Gehirne, besonders bei Primaten, funktionieren äußerst ähnlich. Da wir Tieren aber keinen freien Willen zusprechen, wird es immer unplausibler, diesen bei Menschen zu vermuten.
- Bei Kindern ist zu beobachten, wie mit der Reifung der Gehirnfunktionen die Entwicklung des Geistes unmittelbar verbunden ist.
- Durch Magnetstimulation können Hirnareale kurzfristig „lahmgelegt" werden. Dabei lässt sich ein deutlich verändertes Denken und Entscheiden beobachten.
- So genannte somatische Marker (A. Damasio) dienen der Entlastung in Entscheidungssituationen, indem sie alle Eintragungen im Gedächtnis mit einem emotionalen Wert verbinden und diesen bei Bedarf als Warnsignal zur Auswahl unerwünschter Entscheidungen aktivieren.
- Alle Willensentscheidungen werden im Gehirn vorbereitet, aber nur ein geringerer Teil der beteiligten Faktoren gelangt überhaupt ins Bewusstsein. Nur von jenen bewussten, sprachlich gefassten Umständen wissen wir. Eine Willensentscheidung kann schon deshalb nicht absolut frei sein, weil wir gar nicht wissen, wovon sie bedingt ist.

Grundsätzlich passt die Vorstellung eines freien Willens im starken Sinn nicht zum Welt- und Menschenbild der Naturwissenschaften:

- Sie gehen davon aus, dass der Mensch, als Teil der Natur und des Kosmos, denselben physikalischen und Naturgesetzen gehorcht wie alles andere auch. Menschliches Denken und Handeln kann also genauso naturwissenschaftlich erklärt werden wie alle anderen Phänomene des Kosmos auch. Diese Haltung bezeichnet man als **Naturalismus**.
- Sie gehen davon aus, dass es keinen vom Gehirn unabhängigen Geist gibt. Alle geistigen Prozesse lassen sich auf Gehirnaktivitäten zurückführen, alles Geistige lässt sich durch Beschreibung von physikalischen und chemischen Abläufen erklären, Gehirn und Geist bilden eine Einheit. Diese Überzeugung nennt man **Monismus**. Er ermöglicht es, alle geistigen Prozesse – also auch den Eindruck einer freien Willensentscheidung – als durch physiologische Prozesse im Gehirn verursachte Erscheinungen zu beschreiben.
  Im Gegensatz dazu steht der philosophische **Dualismus**, der davon ausgeht, Gehirn und Geist seien zwei getrennte Größen. Dies ermöglicht die Annahme einer freien Willensentscheidung als einer von Gehirnprozessen unabhängigen Entscheidung.

Gerhard Roth (*1942) ist Verhaltensphysiologe. Er geht davon aus, der freie Wille sei eine nützliche Illusion:

- In zahlreichen Versuchen ist nachweisbar, dass sich Menschen häufig hinsichtlich der Verursachung von Handlungen irren. Sie glauben entweder, bestimmte Handlungen vollzogen zu haben, obwohl dies nicht der

Fall war, oder umgekehrt bestreiten sie, Handlungen vollzogen zu haben, obwohl sie es taten. Die Selbstzuschreibung ist unzuverlässig.

- Menschen können dazu gebracht werden zu glauben, sie hätten etwas frei entschieden, obwohl sie durch versteckte Reize, Hypnose etc. dazu gebracht wurden, so zu entscheiden. „Die subjektive Gewissheit, dass ich in meinen Entscheidungen frei bin, bedeutet also nicht, dass dies auch tatsächlich der Fall ist.“[24] Das Gefühl der Autorschaft trügt.
- Man muss unterscheiden, zwischen der Illusion eines freien Willens und der Tatsache von Willensakten. Der menschliche Wille ist eine Kraft, die zum Antreiben und zum Überwinden von Hindernissen notwendig ist. Da ich seine Bedingtheit durch Gehirnprozesse nicht wahrnehme, halte ich ihn für frei. „Ketten, die ich nicht spüre, sind keine Ketten.“[25] – die Funktion der Illusion eines freien Willens besteht in der Selbstzuschreibung: Wir benötigen den Eindruck, dass *wir* es waren, die etwas entschieden haben, damit wir Erfahrungen sammeln können. Der Eindruck einer Willensentscheidung dient der Kennzeichnung von Handlungen, er ist daher durchaus nützlich.
- Kants Vorstellung einer „Kausalität aus Freiheit“, d.h., einer rein mentalen Verursachung einer Handlung, ohne selbst verursacht zu sein (*prima causa*; vgl. S. 123), ist absurd, denn es müsste sich im Gehirn eine Aktivität aufbauen, der auf zellulärer Ebene rein gar nichts vorhergeht. Dies ist niemals beobachtet worden.[26]

Wolf Singer (* 1946) ist Neurophysiologe und Direktor des Max-Planck-Instituts für Hirnforschung in Frankfurt/Main. Er geht ebenfalls davon aus, dass Entscheidungen vom Gehirn getroffen werden, also auf neuronalen Prozessen beruhen.

- Allem, was begrifflich trennbar ist, müssen unterschiedliche Gehirnzustände entsprechen, selbst geringe Gefühlsunterschiede, etwa zwischen *Wut* und *Empörung* unterscheiden sich, prinzipiell feststellbar, in Abläufen im Gehirn. „Kein Gedanke ohne Substrat.“
- Willensfreiheit ist ein Phänomen, das nur in der Erste-Person-Perspektive auftritt: Ich erlebe sie. Aber der Wissenschaftler beschreibt den Menschen in der Dritte-Person-Perspektive und hat dabei keinen direkten Zugang zur Erlebniswelt. Aus dieser distanzierten Perspektive kann er aber prinzipiell alle Ursachen beschreiben, die diese Erlebnisse hervorrufen.
- Auch wenn das Gehirn scheinbar inaktiv ist, ordnet es, stellt Bezüge her, entwirft Modelle, sucht Lösungen, löscht und speichert Einträge – ohne dass wir das je bemerken. So werden auch Entscheidungen vorbereitet, von denen wir dann glauben, sie seien frei.
- Die Willensfreiheit ist insofern real, als sie der subjektiven Erfahrung aus der Perspektive der Ersten Person entspricht: Wir erleben Intentionen (Absichten), können uns an Wertsystemen und sozialen Realitäten orientieren. Aus der Perspektive der Dritten Person ist Willensfreiheit aber eine Illusion, weil die unbewussten Ursachen von Entscheidungen beschrieben werden können.

Als Reaktion auf die Kritik der Neurowissenschaften an der Willensfreiheit formulieren nun einige Philosophen ihrerseits Einwände gegen die naturalistische Argumentation der Neurowissenschaften:

1. Sie vermengten und verwechselten physiologische Beobachtungen (elektrische Hirnströme, chemische Zustände im Gehirn) mit psychologischen Aussagen über angebliche Fähigkeiten des Gehirns (es glaubt, interpretiert, zieht Schlüsse, trifft Entscheidungen, etc.). Diese

23 *Roth, Gerhard*: Fühlen, Denken, Handeln. Frankfurt/M. 2001. S. 438.
24 *Ders.*: Aus Sicht des Gehirns. Frankfurt/M. 2003. S. 172.
25 Ebd. S. 179.
26 Vgl. *ders.*: Fühlen-Denken-Handeln. A. a. O. (s. Anm. 23) S. 445.

Aussagen könnten aber nicht dem Gehirn, sondern nur dem Geist zugesprochen werden.[27] Ein Beispiel für diese Verwechslung ist der Titel eines Buchs von G. Roth: „Aus Sicht des Gehirns". Das Gehirn hat keine Sicht.

2. Sie verwendeten Begriffe falsch und begingen Kategorienfehler: Natürliche Vorgänge im Gehirn sind kausal als Ursachen und Folgen miteinander verknüpft. Sie haben eine materielle Grundlage. Willensentscheidungen lassen sich aber von Gründen leiten. Gründe sind aber etwas Immaterielles, Geistiges. Wer Ursachen und Gründe vermengt, begeht einen Kategorienfehler.
3. Sie schrieben allein dem Gehirn zu, was dem ganzen Körper und seiner Interaktion mit der Umwelt zukomme. „Das Bewusstsein ist nicht etwas, das unser Gehirn allein hervorbringt, sondern es erfordert die Zusammenarbeit von Gehirn, Körper und Welt", sagt Alva Noë.[28] Eine Willensentscheidung kann danach nicht allein als Produkt des Gehirns verstanden werden, vielmehr sind die Sinnesorgane und die Einflüsse der Welt, die über diese Organe auf uns wirken, ebenfalls Teile der Entscheidungsprozesse.
4. Sie argumentierten einerseits mit Freiheitseinschränkungen bei psychisch Kranken und Menschen mit Hirnschädigungen, andererseits unterstellten sie eine physiologische Determination bei *allen* Menschen. Diese Argumente heben sich aber gegenseitig auf: Freiheitseinschränkung als Krankheitssymptom setzt voraus, dass Gesunde uneingeschränkt frei sind.

7. Schwache und starke Freiheitsbegriffe

Die unterschiedlichen Theorien der Befürworter und Kritiker der Willensfreiheit in der Geschichte der Philosophie und der Wissenschaften zeigen, dass die Frage nicht einfach lautet, ob es Willensfreiheit gibt oder nicht. Vielmehr lassen sich unterschiedliche, schwache und starke Konzepte von Freiheit unterscheiden, je nachdem:

- wie deutlich Handlungs- und Willensfreiheit unterschieden werden,
- welcher Anteil der Vernunft bei der Willensentscheidung zugestanden wird,
- wie bedingt oder unbedingt der Wille eingeschätzt wird,
- ob und wie stark eine Willensentscheidung mit Moral in Verbindung gebracht wird.

Niemand bestreitet, dass es einen Willen als erlebte Antriebskraft für Entscheidungen gibt, aber wie frei dieser Wille ist, darin unterscheiden sich schwache und starke Begriffe von Willensfreiheit.

Schwache und starke Freiheitsbegriffe

1. Eine Handlung ist frei gewollt, wenn keine äußeren Umstände den Willen einschränken.
(Aristoteles, Th. Hobbes, D. Hume)

2. Eine Handlung ist frei gewollt, wenn der Handelnde einsieht, welche äußeren und inneren Notwendigkeiten ihn dazu gebracht haben, so zu entscheiden, wie er entschieden hat.
(B. Spinoza, F. Engels)

3. Eine Handlung ist frei gewollt, wenn der Handelnde den subjektiven Eindruck hat, frei, innengeleitet, aus individueller Erfahrung heraus entschieden zu haben – ob bewusst oder unbewusst.
(G. Roth, W. Singer, W. Prinz, D. Dennett)

4. Eine Handlung ist frei gewollt, wenn sie weder erzwungen noch zufällig ist. Autonomie und eigene Urheberschaft sind die Bedingungen der Freiheit. Zur Urheberschaft gehören bewusste und unbewusste, rationale und emotionale Motive. Entscheidend ist, dass der Handelnde sein Handeln als den eigenen Wünschen entsprechend versteht und bewertet.
(P. Bieri, M. Pauen)

5. Eine Handlung ist frei gewollt, wenn sie nach einer bewussten Entscheidung urteilt. Die Vernunft legt dabei Empfehlungen vor, denen man aber nicht folgen muss. Eine Entscheidung kann unvernünftig, aber frei sein.
(R. Descartes, Scholastik)

6. Eine Handlung ist frei gewollt, wenn sie sich an den Wünschen zweiter Ordnung, also dem Bedürfnis, dass ein bestimmter Wunsch der Wille sei, orientiert, d.h., in Einklang steht mit den Idealen der eigenen Lebensführung. Freiheit ist: wollen zu können, was man wollen möchte.
   (H. Frankfurt, E. Tugendhat)

7. Eine Handlung ist frei gewollt, wenn sie allein durch eine rationale Rechtfertigung begründet ist. Alle anderen Handlungsmotive, alle äußeren und inneren Zwänge, Neigungen, Ängste, Antriebe machen die Handlung zu einer unfreien.
   (J. Habermas, J. Nida-Rümelin, J. Searle)

8. Eine Handlung ist frei gewollt, wenn sie allein auf einer bewussten, rationalen und unbedingten Willensentscheidung beruht, die ihrerseits ohne jede Ursache, nur aus vernünftigen Gründen zustande kommt. Die Vernunftgründe sind „rein" im Sinne einer ausschließlichen Orientierung an Logik und Gesetz (praktische, synthetische Urteile a priori).
   (I. Kant, O. Höffe)

8. Freiheit und Verantwortung

Befürworter eines starken Begriffs von Willensfreiheit (**Indeterministen**) betonen, Verantwortung und Schuldfähigkeit seien nur möglich, wenn man von Willensfreiheit ausgehen könne. Falls Menschen determiniert wären, könnten sie für ihr Handeln nicht zur Verantwortung gezogen werden, da sie sich stets darauf berufen könnten, sie hätten nicht anders handeln können. Grundsätzlich könne man Menschen weder loben noch tadeln, wenn ihr Handeln nicht Ausdruck eines freien Willens sei. Die Indeterministen halten Determinismus und Verantwortlichkeit für unvereinbar, inkompatibel. Daher heißt eine solche Position **Inkompatibilismus** (Unvereinbarkeitslehre).

Einige Vertreter eines sehr schwachen Begriffs von Freiheit (**harte Deterministen**) betonen ebenfalls, Verantwortung und Schuldfähigkeit seien an Willensfreiheit gebunden. Da sie allerdings Willensfreiheit im starken Sinn verneinen, gehen sie auch davon aus, dass Menschen im moralischen Sinn nicht verantwortlich und schuldfähig sind. Die Strafe für Straftäter sollte also nicht erfolgen, weil sie anders hätten handeln können, sondern um die Gesellschaft vor ihnen zu schützen. Diese radikalen Deterministen sind also ebenfalls **Inkompatibilisten**.

Die meisten Vertreter eines schwachen Begriffs von Freiheit (**weiche Deterministen**) sind hingegen der Auffassung, Verantwortung und Schuldfähigkeit seien nicht an Willensfreiheit im starken Sinn gebunden. Determinismus und Verantwortlichkeit seien also vereinbar, kompatibel. Daher heißt eine solche Position **Kompatibilismus** (Vereinbarkeitslehre) (siehe Tabelle S. 132).

Wie kann man sinnvoll behaupten, jemand sei in seiner Willensentscheidung nicht frei und dennoch verantwortlich für sein Handeln? Vor allem der Kompatibilismus ist also begründungsbedürftig:

- **David Hume** ist der Stammvater des Kompatibilismus. Er weist darauf hin, dass alles, was wir zur Rechtfertigung sozialer Handlungsfolgen – strafen, belohnen, tadeln, loben etc. – voraussetzen müssen, eine Handlungsfreiheit ist, und diese mit der Determination des Willens vereinbar ist.
- Moderne Rechtssysteme kommen ohne Rückgriff auf Willensfreiheit aus. Verantwortlichkeit und Straffähigkeit können auch mit der Angst vor Strafe oder der Lust am Lob für richtiges Verhalten begründet werden.

27 Diesen Fehler nennt man „mereologischen Fehlschluss". Vgl. *Bennett, Maxwell* u.a.: Neurowissenschaft und Philosophie. Frankfurt/M. 2010. S. 31 ff.
28 *Noë, Alva*: Du bist nicht Dein Gehirn. Eine radikale Philosophie des Bewusstseins. München 2010. S. 18.

Beziehungen zwischen Freiheit und Verantwortlichkeit		
	Kompatibilismus	**Inkompatibilismus**
Indeterminismus	logisch widersinnige Position	Verantwortlichkeit setzt Willensfreiheit voraus. Wenn Menschen keinen freien Willen hätten, wäre das unvereinbar damit, sie strafen oder loben zu wollen. *(I. Kant, J. P. Sartre, O. Höffe, J. Habermas)*
Determinismus	Obwohl Menschen keinen freien Willen haben, sind sie doch verantwortlich für ihr Handeln. Die Freiheit des Handelns ist vereinbar mit der Unfreiheit des Willens, gelobt und bestraft werden Handlungen, nicht Motive. *(Th. Hobbes, D. Hume, E. A. Moore, H. Frankfurt, P. Bieri, M. Pauen)* **(= weicher Determinismus)**	Weil Menschen keinen freien Willen haben, sind sie im moralischen Sinne nicht verantwortlich für ihr Handeln; ihr Verhalten ist determiniert, und das ist unvereinbar damit, sie für schuldfähig im moralischen Sinne zu halten. *(B. v. Holbach, C. Genet, F. Nietzsche, W. Singer, D. Dennett)* **(= harter Determinismus)**

- Verantwortlich verhalten sich Menschen nicht, weil ihr freier Wille es ihnen diktiert, sondern weil sie dazu erzogen wurden, gesellschaftliche und rechtliche Regeln einzuhalten.
- Ein feines System von positiven und negativen Sanktionen sorgt dafür, dass wir uns verantwortlich verhalten. In dieses System sind wir in allen unseren sozialen Beziehungen permanent eingebunden. Seine Wirksamkeit setzt voraus, dass unser Wille sich von den Erwartungen der anderen prägen lässt, also gerade *nicht* völlig frei ist.

Heute wird der philosophische Streit um die Berechtigung des Kompatibilismus vor allem anhand der Aussage **„Er hätte anders handeln können"** geführt. Die Argumentation ist so bedeutsam, dass sie mit einem Kürzel versehen ist: PAP = Principle of Alternative Possibilities.

Die **Inkompatibilisten** behaupten, die PAP-Behauptung sei so zu verstehen:

„Er hätte anders handeln können, da sein freier Wille unter identischen Ausgangsbedingungen auch eine andere Entscheidung hätte fällen können, seine Entscheidung war nicht voraussagbar, sein Wille ist von keinen Bedingungen abhängig."

Die **Kompatibilisten** halten dem entgegen:

1. Mangelnde Voraussagbarkeit ist kein Beleg für Freiheit. Die Tatsache, dass ein Verhalten oder ein Zustand nicht voraussagbar ist, kann am Zufall liegen oder daran, dass es zu viele Einflüsse gibt, um sie alle berücksichtigen zu können. Auch das Wetter ist nicht für vier Wochen voraussagbar, aber dennoch ist es determiniert.
2. Identische Ausgangsbedingungen sind nicht herstellbar, daher ist eine solche Behauptung nicht überprüfbar. Und umgekehrt: Es ist auch nicht beweisbar, ob er sich gleich oder anders entschieden hätte, wären die Ausgangsbedingungen anders gewesen (vgl. T. Honderich).[29]
3. Wer sagt „Ich hätte auch ein anderes Studienfach wählen können", meint damit nur: „Ich hatte zum Entscheidungszeitpunkt mehrere gleich attraktive *Handlungs*möglichkeiten." Er sagt damit noch nichts darüber aus, was ihn eine Option wählen ließ, also, wie frei sein Wille war.
4. Es ist sogar möglich, dass jemand in einer Entscheidungssituation mehrere Möglichkeiten hat, und dennoch steht das Ergebnis seiner Entscheidung im Voraus fest. Das ist immer dann der Fall, wenn jemand genötigt werden könnte, eine bestimmte Entscheidung zu tref-

fen, sie aber trifft, ohne von diesem Zwang zu wissen (vgl. H. Frankfurt).[30] Nur weil eine Person also nicht in der Lage war, anders zu handeln, als sie gehandelt hat, heißt das nicht, dass sie so handelte, *weil* sie nicht anders konnte. Die alternative Möglichkeit muss ja keinen Grund liefern, anzunehmen, die Person hätte anders gehandelt. Eine Nötigung entbindet mich also nicht deshalb von moralischer Verantwortung für mein Tun, weil sie mir alternative Handlungen verschließt, sondern weil sie mich dazu bringt, etwas zu tun, was ich nicht wirklich tun will.

5. Man kann nur dann wirklich anders handeln, wenn man die Möglichkeit hat, eine bestimmte Handlungsweise auch tatsächlich aufzugeben. Nur zwischen jenen Möglichkeiten kann ich frei wählen, die meinen personalen Präferenzen (eigene Handlungsmöglichkeiten) entsprechen: Wer es niemals schafft, mit dem Rauchen aufzuhören, bei dem gehört das Nichtrauchen nicht zu den personalen Präferenzen. Wer es schafft, in seiner Wohnung nicht mehr zu rauchen, der hat die personale Präferenz dazu (vgl. M. Pauen).[31] Ob er sich dazu durchringt, ist eine Frage der Stärke des Willens und nicht der Freiheit des Willens.

Auch wenn der Kompatibilismus fehlende Willensfreiheit und Verantwortlichkeit grundsätzlich für vereinbar hält, hat er doch eine andere Einschätzung des Strafrechts als die Indeterministen, die Strafe als Vergeltung für eine frei gewählte Straftat sehen:

- Die Strafdrohung sollte der Prävention (Vorbeugung) von Straftaten dienen, indem sie durch Androhung von Übeln abschreckt, eine Straftat zu begehen. Denn Abschreckung wirkt auch ohne einen freien Willen. Sie setzt nur eine instrumentelle Vernunft voraus, die Lust und Unlust, Verlockung der Tat und Angst vor der Strafe abwägen kann.
- Viele Straftaten werden milder beurteilt, besonders Gewaltverbrechern und Affekttätern gesteht man eher zu, dass sie kaum anders handeln konnten, da es ihnen, aufgrund ihrer Prägung, sehr viel schwerer fällt, sich an geltende Normen zu halten. Gerhard Roth spricht hier vom Unrechts-Paradox: Je schwerer die Straftat, desto weniger ist sie frei entschieden.[32] Einen kalt berechneten Steuerbetrug kann ich leichter vermeiden als einen Amoklauf.
- Straftäter mit antisozialen Persönlichkeitsstörungen und Psychopathien zeigen eindeutige Symptome: erhöhte Impulsivität und Aggressivität, verminderte Angstfähigkeit, geringe Empathiefähigkeit, Unfähigkeit aus Strafen zu lernen, extrem erhöhte Rückfallquoten (bis 80 %), die dafür sprechen, sie für vermindert schuldfähig zu halten. Dennoch werden diese Umstände vor Gericht nicht strafmindernd bewertet. Das erscheint aus der Sicht des Kompatibilismus ungerecht.
- Es sollte eher versucht werden, Straftäter zu resozialisieren und zu therapieren, als sie zu strafen zur Vergeltung für ein Handeln, das sie nur vermeintlich frei gewählt haben.
- Andererseits kann die Einschätzung, dass ein Straftäter nicht anders handeln kann, auch dazu führen, ihn länger einzusperren, als dies der Fall wäre, wenn man ihn für willensfrei und damit lernfähig hielte. (s. nachträgliche Sicherheitsverwahrung)
- Eine kompatibilistische Einstellung zum Strafrecht führt also nicht zwangsläufig und stets zu milderen Urteilen.

29 *Honderich, Ted*: Wie frei sind wir? Das Determinismus-Problem. Stuttgart 1995.
30 *Frankfurt, Harry*: Freiheit und Selbstbestimmung. Berlin 2001. S. 53ff.
31 *Pauen, M.*: Illusion Freiheit? Frankfurt/M. 2004.
32 Vgl. *Roth, G.*: Willensfreiheit und Schuldfähigkeit. In: *Ders./Grün, K. J.* (Hrsg.): Das Gehirn und seine Freiheit. Göttingen 2006. S. 25.

Allgemeine und angewandte Ethik

Die Göttin der Gerechtigkeit, Justitia, hält ein Schwert in der Hand als Symbol der Gewalt, mit der sie das Recht durchsetzt. Ihre ältere Schwester, die Göttin der Moral, verfügt über keine Gewaltmittel, um den Anspruch der Moral auf Gültigkeit zu erzwingen. Sie kann nur versuchen, ihren Geltungsanspruch möglichst gut zu begründen. Moralbegründung ist also die Basis aller ethischen Diskussion. Eine Moral, die ihren Geltungsanspruch nicht begründen kann, darf nicht darauf hoffen, befolgt zu werden. Das gilt im Kleinen: Wenn Kinder ihre Eltern fragen, warum sie ihr Spielzeug mit anderen teilen sollen; und es gilt im Großen: Wenn eine militärische Intervention in ein fremdes Land geplant ist. Stets muss das Verhalten moralisch begründet werden, damit es akzeptiert werden kann.

1. Arten der Begründung von Moral

In einem schlichten Sinn begründen Menschen moralisches Verhalten (etwa wenn es darum geht, einem anderen zu helfen) für sich und für andere auf unterschiedliche Weisen – meist ohne sich der Art von Begründung bewusst zu sein. Dabei spielen entweder vernünftige Überlegungen – kognitive Begründungen – oder gefühlsmäßige Einschätzungen und Werthaltungen – nonkognitive Erwägungen – eine Rolle.

Die Gründe und Motive können sich dabei ergänzen und bestärken, vielleicht auch widersprechen, ohne dass wir dies als problematisch empfinden und ohne dass wir je bedacht hätten, welche philosophischen Begründungstheorien hinter diesen alltäglichen moralischen Gründen und Motiven stehen mögen.

Was Moralbegründung im philosophischen Sinn heißt, ist allerdings in vielerlei Hinsicht umstritten:

Für normative Moralbegründungen lautet die Begründungsfrage: „Warum sollen Menschen moralisch sein?“ Hier steht die Begründung in Beziehung zu einem Appell, einer Aufforderung, sich moralisch zu verhalten. Die einzelnen Theorien normativer Moralbegründung unterscheiden sich dann danach, wie dieses Sollen seinerseits begründet wird:

– Weil es angenehmer, verdienstvoller oder beglückender ist, moralisch zu sein – so argumentieren etwa antike Glücksethiker (z. B. Aristoteles);
– Weil ich nur bei eigenem moralischen Verhalten erwarten kann, dass auch andere sich mir gegenüber moralisch korrekt verhalten – so argumentiert etwa der moralische Kontraktualismus (z. B. Hobbes);
– Weil nur Menschen in der Lage sind, sich freiwillig selbst zu verpflichten, sich moralisch zu verhalten; ihr Menschsein kommt genau darin zum Ausdruck, dass sie das für richtig Er-

kannte wollen können – so argumentieren etwa Pflichtethiker (z. B. Kant).

Umstritten ist innerhalb der normativen Moralbegründungen auch die Frage, in wessen Interesse das moralische Sollen liegt. Lautet die Frage „Warum soll ich moralisch sein?“, dann muss die Begründung zeigen, dass es für mich sinnvoll ist, mich moralisch zu verhalten; lautet die Frage „Warum ist es geboten, moralisch zu sein?“, dann wird die Begründung zeigen müssen, inwiefern es im Interesse aller liegt, dass der Einzelne sich moralisch verhält.

Für deskriptive Moralbegründungen lautet die Begründungsfrage „Warum handeln Menschen moralisch?“ Hier leiten wir aus der empirischen Untersuchung und Beschreibung von tatsächlichem moralischem Verhalten von Menschen ab, was sie dazu motiviert, moralisch zu sein. Dabei zeigt sich zum Beispiel, dass eine positive, optimistische Stimmungslage, ein starkes Selbstwertgefühl oder eine ausgeprägte Empathiefähigkeit die Chance für moralisches Handeln deutlich erhöhen. Auch deskriptive Moralbegründungen haben damit indirekt einen normativen Anteil: Wenn Empathiefähigkeit die Chance zu moralischem Handeln erhöht, dann ist es sinnvoll, diese zu entwickeln oder zu verstärken.

Für meta-ethische Moralbegründungen lautet die Begründungsfrage „Sind moralische Sätze wahrheitsfähig?“ Seit dem *linguistic turn*, der Wendung der Philosophie zur Sprachanalyse (vgl. S. 82), unterscheidet man moralische Begründungsansätze danach, welche Vorstellung sie vom sprachlichen Status moralischer Sätze haben. Ein Satz wie „Dieses Gesetz ist ungerecht.“ behauptet als beschreibender Aussagesatz, er könne auf seinen Wahrheitsgehalt überprüft werden. Der Deskriptivismus versteht moralische Sätze in dieser Weise als wahrheitsfähige Aussagesätze.
Bei einem Satz wie „Sei hilfsbereit!“, der ein vorschreibender Imperativsatz ist, hat es keinen Sinn, nach dem Wahrheitsgehalt zu fragen. Befehlssätze sind weder wahr noch falsch, sondern hier kommt es auf die Bedingungen an, unter denen man dem Befehl nachkommt. Der Präskriptivismus versteht moralische Sätze in dieser Weise als nicht-wahrheitsfähige Imperative.

Die Begründungsfrage kann man auch noch anders stellen. Wenn wir fragen „Warum können Menschen überhaupt moralisch handeln?“, verweist die Frage auf anthropologische Voraussetzungen für moralisches Verhalten (vgl. S. 91 ff.), auf Bedingungen ihrer Willens- und Handlungsfreiheit (vgl. S. 114 ff.) und ihrer Erkenntnisfähigkeit (vgl. S. 59 ff.).
Hier ist dann umstritten, auf welche wesensmäßigen Eigenschaften des Menschen sich eine Moralbegründung stützen soll: auf seine Vernunftfähigkeit und seine Fähigkeit zur Selbstbestimmung, seine Eigenschaft als Gesellschaftswesen, als Naturwesen, als mitleidsfähiges, als sprachbegabtes, als gläubiges Wesen.

Einzelne Moralbegründungen stehen oft in unmittelbarem Kontrast. So schauen wir einerseits nach vorn und auf den Zweck, das Ziel einer Handlung, um sie als moralisch oder unmoralisch zu qualifizieren; in diesem Fall spricht man von Zweckethik oder teleologischer Ethik (griech.: *telos* = Zweck, Ziel), das moralische Handeln selbst wird dabei zum Mittel, um einen letztlich außermoralischen Zweck zu erreichen; andererseits schauen wir nach hinten und betonen, das Motiv, die Absicht einer Handlung sei entscheidend dafür, ob sie moralisch ist. In diesem Fall spricht man von Motivethik oder – sofern wir das Motiv in einer Pflichterfüllung sehen – von deontologischer Ethik (griech.: *to deon* = die Pflicht).
Oder es ist umstritten, für wen eine Moralbegründung Gültigkeit beanspruchen kann: Für alle Menschen – das behauptet der Universalismus – oder nur für die Mitglieder der eigenen, je kulturspezifischen Moralgemeinschaft – das behauptet der Relativismus.
Oder es ist umstritten, welche geistigen Prozesse die Hauptrolle bei der moralischen Urteilsfindung spielen: Ist es die Vernunft, das Kognitive (davon gehen die Vernunftethiken aus) oder ist es eher das Gefühl, das Empathische (davon sind die Gefühlsethiken überzeugt)?

Kontrastpaare ethischer Begründungstheorien

Gesinnungsethik	⇔	Verantwortungsethik
Vernunftethik	⇔	Gefühlsethik
Motivethik	⇔	Folgenethik
Pflichtethik	⇔	Glücksethik/Eudämonismus
Deontologische Ethik	⇔	Teleologische Ethik
Universalismus	⇔	Relativismuss
Moralität	⇔	Sittlichkeit
Kognitivismus	⇔	Non-Kognitivismuss
Deskriptivismus	⇔	Präskriptivismus

In systematischer Betrachtung sind vier Arten von Moralbegründungen unterscheidbar:

1. **Empirische Begründungen:** Sie betrachten die Moral oder das tugendhafte, gute und richtige Handeln als ein empirisches Mittel, um einen außermoralischen Zweck zu erreichen. Dieser Zweck liegt entweder in einem geglückten Leben in Gemeinschaft mit anderen oder als Einzelwesen, so bei den antiken Ansätzen des Eudämonismus (griech.: *eudaimonia* = Glückseligkeit, erfülltes Leben); oder er liegt in der Sicherung meiner Existenz und meiner Bedürfnisse angesichts der Bedrohung durch andere: So sieht es der von Thomas Hobbes begründete Ansatz des Kontraktualismus; oder er liegt darin, das Glück möglichst vieler Menschen zu optimieren oder ihr Leid zur verringern, so versteht der Utilitarismus das Ziel moralischen Handelns.
2. **Naturalistische Begründungen:** Sie versuchen die Moralfähigkeit des Menschen aus seiner Natur, seinen natürlichen Anlagen und Ausstattungen abzuleiten. Sie entstehen mit Charles Darwin und sind heute in mehreren Varianten – z. B. als Soziobiologie und als Verhaltensforschung – in der Diskussion. Ihre Vertreter sind meist Naturwissenschaftler und keine Philosophen.
   Beide Varianten begründen eine Minimalmoral: Als Familienaltruismus, der dem Zweck der eigenen Gen-Vermehrung dient (Soziobiologie) oder als Stammesaltruismus, der sich durch Gruppenselektion ausprägt und moralisches Verhalten als Selektionsvorteil im Evolutionsprozess (Verhaltensforschung) versteht. Eine evolutionäre Ethik argumentiert in dieser Weise.
3. **Kognitive Begründungen:** Sie sehen die Vernunft als entscheidende Instanz bei der Bildung des moralischen Urteils. Richtig ist, was eine unparteiliche Vernunft als verallgemeinerungsfähig erkennt. Und dann ist es meine Pflicht, entsprechend zu handeln. So argumentieren deontologische Ethiken und die Diskursethik.
4. **Nonkognitive Begründungen:** Sie setzen demgegenüber auf ein moralisches Gefühl („*moral sense*“) als entscheidende Instanz der moralischen Urteilsfindung. Das moralische Urteil wird durch ein intuitives Erfassen vorgefundener Werte gebildet – so die Wertethiken; durch eine angeborene oder erworbene Empathiefähigkeit, so die Gefühlsethiken im engeren Sinne; oder in einer „Schule der Empfindsamkeit“ (Richard Rorty), in der Menschen lernen, ihre Vorurteile abzubauen und dem anderen mit offener Zuwendung zu begegnen, so der Pragmatismus. Für eine postmoderne Ethik ist Moral ein spontaner Impuls, dem ich folgen kann oder auch nicht, ein moralisches Gewissen erscheint ihr als nicht einklagbar.

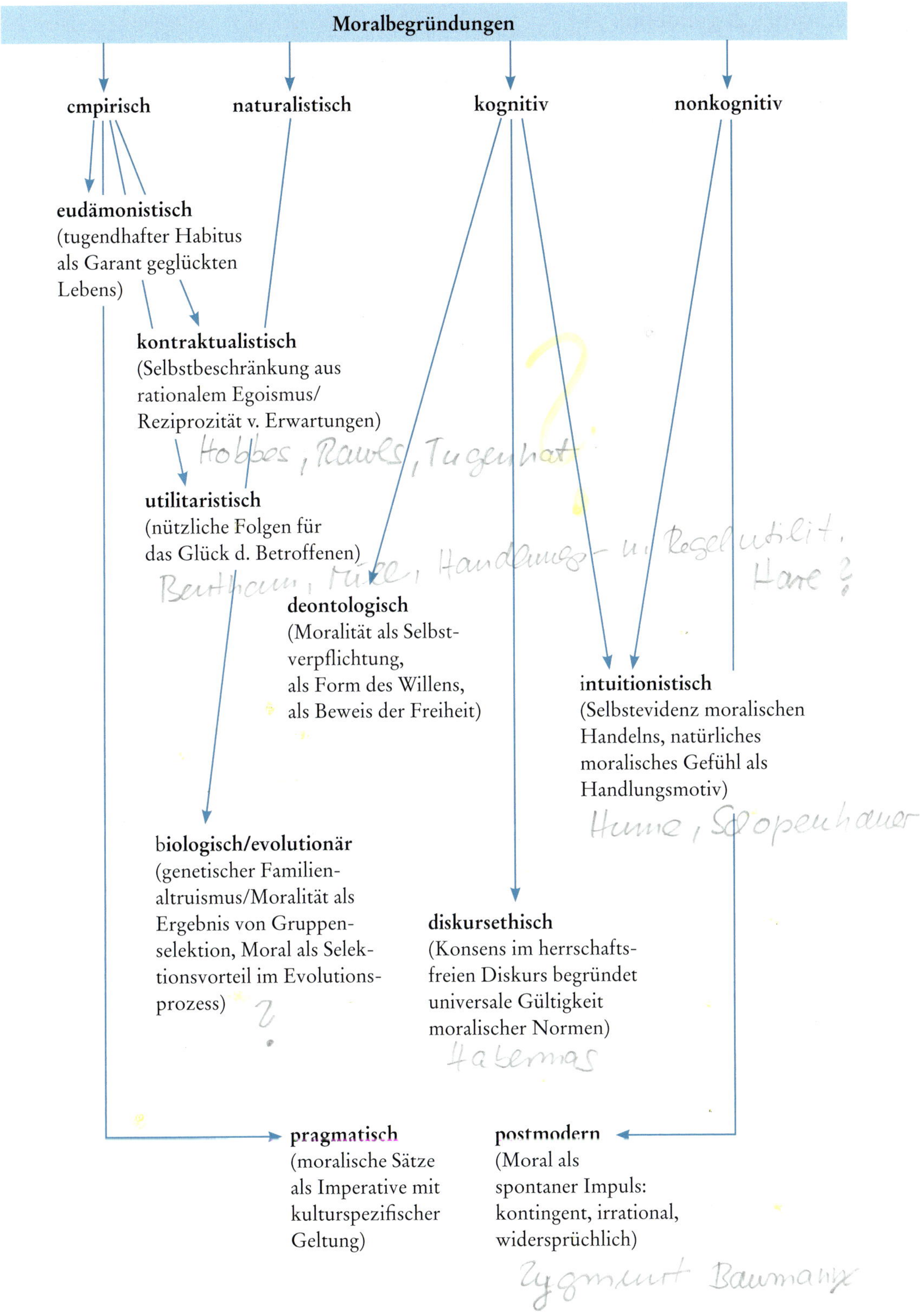
Moralbegründungen
cmpirisch
naturalistisch
kognitiv
nonkognitiv
eudämonistisch
(tugendhafter Habitus als Garant geglückten Lebens)
kontraktualistisch
(Selbstbeschränkung aus rationalem Egoismus/ Reziprozität v. Erwartungen)
utilitaristisch
(nützliche Folgen für das Glück d. Betroffenen)
deontologisch
(Moralität als Selbstverpflichtung, als Form des Willens, als Beweis der Freiheit)
intuitionistisch
(Selbstevidenz moralischen Handelns, natürliches moralisches Gefühl als Handlungsmotiv)
biologisch/evolutionär
(genetischer Familienaltruismus/Moralität als Ergebnis von Gruppenselektion, Moral als Selektionsvorteil im Evolutionsprozess)
diskursethisch
(Konsens im herrschaftsfreien Diskurs begründet universale Gültigkeit moralischer Normen)
pragmatisch
(moralische Sätze als Imperative mit kulturspezifischer Geltung)
postmodern
(Moral als spontaner Impuls: kontingent, irrational, widersprüchlich)

2. Antike Tugendethik

Anders als in der neuzeitlichen philosophischen Ethik, die moralisches Handeln in einem engen Sinn auf richtiges Handeln in ethischen Konfliktfällen einschränkt, versteht die Antike Ethik als Lehre vom guten und gelingenden Leben insgesamt, als Lebenskunst. Das schließt die richtige Lebensführung in Familie, Beruf und Freizeit, die angemessene Erziehung und selbst die richtige Ernährung und sportliche Betätigung mit ein. Entsprechend verstanden sich die Philosophen nicht nur als theoretische Denker, sondern auch als Seelsorger, Geografen, Militärstrategen, Kunstrichter und Politikberater, Astronomen und Naturforscher.
Alles, was zu einem glücklichen Leben beiträgt, haben die Philosophen erörtert, man spricht daher vom Eudaimonismus (wörtl. gutes Gewissen) als Grundorientierung antiker griechischer Philosophie.

Der antike Aufklärer **Sokrates (470–399 v. Chr.)** ist zwar der Begründer einer eigenständigen philosophischen Ethik, aber eine differenzierte Moralbegründung leistete er nicht. Dies gelang erst Platon, seinem berühmtesten Schüler, und ausführlicher noch dessen Schüler Aristoteles, dem Verfasser der ersten selbständigen Ethik.
Sokrates hat durch die Umstände seines Todes – er wird dazu verurteilt, sich selbst umzubringen, weil er angeblich die Götter verhöhnt und die Jugend fehlgeleitet habe, und vollzieht diese Selbsttötung gelassen und ohne jede Klage – praktisch vorgeführt, was er theoretisch stets gelehrt hatte:

- Der erste moralische Grundsatz fordert nicht nur, kein Unrecht zu begehen, sondern auch: Unrecht nicht mit Unrecht zu vergelten.
- Das Leben an sich ist nicht der höchste Wert, sondern nur ein gerechtes und gutes Leben. Ist das nicht mehr möglich, so muss man bereit sein, es zu opfern.
- Gesetze müssen unbedingt geachtet werden, auch wenn sie dem Einzelnen vielleicht nicht einsichtig sind. Denn das Richtige steht fest; wenn es nicht stets beachtet wird, liegt das nur am mangelnden Wissen.
- Man muss, unabhängig von allen Konsequenzen, dem eigenen Gewissen, dem *daimon*, folgen, das sich nicht auf Gefühle, sondern auf das von der Vernunft, dem *logos*, für richtig Erkannte stützt.

Das sind moralische Forderungen, aber warum sie gelten sollen, das begründet Sokrates nicht. Das Gewissen bleibt für ihn die letzte, nicht mehr hinterfragte Instanz, an der man sich zu orientieren hat. Er versteht sie als innere Stimme, auch als göttliche Eingebung, der wir unbedingt folgen sollen. Moralisches Fehlverhalten resultiert daraus, dass wir diese Stimme in uns nicht zu deuten wissen. Woher diese Stimme rührt, das bleibt im Dunkeln.

Aristoteles (384–322 v. Chr.) wurde in Stageira, Mazedonien, als Sohn eines Arztes geboren. Mit 17 Jahren trat er in Platons Akademie in Athen ein, lernte und lehrte dort zwanzig Jahre lang, bis ihn 343 König Philipp von Mazedonien zum Lehrer des 13-jährigen Alexander, seines Sohnes, berief. Er unterrichtete den Königssohn bis zu dessen Thronbesteigung 336, kehrte dann nach Athen zurück und gründet dort eine eigene Schule, das Lykeion, wo er 13 Jahre lang lehrte und forschte. Nach dem Tod Alexanders des Großen, als dessen Schützling er galt, fühlte er sich in Athen nicht mehr sicher und floh nach Chalkis, auf die Halbinsel Euboä. Dort starb er 322.
Aristoteles systematisierte die Philosophie, verfasste grundlegende Werke zur Logik, zur Staatstheorie, zu Poetik und Rhetorik, zu Theologie und Naturwissenschaften und auch zur Ethik. Sein Gesamtwerk umfasst nahezu 150 Titel und hat einen Umfang von ca. 15 000 Seiten, das Werk eines Universalgenies und Enzyklopädisten. Keines der zu seinen Lebzeiten veröffentlichten Werke ist erhalten geblieben.

Das Menschenbild von Aristoteles (vgl. S. 103) setzt zwar bei Platon an, „demokratisiert“ aber dessen Vorstellungen und entwirft ein Modell, das näher an der Lebenswirklichkeit der meisten Menschen liegt. Er sieht den Menschen nämlich nicht nur als Vernunftwesen *(zoon logon echon)*, sondern ebenso sehr als Gemeinschaftswesen *(zoon politikon)* und als Wesen, das vor allem nach Glück strebt. Als solches hat er ein elementares Interesse daran, mit anderen friedlich

Menschenbild – Tugenden – Lebensformen bei Aristoteles

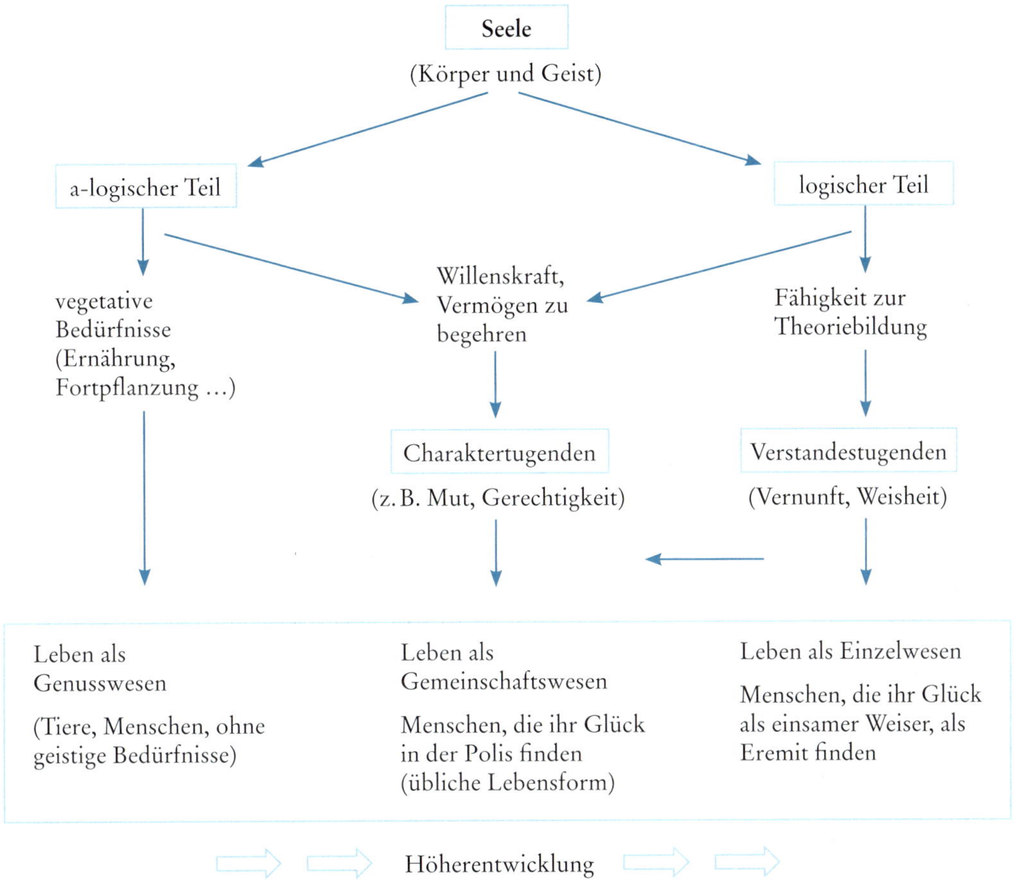

und harmonisch zusammenzuleben. Als Staatsbürger leben die Menschen üblicherweise, dazu brauchen sie die Charaktertugenden; einige begnügen sich damit, nur ihre vegetativen Bedürfnisse zu befriedigen, dazu benötigen sie keine Tugenden; einige wenige ziehen es vor, außerhalb der Gemeinschaft als reine Vernunftwesen zu leben, sie brauchen also keine sittlichen, gemeinschaftsfördernden Tugenden, sondern nur die Verstandestugenden der Weisheit und Vernunft.

In der Verbindung von Vernunft, Glücksstreben und Gemeinschaftssinn liegt für Aristoteles der Kern der Moralbegründung. Sie ist mehrstufig und begründet schrittweise,

- warum wir uns berechtigterweise als Vernunftwesen und als Gemeinschaftswesen verstehen dürfen. Das sind die anthropologischen Voraussetzungen der Begründungstheorie (vgl. dazu S. 103 f.);
- warum wir als Wesen gelten müssen, die in erster Linie nach ihrem Glück streben (hier begründet Aristoteles den Eudaimonismus);
- wie wir uns den Zusammenhang von Glücksstreben, anthropologischen Voraussetzungen und moralischem Verhalten vorstellen müssen (das ist der Kern der Moralbegründung);
- welchen Status die Tugenden haben, wie sie erworben und definiert werden (das ist der Kern der Tugendlehre (*mesotes*-Lehre));
- welche Tugenden/positiven Fähigkeiten (*aretè*) es gibt und wie sie von den Lastern des Mangels und des Übermaßes abzugrenzen sind (das ist die inhaltliche Konkretisierung der Tugendethik: *eupraxia,* das gute Handeln, ohne das man keine Tugend erwerben kann).

Unser Wollen ist abgestuft: Wir wollen vielleicht für die nächste Klausur lernen, aber nur um eine gute Note zu erzielen, und dies nur, um ein gutes Abiturzeugnis zu erhalten, das wiederum brauchen wir nur, um den gewünschten Studienplatz zu bekommen, den wir seinerseits brauchen, um unseren Traumberuf erreichen zu können, von dem wir in letzter Instanz erwarten, dass er uns glücklich macht. In dieser Weise bestimmt Aristoteles das Glück als höchstes Gut und letztes Endziel, um dessentwillen wir alles andere wollen. Das Glück ist das einzige Gut, das wir nur um seiner selbst willen anstreben, und nicht um noch etwas anderes zu erreichen.

Nur das Glück, sagt Aristoteles, „wollen wir immer wegen seiner selbst, nie wegen eines anderen, während wir die Ehre, die Lust, den Verstand und jede Tugend […] auch um der Glückseligkeit willen (wollen) in der Überzeugung, eben durch sie ihrer teilhaftig zu werden“.[1]

Das Glück ist zwar das „Allerbegehrenswerteste“, und die Tugend ist ein Mittel zu diesem Zweck, aber Tugendhaftigkeit hat doch insofern auch einen Selbstzweck, als sie uns unmittelbar glücklich machen kann – falls wir entsprechend erzogen wurden.

Der erste Schritt aristotelischer Moralbegründung heißt also: Wir sollen moralisch sein, weil es uns, direkt oder indirekt glücklich macht. Tugendhaftigkeit ist also eine Frage der Klugheit.

Warum tugendhaftes Handeln glücklich macht, dazu braucht es den Bezug zum Menschenbild Aristoteles’: Menschen streben nach Glück als Endziel; dieses Glück können sie, als gesellschaftliche Wesen, aber nur in Gemeinschaft mit anderen erreichen. Gleichzeitig sind sie vernunftbegabt und können ihr Handeln vernünftig steuern. Diese Vernunft sagt ihnen, dass sie, um mit anderen friedlich und glücklich zusammenleben zu können, ihre egoistischen Interessen und Maßlosigkeit zügeln und sich tugendhaft, d. h. maßvoll verhalten müssen. Tugendhaftigkeit ist also das logische Resultat aus der Natur des Menschen und seiner Vernunft. Dies ist der zweite Schritt aristotelischer Moralbegründung.

Tugenden selbst sind nicht angeboren, sie sind keine Affekte, wie Liebe oder Hass, die wir nicht erlernen müssen, wohl aber haben wir das Vermögen dazu, sie auszubilden. Aristoteles bestimmt sie als Habitus, das meint Charaktereigenschaft oder sittliche Haltung, zu der wir die Anlage besitzen, um sie auszuprägen.

Die Charaktertugenden, um die es in der Ethik vor allem geht, erwerben wir durch Erziehung, Gewöhnung, Einübung. Aristoteles vergleicht ihren Erwerb mit der Lernbereitschaft eines Musikers. Ohne Üben wird man nie feststellen können, ob man ein guter oder schlechter Musiker ist. Tugenden müssen gegen innere Widerstände erworben werden, denn: „Der Lust wegen tun wir ja das sittlich Schlechte, und der Unlust wegen unterlassen wir das Gute.“ Aristoteles zieht daraus die Konsequenz: „Darum muss man von der ersten Kindheit an einigermaßen dazu angeleitet worden sein, über dasjenige Lust und Unlust zu empfinden, worüber man soll, denn das ist die rechte Erziehung.“[2]

Tugend definiert er als den von einem vernünftigen Menschen gewählten, mittleren Habitus, der die „nach uns bemessene Mitte hält“ zwischen Extremen des Mangels und des Übermaßes. Die „rechte Mitte“ in unseren Haltungen und Fähigkeiten zu finden, ist eine Frage der Übung, des Suchens, Strebens und Korrigierens. Ob wir gut gehandelt haben, das merken wir an den Reaktionen der anderen. Aristoteles veranschaulicht seine Tugendlehre an Beispielen:

Beispiele aus Aristoteles’ Tugendmodell

Extrem des Mangels	Rechte, tugendhafte Mitte	Extrem des Übermaßes
Feigheit	Tapferkeit / Mut	Tollkühnheit
Geiz	Freigebigkeit	Verschwendungssucht
Streitsucht	Freundlichkeit	Schmeichelei
Schamlosigkeit	Schamhaftigkeit	Verschämtheit
Diskriminierung	Gerechtigkeit	Privilegierung

Die Ethik des Aristoteles ist nicht unumstritten. Die folgenden Einwände formulieren zentrale Kritikpunkte:

Kritik der aristotelischen Tugendethik

1. Die aristotelische Tugendethik baut auf tugendhafte Charakterzüge. Dies gilt einerseits als zu wenig, um die ethischen Probleme einer globalisierten Welt mit weitgehend anonymen Beziehungen lösen zu können (pflichtethischer Einwand).
2. Andererseits gilt es als zu viel, auf einen konsistenten Charakter zu vertrauen. Menschliches Handeln ist kaum mit dauerhaften Charaktereigenschaften erklärbar. Wir handeln nicht aus bewusster Übereinstimmung mit unseren Tugenden, vielmehr aus situationsbedingten, unbewussten oder uneingestandenen Ursachen (Einwand der Situationisten).
3. Da Tugendhaftigkeit als Mittel gilt, um einen außermoralischen Zweck, das Glück, zu erreichen, wird sie überflüssig, wenn sich der Zweck auch auf andere Weise erreichen lässt. Tugend ist keine notwendige Bedingung für Glück.
4. Aristoteles kann keine objektiven Maßstäbe angeben, nach denen die „rechte Mitte" zwischen den Lastern des Übermaßes und des Mangels für den Einzelnen ermittelbar ist.
5. Die aristotelischen Tugenden sind letztlich moralisch neutral: Mut braucht auch der Einbrecher, Freundlichkeit ist auch dem Betrüger dienlich.
6. Die aristotelischen Tugenden, die als Staatstugenden gedacht sind, reichen heute nicht mehr aus, um einen Staat angemessen und befriedigend zu leiten. Mit den Tugenden der Freigiebigkeit und Mäßigung ist keine Weltfinanzkrise zu meistern.
7. Die Tugenden bleiben damit an die historische Situation der griechischen Polis-Stadtstaaten gebunden, dort konnten sie im kleinen, persönlichen Rahmen als Staatstugenden wirken.
8. Wenn die aristotelischen Tugenden aber nur noch als private Tugenden für das Verhalten des Einzelnen gegenüber seinen unmittelbaren Mitmenschen gelten können, dann können sie im anonymen Massenstaat und in einer globalisierten Welt nicht mehr das Glück des Einzelnen garantieren.

Aristoteles verstand die Tugenden wesentlich als Staatstugenden. In seiner Nachfolge, bei **Zenon (350–258 v. Chr.)** und bei **Epikur (ca. 340–270 v. Chr.)**, wird die Tugendlehre – als Folge des Rückzugs ins Private in der Zeit beginnender Diktaturen – entpolitisiert und privatisiert. Die Tugenden sollen jetzt dazu dienen, im kleinen persönlichen Kreis ein stilles Glück zu finden. Tugendhaftigkeit und Glücksstreben stehen dabei bei Zenon und Epikur in gegensätzlichem Verhältnis zueinander:
Für die **Stoa** gilt der Vorrang der Tugend, sie ist nicht nur notwendige, sondern auch hinreichende Bedingung für das Glück. Nur wer seine unmittelbaren Glücksbegierden zurückstellen kann, erlangt die höhere Glückseligkeit der *ataraxia,* der Unerschütterlichkeit. Epikur dreht das Verhältnis um: Wer seinem – allerdings wohldosierten, gemäßigten – Glücksverlangen nachgibt, der lebt tugendhaft. Aristoteles war durch die Politisierung der Glücksverheißung zu einer mittleren Position gelangt: Das subjektive Glücksstreben ist erstes, notwendiges, aber nicht hinreichendes Ziel für ein geglücktes Leben in der Polis.

Obwohl die Stoa in der späten griechischen Antike vorgedacht wurde, bei Zenon, Kleanthes, Chrysipp, erreicht sie ihre größte Wirkung erst als jüngere Stoa in der römischen Antike, bei **Seneca (1–65)**, **Epiktet (55–135)** und **Marc Aurel (121–180)**. In den ersten Jahrhunderten nach der Zeitenwende wird die stoische Lehre zur wirkungsmächtigsten philosophischen Lehre überhaupt, sie beeinflusst, besonders durch ihre weitgehende Körperfeindlichkeit und Aufwertung alles Geistigen, stark die christliche Lehre und wirkt durch die erstmalige Betonung der Pflicht als zentraler ethischer Kategorie bis in das Werk von Immanuel Kant.
Tugendhaftigkeit gilt als frei und vernünftig gewählte Übernahme der zweckvollen, wohlgeord-

1 *Aristoteles*: Nikomachische Ethik, I 1097b.
2 Ebd. 1104b.

neten Gesetzlichkeiten der Natur und des Kosmos. Das Ideal stoischer Lebensführung ist gekennzeichnet durch drei Haltungen:
Apathie, das meint Leidenschaftslosigkeit, Selbstbeherrschung, strenge Kontrolle der Gefühle und Begierden, ein vernünftiges Einschätzen dessen, was ich beeinflussen kann – nach stoischer Überzeugung gehören dazu alle Genussbegierden, Triebe, kurzfristigen Neigungen, aber auch mein Verhältnis zum anderen – und was nicht in meiner Verfügung steht: Dazu zählen die Stoiker Gesundheit, körperliche Leiden und Tod, soziale Stellung, Ansehen und Wohlstand. Stoisch zu sein heißt demnach: sich nur darum bekümmern, was in meiner Macht steht, alles andere aber klaglos zu ertragen.
Autarkie, das meint vernünftige Selbstbestimmung als höchstes Gut und Ziel menschlichen Handelns. Es meint Unabhängigkeit von äußeren und inneren Umständen, die mich daran hindern wollen, meine Pflicht zu tun.
Askese, das meint Genügsamkeit, Bedürfnislosigkeit in den Anforderungen an das Leben, da jedes Bedürfnis Abhängigkeiten von Umständen schafft, die nicht in meiner Macht liegen. Askese garantiert demnach ein Höchstmaß an Freiheit.
Als Preis für eine Orientierung an diesen drei Maximen der Lebensführung lockt die Seelenruhe der Unerschütterlichkeit, der ***ataraxia.***
Die Langzeitwirkung der Stoa beruht wesentlich auf ihren sozialethischen Überzeugungen und Forderungen: Erstmals fordert sie die Gleichberechtigung von Mann, Frau und Kindern, begründet im Ansatz die Idee der Menschenrechte, indem sie die Gleichheit von Herren und Sklaven propagiert, sie verpflichtet die Reichen zur Mildtätigkeit, die Bürger zum sozialen Engagement, wertet die Arbeit als ehrenvolle Tätigkeit auf und entwickelt eine kosmopolitische Vorstellung von einem einheitlichen Weltrecht und einem Weltstaat.

Epikur ist der große Gegenspieler der Stoa, seine Lehre, die oft vorschnell mit einem blanken Hedonismus (griech. *hedonē* = Lust, Freude) gleichgesetzt wird, ist bevorzugtes Ziel stoischer Angriffe. Tatsächlich sieht Epikur die Unerschütterlichkeit nicht durch Orientierung an stoischen Maximen erreichbar, vielmehr lebt gut, auch sittlich gut, wer gelernt hat, seine Bedürfnisse wohldosiert und in Maßen zu befriedigen.
Epikur ist Sensualist: Wahre Erkenntnis erreichen wir durch Sinneswahrnehmungen *(aisthēsis)*, die sich durch Wiederholung zu Erfahrungen und zu allgemeinen Begriffen verdichten, und das Gefühl *(pathos)* für Schmerz und Lust, das den Maßstab abgibt, welches Verhalten zu wählen, welches zu meiden ist. Sinnlichkeit wird damit zum Kriterium für das Gute und das Übel, Lust ist das höchste Gut, Schmerz das größte Übel. Epikur versteht Luststeigerung und Schmerzminderung aber nicht in einem maximalistischen Sinn, vielmehr gilt ein Optimum als erstrebenswert, und dieses ist sehr bescheiden gefasst: „Nicht frieren, nicht hungern, nicht dürsten“ ist alles, was der Körper will, „keine Angst haben“ ist, was die Seele will. Das Optimum wird also negativ bestimmt, durch Abwesenheit elementarer Unlust. Alle weiteren Luststeigerungen erscheinen ihm nur als Variationen oder raffinierte Steigerungsversuche, die die Gefahr bergen, in Unlust umzukippen: Völlerei führt bald zu Unwohlsein, exzessive Liebeslust zu Abstumpfung und Langeweile. Genügsamkeit ist also kein Selbstzweck, vielmehr wohlbedachtes Mittel, um langfristig das Glück zu erhalten.
Der wahre Epikureer „lebt im Verborgenen“, er zieht sich aus der Öffentlichkeit, die nur Unlust verheißt, zurück und pflegt Freundschaften im kleinen Kreis.
Der Ansatz Epikurs weist auf die Sensualisten des 18. Jahrhunderts voraus, auf David Hume und Adam Smith; seine Bestimmung von Lust und Unlust als Orientierungsmaßstäbe des Handelns findet sich wieder im Utilitarismus, bei Jeremy Bentham und John Stuart Mill.

Da sich andererseits viele Gedanken der Stoa bei Immanuel Kant wiederfinden, kann man die antike Kontroverse zwischen Stoa und Epikuräismus als Vorläufer der modernen Kontroverse zwischen Vernunftethik und Gefühlsethik verstehen.

3. Der Kontraktualismus

Kontraktualismus, (von lat. *contractus* = Vergleich, Vertrag) daher auch Vertragslehre, meint eine staatsphilosophische und Moraltheorie, die davon ausgeht, dass es im vernünftigen Eigeninteresse von Menschen liegen kann, ihr Recht, sich vollkommen frei zu entscheiden, was sie tun und lassen wollen, freiwillig einzuschränken. Sie tun dies aus Sorge um ihr Wohlergehen und nur unter der Bedingung, dass alle anderen dies auch tun. Genau dies ist der Inhalt des Vertrags. Er lautet in seiner ursprünglichen Fassung, bei Thomas Hobbes: „Ich übergebe mein Recht, mich selbst zu beherrschen, diesem Menschen oder dieser Gesellschaft unter der Bedingung, dass du ebenfalls dein Recht über dich ihm oder ihr abtrittst."[3] In diesem Sinn liegt ein Vertrag jedem Wahlakt bei einer Parlamentswahl zugrunde. Der Wähler tritt durch sein Kreuz hinter einem Abgeordneten und/oder einer Partei sein Recht auf völlige Selbstbestimmung – für begrenzte Zeit – ab. Er überträgt dieses Recht auf den Abgeordneten als Volksvertreter. Der Kontraktualismus begründet also die Idee der politischen Repräsentation und schafft damit eine ganz neue Form von Herrschaftslegitimation: Der Herrscher rechtfertigt seine Macht nicht mehr religiös durch Gottesgnadentum, sondern weltlich als Repräsentant des Volkswillens. Der Kontraktualismus begründet also eine neue, säkulare Staatsphilosophie. (S. 211 ff.)

Die Moralbegründung des Kontraktualismus besagt, dass Normen dadurch Geltung erlangen, dass sich strategisch-vernünftig eingestellte Personen auf sie einigen können. Die Einigung geschieht durch einen Vertrag, an den alle gebunden sind und in dem sie sich gegenseitig verpflichten, sich nicht zu schaden und sich gegenseitig so zu behandeln, wie sie selbst behandelt werden wollen. Hinter dieser Annahme einer vernünftigen Reziprozität (Wechselseitigkeit) steht die sogenannte „Goldene Regel"
Das Motiv, dem Vertrag zuzustimmen, ist beliebig, typischerweise ist es die Angst davor, böswilligen Mitmenschen schutzlos ausgeliefert zu sein. Der Kontraktualismus benötigt also für seine Moralbegründung:

- keine zur Tugendhaftigkeit erzogenen Menschen,
- keine feste, vorgegebene Werteordnung,
- keine uneigennützig handelnden Menschen,
- kein Kollektiv, in das der Einzelne moralisch eingebunden ist,
- keine Annahme eines freien Willens, der mich zur Selbstverpflichtung drängt.

Der Kontraktualismus geht von einem taktisch denkenden, an seinen Interessen orientierten, individualistischen und wertskeptischen Menschen aus. Diese „modernen" und normativ-schwachen Voraussetzungen machen den Kontraktualismus als Moralbegründung so attraktiv.

Thomas Hobbes (1588–1679) ist der Begründer des Kontraktualismus. Sein skeptisches und mechanistisches Menschenbild (vgl. S. 105) rührt von den Erfahrungen und Begegnungen seines Lebens her: Er erlebt die Schrecken des Dreißigjährigen Kriegs, die Ermordung Heinrichs IV. von Frankreich durch einen religiösen Fanatiker, die Hinrichtung Karls I., Revolution, Bürgerkrieg und Restauration in England. Er ist Sekretär von Francis Bacon, dem Begründer des Empirismus und der modernen Naturwissenschaften, er flieht nach Frankreich und lernt dort René Descartes und dessen mechanistisches Menschenbild kennen, in Italien den Physiker Galileo Galilei und den Mathematiker Pierre Gassendi.
Drei Grundannahmen von Hobbes über den Menschen im Naturzustand, das meint den Zustand vor dem Abschluss eines Gesellschaftsvertrags, führen zum Konflikt und begründen aus diesem die Notwendigkeit des Vertrags.
Einerseits geht er von einer völligen Gleichheit der Menschen aus, die begründet, dass jeder das Recht auf alles hat. Zudem wollen Menschen in Sicherheit und Frieden leben, ihr Leben und Eigentum in Ruhe genießen können.
Andererseits sieht er sie durch Konkurrenzdenken, Habgier und Ruhmsucht geprägt. Also muss jeder ständig um seine Sicherheit und sein Eigen-

3 *Hobbes, Thomas*: Leviathan. Stuttgart 1980. S. 155.

tum bangen, es kommt zu einem Krieg aller gegen alle *(bellum omnia contra omnes)*. Jeder ist damit beschäftigt, sich zu schützen und zu verteidigen, und es gibt keinerlei Fortschritt in Wirtschaft, Technik und Kultur:
„Da findet sich kein Fleiß, weil kein Vorteil davon zu erwarten ist, es gibt keinen Ackerbau, keine Schifffahrt, keine bequemen Wohnungen, keine Werkzeuge höherer Art [...], keine Künste, keine gesellschaftlichen Verbindungen, stattdessen ein tausendfaches Elend, Furcht, gemordet zu werden, stündliche Gefahr, ein einsames, kümmerliches, rohes und kurzes Leben."[4]

Um diesem Zustand zu entkommen, bleibt nur die Möglichkeit, auf das „Recht auf alles" zu verzichten, um Sicherheit und Fortschritt zu gewährleisten. Der so begründete Vertrag soll also eine Art Moralität aus einer amoralischen Situation entstehen lassen. Ist es den Menschen gelungen, den Naturzustand zu überwinden und sich eine künstliche Welt des geordneten, bürgerlichen Staats zu schaffen, dann kann sich auch die andere Seite ihrer Anlagen entfalten. Sie müssen sich dann nicht mehr aggressiv und selbst behauptend gegen den anderen verteidigen *(homo homini lupus* = der Mensch ist dem Menschen Wolf*)*, sondern sie können konstruktiv, friedlich und solidarisch am Fortschritt der Zivilisation arbeiten: Der Mensch wird im bürgerlichen Zustand dem Menschen zum Gott: *„homo homini deus."*[5] (siehe Schaubild unten)

Den Vertrag schließt jeder mit jedem. Aber er schließt ihn nicht um des anderen willen, nicht aus Tugendhaftigkeit, aus Mitgefühl oder Einsicht, sondern ausschließlich aus egoistischen Motiven. Deshalb fühlt er sich auch nur solange daran gebunden, wie jeder andere ihn auch einhält. Der Philosoph Ernst Tugendhat hat diesen Gedanken der bedingten Abmachung am Beispiel des nächtlichen Autofahrens veranschaulicht: Kommt ein Fahrer entgegen, so blende ich das Fernlicht ab, sofern er es auch tut, blendet er nicht ab, so blende ich sofort wieder auf. Menschen verhalten sich rücksichtvoll und kooperativ nur, falls und solange es wechselseitig geschieht.

Zur Begründung des Vertragsdenkens bei Hobbes

1. Gleichheit der Menschen
↓
Jeder hat gleiches Recht auf alles – im Naturzustand

2. Alle wollen Sicherheit und Frieden, ihr Eigentum in Ruhe genießen

3. Menschen sind habgierig, ruhm- und machtsüchtig, neidisch, leben in ständiger Konkurrenz
↓
„homo homini lupus"

(2. und 3.) →

„bellum omnia contra omnes"
(Krieg aller gegen alle)
↓
Vertrag
(garantiert 2., trotz 3.)
ermöglicht:
„homo homini deus"

In der Spieltheorie wird dieser Gedanke am Beispiel des sogenannten Gefangenendilemmas verdeutlicht. Untersuchungen zeigen: Menschen verhalten sich solange rational und kooperativ, verzichten z. B. auf einen maximalen, kurzfristigen Gewinn, wie sie davon längerfristig profitieren. Verhalten sich andere Spielteilnehmer nicht kooperativ, fallen sie sofort wieder in ein egoistisches, kurzfristiges Handeln zurück.

Bei Hobbes beruht der Vertrag aber nicht nur auf Gegenseitigkeit, vielmehr schließen ihn die Vertragspartner mit dem Herrscher, dem Leviathan, wie ihn Hobbes nennt. Dieser ist es, der Sicherheit, Frieden und Schutz garantiert. Die Menschen machen sich freiwillig zu Untertanen, damit der Herrscher sie beschützt. Nur wenn sich alle ihm bedingungslos unterwerfen, erhält er ausreichend Macht, sie zu schützen. Kommt er dieser Verpflichtung nicht nach, so sind auch sie nicht mehr an den Vertrag gebunden und fallen in den Naturzustand zurück. Dies ist der Kern der Herrschaftslegitimation für einen absolutistischen Herrscher. Hobbes entwirft in seinem Werk „Leviathan“ (1651) eine Reihe von natürlichen Gesetzen, die zusammen im Kern einen Rechtsstaat begründen können. Die wichtigsten sind:

- die „Goldene Regel“: Sei zufrieden mit der Freiheit, die du durch den Vertrag erhältst. „*pacta sunt servanda*“: Verträge sind einzuhalten.
- Jeder sei jedem nützlich.
- Alle Menschen sind von Natur untereinander gleich.
- Beleidigungen sollen, bei Reue, vergeben werden.
- Der Zweck von Strafen liegt in der Abschreckung und der Besserung des Täters, nicht in der Vergeltung der Tat (Hobbes ist damit der Begründer der Straftheorie der Abschreckung).
- Selbstjustiz ist verboten.
- Ein Richterspruch muss akzeptiert werden.
- Gemeinsamer Besitz muss gemeinsam und gleich genutzt werden.
- Wo keine Aufteilung von Besitz nach Gleichheit möglich ist, entscheidet das Los oder das Erstgeburtsrecht.

Ernst Tugendhat (*1930) versteht den Kontraktualismus als System wechselseitiger Forderungen, die gegenseitig begründet werden müssen. Er sieht mehrere Einwände gegen den „klassischen“ Kontraktualismus und bezieht sie in seine eigene Moralbegründung ein:

- Der ursprüngliche Kontraktualismus ist eine „Moral der Starken“, weil der Vertrag nur zwischen gleichen Vertragspartnern geschlossen wird, die sich gegenseitig etwas zu bieten haben oder sich gegenseitig ernsthaft bedrohen können. Alle schwachen Mitglieder einer Gesellschaft (Kinder, Kranke, Arbeitslose etc.) fallen aus dem Vertrag. Dagegen setzt er die Idee der Symmetrie und der Gerechtigkeit: Symmetrie meint „wechselseitige Autonomie“, d. h., ich muss jedem anderen, auch dem Schwächsten, zugestehen, dass er dasselbe Recht hat, Forderungen an mich zu stellen, wie ich das Recht habe, Forderungen an ihn zu stellen. Nur dieses wechselseitige Recht empfinden wir als gerecht. Und da niemand ungerecht genannt werden will, muss jeder bereit sein, jedem dieses wechselseitige Recht zuzugestehen.
- Der ursprüngliche Kontraktualismus ist individualistisch; jeder Einzelne prüft für sich, ob es für ihn nützlich ist, sich dem Vertrag anzuschließen und seine Rechte abzutreten. Dies entspricht aber nicht der Realität, da Menschen in moralischen Gemeinschaften sozialisiert werden und so von klein auf in normative Verhältnisse eingebunden sind. Tugendhat präzisiert hier: Für die moralische Gemeinschaft, die mich sozialisiert, stellt sich die Frage, inwieweit sie ihre moralischen Forderungen mir gegenüber plausibel begründen kann, d. h., wie gerecht sie ist. Der Individualismus bezieht sich nur auf die Notwendigkeit, den wechselseitigen Vertrag auch wirklich als selbstgewollt verstehen zu können. Alle normativen Forderungen einer Moralgemeinschaft, die „sich

4 Ebd. S. 115 f.
5 *Hobbes, Th.*: Vom Menschen – vom Bürger. Hamburg 1959. S. 59

nicht auf den Wert reduzieren lassen, den sie für die Individuen haben, sind zu verwerfen".[6]
- Der ursprüngliche Kontraktualismus kann das Problem des „Trittbrettfahrers" nicht lösen: Wenn sich alle anderen an den Vertrag halten, kann ich davon profitieren, wenn ich es nicht tue. Man muss also eine Begründung dafür finden, warum jeder Einzelne motiviert ist, sich auf die wechselseitigen Forderungen einzulassen und sich an sie zu halten. Tugendhat verweist hier zum einen auf den spontanen Altruismus (die Uneigennützigkeit), zu dem wir durch unsere moralischen Gefühle (Mitleid, Scham, Empörung etc.) fähig sind, zum anderen werden wir bei symmetrisch verstandenen wechselseitigen Forderungen nicht nur von unserer moralischen Gemeinschaft gedrängt, uns an die vereinbarten Normen zu halten, sondern wir können auch für uns nicht umhin, uns an den Vertrag zu halten, „weil wir uns sonst verachten müssten".[7]

Tugendhat reichert den Kontraktualismus also um Elemente der Gefühlsethik und der antiken Glücksethik an.

4. Der Utilitarismus

Der Utilitarismus (von lat. *utilis* = nützlich; deutsch: Nützlichkeitslehre) entwickelt sich nicht zufällig zwischen der Aufklärung und der Blüte des Frühkapitalismus. Das grundlegende Werk dieser Moraltheorie, Jeremy Benthams „Introduction to the Principles of Moral and Legislation" erscheint im Jahr der beginnenden Französischen Revolution, 1789, das zweite Hauptwerk, John Stuart Mills „Utilitarianism" erscheint 1863, zur hohen Zeit des britischen Imperialismus und der ersten Industrialisierung. Die Aufklärung befördert die Hoffnungen auf Gleichheit und Freiheit, der Kapitalismus stärkt das kalkulatorische und nüchtern-ökonomische Denken, das Denken in Kosten-Nutzen-Abwägung und die Orientierung an Bedürfnissen. All dies geht in die Moraltheorie des Utilitarismus ein. Sie ist:
- egalitär, d. h., die Bedürfnisse eines jeden zählen gleich viel, müssen gleich stark berücksichtigt werden;
- hedonistisch, d. h., Lustbefriedigung gilt als legitimes und wichtigstes Anliegen der Menschen;

Ethische Prinzipien des Utilitarismus

Konsequenzprinzip:
Handlungen sind nur von ihren Folgen her zu beurteilen, sie sind nie gut oder schlecht „an sich". Der Zweck heiligt jedes Mittel.

⇨

Utilitätsprinzip (Nützlichkeitsprinzip):
Der Maßstab zur Beurteilung der Folgen ist ihr Nutzen für den Einzelnen und die Gemeinschaft. Gut ist, was nützt.

⇨

Hedonistisches Prinzip:
Das höchste Gut ist die Erfüllung der Bedürfnisse, die Befriedigung der Lüste; das Kriterium ist das Maß an Freude, das eine Handlung hervorruft, vermindert um ihr Maß an Leid.

⇨

Sozialprinzip:
Entscheidend ist die Bilanzsumme an Glück oder Leid aller von einer Handlung Betroffenen. Nur wenn diese Summe positiv ist, ist die Handlung ethisch vertretbar.

⇨

Egalitätsprinzip:
Dabei sind nach dem strikten Gleichheitsgrundsatz Freude und Leid aller Betroffenen gleich zu gewichten, und jede Art von Freude und Leid zählt gleich viel.

- konsequenzialistisch, d. h., die Konsequenzen, Folgen einer Handlung, sind entscheidend für ihre moralische Beurteilung;
- teleologisch, d. h., das *telos*, der Zweck einer Handlung, entscheidet darüber, welche Mittel zu seiner Erreichung einzusetzen sind.

Der Reiz des Utilitarismus beruht auf zwei Aspekten:
- Er geht von einer einzigen, schlichten und einleuchtenden Prämisse aus: Menschen streben danach, möglichst viel Freude und möglichst wenig Leid zu erleben.
- Er verknüpft die Ableitungen aus dieser Prämisse in logisch strenger und einfacher Weise zu einer ethischen Handlungstheorie, indem er fünf Fragen klärt, die sich auseinander ergeben: 1. Wonach sind Handlungen ethisch zu beurteilen? 2. Woran werden die Folgen einer Handlung bemessen? 3. Wann nützt eine Handlung etwas? 4. Für wen soll das höchste Gut der Glücksvermehrung gelten? 5. Wie sind die Betroffenen einer Handlung, wie sind Freuden und Leiden zu gewichten?

Erläuterung der Prinzipien des Utilitarismus

Aus dem Konsequenzprinzip folgt, dass wir selbst Handlungen, die unmittelbar als schlecht gelten können – etwa das Abschneiden eines Beines –, für gut befinden, wenn wir sie im Hinblick auf ihren Zweck betrachten, z. B. das Leben eines Thrombose-Patienten zu retten.
Aus dem hedonistischen Prinzip folgt, dass alle Wesen, die leiden und sich freuen können, also auch schmerzempfindliche Tiere, zur ethischen Gemeinschaft zählen. „Die Frage ist nicht, können sie denken, sondern: können sie leiden", stellt schon Jeremy Bentham fest. Aus dem Prinzip folgt auch, dass alle Arten von Freuden und Leid gleich viel zählen: Wenn kegeln und Gedichte schreiben gleich viel Lust bereiten, dann sind sie auch gleich gut, behauptet Bentham. Damit will der Utilitarismus auch eine Aufwertung der Bedürfnisse der Unterschicht gegenüber der Überheblichkeit der Oberschicht erreichen, die nur „edle", geistige Beschäftigungen für relevant hält.
Aus dem Sozialprinzip folgt die letzte Zweckbestimmung moralischen Handelns, nämlich: „das größte Glück der größten Anzahl"[8] (Hutcheson) an Personen anzustreben. Das hat zur Folge, dass Hunger, Armut, Krankheit, Arbeitslosigkeit, Unterdrückung, die in weiten Teilen der Welt herrschen, nach utilitaristischer Überzeugung energisch bekämpft werden müssen. Die Freude der Aktionäre an einer hohen Dividende ist nach dem Sozialprinzip mit dem Leid der Ausgebeuteten zu verrechnen, das diese Dividende ermöglicht.
Der Utilitarismus fordert eine radikalere Hilfsbereitschaft als etwa die Ethik Kants, die Hilfsbereitschaft nur als unvollkommene Pflicht ansieht.
Aus dem Egalitätsprinzip folgt u. a., dass keine sachfremden Erwägungen, keine Bevorzugungen und Benachteiligungen, keine Korruption beim Abwägen von Handlungsmöglichkeiten eine Rolle spielen dürfen: Der Bürgermeister darf den Flächennutzungsplan nicht so anfertigen, dass seine Parteifreunde davon besonders profitieren, denn deren Freude zählt nicht mehr als die jedes anderen.

Die Moralbegründung des Utilitarismus will einerseits zeigen, warum Luststeigerung und Leidminderung berechtigterweise als Prämisse vorausgesetzt werden können, andererseits muss sie klären, warum der Einzelne nicht nur an seiner Glücksvermehrung interessiert sein soll, sondern das allgemeine Glück wünschenswert ist. Jeremy Benthams berühmte Schrift (s. o.) beginnt mit den Worten:
„Die Natur hat die Menschheit unter die Herrschaft zweier souveräner Gebieter – Leid und Freude – gestellt. Es ist an ihnen allein zu zeigen, was wir tun sollen, wie auch zu bestimmen, was wir tun werden. [...] Sie beherrschen uns in allem, was wir tun, was wir sagen, was wir denken."[9]

6 *Tugendhat, E.*: Aufsätze, 1992–2000. Frankfurt/M. 2001. S. 173.
7 Ebd. S. 183.
8 *Hutcheson, Francis*: Über den Ursprung unserer Ideen von Schönheit und Tugend. Hamburg 1986. S. 71.
9 *Bentham, J.*: Einführung in die Prinzipien der Moral und der Rechtsprechung (1789). In: *Höffe, Otfried* (Hrsg.): Einführung in die utilitaristische Ethik. Tübingen ³2003. S. 80 f.

In dieser Formulierung wird deutlich, dass Bentham das Lustprinzip anthropologisch und deterministisch begründet: als natürliche Ausstattung des Menschen, die uns lenkt und leitet. Er sieht das Lustprinzip als so unmittelbar evident an, dass es nicht weiter begründet werden muss.

Henry Sidgwick (1838–1900) verzichtet auf eine anthropologische Begründung und hält die Grundannahme der Lustorientierung deshalb für berechtigt, weil sie mit dem *„common sense"* vereinbar sei, d. h., die allermeisten Menschen halten sie für „intuitiv wahr".
Moderne Versionen des Utilitarismus, etwa bei Richard M. Hare, Peter Singer oder Dieter Birnbacher, akzeptieren den Einwand gegen das reine Lustprinzip, dass es durchaus Menschen gibt, deren Lebensziel es nicht ist, möglichst viel Freude zu erleben. Manchen Menschen ist das Leben in einer reinen Spaßgesellschaft eher ein Gräuel.
Moderne Utilitaristen sprechen daher von Präferenzen, statt vom Lustprinzip: Was Menschen demnach wollen, ist nicht einfach ein Maximum an Lust, vielmehr wollen sie ihre Präferenzen möglichst optimal erfüllt sehen. Zu meinen Präferenzen kann dann auch gehören, ein entbehrungsreiches, anstrengendes und pflichtbewusstes Leben zu führen.
Birnbacher begründet das Lustprinzip negativ: Es gebe keinen einzigen anderen Wert, weder Tugendhaftigkeit, noch Gerechtigkeit oder Freiheit etc., auf den sich alle Menschen einigen könnten, außer dem einen, dass „positive Bewusstseinszustände" angenehm seien. Glück sei also der einzige wirklich konsensfähige Wert für alle Menschen.

John Stuart Mill (1806–1873) versucht zu begründen, warum das, was für den Einzelnen erstrebenswert ist, zugleich das allgemein Wünschenswerte sei. Er hält es für eine „psychologische Tatsache, dass etwas für allgemein wünschenswert zu halten und es für lustvoll zu halten, ein und dasselbe sind".[10] Persönliches und allgemeines Glücksstreben sind demnach identisch.
Denkt man dabei an die Gesellschaft, in der dies behauptet wird, dann ist der Zusammenhang plausibel: Abschaffung von Sklaverei und Kinderarbeit, Ausbeutung und Verelendung, Einführung von allgemeinem Wahlrecht, angemessene Entlohnung, Urlaub und Krankenversicherung waren im England von Mill sicher allgemein wünschenswert und zugleich lustvoll für den Einzelnen. Ob der Zusammenhang noch heute gilt, scheint eher zweifelhaft.

Jeremy Bentham (1748–1832), Patenonkel und Lehrer von John Stuart Mill, versteht in seinem grundlegenden Werk über den Utilitarismus moralisch richtiges Handeln als etwas, das man gleichsam errechnen kann. In einer Gewinn- und Verlustrechnung werden verschiedene Quellen der Freude und des Leids nach verschiedenen Gesichtpunkten für jeden Einzelnen und die Gesamtheit der von einer Handlung Betroffenen mathematisch ermittelt, und wenn dann „die Seite der Freude überwiegt, ist die Tendenz der Handlung … insgesamt gut".[11]
Eine solche, rein quantitative Errechnung des moralisch Richtigen nennt man **hedonistisches Kalkül.**
In seiner Aufzählung von 14 Freuden nennt Bentham nicht nur „die Freuden des Reichtums" und „der Freundschaft", sondern auch „die Freuden der Macht" und die „Freuden des Übelwollens"; in der Liste der Leiden finden sich auch „die Leiden der Frömmigkeit" und die „Leiden des Wohlwollens".[12] Freuden und Leiden werden also nicht bewertet, jede Lustquelle zählt gleich viel, wohl aber werden sie gewichtet, und zwar nach den Umständen: der Intensität, der Dauer, der Gewissheit, der Nähe, der Folgenträchtigkeit und der Reinheit. Entscheidend ist zudem das Ausmaß, d. h. die Anzahl der betroffenen Personen.
In dieser Weise glaubt Bentham ein sicheres, objektives und rationales Verfahren zur Ermittlung des moralisch Richtigen entwickelt zu haben.

Tatsächlich werden entsprechende Verfahren auch heute in Wirtschaft und Politik verwendet, etwa um Grenznutzen eines Produkts zu ermitteln, Steuern festzulegen oder Vor- und Nachteile von Subventionen zu errechnen. Auch Konfliktberater im persönlichen Bereich raten dazu, Positiv- und Negativlisten für bestimmte Handlungsoptionen aufzustellen, wenn man in schwierigen Entscheidungssituationen steckt.

Als Moraltheorie rechtfertigt der reine Utilitarismus aber häufig Entscheidungen, die moralisch zweifelhaft oder gar intuitiv als völlig verwerflich erscheinen, da weder die Quellen der Lust noch des Leids qualitativ betrachtet werden: Öffentliche Hinrichtungen zur Volksbelustigung, medizinische Experimente mit Nicht-Einwilligungsfähigen, das heimliche Entfernen einer Niere während einer Krebsoperation, um einen Dialysepatienten damit zu retten, sind demnach ebenso wenig verboten wie alles „Robin-Hood-Verhalten", bei dem wenige Reiche beraubt werden, um viele Arme glücklich zu machen, oder alle gentechnischen Versuche an Embryonen, da diese weder Freude noch Leid erleben können.
Zudem kennt der reine Utilitarismus keine Maßstäbe, die verhindern, dass mögliche Folgen in ein Kalkül einbezogen werden, die nicht kalkuliert werden können oder dürfen: Der Arzt, der Frauen statt Verhütungsmitteln Placebos verabreicht, um die Geburtenrate zu steigern, der pazifistische Feuerwehrmann, der eine brennende Waffenfabrik nicht löscht, der Innenminister, der Asylbewerber in Baracken unterbringt, damit Deutschland als Einwanderungsland weniger attraktiv wird, könnten sich utilitaristisch rechtfertigen.
Einwände dieser Art trugen dem Utilitarismus das Urteil ein, eine *„pig-philosophy"* (Carlyle) zu sein.

Diese Probleme der reinen Lehre des Utilitarismus hat man bald gesehen, und spätere Utilitaristen haben sie zu beheben versucht. Die drei bedeutendsten Modifikationen sind J. S. Mills Ansatz eines **qualitativen Utilitarismus**, die Ansätze des **Präferenzutilitarismus** und des **Regelutilitarismus**.

John Stuart Mill relativiert den ursprünglichen Utilitarismus durch Erweiterungen und Präzisierungen: Zum ersten betont er, dass nicht alle Lustquellen gleich stark zählten, denn „die Menschen haben höhere Fähigkeiten als bloß tierische Gelüste", daher sei es „besser, ein unzufriedener Mensch zu sein, als ein zufriedenes Schwein".[13] Es soll eine qualitative Vorentscheidung getroffen werden, welche Art von Lust oder Freude erstrebenswert ist und welche nicht. Was nun als „edlere Gefühle", als „höhere Bedürfnisse und geistige Interessen" zu gelten habe, darüber soll die Mehrheit derjenigen entscheiden, die mit beidem Erfahrungen haben, mit niederen sinnlichen Genüssen und mit den edleren „Werken der Kunst, den Gebilden der Poesie".[14] Dieses Qualitätsurteil der Erfahrenen sei unumstößlich und unbedingt zu akzeptieren.
Mill betont ausdrücklich, die Ausbildung eines „edlen Charakters", auch die Fähigkeit der Menschen, „ihr eigenes größtes Glück für das Wohl anderer zu opfern"[15], sei im Sinne des Utilitarismus.
Zum zweiten betont er, die Nützlichkeit einer Handlung erweise sich oft nicht unmittelbar, sondern erst nachdem ihre Folgen bei regelmäßiger Anwendung vorab bedacht werden. Die „Norm der Moral" könne man als „Gesamtheit der Handlungsregeln und -vorschriften" definieren.[16] Zum dritten weist er darauf hin: Der Utilitarismus erstrebe nicht das größte Glück des Einzelnen, sondern jenes der Gemeinschaft, und dazu sei es nötig, mit „strenger Unparteilichkeit" die eigenen Glückserwartungen mit jenen aller anderen zu konfrontieren. Daher sieht er in der „Goldenen Regel" den „Geist der Nützlichkeitsethik vollendet ausgesprochen".[17] Zum vierten erweitert er die Liste der Sanktionen, die wirksam sind, um den Einzelnen dazu zu bringen, sich für das Glück der Allgemeinheit einzusetzen. Schon Bentham hatte auf äußere Sanktionen – Lob und Tadel, Belohnung, Drohung, Strafe – hingewiesen; Mill erläutert nun auch innere Sanktionen, besonders Schuldgefühle und das

10 *Mill, J. S.*: Der Utilitarismus. Stuttgart 1985. S. 67.
11 Bentham, zit. nach: *Höffe, O.* (Hrsg.): A. a. O. (s. Anm. 9) S. 81.
12 Ebd. S. 83.
13 *Mill, J. St.*: Der Utilitarismus. A. a. O. (s. Anm. 10) S. 18.
14 Ebd. S. 25.
15 Ebd. S. 29.
16 Ebd. S. 21.
17 Ebd. S. 30.

Gewissen. Die „fundamentale Sanktion aller Sittlichkeit“ sei ein „subjektives inneres Gefühl“. An einer Verletzung des „Pflichtgefühls“ hindere uns eine „Gefühlsschranke“, da wir „Gewissensbisse“ als extrem unlustvoll erleben. Moralische Gefühle selbst sieht Mill zwar nicht als angeboren an, wohl aber die Fähigkeit dazu, sie bei angemessener moralischer Erziehung auszubilden.
Insgesamt verknüpft Mill in seiner Argumentation also Elemente des reinen Utilitarismus mit antiker Tugendethik (moralische Erziehung, tugendhafter Charakter) dem Kontraktualismus (Goldene Regel, Sanktionen, Reziprozität) und den Gefühlsethiken. Es ist daher zweifelhaft, ob Mill noch als klassischer Utilitarist bezeichnet werden kann.

Richard M. Hare (1919–2002), sein Schüler Peter Singer (*1946) und andere Vertreter eines **Präferenzutilitarismus** unterscheiden zwischen dem Nützlichkeitsprinzip als primärem Prinzip und weiteren sekundären Prinzipien, die diesem nachgeordnet sind. Diese sekundären Prinzipien sollen in konkreten moralischen Konfliktfällen des Alltags helfen, eine Entscheidung zu treffen, da das Nützlichkeitsprinzip oft im konkreten Fall nicht anwendbar sei. Zu den Sekundärprinzipien gehört das Unterordnen des persönlichen Nutzens unter den allgemeinen, die Überprüfung einer Handlung auf ihre Verallgemeinerungsfähigkeit, die Probe der Wechselseitigkeit von Ansprüchen und das strikte Gleichheitsgebot beim Kalkulieren von Handlungsfolgen.
Konkret: Wenn ich einem Freund vorwerfen will, dass er nicht bereit ist, mir Geld zu borgen, obwohl er reich ist und ich verschuldet bin, muss ich fragen:

- Bringt es nicht nur mir, sondern der Allgemeinheit Vorteile, wenn ich das Geld bekomme?
- Sollte es immer so sein, dass Reiche bereit sind, Verschuldeten Geld zu borgen?
  Wäre im umgekehrten Fall ich bereit, dem Freund das Geld zu borgen?

Da im Präferenzutilitarismus nicht das Glück selbst zählt – da es kaum messbar und vergleichbar sei –, sondern die Wünsche und Interessen von Personen, spielt auch das subjektive Empfinden von Lust keine Rolle mehr. Es kann sein, dass meine Wünsche sich auf etwas richten – z. B. eine gesunde Umwelt –, das von mir ein Verhalten fordert, das mein subjektives Glücksempfinden eher beeinträchtigt – z. B. weniger, langsamer und sparsamer Auto zu fahren.
Die Annahme von Sekundärprinzipien und der Wechsel von Glück zu Präferenzerfüllung als Handlungsziel weichen die strengen Prinzipien des Utilitarismus auf und ermöglichen eine qualitative Gewichtung von Handlungen. Auch dem üblichen Vorwurf an den Utilitarismus, er missachte die Rechte von Minderheiten, begegnet der Präferenzutilitarismus: Da die missachteten Interessen von Minderheiten die „Bilanzsumme“ des Nutzens erheblich belasten, ist es u. U. sinnvoll, die Präferenzlage durch „Präferenzerziehung“ oder Präferenzersatz bei der Mehrheit so zu verändern, dass sie kein Interesse mehr an der Unterdrückung der Minderheit hat. „Ein Beispielfall für die Präferenzerziehung: Die Gesamtbefriedigung wäre größer, wenn es keine Präferenzen gegen die Homosexualität geben würde, weil man schon in der Erziehung das Entstehen solcher Präferenzen verhindert hat. Dann gäbe es keinen Grund, die Homosexualität einzuschränken, und niemand würde leiden.“[18] Allerdings ist auch hier fraglich, ob der Präferenzutilitarismus noch ein echter Utilitarismus ist oder ob er durch pflichtethische (Verallgemeinerungsprüfung) oder tugendethische (Präferenzerziehung) Elemente „aufgeweicht“ wurde.

Der **Regelutilitarismus** versteht die Handlungsregeln, von denen schon Mill spricht, nicht, wie dieser, als Faustregeln, die eine Entscheidung erleichtern. Im Handlungs- oder Aktutilitarismus werden unter Regeln Sätze des *„Common Sense“* verstanden wie „Du sollst nicht lügen“, an die man sich in Entscheidungssituationen spontan erinnert und die eine erste Orientierung geben können. Trotzdem wird für den Aktutilitaristen entscheidend sein, ob die konkret geplante Handlung „das Glück der größten Zahl“ vermehrt oder nicht – und dann können Lügen durchaus erlaubt sein.
Der Regelutilitarismus wendet das Nützlichkeitsprinzip nicht auf die konkrete Einzelhandlung an, sondern auf die Regeln selbst. Richtig ist

demnach eine Handlung, wenn sie einer Regel folgt, deren allgemeine Verfolgung insgesamt nützlich ist. Regeln bekommen damit eine Verbindlichkeit, die sie im klassischen Utilitarismus nicht haben, ihnen ist selbst dann zu folgen, wenn im konkreten Fall die Handlungsfolgen katastrophal sind: Da etwa das Tötungsverbot eine Regel ist, deren allgemeine Anwendung ohne Zweifel nützlich ist, kann selbst ein Tyrannenmord nicht gerechtfertigt werden. Der Regelutilitarismus ist ein „ethischer Zwitter“ (D. Birnbacher) zwischen einer Folgenethik und einer Pflichtethik. Von einer Pflichtethik im Sinne Kants (s. S. 154 ff.) unterscheidet er sich nur durch die utilitaristische Begründung der Regeln, deren Befolgung das „größte Glück der größten Zahl“ im Auge hat.
Das Problem der Rechtfertigung von verwerflichen Handlungen im Utilitarismus löst der Regelutilitarismus auf radikale Weise: Der Arzt, der Frauen Placebos statt Verhütungsmitteln verabreichen will (s. o.), wird es nicht tun dürfen, weil er die Frauen sonst belügt. Und das Lügenverbot ist eine allgemeine Regel.

Kritische Aspekte des Utilitarismus wurden z. T. schon angesprochen. Hier eine Zusammenstellung von Einwänden gegen die Moraltheorie des Utilitarismus insgesamt.

Zur Kritik am Utilitarismus

1. Hedonistische Kalküle scheitern oft an der Praxis: Nicht alle Folgen einer Handlung sind tatsächlich abschätzbar, Intensität, Reichweite und Gewissheit von Lust und Leid sind oft nicht eindeutig bestimmbar. Glück ist allgemein nicht messbar und nicht intersubjektiv vergleichbar.
2. Die nur quantitative, ältere Lehre (J. Bentham) kann nicht verhindern, dass auch, was allgemein als unmoralisch gilt, als nützlich gelten kann. Damit erscheint offenkundig Verwerfliches als legitim, wenn nur die „Lustbilanz“ stimmt.
3. Die Einführung von qualitativen Vorentscheidungen (J. S. Mill) steht vor dem Problem, dass man nicht plausibel begründen kann, welche Lustquellen moralisch nicht erlaubt sein sollen. Damit droht ein Rückfall in eine Tugend-Ethik, die moralische Verhaltensweisen im Einzelnen vorschreibt.
4. Egoistisches Menschenbild (Lustmaximierung als oberstes subjektives Ziel) und altruistische Nützlichkeitserwägungen („das größte Glück der größten Zahl“) können nicht wirklich glaubhaft in Verbindung gebracht werden, d. h.: Warum soll ich nicht nur *meine* Lust maximieren wollen, sondern auch die aller *anderen*?
5. Der Utilitarismus scheitert, wenn bei den Handlungen, die auf ihre Moralität hin geprüft werden sollen, Menschenrechte ins Spiel kommen. Weil sich das Gute erst im Nachhinein an seinen Folgen zeigt, lässt sich a priori Schlechtes, also zum Beispiel Menschenrechtsverstöße, nicht von vornherein ausschließen. Bentham hält Menschenrechte für „Unsinn auf Stelzen“.
6. Es gelingt dem Utilitarismus letztlich nicht, sein Moralprinzip schlüssig zu begründen: Es wird nicht bewiesen, warum Leidminderung und Glückssteigerung oberste Ziele aller Menschen sein sollen. Bei Bentham gilt das einfach als Prämisse, bei Sidgwick als intuitiv richtig, und Mill gelingt gar keine Begründung.

5. Die Ethik Kants

Alle bisher dargestellten Ansätze der Moralbegründung konzentrierten sich auf die Beantwortung der Frage, was Menschen dazu motiviert, sich moralisch zu verhalten. Diese Frage spielt in der Ethik Kants nur eine untergeordnete Rolle. Ihr geht es darum zu begründen, warum moralische Normen absolut verbindlich sind, d. h. warum sie überall und jederzeit unbedingte Gültigkeit beanspruchen können, warum sie einem Prinzip folgen, dem Moralprinzip. Die Ethik Kants ist daher keine *Motivationsethik*, sondern eine *Prinzipienethik*.
Schon dieser Unterschied macht deutlich: Kants Ethik stellt die grundsätzliche Alternative zu al-

18 *Gesang, B.*: Eine Verteidigung des Utilitarismus. Stuttgart 2003. S. 88.

len bisherigen ethischen Theorien dar. Das zeigt sich auch an weiteren Gegensätzen zu anderen Moralbegründungen:

- Kants Ethik ist keine Glücksethik, da Glück kein Prinzip ist, sondern sie ist eine Pflichtethik, weil Pflichten sich als Prinzip begründen lassen.
- Kants Ethik ist keine Zweckethik, da der Zweck nichts darüber aussagt, ob eine Handlung gut oder schlecht ist, sondern sie ist eine Motivethik, da allein ein „guter Wille" die Voraussetzung dafür ist, dass eine Handlung „ohne Einschränkung für gut" gelten kann.
- Kants Ethik ist keine Gefühlsethik, da Gefühle viel zu subjektiv und schwankend sind, um ein moralisches Urteil zu begründen, sondern sie ist eine Vernunftethik, da nur die Vernunft zu objektiven Urteilen fähig ist.
- Kants Ethik ist keine Tugendethik oder Wertethik, weil sie es für hoffnungslos hält, im Einzelnen aufzählen zu wollen, an welchen konkreten Tugenden, Normen oder Werten man sich orientieren soll, sondern sie ist eine formale Ethik, die eine „Formel" angibt, nach der man, je nach Bedarf, selbst ermitteln kann, was das richtige Handeln ist.
- Kants Ethik ist, wie keine andere Moraltheorie, systematisch eingebettet in sein philosophisches Gesamtwerk; die Beantwortung der Frage „Was soll ich tun?" (die Frage der Ethik) geschieht im Zusammenhang mit der Beantwortung der weiteren Fragen der Philosophie „Was kann ich wissen?" (die Frage der Erkenntnistheorie), „Was darf ich hoffen?" (die Frage der Theologie), „Was ist der Mensch?" (die Frage der Anthropologie).
- Kants Ethik verdichtet das Konzept einer „reinen Vernunft", eines unbedingten freien Willens und der Fähigkeit zur moralischen Selbstbestimmung im Pflichtbegriff: Zu seiner wahren Größe erhebt sich der Mensch als pflichtbewusstes Wesen. Die Antwort auf die Frage „Warum soll ich moralisch sein?" lautet verkürzt: weil ich es wollen kann und weil es vernünftig ist. Damit fallen Vernunft, Wille und Moral zusammen.

Immanuel Kant (1724–1804) führte ein ungewöhnliches Leben und hatte einen außergewöhnlichen Charakter. Beides hat man mit seinem Denken und seinen Anschauungen in Verbindung gebracht, allerdings auf widersprechende Weise: Einerseits sieht man sein extrem diszipliniertes Arbeiten, seinen strengen und geordneten Tagesablauf, sein hartnäckiges Verfolgen von Berufszielen, sein pflichtbewusstes Verhalten als Dozent, Dekan und Rektor an seiner Universität als persönliche Entsprechung dessen, was er dachte und lehrte; demnach stehen Leben und Denken im Einklang miteinander.

Andererseits sieht man das relativ gleichförmige und sehr bescheidene und beschauliche Leben in Königsberg, das er nie verlassen hat, ohne größere Reisen und Abwechslungen, ohne eigene Familie, ohne persönliche Kontakte zu anderen Geistesgrößen der Welt, im Kontrast zur Sprengkraft seiner „alleszermalmenden", das bisherige philosophische Denken revolutionierenden Werke. Die Enge des Lebens und die Weite des Denkens scheinen nicht zusammenzupassen. Demnach stehen Leben und Denken im Widerspruch. Zentralbegriffe der Philosophie Kants sind *Kritik*, *Autonomie* und *Vernunft*. Vor allem die beiden letzten haben auch große Bedeutung für seine Moraltheorie.

Kritik meint ein radikales Befragen aller bisher geläufigen Gewissheiten, ein aufklärendes, entlarvendes, tabuloses und unvoreingenommenes Denken. Der Begriff Kritik taucht bereits in den Titeln seiner Hauptwerke auf: „Die Kritik der reinen Vernunft" (1781/1787) kritisiert den Rationalismus einerseits und den Empirismus andererseits: Erkenntnis ist nach Kant nur im Zusammenspiel von Begriffen, die aus reiner Vernunft gewonnen werden (Rationalismus), und Erfahrung, die aus sinnlicher Wahrnehmung gewonnen wird (Empirismus), möglich (vgl. S. 59 ff.).

„Die Kritik der praktischen Vernunft" (1788) kritisiert alle herkömmlichen Vorstellungen vom Guten und vom richtigen Handeln und von Freiheit. „Die Kritik der Urteilskraft" (1790) kritisiert die herkömmlichen Vorstellungen vom Schönen in Kunst und Natur.

Autonomie versteht Kant im Wortsinne als Selbstgesetzgebung (griech.: *autos* = selbst; *nomos* = Gesetz). Das meint nicht einfach Unabhängigkeit von äußeren Beschränkungen, vielmehr die Fähigkeit, aus unbedingtem freiem Willen sich selbst zu etwas zu verpflichten, sich an das Gesetz zu halten, das man selbst als solches erkannt hat. Autonomie heißt für Kant auch Selbstbestimmung in dem Sinne, dass der Mensch, als Mensch, eine Bestimmung hat, einen letzten Zweck seines Daseins. Diese Bestimmung liegt darin, sich als moralisches Wesen zu verwirklichen. Daher hängen Anthropologie (vgl. S. 106) und Moralbegründung bei Kant sehr eng zusammen: Der Mensch ist dazu bestimmt, es entspricht seinem Wesen, sich dem „Sittengesetz" verpflichtet zu fühlen.

Vernunft ist nach Kant die entscheidende Fähigkeit des Menschen, Erkenntnisse zu erlangen und Urteile zu fällen. Nur Vernunfturteile können einen absoluten Wahrheitsanspruch erheben. Dabei unterscheidet er zwischen „reiner Vernunft" und „reiner praktischer Vernunft".
Die „reine Vernunft" entspricht der Fähigkeit, Urteile *a priori* (lat. im Voraus) fällen zu können, d.h. ohne sinnliche Wahrnehmung, durch reine Begriffsbildung und reines logisches Kombinieren Erkenntnisse zu erlangen (vgl. S. 106).
Die reine praktische Vernunft überträgt die Idee der reinen Vernunft in die Lebenswirklichkeit. Sie entspricht der menschlichen Fähigkeit, Urteile fällen zu können, ohne dass dabei andere als vernünftige Erwägungen mit einfließen. Sobald „Neigungen", Gefühle, Bedürfnisse und Wünsche mich bei meiner Entscheidung beeinflussen, ist es keine vernünftige Entscheidung mehr (vgl. S. 120ff.). Die Voraussetzung der praktischen Vernunft ist also ein unbedingter freier Wille. Und dieser ist an nichts anderes gebunden als an das moralische Gesetz. Worauf es ankommt, sagt Kant, ist, „dass das moralische Gesetz unmittelbar den Willen bestimme".[19] (Das Sittengesetz ist nach Kant daher ein praktisches synthetisches Urteil a priori[20], es gilt nicht aus Erfahrung, sondern ist Ergebnis reiner vernünftiger Selbstverpflichtung – und es hat damit denselben Status wie Naturgesetze.)

In konzentrierter Fassung findet sich die Moralbegründung Kants in seiner Schrift „Grundlegung zur Metaphysik der Sitten" (1785). Hier will er das „oberste Prinzip der Moralität" ausfindig machen und begründen. Im ersten Satz des Texts bereits weist er alle bisherigen Ansätze der Moralbegründung zurück, die moralisches Handeln als Mittel zu einem außermoralischen Zweck bestimmt hatten, und beharrt darauf, dass es allein auf das Motiv ankomme, um eine Handlung als moralisch bezeichnen zu können. Er lautet:
„Es ist überall nichts in der Welt, ja überhaupt auch außer derselben zu denken möglich, was ohne Einschränkung für gut könnte gehalten werden, als allein ein guter Wille."[21]

Kant spitzt noch zu: Selbst wenn das, was der gute Wille beabsichtigt, nicht erreicht werden kann, ist der Versuch doch moralisch wertvoller, als wenn etwas erreicht wird, aber aus dem falschen Motiv. Versucht etwa ein Nichtschwimmer einen Ertrinkenden zu retten, und er tut dies aus keinem anderen Motiv, als dem „guten Willen", ihn retten zu wollen, es misslingt ihm aber trotz aller Anstrengung, so ist dieser missglückte Versuch doch moralisch höher zu bewerten, als wenn ein Rettungsschwimmer den Ertrinkenden rettet, aber dies nur deshalb, um sich hernach gut und stark fühlen zu können, oder gar weil er auf Dankbarkeit des Geretteten hofft.
So weit entspricht das einer gängigen Auffassung: Wenn wir eine Handlung moralisch beurteilen, ist es in der Tat der die Handlung bestimmende Wille, was wir beurteilen.
Kant begründet und erläutert den Perspektivenwechsel vom Zweck zum Motiv einer Handlung in mehreren Anläufen.

1. Orientiert sich mein Handeln an einem Zweck, so ist dies in letzter Instanz mein Glück. Hier stimmt Kant Aristoteles und dem Utilitarismus zu. Allerdings: Glück ist etwas

19 *Kant, I.*: Kritik der praktischen Vernunft. A 127.
20 *Ders.*: Grundlegung zur Metaphysik der Sitten. BA 50.
21 Ebd. BA 1,2.

Unberechenbares: Jeder versteht etwas anderes darunter, und es gibt keine Möglichkeit, das Handeln so zu gestalten, dass Glück garantiert ist: Glaubt jemand, Reichtum mache ihn glücklich: „Wie viel Sorge, Neid und Nachstellung könnte er sich dadurch nicht auf den Hals ziehen! […] Will er ein langes Leben – wer steht ihm dafür, dass es nicht ein langes Elend sein würde?“[22] Weil wir nur aus Erfahrung wissen, was uns glücklich macht, kann es kein Prinzip geben, nach dem wir glücklich werden. Und deshalb kann moralisches Handeln, das nach einer festen Grundlage sucht, nicht auf das Glück bauen.

2. Ähnlich ergeht es den Tugenden: Man sollte meinen, Mut und Klugheit seien unzweifelhaft gut. Aber Mut braucht auch der Bankräuber und Klugheit der Betrüger. Daher bietet auch die Orientierung an Tugenden keine Grundlage für das Moralprinzip.
3. Menschen orientieren ihr Handeln an Prinzipien, Grundsätzen, Regeln, um nicht in jeder Entscheidungssituation neu nach Lösungen suchen zu müssen. Allerdings zielen diese Grundsätze auf unterschiedliche Zwecke und sind unterschiedlich motiviert. Meist folgen wir Grundsätzen der Geschicklichkeit, die der Lebenserleichterung dienen. Kant nennt sie „technische Imperative“ oder „Regeln der Geschicklichkeit“: Wer das Loch in einem Fahrradschlauch ausfindig machen will, hält den prallen Schlauch ins Wasser.

Im Allgemeinen orientieren wir unser Leben daran, es möglichst angenehm zu gestalten, dazu dienen uns die „pragmatischen Imperative“ oder „Ratschläge der Klugheit“. Sie sagen uns, wie wir unser Leben einrichten sollen, um glücklich zu werden. Beide Handlungsaufforderungen (Imperative), jene der Geschicklichkeit und der Klugheit, stehen also unter einem Vorbehalt, nämlich einen bestimmten oder allgemeinen Zweck zu erreichen. Kant nennt sie hypothetisch, was hier soviel heißt wie: auf einen Zweck hin ausgerichtet. Solange aber eine Handlung einen Zweck verfolgt, entspringt sie nicht dem guten Willen, der allein festlegen soll, ob eine Handlung moralisch ist. Handlungen, die ei-

Handlungsprinzipien und Formen des Guten bei Kant

Hypothetische Imperative (Zweck-Mittel-Beziehungen) ⇔ **Kategorischer Imperativ** (zweckfrei, allgemeingültig)

⇩ technischer Imp. „Regeln der Geschicklichkeit“ + ⇩ pragmatischer Imp. „Ratschläge der Klugheit“

⇩ Maximen + Gesetzmäßigkeit „Gebote der Sittlichkeit“

bestimmt durch

Bedürfnisse, Interessen, Glücksorientierung | Vernunft, freien Willen, Pflichtbewusstsein, moralisches Gewissen

begründet

Legalität von Handlungen | Moralität von Handlungen

zielt auf

subjektiv Gutes, Glück | sittlich Gutes, Pflichterfüllung

DAS GUTE

nem hypothetischen Imperativ folgen, können also niemals moralisch sein, sondern nur legal, d.h. moralisch neutral. Damit bestreitet Kant für alle Zweckethiken, von Aristoteles bis zum Utilitarismus, dass sie wirklich Moral begründen können. „Alle Eudaimonisten sind praktische Egoisten", behauptet Kant an anderer Stelle.[23]

Wie müssen dann die Grundsätze des Handelns beschaffen sein, damit sie als moralisch gelten dürfen? Es sind Grundsätze, die keinen Zweck verfolgen, sondern nur aus einer „Gesinnung" heraus das Gute um seiner selbst willen wollen. Kant nennt diesen dritten Imperativ „kategorisch", weil er unbedingt gilt, oder moralisch, weil nur er einer völlig zweckfreien Entscheidung entspringt, oder „Imperativ der Sittlichkeit". Alle drei Imperative zielen auf ein Gutes: die beiden hypothetischen auf das, was für mich gut ist, das subjektiv Gute, und der kategorische auf das, was für alle gut ist, das sittlich Gute.

4. Handlungen können nur gut sein, wenn sie aus „Pflicht" geschehen und wenn sie sich am „Sittengesetz" orientieren. Warum? Der Begriff „Pflicht" meint bei Kant nur moralische Verbindlichkeit, und dann ist damit nur jenes „Müssen" gemeint, das sich aus der reinen Orientierung am Guten ergibt. Wer unbedingt gut sein will, ist verpflichtet dazu, moralisch zu handeln. Zum Wesen eines Gesetzes gehört es, allgemein gültig zu sein. Ein Gesetz, das nicht für alle gilt, ist keines. „Sittengesetz" bedeutet also unbedingte Verbindlichkeit der Orientierung am Guten. Deshalb kann Kant zu Recht abwechselnd von der Orientierung am „guten Willen" oder an der „Pflicht" oder am „Sittengesetz" sprechen.
5. Der moralische Wert einer Handlung liegt also nicht im Zweck, der mit ihr erreicht werden soll, „sondern in der Maxime, nach der sie beschlossen wird, hängt also nicht von der Wirklichkeit des Gegenstandes der Handlung ab, sondern bloß von dem Prinzip des Wollens, nach welchem die Handlung [...] geschehen ist".[24]

Sich am „Prinzip des Wollens" zu orientieren heißt, sich nur an die „Grundmaxime des allgemeinen Wohltuns" zu halten und nicht an „Neigungen". Unter Neigung versteht Kant die besondere gefühlsmäßige Hinwendung zu jemandem oder etwas. Wirklich gut handelt also nur, wer von seinen persönlichen Neigungen vollkommen absieht und nur aus allgemeiner Verpflichtung handelt. Wer dem Freund aus Zuneigung hilft, handelt noch nicht moralisch. In diesem engen Sinne verstanden, ist das plausibel. Versteht man Kant hingegen so, dass Empathie grundsätzlich keine Rolle spielen dürfe bei der Motivation moralischen Handelns (so verstanden ihn Schiller oder Schopenhauer), so wird verständlich, warum Kants Moralvorstellung als kalt, hartherzig und unrealistisch gilt.

An vielen Stellen seines Werks wiederholt Kant seine Abneigung gegen einen Einfluss der Gefühle auf die moralische Entscheidung: Entscheidungen nach Neigungen sind „einem vernünftigen Wesen jederzeit lästig, [...] Neigung ist blind und knechtisch, sie mag nun gutartig sein oder nicht".[25]

An anderer Stelle hat Kant deutlich gemacht, dass vernünftige Einsicht als „Richtschnur" der moralischen Beurteilung *(principium diiudicationis)* und moralische Gefühle als „Triebfeder" bei der Ausführung einer Handlung *(principium executionis)* unbedingt zusammengehören: „Das oberste Prinzip aller moralischen Beurteilung liegt im Verstande, und das oberste Prinzip alles moralischen Antriebs liegt im Herzen. Diese Triebfeder ist das moralische Gefühl."[26] Sollen und wollen hängen so zusammen, dass die Vernunft vorschreibt, was das „Gesollte" ist, aber um es

22 Ebd. BA 47.
23 *Ders.*: Anthropologie in pragmatischer Hinsicht. BA 8.
24 *Ders.*: A. a. O. (s. Anm. 20) BA 12, 13.
25 *Ders.*: Kritik der praktischen Vernunft. A 213.
26 *Ders.*: Vorlesung zur Moralphilosophie. Hrsg. v. *Werner Stark*. Berlin 2004. S. 57.

auch zu wollen, muss ein „Gefühl der Lust" entstehen, „an der Erfüllung der Pflicht".[27] Dieses Gefühl nennt er „Achtung", es ist beschränkt auf die „Achtung vor dem Sittengesetz". Gefühle spielen also nur eine Rolle als Pflichtgefühl. Mitleiden, Zuneigung, Empathie und Wohlwollen gegenüber dem anderen lehnt Kant als Motivation für moralisches Handeln strikt ab.

6. Wer muss, kann nicht wollen. Kant begründet die Möglichkeit zur ausschließlichen Orientierung am „Prinzip des Wollens" aus seinem Verständnis unbedingter Freiheit der Willensentscheidung. „Der Begriff der Freiheit ist der Schlüssel zur Erklärung der Autonomie des Willens", sagt er[28] (vgl. S. 120 f.).
Vollkommene Freiheit bedeutet dabei nicht, tun und lassen zu können, was man will, sondern Unabhängigkeit von „der Nötigung von Antrieben der Sinnlichkeit", also die Fähigkeit, sich ausschließlich an der reinen praktischen Vernunft zu orientieren. Diese aber sagt uns, dass wir, wenn wir das Gute wollen, es nur um seiner selbst willen wollen dürfen. Wir müssen unser Handeln dann an Maximen orientieren und diese daraufhin prüfen, ob sie allgemeingültig sein können. Die unbedingte Freiheit erlaubt uns die ausschließliche Orientierung an der Vernunft, und diese ermöglicht uns das Sittengesetz als absolut verbindlich zu erkennen. Kant bezeichnet es als Kategorischen Imperativ und formuliert ihn in Varianten so:

> „Handle so, also ob die Maxime deiner Handlung durch deinen Willen zum allgemeinen Naturgesetze werden sollte."
>
> (Grundlegung zur Metaphysik der Sitten. BA 52.)

Herleitung des Kategorischen Imperativs aus der Freiheit

1. Freiheit = Voraussetzung für die Möglichkeit ethischen Handelns überhaupt: Nur wer nicht muss, kann wollen.

↓

2. Bedingungen der Freiheit: äußere Unabhängigkeit im Handeln, kein Zwang (Handlungsfreiheit) innere Unabhängigkeit, Selbstzweckhaftigkeit (Willensfreiheit)

↓

3. Hindernis für Selbstzweckhaftigkeit: Glücksstreben des Menschen

↓

4. Glück = vorgegebener Zweck, alles Handeln wird somit zum Mittel, ist also nie Selbstzweck.

↓

5. Alle Inhalte des Wollens können also nie frei sein. (z. B.: Nicht-töten-Wollen kann aus Angst vor Strafe herrühren)

↓

6. Nur die Form des Wollens, der Wille „an sich", das Wollen um des Wollens willen, kann demnach wirklich frei sein. (Nicht-Töten-Wollen aus Einsicht in die Verwerflichkeit des Tötens)

↓

7. Der freie Wille selbst ist also allein Ausdruck der Freiheit

↓

8. Dieser freie Wille manifestiert sich im Kategorischen Imperativ, denn nur dessen Selbstverpflichtung gilt ohne jede Bedingung. (Ich will, weil ich wollen kann)

↓

9. Was ich will, das sagt mir die reine Vernunft: ein Handeln nach Maximen, die nicht selbstwidersprüchlich sind. (Ich will, was vernünftig ist)

↓

10. Das sittliche, selbstverpflichtende, vernünftige Handeln ist also der einzig wahre Ausdruck der Freiheit.

↓

11. Freiheit = Moralität = Vernunft

Der Kategorische Imperativ bietet eine allgemeine Formel, nach der man, so Kant, jede beliebige potenziell moralische Handlung daraufhin überprüfen kann, ob sie tatsächlich moralisch richtig ist. Er ist dreigliedrig:
„Handle so …“: Hier formuliert er das Sittengesetz als konkrete Handlungsanweisung.
„… als ob die Maxime … durch deinen Willen …“: Er fordert nicht, dass mein Handeln unmittelbar zum „allgemeinen Naturgesetz“ verallgemeinert werden kann, sondern dies gilt nur für den Zwischenschritt der Regeln. Gefordert ist im zweiten Schritt also, sich der Regel bewusst zu werden, an der ich mein Handeln orientiere. Das ermöglicht eine gewisse Offenheit und macht mir bewusst, dass ich nicht stets nach meinen eigenen Regeln handle, nämlich immer dann nicht, wenn mein Handeln nicht durch meinen freien Willen bestimmt ist.
„… zum allgemeinen Naturgesetz werden sollte“: Er fordert die Überprüfung der Maxime an ihrer Verallgemeinerungsfähigkeit (Universalisierungsgrundsatz), d. h., nur wenn ich sicher bin, dass die Maxime meiner Handlung nicht mit sich selbst in Widerspruch gerät und wenn sie immer und überall gelten soll, ist die Handlung moralisch richtig.
Genauer: Die Universalisierung allein sagt noch nichts über die moralische Qualität meiner Maxime. Auch hypothetische Imperative sind ja universalisierbar. Entscheidend ist vielmehr die Notwendigkeit: Nur jene universalisierbaren Maximen sind moralisch verpflichtend, deren Gegenteil unmöglich universalisiert werden kann, ohne in einen Selbstwiderspruch zu geraten. Ein Beispiel: Die Maxime, den Rasen alle zwei Wochen zu mähen, ist ohne Zweifel universalisierbar – aber zum Glück keine moralische Pflicht. Auch das Gegenteil der Maxime ist jederzeit universalisierbar. Hingegen ist die Maxime, an roten Ampeln anzuhalten, nicht nur universalisierbar, vielmehr würde ihr Gegenteil dazu führen, dass die Verkehrsregelung durch Ampelschaltung insgesamt zusammenbricht und damit die Funktion der roten Ampel aufgehoben wäre, ein Selbstwiderspruch. Also ist hier die Universalisierung notwendig.

Der letzte Schritt, die Verallgemeinerungsprüfung, ist auch deshalb der entscheidende für die Prüfung der Moralität der Handlung, da er die Unparteilichkeit, d. h. das Absehen von allen persönlichen Interessen und Neigungen bei meiner Entscheidung garantieren soll. Nur dann folgt sie einem reinen „guten Willen“.

Kant erläutert vier Beispiele für die praktische Anwendung des Kategorischen Imperativs. Dabei greift er auf die traditionelle Unterteilung von Pflichtenarten zurück, definiert sie aber neu:

Vollkommene Pflichten stellen die strenge Form der Verpflichtung dar, die keine Ausnahme zulässt. Die Verallgemeinerungsfrage lautet hier: Lässt sich eine bestimmte Maxime überhaupt als allgemeines Gesetz sinnvoll denken, ohne in einen Selbstwiderspruch zu geraten?
Beispiel: Meine Maxime „Ich darf immer dann einen Spickzettel verwenden, wenn meine Versetzung bedroht ist“ hieße verallgemeinert: „Jeder darf einen Spickzettel verwenden, wenn seine Versetzung bedroht ist.“ Dann wären Noten aber rasch nicht mehr aussagekräftig und könnten nicht mehr als Grundlage einer Versetzung gelten. Damit wäre der eigentliche Zweck meines Spickzettels hinfällig. Meine Maxime stünde also im Widerspruch zu sich selbst.
Unvollkommene Pflichten stellen eine mildere Form der Verpflichtung dar. Es ist ein Verdienst, sich an sie zu halten. Die Verallgemeinerungsfrage führt hier nur zu einem Widerspruch im Wollen selbst. Ich kann nicht „wollen, dass ihre Maxime zur Allgemeinheit eines Naturgesetzes erhoben werde“.[29]
Beispiel: Meine Maxime „Ich teile mein Pausenbrot niemals mit Klassenkameraden“ führt bei ihrer Verallgemeinerung „Niemand teilt sein Pausenbrot jemals mit anderen“ zwar zu keinem Selbstwiderspruch der Maxime, aber es kann nicht in meinem Interesse sein, diese Maxime zum allgemeinen Gesetz erhoben zu sehen, da die Bereitschaft zu teilen zu einem guten Willen, einer moralischen „Gesinnung“ gehört, an der sich jeder orientieren sollte.

27 *Ders.*: Grundlegung zur Metaphysik der Sitten. BA 12, 13.
28 Ebd. BA 97.
29 Ebd. BA 57.

Kants Beispiele für Pflichten

	vollkommene Pflichten	**unvollkommene Pflichten**
Pflichten gegenüber mir selbst	*Selbsttötungsverbot*	*Gebot der Entfaltung eigener Fähigkeiten*
Pflichten gegenüber anderen	*Verbot, Versprechen zu brechen*	*Gebot der Hilfsbereitschaft*

Gerade die Beispiele Kants machen deutlich: Es geht ihm um die Einsicht, dass alles Wollen überhaupt, jenseits dessen, was wir im Einzelnen erstreben und wollen, ein Wollen dessen ist, wie ich mich als Mensch verstehen will. Die Möglichkeit zu moralischem Handeln, die Orientierung am guten Willen ist wesentlich für die Selbstbestimmung des Menschen.

Kants Ethik wird heftig kritisiert. Kritisch befragt werden sowohl die praktische Anwendbarkeit des Moralkonzepts, also des Kategorischen Imperativs, als auch seine theoretischen Prämissen und die Wirkung seiner Moraltheorie:

Kritische Fragen zu Kants Ethik

Kritik der Praxis

1. Ist der Kategorische Imperativ mit seiner Forderung nach unbedingter Selbstverpflichtung nicht eine moralische Überforderung der Menschen?
2. Ist die praktische Anwendung in konkreten ethischen Konfliktfällen nicht viel zu kompliziert und in der Alltagspraxis kaum von Nutzen?
3. Ist der Kategorische Imperativ nicht unbrauchbar in Fällen echter Pflichtenkollision, wenn gleich bedeutsame Werte oder Rechte im Dilemma gegeneinander stehen?
4. Wenn nur der moralisch handelt, der unbedingt frei ist, handelt im Umkehrschluss der unfrei, der moralisch falsch handelt. Kann dann der Straftäter, als Nicht-Freier, überhaupt noch bestraft werden?

Kritik des Menschenbildes

5. Ist die Vorstellung, Menschen verfügten über einen unbedingten freien Willen, der die Grundlage moralischer Entscheidungen bildet, wirklich haltbar? (vgl. S. 131 f.)
6. Ist ethisch richtiges Handeln nicht (auch) von moralischen Gefühlen bestimmt, sodass Vernunft oder freier Wille nicht die einzigen richtigen Leitgrößen für ethisches Verhalten sind?
7. Misstraut Kant nicht zu Unrecht der Kraft der moralischen Gefühle für die Urteilsbildung, weil er sie fälschlicherweise für das Einfallstor des Egoismus hält?
8. Hat Kant die Frage der Motivation für moralisches Handeln nicht vernachlässigt? Reicht die „Achtung vor dem Sittengesetz“ als Motivation wirklich aus?

Kritik der Wirkung

9. Bedeutet die Aufforderung zur Selbstverpflichtung nicht eine Verinnerlichung von Zwang?
10. Ist der Kategorische Imperativ damit nicht ein ideales Mittel der Kontrolle und Herrschaft über die Menschen?
11. Kants Ethik beansprucht universelle Gültigkeit – ist sie nicht in Wirklichkeit die Idee eines „toten, alten, weißen Mannes“? Sind die Ideen von reiner Vernunft, Freiheit, Prinzipien, Pflicht, Gesetz etc. nicht typische Ideen der europäischen Aufklärung im 18. Jahrhundert und des Preußentums, die für heute lebende Frauen in Afrika z. B. einen anderen Stellenwert haben?

6. Gefühlsethiken

Seit Platons Seelenlehre mit ihrer Hochschätzung des Rationalen und Abwertung alles Emotionalen, Sinnlichen gilt der Weg über die Vernunft als der Königsweg zur Moralbegründung. Bei Aristoteles ist es die Vernunft, die erkennt, dass wir ohne Tugenden unser Glück in der Gemeinschaft nicht finden können, der Egoist des Kontraktualismus ist ein rationaler Egoist, der Utilitarist muss vernünftig kalkulieren und Folgen berechnen können, und Kants Ethik ist ohnehin eine reine Vernunftethik.
Daher bieten die Gefühlsethiken eine scharfe Alternative zur herkömmlichen Sicht der Moralbegründung: Sie kehren das Verhältnis von Vernunft und Gefühl um: Nicht die Vernunft ist es, sagen ihre radikalen Vertreter, wie David Hume und Arthur Schopenhauer, die eine moralische Handlung bewirkt, sondern ein Gefühl.

Für Gefühlsethiken lautet die Frage der Moralbegründung also: Was motiviert Menschen dazu, moralisch zu sein? Daher ist dies der zentrale Einwand gegen die Gefühlsethik: Sie sei keine Moralbegründung in dem Sinne, dass sie nicht begründen könne – oder wolle –, weshalb moralische Normen Gültigkeit beanspruchen können. Tatsächlich stehen die Gefühlsethiken zwischen normativer und deskriptiver Moralbegründung: Sie beschreiben – deskriptiv – was Menschen veranlasst, sich moralisch zu verhalten. Das Normative (oder der moralische Appell) kommt darin zum Ausdruck, dass es nicht selbstverständlich und nicht garantiert ist, dass Menschen sich nur von moralischen Gefühlen in ihrer Entscheidung beeinflussen lassen. Wäre dies so, dann böten die Gefühlsethiken keine Begründung, sondern eine Erklärung für moralisches Handeln. Aber da moralische Gefühle nicht die einzigen handlungsleitenden Motive sind und auch nicht bei allen Menschen in gleich starker Weise ausgebildet sind, lauten ihre normativen Imperative:

- Orientiere dich bei deinen Entscheidungen an deinen moralischen Gefühlen. Oder: Vertraue dem Urteil deiner moralischen Gefühle.
- Erziehe deine Kinder, Schüler, Schutzbefohlenden so, dass sie ihre Empathiefähigkeit entwickeln können.

Dennoch liegt der Schwerpunkt der Moralbegründung bei den Gefühlsethiken im Aufweis der Motivation für moralisches Handeln und nicht in der Normbegründung. Gefühlsethiken sind keine Prinzipienethik, sondern Motivationsethik. So wie die Prinzipienethiken, besonders die Ethik Kants, die Fragen der Motivation für moralisches Handeln vernachlässigen, tun dies die Gefühlsethiken mit der Frage der Normbegründung.
Gefühlsethische Moralbegründungen gewinnen an Bedeutung durch mehrere Umstände:

- Die „Klassiker“ der Gefühlsethiken, David Hume, Adam Smith, Arthur Schopenhauer, werden stärker wahrgenommen.
- Psychologische und neurologische Forschungen erhärten naturwissenschaftlich die große Bedeutung von Gefühlen für das Denken, Handeln und die Kommunikation von Menschen: Die Entdeckung von „somatischen Markern“ (A. Damasio) und „Spiegelneuronen“ (J. Bauer) etwa machen deutlich: Denken, Entscheiden und Handeln sind wesentlich gefühlsgesteuert.
- Die Beschreibung des Systems und der Wirkungsweise von moralischen Gefühlen schreitet voran, es entsteht eine eigene „Philosophie der Gefühle“, die deutlich macht, dass die traditionelle Entgegensetzung von Gefühl und Vernunft nicht haltbar ist. R. de Sousa etwa beschreibt die „Rationalität der Gefühle“. Denken und Entscheiden sind geistige Prozesse, an denen rationale und emotionale Anteile unentwirrbar beteiligt sind.

Nicht alle Gefühle haben eine moralische Qualität. Hass, Neid, Schadenfreude, Eifersucht sind zwar starke Gefühle, aber moralisch eher negativ zu bewerten. Zudem sind Gefühle nur ein Oberbegriff für eine Vielzahl einzelner Gefühlsausdrücke.[30]

30 Vgl. *Hastedt, Heiner*: Gefühle. Stuttgart 2005.

Arten von Gefühlen

Leidenschaften:
Begeisterung, Hass, Liebe, Zorn

Emotionen:
Angst, Freude, Trauer, Melancholie

Stimmungen:
Fröhlichkeit, Niedergeschlagenheit

Empfindungen:
Ekel, Schmerz, Scham, Sexualität

Wünsche:
Bedürfnisse, Interessen, Neigungen, Lust

Erkennende Gefühle:
Intuition, Phantasie, Kreativität

Gefühlstugenden:
Mitleid, Empörung, Reue, Dankbarkeit

Die moralischen Gefühle im engeren Sinne lassen sich ihrerseits unterteilen, je nachdem ob sie auf mich selbst bezogen sind oder auf andere Personen. Zudem kann man sie in positive und negative Gefühle unterteilen, entsprechend der Handlungen und Situationen, in denen ich mich oder andere sich befinden.
Dabei ergibt sich ein sehr differenziertes, fein abgestimmtes und in der Intensität der Gefühle klar gestaffeltes System moralischer Gefühle: Es ist ein Unterschied, ob ich nur schwache Gewissensbisse verspüre oder tiefe Schuld, ob ich ein fremdes Verhalten schlicht billige oder bewundere, ob ich fremdes Fehlverhalten missbillige oder verachte.
Die gefühlsethische Moralbegründung lässt sich im Kern so fassen: Menschen können moralisch handeln, weil sie die natürliche Anlage haben, ein System von moralischen Gefühlen auszubilden, an dem sie sich in ihren moralischen Entscheidungen orientieren können. Menschen handeln moralisch, insoweit sie sich an diesem System moralischer Gefühle orientieren. Diese bilden die Grundlage moralischer Urteile. Menschen sollen moralisch handeln, weil es ihrem Glück dienlich ist. Ein „gutes Gewissen", Stolz auf die eigenen moralischen Fähigkeiten, berechtigte Erwartung des Lobs anderer, wenn ich mich altruistisch verhalte, etc., sind positive Gefühle, die zu meinem Glück beitragen. Den normativen Aspekt der Moralbegründung könnte man auch anthropologisch fassen: Man soll nach seinen moralischen Gefühlen handeln, weil sie zum menschlichen Wesen gehören und wir uns als Menschen verwirklichen, indem wir auf diese inneren Stimmen hören.

Die Liste der Gefühlsethiker ist lang. Den Begriff *„moral sense"* hat Lord Shaftesbury (1671 – 1713) eingeführt, der Begriff wird zentral bei den britischen und schottischen Sensualisten Hutcheson, Hume und Smith; in Deutschland gilt Schopenhauer als bedeutendster Vertreter einer Gefühlsethik, in den Wertethiken von Scheler und Hartmann spielen Gefühle eine zentrale Rolle, der amerikanische Pragmatismus, etwa bei Rorty, und die Care-Ethik von C. Gilligan gründen ihre Moraltheorien auf moralische Gefühle; in den Ethiken der Anerkennung und der Achtsamkeit, etwa bei A. Honneth, sind sie von zentraler Bedeutung.

David Hume (1711 – 1776) ist der bedeutendste Gefühlsethiker. Er ist der eigentliche Gegenspieler Kants in der Frage, worauf sich Erkenntnisurteile insgesamt und moralische Urteile im Besonderen gründen lassen. (vgl. S. 72 ff.) Die Anteile von Vernunft und Gefühl am moralischen Urteil sieht er genau umgekehrt wie Kant: Gefühle legen fest, wie gehandelt werden soll, sie bestimmen die Richtung und den Zweck der Handlung, und der Verstand legt anschließend die Mittel fest, um diesen Zweck zu erreichen.
Für Hume ist offensichtlich, „dass die letzten Zwecke menschlicher Handlungen in keinem einzigen Fall durch die Vernunft erklärt werden können, sondern dass sie sich ganz allein den Gefühlen und Neigungen empfehlen".[31] Vernunft hat also nur instrumentellen, strategischen Charakter, sie ist bloß „Sklavin der Leidenschaften", die Gefühle sind primär, da alle Erkenntnis auf sinnlicher Wahrnehmung basiert und es keine Vernunfturteile *a priori* geben kann.
Was gut ist und was schlecht, muss immer schon gefühlsmäßig vorentschieden sein, bevor die Vernunft ins Spiel kommt, denn diese kann unmöglich Werturteile fällen. Die Vernunft bewertet

nicht, sondern sie begründet oder sinnt nach Mitteln, um einen Zweck zu erreichen.
„Sympathie“ ist nach Hume die Grundlage der Moral. Sie ist kein Affekt oder Gefühl im engeren Sinn, daher nicht mit Mitleid zu verwechseln, sondern eine Fähigkeit zu fühlen, was andere fühlen. Sie ermöglicht uns nachzuempfinden, was andere empfinden. Da Sinneswahrnehmungen *(sensations)* nach Hume der einzige Zugang zu Erkenntnissen sind, schließen wir aus dem Verhalten anderer auf deren Erfahrungen. Dies wiederum löst bei uns Lust- oder Unlusterlebnisse *(emotions)* aus. Wir bewerten das gezeigte Verhalten emotional, wir billigen (Hochachtung, Bewunderung) oder missbilligen es (Empörung, Abscheu). In dieser Weise orientieren wir uns in der moralischen Welt. Sympathie können wir nicht nur gegenüber einzelnem Verhalten zeigen, sondern auch gegenüber dem Allgemeinwohl. Dies bildet die Grundlage für die Anerkennung von Institutionen und die Wertschätzung der Rechtsordnung. Verpflichtungen und Verbindlichkeiten, die in Kants Moraltheorie so bedeutsam sind, sind bei Hume das Ergebnis von moralischer Zustimmung oder Ablehnung, die ihrerseits auf Lust und Unlust basieren.

Arthur Schopenhauer (1788–1860) formuliert seine Mitleidsethik, anders als Hume, in Kenntnis der Ethik Kants. Sein Ausgangspunkt ist daher eine radikale Kritik der Vernunft- und Pflichtenethik. Er kritisiert die unplausible Verbindung von Wollen und Sollen in der Ethik Kants: Wenn ein „guter Wille“ der Ausgangspunkt der Moralbegründung ist, warum sollte ich dann noch sollen, was ich angeblich ohnehin schon will? Und umgekehrt: Wenn es ein kategorisches Sollen gibt, das mich verpflichtet, das Gute zu tun, warum muss ich es dann noch wollen? Entweder ein guter Wille oder ein kategorischer Imperativ, aber beides zusammen erscheint ihm widersprüchlich. Schopenhauer vertritt ein extrem pessimistisches Menschenbild: Menschen sind vollkommen egoistisch: „Alles für mich und nichts für die anderen“[32], lautet ihre Maxime. Angesichts dieser kolossalen Selbstsucht sei Kants Hoffnung, die Menschen seien bereit, aus reinen Vernunftgründen sich moralisch zu verhalten, vollkommen verfehlt. Der Kategorische Imperativ sei so wirksam wie eine Spritze „bei einer Feuerbrunst“.[33]
Es ist daher entscheidend, eine möglichst starke, einsichtige Motivation für moralisches Handeln ausfindig zu machen, denn „das Gesetz der Motivation ist eben so streng, wie das der physischen Kausalität“.[34] Schopenhauer unterscheidet drei „Grund-Triebfedern“ menschlicher Handlungen:
- Egoismus, der das eigene Wohl will und die übliche Triebfeder des Handelns darstellt;
- Bosheit, die dem anderen bewusst schaden will;
- Mitleid, das das fremde Wohl will.

Zum Mitleid sind wir fähig, weil wir uns in den anderen hineinversetzen können, weil wir sein „Wohl und Wehe“ unmittelbar nachempfinden können. Schopenhauer vertritt eine Projektionsthese: Der andere wird zum letzten Zweck meines Willens. Das einzige Korrektiv unseres üblicherweise grenzenlosen Egoismus ist die Mitleidsfähigkeit. Moralisch handeln wir nur, wenn wir altruistisch, nicht aus Eigennutz, sondern, ohne jeden Gedanken an eigenen Nutzen, unmittelbar und spontan „fremdnützlich“ handeln. „Die Abwesenheit aller egoistischen Motivation ist das Kriterium einer Handlung von moralischem Wert.“[35] Die Mitleidsfähigkeit ist eine natürliche Anlage und hat den Sinn, das menschliche Zusammenleben erträglich zu machen. Verfügten die Menschen nur über die Triebfedern des Egoismus und der Bosheit, wäre keine menschliche Gemeinschaft möglich.
Schopenhauer leitet aus der Mitleidsfähigkeit zwei Pflichten ab: „Schade niemandem!“ und „Sei hilfsbereit!“, die er als Kardinaltugenden der Gerechtigkeit und der Menschenliebe versteht. Sie sind in ihrem Verpflichtungsgrad unterschiedlich (vgl. Kants vollkommene und unvollkomme-

31 *Hume, D.*: Eine Untersuchung über die Prinzipien der Moral. Hamburg 2003. S. 132.
32 *Schopenhauer, A.*: Über das Mitleid. München 2005. S. 62.
33 Ebd. S. 157.
34 Ebd. S. 94.
35 Ebd. S. 71.

ne Pflichten). Die Pflicht, niemandem zu schaden, ist eine *Unterlassungspflicht*, die den Egoismus und die Bosheit eindämmen soll, die Pflicht zur Hilfsbereitschaft ist eine *Tugendpflicht*, bei der das Mitleid positiv wirkt.

Kritik der Gefühlsethiken

1. Moralische Gefühle sind zwar leicht zu erzeugen, aber sehr instabil: Mitleid kann rasch in Verachtung, Zuneigung kann rasch in Empörung umschlagen.
2. Moralische Gefühle lassen sich leichter missbrauchen als vernünftige Einsichten: Kriegspropaganda kann Entrüstung, Kampfeslust oder Stolz provozieren; eine vernünftige Begründung von Gewaltfreiheit ist schwerer zu erschüttern.
3. Moralische Gefühle können Handlungen falsch bewerten, nämlich moralisch verwerfliche positiv, moralisch korrekte negativ: Der Bankräuber kann Stolz empfinden über seinen geglückten Bankraub und sich entrüsten über den Kumpan, der ihn an die Polizei verrät.
4. Moralische Gefühle erweisen sich letztlich als moralisch neutral, da ich nie wissen kann, ob meine spontanen moralischen Gefühle zu Recht bestehen: ob ich also (versehentlich) das Verwerfliche bewundere oder das moralisch Richtige verachte.
5. Moralische Gefühle können zwar den Auslöser für eine moralische Handlung darstellen, die Entscheidung darüber, wie gehandelt werden muss, trifft aber die beurteilende Vernunft.
6. Viele ethische Probleme sind so weit von unserer konkreten Lebenswelt entfernt, dass sich gar keine moralischen Gefühle ihnen gegenüber einstellen: Welche Gefühle sollten wir etwa mit dem richtigen Eingangssteuersatz oder der angemessenen Subvention von Rindfleisch innerhalb der EU verbinden? Solche Probleme müssen mit einer Vernunftethik gelöst werden.
7. Je stärker die globalisierte Welt zusammenwächst und je schwächer die persönlichen und familiären Bindungen werden, umso weniger angemessen ist es, sich auf moralische Gefühle zur Beurteilung von Konflikten zu verlassen.
8. Gefühlsethiken erklären moralisches Handeln, aber sie begründen nicht, warum bestimmte moralische Normen gelten sollen. Und wenn sie normativ begründen, warum Menschen moralisch sein sollen, müssen sie doch auf die Vernunft zurückgreifen.

7. Postmoderne Begründungskritik

Das Motto der Postmoderne lautet „Krieg dem Ganzen“ (François Lyotard), das meint, Ablehnung alles Ganzheitlichen, Einheitlichen: Es gebe keine Einheit in Sinn und Zweck des Daseins, keine Einheit der Moral, keine einheitliche Wirkung der Vernunft.
Philosophische Theorien – auch Moraltheorien – werden als „große und kleine Erzählungen“ (Lyotard) bezeichnet und damit ihre Wahrheits- und Geltungsansprüche jenen literarischer Erzählungen gleichgestellt. Auch philosophische Texte müssten wie fiktive Literatur gelesen werden. Zu fragen sei nicht nach der „Richtigkeit“ von Aussagen, sondern nach deren Ursprüngen, Bezügen, Wandlungen, unbeabsichtigten Mehrdeutigkeiten. Literatur wie Philosophie bedienen sich desselben Mediums, der Sprache, und diese sei nicht „wahrheitsfähig“, sondern zeit- und raumgebunden, mit Vorverständnis, Unbewusstem, Tradition behaftet.
Diese radikale Kritik an der Wahrheitsfähigkeit von Aussagen geht auf **Friedrich Nietzsche (1844–1900)** zurück. Für diesen ist Wahrheit: *„Ein bewegliches Heer von Metaphern, […] die Wahrheiten sind Illusionen, von denen man vergessen hat, dass sie welche sind, Metaphern, die abgenutzt und sinnlich kraftlos geworden sind.“*[36]
Auf diesem Hintergrund bezieht die Postmoderne auch in der Ethik eine radikal-skeptische Position (vgl. S. 81 f.).

Zygmunt Bauman (*1939) kritisiert alle Begründungsversuche von Moral radikal. Seine Argumentation verläuft in folgenden Schritten[37]:

1. Der Mensch ist und bleibt ein moralisch ambivalentes (mehrdeutiges) Wesen. Diese Ambivalenz ist unaufhebbar. Alle Versuche, den moralisch guten Menschen zu erziehen, mündeten in Gesinnungsdiktatur und Grausam-

keit. Es gebe keine Garantie für Moralität, wer sie erzwingen wolle, verschlimmere nur die Lage. Das zeige die traurige Geschichte moralischer Zwangsbelehrung von der Inquisition, über den Robespierreschen Tugendterror während der Französischen Revolution, die Rassen- und Klassenmoral von Faschisten und Stalinisten bis zu den aktuellsten Versuchen, Menschenrechte herbeizubomben.

2. Moralisches Handeln sei nicht rational motiviert. Es zeige sich weder aus utilitaristischem Kalkül, folge keinen Zweck- und Nützlichkeitserwägungen, noch sei es prinzipien- oder maximengeleitet. Weder aus Lust, noch aus Pflicht handeln wir moralisch, sondern aus spontanem Impuls. Das autonome moralische Gewissen eines jeden sei nicht einklagbar.
3. Ethik irritiere nur die Moral. Sie nutze den spontanen moralischen Impuls für ihre Steuerungsabsichten, will ihn zügeln, zähmen, dirigieren – und zerstört ihn dadurch. Sie will erlernbare Regeln, ethisches Wissen an die Stelle subjektiver moralischer Verantwortung setzen und sieht nicht, dass Moral das Chaotische ist, inmitten einer rationalen Ordnung.
4. Moralität sei widersprüchlich. Selten sind moralische Handlungen eindeutig gut, meist hingegen ein Abwägen im Konfliktfall, was negative Folgen einschließt. Daher auch unsere Unsicherheit, wenn wir moralisch handeln. So kann etwas selbst vermeintlich so eindeutig Gutes wie Hilfsbereitschaft in Abhängigkeit und Beherrschung des Hilfesuchenden umschlagen.
5. Moral sei nicht universalisierbar. Das heißt nicht, dass sie vollkommen relativ, beliebig sei, wohl aber stülpe der Universalismus in seiner bekannten Form *einen* ethischen Code über *alle*, versuche die moralische Gleichschaltung, die Verallgemeinerung einer einzigen, westlichen Moral. Aber ein konsequenter Relativismus, der die gleiche Gültigkeit kultur-spezifischer Ethiken oder lokalen Brauchtums propagiert, sei nicht die Alternative zum europäisch-rationalistischen Universalismus; da die vielfältigen Ethiken sich widersprechen, gar neutralisieren können, führe er letztlich in die moralische Beliebigkeit, den Nihilismus.
6. Moral sei also auch nicht relativ. Dies sind nur die verschiedenen ethischen Codes, die versuchen, echte, spontane, natürliche Moralität durch ihre vorgefassten Normen und Regeln zu ersetzen. Die Moral selbst ist autonom, die heteronomen Ethiken sind es, die die Utopie eines befreiten, moralisch-autonomen Subjekts verhindern.
7. Moralität sei nicht begründbar. Vielmehr gehe sie allen Begründungsversuchen voraus, stehe auch gar nicht unter Begründungszwang. Sie geschieht einfach – oder nicht. Auch erfordert sie keine Überwindung, kein Absehen vom Eigensinn, keinen Widerspruch zur menschlichen Natur, kein Kalkül. Sie ist da.
8. Moralität sei das Erwachen der Verantwortung für den anderen. Erst im Blick des anderen erkenne ich mich selbst ganz und damit zugleich als moralisches Selbst. Die wahre Autonomie, als Abgrenzung vom anderen, sei nur durch die Hinwendung zu einem konkreten Anderen möglich. Moralität wird damit vollkommen subjektiv, es gibt keine intersubjektiven Geltungsansprüche, die durch Zwang, Belehrung und Erziehung durchgesetzt werden könnten. Verantwortung zu übernehmen, und damit zu sich selbst zu finden, gelingt allerdings nicht immer und nicht jedem. Moralität ist nicht unvermeidlich, sie bleibt eine Chance – das Gewissen schlägt oder schweigt.

8. Angewandte Ethik

Das, was sein soll, und das, was ist, Norm und Wirklichkeit klaffen in vielen Bereichen der Lebenswelt auseinander. Menschen sollten akzeptieren, dass sie unperfekte, anfällige und sterbliche Wesen sind, und doch arbeiten Forscher an ihrer „Optimierung"; Lebensrecht, Menschenwürde und Autonomie sind höchste moralische

36 *Nietzsche, F.*: Über Wahrheit und Lüge im außermoralischen Sinn. In: Kritische Studienausgabe, Bd. 1. S. 880f.

37 Vgl. *Bauman, Z.*: Postmoderne Ethik. Hamburg 1995.

Normen, und doch werden sie permanent missachtet. Die Medien sollten sich an Wahrhaftigkeit, Vielfalt und Aufklärung orientieren, und doch sind sie oft unehrlich, einseitig und sensationslüstern. Die Wirtschaft sollte den Wohlstand für alle mehren, und doch befördert sie oft Ungleichheit, Ausbeutung und Verelendung. Für die Aufdeckung und Deutung solcher Widersprüche sind die **Bereichsethiken** zuständig, in den Beispielen etwa die *Medizinethik*, die *Medienethik* und die *Wirtschaftsethik*. Um Normen und Wirklichkeit im Umgang mit Tieren kümmert sich die *Tierethik*, den Umgang mit belebter und unbelebter Natur insgesamt thematisiert die *Natur- oder ökologische Ethik*. Wie Staat und Gesellschaft organisiert sein sollten, ist Thema der *politischen Ethik*; woran sich die Technik moralisch orientieren sollte, das lehrt die *Technikethik*, und was normativ für Erziehung und Bildung gelten soll, das behandelt die *pädagogische Ethik*. In all diesen Bereichsethiken kommt das zur konkreten Anwendung, was in der normativen Ethik theoretisch an Positionen entwickelt ist. Daher gehören die Bereichsethiken zur **angewandten Ethik.**

Die folgenden Abschnitte behandeln die Bereichsethiken *Bioethik/Medizinethik* und *Medienethik*; hier liegt ein enger Begriff von Bioethik zugrunde, der sich auf die ethischen Fragen in Bezug auf *menschliches* Leben konzentriert und insofern mit medizinischer Ethik (fast) identisch ist. Die wichtigsten Werte und normativen Orientierungen in diesen Bereichen sind die folgenden:

Bioethik: Menschenwürde; Lebensschutz; Selbstbestimmung; Identität; Vermeidung von Leiden und Schmerz bei Mensch und Tier; Diversität (genetische Vielfalt); Ressourcenschonung; Hilfsbereitschaft; Gerechtigkeit; Verantwortung;

Medienethik: Wahrhaftigkeit; Pluralität; Zensurfreiheit; Schutz der Privatsphäre; Verzicht auf Manipulation, Beleidigung, Gewaltverherrlichung und Pornographie; Verantwortung.

9. Verantwortung und Freiheit der Forschung

Die Entdeckungen und Erfindungen der Natur- und Ingenieurwissenschaften, besonders der Physik, Chemie, Biologie, Medizin und Informatik haben in den letzten Jahrzehnten so gewaltige Auswirkungen für die Menschen und ihre Umwelt gehabt, dass die Frage nach der Verantwortung für die Folgen dieser Forschungen heute eine viel größere ethische Bedeutung hat als noch vor hundert Jahren:

Die Physik brachte uns mit der Entdeckung der Atomspaltung und der militärischen und zivilen Nutzung der Atomenergie die Verantwortung für die Gefahr der nuklearen Vernichtung allen Lebens auf Erden und für radioaktive Stoffe, die über viele tausend Jahre tödlich strahlen.

Chemie und Biologie brachten nicht nur vergleichbar tödliche Waffen, sondern mit der Entschlüsselung des pflanzlichen, tierischen und menschlichen Genoms und der Möglichkeit des Eingriffs in die genetische Ausstattung von Pflanzen, Tieren und Menschen die Verantwortung für deren Anlagen und Fähigkeiten. Angesichts der Möglichkeit genetischer „Optimierung“ spricht Michael J. Sandel von einer „Explosion der Verantwortung“.[38]

Die Medizin beteiligt sich an den Versuchen der „Optimierung“ des Menschen, ihre Diagnose- und Therapiemöglichkeiten erweitern die Verantwortung für Gesundheit und „Normalität“ in Bereiche, die bisher natürlichem Zufall überlassen waren.

Die Informatik ermöglicht Datenerfassungen und -vernetzungen, die die Gefahr eines „gläsernen Menschen“ und eines Überwachungsstaats mit sich bringen. Sie erhöht damit die Verantwortung für den Schutz der Freiheit und der Anonymität.

Insgesamt, so **Hans Jonas (1903–1993)**, haben „moderne Wissenschaft und Technik Handlungen von so neuer Größenordnung mit so neuartigen Folgen eingeführt, dass der Rahmen früherer Ethik sie nicht mehr fassen kann [...] und uns eine neue, nie zuvor erträumte Dimension der Verantwortung aufzwingt“.[39]

Verantwortung ist also ein ethischer Schlüsselbegriff der modernen technologischen Zivilisation.

Er benennt in moderner Sprache das, was früher Pflichtbewusstsein hieß. Aber er legt, da der Begriff „Antwort" in ihm steckt, das Gewicht stärker auf die sprachliche, rationale Begründbarkeit des Handelns gegenüber anderen. Verantwortung übernehmen heißt: Vernünftig antworten können auf die Frage nach dem Handlungsgrund.
Der Begriff ist mehrstellig. Zu fragen ist nach der Zeitdimension: Wann wird Verantwortung übernommen?; nach den Akteuren: Wer übernimmt Verantwortung?; nach den zu verantwortenden Handlungen: Was wird verantwortet?; nach den Folgen: Wofür muss Verantwortung übernommen werden?; nach der Instanz: Wovor wird Verantwortung übernommen? Und grundsätzlich nach der Begründung und dem Motiv dafür, Verantwortung zu übernehmen: warum?

Dimensionen der Verantwortung

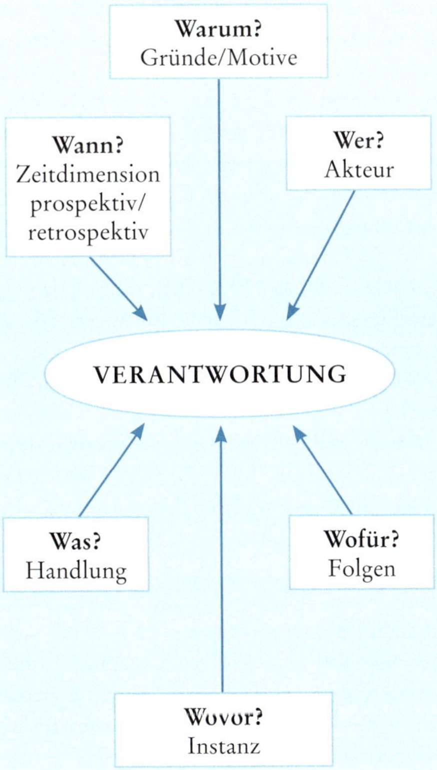

Alle diese Dimensionen der Verantwortung sind umstritten. Im Folgenden sind die wichtigsten dieser strittigen Aspekte des Verantwortungsbegriffs stichwortartig erläutert.

Fragen zu den Dimensionen der Verantwortung

Wann?

Passiv, retrospektiv: im Sinne von „verantwortlich gemacht werden für", „zur Verantwortung gezogen werden für etwas" (entspricht dem traditionellen, juristischen Verständnis von Verantwortung seit dem 19. Jahrhundert)
- Wo sind die Grenzen der Rechtfertigung, wann ist unverantwortliches Handeln strafwürdig?

Aktiv, prospektiv: im Sinne von „sich verantwortlich fühlen für etwas, Sorge tragen für etwas" (entspricht dem modernen Verständnis der Verantwortung, vgl. Max Weber, Hans Jonas)
- Wo sind die Grenzen der Zuständigkeit? Welche Gestaltungs- oder Verhinderungskompetenz habe ich? Wie weit in die Zukunft reicht meine berechtigte Sorge?

Wer?

- Wo sind Grenzen der Mündigkeit, Zurechnungsfähigkeit, der Freiheit der Entscheidung?
- Gibt es nur individuelle oder auch kollektive Verantwortung?
- Ist der Täter stets der Schuldige? Wie weit reicht Mitverantwortung?

Was?

- Welche Handlungen müssen, können wir überhaupt verantworten?
- Wandelt sich die Verantwortung mit dem technischen und wissenschaftlichen Fortschritt?
- Erhöht sich die Verantwortung mit der Handlungsmacht des Menschen?

38 *Sandel, M. J.*: Plädoyer gegen die Perfektion. Berlin 2008. S. 108.
39 *Jonas, H.*: Das Prinzip Verantwortung. Frankfurt/M. 1984. S. 37.

Wofür?

- Für welche Folgen trage ich Verantwortung? Sind Absicht und Absehbarkeit Bedingungen, um verantwortlich zu sein?
- Darf ich überhaupt handeln, wenn die Folgen unabsehbar sind? Wie können Handlungsfolgen besser abschätzbar gemacht werden? (Technikfolgenabschätzung)
- Wandelt sich die Verantwortung angesichts der Explosion menschlicher Handlungsfolgen?

Wovor?

- Was ist die entscheidende Verantwortungsinstanz: Gott, Ich, ein Gericht, die Gesellschaft, die Menschheit, die Natur?
- Gibt es, außer der rechtlichen Verantwortung vor Gericht, überhaupt eine echte Instanz außer dem eigenen Gewissen? Fordert die Natur wirklich Verantwortung?

Warum?

Vier Antworten auf die Begründungsfrage für Verantwortung:

1. Verantwortung ist nur als Selbstverpflichtung möglich; sie ist an Autonomie, reine Vernunft und unbedingte Willensfreiheit gebunden. (Kant)
2. Der Mensch ist zur Verantwortung „verdammt", sein freies Menschsein bedeutet: Verantwortung übernehmen können und müssen. (Sartre)
3. Verantwortung entsteht aus Angst vor sozialer Ächtung, vor rechtlicher oder moralischer Sanktion oder aus Reziprozität: weil ich Verantwortung auch vom anderen erwarte. (Hobbes, Mill)
4. Verantwortung ist ein elementares natürliches Gefühl, die Fähigkeit zur Achtsamkeit, sie entsteht als Teil des identitätsbildenden Selbst-Bewusstseins im Angesicht des anderen. (Hume, Gilligan, Lévinas)

Radikale Antworten auf diese Fragen zur Verantwortung führen rasch zu negativen Konsequenzen:
Wer sich, in Vergangenheit und Zukunft, für zeitlich unbegrenzt verantwortlich und zuständig hält, wer glaubt, etwa aus „Ehrfurcht vor dem Leben" (Albert Schweitzer), für das Wohl der gesamten Natur verantwortlich zu sein und auch die unbeabsichtigten Folgen und Nebenfolgen seines Handelns stets mit bedenken zu müssen, der wird, vor lauter grenzenlosem Verantwortungsbewusstsein, bald gar nicht mehr handeln können. Eine vernünftige Begrenzung der eigenen Verantwortung muss das berücksichtigen, was Judith Butler „unabänderliche Teilblindheit in Bezug auf uns selbst"[40] nennt. Sie will damit vor einer Überfrachtung mit Verantwortung und einer Überforderung der eigenen Handlungsmöglichkeiten warnen.
Wer umgekehrt möglichst alle Verantwortung von sich weist, sich nie zuständig fühlt, stets auf die Unabsehbarkeit von Handlungsfolgen verweist, um sich ungehemmt ausleben zu können, der wird bald merken, dass er seine hedonistischen Ziele nicht erreicht. Das eigene Gewissen und die Abwendung der anderen, ohne deren Anerkennung er nicht glücklich werden kann, durchkreuzen seine Verantwortungslosigkeit.

Max Weber (1864–1920) hat den Begriff der „Verantwortungsethik" eingeführt. Verantwortlich handeln heißt für ihn:

1. die voraussehbaren Folgen des eigenen Handelns zu kalkulieren;
2. unbeabsichtigte Nebenfolgen ebenso zu bedenken wie den Umstand, dass Positives in Negatives umschlagen kann;
3. abzuschätzen, ob aus dem Wollen und Sollen auch ein Können folgen kann, d. h. die Umsetzungsmöglichkeiten eigener Handlungsabsichten rational abwägen;
4. abzuwägen, welche Mittel die Zwecke „heiligen", was einschließt, dass Mittel, die an sich anrüchig sind, durch einen guten Zweck legitimiert werden können;
5. Realitätsbewusst und kompromissbereit um der Sache willen zu sein, das heißt auch: nicht auf einer Position zu beharren, bloß weil man sie für die einzig richtige hält.

Weber entwickelt diesen Begriff von Verantwortungsethik in seinem Vortrag „Politik als Beruf" und empfiehlt ihn entsprechend als ethische Orientierung für Politiker. Er setzt ihn scharf vom Begriff der „Gesinnungsethik" ab, einer Ethik des realitätsblinden Beharrens auf der Richtigkeit der eigenen Gesinnung, die sich nur jene leisten könnten, die keine praktische, politische Verantwortung übernehmen müssten: „Verantwortlich fühlt sich der Gesinnungsethiker nur dafür, dass die Flamme der reinen Gesinnung, die Flamme z. B. des Protestes gegen die Ungerechtigkeit der sozialen Ordnung, nicht erlischt. Sie stets neu anzufachen, ist der Zweck seiner, vom möglichen Erfolg her beurteilt, ganz irrationalen Taten, die nur exemplarischen Wert haben können und sollen."[41]

Der qualifizierte Politiker betreibt seine Arbeit mit „Leidenschaft, Verantwortungsgefühl und Augenmaß"[42]; der gesinnungsethische Revolutionär – oder Priester – hingegen bleibt in einer ins Leere laufenden „Romantik des intellektuell Interessanten ohne alles Verantwortungsgefühl"[43] gefangen.

Verantwortliches Handeln ist für Weber also wesentlich rationales, sachliches vorausschauendes Handeln, das sich keine Illusionen über die Widrigkeiten der Wirklichkeit macht. Der verantwortlich Handelnde muss bereit sein, sich auch „die Finger schmutzig" zu machen, um der Sache zu dienen. Einen objektiven Orientierungsmaßstab dafür, wann eine bestimmte Handlung von ihrem Zweck her nicht mehr legitimiert ist oder an welche allgemeinen ethischen Werte sich der Verantwortliche halten soll, bietet Weber nicht. Hier verweist er auf die subjektive Entscheidung der einzelnen Persönlichkeit. Damit wird Verantwortung bei Weber letztlich doch wieder ohne eine gesinnungsethische Vorentscheidung unmöglich. Der Verantwortungsbegriff, den man bis zu Webers Konzept im politischen Bereich klar als Rechenschaftspflicht der Regierenden gegenüber den Regierten verstanden hat, wird bei ihm „durch eine ‚Ethisierung' vernebelt, die die Übernahme von Verantwortung zu einer Gefühls- und Gesinnungssache macht".[44]

Hans Jonas (1903–1993) hat mit seinem Buch „Das Prinzip Verantwortung" die bislang wichtigste „Ethik für die technologische Zivilisation"[45] verfasst. Das Werk gilt als Grundbuch der ökologischen und technikkritischen Bewegung. Jonas geht davon aus, moderne Wissenschaft und Technik hätten eine so grundsätzlich neue und existenziell bedrohliche Situation für die gesamte Menschheit gebracht (s. o.), dass traditionelle Ethiken nicht mehr ausreichten, um die heute notwendigen moralischen Pflichten zu formulieren und zu begründen. Eine Ethik der Wissenschaften müsse heute einen ganz anderen Raum-, Zeit- und Personenhorizont in den Blick nehmen als traditionelle Ethiken, die sich auf moralisches Handeln gegenüber den Mitmenschen beschränken konnten. Nie wurden Menschen für die unbeabsichtigten Folgen ihres Handelns zur Verantwortung gezogen. Das sei heute grundsätzlich anders. Die Kategorien des „Risikos", der „Folgenabschätzung", der „Nebenwirkung" und „Langzeitfolgen" gewinnen erstmals ethische Bedeutung. In Anlehnung und Absetzung von Kant formuliert Jonas daher einen neuen „kategorischen Imperativ": „Handle so, dass die Wirkungen deiner Handlung verträglich sind mit der Permanenz echten menschlichen Lebens auf Erden."[46]

Er nennt seine neue Ethik daher eine „Zukünftigkeitsethik".[47] Sie bezieht sich, anders als übliche Ethiken, nicht auf die aktuellen Mitmenschen oder Lebewesen, sondern vor allem auf die Nachgeborenen, die zukünftige Menschheit. Deren

40 *Butler, J.*: Kritik der ethischen Gewalt. Frankfurt/M. 2003. S. 54.
41 *Weber, M.*: Politik als Beruf. In: Ges. politische Schriften. Hrsg. v. *J. Winkelmann.* Tübingen 1958. S. 540.
42 Ebd. S. 533.
43 Ebd.
44 *Bayertz, K.* (Hrsg.): Verantwortung, Prinzip oder Problem? Darmstadt 1995. S. 41.
45 So der Untertitel von Jonas' Arbeit, erschienen 1979. Hier: Frankfurt/M. 1984.
46 Ebd. S. 36.
47 Ebd. S. 92.

„Weiterbestand“ sollten wir einfach „unterstellen“.[48] Verantwortliches Handeln müsse davon ausgehen, dass „spätere Menschen“ ein Recht haben, „uns Frühere als Urheber ihres Unglücks zu verklagen, wenn wir durch sorgloses und vermeidbares Tun die Welt oder die menschliche Konstitution für sie verdorben haben“.[49] Diesem Recht der Nachgeborenen entspricht unsere Pflicht zur Nachhaltigkeit. Im Blick auf moderne Großtechnik wendet sich Jonas gegen die Unterscheidung von nützlichem *Gebrauch* und schädlichem *Missbrauch*. Eine Missbrauchsethik sei überholt, der Gebrauch sei bereits missbräuchlich oder verwerflich, da die negativen Folgen unkalkulierbar und so verheerend seien, dass der Nutzen bedeutungslos werde. „Der Unheilsprophezeiung“, stellt Jonas fest, sei „mehr Gehör zu geben als der Heilsprophezeiung“.[50] Konkret fordert er daher eine Umkehrung der Beweislast: Es müsse heute nicht die Gefährlichkeit von Forschung nachgewiesen werden, sondern deren Ungefährlichkeit. Beispiele könnten die Nutzung von Atomkraft, genetische Veränderungen an Lebewesen, Agrochemie, digitale Informations- und Nanotechnologien sein.

Verantwortung sei typischerweise an nicht-reziproke (nicht wechselseitige) Beziehungen gebunden, ihr Muster sei die Eltern-Kind-Beziehung, in der Eltern einseitig Verantwortung für die Kinder übernehmen. Ähnlich verhalte es sich mit der Beziehung gegenwärtiger zu zukünftigen Menschen. Wir Lebenden haben Pflichten gegenüber den Noch-nicht-Lebenden, logischerweise ohne Wechselseitigkeit. Jonas versucht allerdings erfolglos zu begründen, warum die Voraussetzung dieser Pflichten, nämlich der „Anspruch auf Existenz“ zukünftiger Menschheit tatsächlich besteht. Es bleibt beim „Imperativ des Daseins“.[51]
Orientierung für das eigene verantwortliche Handeln bietet nach Jonas die „vorausgedachte Gefahr“. Er spricht von einer „Heuristik der Furcht“[52] als Kompass für das Handeln und Unterlassen. Anders als Angst, die das Handeln lähmt, könne die Furcht, als vorausschauende Sorge verstanden, das richtige Maß bei Forschung und Entwicklung finden lassen. Grundsätzlich gilt: Die unkritische technische Fortschrittsgläubigkeit sollte, so Jonas, durch eine neue Haltung ersetzt werden, die erkennt: Man darf nicht alles, was man kann.

Bernd Olaf Küppers (*1944) vertritt eine scharfe Gegenposition zu Jonas' technikkritischer Ethik, die er spöttisch als „Bewahrungsethik“[53] bezeichnet. Jonas verkenne, dass die Evolution nicht nur Daseinserhaltung sondern ebenso Daseinsvernichtung brauche und permanent betreibe. Natürliche Auslese dürfe auch nicht mit einem zweckgerichteten Verhalten der Natur verwechselt werden, das es nicht gebe. Die Technikfeindlichkeit, für die Jonas stehe, müsse überwunden „und durch die Macht des Wissens ersetzt werden“.[54] Küppers vertraut darauf, nur wissenschaftlich-technischer Fortschritt und vernünftige Erkenntnis, nicht Glaube und Moral, die er für dogmatisch und widersprüchlich hält, seien in der Lage, den Fortbestand der Menschheit möglichst lange zu sichern.
Die Verantwortung der Wissenschaft bestehe darin, in freier, durch keine moralischen Einschränkungen behinderter Forschung nach Möglichkeiten zu suchen, die Umwelt immer besser zu beherrschen und damit die Überlebensmöglichkeiten der Menschen zu verbessern. Es seien „nicht die Erkenntnisse der Wissenschaft, welche die Gesellschaft bedrohen […]. Vielmehr gehen die Gefahren für die Gesellschaft von einem Übermaß an Moral und Glaubensgrundsätzen aus, die sich überdies häufig widersprechen.“[55] Er plädiert daher für eine „ethische Neutralität“ wissenschaftlicher Forschung und für „weniger Moral in einer von Wissenschaft und Technik geprägten Welt“.[56]

Wer Verantwortung von Wissenschaftlern, Forschern, Technikern fordert, kann rasch in Konflikt mit dem Wert der „Freiheit der Forschung“ geraten. Im Art. 5, Grundgesetz heißt es: „Kunst und Wissenschaft, Forschung und Lehre sind frei.“
Grundsätzlich gibt es drei Positionen zur Frage der Verantwortung von Wissenschaft und Technik:

1. Wissenschaft und Technik müssen völlig frei sein. Der Forscher trägt keine Verantwortung für die Folgen seines Tuns.

2. Wissenschaft und Forschung waren und sind nie frei. Die Forderung nach freier Forschung ist naiv.
3. Wissenschaft und Technik müssen durch Verantwortung begrenzt werden. Der Forscher trägt Verantwortung für die Folgen seines Tuns.

Die erste Position wird mit folgenden Argumenten begründet:

- Es gehört zum Wesen der Forschung, dass ihre Ergebnisse nicht abzusehen und abzuschätzen sind. Für Unabsehbares kann man aber keine Verantwortung übernehmen.
- Forschung, auf die wir aus moralischen Skrupeln verzichten, betreiben andere weiter.
- Verantwortung ist also nur ein Wettbewerbsnachteil in der internationalen Forschungsgemeinschaft.
- Verzicht auf Forschung bedeutet Stillstand, Ende des Fortschritts der Menschheit.
- Natürliche Neugier ist der Antrieb des Forschers. Diese lässt sich nicht durch Regeln und Beschränkungen hemmen oder verhindern. Bernd Olaf Küppers urteilt, es sei „die Forderung, das Erkenntnisstreben des Menschen präventiv einzuengen, ebenso widersinnig, als wolle man dem Fisch das Schwimmen oder dem Vogel das Fliegen verbieten".[57]
- Unbegrenzter Erkenntnisdrang ist ein geschütztes Menschenrecht.
- Forschungsfreiheit ist ein Schutz gegen Gängelung und Beschränkung von Erkenntnissen aus ideologischen, religiösen oder staatlichen Interessen.
- Die Geschichte lehrt, welche schlimmen Folgen es hat, wenn nicht frei geforscht werden kann (vgl. Galileo Galilei, Darwin, Lyssenko etc.).

Die zweite Position wird wie folgt begründet:

- Früher haben Kirche und Staat Forschung gelenkt und verboten, heute tun dies staatliche und privatwirtschaftliche Forschungsfinanzierung.
- Forschung braucht Institutionen, Personal und Kapital. Durch die Finanzierung von Forschungseinrichtungen und Projekten, durch Vergabe von Lehrstühlen und „Drittmitteln" wird Forschung gesteuert oder verhindert.
- Forschung ist heute extrem an Verwertbarkeit orientiert, finanziert wird nur anwendungsorientierte Forschung.
- Alle großen Forschungsprojekte sind durch militärische und industrielle Interessen initiiert und finanziert worden, auch die drei teuersten: Los-Alamos-Projekt, 1945 (Entwicklung der Atombombe), SDI-Projekt, 1983 (weltraumgestützte Raketenabwehr), HUGO-Projekt, 2000 (Entschlüsselung des menschlichen Genoms).
- Verantwortung wird nur vorgetäuscht. In Großkonzernen sorgen „Ethik-Beiräte" für die moralische Rechtfertigung problematischer Forschung und unterlaufen die Verantwortung durch Unbedenklichkeitsgutachten.

Die dritte Position wird mit folgenden Argumenten begründet:

- Die Vorstellung, ein Forscher könne die Ergebnisse seiner Forschung nicht abschätzen, ist naiv. Heute wird keine Forschung mehr finanziert, die ihr Ziel nicht genau definieren kann.

48 Ebd. S. 87.
49 Ebd.
50 Ebd. S. 70.
51 Ebd. S. 90.
52 Ebd. S. 392.
53 *Küppers, B.-O.*: Nur Wissen kann Wissen beherrschen. Macht und Verantwortung der Wissenschaft. Köln 2008. S. 528.
54 Ebd. S. 541.
55 Ebd. S. 540.
56 Ebd. S. 541 f.
57 Ebd. S. 512.

Küppers: Wissen statt Moral: Fünf Thesen zur Wissensgesellschaft 2010

Nur Wissen kann Wissen beherrschen: d. Wiss Macht + Verantwort. 2008

- Welche Gefahren Forschung mit sich bringt, ist fast immer bekannt. Im Zweifel weisen Institute zur Technikfolgenabschätzung darauf hin. Gefährliche Forschung kann also aus Verantwortung unterlassen werden.
- Forscher stellen mit ihrer Arbeit Machtmittel zur Verfügung. Damit haben sie das Recht und die Pflicht, über die Verwendung dieser Machtmittel mit zu entschieden.
- An den Beruf des Wissenschaftlers, Forschers, Technikers sind dieselben Maßstäbe anzulegen wie an jeden anderen Beruf. Dort gilt selbstverständlich, dass man für die Folgen seines beruflichen Handelns verantwortlich ist.
- Der Forscher kann seine Arbeit nur verrichten, weil er von der Gesellschaft – in Form von staatlicher Bildung und Ausbildung – die Möglichkeit dazu erhielt. Das verpflichtet ihn zur Verantwortung gegenüber dieser Gesellschaft.
- Natürliche Neugier als Motor der Forschung und Verantwortung sind kein Gegensatz. Wer aus Verantwortung auf gefährliche Forschung verzichtet, dessen Neugier bleibt doch erhalten und kann sich auf andere Gegenstände richten.
- Die skeptische Beobachtung, dass Forschung meist ohnehin nicht frei ist, entbindet nicht von der Verantwortung für das eigene Forschen.

Unter ethischem Aspekt muss man anerkennen, dass Forschungsfreiheit ein hohes Gut ist, das vor staatlicher und wirtschaftlicher Beeinträchtigung geschützt werden muss. Andererseits trägt auch der Forscher Verantwortung für die Folgen seiner Forschung. Dazu sind konkret mehrere Konsequenzen denkbar:

1. Politischer Einfluss des Forschers auf die Verwendung oder Anwendung der Forschung. Öffentliche Warnung vor den Gefahren der Forschung. Begründung: Der Forscher stellt Machtmittel zur Verfügung.
   Beispiele: B. Russell, A. Einstein, Göttinger Erklärung, IPPNW (Internationale Ärztevereinigung zur Verhinderung eines Atomkriegs).
2. Forscher beugen sich allgemeiner Selbstverpflichtung ihrer Wissenschaft (Codex), sich an ethische Standards zu halten und moralisch zweifelhafte Forschung zu unterlassen. Begründung: Forscher wissen selbst am besten, welche Forschung gefährlich ist, sie sichern durch weltweit bindende Codizes gleiche Wettbewerbschancen in der Forschung.
   Beispiele: Ärztegelöbnisse, Helsinki-Erklärung der Genforscher.
3. Der Forscher beugt sich gesetzlichen Vorschriften der Forschungsbeschränkung, die Gesellschaft legt fest, was sie erforscht haben will und was nicht. Begründung: demokratisches Prinzip der Forschungssteuerung; nur Strafandrohung kann wirksam sein.
   Beispiele: Embryonenschutzgesetz, Gentechnikgesetz, Tierschutzrecht
4. Der Forscher verzichtet freiwillig auf Forschung, die ihm als moralisch zweifelhaft oder gefährlich erscheint. Begründung: Verantwortung beruht auf persönlicher Entscheidung und ist nicht abtretbar.
   Beispiele: H.-P. Dürr (Atomphysiker), J. Weizenbaum (Informatiker).

10. Medizinethik – Themen und Argumentationsweisen

Vor 50 Jahren gab es in der Medizinethik nur wenige Themen, über die man kontrovers diskutierte. Es waren dies:
- Empfängnisverhütung,
- Schwangerschaftsabbruch,
  Sterilisation,
- Wahrheit am Krankenbett (Soll der Todkranke über seinen Zustand aufgeklärt werden?),
- Triage (Dürfen Verletzte im Katastrophenfall nach dem Grad ihrer Verletzung selektiert werden?).

Heute sind die ethisch umstrittenen Möglichkeiten moderner Medizin, Genetik und Biochemie so gewaltig gestiegen, dass sich Enquête-Kommissionen des Bundestags, ein Nationaler Ethikrat und zahllose Ethikkommissionen in den Bundesländern und in Kliniken mit Fragen der Medizinethik beschäftigen.

Themen der Medizinethik heute

Bei Lebensbeginn
- prädiktive Diagnostik (genetisches screening),
- Präimplantationsdiagnostik (PID) (screening im Reagenzglas),
- Empfängnisverhütung,
- Sterilisation,
- Schwangerschaftsabbruch,
- selektiver Abbruch – bei Mehrlingsschwangerschaft,
- Samenbanken/künstliche Insemination,
- In vitro-Fertilisation (Retortenbaby, künstliche Befruchtung im Reagenzglas),
- Embryonen-Splitting (Klonen),
- Einfrieren von Embryonen-Mehrlingen,
- Geschlechtswahl (mit Spermienselektion),
- Misch-Embryonen aus tierischer Eizelle und menschlichem Zellkern,
- „verbrauchende" Embryonen-Forschung,
- Embryonenhandel mit „überzähligen" Embryonen,
- Leihmutterschaft,
- Hirntote als Schwangere („Erlanger Baby"),
- Keimbahntherapie,
- Zellkernverpflanzung (von Körper- in Eizellen, Klonieren),
- Embryonen als Organbanken,
- Patentierung von Genen,
- Babyklappe,
- Neonatologie (Frühchen-Geburten).

In der Lebenskrise
- Intensivmedizin/Gerätemedizin,
- Organtransplantation (von Lebenden und Sterbenden),
- Xenotransplantation (von Tieren auf Menschen),
- Schönheitschirurgie,
- Forschung an Nicht-Einwilligungsfähigen.

Bei Lebensende
- Reanimation,
- Sterbehilfe (aktiv/passiv), assistierter Suizid,
- Begriff und Feststellung des Todes (Hirntod/Herztod),
- „Abschalten" von Koma-Patienten,
- Verbindlichkeit von Patientenverfügungen.

Die allermeisten dieser neuen Themen entstanden durch wissenschaftliche Forschung und Technik. Da sie alle für die betroffenen Personen oder Gesellschaften zu extremen ethischen Konflikten führen können, wird hier beispielhaft deutlich, welche ethische Bedeutung wissenschaftliche und technische Entdeckungen und Erfindungen heute haben.
Jedes einzelne dieser Themen wird bei den aktuell Betroffenen zu intensiven ethischen Konflikten führen. Im Groben sind drei Reaktionsweisen auf diese zahlreichen Möglichkeiten moderner Medizin denkbar:

1. Die Betroffenen legen moralische Skrupel ab und nutzen, was immer ihnen die Wissenschaft bietet und das Gesetz erlaubt. Sie „kapitulieren" gleichsam vor den Möglichkeiten der „Optimierung" des Menschen und der freien Bestimmung über Leben und Tod.
2. Die Betroffenen lehnen die Möglichkeiten moderner Medizin, Genetik und Biochemie ab, die mehr verheißen als die Heilung aktueller Krankheiten oder Behinderungen. Sie beharren auf der Natürlichkeit von Werden und Vergehen.
3. Die Betroffenen suchen nach ethischer Orientierung und Beratung und wägen im Einzelfall ab, ob sie die Möglichkeiten der Forschung und Technik für ethisch akzeptabel halten.

Wie argumentiert nun die Ethik, um zu angemessenen Urteilen in den konkreten Fällen medizinethischer Konflikte zu gelangen? Allgemein unterscheidet man drei Arten von Argumentation:

- **Deduktive Argumentation** („top-down-Modell"): Ausgehend von allgemeinen moralischen Prinzipien – z. B. „Selbstbestimmung" oder „Folgenabschätzung" –, wird der konkrete Einzelfall daraufhin betrachtet, wie er unter dem Aspekt dieser Prinzipien zu beurteilen ist. Das konkrete Problem gilt also als Anwendungsfall allgemeiner ethischer Normen und moralischer Prinzipien. Beispiel: „Weil Selbstbestimmung eine oberste ethische Norm darstellt, darf der Patient nicht gegen seinen Willen am Leben erhalten werden."
  Kritik: Das Argumentationsmuster ist zu pauschal, zu wenig differenziert und wird der

Komplexität konkreter moralischer Konflikte, zu denen auch Gefühle, Wertorientierungen und persönliche Bindungen gehören, nicht gerecht.

- **Induktive Argumentation** („bottom-up-Modell"): Hier geht man vom konkreten Einzelfall aus, den man intuitiv unter Einbezug von Präzedenzfällen oder ähnlichen Fällen beurteilt. Ein Konsens entsteht durch die geteilten Wahrnehmungen all dessen, was in bestimmten menschlichen Extremsituationen auf dem Spiel steht. Allgemeine Normen dienen höchstens dazu, sich im Nachhinein theoretisch abzusichern. Beispiel: „Weil wir einsehen, dass es selbstsüchtig von uns wäre, den Patienten zum Weiterleben zu bewegen, und weil seine Schmerzen offensichtlich so groß und seine Lebenserwartung so gering ist, müssen wir seinen Sterbewunsch leider akzeptieren." Kritik: Ein gefühlsmäßiges, intuitives Urteil im Einzelfall ist entweder gefährlich beliebig oder es stützt sich indirekt eben doch auf allgemeine Normen und Regeln, ohne dass diese bewusst sind oder eingestanden werden.
- **Kohärente Argumentation**: Hierbei wird sowohl „von unten", vom konkreten Einzelfall aus, argumentiert, als auch „von oben", von allgemeinen ethischen Prinzipien aus, und zwar so lange, bis sich ein „Überlegungsgleichgewicht" (Rawls) einstellt, d. h. bis intuitive und theoretische Argumente widerspruchsfrei zusammenstimmen. Bettina Schöne-Seifert erläutert, dieses Verfahren bestehe „im abgleichenden modifizierenden und verwerfenden Hin- und Hergehen zwischen wohlüberlegten konkreten Intuitionen und abstrakteren Theorieteilen der Ethik sowie relevanter Hintergrundaussagen über die Natur, Gesellschaft etc. – so lange, bis alles sich gegenseitig stützt, kohärent zusammenpasst".[58]

Die moralischen Einschätzungen der medizinischen und genetischen Möglichkeiten innerhalb der medizinethischen Debatte gehen sehr weit auseinander. Orthodoxe Katholiken lehnen selbst Verhütungsmittel ab und bezeichnen Schwangerschaftsabbruch oder Sterbehilfe als Mord; andererseits brüsten sich asiatische Wissenschaftler damit, Embryonen kloniert zu haben, und Peter Sloterdijk fragt, ob die Zivilisierung des Menschen durch „optionale Geburt und pränatale Selektion"[59] nicht besser zu erreichen sei als durch Erziehung.

Grundsätzlich wird in der Medizinethik auf zwei unterschiedliche Weisen argumentiert:

1. Eine deontologische (pflichtethische) Argumentation geht von der normativen Vorentscheidung aus, dass der Schutz von Menschenwürde im Sinne von Autonomie und Selbstzweckhaftigkeit des Menschen absoluten Vorrang vor Nützlichkeitserwägungen genießt. Würde versteht man dabei als Wesensmerkmal des Menschen, unabhängig von konkreten Lebensumständen. Sie kommt auch Embryonen und Menschen im Koma oder in Demenz zu, da auch diese zur Gattung Mensch gehören oder sich als solcher entwickeln. Danach unterliegt das Verrechnen von Würde dem Instrumentalisierungsverbot.

Positionen zur Bioethik und medizinischen Optimierung

Ablehnung medizinischer u. genetischer Eingriffe zur Optimierung

Zustimmung zu medizinischen u. genetischen Eingriffen

⇨ **Linie zunehmender Liberalität** ⇨

Kathol. Morallehre	Kommunitaristen	Kantianer Diskursethik	Ansätze mittlerer Reichweite	Werteabwäg., negativer Utilitarismus	liberale Eigenverantwortung	Radikaler Utilitarismus

2. Eine teleologische (zweckethische) Argumentation wägt utilitaristisch zwischen Schaden und Nutzen von Handlungen für alle Betroffenen ab. Als schutzwürdig gelten nur Personen. Diese sind so definiert, dass sie Interessen oder Bedürfnisse haben können. Danach kann etwa das Interesse vieler Kranker an einem Heilmittel stärker zählen als die Schutzwürdigkeit befruchteter Eizellen, die noch keine Bedürfnisse oder gar Interessen haben können.

11. Ethische Fragen und Antworten zu Beginn und Ende des Lebens

Medizinethische Fragen stellen sich besonders am Beginn und am Ende des Lebens. Hier folgen die zentralen Fragen, die sich durch moderne Diagnostik am Embryo im Mutterleib (pränatale Diagnostik, PND) oder im Reagenzglas (PID) ergeben, sowie die zentralen Fragen, die sich angesichts der Diskussion um Sterbehilfe und assistierten Suizid (Beihilfe zur Selbsttötung) ergeben. PID und Sterbehilfe sind die dominierenden Themen medizinethischer Diskussion.

1. *Fragen zu pränataler Diagnostik/PID/Schwangerschaftsabbruch*

- Gibt es ein „Recht auf Nicht-Wissen“ in Bezug auf genetische Ausstattungen?
- Ist das Interesse angehender Eltern, vor der Geburt zu erfahren, ob ihr Kind vermutlich Erbkrankheiten haben wird, stärker zu bewerten, als das Interesse des Kindes, auch geboren zu werden, wenn es erbkrank sein wird – oder ist es umgekehrt?
- Gibt es einen Anspruch auf gesunde Nachkommen? Gibt es ein Recht, auch mit Behinderungen geboren zu werden?
- Führt die pränatale Diagnostik dazu, dass wir „unvollkommenes“ Leben nicht mehr akzeptieren?
- Ist das Verbot von PID verwerflich, solange Abtreibung erlaubt ist, weil man eine Frau zwingt, erst in der Schwangerschaft zu erfahren, ob sie ein behindertes Kind gebären wird, obwohl es auch schon im Reagenzglas feststellbar wäre?
- Ist das Verbot von PID geboten, gerade weil es sonst zu einfach wäre, ein potenziell behindertes Kind zu selektieren?
- Ist das Selbstbestimmungsrecht (Autonomie) der Schwangeren höher zu bewerten als das Lebensrecht des ungeborenen Kindes – falls ja, bis zu welchem Zeitpunkt der Schwangerschaft?
- Welche Gründe für einen Abbruch der Schwangerschaft sind ethisch vertretbar?
- Wann beginnt der unbedingte Schutzanspruch des menschlichen Lebens?
- Entwickelt sich der Embryo „zum Menschen“ oder „als Mensch“?

2. *Fragen zur Sterbehilfe*

- Sind Sterbehilfe und Hilfe beim Suizid Ausdruck der Anerkennung der Menschenwürde als Autonomie des Sterbewilligen?
- Widerspricht Sterbehilfe der Menschenwürde als Zweckfreiheit des Menschen?
- Wie können Freiwilligkeit und Begründetheit des Sterbewunsches festgestellt werden?
- Ist Palliativmedizin die bessere Alternative zur Sterbehilfe?
- Vergrößern Sterbehilfe, Hilfe zum Suizid und das „Abschalten“ von Koma-Patienten im Kontext der demografischen Entwicklung die Gefahr, Menschenleben unter Nützlichkeitsaspekt zu sehen?
- Schützt das Sterbehilfeverbot Kranke und Alte vor dem Druck, sich als unnötige Last zu empfinden? Verhindert das Sterbehilfeverbot den Druck zur „Selbstentsorgung“ für Alte und Kranke?
- Welche konkreten Kriterien müssen erfüllt sein, damit passive oder aktive Sterbehilfe angewendet werden darf?
- Was zählt stärker: der vorausverfügte Sterbewunsch im Falle schwerster körperlicher und geistiger Behinderung oder der erkennbare Lebenswunsch in eben diesem Zustand?

58 *Schöne-Seifert, B.*: Grundlagen der Medizinethik. Stuttgart 2007. S. 28.
59 *Sloterdijk, P.*: Regeln für den Menschenpark. Frankfurt/M. 1999. S. 46.

- Ist das Leben als solches unverfügbar, „heilig“, oder zählt vielmehr das „gute Leben“?

3. Argumente in der Medizinethik

Ein Argument wird bei vielen medizinethischen Konfliktfällen – und auch in anderen Bereichsethiken – besonders häufig angeführt: das sogenannte **Dammbruchargument** (auch „Argument der schiefen Ebene“ oder „slippery-slope-Argument“). Es meint die Prophezeiung katastrophaler Folgen, genauer: die Unaufhaltsamkeit und Lawinenartigkeit großer Schäden, falls ein moralisches oder rechtliches Verbot einmal aufgehoben wird. Typische Befürchtungen dieser Art lauten etwa:

- Wird Abtreibung erlaubt, werden bald Früheuthanasie und andere Formen nicht erwünschter Sterbehilfe folgen, die Geburtenrate wird dramatisch sinken.
- Wird PID erlaubt, werden bald nur noch „optimierte“ Kinder geboren, alle Behinderten werden dann diskriminiert.
- Wird passive Sterbehilfe erlaubt, wird es bald auch aktive Sterbehilfe geben, das menschliche Lebensrecht wird dann überhaupt in Frage gestellt.

Das Dammbruchargument befürchtet eine moralische Abstumpfung und Aufweichung moralischer Normen durch die Legalisierung von bislang Verbotenem.

Einwände gegen das Dammbruchargument[60]:

1. Die Dammbruchbefürchtung muss ihre Eintrittswahrscheinlichkeit belegen. Das ist ihr bisher aber in keinem Fall gelungen. Sie erscheint daher eher als irrationale Sorge.
2. Die Dammbruchbefürchtung muss eine allgemeine Labilität der öffentlichen Moral annehmen. Auch dafür gibt es bislang keinen Beweis.
3. Die Dammbruchbefürchtung muss empirische Anhaltspunkte für die Unaufhaltsamkeit und den „Lawinencharakter“ der sich anbahnenden Katastrophe vorweisen können. Auch das ist bislang in keinem Fall gelungen.

Bei den ethischen Fragen zum Beginn des Lebens geht es im Kern um den Status des Embryos. Wird bereits die befruchtete Eizelle als Mensch eingeschätzt, entwickelt sie sich also *als* Mensch und nicht etwa *zum* Menschen, so wäre damit jedes Experimentieren, Selektieren und Verwerfen einer befruchteten Eizelle moralisch – und rechtlich – als Tötungsdelikt oder gar als Mord einzuschätzen und moralisch streng verboten. Sollte das beginnende menschliche Leben von der Befruchtung der Eizelle an (*ab ovo*) als gleichwertig mit einem geborenen Menschen angesehen werden, wäre es damit von Beginn an unverfügbar, unantastbar.

Vier Argumente stützen diese Position. Sie sind so populär, dass man sie nach ihren Anfangsbuchstaben als **SKIP-Argumente** bezeichnet[61]:

1. Zur *Spezies* der Menschen gehöre der Embryo von Beginn an. Als Mitglied der Gattung Mensch genieße er deren vollen Schutz. Neben der individuellen Menschenwürde gebe es auch eine kollektive, die Würde der Gattung Mensch, und diese komme auch der befruchteten Eizelle zu.
2. Die *Kontinuität* (Stetigkeit) in der Entwicklung des Embryos lasse jede Abstufung im Status als willkürlich erscheinen. Von der Befruchtung bis zur Geburt gebe es keinen ethisch bedeutsamen Entwicklungsschritt, der ein abgestuftes Lebensrecht rechtfertige.
3. Die *Identität* des Embryos mit dem aus ihm entstehenden Menschen verbiete jeden Eingriff in dessen Entwicklung. Selbst wer als Erwachsener sein Ultraschallbild aus dem Bauch seiner Mutter sieht, werde ohne Zögern feststellen: „Das bin ich.“
4. Die *Potenzialität* (Anlage zur Entfaltung) des Embryos bedeute, dass er sich zu einem lebensfähigen Menschen entwickle, wenn man ihn nicht daran hindert. Da jede befruchtete Eizelle das Potential zu einem „vollständigen“ Menschen habe, dürfe man diese Möglichkeit keinesfalls unterbinden.

Die Kritiker der medizinischen Möglichkeiten verweisen neben den SKIP-Argumenten häufig auf die Menschenwürde und das sogenannte Instrumentalisierungsverbot, d. h. das Verbot, Menschen – zu denen die Embryonen gezählt werden – als Mittel zu einem Zweck zu verwenden. Die Verbindung von Würde und Zweckfreiheit als Kennzeichnung des Menschen geht auf Kant zurück, der den kategorischen Imperativ (siehe S. 156f.) auch als praktischen Imperativ formuliert hat: „Handle so, dass du die Menschheit sowohl in deiner Person, als in der Person eines jeden andern jederzeit zugleich als Zweck, niemals bloß als Mittel brauchst."[62]

Würde beruht demnach auf der Selbstzweckhaftigkeit des Menschen, sie ist sein innerer Wert. Dieser wiederum ist Ausdruck der Autonomie des Menschen, seiner Fähigkeit zur Selbstbestimmung. Sich selbst bestimmen kann der Mensch, da er über einen freien Willen verfügt. Alle äußeren Werte haben einen Preis und sind durch etwas anderes ersetzbar, „was dagegen über allen Preis erhaben ist … das hat eine Würde".[63] Demnach darf ein Wesen, das Würde besitzt, niemals gegen andere Werte verrechnet werden, z. B. das Wohlergehen einer Mutter (Schwangerschaftsabbruch), das Bedürfnis nach einem gesunden Kind (PID), den Fortschritt in der Medizin (Embryonenforschung).

Gegen diese Argumente wird eingewendet, der Würdebegriff sei nicht hilfreich zur Lösung medizinethischer Konfliktfälle[64]:

1. Der Würdebegriff ist, als Instrumentalisierungsverbot verstanden, nicht eindeutig. Es gibt Fälle, etwa Haftstrafen für Gewalttäter gegen deren Willen, in denen eine Instrumentalisierung ethisch legitim erscheint.
2. Wenn eine Würdeverletzung aber nur bei ethisch nicht-legitimen Instrumentalisierungen vorliegt, dann muss vorab entschieden werden, was legitim ist und was nicht. Darüber besteht aber keinerlei Einigkeit. Was legitim ist, hängt entscheidend vom Menschenbild ab. Bei Kant etwa gilt Homosexualität als abscheuliches Verbrechen „wider die Zwecke der Menschheit" und Suizid als absolut verwerflich. Eine Einigung auf ein eindeutiges Menschenbild ist nicht in Sicht.
3. Daher solle in der Medizinethik von „Menschenwürde" nicht die Rede sein. Man solle besser nach dem „Lebensrecht" des Fötus fragen.
4. Dieser entwickele sich nicht *als* Mensch, sondern *zum* Menschen. Das Lebensrecht sei an ein Überlebensinteresse gebunden. Ohne Interessen könne es auch keine Rechte geben. Ein instinkthaftes Überlebensbedürfnis komme dem Fötus vielleicht zu – aber das gelte auch für Tiere, die wir ohne moralische Skrupel töten. Generell seien Interessen an Fähigkeiten gebunden: Das Interesse an Schmerzfreiheit setzt die Fähigkeit zur Schmerzempfindung voraus (die beim frühen Embryo nicht gegeben sei); das Interesse an Bildung setzt Lernfähigkeit voraus, etc. Das Überlebensinteresse sei an ein Ich-Bewusstsein gebunden, das sich erst beim Kleinkind ausbilde. Wer nicht wisse, dass es ihn gibt, könne auch keine Interessen haben.

Auch alle vier SKIP-Argumente sind umstritten:

1. Gegen das *Spezies-Argument* wird eingewendet, es sei normativ belanglos. Einerseits sei die bloße Zugehörigkeit zu einer Spezies noch kein Argument, das einen ethischen Wert darstelle, andererseits kämen ethisch relevante Werte, wie etwa Schmerzempfindlichkeit, Überlebensinteressen oder Überlebensfähigkeit auch anderen Lebewesen und nicht nur Menschen zu. Wer menschliche Wesen und gar Embryonen nur aufgrund ihrer Spezieszugehörigkeit über andere Wesen stelle, betreibe „Speziezismus". Dieser sei so wenig zu rechtfertigen wie ein Rassismus, der eine Höherwertigkeit allein aufgrund der Hautfarbe behauptet.
2. Gegen das *Kontinuitätsargument* wird auf ethisch bedeutsame Schritte in der Entwicklung des Embryos verwiesen, die für einen abgestuften Schutz des Fötus sprechen.

60 Vgl. *Schöne-Seifert, B.*: A. a. O. (s. Anm. 58) S. 212f.
61 Vgl. ebd. S. 157ff.
62 *Kant, I.*: Grundlegung zur Metaphysik der Sitten. BA 66, 67.
63 Ebd. S. 434.
64 Zum Folgenden vgl. *Hoerster, N.*: Ethik des Embryonenschutzes. Stuttgart 2002. S. 12ff.

Entwicklungsschritte von Embryonen und ihre ethische Bedeutung

Zeitraum	Entwicklungsschritt	Ethische Bedeutung
24 Stunden nach der Befruchtung	Verbindung von männlicher Samen- und weiblicher Eizelle zum neuen Genom	Beginn der Entwicklung des genetischen Programms, das zu einem oder mehreren Menschen führen kann
6.–16. Tag	Nidation (Einnistung der Blastozyste in die Gebärmutter) Beginn der Schwangerschaft	Ca. 2/3 aller Blastozysten gehen ab. Wenn sie von der Befruchtung an als Menschen gälten, müsste man sagen können: „2/3 aller Menschen werden nicht geboren."
bis 16. Tag	Bildung von einem oder mehreren Primitivknoten: Entscheidung über Embryonenzahl	Abschluss der Individuation. Vorher zählt das Identitätsargument nicht, da kein Bezug auf eine Zygote möglich
Anfang 4. Woche	Beginn der Organtätigkeit: Kontraktion von Herzkapilaren	Herzstillstand gilt am Lebensende als Todeskriterium
bis 14. Woche	Embryo wird zum Fötus: menschliche Gestalt erkennbar, Organe ausgebildet, aber noch nicht in Funktion	optische Menschenähnlichkeit kann Empathie auslösen, macht Zugehörigkeit zur Gattung optisch plausibel
70.–80. Tag	Erste Synapsenbildung, Beginn des Gehirnlebens	Gehirntod als Todeskriterium lässt als Analogie Gehirnleben als Beginn menschlichen Lebens zu
15.–24. Woche	Beginn der Schmerzfähigkeit	Schmerzfähigkeit als wichtiges ethisches Kriterium, Schmerzvermeidung als zentrale ethische Norm
24.–26. Woche	Lebensfähigkeit des Fötus, Atmung beginnt, Gehirn vernetzt sich	Frühchen können organisch ohne Mutter überleben, sind eigener Leib, können eigene Person werden
25.–32. Woche	Gehirntätigkeit im EEG messbar, Entwicklung der Großhirnrinde	Großhirnrinde als Zeichen des eigentümlich Menschlichen, alle früheren Stufen durchlaufen auch tierische Embryonen

Selbst wenn jeder einzelne dieser Entwicklungsschritte für sich noch nicht eindeutig festlegen kann, wann aus dem Zellhaufen ein Mensch geworden ist, bleibt doch der Unterschied bestehen. Ja, selbst wenn es gar keine Brüche in der Kontinuität gäbe, wäre der Unterschied zwischen drei befruchteten Zellen und einem Menschen doch so eindeutig wie der zwischen drei Sandkörnern und einem Sandhaufen – obwohl auch nicht feststellbar ist, ab welchem Sandkorn er zu einem Sandhaufen wird.

3. Gegen das *Identitätsargument* wird eingewendet, es gebe gar kein durchgängiges Bewusstsein einer Identität, vielmehr wechselten die Identitäten im Verlauf eines Lebens wiederholt. Ein Kind habe eine völlig andere Vorstellung von seiner Identität als ein reifer Mensch, dieser müsse sich durchaus nicht identisch fühlen mit dem Kind gleichen Namens, selbst biologisch erneuerten sich alle Körperzellen, sodass auch rein materiell von *einer* Identität nicht gesprochen werden könne. Schließlich kann zur Identität selbst der Wunsch gehören, nicht geboren worden zu sein. Das eigene Ultraschallbild als Embryo löst dann eher Bedauern aus.
4. Gegen das *Argument der Potenzialität* der befruchteten Eizelle sprechen:
   a) die Entwicklungsschritte der Blastozyste (s. o.), die deutlich machen, dass nur ein geringer Teil von ihnen überhaupt in die Lage kommt, ein Potenzial zu entwickeln,
   b) der Umstand, dass die bloße Aussicht darauf, einen späteren Zustand zu erreichen, noch nicht rechtfertigt, die Rechte dieses späteren Zustands zu beanspruchen. Wer mit 10 Jahren sagt, er habe das Potenzial, 18 zu werden und wolle deshalb jetzt schon an Wahlen teilnehmen, wird mit diesem Argument keinen Erfolg haben,
   c) der Umstand, dass Potenzialität nicht nur positiv zu sehen ist. Ein Embryo kann auch das Potenzial zu einer schwersten Erbkrankheit enthalten. Viele solcher potenziell kaum überlebensfähigen Keime werden schon von der Natur nicht zur Einnistung „zugelassen". „Wenn wir schon die Natur nachahmen sollen, warum nicht eben diese weise Einrichtung?"[65]

Bei den ethischen Fragen am Ende des Lebens geht es vor allem um die Verfügbarkeit über das Leben oder dessen Unantastbarkeit. Wer alle Formen von Sterbehilfe und Beihilfe zur Selbsttötung bei unheilbar Kranken und Alten ablehnt, kann sich auf folgende Argumente stützen:

1. Das Leben als solches ist der höchste Wert, es muss daher um jeden Preis erhalten werden. Religiös gesprochen: Das Leben ist heilig, als Geschenk Gottes darf es nur von diesem genommen werden.
2. Viele Sterbewillige geben ihren Sterbewunsch bei intensiver palliativer Betreuung auf. Der Sterbewunsch schwindet bei besserer Schmerzbehandlung und mehr sozialen Kontakten.
3. Ein Argument der „schiefen Ebene" formuliert **Robert Spaemann (*1927)**: „Wenn einmal die Tötung auf Verlangen freigegeben ist, dann ist es vorauszusehen, dass man von alten und kranken Menschen erwarten wird, dass sie endlich den Wunsch äußern, getötet zu werden."[66] Der beste Schutz gegen diesen zunehmenden Druck zur „Selbstentsorgung" sei es daher, Sterbehilfe für völlig indiskutabel zu erklären.
4. Die gesellschaftliche Variante des 3. Arguments verweist auf die Gefahren der Sterbehilfe in einer insgesamt alternden Gesellschaft mit zahlreichen Problemen der Rentenversicherung, der Versorgungs- und Pflegekosten für die Alten.

In den Niederlanden und Teilen Kanadas ist aktive Sterbehilfe erlaubt, in der Schweiz ist die Beihilfe zur Selbsttötung erlaubt. Zur Rechtfertigung wird auf Folgendes verwiesen:

1. Das Selbstbestimmungsrecht schließt auch das Recht ein, über den eigenen Todeszeitpunkt frei entscheiden zu können. **Ronald Dworkin (*1931)** stellt fest: „Darauf zu bestehen, dass ein Mensch auf eine Art und Weise stirbt, die nach Meinung anderer richtig ist, für ihn selbst jedoch in einem gravierenden Widerspruch zu seinem Leben steht, ist eine Form menschenverachtender Tyrannei."[67]
2. Wer seinen Tod nicht mehr selbst herbeiführen kann, dem darf Hilfe beim Sterben nicht verwehrt werden, wenn er sie bei klarem Verstand eindeutig erbittet und sie schweres Leiden verkürzt.

65 *Irrgang, B.*: Einführung in die Bioethik. München 2005. S. 69.
66 *Spaemann, R.*: Grenzen. Stuttgart 2001. S. 426.
67 *Dworkin, R.*: Die Grenzen des Lebens. Reinbek 1994. S. 301.

3. Das Leben als solches ist nicht der höchste Wert, vielmehr jenes Leben, das von den Betroffenen als lebenswert eingeschätzt wird. Eine Lebensverlängerung gegen den Wunsch von Betroffenen verletzt deren Menschenwürde.
4. Den Gefahren eines Missbrauchs von Sterbehilfe kann man durch strenge Auflagen (eindeutiger Todeswunsch, mehrere ärztliche Gutachten, unabhängige Entscheidungsinstanz) begegnen.

12. Medienethik – Vielfalt und Widersprüche

Angesichts der Vielfalt möglicher Gegenstände und Adressaten ethischer Forderungen, der zahlreichen ethisch bedeutsamen Folgen und der unterschiedlichen rechtlichen und ethischen Normensysteme für die Massenmedien fällt es einer Medienethik besonders schwer, verbindliche Normen für diesen Bereich angewandter Ethik zu formulieren.

Mögliche Gegenstände einer Medienethik, auf die sich ethische Forderungen richten können, sind:

1. die Printmedien: Bücher, Broschüren, Zeitungen, Zeitschriften, Presseagenturen, Plakate, Flugblätter;
2. elektronische Medien: Kinofilme, Radio- und Fernsehsendungen, Schallplatten, Tapes und Videos;
3. die sogenannten Neuen Medien: DVDs, Internet, Websites, Homepages, Computerspiele, Multimedia-Programme, 3-D-Software Tools, artificial life, soziale Netzwerke, Blogs, Twitter, SMS.

Mögliche Adressaten, an die sich medienethische Forderungen richten können, sind:

1. die Produzenten von Medien und medialen Inhalten: Autoren, Journalisten und Reporter, Verleger und Besitzer elektronischer Medien, Regisseure, Kameraleute, Cutter und Schauspieler, Blogger und Webmaster;
2. die Verteiler und „Filter" medialer Inhalte: Kinobesitzer und Provider, Presseräte und TV-Direktoren, Programmdirektoren und Zensoren der Prüfstelle für jugendgefährdende Medien;
3. die Rezipienten von Medien: Leser und Zuschauer, Surfer und User, Jugendliche und Eltern.

Ethisch bedeutsame Folgen hat der Konsum von Massenmedien für so unterschiedliche Bereiche wie für den sozialen Zusammenhalt, die Herstellung von Öffentlichkeit, die politische Kontrolle, die Wirtschaft und die Werbewirkung, das Lernverhalten von Kindern, die moralische Erziehung und Entwicklung, das Realitätsbewusstsein, die Identitätsdefinition, die Gewaltbereitschaft.

Normative Forderungen in Bezug auf die Medien sind bereits im Grundgesetz formuliert. Dort heißt es in Artikel 5: „Die Pressefreiheit und die Freiheit der Berichterstattung durch Rundfunk und Film werden gewährleistet. Eine Zensur findet nicht statt." Genauere Regelungen finden sich im Strafgesetzbuch (§§ 130, 131, 187) und im Pressegesetz, im Kodex des Presserats für die Printmedien, des Rundfunkrats für die Öffentlich-rechtlichen TV- und Rundfunkanstalten und in zahlreichen Selbstverpflichtungen der privaten Medienanbieter.

Schließlich gibt es unterschiedlich weit gefasste Vorstellungen davon, was Medienethik meint:

- Im engeren Sinne meint Medienethik „Journalistische Ethik": Dann richten sich ihre ethischen Forderungen nur an die professionellen Produzenten von Medien.
- Im weiteren Sinne meint sie: Ethik der Medienwirkung und -technik. Dann betrifft sie außer den Produzenten auch die Verteiler und Rezipienten, alle medialen Gegenstände und alle denkbaren Folgen des Medienkonsums.

Alle diese Differenzierungen erschweren es, einheitliche verbindliche Normen einer Medienethik zu formulieren. Hinzu kommt, dass es eine Medienethik mit zahlreichen Widersprüchen zu tun hat:

Im Widerspruch stehen medienethische Forderungen selbst: Das Recht auf freie und umfassende Meinungsbildung kann in Widerspruch zum Recht auf Privatsphäre und informationelle Selbstbestimmung geraten.

Im Widerspruch stehen ethische Einschätzungen der Wirkungen von Medien: Helfen Medien, den fremden anderen besser zu verstehen, befördern sie damit Verantwortung und Toleranz oder irritieren sie durch ihr Überangebot an weltweiter Information unser Verantwortungsbewusstsein und befördern sie eher Gleichgültigkeit und Zynismus?
Im Widerspruch stehen ethische und ökonomische Anforderungen an die Medien: Die Unabhängigkeit journalistischer Arbeit wird durch die hohe finanzielle Abhängigkeit der Medien von Werbung eingeschränkt.
In Widerspruch geraten können der Auftrag nach umfassender Recherche und Wahrheitsprüfung einerseits und andererseits der hohe Zeitdruck, unter dem Journalisten arbeiten.
Im Widerspruch stehen der Anspruch auf kulturell und politisch anspruchsvolle Texte und Sendungen und das Bedürfnis vieler Rezipienten nach anspruchsloser Unterhaltung.
Die Medienexpertin Larissa Krainer zieht aus diesen Widersprüchen den Schluss: „Der Erkenntnisgegenstand von Medienethik ist der Widerspruch selbst."[68] Der Ausgleich dieser Widersprüche sei daher „die zentrale methodische Herausforderung der Medienethik".[69]

Die Widersprüche zwischen Norm und Wirklichkeit der Medien nehmen zu. Dies wird besonders deutlich, wenn man den wichtigsten medienethischen Normen einige Tendenzen innerhalb der Medien gegenüberstellt:

Widersprüche zwischen medienethischen Normen und Tendenzen in den Medien

Medienethische Normen:	Tendenzen in den Medien:
1. Außen- und Binnenpluralismus der Medien als Bedingungen für Informationsfreiheit	1. Nationale und internationale Konzentrationsprozesse bei Print- und elektronischen Medien
2. Recht auf umfassende, kritische und kontroverse Information über das Weltgeschehen	2. Zunahme der Ein-Zeitungskreise, der Mantelzeitungen, der Großverlage, der Boulevardblätter, der privaten Radio- und TV-Sender; Monopole bei Suchmaschinen
3. Zensurfreiheit und freier Zugang zu allen Informationen von öffentlichem Interesse	3. Zunehmende Abhängigkeit der Medien von Werbeeinnahmen (70–80 % bei Zeitungen, 100 % bei privaten TV- und Radiosendern)
4. Unabhängigkeit der Medien von politischer und ökonomischer Macht	4. Direkte und indirekte Zensur von Medien durch Abhängigkeit der Journalisten vom Verlegerwillen, Vorgaben der Werbenden, Vorauswahl durch Presseagenturen, Zensur bei Kriegsberichterstattung, etc.
5. Kontrollfunktion der Medien gegenüber politischer und ökonomischer Macht	5. Das Niveau der Medieninhalte sinkt, es dominieren: Sensationsjournalismus, „sex and crime", comedy, soaps, Reality-TV, Infotainment

68 *Krainer, L.*: Medien und Ethik. München 2001. S. 317.
69 *Dies.*: Medienethik als angewandte Ethik. In: Medien und Ethik. Hrsg. v. *M. Karmasin.* Stuttgart 2002. S. 158.

Medienethische Normen:	Tendenzen in den Medien:
6. Keine Gewaltverherrlichung in den Medien; Gewalt darf nicht als legitimes Mittel der Konfliktlösung dargestellt werden.	6. Darstellung realer und fiktiver Gewalt nimmt zu: in Horror- und Kriminalfilmen, in Computerspielen, Nachrichtensendungen und im Internet
7. Klare Trennung von Realität und Fiktion als Voraussetzung für verantwortliches Handeln; keine Dissoziation der Wahrnehmung	7. Zunehmende Verwischung von Realität und Fiktion durch erfundene Sensationsberichte, digitale Bildmanipulation, gestellte Szenen, Politiker als Schauspieler und umgekehrt, fiktive Enthüllungs- und Offenbarungsshows, fiktive Gerichtsverhandlungen; fiktive Identitäten bei den „sozialen Netzwerken", Avatare, „second life"
8. Normen journalistischer Ethik: – Wahrhaftigkeit, – Sorgfaltspflicht bei Informationsbeschaffung, – Recht auf Gegendarstellung bei Falschberichten, – Vertraulichkeit gegenüber Informanten, – klare Trennung von redaktionellen und Werbebeiträgen, von Bericht und Kommentar, – Schutz der Intimsphäre, – Schutz der Menschenwürde: z. B. keine medialen Vorverurteilungen von Angeklagten; „Achtung der Wahrheit, die Wahrung der Menschenwürde und wahrhaftige Unterrichtung der Öffentlichkeit sind oberste Gebote der Presse." (Aus dem Pressekodex)	8. Missachtung von Menschenwürde und Intimsphäre durch „Hass- und Ekelsendungen", durch öffentliche Skandalisierung des Privatlebens von Prominenten, durch Casting-Shows und „gefilmtes Wohnen". Missachtung der Wahrheit durch gekaufte „Enthüllungsstorys", konstruierte Skandale und einseitige Berichterstattung

13. Liberale und kritische Medienethik

Medienethiken unterscheiden sich darin, wie sie den Status, die Bedeutung und Wirkung und die politische Funktion der Medien beschreiben und welche ethischen Forderungen sie daraus ableiten. Im Wesentlichen lassen sich zwei Arten von Medienethik unterscheiden.

1. Liberale Medienethik

Die liberale Medienethik setzt neutral am Wortsinn von „Medium" als Kommunikationsmittel an, mithilfe dessen Informationen festgehalten oder transportiert werden können. Das gilt für die Schreibfeder wie für den PC, für das Ölgemälde wie für die digitale Fotografie. Das Medium dient dem Zweck der medialen Präsenz, ist aber selbst kein Zweck, sondern eben nur Mittel: „Als Handlung eines Subjekts sagt der Vollzug medialer Kommunikation sehr wohl selbst, wie wir das Medium angemessen zu gebrauchen haben und worin dieser Gebrauch seine Grenzen hat, über die hinaus er erst zum Missbrauch wird."[70]

Medienethik ist hier als Missbrauchsethik in subjektiver Verantwortung von Produzent und Rezipient gemeint. Das Medium selbst erscheint ethisch neutral und ohne Wirkung auf das Bewusstsein. Moralisch verwerflich ist es demnach, mithilfe eines Mediums zu lügen, zu täuschen, aufzuwiegeln oder abzuwiegeln, bloßzustellen oder zu verharmlosen. Für Medien gelten dieselben moralischen Gebote und Verbote wie für jede unmittelbare sprachliche Handlung.

Als Mittel der Öffentlichkeitserzeugung werden Medien hochgeschätzt: Sie erlauben die Verbreitung von Wissen, die Teilnahme am öffentlichen Diskurs, sie garantieren Präsenz, erweitern das Bewusstsein und die Urteilskraft. Insgesamt vergrößern Medien unsere Freiheitsspielräume.

Ihr ethischer Vorzug liegt darin, dass sie uns die Beziehung zu anderen erleichtern und uns helfen, Verantwortung auch gegenüber dem ganz Fremden zu empfinden, von dem wir nur durch sie erfahren. „Wir müssen umeinander wissen", sagt Roger Silverstone, „und das setzt eine konstante kritische Auseinandersetzung mit der Darstellung des anderen in den Medien voraus. Dies ist für unser Verhältnis zu fernen Fremden [...] bedeutsam."[71]

Daher heißt die erste ethische Forderung einer liberalen Medienethik: freier, unzensierter und unkontrollierter Zugang zu möglichst vielen unterschiedlichen Medien für möglichst viele Menschen. Ihre Normen heißen: Informations- und Zensurfreiheit und Vielfältigkeit.

Die politische Bedeutung von Medien sieht die liberale Medienethik ebenfalls positiv. Sie erscheinen als Mittel der Teilhabe in der anonymen Massendemokratie, in der Regierende und Regierte nur noch über Medien vermittelt in Verbindung treten können. Medien dienen der Artikulation und Aggregation (Bündelung) von Interessen. Als sogenannte „vierte Gewalt" dienen sie der Kontrolle der politischen Elite. Sie ermöglichen moderne Formen des Lernens und dienen der Welterfahrung in einer globalisierten Welt. Damit befördern sie Toleranz und Verständnis gegenüber dem Fremden.

Vor allem das Internet gilt als hochaktuelles und interaktives Medium, das nicht durch die Filter von Verlagen und Journalisten zensiert werde, in dem sich vielmehr jeder frei äußern könne. Der blitzschnelle Zugang zu Informationen aus der ganzen Welt weise es als *das* Medium der globalisierten Welt aus.

Das Internet ermögliche eine ganz neue „Schwarmintelligenz", die sich durch die weltweite Wissensvernetzung einstelle und zu einer „Weisheit der Massen" führe, die größer sei als alles, was ein Einzelner intellektuell je leisten könne. Jeremy Rifkin glaubt, die „Milleniumsjugend, die als erste Generation in den virtuellen Gemeinschaftsräumen des Internets aufwächst", entwickele „ein neues dramaturgisches Bewusstsein", das ihr „die Tür zum Weltbürgertum und zu einer alles umspannenden empathischen Einstellung öffnen wird".[72]

70 *Weil, F.*: Die Medien und die Ethik. Freiburg i. Brsg./München 2001. S. 141.
71 *Silverstone, R.*: Mediapolis. Die Moral der Massenmedien. Frankfurt/M. 2007. S. 284.
72 *Rifkin, J*: Die empathische Zivilisation. Frankfurt a. M./New York 2010. S. 401.

Tatsächlich spielte für die „Facebook-Generation" das Internet bei den Protestbewegungen in Nordafrika und dem Nahen Osten eine mobilisierende und organisierende Rolle. „Wiki-leaks"-Veröffentlichungen und kritische Prüfungen von Politik und Wissenschaft im Internet verstärken dessen enthüllende Funktion. Aus ethischer Perspektive ist die unkontrollierte, basisdemokratische und investigative (entlarvende) Rolle des Internets ein bedeutender Vorzug, auf den eine liberale Medienethik verweisen kann. Vor allem die Bedeutung des Internets für Befreiungsbewegungen scheint es ethisch aufzuwerten und der zentralen Forderung der liberalen Medienethik nach ungehindertem Internet-Zugang zusätzliches Gewicht zu verleihen.

Medien spielen eine herausragende Rolle bei der politischen Urteilsbildung, gerade auch bei Jugendlichen. Bei den Erstwählern (18- bis 21-Jährige) ist ihr Einfluss auf die Wahlentscheidung deutlich höher als jener von Personen aus dem direkten Umfeld:

Rangfolge von Faktoren, die die Wahlentscheidung von Erstwählern beeinflussten (Skala 1–5):

1. Nachrichtensendungen im Fernsehen (3,36),
2. Politische Nachrichten in Tageszeitung (3,24),
3. Politische Magazinsendungen im Fernsehen (3,02),
4. Unterricht über politische Themen (2,91),
5. Nachrichtensendungen im Radio (2,80),
6. Gespräche mit dem Vater (2,66),
7. Gespräche mit der Mutter (2,48),
8. Gespräche mit Freunden (2,47).

(Quelle: Aus Politik und Zeitgeschichte, B 15. 2003)

2. Kritische Medienethik

Die kritische Medienethik versteht Medien nicht nur als Mittel, sondern als Selbstzweck. Die Zweck-Mittel-Unterscheidung sei bei modernen Massenmedien (Film, TV, Internet) „reine Illusion", sagt **Günther Anders (1902–1992)**, einer der ersten kritischen Medientheoretiker. „Die Einrichtungen selbst sind Fakten, und zwar solche, die uns prägen."[73]

Der kanadische Medienkritiker **Marshal McLuhan (1911–1980)** formuliert die Grundthese kritischer Medientheorie: „Das Medium ist die Botschaft"[74], wobei „Botschaft" Wirkung meint. Die Medienwirkung erschöpft sich also nicht in ihrem subjektiv gewollten Zweck, die mediale Technik wirkt vielmehr durch ihre Eigengesetzlichkeit und verändert Wahrnehmung und Bewusstsein. Kritisch zu betrachten sind also weniger die Inhalte der Medien als ihre Formen und ihre Technik. „Eine Analyse von Programm und Inhalt gibt keine Hinweise auf die Magie dieser Medien oder auf ihre unterschwellige Wirkung"[75], sagt McLuhan.

Konkret: Fernsehkritik z. B. meint weniger Kritik von Sendungen als Kritik des Umstands, dass das TV-Gerät zum „negativen Familientisch" wird. Es bietet nicht mehr den „gemeinsamen Mittelpunkt […], vielmehr ersetzt es diesen durch den gemeinsamen Fluchtpunkt der Familie".[76] Diese verwandelt sich in ein „Publikum en miniature […], das Wohnzimmer wird zum Zuschauerraum und das Kino zum Modell des Heimes gemacht".[77]

Indem das Fernsehen das Nahe fern und das Ferne nah macht, verschwimmt das Gefühl für Zuständigkeiten und Verantwortlichkeit. Wenn durch das Fernsehen „die Welt zu uns kommt, statt wir zu ihr, so sind wir nicht mehr ‚in der Welt', sondern ausschließlich deren schlaraffenlandartige Konsumenten".[78]

Medienethik im Sinn einer kritischen Medientheorie, die direkte und indirekte Wirkungen von Medien kritisch betrachtet, begleitet die Entwicklung der Medien von der Erfindung der Schrift bis zu Computer und Internet:

- Platon kritisierte die Schrift: Sie führe zum Verlust von Unmittelbarkeit, schwäche das

Gedächtnis und behindere das selbständige Denken.

- Die katholische Kirche kritisierte die Erfindung des Buchdrucks durch Gutenberg: Die gedruckte Bibel für jedermann überfordere den theologischen Laien und führe zur Anmaßung einer laienhaften Auslegung durch den einfachen Gläubigen.
- Im 19. Jahrhundert wurde das Aufkommen von Tageszeitungen, das Telegrafie und Rotationsdruck ermöglicht haben, kritisiert: Sie beförderten das Belanglose und Kurzfristige, lenkten vom dauerhaft Bedeutsamen ab, beschleunigten das Zeitempfinden in unnatürlicher Weise.
- Walter Benjamin kritisierte die Fotografie: Sie zerstöre – durch ihre Reproduzierbarkeit – den Wert von Echtheit, die „Aura der Authentizität". Fotografien seinen „Plüsch für das Auge". Das Handwerk des Fotografen erübrige das Kunstwerk des Porträtmalers.
- Theodor W. Adorno sprach in seiner Kritik des Films von „Kulturindustrie", die durch Serienproduktion und Massenverteilung, wie jede Industrie, die autonome Kunst des Schauspiels zerstöre. Im Film gehen Kreativität, Spontaneität und Echtheit des Bühnenschauspiels verloren. Filme dienen, weil sie uns vortäuschen, „dass die Welt draußen die bruchlose Verlängerung derer sei, die man im Lichtspiel kennenlernt"[79], der Verblendung, sie bewirken Entfremdung und Realitätsverlust. Die Vergnügungsindustrie des Films dient der Ablenkung und Zerstreuung.
- Günther Anders sah im Fernsehen einen Neutralisierungseffekt von Nähe und Ferne. Desorientierung sei die Folge, Wichtiges und Unwichtiges verschwämmen, Verantwortung könne nicht mehr wahrgenommen werden. Die Kritik des Fernsehens haben M. McLuhan, J. Mander und N. Postman erweitert. Die kritischen Stichworte heißen: Vermengung von Information und Unterhaltung zu „Infotainment", Kurzlebigkeit, Orientierung nur am Aktuellen. Die Eigengesetzlichkeit des Mediums TV, das von spektakulären bewegten Bildern lebt, fasst Jerry Mander so zusammen: „1. Krieg ist fernsehgerechter als Frieden, 2. Gewalt ist fernsehgerechter als Gewaltlosigkeit, [...] 6. Politische Bewegungen mit einzelnen Führern sind fernsehgerechter als Bewegungen ohne Führer, [...] 14. Konkurrenzverhalten ist fernsehgerechter als Zusammenarbeit."[80]
- Bernhard Bürdek warnt in seiner Kritik der digitalen Medien vor einem „digitalen Wahn".[81] Er sieht die Gefahren eines Präsenz- und Aktualitätswahns durch Internet und Online-Dienste; die Überflutung mit Daten und Fakten führe zu einem Informationschaos, die Ununterscheidbarkeit von Wahrem und Falschen, von Belanglosem und Wichtigen in den zahllosen Internetportalen führe nicht zu mehr Bildung, eher zu größerer Irritation. Die Komplexität der neuen Medien führe zu „Techno-Stress". Der „Dauersurfer" oder „User" mutiere zum „homo computatis".[82]
- **Vilém Flusser (1920–1991)** steht am deutlichsten für eine Kritik des „iconic turn" in den Medien, dem Wechsel von der Schrift zum Bild. Die „technischen Bilder", worunter er Foto, Film, TV und alle digital erzeugten Bilder versteht, verdrängten die Schrift als wesentlichstes Medium. Ihre Erfindung sei so revolutionär für Wahrnehmung und Denken, dass sie „nicht angemessen gewürdigt" seien, wenn man sie „mit der Erfindung des Buch-

73 *Anders, G.*: Die Antiquiertheit des Menschen, Bd. I. (1956). München 1985. S. 99.
74 *McLuhan, M.*: Die magischen Kanäle (1964). Düsseldorf/Wien ²1995. S. 18.
75 Ebd. S. 40.
76 *Anders, G.*: A. a. O. (s. Anm. 73) S. 106.
77 Ebd.
78 Ebd. S. 111.
79 *Adorno, Th. W.*: Kulturindustrie. In: *Horkheimer, M.*: Ges. Schriften, Bd. V. Frankfurt/M. 1987. S. 151.
80 *Mander, J.*: Schafft das Fernsehen ab. Hamburg 1981. S. 274 f.
81 *Bürdek, B.* (Hrsg.): Der digitale Wahn. Frankfurt/M. 2001.
82 Ebd. S. 210.

drucks vergleicht." Sie müssten vielmehr „mit der Erfindung der Schrift"[83] verglichen werden, um die Bedeutung des Wandels zu ermessen, den sie für unsere Welterfahrung habe. Die alphabetisch orientierte, lineare, eindimensionale Schrift habe ein analytisches, kalkulatorisches Denken begünstigt, das nun durch ein synthetisches Denken in mehrdimensionalen Bildern abgelöst werde. Schreiben und Lesen würden verkümmern: „Nur noch Historiker und andere Spezialisten" würden es in Zukunft „lernen müssen."[84]

Eine kritische Medienethik betont die Gefahren der digitalen Medien:

- Permanent online zu sein und „Statusberichte" über die eigene Befindlichkeit abzugeben, „erzeugt die Illusion von Gemeinschaft ohne die Verpflichtungen, die echte Freundschaft mit sich bringt. Wann immer man das Bedürfnis hat, mit einem ‚Freund' zu kommunizieren, schreibt man einfach eine kurze Nachricht in eine der neuen Plattformen – und erhält sogleich Antwort. Die dauernde Verfügbarkeit der Community erzeugt ein wohliges Gefühl von Nähe und sozialer Anbindung: Man kann Einzelgänger sein, ohne wirklich allein zu sein"[85], stellt Max Celko in einer Studie über Medien und Identität fest.
- Die Kombination lustvoller Selbstentblößung im Schutzraum der Anonymität – z.B. die Angewohnheit, jede Belanglosigkeit im Bild festzuhalten und ins Netz zu stellen – mit der Illusion echter menschlicher Beziehungen durch die Pseudo-„friends" der „communities" lässt auf die Dauer das Verständnis für soziale Normen verkümmern.
- Das „externe Gehirn" des Internets stellt über die Suchmaschinen, Enzyklopädien und Millionen an Webseiten eine verzerrte Welt dar, die den tatsächlichen Bedeutungen von Personen, Ereignissen und Erkenntnissen nicht entspricht. Eine normative Orientierung ist im Internet kaum möglich.
- Das Internet begünstigt die Verwechslung aktueller Informiertheit mit Bildung. Im Internet sind alle Daten gleich, eine Gliederung nach Relevanz ist für Laien nicht möglich.
- Privatheit und Intimsphäre werden durch Ausspähen digitaler Kommunikation, Datenspeicherung und Vernetzung bedroht. Der „gläserne Mensch" wird möglich.
- Die Anonymität des Internets und die einfache Verbreitung von Äußerungen im Netz begünstigen bestimmte Formen von Kriminalität: Kinderpornografie, Gewaltverherrlichung, Diebstahl von Daten, betrügerische Warengeschäfte, Cybermobbing.
- Computerspiele, Chats und Surfen enthalten aufgrund der Suggestivität der Medien hohe Suchtpotenziale. Permanenter Konsum führt zur Verkümmerung menschlicher Kontakte und zum Verlust von sozialer Kompetenz.
- Das Internet befördert die Zerstreuung und Zerstreutheit, es leidet die Konzentrationsfähigkeit, die Aufmerksamkeitsspanne werde deutlich kürzer. Menschen, die häufig am Bildschirm arbeiten, leiden unter chronischen Aufschubtechniken und extremer Zeitverschwendung.[86]

Was den Wandel der menschlichen Beziehungen beim Konsum von Medien oder den „Strukturwandel der Öffentlichkeit" anbelangt, zeigt sich, dass jede technische Neuerung zugleich die sozialen Beziehungen zwischen den Menschen verändert. Jedes neue Medium verstärkt die Individualisierung und den Freiheitsspielraum im Medienkonsum, reduziert aber zugleich das Zusammengehörigkeitsgefühl und entsolidarisiert die Menschen:

1. Im Theater sehen viele Menschen gemeinsam etwas Einmaliges, eine authentische Aufführung. Sie reagieren gemeinsam auf die Qualität des Dargestellten.
2. Im Kino sehen viele Menschen gemeinsam etwas Wiederholbares, eine Filmkopie.
3. Beim Fernsehen sehen einzelne Menschen das Gleiche, das für alle gesendet wird, zur selben Zeit. Sie gehen nicht mehr zur Aufführung, diese kommt zu allen Einzelnen.
4. Bei zahlreichen Sendern sehen einzelne Menschen Unterschiedliches, aber zur selben Zeit für alle Gesendetes.

5. Mit Video- oder DVD-Geräten sehen einzelne Menschen Unterschiedliches zu unterschiedlichen Zeiten. Sie können individuell beschleunigen, verlangsamen, unterbrechen und wiederholen – aber es bleiben unveränderbare Kopien.
6. Im Internet sehen, hören oder lesen einzelne Menschen Unterschiedliches zu unterschiedlichen Zeiten. Sie können individuell kombinieren, überspringen, wiederholen, speichern und reagieren. Die anonyme digitale Kommunikation beim „Chat" oder als Blogger ersetzt die persönliche Kommunikation mit den Mitmenschen, z. B. die aktive Teilnahme an Protesthandlungen.

Die kritische Medienethik reagiert also insgesamt skeptisch auf jede technische Neuerung bei den Medien. Sie fordert eine mäßige und kritisch-distanzierte Verwendung oder völlige Enthaltung.

Die politische Rolle der Medien wird ebenfalls kritisch betrachtet. Die zentralen Vorwürfe lauten:

- Medien dienen als Herrschaftsinstrument zur sozialen und politischen Kontrolle, zur Uniformierung, Meinungssteuerung und Disziplinierung der Massen.
- Die personelle und finanzielle Verflechtung von Medien, Politik und Wirtschaft verhindert eine echte kritische Funktion der Medien gegenüber Politik und Wirtschaft.
- Medien sorgen für visuelle und mentale Allgegenwart der Herrschenden: Jeden Abend kann die politische Elite ihre Sicht der Welt in meinem Wohnzimmer – via TV – vermitteln.
- Die Pseudo-Beteiligung durch mediale Teilhabe am politischen Geschehen erübrigt reale politische Beteiligung: Es entsteht eine „Zuschauerdemokratie", in der sich der Bürger damit begnügt, Bilder von den Herrschenden zu sehen.
- Die „interaktiven" neuen Medien bieten mit den sozialen Netzwerken, den Chats, Blogs und den Twitterdiensten eine Spielwiese der Pseudo-Beteiligung an politischen Prozessen. Man kann – bequem von zuhause aus – seine Meinung äußern, sich abreagieren, ohne sich tatsächlich politisch zu engagieren und ohne Wirkung.
- Der „Amüsierbetrieb der Kulturindustrie" (Adorno) hält die Massen ruhig und in Atem, die „Unterhaltungsindustrie" (Postman) lenkt von politischen Aktivitäten ab.

83 *Flusser, V.*: Kommunikologie. Mannheim 1996. S. 103.
84 *Ders.*: Die Schrift. Hat Schreiben Zukunft? Göttingen 1987. S. 12.
85 *Celko, M.*: Medien und Identität. In: Deutschunterricht, 3/2009. S. 44.

Gerechtigkeit und Recht

1. Gerechtigkeitsbegriffe und -formeln
2. Zwischen Egalitarismus und Liberalismus – Theorien gerechter Verteilung
3. Recht und Moral
4. Strafgerechtigkeit

Die Forderung nach Gerechtigkeit ist die erste ethische Forderung. Sie ist der Leitwert der Moderne und, neben der Freiheit, die zentrale Rechtfertigung für demokratische Gesellschaften. Für Platon ist Gerechtigkeit die erste der Kardinaltugenden, Aristoteles preist sie als „eine Tugend so wunderbar schön, dass nicht der Abend- und nicht der Morgenstern gleich ihr erglänzt“[1], und Immanuel Kant stellt fest: „Wenn die Gerechtigkeit untergeht, so hat es keinen Wert mehr, dass Menschen auf Erden leben.“[2]
Die Frage, was gerecht sei, stellt sich im Kleinen und im Großen: Wann ist der Sonntagsbraten unter den Familienmitgliedern gerecht verteilt; ist Führerscheinentzug eine gerechte Strafe bei Ladendiebstahl; ist ein Krieg eine gerechte Reaktion auf die Vermutung, dass ein Land Atomwaffen besitzt?

Was Gerechtigkeit genau meint, das ist allerdings in der Ethik wie in der Politik, wo sie ebenfalls eine zentrale Rolle spielt, heftig umstritten. In der ethischen Gerechtigkeitsdebatte werden in den letzten Jahren etwa folgende Fragen diskutiert:
- Meint Gerechtigkeit nur Gleichheit in den Startchancen beim Wettlauf um knappe Güter oder fordert sie auch Gleichheit im Ergebnis, d. h. bei den Gütern selbst?
- Meint Gerechtigkeit nur Rechtsgleichheit oder verlangt sie auch Chancengleichheit?
- Meint Gerechtigkeit nur Chancengleichheit oder verlangt sie auch materielle Gleichheit?
- Wie hängen Recht und Gerechtigkeit zusammen: Gibt es z. B. ein ungerechtes Recht?
- Was sind die Bedingungen für ein gerechtes Urteil oder welche Umstände müssen gerechterweise bei der Strafzumessung bedacht werden?

Die Fragen machen deutlich: Gerechtigkeit bezieht sich auf ganz unterschiedliche Lebensbereiche. Das spiegelt sich auch in den verschiedenen Gerechtigkeitsbegriffen.

1. Gerechtigkeitsbegriffe und -formeln

Aristoteles (384–322 v. Chr.) entwirft im fünften Buch der „Nikomachischen Ethik“ als erster eine differenzierte, realistische Theorie der Gerechtigkeit, in der er auf alle religiösen und metaphysischen Annahmen verzichtet. Darin unterscheidet er verschiedene Arten von Gerechtigkeit:
Die „Allgemeine Gerechtigkeit“ (*iustitia universalis*[3]) meint eine Grundtugend der umfassenden Rechtschaffenheit, des allgemein richtigen und angemessenen Handelns in allen Lebenslagen. In diesem Sinne handelt der Soldat, der dem Feind tapfer standhält, ebenso gerecht, wie der Beleidigte, der aus Besonnenheit nicht gewalttätig reagiert. Allgemein gerecht handelt, wer sich freiwillig an Gesetz und Ordnung hält.
Die „Besondere Gerechtigkeit“ (*iustitia particularis*) unterteilt Aristoteles in die Verteilungsgerechtigkeit (*iustitia distributiva*) und die Ordnungsgerechtigkeit. Verteilt werden Geld für erbrachte Leistungen, aber auch Ehre und Macht. Dabei meint Gerechtigkeit nicht unbedingt Gleichheit, da für unterschiedliche Leistungen gerechterweise unterschiedlich viel an Geld oder Ehre zugeteilt wird. Die Verteilungsgerechtigkeit ist bei Aristoteles proportionale Gerechtigkeit, das meint, die Proportionen, die Größenverhältnisse, müssen mit bedacht sein.

Das ist bei der Ordnungsgerechtigkeit anders, hier muss strikte Gleichheit herrschen: Als Tauschgerechtigkeit (*iustitia commutativa*), für die das Zivilrecht zuständig ist, hat sie es mit Handel, Kauf und Verkauf, Darlehen und Bürgschaften zu tun. Dabei geht es stets um Gleichheit in den wechselseitigen Ansprüchen. Das ist bei der zweiten Art der Ordnungsgerechtigkeit, nämlich der Strafgerechtigkeit (*iustitia vindicativa*) nicht anders. Hier wird jeder Straftäter „ohne Ansehen der Person" völlig gleich behandelt. Die Strafe muss gerechterweise so ausfallen, dass sie einen Ausgleich für die Straftat schafft, daher spricht Aristoteles auch von ausgleichender Gerechtigkeit (*iustitia correctiva*). Er unterscheidet dabei schon sehr präzise zwischen zwei Arten von Delikten, den verborgenen, heimlich begangenen Delikten wie Diebstahl, Ehebruch, Giftmischerei und Meuchelmord, und den offenen, meist gewalttätigen Delikten wie Misshandlung, Freiheitsberaubung und Beleidigung.

Das Modell der aristotelischen Gerechtigkeitsformen ist im Wesentlichen bis heute gültig. Allerdings konzentriert sich die Gerechtigkeitsdiskussion heute auf die zwei Formen der Verteilungs- und der Strafgerechtigkeit.

Zur Verteilungsgerechtigkeit zählt dabei in einem weiter gefassten Sinne als bei Aristoteles die Einkommensgerechtigkeit, die nach der gerechten Entlohnung für geleistete Arbeit fragt, und die soziale Gerechtigkeit, die nach der gerechten Unterstützungsleistung für Bedürftige – Kinder, Alte, Kranke, Arbeitslose, Flüchtlinge – fragt und zu der auch die Steuer- und Abgabengerechtigkeit zählt. Diese prüft, wie viel der einzelne Bürger gerechterweise abtreten muss, um die Staats- und Versicherungsleistungen finanzieren zu können. Zur sozialen Gerechtigkeit gehört auch die Intergenerationengerechtigkeit, die gerechte Regeln einer nachhaltigen Abgaben- und Umweltpolitik sucht. Zentrale Fragen lauten hier: Wie müssen wir gerechterweise mit begrenzten natürlichen Ressourcen umgehen, damit spätere Generationen eine Überlebenschance haben? Wie hoch dürfen die Renten sein, damit sie von zukünftigen Generationen noch finanzierbar sind? Soziale Gerechtigkeit meint schließlich auch globale Gerechtigkeit, die sich um einen gerechten Ausgleich zwischen armen und reichen Ländern bemüht.

Gerechtigkeit als Verteilungsmodus

Was wird verteilt?	Wer verteilt?	Wie wird verteilt?
Spende an Greenpeace	Mensch	nach Sympathie
Lottogewinn	Institution	aus Zufall
Zuwendungen an Abgeordnete	Mensch	aus Nutzenkalkül
Intelligenzquotient von 125	Natur	aus Willkür
Lohnsteuerrückzahlung	Institution	gerecht
Kindergeld	Institution	gerecht
Sprachfehler	Natur	aus Willkür
Arbeitseinkommen	Mensch	gerecht
Sicherheit	Institution	aus Zufall
sonore Stimme	Natur	aus Willkür
Werbegeschenke	Mensch	nach Nutzen
Neurodermitis	Natur	aus Willkür
liebevolle Eltern	Schicksal	aus Zufall

1 *Aristoteles*: Nikomachische Ethik, 1129b.
2 *Kant, I.*: Die Metaphysik der Sitten. B 227.
3 Bei Aristoteles werden natürlich die griechischen Bezeichnungen verwendet. *dikaiosynê* meint Gerechtigkeit. Gebräuchlich sind die lateinischen Bezeichnungen, die hier verwendet sind.

Gerechtigkeit als Verteilungsmodus

Gerechtigkeit kann man auch als eine Art der Verteilung von Gütern unter Menschen sehen. Dabei können sich vier Fragen stellen:

1. Wer verteilt? Knappe Güter werden von der Natur, dem Schicksal, von Institutionen wie dem Staat und von Menschen verteilt.
2. Was wird verteilt? Neben materiellen Gütern (Geld, Aktien, Häuser, Geschenke) werden auch knappe natürliche Eigenschaften (Schönheit, Kraft, Intelligenz, Gesundheit) und knappe soziale Ressourcen (Sicherheit, Freiheit, Geborgenheit, Freundschaft) verteilt.
3. An wen wird verteilt? Die Empfänger der verteilten Güter können neben einzelnen Menschen auch Institutionen sein: Die Steuern z. B. werden an staatliche Stellen verteilt.
4. Wie wird verteilt? Hier erst kommt nun die Gerechtigkeit ins Spiel. Sie ist *ein* Prinzip, nach dem verteilt wird. Aber es gibt auch ganz andere Prinzipien der Verteilung: Die Natur verteilt nach Willkür, das Schicksal nach Zufall, und Menschen können sich bei der Verteilung von Gütern neben der Gerechtigkeit auch am Nutzen, an Sympathie oder am Zufall orientieren.

Gerechtigkeit erscheint in dieser Sichtweise als ein Verteilungsprinzip unter anderen, und zwar als ein ausschließlich von Menschen praktiziertes. Nur ein geringer Teil dessen also, was unter den Menschen verteilt wird und ihr Glück mehrt oder mindert, wird nach dem Prinzip der Gerechtigkeit verteilt. Es mag also sein, dass alles, was ich gerechterweise bekomme, mich dennoch im Unglück lässt, wenn es die Natur und das Schicksal, zufällig und willkürlich, nicht gut mit mir meinen. Oder es mag sein, dass eine noch so ungerechte Verteilung meinem Glück nichts anhaben kann, wenn es Natur und Schicksal besonders gut mit mir meinen: besser arm und gesund, als reich und krank.

Nach diesen Überlegungen wird das Streben nach Gerechtigkeit durch das grundsätzlichere Streben nach Glück relativiert. Es erscheint dann weniger wichtig, sich für Gerechtigkeit einzusetzen, weil sie ohnehin nur einen geringen Teil zu meinem Lebensglück beitragen kann.

Diese Relativierung der Gerechtigkeit kann man dreifach in Frage stellen:

1. Gerechtigkeit ist, eben weil sie nur von Menschen praktiziert werden kann, nicht gegen Natur und Zufall zu verrechnen. Wir können nur ein Höchstmaß an Gerechtigkeit anstreben – in der Überzeugung, damit die Bedingungen für ein besseres Leben optimiert zu haben; der Rest bleibt zufällig und nicht in unserer Verantwortung.
2. Gerechtigkeit ist mehr als ein Verteilungsmodus, nämlich eine ethische Grundorientierung, die sich nicht nur auf die Verteilung von knappen Gütern bezieht, sondern gerecht soll es im ganzen Leben zugehen.
3. Gerechtigkeit ist nicht gegen das Glück auszuspielen, sie bemisst sich nicht nach ihrer Glückstauglichkeit, vielmehr gehören Glück und Gerechtigkeit zu unterschiedlichen Kategorien. Glück ist ein empirisches Ziel, nur aus der Erfahrung zu bestimmen, und es gibt keine Garantie für die Wahl der rechten Mittel. Schon Kant weist darauf hin, dass man „nicht nach bestimmten Principien handeln (kann), um glücklich zu sein".[4] Gerechtigkeit hingegen *ist* ein Prinzip und kann nur allgemein bestimmt werden. Ratschläge zum Glück kann man geben, Ratschläge zur Gerechtigkeit gibt es nicht.

Gerechtigkeitsformeln

Nach welchen Maßstäben gerechterweise verteilt werden soll, wird häufig in so genannten Gerechtigkeitsformeln in Schlagworte gefasst:

„Jedem das Seine", sagen schon Platon und Aristoteles. Im antiken römischen Recht gilt diese Formel, *„suum cuique"*, als Orientierung für den Richter, der in gleichen Fällen gleich urteilen soll. Aristoteles begründet die Formel als Ausdruck der Proportionalität (Verhältnismäßigkeit) der Verteilung: „Zank und Streit", sagt er, rührten daher, „dass entweder Gleiche nicht Gleiches oder nicht Gleiche Gleiches bekommen".[5] „Dagegen, wenn jeder das Seine bekommt, dann stehen sie sich gleich, und es kann ein geregelter Verkehr stattfinden."[6] Die Formel verweist darauf, dass Gerechtigkeit nicht einfach Gleichheit in jeder Hinsicht meint, vielmehr müssen Unterschiede berücksichtigt werden: Im Deutschunterricht sind Mädchen und Jungen gleich leistungsfähig und müssen deshalb gleich benotet werden, im Sportunterricht sind sie nicht gleich und müssen deshalb ungleich behandelt werden.

„Jedem nach seinem Rang" war eine übliche Formel in vordemokratischen Gesellschaften. Sie begründet ein Vorrecht, Privilegien in Gesellschaften, deren Mitglieder als ungleich galten, z. B. in antiken Sklavenhaltergesellschaften oder in feudalen, aristokratischen Ständegesellschaften. Dass Sklaven, Leibeigene, Bauern, Bürger weniger Rechte und mehr Pflichten hatten als Adlige, Frauen weniger Rechte als Männer, das galt für viele Jahrhunderte als selbstverständlich und gottgegeben. Heute findet sich die Formel noch als Begründung für unterschiedliche Rechte und Ansprüche etwa beim Militär, in der Beamtenschaft oder im Management von Unternehmen.

„Jedem nach seiner Leistung" kann als moderne Gegenformel zur Begründung von Privilegien aufgrund des Rangs verstanden werden. Sie gilt als liberale Grundformel, die Gerechtigkeit an das Beitragsprinzip zum Gemeinwohl oder zum Wohl des Unternehmens bindet. Dabei wird zwischen Leistungsergebnis und Leistungsbereitschaft unterschieden: Auch der Faule oder unfair Handelnde kann u. U. ein gutes Ergebnis erzielen, wenn er clever ist, der Fleißige erreicht u. U. kein gutes Ergebnis, wenn er ungeschickt oder unbegabt ist. Die Orientierung am Leistungsergebnis entspricht dem utilitaristischen Konsequenzprinzip, hier wie dort heiligt der Zweck die Mittel, es spielt keine Rolle, *wie* die Leistung erbracht wurde, sondern nur, *dass* sie erbracht wurde. Die Orientierung an der Leistungsbereitschaft belohnt hingegen die subjektive Anstrengung, unabhängig vom Ergebnis: Auch wenn der Verteidiger kein mildes Urteil erwirkt, muss er doch bezahlt werden.

„Jedem, was ihm (per Gesetz) zusteht" – diese Formel versucht, das ethische Problem des Maßstabs einer gerechten Verteilung dadurch zu umgehen, dass sie es zu einer rechtlichen Angelegenheit erklärt. Jeder hat gerechterweise das, was er rechtmäßig erworben hat oder was ihm nach einem rechtsverbindlichen Tarifvertrag zusteht. Demnach wären auch Abfindungen für unfähige Manager in Millionenhöhe ethisch nicht kritisierbar, weil sie vertraglich geregelt sind, und umgekehrt wären Löhne von fünf Euro pro Stunde moralisch nicht zu beanstanden, wenn sie vertraglich vereinbart wurden.

„Jedem nach seinen Fähigkeiten" betont die Rolle der Qualifikation, der Ausbildung und der Eignung für eine Tätigkeit. Gerecht ist es demnach, jene höher zu entlohnen, die besonders fähig sind, eine Aufgabe zu lösen oder einen Beruf auszuüben. Formal wird die Eignung oft am Bildungs- und Ausbildungsabschluss gemessen. Demnach werden Menschen mit höheren Bildungsabschlüssen auch besser entlohnt.

„Jedem nach seinen Bedürfnissen" gilt als ursprünglich sozialistische Formel, auch weil sie durch Karl Marx populär wurde. In einem extremen Sinn meint sie, in einer anzustrebenden vollkommen gerechten Gesellschaft müsse jedem, unabhängig von Leistung und Eignung, so viel an notwendigen Gütern zugestanden werden, wie es seinen Bedürfnissen entspricht. In einem gemäßigteren, modernen Sinn fordert die Formel die Berücksichtigung „sozialer" Umstände bei der gerechten Verteilung: Wer Kinder zu versorgen hat, wer alt, krank, behindert ist oder aus anderen Gründen mehr braucht oder weniger leisten kann als andere, der soll dafür einen Ausgleich oder Zuschlag erhalten. Die Formel ist demnach die Gegenformel zum Leistungsprinzip, sie entspricht dem Solidaritätsprinzip.

„Jedem das Gleiche" gilt seit der Französischen Revolution („liberté – *egalité* – fraternité) als Grundformel der Gerechtigkeit. Gleichheit ist der Königsweg zur Gerechtigkeit, und in vielen Fällen erscheint sie heute als einzig gerechter

4 *Kant, I.*: Grundlegung zur Metaphysik der Sitten. BA 46.
5 *Aristoteles*: Nikomachische Ethik, V.6.1131a.
6 Ebd. 1133b.

Maßstab: Gleiches Wahlrecht, Gleichheit vor dem Gesetz, gleicher Lohn für gleiche Arbeit, gleiche Rechte für Frauen und Männer, Chancengleichheit im Bildungswesen sind nur einige Beispiele. Die Gleichheit als der Maßstab der Gerechtigkeit muss als einziger nicht begründet werden, weil er sich unmittelbar aus der Menschenwürde ergibt, die alle Menschen in gleicher Weise haben. Allerdings ist es nicht immer gerecht, jedem das Gleiche zuzugestehen oder von ihm zu fordern: Rentnern und Schülern gestehen wir gerechterweise ungleiche Eintrittspreise ins Hallenbad zu; von den Reichen fordern wir gerechterweise mehr Steuern als von den Armen. Die Formel „Jedem das Gleiche" wird oft erst gerecht durch ihre Relativierung in den anderen Formeln.

2. Zwischen Egalitarismus und Liberalismus – Theorien gerechter Verteilung

Die verschiedenen Theorien der Verteilungsgerechtigkeit unterscheiden sich danach, welche Position sie zur tatsächlichen Ungleichheit der Menschen vertreten. Menschen unterscheiden sich nicht nur in materieller Hinsicht, bei Einkommen und Vermögen, sondern auch in ihrer sozialen und ethnischen Herkunft, ihrer Bildung und Macht, ihren körperlichen und geistigen Ausstattungen. Ethisch bedeutsam werden diese Unterschiede dann, wenn sie zu Benachteiligungen oder Bevorzugungen im Hinblick darauf führen, ein menschenwürdiges, glückliches Leben zu führen, oder dann, wenn die Ungleichheit unverschuldet ist und nicht vernünftig begründet werden kann.

Die ethischen Positionen zur Verteilungsgerechtigkeit gehen von unterschiedlichen Annahmen über eine ursprüngliche Verteilungssituation unter den Menschen aus, sie verfolgen unterschiedliche Gleichheitsziele und halten unterschiedliche Mittel für geeignet, diese Ziele zu erreichen. Schließlich geben sie unterschiedliche Antworten auf die Frage, welche der tatsächlichen Ungleichheiten der Menschen kompensiert (ausgeglichen) werden müssen.

Im Wesentlichen unterscheidet man drei Positionen: der Egalitarismus (franz. *egalité* = Gleichheit), die reine Gleichheitslehre, der liberale Egalitarismus, der Gleichheit und Freiheit als gleich bedeutsam für die Gerechtigkeit begreift, und der Liberalismus (lat. *liber* = frei), die reine Freiheitslehre. Diese drei reinen Gerechtigkeitstheorien bilden in Wirklichkeit ein Kontinuum, eine Linie mit fließenden Übergängen, je nachdem, welche Bedeutung die einzelnen Theorien der Gleichheit oder der Freiheit für die Garantie von Gerechtigkeit zumessen. Die Gerechtigkeitstheorien bilden zugleich den ethischen Hintergrund für das traditionelle Spektrum der politischen Parteien von „links" bis „rechts".

1. Der Egalitarismus

Der Egalitarismus (die Gleichheitslehre) geht von einem positiven Menschenbild aus, er sieht den Menschen ursprünglich in einem glücklichen Naturzustand, in dem allen alles gehörte und es keine Einkommens- und Vermögensunterschiede, keinen Neid und keine Habsucht gab. Die Ungleichheit in der organisierten Gesellschaft wird demnach als Ergebnis von Gewalt gesehen. Der französische Philosoph **Jean-Jacques Rousseau (1712–1778)** hat diese Annahmen in berühmten Sätzen formuliert:

„Der erste, der ein Stück Erde eingezäunt hatte und sich anmaßte zu sagen: ‚Dies gehört mir', und der Leute fand, die einfältig genug waren, es zu glauben, war der wahre Gründer der bürgerlichen Gesellschaft. Wie viele Verbrechen, Kriege, Morde, wie viel Elend und Schrecken hätte der-

Egalitarismus ⇔	Liberaler Egalitarismus ⇔	Liberalismus
Gleichheit	**Gleichheit und Freiheit**	**Freiheit**
≙ sozialistische Parteien	≙ sozialdemokratische Parteien	≙ liberal-konservative Parteien

jenige dem Menschengeschlecht erspart, der die Pfähle herausgerissen und seinesgleichen zugerufen hätte: ‚Hütet Euch, diesem Betrüger zuzuhören. Ihr seid verloren, wenn Ihr vergesst, dass die Früchte allen und die Erde keinem gehört.' "[7]

Friedrich Engels (1820–1895) spricht 100 Jahre später vom „Urkommunismus" und behauptet damit in ähnlicher Weise eine Situation völliger Gleichheit und von Kollektivbesitz in Zeiten, als Menschen in Stämmen und Clans organisiert waren. Da Ungleichheit unnatürlich ist, ist sie auch ungerecht. Dies ist die erste ethische Grundannahme des Egalitarismus. Ziel muss es also sein, eine möglichst große Gleichheit sowohl in den Startchancen wie im Ergebnis des „Wettrennens" um knappe Güter zu erlangen. Am Ende eines Ausgleichsprozesses sollten die Menschen wieder in möglichst vielen Hinsichten gleich sein. Als Mittel gelten Enteignungen, Umverteilungen von „oben" nach „unten", z. B. durch ein Steuersystem, das Reiche stärker belastet als Arme, und staatliche Kompensationen (Ausgleichsleistungen), z. B. Kindergeld, Krankengeld oder Wohngeld. Der Egalitarismus fordert also einen „starken Staat", der die Umverteilung zugunsten größerer Gleichheit per Gesetz organisiert.
Der Egalitarismus geht davon aus, dass die nicht selbstverschuldeten Unterschiede zwischen den Menschen in möglichst vielen Bereichen ausgeglichen werden müssen: Wer nichts für seine Lage kann, hat Anspruch auf Ausgleich. Das ist die zweite ethische Grundannahme.

1. Alle Umstände, die die Rechtsgleichheit verletzen, also alle potenziell diskriminierenden Umstände müssen beseitigt werden. Ethnische Herkunft, Geschlecht, Nationalität, Religion, politische Überzeugungen, etc. dürfen keine Ungleichbehandlung begründen. Konkret: Weil jemand Türkin, Frau oder Kommunistin ist, darf sie nicht weniger verdienen oder eine Wohnung nicht vermietet bekommen.
2. Alle gesellschaftlichen und wirtschaftlichen Ungleichheiten in den Startbedingungen müssen kompensiert werden: soziale Schicht, Kinderzahl, Familienvermögen, etc. Konkret: Wer vier Kinder zu versorgen hat, muss mehr verdienen als ein Kinderloser; Migrantenkinder müssen in der Schule besonders gefördert werden.
3. Möglichst viele natürliche Ungleichheiten müssen kompensiert werden: Begabungen und Talente, Intelligenz und Willenskraft, körperliche Kraft, Gesundheit und Behinderung. Konkret: Wer schwerer lernt, erhält auf Kosten der Allgemeinheit Nachhilfe; wer krank ist, erhält Lohnfortzahlung oder eine Kur; wer behindert ist, bekommt dennoch einen Arbeitsplatz.

Rousseau entwickelt seine egalitäre Gerechtigkeitstheorie auf dem Hintergrund einer pessimistischen Vorstellung vom Geschichtsverlauf. Solange die Menschen in einem frühen Stadium als Jäger und Sammler lebten, gab es keinen Privatbesitz, die Beziehungen waren von einem natürlichen Selbsterhaltungstrieb *(amour de soi)* geprägt, einer angeborenen Mitleidsfähigkeit und einem harmonischen gleichberechtigten Geben und Nehmen. Rousseau verherrlicht das Leben der „edlen Wilden" zu einem „goldenen Zeitalter" der Menschheit. Mit der beginnenden Sesshaftigkeit, der Arbeitsteilung in Ackerbauern und Viehzüchter, fangen die Menschen an, private Besitzansprüche zu erheben. Die Arbeitsteilung schreitet voran und mit ihr die Ungleichheit. Der Selbsterhaltungstrieb wandelt sich zur Selbstsucht *(amour propre)*, und es entsteht eine Schicht von Reichen und Mächtigen. Diese, aus Angst, ihre Privilegien zu verlieren, „überreden" die Armen und Ohnmächtigen zu einem Vertrag, der sie angeblich vor gegenseitigen Übergriffen schützen soll, in Wirklichkeit aber nur dazu dient, die Vorrechte der Reichen und Mächtigen rechtlich abzusichern. Das Rechtssystem, besonders das Besitzrecht, versteht Rousseau also als raffinierten Betrugsversuch an den Armen und Ausgebeuteten (vgl. S. 206). Dieser ursprüngliche Vertrag „muss der Ursprung der Gesellschaft und der Gesetze gewesen sein, die dem Schwachen

7 *Rousseau, Jean-Jacques*: Preisschriften. Hrsg. v. *Hermann Röhrs*. Bad Heilbrunn 1983. S. 87.

neue Fesseln und dem Reichen neue Kräfte gaben, die [...] das Gesetz des Eigentums und der Ungleichheit für immer fixierten".[8]
Ein Zurück zum glücklichen Urzustand völliger Gleichheit gibt es nach Rousseau nicht, wohl aber begründet dieser Zustand ein Naturrecht, d.h. ein Menschenrecht auf Gleichheit, auch wenn das tatsächliche staatliche Recht diese Gleichheit nicht vorsieht.
Rousseaus Ideal einer selbstgenügsamen, bescheidenen, auf allen Luxus verzichtenden Gesellschaft von Gleichen griffen in der Französischen Revolution die radikalen Jakobiner auf, es wurde später zum Programm kommunistischer Parteien in der ganzen Welt.

Thomas Nagel (*1937), amerikanischer Philosoph in New York, vertritt eine konsequent egalitaristische Position. Menschen können eine doppelte Perspektive auf das eigene Leben einnehmen: Aus der subjektiven Perspektive sind sie an ihren eigenen Interessen und Bedürfnissen orientiert, aus der objektiven Perspektive sehen sie sich unparteilich als ein Mensch unter anderen Menschen. Sie können also von ihren eigenen Interessen absehen und den Wert des Lebens und das Wohlergehen jedes einzelnen anderen als gleichberechtigt mit ihrem eigenen Wohlergehen einschätzen. „Wir projizieren uns in die Haut jedes Einzelnen und messen dabei den Dingen, die ihm widerfahren, einen Wert bei, der sich an dem Wert orientiert, den diese Dinge aus seiner Eigenperspektive für den Menschen selbst haben."[9]
Durch diese Perspektive der Unparteilichkeit gewinnt das Wohlergehen aller Menschen sosehr an Gewicht, dass es uns verpflichtet, dafür einzustehen.
Ein zweiter Gedankengang verknüpft den ersten mit der moralischen Rechtfertigung der Gesellschaft. Nicht nur der Staat muss sich moralisch rechtfertigen (legitimieren), weil er ein Gewaltmonopol beansprucht, sondern auch das soziale System und die Wirtschaft müssen das, weil sie die Lebenschancen und das Glück der Menschen von der Geburt bis zum Tod massiv beeinflussen. Man denke nur an die Bedeutung des Gesundheitssystems oder des Arbeitsmarkts für das Wohlergehen der Menschen. Rechtfertigen können sie sich aber nur durch eine streng unparteiliche Perspektive, d.h. eine strikte Gleichbehandlung aller Personen, die von ihren Handlungen betroffen sind. Jeder Einzelne, der schlechter behandelt wird, stellt die Legitimität des Systems in Frage. Es müssen also für alle Lebenslagen, nicht nur der materiellen, sondern auch der sozialen und wirtschaftlichen Ungleichheiten und der natürlichen „handicaps" Ausgleiche und Hilfen geschaffen werden, bis ein Höchstmaß an Gleichheit in jeglicher Hinsicht erreicht ist. Dazu gehört auch die radikale Änderung des Erbrechts, da es nicht gerecht ist, dass Reichtum vererbt wird. Es wäre ein großer Fortschritt im Bewusstsein, so Nagel, „wenn die Öffentlichkeit es dereinst nicht mehr für einen guten Grund für den Reichtum eines Menschen gelten ließe, dass bereits seine Eltern reich waren".[10] Der Maßstab der notwendigen Kompensationen bemisst sich an der einfachen Frage des unparteilichen Standpunkts, ob der jeweils Benachteiligte sich aus der Eigenperspektive wohl als gerecht behandelt empfindet.

2. Der liberale Egalitarismus

Der liberale Egalitarismus, die gemäßigte, freiheitliche Gleichheitslehre, verbindet die Forderung nach Gleichheit mit jener nach Freiheit. Gerechtigkeit erscheint als Schnittmenge von Gleichheit und Freiheit: Nur das, was zugleich Freiheit und Gleichheit garantiert, gilt als gerecht. Gesellschaften, die nur Gleichheit anstreben, werden die Freiheit vernachlässigen. Dies zeigen die sozialistischen Gesellschaften Osteuropas, in denen ein Höchstmaß an Einkommens- und Vermögensgleichheit staatlich erzwungen und damit die freie Entfaltung des Einzelnen verhindert wurde. Gesellschaften, die nur Freiheit anstreben, werden die Gleichheit vernachlässigen. Dies zeigen jene kapitalistischen Gesellschaften, in denen dem „freien Spiel des Marktes" keinerlei staatliche Beschränkungen auferlegt werden, was dazu führt, dass die materiellen Ungleichheiten extrem zunehmen und damit die freie Entfaltung der Verarmten beschränkt wird. Der liberale Egalitarismus fordert daher einen Mittelweg, der einerseits Gleichheit anstrebt, andererseits die unterschiedlichen Fähigkeiten und Leistungen honoriert. Die Leistungsbereitschaft soll durch Anreize gefördert, das Gleichheitsbedürfnis soll durch Beschränkungen gesichert werden. Die realen Ungleichheiten dürfen nicht zementiert werden, vielmehr soll es langfristig zu einer Annäherung der ungleichen Lebenslagen, der ungleichen Einkommens- und Vermögensverhältnisse kommen. Als Mittel gelten Umverteilungen und Ausgleichsleistungen für soziale und ökonomische Ungleichheiten. Wie der reine Egalitarismus fordert der liberale Egalitarismus:

1. Alle Umstände, die die Rechtsgleichheit verletzen, also alle potenziell diskriminierenden Umstände müssen beseitigt werden.
2. Soziale und wirtschaftliche Ungleichheiten in den Startbedingungen müssen kompensiert werden – allerdings nicht bedingungslos, vielmehr muss voraussagbar sein, dass die Ungleichheiten auch zu ungleichen Lebenschancen führen. Konkret: Wenn die Kinder von Menschen mit niedrigem Einkommen und wenig Bildung *regelmäßig* geringere Chancen haben, höhere Schulen zu besuchen, ist das eine Ungleichheit, die zu ungleichen Lebenschancen führt und daher durch das Schulsystem ausgeglichen werden muss. Wenn hingegen ein Busfahrer weniger verdient als ein Pilot, behindert das nicht seine Lebenschancen und muss auch nicht kompensiert werden. Die Gesellschaft kann nach Überzeugung des liberalen Egalitarismus gerechterweise nur für gesellschaftlich bedingte Ungleichheiten zuständig sein.
   Natürliche Ungleichheiten zwischen den Menschen, wie unterschiedliche Begabungen, Intelligenz, Kraft oder Gesundheit müssen nach den Vorstellungen des liberalen Egalitarismus unberücksichtigt bleiben. Sie gleichen sich z.T. gegenseitig aus und sind so willkürlich, zahlreich und wechselhaft, dass sie niemals gerecht kompensiert werden können. Wer als Schulkind schwerer lernt, wer als Frau keine Kinder bekommen kann, wer zunimmt, wenn er eine Sahnetorte nur anschaut, der ist kein Opfer von Ungerechtigkeit – sondern hat Pech. „Die natürlichen Unterschiede zwischen den Menschen fallen schlichtweg nicht in den Verantwortungsbereich der menschlichen Gesellschaft“[11], sagt der liberale Egalitarismus.

John Rawls (1921–2002) war Philosophieprofessor an der Harvard-Universität und ist der bekannteste Vertreter des liberalen Egalitarismus. In seinem Hauptwerk „A Theory of Justice“ (1971) entwirft er die bedeutendste Gerechtigkeitstheorie des 20. Jahrhunderts.

Rawls' Theorie ist kontraktualistisch, d.h. sie steht in der Tradition der Vertragstheorien von Hobbes bis Rousseau (vgl. S. 211 ff.), die das moralisch Verbindliche als wechselseitigen Vertrag aller Beteiligten verstehen. Sie ist deontologisch in der Tradition Kants, weil sie Gerechtigkeit als absolute Pflicht versteht (vgl. S. 155 ff.). Gesellschaften müssen zwar auch Regeln befolgen, die ihre Effizienz und ihre Stabilität garantieren, aber zuerst und vor allem müssen sie Gerechtigkeitsprinzipien verfolgen. Gerechtigkeit ist nach Rawls die notwendige, wenn auch nicht hinreichende Bedingung dafür, dass Gesellschaften dauerhaft bestehen können. Seine Theorie ist anti-utilitaristisch, weil sie nicht akzeptiert, dass Gerechtigkeit nur einen Gesamtnutzen im Blick hat: Utilitaristisch gesehen, wäre auch eine Güterverteilung moralisch gerechtfertigt, in der das größere Wohl von vielen auf Kosten des Elends von einigen erreicht wird (vgl. S.148 ff.). Dieses Kalkül lehnt Rawls strikt ab. Gerechtigkeit heißt, es muss stets so verteilt werden, dass alle davon profitieren.

Rawls versteht Gerechtigkeit als Fairness. Als fair bezeichnet er eine Gesellschaft, in der eine Kooperation zu wechselseitigem Vorteil stattfindet, ein gleichberechtigtes Geben und Nehmen, bei dem niemand übervorteilt wird.

Die Leitfragen der Theorie lauten: Wie findet man Grundsätze der Gerechtigkeit und wie heißen diese Grundsätze? Dazu konstruiert Rawls

8 Ebd. S. 98.
9 *Nagel, Thomas*: Gleichheit und Parteilichkeit. Paderborn/München/Wien 1994. S. 93.
10 Ebd. S. 158.
11 *Boshammer, Susanne*: Was heißt gerecht verteilen? In: Sozialstaat und Gerechtigkeit. Hrsg. v. *D. Horster.* Weilerswist 2005. S. 47.

eine fiktive Ausgangssituation, die er, wie im Kontraktualismus üblich, „Naturzustand" nennt: Man denke sich eine Gruppe von Menschen, die nichts über ihre soziale Situation, ihre Fähigkeiten und Schwächen, ihre Intelligenz, ihre körperliche Kraft etc. weiß. All dies liegt unter einem „Schleier des Nichtwissens" (*veil of ignorance*); d.h. alle sind gleich von den Voraussetzungen her.

Diese Ausgangssituation soll garantieren, dass niemand nach Regeln der Gerechtigkeit sucht, die seine besondere Lage (Stärke oder Schwäche) begünstigen. Sie verhindert also willkürliche und interessengeleitete Grundsätze der Verteilung und garantiert Unparteilichkeit.

Als weitere Bedingung gilt, dass die Menschen in dem engen Sinn vernünftig sind, dass sie wissen, was gut für sie ist und welche Mittel man zu welchem Zweck einsetzt. Diese Menschen sollen nun Grundsätze wählen, von denen sie glauben, dass sie ihnen eine größtmögliche Gerechtigkeit garantieren.

Rawls glaubt, diese Menschen würden zwei Grundsätze wählen, die man als Gleichheitsprinzip und als Differenzprinzip bezeichnet hat:

„Einmal die Gleichheit der Grundrechte und -pflichten; zum anderen den Grundsatz, dass soziale und wirtschaftliche Ungleichheiten, etwa verschiedener Reichtum oder verschiedene Macht, nur dann gerecht sind, wenn sich aus ihnen Vorteile für jedermann ergeben, insbesondere für die schwächsten Mitglieder der Gesellschaft."[12]

Der erste Grundsatz, das Gleichheitsprinzip, ergibt sich aus der Grundannahme des Naturzustands, da Gleichheit rechnerisch die beste Garantie bietet, nicht benachteiligt zu werden, wenn ich nicht weiß, welchen sozialen Status ich habe. Der zweite Grundsatz, das Differenzprinzip, garantiert, dass einerseits die Leistungsbereitschaft der Stärkeren nicht abgewürgt wird, denn sie können ja durchaus mehr als andere verdienen, andererseits auch die Schwächeren geneigt bleiben, „bereitwillig mitzuarbeiten".

Die Umverteilungen, die nach dem zweiten Grundsatz offensichtlich notwendig sind, etwa durch eine stark progressive Steuer, sollen aber nicht soweit führen, „bis jeder fast das gleiche Einkommen hat".[13] Vielmehr denkt Rawls an ein „Existenzminimum"[14], das für die Schwächsten gesichert sein muss. Seine anti-utilitaristische, zugleich liberale und egalitäre Position fasst er so zusammen:

„Es ist vielleicht *zweckmäßig*, aber nicht *gerecht*, dass einige weniger haben, damit es anderen besser geht. Es ist aber nichts Ungerechtes an den größeren Vorteilen weniger, falls es dadurch auch den nicht so Begünstigten besser geht."[15]

Das Ziel gerechter Regelungen ist es nach Rawls nicht, das Glück der Menschen unmittelbar zu befördern, dazu ist das Glück eine zu subjektive Angelegenheit. Wohl aber müssen allgemeine Voraussetzungen geschaffen werden, die es jedem Einzelnen soweit wie möglich erleichtern, sein Glück zu machen. Dazu reicht es nicht, Rechtsgleichheit herzustellen; es reicht auch nicht, formale Chancengleichheit zu garantieren, sondern es ist auch ein Mindestmaß an materieller Gleichheit nötig, damit Rechts- und Chancengleichheit auch tatsächlich wirken können.

Ein Beispiel aus dem Bereich der Bildung: Es reicht nicht, Studienverbote aufzuheben, nach denen nur Männer studieren dürfen (wie bis ins 19. Jahrhundert üblich), also Rechtsgleichheit herzustellen. Es reicht auch nicht, jedem Hilfsarbeiterkind formal die Chancengleichheit einzuräumen, studieren zu können, solange die materiellen Verhältnisse in der Familie des Kindes so sind, dass es gedrängt wird, rasch selbst Geld zu verdienen, und zudem keinerlei Förderung von den Eltern erwarten kann. Erst wenn der Hilfsarbeiter besser verdient, also die materiellen Unterschiede geringer werden, kann auch die formale Chancengleichheit auf Bildung für seine Kinder praktisch umgesetzt werden.

Ein Beispiel aus dem Gesundheitswesen: Es reicht nicht, Verbote für Frauen aufzuheben, ein Krankenhaus aufzusuchen, (wie in Afghanistan z. Zt. der Taliban-Herrschaft), also Rechtsgleichheit herzustellen. Es reicht auch nicht, über eine allgemeine Versicherungspflicht jedem Menschen die formale Chancengleichheit auf Gesundheitsversorgung zu sichern, solange Armut krank macht. Erst wenn die materiellen Verhältnisse der Ärmsten so verbessert wurden, dass sie aufgrund ungesunder Ernährung und schlechter Arbeitsbedingungen nicht weiterhin mit höherem Krankheitsrisiko und kürzerer Lebenserwartung

rechnen müssen, kann man von einem gerechten Gesundheitssystem sprechen.
Rechtsgleichheit erfordert Chancengleichheit, Chancengleichheit erfordert materielle Gleichheit. Rechts- und Chancengleichheit wollen nur formale Hindernisse für die freie Entfaltung des Einzelnen ausräumen, Rawls will positive Möglichkeiten für die soziale Emanzipation der bislang Benachteiligten schaffen.

In der Nachfolge und in Abgrenzung von Rawls entstehen weitere liberal-egalitäre Theorien der Verteilungsgerechtigkeit.
Ernst Tugendhat (*1930) entwickelt seinen Gerechtigkeitsbegriff aus der antiken Tradition, von Platon und Aristoteles. Deren Gerechtigkeitsformel *suum cuique tribere* – „Jedem das Seine", oder „Jedem das, was er verdient" – deutet Tugendhat im Sinne des liberalen Egalitarismus als Formel, die Gleichheit stets als ersten Bezugspunkt der Gerechtigkeit begreift. Er betont die herausragende Stellung der Gleichheit für die Bestimmung des Gerechten: „Die egalitäre Position bedarf keiner Begründung: Der Begründungszwang liegt auf der anderen Seite. Gleichheit und Ungleichheit stehen sich nicht gleich gegenüber."[16]
Tugendhat unterscheidet zwischen Benachteiligungen erster und zweiter Stufe („primäre und sekundäre Diskriminierung"), die vermieden werden müssen, wenn es um eine gerechte Verteilung geht. Primäre Diskriminierung meint Benachteiligungen wegen eines angeblichen Wertunterschieds von Menschen: Farbige, Frauen, Kinder, Fremde, Ungläubige, etc. galten in vielen traditionellen Moralgemeinschaften als „minderwertig" und wurden deshalb benachteiligt. Diese primären Diskriminierungen gelten heute als unbegründbar und als mit einer gerechten Verteilung unvereinbar. In Hinsicht auf ihren „Wert" sind alle Menschen strikt gleich zu behandeln. Anders bei der sekundären Diskriminierung: Darunter versteht Tugendhat Abweichungen von der Gleichbehandlung aufgrund der drei Umstände Bedürftigkeit, Leistung und erworbener Rechte.[17] Objektive Bedürftigkeit – etwa aufgrund von Alter, Krankheit, Behinderung oder Kinderzahl – ist durchaus ein moralischer Maßstab, der die strikte Gleichbehandlung aus Gründen der Solidarität relativiert. Bei der Leistung gilt dies aber nur für den Aufwand, die Leistungsbereitschaft, die der Einzelne erbringt, nicht für seine Fähigkeiten und Talente. Es sei „nicht einzusehen, warum jemand, der größere Talente hat, einen höheren Lohn erhalten soll", da er für den natürlichen Vorteil nicht auch noch belohnt werden dürfe. Gerecht sei es eigentlich, dass stumpfsinnige und körperlich harte Arbeit besser bezahlt werde als anspruchsvolle und befriedigende Arbeit. Das „Plus an Lohn" müsse „gegen das Minus an Befriedigung aufgewogen" werden.[18]
Allerdings könnten Nützlichkeitserwägungen entgegen dieser Gerechtigkeitsforderung durchaus dafür sprechen, auch Fähigkeiten und Talente zu belohnen. Es sei zwar ungerecht, könne aber dennoch sinnvoll sein, Leistungsanreize für höhere Talente in Form von höherer Entlohnung zu zahlen. Ein „Mehr an Nützlichkeit" könne ein „Minus an Gerechtigkeit" aufwiegen, denn: „Gerechtigkeit ist nur ein Aspekt des Guten."[19]

Damit kritisiert Tugendhat auch den Ansatz von Rawls, der zwischen dem Gerechten und dem Guten nicht unterscheidet, bzw. das Gerechte dem Guten überordnet.
Erworbene Rechte und Vereinbarungen können keine Abweichung von der Gleichbehandlung begründen. Da alles, was tatsächlich an Einkommen und Vermögen verteilt wird, rechtlich abge-

12 *Rawls, John*: Theorie der Gerechtigkeit. Frankfurt/M. 1971. § 3, S. 31f.
13 Ebd. S. 319.
14 Ebd. S. 320.
15 Ebd. S. 32. (Hervorhebungen vom Verf.)
16 *Tugendhat, Ernst*: Vorlesungen über Ethik. Frankfurt/M. 1993. S. 374.
17 Ebd. S. 378.
18 Ebd. S. 384.
19 Ebd. S. 385.

sichert ist, wäre jede Kritik an einer ungerechten Verteilung sinnlos und jeder Versuch einer Neuverteilung hoffnungslos.

3. Der Liberalismus

Der Liberalismus geht, im Gegensatz zum Egalitarismus, von einem eher negativen Menschenbild aus, er sieht den Menschen schon im ursprünglichen Naturzustand als egoistisches, habgieriges und unersättliches Wesen. Eine gleiche Verteilung von Gütern gab es nie, Ungleichheit gehört von Beginn an zu den menschlichen Gemeinschaften. Da sie gleichsam natürlich ist, bleibt die Ungleichheit in den Startchancen beim „Wettlauf" um knappe Güter ethisch belanglos. Um der Gerechtigkeit willen kommt es also weder darauf an, eine Chancengleichheit noch eine größere Gleichheit in der tatsächlichen Güterverteilung herzustellen. Jeder soll die Freiheit haben, alles zu erreichen – oder auch nicht. Tüchtigkeit, Selbstverantwortung und Selbständigkeit zeichnen den Menschen nach Auffassung des Liberalismus aus. Wem es daran mangelt, der ist an seinem Elend selbst schuld. Damit er in der Wahrnehmung seiner Freiheiten nicht behindert wird, gibt es Gleichheit nur im Verlauf des Rennens um knappe Güter, d. h. eine Verfahrensgerechtigkeit. Im Übrigen soll ein freier Wettbewerb herrschen. Die Gerechtigkeit leidet nach Auffassung des Liberalismus nicht daran, dass es zu wenig staatliche Regelungen und Kompensationen für die Benachteiligten gibt, sondern im Gegenteil: Staatliche Regeln behindern die Gerechtigkeit, weil sie die freie Entfaltung des Einzelnen einschränken. Deshalb sollen alle den freien Wettbewerb verzerrenden Regeln abgeschafft, „dereguliert" werden. Konkret: Alle Sechsjährigen haben die Freiheit, das Abitur zu machen, es muss nur darauf geachtet werden, dass die Leistungskontrollen für alle gleich sind und sich niemand einen unerlaubten Vorteil, zum Beispiel in Form eines Spickzettels, verschafft. Gleichheit fordert der Liberalismus nur in einer Hinsicht:

Alle Regeln, die die Rechtsgleichheit verletzen, d. h. alle eindeutig messbaren Diskriminierungen, die auf zufälliger, natürlicher Ungleichheit beruhen (Rasse, Geschlecht), müssen beseitigt werden. Im Übrigen muss völlige Freiheit im Wettbewerb herrschen. Konkret: Niemand darf weniger verdienen, weil er dunkelhäutig oder eine Frau ist, aber alles andere regelt der Markt.

Aristoteles bestimmt die Gerechtigkeit allgemein als Tugend (vgl. S. 86 f.). Demnach ist sie ein „mittlerer Habitus", eine Geisteshaltung, die ein Zuviel und ein Zuwenig vermeidet. Gerechtigkeit ist die Mitte zwischen „Unrecht tun und Unrecht leiden".[20] Wer zu viel an Gütern, Ehre, Macht beansprucht, *handelt* ungerecht; wem zuwenig davon zuteil wird, dem *geschieht* Unrecht.
Im Tauschhandel und bei der Strafzumessung muss strikte arithmetische Gleichheit herrschen; vor Gericht ist jeder Bürger gleich, es spielt keine Rolle, „ob ein guter Mann einen schlechten beraubt oder ein schlechter einen guten".[21]
In Bezug auf die Verteilungsgerechtigkeit *(iustitia distributiva)* hingegen gilt Aristoteles als der Stammvater des Liberalismus. Hier lautet seine Grundformel: Gleichen Gleiches und Ungleichen Ungleiches. Ehre, Geld und andere Güter werden nach geometrischer Proportionalität verteilt, d. h. jeder erhält das, was ihm aufgrund seiner „Leistungen" und seiner „Würdigkeit" zusteht, und dann kann „der eine ungleich viel oder gleich viel erhalten wie der andere".[22] Proportional, d. h. verhältnismäßig, muss die Verteilung nur in dem Sinne sein, dass das, was A und B zugeteilt wird, im selben Verhältnis stehen muss, wie die Verdienste von A und B zueinander stehen.
Dabei sieht Aristoteles, dass es keinen einheitlichen Maßstab dafür gibt, wann jemand als Gleicher oder als Ungleicher zu betrachten und was unter „Würdigkeit" genau zu verstehen sei. Die einen verstehen darunter Freiheit, die anderen Rang und Adel, wieder andere Tüchtigkeit. Es hänge vom Gesellschaftssystem ab, so Aristoteles, welche Verteilung von Gütern als gerecht angesehen werde. In dieser Offenheit, die nur allgemein feststellt, man müsse sich als würdig erweisen, seinen gerechten Anteil zu erhalten, liegt das Liberale in Aristoteles' Bestimmung der Verteilungsgerechtigkeit.

Adam Smith (1723–1790) steht als Moralphilosoph in der Tradition der Gefühlsethiker (vgl. S. 159 ff.) und des Utilitarismus. Die Menschen

sind mit dem Gefühl der Sympathie begabt, und das ist von der Natur nützlicherweise so eingerichtet, damit sie gemeinsam glücklich werden können.
Die Gerechtigkeit bestimmt er als eine ungewöhnliche Tugend: Im Gegensatz zu allen anderen Tugenden (z. B. Wohltätigkeit, Freundlichkeit, Edelmut) wird man nicht gelobt, wenn man gerecht ist, sondern es wird als selbstverständlich vorausgesetzt. Umgekehrt wird man für das Fehlen aller anderen Tugenden nur getadelt, aber nicht bestraft. Wer aber ungerecht handelt, provoziert ein berechtigtes Vergeltungsgefühl und wird dementsprechend bestraft. Gerechtigkeit ist die einzige notwendige Tugend, ohne die keine Gesellschaft bestehen kann.

Als Vertreter des Liberalismus gilt Smith aufgrund seines berühmten ökonomischen Hauptwerks „Der Wohlstand der Nationen" (*Wealth of Nations*, 1776), das als Grundwerk der freien Marktwirtschaft gilt. Dabei wird oft fälschlicherweise ein Gegensatz zwischen dem ethischen Werk und dem nationalökonomischen Werk behauptet: Der Moraltheoretiker Smith verstehe den Menschen als Altruisten (uneigennützig), der Wirtschaftstheoretiker sehe ihn als Egoisten. Tatsächlich betont Smith in der „Theorie der ethischen Gefühle" immer wieder, dass „die Rücksicht auf unser eigenes Glück und unseren persönlichen Vorteil […] ein sehr lobenswertes Prinzip des Handelns"[23] sein kann. Zugleich versteht er unter dem „*Wohlstand der Nationen*" nicht die reine Höhe des Nationalvermögens, sondern die Wohlfahrt der Allgemeinheit: Ein Staat, in dem sich ein Großteil der Bürger im Elend befindet, sei ungerecht. Auch fordert er das Recht der Arbeiter auf ihren vollen Arbeitsertrag.[24]
Als liberale Position zur Verteilungsgerechtigkeit gilt die folgende Argumentation, in der Smith versucht, das persönliche Glücksstreben des Einzelnen mit dem Ziel der allgemeinen Glückssteigerung der Gemeinschaft zu verbinden: Wenn jeder nur nach seinem eigenen Wohl schaut, ist dem Gemeinwohl am besten gedient. Und zwar weil:

1. in einem „freien Spiel der Kräfte" Angebot und Nachfrage den Preis von selbst regulieren;
2. der Markt „wie durch eine unsichtbare Hand" auf Angebot und Nachfrage nach Gütern einwirkt und so immer das Optimum an Gütern zu einem optimalen Preis erwirtschaftet wird;
3. es dazu notwenig ist, dass sich der Staat möglichst wenig in das Marktgeschehen einmischt und nur die rechtlichen Rahmenbedingungen schafft, damit die Marktgesetze ungehindert wirken können (Idee des Nachtwächterstaats).

Wir appellieren, sagt Smith, nicht an das Wohlwollen oder die Rücksichtnahme des Metzgers oder Bäckers, wenn wir etwas zu essen haben wollen, sondern an deren Egoismus: „Wir wenden uns nicht an ihre Menschlichkeit, sondern an ihre Selbstliebe, und wir sprechen zu ihnen niemals von unseren Bedürfnissen, sondern von ihren Vorteilen."[25]
Für die Einkommensverteilung bedeutet die Argumentation von Smith: Auch sie unterliegt dem Marktgesetz von Angebot und Nachfrage. Gerecht ist, was der Markt hergibt. Wer eine stark nachgefragte und knappe Arbeit anbietet, der kann einen hohen Lohn erwarten, wer eine wenig nachgefragte und massenhaft vorhandene Arbeit (z. B. in Zeiten hoher Arbeitslosigkeit) anbietet, der muss mit einem sehr niedrigen Lohn rechnen. Die Löhne werden dann so lange sinken, bis Angebot und Nachfrage wieder im Gleichgewicht sind.

Robert Nozick (1938–2002) entwirft seine radikal-liberale Anspruchstheorie der Gerechtigkeit, wie die meisten aktuellen Gerechtigkeitstheoretiker, als Gegenwurf zu jener von John Rawls.

20 *Aristoteles*: Nikomachische Ethik. 1133b.
21 Ebd. 1132a.
22 Ebd. 1133a.
23 *Smith, Adam*: Theorie der ethischen Gefühle. Hamburg 2004. S. 506.
24 Vgl. *ders.*: Der Wohlstand der Nationen. Hamburg 2001. I, 7 u. 8.
25 Ebd. I, 3. S. 133.

Gegen diesen weist er darauf hin, dass erstens das Einkommen und Vermögen von Menschen sich aus vielen ganz unterschiedlichen Quellen zusammensetzt: „Gewinne aus Glücksspielen, Teile des Einkommens des Ehepartners, Stipendien, Zinsen für ausgeliehenes Geld, Zuwendungen von Bewunderern, Erträge aus Investitionen, Fundsachen.“[26] Daher sei es unmöglich, einheitliche Regeln aufzustellen, wie diese Güter gerecht verteilt werden müssten. Zweitens gebe es gar nichts neu zu verteilen, denn alle Güter der Welt seien bereits mit einem Anspruch verbunden (daher „Anspruchstheorie“). Gerecht sei eine Besitzverteilung also immer dann, wenn jemand diesen Besitz sich entweder rechtmäßig angeeignet (also nicht gestohlen) habe oder ihn rechtmäßig übertragen bekam. „Ansprüche auf Besitztümer entstehen lediglich durch wiederholte Anwendung dieser zwei Regeln.“[27] Das ethische Problem einer gerechten Verteilung versucht Nozick durch eine juristische Vorab-Regelung zu ersetzen. Als Gerechtigkeitsformel schlägt er deshalb vor: „Jeder, wie er will, und jedem, wie die anderen wollen.“[28] Demnach sind auch Millionengehälter etwa für Sportler nicht ungerecht, denn die Fans sind ja bereit, hohe Eintrittspreise für Sportveranstaltungen zu bezahlen, und aus diesen Einnahmen werden die Sportler bezahlt.

Michael Walzer (*1935) glaubt nicht, dass durch einige wenige Verteilungsregeln, wie Rawls sie aufstellt, für alle Bereiche des Lebens, in denen soziale Güter verteilt werden, Gerechtigkeit hergestellt werden könnte. Eine solche „einfache Gleichheit“ übersehe, dass es in Wirklichkeit „Sphären der Gerechtigkeit“ (so der Titel seines Werkes) gibt, in denen jeweils ganz unterschiedliche Maßstäbe gelten müssen, damit von Gerechtigkeit die Rede sein könne. In den Sphären von Politik und Macht, von Mitgliedschaft in Gemeinschaften, von Geld und Waren, von Erziehung und Bildung oder von Ämtern und Behörden müssen unterschiedliche Regeln gelten, damit der Zugang zu ihnen oder die Verteilung in ihnen als gerecht gelten können. Er nennt dies „komplexe Gleichheit“ und deren allgemeine Regel heißt: „Unterschiedliche Güter für unterschiedliche Personengruppen aus unterschiedlichen Gründen auf der Basis unterschiedlicher Verfahren.“[29] Verteilt werden kann nach dem Marktprinzip des freien Austauschs, dem Verdienst, nach Bedürfnis oder weiteren Maßstäben. Drei Beispiele: In der Sphäre von „Ämtern und Behörden“ spielt als Auswahlkriterium die Qualifikation – also das Verdienst – bei der gerechten Zuteilung von Positionen die wichtigste Rolle. Dagegen ist der Nepotismus (die „Vetternwirtschaft“) zwar ein weit verbreitetes, aber kein gerechtes Kriterium bei der Zuteilung von Ämtern. In der Sphäre der „Politik und Macht“ wäre es völlig ungerecht, würden Positionen nach dem Marktprinzip verteilt – wer mehr bietet, bekommt die Position – oder würden politische Entscheidungen gekauft. Hier kann nur eine demokratische, freie und gleiche Wahl die am besten Geeigneten auf Zeit bestimmen.

In der Sphäre von „Geld und Waren“ geht es unter anderem um eine gerechte Entlohnung. Hier glaubt Walzer, dass das Marktprinzip am besten geeignet sei, einen hohen Grad an Gleichheit zu erreichen. Denn es müsste so sein, „dass die attraktivsten Arbeitsplätze die meisten Bewerber anlocken, mit dem Resultat, dass die Löhne auf diesen Posten sinken. Weniger attraktive Tätigkeiten werden gemieden, d.h. hier steigen die Löhne“.[30] Wenn es in Wirklichkeit nicht so ist, dann liege das nur daran, dass das konsequente Marktprinzip durch andere Regeln (Statusdenken, Macht, Erbrecht, etc.) überlagert sei. Aber „je perfekter der Markt, desto geringer die Einkommensunterschiede“.[31]

Wichtiger als die unterschiedlichen Maßstäbe *in* den Sphären ist für die Gerechtigkeit aber, dass *zwischen* den Sphären strikt getrennt wird. „Jedes Gut soll nach den Geltungskriterien seiner eigenen ‚Sphäre‘ zugeteilt werden.“[32] Konkret: Der Besitz von Geld darf den Zugang zur politischen Macht nicht erleichtern; die Mitgliedschaft in einer Gemeinschaft darf den Zugang zu einem Amt nicht erleichtern; höhere Bildung begründet keinen Anspruch auf mehr Sicherheit. Vor allem das Geld neigt dazu, andere Sphären zu durchdringen. Daher nennt Walzer eine lange Liste von sozialen Gütern, die in einer gerechten Gesellschaft „nicht käuflich“ sein dürfen: politische Macht, Rechtsprechung, Rede- und Pressefreiheit, Ehe und Zeugungsrechte, Staatsangehörigkeit, Ämter, elementare Wohlfahrtsleistungen, wie polizeilicher Schutz und Bildung, Preise und Ehrungen, Liebe und Freundschaft und „göttliche Gnade“[33].

Wolfgang Kersting (*1946) kritisiert die Einengung der üblichen Diskussion um soziale Gerechtigkeit auf eine Kooperationsgemeinschaft. Wir leben aber nicht nur als Kooperierende miteinander, sondern unter dem Aspekt gerechter Verteilung ist es genauso wichtig, wie viel jene bekommen sollen, mit denen wir in einer Solidaritätsgemeinschaft zusammenleben. Die Kranken, die Alten, die Schüler und die Arbeitslosen können ihre Ansprüche auf einen gerechten Anteil aber nicht mit ihrer Arbeitsleistung oder den verkauften Gütern begründen, sondern brauchen eine andere Begründung. Daher sei die Vorstellung von Rawls, die soziale Lage der Einzelnen müsse hinter einem „Schleier des Nichtwissens“ verborgen sein, wenn man gerechte Maßstäbe der Verteilung suche, völlig falsch. Dieser Schleier sei nur „der bildhafte Ausdruck eines Verfahrens des Wegsehens“ von ungerechten sozialen Umständen. Um wirkliche Verteilungsgerechtigkeit zu erreichen, brauche man aber ein „Verfahren des Hinsehens“.[34] Nur wenn wir die tatsächlichen Ungleichheiten der Menschen genau erfassen, können wir moralisch richtige Maßstäbe der gerechten Verteilung finden.

Amartya Sen (*1933) versteht seine Gerechtigkeitstheorie nicht nur als Gegenentwurf zu der von Rawls, vielmehr sucht er einen grundsätzlich anderen Blick auf das Gerechtigkeitsproblem, der auch alle gängigen Gegenentwürfe zu Rawls in die Kritik mit einbezieht. Damit sprengt er den Rahmen der bisherigen philosophischen Gerechtigkeitsdiskussion, die Egalitarismus und Liberalismus abgesteckt haben.

Sein zentraler Vorwurf an alle Gerechtigkeitstheorien: Sie konzentrierten sich auf die Suche nach dem *einen* Prinzip der Gerechtigkeit, das ein Ideal gerechter Institutionen beschreibt, und verlören damit aus dem Blick, dass es auch ohne einen gerechten Idealzustand jede Menge kleiner und großer Fortschritte in der Verminderung der vielen Ungerechtigkeiten in der Welt geben kann. Er wirft den Gerechtigkeitstheorien von Nagel über Rawls bis zu Robert Nozick vor, wirklichkeitsfremd, utopisch, idealistisch zu argumentieren. Konkret: Die Abschaffung der Sklaverei im 19. Jahrhundert markiert zwar einen eindeutigen Fortschritt in der Beseitigung von Ungerechtigkeit, aber „dazu brauchte man keinen Konsens über das Aussehen einer vollkommen gerechten Gesellschaft“.[35]

Seinen eigenen Ansatz nennt er „komparativ“. Er vergleicht Fortschritte und Rückschritte in der konkreten Realisierung von Gerechtigkeit in unterschiedlichsten Politikfeldern – der Bekämpfung von Armut, Hunger und Arbeitssklaverei, der Frauenemanzipation, der medizinischen Versorgung und Bildung, allgemein der Ausweitung von Lebenschancen – und in unterschiedlichsten Weltregionen – von seinem Heimatland Indien, über den Nahen Osten bis zu den USA.

Sen vergleicht aber auch verschiedene Argumentationsstrategien für die Begründung von Gerechtigkeit. Er geht von der doppelten Überzeugung aus,

1. „dass wir etwas auf sehr unterschiedlichen Grundlagen als eindeutig ungerecht empfinden können und trotzdem nicht einen bestimmten besonderen Grund einhellig als *das*

26 *Nozick, Robert*: Anarchie, Staat, Utopia. München ²2006. S. 148.
27 Ebd. S. 150.
28 Ebd. S. 153.
29 *Walzer, Michael*: Sphären der Gerechtigkeit. Frankfurt a. M./New York ²2006. S. 58.
30 Ebd. S. 179
31 Ebd.
32 Ebd. S. 12.
33 Ebd. S. 157 ff.
34 *Kersting, Wolfgang*: Theorien der sozialen Gerechtigkeit. Stuttgart 2000. S. 357.
35 *Sen, Amartya*: Die Idee der Gerechtigkeit. München 2010. S. 50.

durchschlagende Argument für die Diagnose verstehen“[36], dass es also „Mehrfachbegründungen“ für die Feststellung von Ungerechtigkeit gibt, und

2. dass es konkurrierende unparteiische und vernünftige Argumentationen von Gerechtigkeitstheoretikern gibt, die alle zu Recht davon überzeugt sind, dass es eine einzige vernünftige Lösung für ein Verteilungsproblem gibt – und dennoch kommen sie zu ganz unterschiedlichen Lösungen. Wenn also einerseits mit unterschiedlichen, aber vernünftigen Gründen Einhelligkeit in der Beurteilung von Ungerechtigkeit erzielt werden kann, andererseits aber, trotz jeweils vernünftiger Gründe, keine Einhelligkeit über das Gerechte erzielt wird, dann scheint es schlecht zu stehen um Gerechtigkeitstheorien, die glauben, mit einheitlichen und ausschließlichen Prinzipien (z. B. Rawls' zwei Gerechtigkeitsprinzipien) begründen zu können, was allein das Gerechte ist.

Sen erläutert das Problem an einem Beispiel: Drei Kinder streiten um den Besitz einer Flöte, eines führt an, als einziges Flöte spielen zu können, ein zweites will die Flöte, weil sie, arm wie es ist, sein erstes Spielzeug überhaupt wäre, das dritte hat die Flöte selbst hergestellt. Hier werden utilitaristische, egalitaristische und verdienstethische Ansätze, obwohl alle objektive, unparteiliche Gründe anführen können, jeweils einem anderen Kind die Flöte zusprechen wollen. Offensichtlich gibt es eine „Pluralität unparteilicher Gründe“, die zu unterschiedlichen Lösungen kommen kann.

Daher geht Sen davon aus, ein Mehr an Gerechtigkeit – nicht die absolute Gerechtigkeit – lasse sich finden, wenn die Vielfalt unterschiedlicher Gerechtigkeitsgrundsätze anerkannt, bei Widersprüchen eine erneute Überprüfung und eine Teillösung zugelassen wird und wenn subjektive Vorlieben ebenso ernst genommen werden wie selbstlose Argumente.

Der Zuwachs an Gerechtigkeit bemisst sich an den „*capabilities*“, den Befähigungen und freiheitlichen Entfaltungsmöglichkeiten, die der Einzelne entwickeln kann oder die ihm zugestanden werden.

3. Recht und Moral

Heute sind Recht und Moral klar unterschieden:

- Recht wird durch den Gesetzgeber in einem formalen, demokratischen Akt, dem Gesetzgebungsprozess, festgelegt – Moral nicht.
- Recht gilt ab einem genau bestimmbaren Zeitpunkt: wenn das Gesetz in Kraft tritt – Moral nicht.
- Recht braucht zu seiner Gültigkeit, anders als Moral, keine Gesinnung, denn es ist strafbewehrt. Auch wer nicht einsieht, dass er im Unrecht ist, wird bestraft – wer unmoralisch handelt, ohne es zu wissen, bleibt ohne Schuld.
- Recht ist klar aufgebaut und gegliedert: Bundesrecht bricht Landesrecht, Mord wird härter bestraft als Diebstahl – auch diese klaren Abstufungen gelten für die Moral nicht.
- Recht kennt kein Dilemma, entweder ist eine Handlung erlaubt oder verboten – auch hier hat es die Moral schwerer: Im Konfliktfall muss ich selbst abwägen, was moralischer ist.

In der Antike, der griechischen wie der römischen, waren diese Unterscheidungen unbekannt, Recht und Moral waren eine Einheit. Das Unmoralische war Unrecht, das Rechte war auch moralisch: Sokrates akzeptiert sein Todesurteil, weil das Gesetz a priori gerecht ist; nur Menschen können ungerecht handeln, aus Unkenntnis oder falscher Deutung des gerechten Gesetzes.[37] Der Rechtsgehorsam gilt auch moralisch unbedingt, wer sich ihm widersetzt, riskiert den Untergang des Staats. Sokrates' Begründung dafür, nicht zu fliehen, könnte ein moderner Verteidiger mit dem Verweis auf den Unterschied von Recht und Moral parieren: Die Flucht wäre zwar illegal, da das Todesurteil legal zustande kam, aber da es offenbar unmoralisch ist, wäre sie moralisch erlaubt. Aber so dachte man in der Antike eben nicht.

Eine ähnliche Sichtweise findet sich noch im Rechtspositivismus, der in den 1920er Jahren führend war. Sein Motto lautet „Gesetz ist Gesetz“. Das heißt, das positive Recht (von lat. *positivus* = gesetzt, gegeben; positiv meint hier nicht den Gegenbegriff zu negativ) als vom Staat gesetztes Recht ist automatisch auch gerecht, und es gibt keinen Widerspruch zwischen Recht und

Gerechtigkeit. Der Rechtspositivist Gustav Radbruch stellt fest:

„Für den Richter ist es Berufspflicht […], nur zu fragen, was rechtens ist, und niemals, ob es auch gerecht sei. […] Wir verehren den Richter, der sich durch sein widerstrebendes Rechtsgefühl in seiner Gesetzestreue nicht beirren lässt.“[38] Der Richter sei nicht „Diener der Gerechtigkeit“, sondern nur „Diener der Rechtssicherheit“.[39]

In dieser Sichtweise gibt es keinen Widerspruch zwischen der Legalität des Rechts, d. h. der Tatsache, dass das Recht auf gesetzliche Weise zustande kam, und der Legitimität des Rechts, d. h. der Tatsache, dass das Recht in Einklang mit den Menschenrechten steht.

Für die Gegenwart gilt diese Gleichsetzung nicht mehr. Recht und Moral fallen heute auseinander und stehen in einem durchaus problematischen Spannungsverhältnis:

Neben dem positiven Recht gibt es ein Naturrecht oder Vernunftrecht, das mit den unveräußerlichen Menschenrechten identisch ist. Das vom Staat gesetzte, positive Recht ist nicht automatisch auch gerecht, sondern nur dann, wenn es nicht im Widerspruch zum Naturrecht steht. Demnach kann ein Gesetz zwar legal sein, aber nicht legitim. Das „Luftsicherheitsgesetz“, nach dem es erlaubt sein sollte, ein Passagierflugzeug abzuschießen, falls die Gefahr besteht, dass es als terroristische Waffe eingesetzt wird, kam zwar auf legale Weise zustande, war aber nach dem Urteil des Bundesverfassungsgerichts illegitim, da es im Widerspruch zu den Menschenrechten steht.

Es kann auch Handlungen geben, die zwar illegal, aber dennoch legitim sind. Besonders Handlungen des zivilen Ungehorsams und des gewaltlosen Widerstands gehören hierzu: Als sich die Afroamerikanerin Rosa Parks im Alabama der 1960er Jahre in einem Omnibus auf einen Sitzplatz setzte, der für Weiße reserviert war, handelte sie zwar illegal, aber legitim. Alle Widerstandshandlungen in Diktaturen gehören hierher.

Zweierlei Recht	
Folterverbot Recht auf Meinungsfreiheit	Parkverbot Recht auf Kindergeld
≙ **Naturrecht/Vernunftrecht** = vorstaatliches Recht	≙ **Positives Recht** = staatlich gesetztes Recht
gilt auch dann, wenn es positivem Recht widerspricht	gilt nur, solange der Staat existiert, der das Recht gesetzt hat
ewig gültiges Recht, darf nicht entzogen oder beschränkt werden	zeitlich befristet, kann geändert und beschränkt werden
formuliert in: Verfassungen (GG) Menschenrechtskatalogen (UN-Charta)	formuliert in: Strafgesetzen (StGB) Zivilgesetzen (BGB)
begründet die: **Legitimität** des Staates	begründet die: **Legalität** des Staates

36 Ebd. S. 33.
37 Vgl. *Platon*: Kriton. Kap. 16.
38 *Radbruch, Gustav*: Rechtsphilosophie. Hrsg. v. *R. Dreier* u. *S. L. Paulson*. Heidelberg ²2003. S. 84.
39 Ebd.

In demokratischen Staaten werden die Gebote des Vernunftrechts, die Menschen- und Bürgerrechte, auch in positives Recht überführt. Sobald sie in Gesetzbüchern (Verfassungen) formuliert sind, gelten sie auch als positives Recht. Deshalb sind demokratische Staaten nicht nur legal, sondern auch legitim.

Die bedeutendsten modernen Sichtweisen des Verhältnisses von Recht und Moral sind die folgenden:

1. Das Recht verhindert Moral. Dies ist das liberale kritische Argument zum Verhältnis von Recht und Moral. Wo das Recht herrscht, wo Rechtssanktionen drohen, wo Gesetzestreue durch Strafdrohung garantiert werden soll, da werde Moral überflüssig. Ich bin nicht mehr gezwungen, selbst zu überlegen, ob eine Handlung moralisch erlaubt, geboten oder verboten ist, wenn sie rechtlich sanktioniert ist. Der moralische Richter in mir ist nach außen verlegt und heißt Strafrichter, Zivilrichter. Das Recht, so die liberale These, kommt gleichsam zu früh. Noch bevor sich das moralische Bewusstsein ein Urteil über eine Handlung gebildet habe, sei sie schon verboten oder erlaubt worden. Mit zunehmender Verrechtlichung aller gesellschaftlichen und zwischenmenschlichen Beziehungen trete das moralische Bewusstsein in den Hintergrund, das Gewissen verkümmere, wenn das Recht es zu sehr entlaste.

2. Das Recht adelt die Ungerechtigkeit. Dieses kritische Argument sieht das Verhältnis von Recht und Moral eher in einem gegenteiligen Spannungsverhältnis. Weil der Einzelne, nachdem wir uns im Gesellschaftsvertrag geeinigt haben, das Gewaltmonopol auf den Staat zu übertragen, sich nicht mehr selbst für vermeintliches Unrecht rächen dürfe, überlasse er dieses Recht dem Staat. Aber als der Gesellschaftsvertrag geschlossen wurde, waren die Verhältnisse längst völlig ungerecht. Die Erfindung des Rechtssystems sei, so etwa Rousseau, nichts als ein „ausgeklügelter“ teuflischer Plan der Reichen, ihre Privilegien zu sichern. Das Recht erscheint dadurch gleichsam geadelt, weil objektiviert, aber es bleibe doch im Grunde nichts als eine ursprüngliche Rache der Mächtigen. Das Recht schützt, deckt und zementiert die herrschenden, ungerechten Eigentums- und Gewaltverhältnisse (vgl. S. 191).
Es gibt ihnen den Anschein des Gerechten und verdeckt damit die grundsätzliche Ungerechtigkeit der menschlichen Verhältnisse. Das Recht kommt nach dieser These, anders als bei der liberalen Kritik, zu spät: Erst nachdem die Verhältnisse ungerecht geworden seien, schreibe das Recht sie fest, das Recht verhindere die Befreiung der Entrechteten, indem es jedes Aufbegehren gegen die herrschende Ungerechtigkeit im Namen der Gesellschaft räche, statt der Stärke des Rechts herrsche das Recht der Stärkeren.

3. Das Recht ist geronnene Moral. Diese dritte Sichtweise sieht das Verhältnis von Recht und Moral weniger kritisch. Das Recht erscheint hier als Folge der Moral. Es kommt weder zu früh noch zu spät, es ist vielmehr Ergebnis des moralischen Diskurses. Alle Rechtsnormen waren zuvor moralische Normen, und alles Unrecht ist zuvor als unmoralisch erkannt. Bevor Gewalt in der Ehe ein strafwürdiges Delikt wurde, musste sich ein Konsens über ihre moralische Verwerflichkeit gebildet haben. Erst seit Homosexualität nicht mehr als unmoralisch gilt, kann der § 175 StGB fallen. Das gilt für vieles: Majestätsbeleidigung, Blasphemie, Ehebruch, Streiks sind keine Delikte mehr, weil sie moralisch milder oder anders bewertet werden als früher. Umgekehrt entstehen, oft durch technischen Fortschritt, neue moralische Probleme – etwa im Umgang mit Gentechnologie oder Computertechnik –, die einer rechtlichen Regelung bedürfen. Die Rechtsentwicklung wird in dieser Sichtweise zum Spiegel der moralischen Entwicklung: Wo noch archaisches Recht herrscht, wo Ehescheidung, Alkoholgenuss, homoerotische Beziehungen, Staats- oder Religionskritik bestraft werden, da ist die Moral noch nicht aufgeklärt im Sinn eines modernen Verständnisses von Freiheit und Gleichheit.

So gegensätzlich diese drei Sichtweisen des Verhältnisses von Recht und Moral auch im Einzelnen sind, alle verbindet, dass sie überhaupt einen Zusammenhang von Recht und Moral sehen. Deshalb ist in gewisser Weise die schärfste Gegenthese zum Verhältnis von Recht und Moral jene, die einen Zusammenhang der beiden Normsysteme überhaupt bestreitet.

4. Das Recht ist moralfrei. Das Recht ist nach dieser Sichtweise sich selbst genug. Es ist ein abgeschlossenes System, das sich selbst hervorbringt, stabilisiert, weiterentwickelt und von anderen Systemen, etwa dem der Wirtschaft, der Bildung oder eben der Moral, scharf abgrenzt. Es folgt dem eigenen „binären Code" von Recht und Unrecht und schafft Recht „selbstreferenziell", d.h. nur durch Bezug auf sich selbst, innerhalb der eigenen, selbstgesteckten Grenzen: „Alle Entscheidungen" im Rechtssystem, so Niklas Luhmann, beziehen sich ausschließlich „auf andere Entscheidungen des gleichen Systems."[40] „Alles Recht wird, was immer seine geschichtliche Herkunft [...] bewirkt haben mag, im Rechtssystem konsequent als selbstgemacht [...] behandelt."[41]
Was Recht ist, kann also nur durch Bezug auf anderes Recht und nicht durch Bezug auf Normen eines fremden Systems, etwa dem der Moral, ermittelt werden.
Lebendige Menschen, gar moralische Wesen mit einem Gerechtigkeitssinn, kommen in dieser Sicht des Rechts nicht vor. Das Recht folgt seinen eigenen Regeln.

5. Die Rechtssprache ist nicht moralfrei. Ein Blick in die Gesetzbücher, vom Grundgesetz bis zum Bürgerlichen Gesetzbuch (BGB), zeigt allerdings schnell, dass die Artikel und Paragraphen nicht ohne moralische Begriffe auskommen.
Die Sprache des Rechts ist mit moralischen Begriffen durchwirkt. Einige Beispiele:

„Jeder hat das Recht auf freie Entfaltung [...], soweit er nicht [...] gegen [...] das Sittengesetz verstößt" (GG Art. 2)

„Diese Rechte finden ihre Schranken [...] im Recht der persönlichen Ehre." (GG Art. 5, § 240 StGB)

„Jede Mutter hat Anspruch auf [...] die Fürsorge der Gemeinschaft."(GG Art. 6)

„Gedanken der Völkerverständigung." (Art. 9)

„Schutz der Jugend vor Verwahrlosung" (Art. 11)

„zum Wohle der Allgemeinheit" (Art. 14)

„unmenschliche oder erniedrigende Bestrafung" (Art. 16a)

„Verantwortung für die zukünftigen Generationen" (Art. 20a)

„aus Mordlust, [...] aus Habgier oder niedrigen Beweggründen", „heimtückisch", „grausam" „gemeingefährlich" (§ 211 StGB)

„zum Zorne gereizt, [...] zur Tat hingerissen" (§213 StGB)

„böswillig verächtlich macht oder verleumdet" (§ 130 StGB)

„Rechtswidrig ist die Tat, wenn die Anwendung der Gewalt [...] als verwerflich anzusehen ist." (§ 240 StGB)

„Ein Rechtsgeschäft, das gegen die guten Sitten verstößt, ist nichtig." (§ 138 BGB)

Der Richter muss also, wenn er ein Urteil zu fällen hat, im Sinne einer persönlichen Auslegung von Begriffen wie „Sittengesetz", „erniedrigend", „Heimtücke" moralisch werden. Ronald Dworkin geht davon aus, dass in der konkreten Rechtsauslegung nicht „zwischen rechtlichen und moralischen Maßstäben unterschieden"[42] werden kann. Der Richter muss vielmehr jeden Fall solange prüfen, bis seine moralischen Überzeugungen mit den Rechtsprinzipien zusammenstimmen.

40 *Luhmann, Niklas*: Gesellschaftsstruktur und Semantik, Bd. 2. Frankfurt/M. 1981. S. 99.
41 Ebd.
42 *Dworkin, Ronald*: Bürgerrechte ernstgenommen. Frankfurt/M. 1994. S. 82.

4. Strafgerechtigkeit

Die Grundfrage der modernen Rechtsphilosophie, die sich mit dem Verhältnis von Recht und Moral beschäftigt, lautet: Welches Recht ist gerecht? Die Frage gesteht zu, dass Recht und Gerechtigkeit, Recht und Moral nicht identisch sind. (s. o.)
Die konkrete Frage der Rechtsphilosophie lautet: Welches Rechtsurteil ist gerecht? Ein Rechtsurteil ist gerecht, wenn es:

1. einer demokratischen Rechtsfunktion entspricht,
2. von einer realistischen Vorstellung von Schuldfähigkeit und Verantwortlichkeit ausgeht,
3. auf einer gerechtigkeitsorientierten Straftheorie basiert,
4. eine humane, unvoreingenommene Gliederung von Rechtsgütern zugrunde legt,
5. eine angemessene Anzahl an Täter- und Tatumständen bei der Urteilsfindung bedenkt,
6. im Strafverfahren die rechtsstaatlichen Prinzipien achtet.

1. Rechtsfunktionen im demokratischen Staat

Das Recht darf, wenn es zu einem gerechten Urteil führen soll, nur bestimmte Funktionen haben. Es darf z. B. nicht dazu dienen, eine diktatorische Herrschaft zu sichern oder Minderheiten zu benachteiligen. Vor allem hat das Recht die fünf folgenden Funktionen:

- Sicherung des inneren Friedens
  (z. B. Verbot von Selbstjustiz, Verbot von „wilden Streiks")
- Freiheitssicherung
  (z. B. liberale Schutz- und Freiheitsrechte, Vertragsrecht)
- Rechtsgleichheit
  (z. B. allgemeines, gleiches Wahlrecht, Gleichberechtigung von Frauen und Männern)
- Sozialer Ausgleich
  (z. B. Steuerprogression, Sozialhilfe, Bafög)
- Steuerung sozialer Prozesse
  (z. B. Einwanderungsgesetz, Embryonenschutzgesetz).

2. Rationales Konzept von Schuldfähigkeit und Verantwortlichkeit

- Ausblenden der ethischen Fragen nach Schuld und Verantwortung im Rechtsverfahren,
- Annahme grundsätzlicher Verantwortung des Täters für seine Tat, unabhängig von der Frage nach Willensfreiheit oder Determiniertheit (These des Kompatibilismus, vgl. S. 132 f.),
- Konzentration auf messbare (Alter) und überprüfbare (Zurechnungsfähigkeit) Eigenschaften des Täters bei der Feststellung der Schuldfähigkeit,
- Vermeidung eines „Gesinnungsstrafrechts", das Schuldeinsicht verlangt oder den Täter moralisch bewertet. Die moralische Einschätzung einer Tat oder eines Täters darf die rechtliche Einschätzung nicht beeinflussen (vgl. dagegen z. B. den Kachelmann-Prozess).

3. Gerechte Straftheorien

Die Straftheorien unterscheiden sich danach, welchen Zweck eine Strafe haben soll und kann. Sie gehen von ganz unterschiedlichen Menschen- und Weltbildern aus.

Die Vergeltungstheorie *(ius talionis)* geht auf Immanuel Kant und Georg Wilhelm Friedrich Hegel zurück. Sie verfolgt mit der Strafe eigentlich keinen Zweck, sie liefert nur einen Grund dafür, warum gestraft werden muss. Strafe ist zweckfrei, sie „muss jederzeit nur darum wider ihn [den Täter] verhängt werden, weil er verbrochen hat".[43] Sie will ein Ungleichgewicht beseitigen, das durch die Straftat entstanden ist. Symbolisch kommt das in der Pendelwaage der Justitia zum Ausdruck: In einer Waagschale liegt die Straftat, in der anderen die Strafe für den Täter. Die Strafhöhe bemisst sich an der Höhe der Schuld. Das Prinzip ist die Gleichwertigkeit: „Auge um Auge, Zahn um Zahn" aus dem Alten Testament bedeutet, dass die Strafe nicht substanziell härter ist als das Verbrechen. Damit hat die Vergeltungstheorie als einzige einen inneren, logischen Maßstab für die Begrenzung der Strafhöhe und gegen eine willkürliche Strafzumessung. Das Menschenbild geht vom freien Willen auch des Straftäters aus, der sich frei entscheiden kann, ob er die Tat begehen will oder nicht. Nur mit dieser Annahme werde auch die Würde des Straftäters geachtet.

Straftheorien

Vergeltungstheorie	**Generalprävention**	**Spezialprävention**
Strafgründe: Verwirklichung von Gerechtigkeit (Th. v. Aquin)	Strafzwecke: Vorbeugung von Straftaten allgemein ↓	Strafzwecke: positive Prävention: Vorbeugung im Einzelfall
Ausgleich der Schuld des Täters (I. Kant)	Abschreckung der Allgemeinheit	negative Prävention: Verhinderung weiterer Straftaten des einzelnen Täters ↓
Wiederherstellung der durch die Tat verletzten Ordnung (G. W. F. Hegel)	Sicherung des Rechtsfriedens	Resozialisierung des Täters
	(Th. Hobbes, J. Bentham, L. Feuerbach)	(F. v. Liszt, K. Menninger)

→ **Vereinigungstheorie** ←

Strafzwecke sind:
„die elementaren Werte des Gemeinschaftslebens zu schützen, Schuldausgleich, Prävention, Resozialisierung des Täters, Sühne und Vergeltung für begangenes Unrecht."
(BVerfG.E. 1977)

Die Abschreckungstheorie (Generalprävention) geht auf Thomas Hobbes und Ludwig Feuerbach zurück. Sie sieht den Staat in der Pflicht, für möglichst wenige Straftaten zu sorgen, um Ruhe und Sicherheit für alle Bürger zu garantieren. Bei der Begründung der Strafe geht der Blick nicht nach hinten, wie bei der Vergeltungstheorie, sondern nach vorn, auf den Zweck der Strafe: Bei der Bestrafung, sagt Hobbes, „soll man nicht auf die Größe des früheren Übels, sondern auf die des künftigen Nutzens sehen".[44] Die Strafdrohung soll abschrecken und dadurch allgemein Straftaten vorbeugen. Dahinter steckt ein Menschenbild, das nicht auf eine freie Willensentscheidung des potenziellen Täters setzt, sondern nur auf dessen Angst vor der Bestrafung. Damit die Abschreckung wirksam und glaubhaft ist, muss sie mit einer strengen Strafverfolgung kombiniert sein: Nur wenn der potenzielle Täter damit rechnen muss, gestellt zu werden, kann die Angst vor der Strafe höher sein als die Lust auf die Straftat.

Die Resozialisierungstheorie (Spezialprävention) ist die jüngste der Straftheorien. Sie hat zuerst Franz v. Liszt am Ende des 19. Jahrhunderts formuliert. Auch ihr geht es darum, dass möglichst wenige Straftaten begangen werden. Dazu nimmt sie vor allem den einzelnen Straftäter in den Blick. Er ist die Ursache der Verbrechen und kann weitere Verbrechen begehen, wenn er nicht daran gehindert wird. Diese Verhinderung weiterer Straftaten ist der eigentliche Zweck der Strafe. Die Täter werden unterschieden nach Gelegenheitstätern: Sie sollen durch Strafdrohung abgeschreckt werden; besserungsfähigen Verbrechern: Sie sollen durch Strafe und Belehrung wieder in die Gesellschaft eingegliedert – resozialisiert – werden; unverbesserlichen Gewohnheitsverbre-

43 *Kant, I.*: Die Metaphysik der Sitten. B 226.
44 *Hobbes, T.*: Leviathan, Kap. 15. Hrsg. v. *Iring Fetscher*. Frankfurt/M. 2006. S. 117.

chern: Sie müssen durch hohe Haftstrafen dauerhaft aus der Gesellschaft entfernt werden. „Besserung, Abschreckung, Unschädlichmachung: Das sind die Wirkungen der Strafe“[45], sagt Liszt. Das Menschenbild der Theorie ist deterministisch: Ererbte und erlernte Anlagen und Umwelt des Straftäters, sein Entschluss zur Straftat und das Verbrechen selbst bilden eine durchgehende Kausalkette von Ursachen und Folgen.

Heute wird meist eine pragmatische Verbindung aller Theorien angewandt, wenn es darum geht, eine Strafe theoretisch zu begründen. Die Vereinigungstheorie verbindet die Vergeltung mit Abschreckung und Resozialisierung. Die Abschreckungstheorie braucht zur Relativierung die Vergeltungstheorie, weil nur so die Verhältnismäßigkeit von Straftat und Strafe gesichert werden kann. Konkret: Aus Gründen der Abschreckung könnte das „Schwarzfahren“ mit der Bahn mit einer Haftstrafe bedroht sein, nur der Gleichheitsgedanke der Vergeltungstheorie verhindert solche unangemessen hohen Strafen. Die Vergeltungstheorie braucht zur Relativierung die Resozialisierungsidee, weil nur so extreme Rückfallquoten und damit weitere Verbrechen verhindert werden.

4. Humane Hierarchie von Rechtsgütern

Das Gerechtigkeitsempfinden stößt sich oft daran, dass der Eindruck entsteht, das Strafmaß entspreche nicht der Qualität oder Quantität des verletzten Rechtsguts. Deshalb ist es für ein gerechtes Urteil unerlässlich, dass die einzelnen Rechtsgüter plausibel gegliedert und in ihrer Wertigkeit abgestuft sind. Wenn etwa Diebstahl härter bestraft würde als Vergewaltigung, wäre das eine Verletzung der gerechten Hierarchie von Rechtsgütern. Eine gerechte Gliederung von Rechtsgütern muss von Abstufungen ausgehen, die körperliche Delikte höher bewerten als Eigentumsdelikte.

Danach ist das Leben das wichtigste Gut. Tötungsdelikte müssen deshalb am härtesten bestraft werden. Am wenigsten wichtig ist jenes potenzielle Eigentum, auf das ich erst spekuliere, also Zinseinnahmen, Gewinne aus Glücksspielen oder Steuereinnahmen. Wer dabei betrügt, wird am mildesten bestraft.

Die Rechtsgüter können demnach wie folgt gegliedert werden:

1. Leben => 2. körperliche und mentale Unversehrtheit => 3. Eigentum => 4. erwartetes Eigentum

An der Rechtspraxis wird oft bemängelt, dass diese Reihenfolge an Rechtsgütern nicht hinreichend beachtet werde. Eigentumsdelikte würden im Verhältnis zu körperlichen Gewaltdelikten zu hart bestraft. Die Strafrechtsreformen der letzten Jahrzehnte dienten auch dazu, diese Missverhältnisse zu korrigieren. Häusliche Gewalt gegen Kinder und Frauen und Vergewaltigung in der Ehe werden erst seit geraumer Zeit bestraft; kleinere Eigentumsdelikte werden heute oft außergerichtlich behandelt (Täter-Opfer-Ausgleich).

5. Maßstäbe einer gerechten Urteilsfindung

Für ein und dasselbe Tatergebnis kann das Strafmaß sehr unterschiedlich ausfallen. Wenn als Ergebnis einer Tat ein Mensch tot ist, kann der Täter entweder als Mörder eine lebenslange Haftstrafe erhalten; als fahrlässig Handelnder zwei Jahre auf Bewährung; einen Freispruch, wenn er in Notwehr handelte; oder er kann in eine psychiatrische Klinik eingewiesen werden, falls er schuldunfähig ist. Das hängt davon ab, welche Umstände zu Tat und Täter gehören. Gerecht ist ein Urteil, unter folgenden Bedingungen:

- *Umstände, die im Verfahren berücksichtigt werden müssen:*
  Alter des Täters, Anstiftung zur Tat, Geständnis des Täters, Notwehrsituation, Planung der Tat, Tat unter Alkohol- oder anderem Drogeneinfluss, Tathergang, Tatmotiv, Taterfolg, Vorsätzlichkeit oder Fahrlässigkeit, Vorstrafen, Wiederholungstat, Zurechnungsfähigkeit des Täters;
- *Umstände, die im Verfahren berücksichtigt werden sollen oder können:*
  Beziehung des Täters zum Opfer, Kindheit und Herkunft des Täters, psychische Verfassung des Täters zur Tatzeit, Reue des Täters, soziale Lage des Täters, Verhalten des Opfers bei der Tat, Verhalten des Täters nach der Tat, Verhalten des Täters vor Gericht.

6. Rechtstaatsprinzipien

Juristen neigen dazu, ein Urteil für gerecht zu halten, wenn das rechtliche Verfahren im Prozess nicht zu beanstanden ist. Sie verkürzen damit die notwendigen Dimensionen eines gerechten Urteils auf die Einhaltung der rechtsstaatlichen Prinzipien. Diese müssen natürlich eingehalten werden, damit ein Urteil als gerecht gelten kann, aber sie sind nur eine notwendige und noch keine hinreichende Bedingung für ein gerechtes Urteil.

– Gleichheit vor dem Gesetz	Art. 3 GG
– Klagerecht bei Rechtsverletzungen durch den Staat	Art. 19 GG
– Vorrang der Verfassung vor den Einzelgesetzen	Art. 20 GG
– Unabhängigkeit des Richters	Art. 97 GG
– Verbot von Ausnahmegerichten	Art. 101 GG
– Verbot der Todesstrafe	Art. 102 GG
– Anspruch auf rechtliches Gehör	Art. 103 GG
– Keine Strafe ohne Gesetz *(nulla poena sine lege)*	Art. 103 GG
– Verbot von Mehrfachbestrafung	Art. 103 GG
– Keine erzwungenen Geständnisse	Art. 104 GG
– Kein Festhalten eines Tatverdächtigen ohne richterlichen Beschluss (länger als 24 Stunden)	Art. 104 GG
– Zweifelsfälle sprechen für den Angeklagten *(in dubio pro reo)*	Art. 103 GG*
– Verbot von Kollektivstrafen	

* nicht direkt formuliert, sondern nur ableitbar

45 *v. Liszt, Franz*: Strafrechtliche Aufsätze, Bd. I. Berlin 1905. S. 164.

Staatsphilosophie

1. Kennzeichen von Demokratien
2. Die Suche nach dem besten Staat in der Antike
3. Staatstheorien der Neuzeit
4. Demokratie im Zeitalter des Pluralismus

Die politische Philosophie fragt seit ihren Anfängen in der griechischen Antike:

1. Was ist der beste Staat? Unterschiedlich ist dabei die Vorstellung vom Besten: Ist das Beste das Gerechte; ist es, was den Interessen der Privilegierten, der Mehrheit oder aller Staatsbürger dient; ist es, was ein gutes Leben für möglichst viele garantiert? Oder ist das Beste, was jedem so viel Freiheit wie möglich erlaubt?
2. Wieso ist ein Staat überhaupt notwendig? Die Frage nach der Legitimation (Rechtfertigung) des Staates ist bedeutsam, da er Forderungen an seine Bürger stellt – z. B. Steuern zu zahlen, Gesetze zu achten – und als einziger beansprucht, ungestraft Gewalt anwenden zu dürfen, wenn seine Gesetze missachtet werden (Gewaltmonopol des Staates).
3. Wie muss im besten Staat das Verhältnis von Individuum und Gemeinschaft, von freier Entfaltung und solidarischer Einbindung, von Rechten und Pflichten gestaltet werden?

Gegenwärtig halten die meisten Menschen die Demokratie für die beste Staatsform. Das war aber durchaus nicht immer so.

1. Kennzeichen von Demokratien

Demokratien sind jung. Währte die bisherige Zeit aller staatlichen Organisationen einen Tag, so begänne die Zeit der Demokratie kurz vor Mitternacht. Auch räumlich gesehen, stellen sie eine Ausnahme dar. Noch vor hundert Jahren gab es nur eine Handvoll, heute zählen, je nach Maßstab, 26[1] oder 87[2] der insgesamt nahezu 200 Staaten als demokratisch, immer noch eine Minderheit. Wenn wir es aber für erstrebenswert halten, dass möglichst alle Menschen in Demokratien leben, dann sind wir davon überzeugt, dass ihre Eigenschaften jenen aller anderen Staatsformen überlegen sind.

Eine Demokratie zeichnet sich dadurch aus, dass in ihr Politik zum Nutzen aller, nicht nur einer Minderheit oder einer Mehrheit betrieben wird **(1. Gemeinwohlorientierung)**. Aber da das unter Umständen auch ein gutmeinender Alleinherrscher leisten könnte, muss in einer Demokratie Politik nicht nur *für* das Volk, sondern auch *durch* das Volk gemacht werden, d. h. das Volk ist der Herrscher **(2. Volkssouveränität)**. Es stimmt über die Gesetze ab oder wählt Volksvertreter, die dies stellvertretend und auf bestimmte Zeit übernehmen **(3. Repräsentationsprinzip)**. An diese Gesetze sind alle gebunden, niemand steht über dem Gesetz **(4. Rechtstaatsprinzip)**, nur „im Namen des Gesetzes" darf Gewalt ausgeübt werden **(5. Gewaltmonopol des Staates)**. Auch jene, die in Abstimmungen und Wahlen überstimmt wurden, müssen sich den Ergebnissen beugen **(6. Mehrheitsprinzip)**. Dies werden sie aber nur tun, wenn sie die Chance sehen, bei kommenden Abstimmungen oder Wahlen selbst die Mehrheit stellen zu können; es gehört also zur Demokratie auch der faire Wettstreit von Parteien und Interessen **(7. Konkurrenzprinzip)**. Ferner gehört dazu, dass die politische Macht aufgeteilt ist: Wer Gesetze ausführt, wie die Exekutive, oder ihre Einhaltung überwacht, wie die Judikative, darf sie nicht selbst gemacht haben, wie die Legislative **(8. Gewaltenteilung)**. Besonders in modernen Massendemokratien, in denen das Volk nicht direkt, sondern über seine gewählten Repräsentanten herrscht, gehört zur Demokratie die Möglichkeit der permanenten Willensbekundung und Entscheidungsbeteiligung auch zwischen den Wahlen (**9. Partizipationsprinzip**). Dazu müssen Meinungs-, Presse- und Versammlungsfreiheit für jeden Einzelnen garantiert sein, und die Bürger müssen sich zusammenschließen können, um ihre Interessen gemeinsam wirkungsvoller zu vertreten (**10. Koalitionsrecht**). Dieses alles vorausgesetzt, könnte auf demokratischem Wege doch ein Gesetz entstehen, das Folter erlaubt oder das niemandem Asyl gewährt. Da wir ein Land ohne Folterverbot und ohne Asylrecht aber kaum als Demokratie bezeichnen würden, gehört dazu auch eine Garantie der **zentralen Menschenrechte (11.)**. Neben den formalen politischen Verfahrensregeln zeichnet sich eine Demokratie also auch durch inhaltliche Grundsätze aus, und diese orientieren sich letztlich an der Idee der Gleichheit und Freiheit aller Staatsbürger und der Garantie der Menschenwürde. Auch deshalb beginnt die Verfassung Deutschlands mit dieser Garantie: „Die Würde des Menschen ist unantastbar." (Art. 1,1 Grundgesetz)

Diese Kennzeichen gelten für alle Demokratien. Fehlt auch nur eines dieser Prinzipien oder Rechte, kann man von einer echten Demokratie nicht mehr sprechen.

Allerdings gibt es deutliche Unterschiede in der Ausgestaltung etwa der Gewaltenteilung, des Grades an Zentralismus oder Föderalismus, an direkter oder indirekter Demokratie, an Pluralität von Parteien und Interessengruppen, an Beteiligungschancen der Bürger etc. Großbritannien ist z. B. eine zentralistische, weitgehend repräsentativ-demokratische Monarchie mit wenigen Parteien; die Schweiz ist eine föderalistische, vielfach direkt-demokratische Republik mit vielen Parteien.

Nicht nur diese Ausprägungen einzelner Demokratien haben sich geschichtlich und kulturell entwickelt, sondern alle Kennzeichen von Demokratien sind im Laufe von Jahrhunderten philosophisch vorgedacht, in Staatsutopien literarisch vorgezeichnet und politisch erkämpft worden.

2. Die Suche nach dem besten Staat in der Antike

So wie in der Antike zwischen Recht und Moral noch nicht unterschieden wurde (vgl. S. 200), war auch das Nachdenken über den besten Staat (Staatsphilosophie) noch nicht vom Nachdenken über das Beste für den Einzelnen getrennt (Ethik). Zwar ist Aristoteles der erste, der die praktische Philosophie in Staatsphilosophie und Ethik aufteilt, aber in seinem Hauptwerk der Staatsphilosophie, „Politik", betont er, dass „die staatliche Gemeinschaft der tugendhaften Handlungen wegen besteht, und nicht des Zusammenlebens wegen".[3] Staatszweck ist es also, das gute, und das heißt für Aristoteles: das tugendhafte Leben des Einzelnen zu befördern. Platons staatsphilosophisches Hauptwerk „Politeia" trägt den Untertitel „Über das Gerechte" *(peri dikaou)* und verweist damit ebenfalls auf die Verknüpfung von Staatsphilosophie und Ethik.

Platon (427–347 v. Chr.) bestimmt jenen Staat als den besten, der den menschlichen Bedürfnissen am besten gerecht wird. Und da die Menschen von Natur aus unterschiedliche Bedürfnisse und Fähigkeiten haben und zugleich von einander abhängig sind, ist es ebenfalls natürlich, dass sie sich arbeitsteilig spezialisieren. Es ist für das Gemeinwohl wie für den Einzelnen besser, einer ist Bauer, einer Handwerker, einer Soldat. Wenn Menschen sich in dieser Weise in einem Staat vereinigen, erfüllt dieser Staat die menschliche Natur. Er ist nicht bloß eine zweckhaft-vernünftige Vereinigung, sondern seine Gliederung ist gleichsam natürlich, da er die natürlichen Begabungen der Menschen widerspiegelt. Die natürliche Ordnung des besten Staats braucht daher auch keine weitere Rechtfertigung.

In jedem Menschen sind drei unterschiedliche Seelenteile in verschieden starker Ausprägung vorhanden: Das Vernünftige, zur Weisheit Fähige, das Wollende, zur Tapferkeit Fähige, das Begehrende, das durch Mäßigung und Besonnenheit

1 In der Zählung der Zeitschrift „The Economist", die einen jährlichen „Demokratieindex" berechnet. Danach zählen 2010 weitere 53 Staaten als „teilweise demokratisch", alle anderen als nicht-demokratisch.
2 In der Zählung von „Freedom House", 2011, das seit 1941 freie, teilweise freie und unfreie Staaten ermittelt.
3 *Aristoteles*: Politik, 1281a

gezügelt werden muss. Letzteres dominiert bei den Bürgern, den Bauern und Handwerkern; sie bilden den Stand der Ernährer (*demiurgoi*). Tapferkeit und Mut zeichnen vor allem den Stand der Wächter aus, die Krieger und Soldaten (*phylakes*). Die Tugendhaftesten und Klügsten aus diesem Wächterstand werden schließlich zum Stand der Herrscher (*archontes*) ausgebildet. Ganz selbstverständlich geht Platon davon aus, dass nur jene im Staat herrschen sollen, deren Veranlagung zur Weisheit am stärksten ausgebildet ist und die durch eine jahrelange asketische, intellektuelle und disziplinierende Erziehung geschult werden, unparteilich das für alle Beste zu erkennen. Es sollen also nur die „Philosophen Könige werden in den Staaten“, die Könige sollen ausgiebig gelernt haben, „wahrhaft und gründlich zu philosophieren“.[4]

Platons Idealstaat vertraut also ganz auf den guten, aufgeklärten Herrscher. Der Gefahr von Willkür und eigennütziger Tyrannei glaubt er durch eine überstrenge Staatserziehung der künftigen Herrscher vorbeugen zu können. Sie müssen auf jedes Privatleben, alle Vergnügungen und jeglichen Privatbesitz verzichten, um alle persönlichen Begehrlichkeiten abzulegen und nur dem allgemeinen Wohl zu dienen. Die Wächter sind Alleinherrscher, an kein Gesetz und kein Recht gebunden. Sie selbst bestimmen in jedem Einzelfall, was gerecht ist. Eine Kontrollinstanz oder ein Mitspracherecht der anderen Stände sind nicht vorgesehen. Garanten der Gerechtigkeit dieses besten Staats, nach Platon, sind zum einen die Natürlichkeit der Ständeordnung, die den ungleichen Bedürfnissen und Fähigkeiten entspricht, zum anderen die Sorgfalt und Präzision in der Ausbildung der Alleinherrscher.

Aus heutiger Perspektive erscheint beides mehr als fraglich. Von den elf Kennzeichen einer Demokratie findet sich in Platons Idealstaat nur das erste: die Gemeinwohlorientierung der Politik.

Aristoteles (384–322 v. Chr.) gewinnt sein Bild vom besten Staat, anders als sein Lehrer Platon, durch empirische Beurteilung der ihn umgebenden realen Stadtstaaten, vor allem Athen und Sparta. In seinem staatsphilosophischen Hauptwerk „Politik“ beschreibt er sechs Staatsformen, drei gute und drei schlechte, die er danach unterscheidet, wer an der Regierung beteiligt ist und in wessen Interesse regiert wird. Grundsätzlich gut sind jene Staatsformen, in denen die Regierenden nicht nur ihr Eigeninteresse verfolgen, sondern die Gesamtheit aller Polisbewohner im Blick haben. Negativ beurteilt werden hingegen eigennützige Alleinherrschaft, Oligarchie und Demokratie. „Denn die Tyrannis ist eine Monarchie zum Nutzen des Monarchen, die Oligarchie verfolgt den Vorteil der Reichen und die Demokratie den Vorteil der Armen, aber dem Wohle der Gesamtheit dient keine von ihnen.“[5]

Anders als Platon, der die Gesellschaft nach der Dominanz ihrer Seelenanteile gliedert, sieht Aristoteles die ökonomische Gliederung in Reiche, Arme und Mittelstand als entscheidend für die Frage an, wer regieren soll. Ganz wie in seiner Tugendlehre (vgl. S. 140 ff.) hält er auch in der Staatslehre „die rechte Mitte“ für das Optimale. Gut sind demnach jene Staatsformen, die nicht zu Extremen der Tyrannei oder der Demokratie entartet sind, in denen Reiche oder Arme ihre Eigeninteressen gegen das Wohl der Allgemeinheit durchsetzen, sondern die vom Mittelstand getragen werden. Dies kann eine wohlmeinende, gerechte Monarchie oder Aristokratie sein oder eine Politie, d. h. eine Herrschaft aller freien und gleichen Vollbürger, die gemeinsam das Beste für alle beschließen. (siehe Tabelle S. 211)

Drei Gründe führt Aristoteles dafür an, dass sich der Staat auf den Mittelstand stützen sollte:

1. Dem Mittelstand fällt es am leichtesten, der Vernunft zu gehorchen, die Reichen neigen zu Übermut, die Armen zu Heimtücke. Beides führt zu Ungerechtigkeit.
2. Den Reichen fällt es schwer, sich unterzuordnen und zu gehorchen, die Armen sind zu unterwürfig und wenig standfest. Der Mittelstand hingegen ist frei von Neid und Verachtung, ihm fällt Solidarität und Freundschaft am leichtesten.
3. Die Herrschaft des Mittelstands ist die beste Garantie für politische Stabilität, „denn wo der Mittelstand zahlreich ist, da entstehen am wenigsten Aufstände und Zwiste unter den Bürgern“.[6]

Gute und schlechte Staatsformen bei Aristoteles			
	einer herrscht	einige herrschen	alle herrschen
gemeinwohlorientiert	MONARCHIE	ARISTOKRATIE	POLITIE
egoistisch	TYRANNEI	OLIGARCHIE	DEMOKRATIE

Unter den drei guten Staatsformen hält Aristoteles die Politie für die relativ beste. Indem er sie als „Mischung aus Oligarchie und Demokratie“ definiert, betont er ihren mittleren, gemäßigten Charakter. Demokratisch ist die Politie in dem Sinne, dass alle Vollbürger, und nicht nur einige, am politischen Entscheidungsprozess beteiligt sein sollen. Diese Vollbürger entsprechen dem Mittelstand, ausgeschlossen sind Bauern, Barbaren und Sklaven. Warum der Mittelstand die beste Basis für eine Regierung darstellt, ist oben erläutert. Oligarchisch ist die Politie in dem Sinne, dass sie auf die Tugendhaftigkeit und Gerechtigkeit der politischen Entscheidungsträger setzt. Der wesentliche Grund für die Bevorzugung der Politie liegt für Aristoteles in dem Umstand, dass in ihr am ehesten ein Leben führbar ist, „das den meisten erreichbar“ ist.[7]

Damit ist der eigentliche Zweck der Suche nach dem besten Staat bestimmt: Die Polis hat die Aufgabe, das Glück (*eudaimonia*) der Polismitglieder zu befördern. Glücklich werden Menschen, die von Natur aus Gemeinschaftswesen sind (*zoon politikon*), nur, wenn sie ihre Sozialnatur ausleben können. Sich in der Gemeinschaft tugendhaft zu bewähren macht Menschen glücklich. Daher muss der Staat so organisiert sein, dass er möglichst vielen die Möglichkeit bietet, sich tugendhaft zu entfalten – und dies garantiert am besten die Politie.

Auch wenn Aristoteles' Bekenntnis zu einem „republikanischen“, die Mehrheit in den politischen Entscheidungsprozess einbeziehenden Staatsideal moderner wirkt, war es doch Platons „elitäre“ Monarchie, die bis zur beginnenden Neuzeit das Muster der politischen Theorie und Praxis bestimmte.

3. Staatstheorien der Neuzeit

Das Menschenbild der Antike (vgl. S. 103 ff.) ließ den Staat oder die *polis* als eine Art natürliches Gebilde erscheinen, in dem die Natur des Menschen sich vollendet entfalten kann, in dem allein er ein glückliches Leben führen kann. Die ethische Frage „Wie lässt sich ein Staat gegenüber den Bürgern überhaupt rechtfertigen?“ wäre Platon und Aristoteles sinnlos erschienen. In der Neuzeit wird dies aber zur ersten Frage der Staatsphilosophie. Sie setzt ein völlig anderes Menschenbild voraus, ein Bild, das den Menschen nicht mehr als *zoon politikon*, als von Natur aus gemeinschaftliches Wesen, sondern als Einzelwesen sieht, als egoistisches Individuum, das vor allem an seiner Selbstverwirklichung, seiner Freiheit, Sicherheit und dem Schutz seines Eigentums interessiert ist (*homo oeconomicus*).

Thomas Hobbes (vgl. S. 143 ff.) ist der erste neuzeitliche Staatsphilosoph, der konsequent mit dem aus der Antike überlieferten Staatsverständnis bricht und ein radikal anderes Menschenbild vertritt. Als erster liefert er eine Rechtfertigung des Staates, die diesen nicht mehr natürlich oder religiös als göttliche Ordnung begründet, sondern als „künstliches“ Gebilde, das Menschen sich aus rationalen, aber durchaus egoistischen Motiven selbst schaffen. Sie konnten auch anders

4 *Platon*: Politeia, 473d.
5 *Aristoteles*: Politik, 1279b.
6 Ebd. 1296a.
7 Ebd. 1295a.

leben. Sie könnten im „Naturzustand" verharren, alle Freiheiten einer ungebundenen Lebensführung genießen und frei von allen Gesetzen, Pflichten und Einschränkungen handeln – denn im „Naturzustand", wie Hobbes ihn definiert, gibt es keinerlei Regeln und Gesetze. Aber sie tun es aus wohlverstandenem Eigeninteresse nicht, weil die Nachteile der Unsicherheit schwerer wiegen als die Vorteile der Freiheit. Denn die Menschen sind, so Hobbes, ambivalente Wesen: Einerseits sind alle gleich und haben damit berechtigterweise dieselben Ansprüche auf Wohlstand und Sicherheit. Sie wollen in Ruhe ihr Eigentum genießen, das Zusammenleben mit anderen, und sie wollen gerecht, bescheiden und dankbar sein. Andererseits hindern sie daran „drei hauptsächliche Konfliktursachen: Konkurrenz, Misstrauen und Ruhmsucht".[8] Niemand kann sich mehr sicher fühlen, jeder wird zum Feind des Nächsten, es droht ein Krieg, in dem jeder gegen jeden kämpft. Wie realistisch Hobbes' Befürchtungen im Hinblick auf einen staatenlosen Zustand sind, sehen wir heute an den sogenannten „failing states", etwa in Somalia, Kolumbien oder Afghanistan, wo bewaffnete Clans die Menschen terrorisieren, eine allgemeine Unsicherheit herrscht und jeder versucht, sich selbst zu schützen, da keine öffentliche Gewalt das Recht durchsetzen kann.

In dieser Situation, so Hobbes, erkennen die Menschen, dass es nur einen Weg gibt, der „allgemeinen Gewalt" zu entkommen, nämlich „die Übertragung ihrer gesamten Macht und Stärke auf einen Menschen oder eine Versammlung von Menschen".[9] Dies ist die Grundidee der Vertragstheorie, auf die sich die späteren Staatstheorien von Locke, Montesquieu und Rousseau stützen. Die Menschen sind, so Hobbes, bereit, ihr Recht, sich selbst zu regieren, unter zwei Bedingungen abzutreten:

1. Alle anderen sind ebenfalls bereit, ihre Freiheit aufzugeben.
2. Der Herrscher, der „sterbliche Gott" oder „große Leviathan", wie Hobbes ihn nennt, nutzt die absolute Autorität, die er durch diesen Abtretungsakt erhält, ausschließlich dazu, die Sicherheit für jedermann zu garantieren. Also „im Vertrauen darauf ... gegen alle anderen geschützt zu werden"[10], bin ich bereit, selbst auf Gewalt zu verzichten und dem Staat ein Gewaltmonopol einzuräumen.

Mit der Vertragsidee ist mehr geleistet als eine erste ethische Rechtfertigung der Notwendigkeit eines Staates. Obwohl Hobbes' „Leviathan" eher beabsichtigt, einen absolutistischen Herrscher zu rechtfertigen, bei dem alle Gewalt konzentriert ist und dem alle Untertanen absoluten Gehorsam schulden, ist in ihm doch der Kern des demokratischen Repräsentationsprinzips enthalten: Wenn wir in der Wahlkabine Politiker oder Parteien wählen, dann handeln wir im Prinzip nach der Hobbes'schen Vertragsidee. Im Wahlakt verzichten wir auf das Recht auf Selbstregierung und treten es an die Abgeordneten, auf Zeit, ab. Wider Willen rechtfertigt Hobbes selbst die Grundvoraussetzung der Demokratie. Der Vertrag beruht auf den zwei Prinzipien der Reziprozität (Wechselseitigkeit) und der Norm, dass Verträge gehalten werden müssen (*pacta sunt servanda*). Auch die Demokratie lebt davon, dass sich niemand beklagen darf, dessen Interessen in einem frei gewählten Parlament keine Mehrheit finden.

In Hobbes' „Leviathan" findet sich also nicht nur die Gemeinwohlorientierung als Kennzeichen der Demokratie, sondern auch das Repräsentationsprinzip und eine Begründung des staatlichen Gewaltmonopols.

Nur eine Generation nach Hobbes entwirft **John Locke** (vgl. S. 72 f.) in seinen „Zwei Abhandlungen über die Regierung", die er 1690 anonym erscheinen lassen musste, das Modell eines liberalen, parlamentarischen, konstitutionellen und gewaltenteiligen Systems, das die Grundlage für viele demokratische Systeme, besonders in den USA und Großbritannien bildete. Locke begründet das Mehrheitsprinzip ebenso wie das Recht auf Widerstand gegen eine Legislative, die das Gemeinwohl missachtet. Ohne Mehrheitsentscheidungen wäre eine Gemeinschaft handlungsunfähig. Die Legislative bezieht ihre Autorität nur aus dem Zweck, das Gemeinwohl zu sichern; missbraucht sie dieses Vertrauen in ihren Zweck, so muss „die Gewalt in die Hände derjenigen zurückfallen, die sie erteilt haben".[11]

Ausgangspunkt ist auch bei Locke, ähnlich wie bei Hobbes, ein Gesellschaftsvertrag, der ge-

schlossen wird, weil der Naturzustand[12] unbefriedigend ist.
Allerdings stellt er, entgegen Hobbes' „Leviathan", fest, dass „auch absolute Monarchen nur Menschen sind".[13] Eine *bedingungslose* Abtretung aller Selbstbestimmungsrechte im Vertrag wäre unsinnig, da gerade ein absoluter Herrscher die Gefahr birgt, seine Machtfülle soweit zu missbrauchen, dass der Vertrag keinen Vorteil mehr bietet. Denn da hätten es „die Menschen im Naturzustand doch viel besser, wo sie nicht gezwungen sind, sich dem ungerechten Willen eines anderen zu unterwerfen".[14]
Im Gesellschaftsvertrag wird die Macht daher nicht an einen absoluten Herrscher abgetreten, sondern an „die Mehrheit", das meint an eine mehrheitlich gewählte Legislative, die ihrerseits eine Exekutive bestellt, die für die Ausführung der Gesetze und das politische „Tagesgeschäft" zuständig ist. Legislative und Exekutive sind an die Gesetze gebunden und dürfen keinesfalls „nach Beschlüssen des Augenblicks" herrschen. Die Gesetze dürfen zu keinem anderen Ziel führen „als zum Frieden, zur Sicherheit und zum öffentlichen Wohl des Volkes".[15] Damit ist der Kern eines parlamentarischen, gewaltenteiligen und konstitutionellen (d. m. eine Unterordnung aller Gewalten unter das Gesetz, die Konstitution) Systems beschrieben.
Dennoch ist Locke kein Demokrat im heutigen Sinne. Er hält es für legitim, dass die Exekutive von einem Erbkönig gestellt wird, dass dieser ein Mitspracherecht bei der Gesetzgebung hat. Auch die Legislative soll – ganz nach dem zeitgenössischen Vorbild Englands – nur in ihrer Kammer der Volksrepräsentanten auf Zeit gewählt werden. Ihren Sturz kann er sich nur als Gewaltakt des Volkes in äußerster Not vorstellen.
Vor allem in der herausragenden Bedeutung des Eigentumsschutzes, der das oberste Ziel der Regierung darstellen soll, wie Locke immer wieder betont, wird seine Verpflichtung gegenüber dem Besitzbürgertum deutlich. Wenn er vom „Volk" spricht, das mehrheitlich die Legislative bestimmt, meint er die steuerzahlenden, wohlhabenden Bürger, Handwerker, Händler und Kaufleute, keinesfalls die tatsächliche gesellschaftliche Mehrheit der Bauern, Tagelöhner und Dienstboten. Die Legislative darf zwar „keinem Menschen einen Teil seines Eigentums ohne seine eigene Zustimmung wegnehmen"[16] –, aber jene, die gar kein Eigentum haben, wird das wenig trösten.

Charles de Montesquieu (1689–1755) gilt als der eigentliche Begründer der Gewaltenteilung – auch wenn in seinem Hauptwerk „Vom Geist der Gesetze" (1748) in Wirklichkeit nur ein einziger von insgesamt 31 Teilen sich den Fragen der Gewaltenteilung widmet. Der volle Titel des Buchs deutet an, worum es ihm insgesamt geht: „*Vom Geist der Gesetze oder über den Bezug, den die Gesetze zum Aufbau jeder Regierung, zu den Sitten, dem Klima, der Religion, dem Handel etc. haben müssen.*"
Dennoch berufen sich die meisten Staatsphilosophen auf Montesquieu, wenn sie die Gewaltenteilung begründen wollen, ja, Kant und Hegel haben die Dreiteilung in Legislative, Exekutive und Judikative sogar philosophisch aufgewertet: Kant vergleicht die drei Gewalten mit den drei Teilen des logischen Syllogismus (vgl. S. 43 ff.). Die Judikative wird bei ihm zur Konklusion der Prä-

8 *Hobbes, Thomas*: Leviathan. Hrsg. u. eingel. v. *I. Fetscher*. Frankfurt/M. 2006. S. 95.
9 Ebd. S. 134.
10 Ebd. S. 135.
11 *Locke, John*: Zwei Abhandlungen über die Regierung. Hrsg. u. eingel. v. *W. Euchner*. Frankfurt/M. 1983. § 149. S. 294.
12 Locke entwirft einen gestaffelten, weniger eindeutigen Naturzustand als Hobbes. Erst durch die Einführung des Geldes, das die Ungleichheit verschärft, wird der Naturzustand unerträglich. Ursprünglich leben die Menschen, so Locke, auch im Naturzustand friedlich zusammen.
13 Ebd. 2. Abh. § 13. S. 207.
14 Ebd. S. 208.
15 Ebd. 2. Abh. § 131. S. 281.
16 Ebd. 2. Abh. § 138. S. 288

missen Legislative und Judikative; für Hegel verbirgt sich hinter den drei Gewalten der Dreisatz der Dialektik von These (Legislative), Antithese (Exekutive) und Synthese (Judikative). Vor allem bei Kant erscheint die Gewaltenteilung als der eigentliche Schutz vor Willkürherrschaft und Despotismus.
Montesquieu stellt fest, „alles wäre verloren", wenn eine einzige Macht „Gesetze erlassen, öffentliche Beschlüsse in die Tat umsetzen, Verbrechen und private Streitfälle aburteilen"[17] könnte. Gewaltenteilung heißt für ihn: Gewaltverzicht des absoluten Monarchen. Er sieht die Gewalten – im Wesentlichen nach englischem Vorbild – idealerweise so aufgeteilt, dass Legislative und Exekutive sich die Waage halten und ihrerseits jeweils zweigeteilt sind: Erstere ist geteilt in ein adliges Oberhaus und ein vom Volk gewähltes Unterhaus, die Exekutive liegt beim König, der seinerseits durch eine unabhängige Judikative in seiner Macht eingeschränkt ist. Alle Gewalten und Teilgewalten sind zur Kooperation gezwungen, da sie sich gegenseitig durch ein Veto blockieren können. Präziser erläutert Montesquieu Aufgaben und Bestellung der einzelnen Gewalten nicht. Die Judikative ist beschränkt auf Straf- und Zivilverfahren, eine Rolle als Verfassungswächter, wie in der amerikanischen Verfassung, kommt ihr noch nicht zu.
Montesquieu ist ebenfalls kein Demokrat. Er hegt große Vorbehalte gegenüber dem Volk. Es sei „eines der großen Gebrechen der Demokratie"[18], dass sie dem Volk zutraue, seine Angelegenheiten selbst zu regeln. Er billigt ihm nur ein passives Wahlrecht zu und stellt fest: „Es darf nur durch die Wahl der Repräsentanten an der Regierung mitwirken. So weit reicht sein Horizont."[19] Dennoch trägt Montesquieu dazu bei, dass die Liste der Kennzeichen einer Demokratie um einen wesentlichen Aspekt, die Teilung der Gewalten als Schutz vor absolutistischer Machtkonzentration, erweitert wird.

Hobbes, Locke und Montesquieu wollen das neu entstandene Besitzbürgertum in seinen Sicherheitsansprüchen und seinem Interesse an Eigentumsschutz durch ihre Staatskonzeptionen stärken. Locke und Montesquieu nutzen dazu die aufklärerische Freiheitsrhetorik und sprechen von Volk, von Rechten und Pflichten. Aber eine wirkliche Volksherrschaft, eine Demokratie im Wortsinn, war für sie eher eine beängstigende Vorstellung.

Jean Jacques Rousseau (vgl. S. 190f.) blieb es vorbehalten, die Volkssouveränität als zentrales Kennzeichen einer Demokratie zu entdecken und zu propagieren. Er knüpft in seiner Staatstheorie einerseits an Hobbes an, vertritt andererseits eine scharfe Gegenposition im Menschenbild, in der Vorstellung der geschichtlichen Entwicklung und der staatlichen Entscheidungsinstanz. Auch Rousseau sieht den modernen Staat in einem Gesellschaftsvertrag begründet. Sein Hauptwerk trägt sogar diesen Titel: *„Du Contrat social"* (1762). Aber der Vertrag ist bei ihm nicht als Unterwerfungsvertrag unter einen absoluten Herrscher gedacht, sondern als wechselseitige Verpflichtung, sich dem allgemeinen Willen, der *volonté générale,* zu beugen. Rousseau formuliert: „Jeder von uns stellt gemeinschaftlich seine Person und seine ganze Kraft unter die oberste Leitung des allgemeinen Willens, und wir nehmen jedes Mitglied als untrennbaren Teil des Ganzen auf."[20] In diesem Vertrag ist weder von einer Preisgabe der Freiheit und Selbstbestimmung die Rede noch von einer Unterordnung unter das Diktat eines Herrschers. Rousseau geht im Gegenteil davon aus, der Gesellschaftsvertrag solle dazu dienen, die Souveränität beim Volk zu erhalten. Das Volk bleibt der einzig legitime Gesetzgeber, die oberste staatliche Macht. Der Vertrag dient dazu, diese Volkssouveränität festzuschreiben. Fünf Gründe führt Rousseau für seine Revision des Hobbesschen Vertragsgedankens an:

1. Ein Vertrag, in dem die Bürger ihre Macht an einen Alleinherrscher abtreten, ist überflüssig, da es keines Vertrags bedarf, der Gewalt zu gehorchen, man tut es notgedrungen ohnehin.
2. Die Gewalt des *Leviathan* verleiht zwar Macht, aber kein Recht.
3. Die Sicherheit, die der Alleinherrscher bei Hobbes garantieren soll, ist trügerisch, da er seine Machtfülle missbrauchen wird und am Ende mehr Leid entsteht als zuvor. „Im Kerker lebt man auch ruhig. Genügt das, um sich darin wohl zu fühlen?"[21], fragt Rousseau.

4. Ein Verzicht auf Freiheit und Selbstbestimmung würde der Natur des Menschen vollkommen widersprechen. Die Garantie von Sicherheit könnte diesen Verlust niemals kompensieren.
5. Der Naturzustand, wie Hobbes ihn beschreibt, ist bereits Ergebnis eines früheren Vertrags, in dem ungleiche Macht- und Besitzverhältnisse festgeschrieben wurden (vgl. S. 202). Diese Ungleichheiten waren es, die Egoismus und Habgier im Menschen erst entfachten. Im wirklichen Naturzustand lebten die Menschen friedlich, harmonisch, selbstgenügsam und ohne Privatbesitz. An diesen Zustand anzuknüpfen, d.h. die Unterwerfung durch den ersten Vertrag durch einen zweiten gleichsam rückgängig zu machen, ist das Ziel des Gesellschaftsvertrags.
   Das meint nicht, dass der Vertrag in den Naturzustand zurückführen soll. Das wäre, wie Rousseau ausdrücklich betont, unmöglich, da die Vergesellschaftung viel zu weit fortgeschritten, das ursprüngliche Bewusstsein des „edlen Wilden" nicht mehr herstellbar ist.

Rousseau versteht den Vertrag so, als ob jeder „gleichsam mit sich selbst einen Vertrag abschließt".[22] Dieser Gedanke ähnelt der Idee des „kategorischen Imperativs" bei Kant (vgl. S. 155ff.). Da ich einerseits Teil des Volks bin, andererseits Teil der Regierung – denn ich nehme ja unmittelbar an der Gesetzgebung teil –, bin ich „doppelt verpflichtet": Ich vertrete die Interessen der Staatsbürger gegenüber der Regierung, und umgekehrt. Diese doppelte Verpflichtung ähnelt der Idee der Selbstverpflichtung bei Kant, das zu wollen, was ich soll, bzw. so zu handeln, als ob die Maxime meines Handelns allgemeines Gesetz werden sollte. Die doppelte Verpflichtung führt nach Rousseau zu keinem Widerspruch, da ich als Teil der Gesetzgebung niemals einem Gesetz zustimmen würde, das mich in meinen elementaren Rechten verletzen würde.

Da ich als Teil der Regierung also kein anderes Interesse habe als die Regierung selbst, kann man von einer Interessenidentität von Herrschenden und Beherrschten ausgehen. Dies hat weitreichende Folgen. Die Regierung benötigt keinerlei weitere Legitimation, „da ja der Körper unmöglich den Willen haben könnte, allen seinen Gliedern zu schaden".[23] Eine Gewaltenteilung ist ebenso überflüssig wie jede Form von Kontrolle der Regierung.

Von zentraler Bedeutung für das Verständnis dieser scheinbar rückschrittlichen Position ist die Idee des allgemeinen Willens *(volonté générale)*. Rousseau definiert ihn als „Differenzsumme"[24] der Einzelwillen jedes Bürgers. Diese zusammen ergeben den Willen aller *(volonté de tous)*. Die Summe der Einzelwillen basiert nur auf den, durchaus widerstreitenden, Privatinteressen aller einzelnen Bürger und garantiert noch nicht das allgemeine Beste. Dies hingegen leistet die *volonté générale*, die man als Gemeinwohl übersetzen kann. Und nur diesem Gemeinwohl ist jeder verpflichtet, der sich zum Gesellschaftsvertrag bekennt, ja, es kann, wer „dem allgemeinen Willen den Gehorsam verweigert, von dem ganzen Körper dazu gezwungen werden". Dieser Zwang besteht allerdings im wohlverstandenen Eigeninteresse.

Rousseau sieht die Bedrohungen bei der Ermittlung des Gemeinwohls, das unverfälscht nur durch die doppelte Verpflichtung jedes Einzelnen gegenüber sich selbst und der Allgemeinheit ermittelt werden kann. Er wendet sich daher scharf gegen Parteienbildungen und jede Art von Interessenverbänden, die zu einer Verfälschung des

17 *Montesquieu, Charles*: Vom Geist der Gesetze. Eingel., ausgew. u. übers. v. *K. Weigand*. Stuttgart 1984. S. 213.
18 Ebd. S. 216.
19 Ebd. S. 217.
20 *Rousseau, Jean Jacques*: Der Gesellschaftsvertrag. M. e. Nachw. hrsg. v. *H. Weinstock*. Stuttgart 1974. S. 18f.
21 Ebd. S. 11.
22 Ebd. S. 20.
23 Ebd. S. 21.
24 Ebd. S. 32.

Gemeinwohls führen können, da sie die Gewichte der Einzelinteressen verschieben. Es soll vielmehr „jeder Staatsbürger nur für seine eigenen Überzeugungen eintreten".[25] Nur dadurch ist garantiert, dass der allgemeine Wille nie irrt.
Nach Rousseau steht also das Gemeinwohl a priori fest. Gesellschaftlich vertritt er einen Monismus: Jeder Einzelne ist unmittelbar Vertreter seiner Interessen, die zugleich die wohlverstandenen Interessen der Allgemeinheit sind. Die Regierung kann sich darauf berufen, gleichsam „automatisch" nur das Wohl der Allgemeinheit im Blick zu haben, da sie nichts anderes darstellt als das Konzentrat des allgemeinen Willens. Ein pluralistisches Aushandeln des Gemeinwohls scheint für Rousseau nicht möglich.

Rousseau, dem oft vorgehalten wird, ein idealistisches, unrealistisches Bild vom besten Staat gezeichnet zu haben, ist Realist genug zu sehen, dass er ein unerreichbares Ideal entworfen hat. Versteht man Demokratie im strengen Sinne, so Rousseau, „so hat es noch nie eine wahre Demokratie gegeben und wird es auch nie geben".[26] Er nimmt an, dass sein Entwurf sich bestenfalls in sehr kleinen Staaten, in denen eine Volksversammlung und basisdemokratische Entscheidungen möglich sind, annähernd realisieren lässt. Als Beispiel nennt er Korsika. Große Staaten wie Frankreich, England, Polen sollten sich entweder in kleine Einheiten politisch untergliedern, in denen dann basisdemokratisch entschieden werden kann; es sollte ein System von Delegierten geben, das den „allgemeinen Willen" auf höhere Stufen des Staates weiterreicht, oder es sollte zumindest eine Republik entstehen, die stets einer Monarchie vorzuziehen ist. Eine solche großstaatliche Republik muss dann allerdings gewaltenteilig organisiert sein und Kontrollinstanzen bilden, um eine Machtkonzentration zu verhindern.

Echte Demokratie ist also nur in Staaten möglich, in denen die Bürger unmittelbar am politischen Entscheidungsprozess beteiligt sind. Rousseau erkennt den Zusammenhang zwischen Macht und Interesse, zwischen der Bereitschaft, sich dauerhaft politisch zu engagieren, und der Möglichkeit, durch die Beteiligung auch tatsächlich politisch gestalten zu können. Die Demokratie setzt einen *Citoyen*, einen politisch aktiven Bürger voraus, der das Private und das Öffentliche nicht trennt. Das war bei Hobbes, Locke und Montesquieu anders. Sie gehen von einem *Bourgeois* aus, der vor allem sein Eigentum und seine persönliche Sicherheit im Blick hat und deren Schutz bereitwillig einer Herrschaft anvertraut. Daher warnt Rousseau auch ausdrücklich vor einem solchen Rückzug ins Private: „Sobald man bei Staatsangelegenheiten die Worte hören kann ‚Was geht das mich an?', kann man darauf rechnen, dass der Staat verloren ist."[27]

Was in diesen und weiteren Staatstheorien, etwa bei Voltaire und Kant, theoretisch vorgedacht wurde, fand noch im 18. Jahrhundert Eingang in die ersten bürgerlichen Verfassungen in den neu gegründeten USA und dem revolutionären Frankreich. Dabei orientierten sich die USA stärker an den liberalen, gemäßigten Vorstellungen von John Locke; die französischen Revolutionäre, besonders Robespierre, stützten sich auf die radikal-demokratischen, republikanischen Visionen von Rousseau.

Menschen- und Bürgerrechte. Arten und Begründungen

Die Unterschiede zwischen den beiden ersten Demokratien der Neuzeit zeigen sich deutlich in den verschiedenen Vorstellungen des Verhältnisses der Bürger zum Staat. In den USA werden Bürger und Staat als Gegensatz gesehen, der Staat gilt tendenziell als Bedrohung für die Freiheit der Bürger. Das entsprach der Erfahrung mit dem kolonialen Staatsapparat Englands. Daher liegt in der Verfassung ein Schwerpunkt auf den liberalen Schutz- und Freiheitsrechten, die den Bürger vor Übergriffen und Beschränkungen des Staates schützen sollen. In Frankreich wird der Staat – den die Revolutionäre selbst erobert hatten – eher als Garant der Freiheit und Sicherheit gesehen. Hier wird die Tradition der sozialen Teilhaberechte begründet, die sich 100 Jahre später in den sozialistischen Verfassungen der UdSSR und anderer sozialistischer Staaten finden. Neben Schutz- und sozialen Teilhaberechten formulieren aber die Verfassungen der USA wie Frankreichs auch politische Teilhaberechte, die im Kern den demokratischen Charakter des Staates garan-

<table>
<tr><th colspan="3">Drei Arten von Menschen- und Bürgerrechten</th></tr>
<tr>
<td>Liberale Schutz- und Freiheitsrechte:
Religionsfreiheit
Folterverbot
Unverletzlichkeit der Wohnung
Post- und Telefongeheimnis
Freizügigkeit, Eigentumsschutz
⇨
Staat als Gegner der Bürger
Rechte sollen vor dem Staat schützen
≙
amerikanischer Sichtweise</td>
<td>Politische Teilhaberechte:
Wahlrecht, aktiv u. passiv
Demonstrationsrecht
Vereinigungsrecht
Meinungsfreiheit
Pressefreiheit
Recht, Parteien zu gründen
⇨
Staat als Adressat der Bürger
Rechte sollen gegenüber dem Staat durchgesetzt werden</td>
<td>Soziale Teilhaberechte:
Recht auf Bildung
Recht auf Arbeit
Recht auf Wohnung
Recht auf Urlaub
Recht auf angemessenen Lohn
Recht auf staatliche Hilfe
⇨
Staat als Helfer der Bürger
Rechte sollen durch den Staat garantiert werden
≙
französischer und sozialistischer Sichtweise</td>
</tr>
</table>

tieren sollen. In diesen Rechten erscheint der Staat weder als Feind, noch Garant der Freiheit, sondern als Adressat der Bürger.
Menschen- und Bürgerrechte unterscheiden sich darin, dass nur erstere allen Menschen zukommen, unabhängig von Herkunft, Alter, Geschlecht oder Pflichten. Bürgerrechte hingegen sind an Staatsbürgerschaft (und z.T. weitere Bedingungen, wie Alter) gebunden. Religions- und Meinungsfreiheit z.B. gelten für alle Menschen, Wahlrecht und Vereinigungsrecht können an Bedingungen gebunden sein.

Menschenrechte haben einen besonderen Status. In dreierlei Hinsicht unterscheiden sie sich von anderen Rechten: Sie sind allgemeingültig **(Universalität)**, gelten für jeden in gleicher Weise **(Egalität)** und können nur gemeinsam gewährt werden **(Unteilbarkeit)**. Die letzte Bedingung meint, dass z.B. das Recht auf Unverletzlichkeit der Wohnung nur Sinn hat, wenn zugleich das Recht auf Wohnung überhaupt gewährt wird, das Recht auf Pressefreiheit hat nur Sinn, wenn zugleich ein Recht auf Bildung gewährt ist. Schutz und Garantie der Menschenrechte sind die ersten Aufgaben demokratischer Staaten. Indem man sie als Ausfluss von „Naturrecht“ oder „Vernunftrecht“ bezeichnet, behauptet man ihren vorstaatlichen Charakter, der sie als unmittelbar zum menschlichen Wesen gehörend qualifiziert. Im Folgenden werden vier Begründungen für Menschenrechte unterschieden.

1. In der deutschen Verfassung sind Menschenrechte damit begründet, dass sie die Menschenwürde, die als oberste Norm gilt, konkretisieren: Weil die Menschenwürde „unantastbar“ ist, sie also ein Wesensmerkmal des Menschen ist, sind es auch die Menschenrechte, die sich unmittelbar aus der Würde ergeben. Wird ein Menschenrecht verletzt, dann wird damit auch die Würde des Menschen verletzt **(rechtliche Begründung)**.

2. Die Menschenrechte gelten für jeden, da niemand freiwillig auf sie verzichtet. Wenn sie irgendwo in der Welt nicht gelten, dann nur deshalb, weil sie den Menschen dort von den

25 Ebd. S. 33.
26 Ebd. S. 75.
27 Ebd. S. 106.

Herrschenden vorenthalten werden. Selbst Menschen, die gar nicht wissen, dass es diese Rechte gibt, würden sie sofort für sich begrüßen, wenn man ihnen erklärte, was sie enthalten. Deshalb haben auch die meisten Staaten der Welt (193 von 195) der „Allgemeinen Erklärung der Menschenrechte" der UNO offiziell zugestimmt und damit zum Ausdruck gebracht, dass es weltweit geltende Rechte sind. Sie haben gleichsam die Menschenrechte als Konsens diskursiv ermittelt **(diskursethische Begründung)**.

3. Weil es in einer globalisierten Welt mit multikulturellen, anonymen Massengesellschaften nicht mehr ausreicht, dass jeder Staat für sich festlegt, welche Rechte seine Bürger haben, braucht es Rechte, die für jeden, unabhängig von seiner Kultur, Religion, Zugehörigkeit zu einer Gruppe etc. Geltung beanspruchen, damit die Menschen in geregelten Beziehungen leben können. Diese Rechte sind die Menschenrechte. Auf sie kann sich jeder und überall berufen, und das ist notwendig, da wir, dank globaler Mobilität, uns jederzeit überall aufhalten können und überall miteinander auskommen wollen **(pragmatische Begründung)**.

4. Menschenrechte liegen im Interesse jedes Einzelnen. Sie ergeben sich aus der Einsicht, dass es für mich als Einzelnen vorteilhafter ist, sich an die Menschenrechte zu halten, als sie zu missachten. Auch wenn es meine Freiheit z. B. einschränkt, niemanden töten oder verletzen zu dürfen, ist es doch vorteilhafter für mich, diese Freiheitsbeschränkungen hinzunehmen, weil ich dadurch die Sicherheit gewinne, dass auch ich meinerseits nicht getötet oder verletzt werde. Weil also für jeden der Vorteil des Schutzes durch die Menschenrechte stärker wirkt als der Nachteil des Verbots, sind diese Rechte für jeden begründet **(vertragstheoretische Begründung)**.

4. Demokratie im Zeitalter des Pluralismus

Gegenüber der beginnenden Neuzeit und der Aufklärung hat sich die staatliche und gesellschaftliche Ordnung der Welt stark verändert.

1. Aus Faschismus und Stalinismus haben wir die Erfahrung gewonnen, dass staatstheoretische Ideen der Neuzeit einerseits pervertiert werden können, wie die Idee einer Identität des Willens von Herrschenden und Beherrschten, andererseits wissen wir, was geschieht, wenn sie ignoriert werden, wie die Ideen von Gewaltenteilung, Volkssouveränität und des Schutzes der Menschenrechte.
2. Demokratien sind heute Großorganisationen mit z. T. mehreren 100 Millionen Bürgern, für die eine attische Polis-Demokratie oder Korsika z. Zt. Rousseaus kein Vorbild mehr sein können.
3. Andererseits sind die meisten Bürger heute ungleich gebildeter, können dank moderner Kommunikationsmittel sehr viel rascher politisch informiert werden, und wir könnten relativ problemlos politische Überzeugungen und Forderungen der Bürger permanent ermitteln.
4. Politische Interessen werden heute von zahllosen Verbänden, Interessengruppen, Parteien und Bürgerinitiativen vertreten, die alle versuchen, Einfluss auf den politischen Entscheidungsprozess zu nehmen, und die oft gegeneinander gerichtet sind. Staaten sind heute keine monistischen Gebilde mehr, in denen einem Herrscher ein einheitliches Volk mit einem einheitlichen Willen gegenübersteht. In pluralistischen Gesellschaften kann das Gemeinwohl nur noch a posteriori (im Nachhinein) als Ergebnis eines langwierigen Prozesses von Interessensabwägungen ermittelt werden. Eine vorgefasste *volonté générale* gibt es nur noch in Bezug auf wenige Grundüberzeugungen, etwa die Garantie der Menschenrechte, die aber für die tagespolitischen Erfordernisse nur einen Orientierungsrahmen bilden können.
5. Nationalstaatliches Handeln ist heute in mehrfacher Weise eingeschränkt durch Abtretung von Befugnissen an supranationale Organisa-

tionen (in Europa z.B. an EU-Organe), vor allem aber durch eine Übermacht global agierender Konzerne, Banken, Börsen und Rating-Agenturen. Diese machen einen pluralistischen Interessensausgleich unmöglich, der davon lebt, dass alle Interessen in gleicher Weise Eingang in den politischen Entscheidungsprozess finden. Sie können sich einzelstaatlichen Regelungen entziehen, weil sie global organisiert sind; sie können Staaten gegeneinander ausspielen; sie können einzelne Staaten unter Druck setzen und erpressen. Staatliches Handeln droht somit im Bereich von Wirtschafts-, Finanz- und Sozialpolitik ohnmächtig zu werden, der Staat bei seiner Aufgabe zu versagen, finanzielle Sicherheit und Wohlstand für alle Bürger zu garantieren und der Wirtschaft einen ordnungspolitischen Rahmen zu geben.

Angesichts dieser veränderten Situation einerseits und den weiterhin gültigen Anforderungen an eine moderne Demokratie (s.o.) andererseits steht die Staatstheorie heute vor zwei zentralen Fragen:

1. Wie direkt kann Demokratie sein, wie indirekt muss sie sein? Anders gefragt: Wie viel Partizipation der Bürger am politischen Entscheidungsprozess ist möglich, damit das Grunderfordernis einer Volksherrschaft, dass die Bürger nicht nur Adressaten, sondern auch Autoren der Gesetze sind, eingelöst bleibt und der politische Apparat sich gegenüber den Bürgern nicht verselbständigt? Wie viel Repräsentation ist angesichts der schieren Größe moderner Staaten nötig, der Komplexität politischer Entscheidungen und der Pluralität gesellschaftlicher Interessen?

2. Wie lässt sich der Primat (Vorherrschaft) der Politik über die Ökonomie sichern oder wiederherstellen? Anders gefragt: Wie müssen die Kräfteverhältnisse in einem Staat verteilt sein, damit es der demokratisch – durch Wahlen – legitimierte Staatsapparat ist, der durch seine Gesetze die Lebensbedingungen der Bürger regelt und für Gerechtigkeit und Freiheit zuständig bleibt, und nicht die Ökonomie, die nicht demokratisch legitimiert ist und die sich nicht an Gerechtigkeit und Freiheit orientiert, sondern an Marktgesetzen?

Zwei Antworten, stellvertretend für die vorherrschenden empirischen und normativen Demokratietheorien, werden im Folgenden skizziert: der empirische, systemtheoretische Ansatz von Niklas Luhmann und der normative, diskurstheoretische Ansatz von Jürgen Habermas.

Niklas Luhmann (1927–1998) löst das Problem eines Primats der Politik auf denkbar radikale Weise. In der Systemtheorie gibt es keinen Primat eines Systems in der Gesellschaft über ein anderes. Jedes System ist autonom, entsteht nur aus sich selbst heraus (Autopoiesis) und bezieht sich in seinem Handeln nur auf sich selbst (Selbstreferenz). Jedes System folgt seiner eigenen Logik, einem „binären Code", wie Luhmann sagt. Für das politische System heißt dieser Code Macht oder Ohnmacht, Herrschaft oder Opposition. Das System der Moral folgt dem Code „Achtung oder Missachtung"[28], bzw. gut oder böse, das System der Wirtschaft orientiert sich am Kaufen und Verkaufen, die Wissenschaft fragt: wahr oder falsch, das Rechtssystem: schuldig oder unschuldig. Die Orientierung eines Systems taugt nicht als Orientierung in einem anderen. So können Herrschaft oder Opposition aus dem politischen System nicht an der Orientierung „gut oder böse" aus dem System der Moral gemessen werden[29], und im System der Bildung darf dessen Code von guten und schlechten Noten nicht mit „schuldig oder unschuldig" vermengt werden. Für jedes System gehören die anderen Systeme zur Umwelt, mit der man zwar kommuniziert, die aber keinen entscheidenden Einfluss auf das eigene System hat. Oft sind die Sprachen der Systeme so unterschiedlich – man denke an die ökonomische Redeweise oder die Sprache der Juristen –, dass Verständigung kaum möglich ist. Die Kommunikation des anderen Systems erscheint dann nur als „weißes Rauschen", das unverständlich bleibt.

28 *Luhmann, Niklas*: Die Moral der Gesellschaft. Frankfurt/M. 2008. S. 256.
29 Ebd. S. 259.

Gesellschaftliche Systeme nach Luhmann

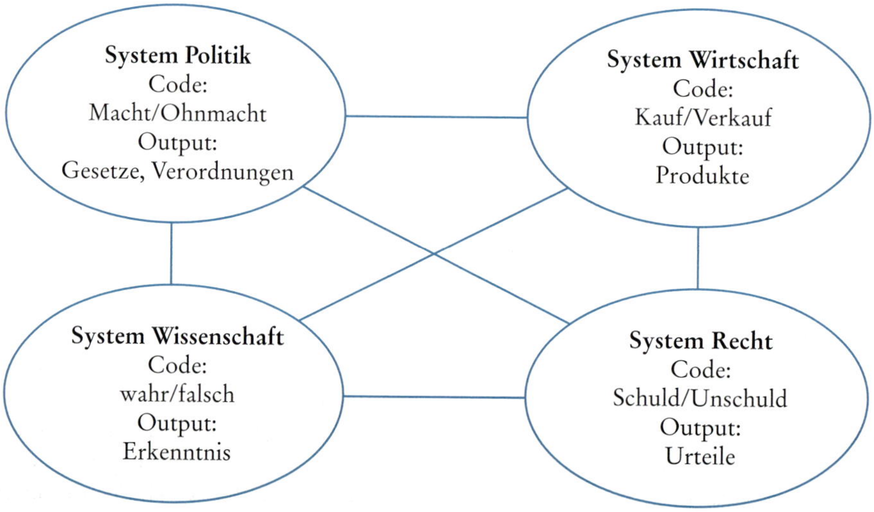

Das Gesamtsystem der Gesellschaft differenziert sich immer weiter aus. Es entstehen Subsysteme, die sich weiter untergliedern – man denke etwa an die Spezialisierungen im Gesundheitssystem –, sodass das gesamte Geflecht einer Gesellschaft für den Einzelnen immer weniger durchschaubar wird. Der Wunsch nach lebensweltlicher Sinngebung wird unerfüllbar, und ein Eingreifen in Systemzusammenhänge erscheint immer weniger möglich.

In dieser Sichtweise der Gesellschaft als System autonomer Subsysteme muss die Vorstellung einer Steuerung der gesamten Gesellschaft durch den Staat – wie in den Staatstheorien von Hobbes bis Rousseau als selbstverständlich unterstellt – als völlig naiv erscheinen. Die Gesellschaft steuert sich, so Luhmann, selbst, indem sich ihre Subsysteme jeweils selbst erhalten. Die Selbststeuerung des Systems Wirtschaft funktioniert demnach viel effektiver, wenn es seinen eigenen Marktgesetzen folgt, als wenn es z. B. durch eine staatliche Planungsbehörde von „außen" dirigiert würde.

Das politische System, zu dem u. a. die Subsysteme Staatsapparat und Parteien gehören, erhält sich im Fall einer Demokratie selbst, indem es sich in regelmäßigen Abständen Wahlen unterwirft. Die Wahlen erzeugen dabei einen gewollten Unsicherheitsfaktor, der zum System gehört. Der „binäre Code" von Regierung und Opposition kann bei jeder Wahl neu gepolt werden. Seine Legitimation bezieht das politische System aus der korrekten Anwendung seiner Verfahren, also dem Umstand, dass Wahlen frei, allgemein und gleich sind, die Gewalten ihre Kompetenzen nicht überschreiten, der Gesetzgebungsprozess seinen vorgeschriebenen Weg geht, etc.

Auf den naheliegenden Einwand, eine solche Sichtweise von Gesellschaft und Politik komme über ein reines Beschreiben von Funktionen und Tatbeständen nicht hinaus und lasse jede Wertung und jede Anregung für ein verbesserndes Eingreifen in das Räderwerk des Systems vermissen, reagiert Luhmann nüchtern. Mehr sei ehrlicherweise nicht möglich. Bewertungen fallen in der Sprache jedes Subsystems anders aus, und eine Hoffnung auf Veränderungen im Systemgefüge durch individuelle Eingriffe könne nur hegen, wer das komplexe System der anonymen Selbststeuerung nicht angemessen erfasst habe.

Jürgen Habermas (*1929) sieht ebenfalls, dass in modernen demokratischen Gesellschaften sich nicht einfach Herrscher und Volk oder, wie in marxistischer Betrachtungsweise, Bourgeoisie und Proletariat, Ausbeuter und Ausgebeutete gegenüberstehen. Allerdings hält er in der Tradition Rousseaus an der Volkssouveränität als wesentlichem Kennzeichen einer echten Demokratie fest, d. h., auch „komplexe Gesellschaften", in denen

Staat, Ökonomie und andere Systeme weitgehend ihrer eigenen Funktionslogik folgen, müssen „von der Haut einer [...] Volkssouveränität umspannt werden können".[30] Habermas geht von einer neuen Art von Gewaltenteilung innerhalb moderner Gesellschaften aus. Diese „befriedigen ihren Bedarf an Steuerungsleistungen aus drei Ressourcen: Geld, Macht und Solidarität".[31] Auf der einen Seite steht „das System", d.h. die etablierten, fest organisierten und eng miteinander verbundenen Gewalten der „Macht", also der Staats- und Parteienapparat sowie die Verwaltung, und das „Geld", also das Industrie- und Finanzkapital der Ökonomie. Dieses System tendiert dazu, sich völlig selbst zu regulieren und alles außerhalb Stehende als Störfaktor und unerwünschte Einmischung in sein reibungsloses Funktionieren zu betrachten.

Auf der anderen Seite steht die „Lebenswelt" mit ihrer Ressource der Solidarität. Zur Lebenswelt zählt Habermas die autonome Öffentlichkeit, die Medien, das Bildungssystem, die Kirchen, Bürgerinitiativen und alle Gruppen, die sich sozial und politisch engagieren, ohne selbst Teil des Machtapparats zu sein. Das Gewicht zwischen Systemkräften und Lebenswelt ist ganz ungleich verteilt, die Ressourcen Macht und Geld dominieren die Steuerung des Gesamtsystems eindeutig.

Der Machtapparat, dem traditionellerweise die Aufgabe zukäme, das Gemeinwohl im Blick zu haben, ist tatsächlich in erster Linie am Machterhalt interessiert. Greift er mit Gesetzen beschränkend in die Ökonomie ein, so nur, wenn er seine Macht bedroht sieht. Als Beispiel mag das Ausstiegsgesetz aus der Atomenergie dienen, das zu einer Zeit entstand, als die Regierung um ihre Mehrheit bangte. Die Ökonomie ist ohnehin nur daran interessiert, ihre Ressource Geld möglichst unangefochten und uneingeschränkt zu vermehren. Sie immunisiert sich gegen die Forderung einer Gemeinwohlverpflichtung durch den Verweis auf die Sachzwänge des Marktes.

Also liegt es bei der „Lebenswelt", Anwalt des Gemeinwohls zu sein. Sie bildet die eigentliche Gegenkraft zu den verharrenden Kräften des Systems. An ihr liegt es, auf die drängenden Probleme sozialer Ungerechtigkeiten, den Niedergang des Sozialstaats, den unzureichenden Natur- und Verbraucherschutz, den unmenschlichen Umgang mit Migranten etc. hinzuweisen und staatliche Eingriffe zu fordern. Ihre Mittel bestehen, neben dem Ausschöpfen von politischen Beteiligungsrechten (Demonstrationen, Massenproteste, Kampagnen, Aktionen zivilen Ungehorsams, etc.), vor allem in einer „Moralisierung der Themen [...] in nichtvermachteten Öffentlichkeiten liberaler politischer Kulturen".[32] Das meint, es muss deutlich gemacht werden, dass die Lösung der Probleme im allgemeinen Interesse liegt: „Wir sind eben bereit, für die Stilllegung" von Atomkraftwerken „zu zahlen, sobald wir die Gefahr für alle erkennen."[33]

Habermas vertraut auf den „sanften Zwang des besseren Arguments" (vgl. S. 122), wenn es darum geht, den normativen Forderungen Geltung zu verschaffen, da auch der Machtapparat den „Pool von Gründen [...] nicht ignorieren darf".[34] Als Verbündeten kann die Lebenswelt dabei auf den Rechtsstaat zählen, der die Klammer bildet, die System und Lebenswelt zusammenhält. Der Judikative spricht Habermas, ähnlich wie einst Kant und Hegel (s.o.), eine herausragende Bedeutung im Konflikt der Lebenswelt mit den Mächten des Systems zu. An die Allgemeingültigkeit rechtlicher Regelungen, das gehört zum Wesen von Gesetzen, sind auch die Mächte des Systems gebunden. Wenn es den Kräften der Lebenswelt daher gelingt, ihre Anliegen rechtlich abzusichern, d.h. durch rechtliche Klagen gesetzlich zu verankern, haben sie die besten Chancen, erfolgreich zu sein. Habermas spricht hier von einer „Prozeduralisierung der Volkssouveränität".[35] Die Souveränität des Volks zeigt sich demnach nicht in unmittelbarer Gesetzgebung, also

30 *Habermas, Jürgen*: Nachholende Revolution und linker Revisionsbedarf. In: Die Moderne – ein unvollendetes Projekt. Leipzig [2]1992. S. 233.
31 Ebd. S. 237.
32 Ebd. S. 239
33 Ebd.
34 Ebd. S. 237.
35 *Ders.*: Faktizität und Geltung. Frankfurt/M. 1992. S. 362.

der Wahrnehmung der „ersten Gewalt", sondern in der Prozedur der Beeinflussung der „dritten Gewalt", in Form von Rechtsklagen und auf diesem Umweg der Einflussnahme auf die Gesetzesinitiativen. Zwei Beispiele: Die Proteste gegen den Anbau von genetisch veränderten Pflanzen in Deutschland waren letztlich erfolgreich, weil es Rechtsklagen von betroffenen Landwirten gab, die eine gesetzliche Regelung erzwangen. Die Proteste gegen eine Volkszählung führten 1983 sogar dazu, dass das Bundesverfassungsgericht auf eine Verfassungsklage hin ein neues Grundrecht, nämlich das Recht auf Datenschutz formulierte. Insgesamt, so Habermas, können die Kräfte der Lebenswelt nicht selbst und unmittelbar herrschen, wohl aber können sie die administrative Macht in bestimmte Richtungen lenken.

Die „dritte Macht" der Solidarität zu nutzen heißt, die „Festung" des Systems mit lebensweltlichen Initiativen dauerhaft zu belagern. Diese Belagerung geschieht zwar „ohne Eroberungsabsicht"[36], aber mit dem Ziel einer „Gewichtsverschiebung im Verhältnis jener drei Ressourcen Geld, Macht und Solidarität".[37] Der Festungsturm der Ökonomie soll nicht geschleift werden, es geht nicht um Enteignungen und Planwirtschaft, sondern um die sozialstaatliche Bändigung der entfesselten Ökonomie. Der Festungsturm der Staatsmacht soll nicht besetzt werden, es geht nicht um einen Staatsstreich, sondern um das Durchsetzen von Bürgernähe, Partizipation und Gesetzesinitiativen, die den Interessen der Lebenswelt entsprechen.

Habermas argumentiert normativ-idealistisch und realistisch zugleich: Er hat die „Hoffnung auf Emanzipation der Menschen aus selbstverschuldeter Unmündigkeit und erniedrigenden Lebensumständen" nicht verloren, aber er sieht zugleich, mehr als eine „Balance des Erträglichen für die weniger Begünstigten"[38] wird kaum zu erreichen sein.

36 Ebd. S. 626.
37 Ebd. S. 363.
38 *Ders.*: A. a. O. (s. Anm. 30) S. 241.

Religion – Erscheinung, Wesen und Kritik

1. Dimensionen des Religiösen: Definitionen – Erscheinungsformen – Wandel
2. Funktionen von Religionen – Ambivalenz der Funktionen
3. Religiosität – Motive und Ursachen
4. Geschichte der Religions- und Kirchenkritik
5. Fundamentale Religionskritik

Mit der Religion ist es wie mit der Liebe: Ich kann von außen viel über sie sagen, ich kann sie definieren, ihre Erscheinungsformen und Funktionen beschreiben, ihre Ursachen und Motive erklären, ihre Geschichte erläutern, ich kann sie sezieren und kritisieren – und habe mit all dem doch nicht verstanden, wie es sich anfühlt zu lieben oder zu glauben. Was es aus der Innenperspektive des Gläubigen bedeutet, an einen Gott oder an Götter zu glauben, welche Kraft und Zuversicht er aus seinem Glauben schöpft oder welche Schuldgefühle er empfindet, das ist aus der Außenperspektive des distanzierten Beobachters nie ganz nachvollziehbar.
Andererseits ist Religion, anders als die Liebe, keine Privatsache. Was religiöse Menschen übereinstimmend glauben, lernen sie in ihrer Kultur, von Eltern, Lehrern, in den religiösen Organisationen. Diese Organisationen stellen zugleich mächtige Interessengruppen dar, die sich auf die Mitgliedschaft oder Anhängerschaft „ihrer" Gläubigen stützen und durch diese finanziert werden. Als „organisierter Glaube" stellt Religion ein kulturelles Phänomen dar und ist als solches sehr wohl von außen, aus der Perspektive einer säkularen (weltlichen) Ethik, beschreibbar.

1. Dimensionen des Religiösen: Definitionen – Erscheinungsformen – Wandel

Die meisten Menschen waren und sind religiös. Allerdings unterscheiden sich die religiösen Glaubensinhalte sehr stark, nicht nur zwischen den einzelnen Religionsgemeinschaften, sondern auch innerhalb derselben. Untergliederungen gibt es in den meisten Religionen und Konfessionen: Der Hinduismus kennt sieben Hauptkonfessionen; die evangelischen Christen unterteilen sich weiter in Methodisten, Baptisten, Lutheraner und Reformierte; die sunnitischen Muslime gliedern sich in Hanafiten, Malikiten, Schafiiten und Hanbaliten. Weltweit unterscheidet man viele hundert einzelne Religionen; die größten Religionsgemeinschaften, ihr ungefähres Alter, ihre Begründer und Anhängerzahl sind in der Tabelle auf S. 224 zusammengestellt.

1. Definitionen von Religion

Die Unsicherheit darüber, was unter Religion genau zu verstehen sei, beginnt schon bei der lateinischen Herkunft des Wortes selbst. Nach Cicero geht das Wort *religio* auf *relegere* zurück und meint dann ein sorgfältiges Beachten der Regeln des Tempelkults; Lactantius sieht 300 Jahre später das Wort auf *religare*, das heißt „anbinden", „rückbinden", zurückgehen. Religion meint demnach eine Bindung des Menschen an etwas Göttliches. In jüngster Zeit hat man auch erwogen, ob der Begriff nicht ursprünglich *rem ligere* hieß, wörtlich „eine Sache binden", im übertragenen Sinn: vor etwas zurückschrecken, etwas mit Bedenken tun. Demnach bezog sich der Begriff ursprünglich nur auf religiöse Skrupel und weitete erst später seine Bedeutung aus.

Christliche Theologen und Philosophen haben immer wieder versucht, ihr Verständnis von Religion definitorisch in Schlagworte zu fassen:
„Das, woran Du Dein Herz hängst, das ist Dein Gott", sagt Martin Luther; Religion ist „das Gefühl schlechthinniger Abhängigkeit vom unverfügbar Göttlichen" (Friedrich Schleiermacher) oder „das Kreaturgefühl angesichts des Numinosen" (Rudolf Otto) [das Numinose bezeichnet die unfassbare göttliche Macht]; das „Ergriffensein von dem, was uns unbedingt angeht" (Paul

Die bedeutendsten Weltreligionen heute[1]			
Name	**Alter in Jahren, ca.**	**Religionsstifter**	**Anzahl der Anhänger**
Christentum	2000	Jesus von Nazareth	2199817000
Islam	1350	Mohammed	1387454000
Hinduismus	3800	Krishna/Rama	875726000
Chinesische Religionen	3000	Laotse, u. a.	385621000
Buddhismus	2400	Siddharta Gautama	385609000
Stammesreligionen	4000		266405000
Neue rel. Bewegungen	100		106533000
Sikhismus	500	Guru Nanak	22927000
Judentum	3300	Mose	14956000
Spiritismus	200		13508000
Bahai	150	Mirza H. Ali Nuri	7697000
Konfuzianismus	2500	Konfuzius	6444000
Andere Religionen			13445000
Nichtreligiöse und Atheisten			929756000

Tillich); „die Sehnsucht nach dem ganz Anderen" (Max Horkheimer).
Alle diese Bestimmungen von Religion verbindet, dass sie Religion als Gefühl verstehen, als Beziehungsgefühl zu etwas Transzendentem (Jenseitigem).

Eine wissenschaftliche Definition von Religion steht vor dem Problem, dass der Begriff nicht zu weit gefasst werden darf, damit nicht „Grillabende mit Gitarrenmusik"[2] ebenfalls noch als Religion gelten, und er darf nicht zu eng gefasst werden, damit auch tatsächlich die ganze Bandbreite unterschiedlicher Religionen in der Welt, auch Naturreligionen, noch erfasst werden.
Die wissenschaftliche Diskussion unterscheidet funktionale und inhaltliche Definitionen. Funktionale Definitionen bestimmen Religion über ihre Funktionen in der Gesellschaft und für den einzelnen Gläubigen. Sie betonen entweder die sozialintegrative Funktion (Thomas Luckmann), d. h. die Tatsache, dass Religion den Gläubigen in eine Gemeinschaft einbindet und seine kollektive Identität mit begründet, oder sie sehen die Funktion in der „Kontingenzbewältigung" (Niklas Luhmann), d. h. Religionen helfen dabei, das Unerklärliche zu erklären, das Widersprüchliche zu versöhnen und das Beliebige oder Zufällige zweckhaft erscheinen zu lassen – sie dienen also insgesamt der Sinnstiftung.

Inhaltliche Definitionen wollen nicht nur beschreiben, welche Funktionen Religion erfüllt, sondern inhaltlich festlegen, welche Art von Vorstellungen und Handlungen als religiöse zu bezeichnen sind. Religion wird hier als „ein Komplex religiöser Praktiken, die auf der Prämisse der Existenz [...] persönlicher oder unpersönlicher übermenschlicher Mächte beruhen"[3], bestimmt. Die religiösen Praktiken bestehen meist in der Kontaktaufnahme mit diesen Mächten oder im Zugang zu ihnen. Sie kann z. B. in symbolischen Handlungen bestehen: Gebet, Gesang, Opfer, Beichte etc., oder in Form von Extremhandlungen vollzogen werden: mystische Ekstase oder asketische Selbstversenkung.

Eine inhaltliche Bestimmung von Religion geht also von religiösen Erscheinungsformen und kultischen Handlungen aus. Sie muss allerdings erklären, welches Motiv die Gläubigen haben, den Zugang zu den übermenschlichen Mächten zu suchen. Dabei kommen sie um eine funktionale Bestimmung von Religion nicht ganz herum. Der Gläubige muss davon ausgehen, dass es „geboten, notwendig oder nützlich"[4] ist, sich an diese Mächte zu halten. Letztlich geht es um ein Heilsversprechen, das den Gläubigen zu seiner religiösen Praxis motiviert. Die Heilserwartung kann Unterschiedliches bedeuten: Erlösung von Sünden, ewiges Leben, Befreiung aus dem Zwang zur

Wiedergeburt, Hilfe bei Schmerz und Not, eine ertragreiche Ernte, günstiges Wetter, Fruchtbarkeit, eine ausgleichende Gerechtigkeit im Jenseits, etc.
Religion ist nach dieser Auffassung nicht das, was Fachleute – Theologen, religiöse Gelehrte – dazu erklären, sondern das, was einfache Gläubige weltweit an religiöser Praxis zeigen und woran sie glauben – auch wenn das religiöse „Experten" oft nicht ernst nehmen.

2. *Erscheinungsformen des Religiösen*

Die Anzeichen von Religion sind allgegenwärtig. Im Dorf erkennt man schon von Weitem das Minarett oder den Kirchturm; keine Kultur ohne zahllose Hinweise auf die Existenz von Religion und religiösen Bräuchen. Im Folgenden eine Auswahl wichtiger Erscheinungsformen des Religiösen, erkennbar im Äußeren oder im Denken und Handeln von Gläubigen:

Äußere Erkennungszeichen
Architektur: Tempel, Synagoge, Kirche, Moschee, Kloster, Garten, Säule, Obelisk, Pyramide
Kleidung: Gewänder, Kutten, Hüte, Kappen, Tücher, Gürtel …

Lebewesen und Dinge, die als religiöse Symbole/Zeichen gelten
Adler, Affen, Drachen, Fische, Hähne, Kühe, Löwen, Schlangen, Tauben; Bäume, Blüten, Früchte; Brot, Edelsteine, Gefäße, geometrische Formen, Kerzen, Kränze, Kreuze, Quellen, Rauch, Reliquien, Ringe, Runen, Schriften, Steine, Sterne, Teppiche, Wasser, Wein, Zahlen …

Religiöse Handlungen, Kultus
Abendmahl, Andacht, Beichte, Beschneidung, Fasten, Feier, Fest, Gebet, Geißelung, Gesang, Gottesdienst, Heiligsprechung, Kollekte, körperliche Übung, Mahl, Meditation, Opferung, Pilgerreise, Prozession, Ritual, Schweigen, Segnen, Tanz, Waschung, Wallfahrt, Weihe …

Geistige Ausdrucksformen
Askese, Barmherzigkeit, Bescheidenheit, Dogmatismus, Duldsamkeit, Ekstase, Fanatismus, Fatalismus, Genügsamkeit, Hilfsbereitschaft, Intoleranz, Magie, Missionierung, Mystizismus, Nächstenliebe, Opferbereitschaft, Okkultismus, Patriarchalismus, Pazifismus, Spiritismus, Vegetarismus …

Typische Glaubensinhalte
Alle Weltreligionen: Unsterblichkeit von Seele, Geist; jenseitige Gerechtigkeit: Lohn oder Strafe im Jenseits für Verhalten im Diesseits, Raum- und Zeitlosigkeit der übermenschlichen Macht.
Monotheistische Religionen: Transzendenz, Offenbarungen, Wundertätigkeit von Religionsstiftern, Schöpfung und Lenkung von Erde und Mensch durch einen Gott.

Die Vorstellungen von Gott oder den Göttern unterscheiden sich in den Religionen und Kulturen und wandeln sich im Laufe der Zeit. Die wesentlichsten Gottesbilder werden mit den folgenden Fachbegriffen bezeichnet:
Polytheismus: Glaube an mehrere Götter oder Göttinnen, denen meist bestimmte Fähigkeiten und Zuständigkeiten zugeschrieben werden; verbreitet in der griechischen, römischen, germanischen und südamerikanischen Antike, heute im Hinduismus und in vielen afrikanischen Naturreligionen.
Henotheismus: Glaube an einen höchsten Gott, der besonders stark verehrt wird, dem aber andere Gottheiten nachgeordnet sind oder der in Konkurrenz steht zu anderen, z. T. älteren Göttern; in antiken Religionen (Zeus als „Gottvater") und im frühen Judentum verbreitet.
Monotheismus: Glaube an einen einzigen, allmächtigen Gott, zuerst im Judentum, dann von Christen, Muslimen und im Bahaismus übernommen. Die monotheistischen Religionen werden auch als Schrift- oder Buchreligionen bezeichnet, da sie „heilige Bücher" als Glau-

1 Zahlen zu Anhängern, nach: Britannica Online, Juli 2007.
2 *Riesebroth, M.*: Cultus und Heilsversprechen. München 2007. S. 111.
3 Ebd. S. 113.
4 Ebd. S. 130.

bensgrundlage haben: die „Tora“, die hebräische Bibel, bei den Juden, das „Alte Testament“ und „Neue Testament“ bei den Christen und den „Koran“ bei den Muslimen. Die monotheistischen Religionen heißen auch abrahamitische Religionen, da sie sich alle auf Abraham als religiösen Stammvater berufen.

Deismus: Glaube an einen Gott aus Gründen der Vernunft (Vernunftreligion). Gott habe, als Schöpfergott, die Welt zwar erschaffen – denn anders könne man deren Entstehung vernünftig nicht erklären –, nehme dann aber keinen weiteren Einfluss auf den Verlauf seiner Schöpfung. Offenbarungen, „heilige Schriften“ und religiöse Kulte werden abgelehnt. Der Deismus entsteht im 17. Jahrhundert in England und findet in Deutschland zur Zeit der Aufklärung eine weite Verbreitung.

Theismus: Glaube an einen persönlichen, allmächtigen Gott, der die Welt nicht nur erschaffen hat, sondern sie erhält und lenkt, ohne selbst Teil der Welt zu sein: Gott als transzendentes, freies und vernünftiges Wesen. Im 17. Jahrhundert geprägter Begriff, der ursprünglich als Gegenbegriff zum Atheismus auf der Existenz eines Gottes beharrt, dann im Gegensatz zum Deismus auf dem Fortwirken Gottes in der Welt besteht.

Pantheismus: Glaube an die Göttlichkeit oder Heiligkeit der gesamten Natur und des Kosmos. Gott löst sich in seiner Schöpfung selbst auf. Pantheistische Tendenzen finden sich im Hinduismus, bei **Baruch de Spinoza (1632–1677)** und z. B. in der deutschen Romantik.

Animismus (lat. *anima* = Seele): Glaube an die Beseeltheit oder Anbetungswürdigkeit der Natur oder einzelner Elemente der Natur (Bäume, Quellen, Tiere, etc.); verbreitet in Naturreligionen, Stammesreligionen und z. T. im Buddhismus.

Agnostizismus: Annahme, dass die Existenz Gottes weder beweisbar noch widerlegbar sei. Agnostiker argumentieren entweder, es sei aus logischen Gründen unmöglich, die Existenz eines Gottes, die eine unüberprüfbare Behauptung darstellt, im strengen Sinn zu widerlegen, oder sie gehen davon aus, dass Gott etwas so unfassbar Großes sei, dass er sich menschlicher Erkenntnis entzöge. Der starke Agnostizismus antwortet auf die Frage nach der Existenz Gottes: „Ich kann es nicht wissen“, der schwache Agnostizismus antwortet: „Ich weiß es nicht.“ Agnostiker gibt es in der Philosophie seit den Sophisten, in der Neuzeit prägt den Begriff der Naturforscher **Th. H. Huxley (1825–1895).**

Atheismus: bestreitet nicht nur die Erkennbarkeit oder Beweisbarkeit Gottes, sondern er kritisiert radikal den religiösen Glauben als Irrtum, Bewusstseinstäuschung oder Wahn und sieht die von Gläubigen angenommenen religiösen Überzeugungen als Ergebnis von Indoktrination und Manipulation.

3. Wandel in der Religiosität

Religion und Religiosität zeigen sich heute, zumal in liberalen, wertepluralistischen und multikulturellen Gesellschaften, in deutlich anderer Form als noch vor 100 Jahren. Früher war es selbstverständlich, dass die Zugehörigkeit zu einer religiösen Gemeinschaft bedeutete, alle wesentlichen Glaubenssätze dieser Religion für wahr zu halten – und zugleich die Glaubenssätze fremder Religionen abzulehnen. Heute stellen sich viele Menschen ihre eigene „Patchwork-Religion“ zusammen: „Sie halten sich zum Beispiel für katholisch, erkennen jedoch viele wichtige Dogmen nicht an, oder sie kombinieren das Christentum mit dem Buddhismus, oder sie beten, sind aber nicht sicher, ob sie glauben“, stellt der kanadische Philosoph Charles Taylor in einer Untersuchung von „Formen des Religiösen in der Gegenwart“[5] fest.

Ursachen für die Mischformen und Aufweichungen von Religion liegen, nach Taylor, in der Säkularisierung des öffentlichen Bereichs, d. h. die traditionelle Verbindung von „Thron und Altar“, von weltlicher und religiöser Macht, hat sich seit der Aufklärung weitgehend aufgelöst; die Religionen haben die moralische Deutungshoheit verloren und sind nur noch ein Interessenverband unter anderen; viele ehemals religiös dominierte öffentliche Einrichtungen (Kindergärten, Schulen, Krankenhäuser, Altenheime etc.) sind weitgehend in staatliche oder privatwirtschaftliche Hände übergegangen oder werden vom Staat finanziert.

Auch die Anteile der Gläubigen sind stark rückläufig. 1950 waren noch 96 % der Bundesbürger Mitglied einer der beiden großen Kirchen, 2010 sind es noch 59 %; die Konfessionslosen stellen

mit knapp 35 % die größte Gruppe gegenüber Katholiken (29,7 %) und evangelischen Christen (29,3 %), wobei ca. 20 % der evangelischen und knapp 10 % der katholischen Kirchenmitglieder eher als Atheisten einzuschätzen sind.[6] Im Jahre 2010 stehen 3 000 Eintritten und 7 000 Wiedereintritten in die katholische Kirche über 180 000 Austritte gegenüber.[7]
Der Individualismus ist eine weitere Ursache der nachlassenden Bindungskraft der Religionen. Viele moderne Menschen sind nicht mehr bereit, ein religiöses Glaubenssystem im Ganzen ungeprüft zu übernehmen. Die neue Devise lautet eher: „Akzeptiere allein das, was für dein inneres Selbst wahr klingt."[8] Glaube wird als autonome, freiwillige Entscheidung und nicht mehr als Übernahme eines vorgegebenen Bekenntnisses verstanden.
Die Globalisierung, die Vermischung von Kulturen und Religionen durch weltweite Migration, die Entstehung neuer Religionen und Konfessionen (New Age, spiritistische Gruppen), die Verbindung von psychologischer Therapie und Religion, die „Verdünnung" von religiösen Glaubenssätzen durch symbolische Umdeutung, auch die Wissenschaftsgläubigkeit, die nur Überprüfbares für wahr gelten lässt – all dies führt zu einem Profilverlust der Religionen und zur Schwächung der Glaubensgewissheiten.
Exemplarisch zeigen sich die Uneinheitlichkeit und die Mischformen des Religiösen in Befragungen Jugendlicher in Deutschland:

Andererseits gibt es in allerjüngster Zeit Tendenzen, die für eine erneute Stärkung der Religionen und der religiösen Bindungen sprechen. Am deutlichsten zeigt sich dies im Islam und im Christentum. Anzeichen für diese Tendenzen sind die Zunahme religiöser Parteien und Organisationen (islamische: in Staaten des Nahen und Mittleren Ostens, christliche: in den USA, Lateinamerika und in Osteuropa); die Aufwertung von religiösen Werten, Normen und Gebräuchen im öffentlichen Bewusstsein; stärkere, auch gewaltsame, Konflikte zwischen und innerhalb der Religionen; die Zunahme an religiösem Fundamentalismus und Fanatismus; verstärkte Bemühungen um Expansion der Religionen (Missionierung). In Deutschland hat die Wahl von Joseph Ratzinger zum Papst (2005) zu einer vorübergehenden Abschwächung der Kirchenaustritte aus den christlichen Kirchen geführt. Dieser Trend ist aber seit dem Bekanntwerden zahlreicher sexueller und gewalttätiger Exzesse durch katholische Geistliche in den Jahren 2010 und 2011 umgekippt.
Jürgen Habermas sieht drei Ursachen für eine erneuerte „Vitalität des Religiösen"[10]: 1. Die missionarische Ausbreitung der großen Weltreligionen, von der vor allem die global agierende katholische Kirche und der sehr dezentral organisierte Islam profitieren, aber auch buddhistische und hinduistische Gruppen. 2. Die „fundamentalistische Zuspitzung" der Weltreligionen, die sich im verschärften Kampf gegen die moder-

Einstellungen zur Religion bei Jugendlichen (12–25 J.) in Deutschland, 2010[9]

Zustimmende Aussagen der Jugendlichen:	Angaben in Prozent:
Glaube an einen persönlichen Gott	*26*
darunter: Jugendliche mit Migrationshintergrund	*44*
Glaube an überirdische Macht	*21*
Weiß nicht, was ich glauben soll	*24*
Glaube weder an Gott noch überirdische Macht	*27*
darunter: Jugendliche neue Bundesländer	*63*

5 *Taylor, Charles*: Formen des Religiösen in der Gegenwart. Frankfurt/M. 2002. S. 96.
6 Vgl. Zahlen und Daten bei der Forschungsgruppe Weltanschauungen in Deutschland (www. fowid.de)
7 Sekretariat der deutschen Bischofskonferenz. www.dbk.de
8 *Taylor, Ch.*: A. a. O. (s. Anm. 5) S. 90.
9 nach: Jugend 2010. 16. Shell-Jugendstudie. Frankfurt/M. 2011. S. 208 f.
10 *Habermas, J.*: Die Dialektik der Säkularisierung. In: Blätter f. dt. u. internat. Politik, 4/2008. S. 33–46.

ne Welt, in rigiden Moralvorstellungen und in wörtlichem Bibelglauben offenbart. 3. Die Politisierung der Religionen und ihre zunehmende Gewaltbereitschaft. Das zeigt sich nicht nur im religiös begründeten Terrorismus, sondern etwa auch bei der religiösen Rechten in den USA und den stärker werdenden „Evangelikalen“ in Lateinamerika. Habermas spricht daher von einer „postsäkularen“ Situation in jenen westlichen Gesellschaften, die bisher als säkular (weltlich) bezeichnet wurden. Als wichtigste Haltung zum friedlichen Umgang miteinander fordert er Toleranz. „Toleranz heißt, dass sich Gläubige, Andersgläubige und Ungläubige gegenseitig Überzeugungen, Praktiken und Lebensformen zugestehen, die sie selbst ablehnen.“[11]

2. Funktionen von Religion – Ambivalenz der Funktionen

Der Umstand, dass die meisten Menschen religiös sind und sehr viele sich als Teil einer religiösen Gemeinschaft verstehen, hat seine Ursachen in den vielfältigen Funktionen, die Religionen für die Menschen erfüllen. Dabei sind in den einzelnen Religionen die verschiedenen Funktionen von ganz unterschiedlicher Bedeutung: Im Christentum mit seiner starken kirchlichen Organisation spielt das Gemeinschaftsgefühl, das die Gemeinde vermittelt, eine größere Rolle als im Buddhismus, der keine Kirche kennt; im Judentum mit seinen vielfältigen religiösen Bräuchen und kultischen Handlungen spielt die Funktion der Identitätsstiftung durch Religion eine besonders große Rolle; im Konfuzianismus mit seiner ausgeprägten Philosophie des guten und richtigen Lebens spielt die ethische Funktion eine herausragende Rolle.

Insgesamt lassen sich sechs grundsätzliche Funktionen von Religionen unterscheiden: eine **weltanschaulich-sinnstiftende Funktion**, eine **gesellschaftliche**, eine **identitätsstiftende**, eine **ethische**, eine **psychologische** und eine **karitative** Funktion. Dabei sollte man eigentlich zwischen den Funktionen differenzieren, die eine Religion als solche erfüllt, und jenen, die sie für den einzelnen Gläubigen hat. Zum Beispiel gehört zur ethischen Funktion einerseits der Einfluss, den eine Religionsgemeinschaft insgesamt auf die moralischen Wertvorstellungen einer Gesellschaft ausübt, andererseits prägt die Religion auch die moralischen Überzeugungen des einzelnen Gläubigen. In der folgenden Zusammenstellung wird auf diese Differenzierung verzichtet:

1. *Weltanschaulich-sinnstiftende Funktion:*
   - Deutung der Entstehung von Natur und Kosmos
   - Deutungen der historischen Entwicklung
   - Aussagen über Lebenszweck und -sinn

2. *Gesellschaftliche Funktion:*
   - Herrschaftslegitimation
   - Herrschaftsstabilisierung
   - Begründung und Förderung einer Arbeitsmoral
   - Herrschaftskritik, Gesellschaftskritik

3. *Identitätsstiftende und -stabilisierende Funktion:*
   - gemeinschaftsstiftend durch verbindende religiöse Überzeugungen
   - Geborgenheitsgefühl in der Gemeinde
   - Zusammengehörigkeitsgefühl durch gemeinsame Rituale und religiöse Pflichten

4. *Ethische Funktion:*
   - Begründung von Moral als Gottes Wille oder religiöse Pflicht
   - Vermittlung von Wertmaßstäben und Normen
   - religiös begründete Gebote und Verbote

5. *Psychologische Funktion:*
   - Angstbewältigung, Schmerzbewältigung
   - Krisensituationen bewältigen
   - Trost in Trauersituationen
   - Bewältigung von Stress durch Meditation oder Ekstase
   - Entlastung von Schuldgefühlen durch Beichte und Absolution

6. *Karitative Funktion:*
   - Bildung und Finanzierung von Hilfsorganisationen für Menschen in armen Ländern

- Unterstützung von Armen, Kranken, Behinderten, Obdachlosen, Straffälligen etc.
- Unterhalt von Kindergärten, Schulen, Altersheimen, Krankenhäusern

In dieser Sichtweise erscheinen die Funktionen der Religion fast durchweg positiv, und es entsteht der Eindruck, als seien Religionen ganz unverzichtbare Institutionen der Gesellschaft. Allerdings werden alle Funktionen auch kritisch gesehen, so dass man in der Gesamtbewertung von einer Ambivalenz der Funktionen spricht:

1. Die weltanschaulich sinnstiftende Funktion kann auch bedeuten, dass die Religionen ein falsches, wissenschaftlich unhaltbares Bild von der Entwicklung des Kosmos, der Natur und des Menschen vertreten. In manchen Religionen wird der Mensch, als „Krone der Schöpfung" überbewertet, die außermenschliche Natur abgewertet (etwa im „Unterwerfungsauftrag", den Bibel und Koran dem Menschen zusprechen), die menschliche Selbstüberschätzung wird so religiös befördert, der ökologische Raubbau legitimiert.
2. Die gesellschaftliche Funktion kann auch bedeuten, dass Religion Diktaturen legitimiert, eine undemokratische oder unsoziale Politik rechtfertigt oder Kriege und Unterdrückung gutheißt. Kriege werden häufig religiös begründet, als „heiliger Krieg" oder „Kreuzzug", oder religiöse Konflikte sind selbst häufige Kriegsmotive.
3. Die identitätsstiftende Funktion kann auch zu religiösem Fundamentalismus und Fanatismus beitragen, die Einbindung in die religiöse Gemeinschaft kann man als Belastung, als Zwang oder gar als „Gehirnwäsche" verstehen. Der Verlust an religiöser Überzeugung kann zu schweren Identitätskrisen führen.
4. Die ethische Funktion kann auch dazu führen, dass religiöse Werte und Normen in Widerspruch zu den elementaren Menschenrechten der Freiheit und Gleichheit geraten: Das Kastenwesen im Hinduismus, die Ungleichheit von Mann und Frau und barbarische Strafen im Islam, die Ablehnung gleichgeschlechtlicher Beziehungen, das Ehe-Verbot für Priester und die undemokratische Willensbildung im katholischen Christentum sind einige Beispiele. Religiöse Normen können als veraltet gelten; die Begründung von Moral durch die göttliche Autorität kann als irrational, vormodern und nicht auf einer autonomen Einsicht beruhend verstanden werden.
5. Die psychologische Funktion kann auch zu Scheinlösungen von Problemen führen. Die Vertröstung auf das Jenseits verhindert ein Engagement im Diesseits oder dient der Beschwichtigung berechtigter moralischer Empörung. Die Entlastung durch die Absolution kann die vernünftige Einsicht in die Verwerflichkeit von unrechten Handlungen verhindern.
6. Die karitative Funktion kann zur Gewissensberuhigung dienen, Mildtätigkeit kann u. U. das wahre Ausmaß einer Misere verbergen. Eine religiös-karitative Haltung kann in Widerspruch zu politischen Forderungen der Gerechtigkeit geraten: In einem Wohlfahrtsstaat hat sich der Staat aus Gründen der Gerechtigkeit um das Wohl der Bürger zu kümmern, eine karitative Haltung birgt die Gefahr eines Rückfalls in eine vormoderne Mildtätigkeitsgemeinschaft, oder sie behindert die Entwicklung eines modernen Wohlfahrtsstaats, wie in vielen armen Ländern.

3. Religiosität – Motive und Ursachen

Die Frage, warum Menschen religiös sind, wird unterschiedlich beantwortet, je nachdem, ob nach den persönlichen Motiven für das religiöse Glaubensgefühl gefragt wird, das aus der Innenperspektive der Gläubigen zu beantworten ist, oder ob die Ursachen für Religiosität erforscht werden, die aus der Außenperspektive des distanzierten Beobachters untersucht werden können. Die Motive decken sich zum Teil mit den positiven Funktionen unter 2. Demnach geben Menschen an, religiös zu sein:

- weil die Religion Antworten auf die Fragen nach Sinn und Zweck des Daseins bietet;

11 Ebd. S. 40.

- weil die Schönheit und Ordnung der Natur und des Kosmos auf einen Schöpfer deuten;
- weil die Religion Antworten auf Fragen bietet, die anders nicht beantwortbar sind, etwa nach einem Leben nach dem Tod, der Seele und einem Jenseits;
- weil sie in der religiösen Gemeinschaft Geborgenheit und Sicherheit erfahren;
- weil moralische Regeln überzeugend nur als göttlicher Wille zu begründen sind;
- weil der Glaube ihnen Trost spendet und Hoffnung gibt;
- weil sie Gott lieben und glauben, von ihm geliebt zu werden;
- weil sie erlöst oder erleuchtet werden wollen;
- weil sie spüren, dass sie im Leben gelenkt und geleitet werden;
- weil es etwas Größeres geben muss, von dem sie abhängen;
- weil sie sich als Geschöpf Gottes empfinden;
- weil es zu ihrer Identität gehört, religiös zu sein.

Die Ursachen für Religiosität erforschen vor allem die Soziologie, die Psychologie, die Biologie und neuerdings die Neurowissenschaften.
Die *Soziologie* versteht Religiosität als Ergebnis eines Lernprozesses. Niemand wird als religiöses Wesen geboren, sondern religiöse Handlungen, Riten und Glaubensinhalte (vgl. 1.) werden in Elternhaus, Schule, religiösen Institutionen und Medien vermittelt und verinnerlicht. Das erklärt, warum Gesellschaften mit starker religiöser Tradition diese von Generation zu Generation weiterreichen und areligiöse Gesellschaften entsprechend über Generationen als solche fortbestehen. Der Gruppendruck der religiösen Gemeinschaft stabilisiert das religiöse Bekenntnis, positive und negative Sanktionen sorgen für die Aufrechterhaltung der Rolle als Gläubiger.
Die *Psychologie* sieht Religiosität vor allem im Zusammenhang mit Angst und Angstbewältigung. Beim Kleinkind sind es zuerst die Eltern, deren Strafdrohung bei Fehlverhalten Angst erzeugt und die angesichts der Bedrohlichkeit der Welt zugleich Schutz und Trost gewähren. Dieses Muster bleibt erhalten. Beim Erwachsenen, der die moralischen Regeln verinnerlicht hat, ist es die Angst vor dem Schuldgefühl, der „Sünde“, die ihn an die Religion bindet, und zugleich bietet nur diese eine Bewältigung für die größte Angst, nämlich jene vor der Vergänglichkeit, dem Tod. Religion ist in psychologischer Sicht eine Angsterzeugungs- und Angstbewältigungsmacht. Beides bindet die Menschen an sie.
Die *Biologie* kennt unterschiedliche Ansätze zur Begründung von Religion. Die auf Charles Darwin zurückgehende Gruppenselektionstheorie sieht den starken Zusammenhalt und die gegenseitige Hilfsbereitschaft religiöser Gruppen als Selektionsvorteil im Prozess der Evolution. Ähnlich argumentiert neuerdings Robert Sosis in seiner „Theorie der starken Rituale“: Untersuchungen über die Dauerhaftigkeit von Organisationen ergaben, dass „die Gemeinschaften umso länger überlebten, je mehr sie von ihren Mitgliedern forderten“.[12] Und religiöse Gemeinschaften fordern besonders viel von ihren Mitgliedern: Einschränkungen beim Essen, Trinken, Kleiden und in der Sexualität, Gebote im Verhalten, Spenden- und Opferbereitschaft, Verzicht auf Annehmlichkeiten, selbst körperliche Verstümmelungen (Beschneidung). Deshalb haben strenge religiöse Gemeinschaften, anders als weltliche und liberal-religiöse, auch besonders gute Chancen, langfristig zu überleben. Religiöse Rituale bürgen für die Loyalität gegenüber der Gemeinschaft und stärken diese. „Nach der Theorie der teuren Rituale sichert sich eine Gemeinschaft umso größere Hingabe von ihren Mitgliedern, je mehr Beschränkungen sie ihnen auferlegt.“[13]
Auf die Vorteilhaftigkeit von Religiosität verweisen auch all jene Untersuchungen, die belegen wollen, dass religiöse Menschen gesünder, glücklicher und länger leben als nichtreligiöse.
Andere Ansätze sehen die Ausbildung von Religionen als „Nebenprodukt“ evolutionär nützlicher Eigenschaften des Menschen. Richard Dawkins verweist etwa auf die Nützlichkeit der Leichtgläubigkeit von Kindern, wenn es darum geht, diesen wertvolle Verhaltensratschläge zu geben. Diese Leichtgläubigkeit nutzten die Religionen aus und indoktrinierten die vertrauensseligen Kinder, die nicht fähig sind, zwischen nützlichen und falschen Ratschlägen zu unterscheiden.[14]
Die *Neurowissenschaften* verweisen auf die angebliche genetische Vererbbarkeit von Religiosi-

tät. In der Zwillingsforschung zeigen sich etwa starke Gemeinsamkeiten im Grad an Religiosität auch bei Zwillingen, die ganz getrennt aufwuchsen. Dean Hamer behauptete 2005, ein „Gottes-Gen" in den Erbanlagen entdeckt zu haben: Menschen mit einem hohen Grad an Spiritualität zeigten eine auffällige genetische Gemeinsamkeit bei einem Gen (VMAT2), das für Glücks-Botenstoffe zuständig sei.[15]

Andere Neurowissenschaftler behaupten, religiöser Glaube sei „das Gegenteil von Spiritualität". Diese habe damit zu tun zu sehen, was wirklich ist, die Suche nach emotionaler Sicherheit loszulassen und die Verantwortung für das eigene Leben selbst zu übernehmen. Religiöser Glaube hingegen versuche, „genau diese Verantwortung loszuwerden und einen neuen Realitätstunnel zu schaffen, eine neue Form des bewussten Erlebens". Er sei eine „sehr wirksame und robuste Strategie, das eigene subjektive Erleben zu designen".[16]

4. Geschichte der Religions- und Kirchenkritik

Die Geschichte der Religionen ist von Anbeginn an begleitet von ihrer Kritik. Allerdings ist zu unterscheiden zwischen immanenter Religionskritik, die mit einem religiösen Glauben vereinbar bleibt, und radikaler Religionskritik, die von einer atheistischen Position aus Religiosität als solche und als Bewusstseinszustand kritisiert.

Immanente Religionskritik unterteilt sich in **Kirchenkritik**, also Kritik der Praxis religiöser Organisationen, in **interreligiöse Kritik**, d.h. Kritik zwischen den Religionen, also z.B. zwischen den „großen Drei" in Asien: Buddhismus, Taoismus und Konfuzianismus, und zwischen den drei monotheistischen Religionen Judentum, Christentum, Islam, und in **intrareligiöse Kritik**, also Kritik innerhalb der einzelnen Religionen, z.B. zwischen Sunniten und Schiiten im Islam, zwischen Katholiken und Protestanten im Christentum. Dabei ist „Kritik" meist ein viel zu harmloser Begriff angesichts der erbitterten Kriege, die zwischen und innerhalb der Religionen geführt wurden und werden und die vielen Millionen Menschen das Leben kosteten. Die meisten Menschen, die weltweit in gewaltsamen Auseinandersetzungen ums Leben kamen, sind Opfer religiöser Anschauungen. Dennoch: Selbst der erbittertste Kritiker des Vatikans kann ein gläubiger Christ sein; auch wer das islamische Recht (*sunna*) und die Abwertung von Frauen im Islam scharf kritisiert, kann ein gläubiger Muslim sein.

Radikale Religionskritik wird erstmals im Zuge der Aufklärung öffentlich geäußert und ist im Wesentlichen auf das Christentum konzentriert. Allerdings versteht sich auch das kommunistische China unter Mao als atheistisch. Die hohe Zeit radikaler Religionskritik beginnt um 1760 mit David Hume und endet um 1920 bei Sigmund Freud (siehe S. 235).

1. Kirchenkritik

Kirchenkritik, also Kritik an den Anschauungen und Handlungen religiöser Organisationen, konzentriert sich auf das Christentum, da nur hier zentrale und hierarchisch gegliederte Organisationen existieren, die als solche beanspruchen, alle Anhänger ihrer Glaubensrichtung zu vertreten und stellvertretend für sie zu handeln. Dies gilt besonders für die katholische Kirche mit ihren 1,17 Mrd. Anhängern, 406 251 Priestern, 4903 Bischöfen, 218 Kardinälen und einem Papst (2011).[17] Die Vorwürfe gegen die Kirche richten sich vor allem auf deren gewalttätige Geschichte, in der die Durchsetzung des Christentums (Zwangsmissionierung) erzwungen, die konkurrierenden Religionen bekämpft und Kritiker in den eigenen Reihen (sog. Ketzer) verfolgt, ge-

12 *Sosis, R.* in: Gehirn und Geist, 1/2005. S. 48.
13 Ebd. S. 47.
14 Vgl. *Dawkins, R.*: Der Gotteswahn. Berlin 2007. S. 245 f.
15 *Schnabel, U.* in: Die Zeit, 20/2005. S. 12.
16 *Metzinger, Th.* in: Gehirn und Geist, 7/2006. S. 47.
17 Zahlen aus: www.apostolische-nachfolge.de/statistik.htm. Am 18. 02. 2012 wurden 17 neue Kardinäle ernannt.

foltert und getötet wurden. Dies geschah in zahlreichen Kreuzzügen gegen Muslime, Juden und andere Nicht-Christen: Der erste Kreuzzug (1096–1099) sollte Jerusalem aus muslimischer Besetzung „befreien", der letzte (1444) gegen das Osmanische Reich endet mit einer Niederlage in der Schlacht bei Warna. Die „Heilige Inquisition" der katholischen Kirche im 13.–15. Jahrhundert folterte und tötete in West- und Südeuropa Hunderttausende, die im Verdacht standen, nicht strenggläubig zu sein. Die sogenannte „Reconquista", die Wiedereroberung des seit dem Jahr 716 muslimischen Spaniens und Portugals durch christliche Krieger endete 1492 mit der Tötung, Vertreibung oder Zwangsbekehrung der Muslime und Juden auf der iberischen Halbinsel.
Der christliche Antisemitismus wurde durch die Reformation noch verschärft. Luther spricht von den „verfluchten und verdammten Juden" und übernimmt die katholischen Lügen von der Brunnenvergiftung, den Ritualmorden, der Spionage für die Türken etc. Bis ins 18. Jahrhundert wurden im Namen des Christentums Hexen verbrannt, im Nationalsozialismus blieb die Haltung des Vatikans zur Judenvernichtung uneindeutig.
Heute wird die katholische Kirche unter anderem für ihre undemokratischen Strukturen und Entscheidungsprozesse kritisiert, ihre intolerante Haltung gegenüber freier Sexualität, ihren Monopolanspruch auf religiöse Wahrheit, die erzwungene Ehelosigkeit ihrer Priester (Zölibat) und die zahlreichen gewalttätigen und sexuellen Übergriffe katholischer Geistlicher auf Kinder und Jugendliche weltweit.

2. Interreligiöse Kritik

Interreligiöse Kritik hat im Verlauf der Geschichte ebenfalls zu zahlreichen blutigen Konflikten und Kriegen geführt. Bis heute stehen etwa die Muslime in Konflikt mit den Hindus in Indien, den Juden im Nahen Osten, den Christen in der ganzen Welt. Den Christen gegenüber bestreiten sie vor allem die Gottessohnschaft Jesu, und sie halten die Trinitätslehre („Gottvater, Sohn, Heiliger Geist") für eine Aufweichung des strengen Monotheismus. Die Offenbarungen Mohammeds, als des letzten der Propheten, gelten den Muslimen als das definitiv „Letzte Wort" Gottes, seine Lehren sind die endgültigen, Jesus und Moses werden zu seinen Vorgängern relativiert. Umgekehrt sahen die Christen die Muslime anfangs als christliche Häretiker (Abweichler von der offiziellen Lehre), die, sei es aus Unvernunft oder aus Böswilligkeit, die Botschaft des NT nur unzulänglich verstehen. **Franz von Assisi (1181–1226)** versuchte bei Missionsreisen in den Orient, die Fehlgeleiteten auf den rechten Weg zurückzuführen. Erst bei **Thomas von Aquin (1226–1273)** wurden die Muslime zu „Ungläubigen", denen er nicht nur die Leugnung der Göttlichkeit Jesu und seines Kreuzestodes vorwarf, sondern auch ihre strenge „Prädestinationslehre", nach der für den von Allah gelenkten Menschen keine Handlungsfreiheit bleibt. Im späteren Mittelalter werden die christlichen Vorwürfe an die Muslime dann erweitert: Es gebe keine Wundertätigkeit Mohammeds, die seine religiöse Autorität beglaubigen könnte, sein unsittlicher Lebenswandel widerspreche seinen Botschaften, der Koran sei tautologisch, nichtssagend und obszön, seine Vorstellungen vom Paradies seien falsch, und ohnehin sei die Glaubenspraxis der Muslime gegen alle Vernunft. Die Vorwürfe gegen den Islam stützen sich dabei unter anderem auf Details aus Mohammeds vermeintlichem Liebesleben. Die dritte seiner ca. zehn offiziellen Frauen, die Tochter seines ersten Nachfolgers Abu Bakr, Aischa, war angeblich neun Jahre alt, als der Prophet die Ehe mit ihr vollzog.[18]
Der Türke „ist Gottes rute und des Teuffels diener, das hat keinen Zweifel", so urteilte Martin Luther in seiner Schrift „Vom Kriege widder die Türcken". Sie stammt aus jenem Jahr 1529, in dem die osmanische Eroberung Osteuropas bis vor Wien vorgedrungen war, und ist damit Ausdruck der damals verbreiteten Angst vor der „Türkengefahr".

Auch heute gibt es wechselseitige Kritik der Religionen aneinander. Die Kritik von Muslimen an Christen enthält u. a. die folgenden Vorwürfe:
- Nichtbeachtung des strengen Bilderverbots für Gott und die Propheten (s. Karikaturenstreit);
- mangelnde Integration von Muslimen in christlich-geprägten Gesellschaften;
- Behinderung der Religionsfreiheit von Muslimen in christlich-geprägten Gesellschaften

(s. Kopftuchstreit, Moscheebau, islamische Feiertage, islamischer Religionsunterricht);
- mangelnde religiöse Demut und Sittsamkeit, die eigentlich auch christlich geboten wäre;
- übertriebene Liberalität und Toleranz gegenüber einem nichtreligiösen Lebensstil;
- allgemein mangelnde Frömmigkeit und zu geringe Glaubensstrenge vieler Christen.

Die Kritik von Christen an Muslimen enthält u. a. folgende Vorwürfe:
- keine konsequente Trennung von Religion und Staat, von religiösem und staatlichen Recht;
- mangelnde Akzeptanz der Menschenrechte als universell gültige Rechte;
- Diskriminierung von Frauen;
- mangelnde Toleranz gegenüber anderen Religionen und Gläubigen;
- keine konsequente Ablehnung von Gewalt als Mittel zur Durchsetzung religiöser Interessen;
- kein aufgeklärt-kritisches Verhältnis zur eigenen Religionsgeschichte, den Überlieferungen, Offenbarungen und zum Koran.

Der Biologe Richard Dawkins verdichtet die immanente Religionskritik – als Kirchenkritik, inter- und intrareligiöse Kritik in Geschichte und Gegenwart – in einer langen Liste an Vorwürfen: „Stellen wir uns […] eine Welt vor, in der es keine Religion gibt – keine Selbstmordattentäter, keinen 11. September, keine Anschläge auf die Londoner U-Bahn, keine Kreuzzüge, keine Hexenverfolgung, keinen Gunpowder Plot, keine Aufteilung Indiens, keinen Krieg zwischen Israelis und Palästinensern, kein Blutbad unter Serben/Kroaten/Muslimen, keine Verfolgung von Juden als ‚Christusmörder', keine ‚Probleme' in Nordirland, keine ‚Ehrenmorde', keine pomadigen Fernsehevangelisten im Glitzeranzug, die leichtgläubigen Menschen das Geld aus der Tasche ziehen. Stellen wir uns vor: keine Zerstörung antiker Statuen durch die Taliban, keine öffentlichen Enthauptungen von Ketzern, keine Prügel auf weibliche Haut für das Verbrechen, zwei Zentimeter nackte Haut zu zeigen."[19]

3. *Die Theodizeefrage*

Zur immanenten Religionskritik gehört auch die Frage danach, wie ein allmächtiger und zugleich gütiger Gott zulassen kann, dass es so viele Übel und so viel Böses in der Welt gibt. Diese Frage beschäftigte in der Neuzeit zuerst **Gottfried Wilhelm Leibniz (1646–1716),** er bezeichnete sie als Theodizeefrage (griech.: Rechtfertigung Gottes). Die Fragestellung ist allerdings bereits im AT (Buch Hiob) und allgemein in der Antike bekannt; so wird Epikur die folgende knappe Fassung zugeschrieben (sie stammt aber von **Laktanz (um 280)**):

Entweder will Gott die Übel beseitigen und kann es nicht: Dann ist Gott schwach, was auf ihn nicht zutrifft; oder er kann es und will es nicht: Dann ist Gott missgünstig, was ihm fremd ist. Oder er will es nicht und kann es nicht: Dann ist er missgünstig und schwach zugleich, also nicht Gott. Oder er will es und kann es, was allein für Gott ziemt: Woher kommen dann die Übel und warum nimmt er sie nicht weg?

Die Frage stellt sich nur im Judentum und Christentum, in anderen Religionen existiert kein Gottesbild, das einen solchen Widerspruch zur Realität zum Problem werden lässt. Die Theodizeefrage gehört zur immanenten Religionskritik, da sie einen grundsätzlichen Gottesglauben voraussetzt: Für Atheisten, die eine Existenz Gottes ohnehin bestreiten, ist die Frage bedeutungslos.
Zu unterscheiden sind Übel und Böses. Übel widerfahren den Menschen, gehören aber nicht zu ihrem Wesen: Naturkatastrophen aller Art und Leiden aller Art: Krankheit, Schmerz, Tod. Das Böse hingegen ist Teil des menschlichen Charakters: Neid, Macht-, Ruhm- und Mordlust, Brutalität, Ungerechtigkeit etc.
Hier setzen die theologischen Antworten der Theodizeefrage an:
1. Das Bild von einem gütigen und zugleich allmächtigen Gott wird aufrechterhalten, indem bestritten wird, dass Übel und Böses überhaupt als solche einzuschätzen sind. Dies ist

18 Vgl. *Küng, H.*: Islam. München 2004. S. 160 ff.; und: at-Tabari, erster Biograf Mohammeds, in seiner Geschichte der Propheten und Könige. Zit. nach: *Kelek, Necla*: Die fremde Braut. Köln 2005. S. 159.
19 *Dawkins, R.*: Der Gotteswahn. Berlin 2007. S. 12.

u.a. die Antwort von Leibniz: Gott hat mit der Welt, die er erschaffen hat, *die beste aller möglichen Welten* erschaffen. In seiner Allmacht schafft er stets das Optimale – wir Menschen sind nur nicht fähig, das zu erkennen.

2. Das Gottesbild wird aufrechterhalten, indem behauptet wird, die Übel seien göttliche Strafen für das Böse, das die Menschen, entgegen dem Plan Gottes, aus eigener Freiheit hervorgebracht hätten. Wenn Bischöfe heute behaupten, Aids (das Übel) sei die Strafe für ein ausschweifendes oder homoerotisches Sexualleben (das Böse), beziehen sie sich auf diese Sichtweise.
3. Das Gottesbild wird dahingehend verändert, dass Gott Übel und Böses nicht verhindert, weil er sich, als reiner Schöpfergott, von der Welt zurückgezogen hat und sie sich selbst überlässt. Dies ist die Lösung des Deismus, der im 18. Jahrhundert verbreitet war.
4. Das Gottesbild wird dahingehend verändert, dass Gott als zu schwach eingeschätzt wird, die naturgesetzhaft sich ereignenden Übel zu verhindern. Auch Gott kann demnach die Naturgesetze nicht außer Kraft setzen. Seine Aufgabe ist es eher, Trost zu spenden, wenn uns Übel widerfahren (so etwa bei modernen Theologen, z.B. Dietrich Bonhoeffer).

Alle theologischen Antworten auf die Theodizeefrage werden heftig kritisiert. Im 18. Jahrhundert waren es vor allem die Übel, z.B. das schreckliche Erdbeben von Lissabon (1755), die als Widerspruch zu einem gütigen und allmächtigen Gott erschienen. Im 20. Jahrhundert ist es das Böse, das in Auschwitz seinen Namen findet, das einen gütigen und allmächtigen Gott nicht mehr glaubhaft erscheinen lässt. Das Monströse des Verbrechens von Auschwitz erlaubt für viele nur noch einen Gott, der hilflos weint.

Fundamentale Religionskritik in der Neuzeit

Kritiker	Religionskritisches Werk	Zur Position
Baruch de Spinoza (1632–1677)	*Tractatus theologico-politicus* (1670)	begründet die historisch-kritische Bibelanalyse und den philosophischen Atheismus, Kritik christlicher Dogmen und Offenbarungen
Pierre Bayle (1647–1706)	*Verschiedene Gedanken über den Kometen* (1681)	trennt Moral und Religion, hält einen atheistischen Staat für moralisch überlegen
David Hume (1711–1774)	*Naturgeschichte der Religion* (1757)	Gottesglaube als unbeweisbare, reine Einbildung, Kritik der Intoleranz und Aggressivität des Monotheismus
Paul Thiry d'Holbach (1723–1789)	*Das entschleierte Christentum* (1761)	Kritik der Verbindung von Thron und Altar; Religion entmündigt und ist „der Feind der natürlichen Moral".
Immanuel Kant (1724–1804)	*Die Religion innerhalb der Grenzen der bloßen Vernunft* (1793)	deistische Vernunftreligion: Religion als Gewissenhaftigkeit; das primäre Sittengesetz begründet die sekundäre Idee Gottes.
David Friedrich Strauß (1789–1852)	*Das Leben Jesu* (1835)	Differenz zwischen der historischen und der mythologischen Gestalt Jesu, erstere existiert nicht.
Bruno Bauer (1792–1866)	*Kritik der Geschichte der Offenbarungen* (1838)	Es gibt keine Offenbarungen. Sie sind reine literarische Erfindung der Evangelisten.

Kritiker	Religionskritisches Werk	Zur Position
Ludwig Feuerbach (1804–1872)	*Das Wesen des Christentums* (1841)	Umkehrung der Schöpfungsidee: Der Mensch schuf Gott; Projektionsthese: Menschliche Ideale werden in Gott projiziert.
Karl Marx (1818–1883)	*Kritik der Hegelschen Rechtsphilosophie* (1843)	Religion als entfremdetes Bewusstsein, als „Opium des Volkes“ verhindert die Emanzipation der Unterdrückten.
Friedrich Nietzsche (1844–1900)	*Die fröhliche Wissenschaft* (1883)	Erst die Erkenntnis des Atheismus („Gott ist tot“) ermöglicht eine autonome, natürliche, nichtautoritäre Moral.
Sigmund Freud (1856–1939)	*Die Zukunft einer Illusion* (1927)	Religiöses Denken als Teil des Über-Ichs, Infantilität des religiösen Wunschdenkens; Parallele von religiösen und zwangsneurotischen Ritualen
Bertrand Russell (1872–1970)	*Warum ich kein Christ bin* (1957)	Agnostiker: Nicht-Existenz Gottes ist nicht beweisbar. Kritik christlicher Moral
Richard Dawkins (*1941)	Der Gotteswahn (2007)	Religion als „Nebenprodukt“ kindlicher Erziehung

5. Fundamentale Religionskritik

Grundsätzliche Zweifel an der Existenz eines Gottes, von Göttern oder übersinnlichen Mächten gab es wohl immer. Allerdings durften sie lange Zeit nicht frei geäußert oder verbreitet werden. Am Beginn der Neuzeit stehen die Namen von Galilei, Descartes und Hobbes für viele Denker, die für ihre religiösen Zweifel von der Kirche verfolgt wurden, und selbst der Philosoph Johann Gottlieb Fichte musste noch im Jahr 1799 aus Jena fliehen, weil er als Atheist verdächtigt wurde. In vielen islamischen Ländern ist es bis heute lebensgefährlich, sich als Atheist zu bekennen. In westlichen Gesellschaften beginnt die veröffentlichte radikale Religionskritik im 18. Jahrhundert.

David Hume (1711–1774) ist der erste Philosoph, der es wagen kann, eine atheistische Theorie der Geschichte der Religionen zu veröffentlichen, die „Natural History of Religion“ von 1757. Hume ist der radikalste Vertreter des Empirismus, der davon ausgeht, dass die Erkenntnis von wahren Tatsachen nur aus sinnlicher Anschauung und Erfahrung möglich ist (vgl. S. 72ff.). Alles, was wir sicher wissen können, stammt – mit Ausnahme von mathematischen Operationen, die durch reines Nachdenken möglich sind – aus der gedanklichen Kombination von Sinneseindrücken. Wir verbinden diese Eindrücke durch die Erfahrung, indem wir Ähnlichkeiten, räumliche und zeitliche Zusammenhänge und Ursache-Wirkung-Zusammenhänge (Kausalitäten) herstellen. Neben dem so gewonnenen wahren Tatsachenwissen (*matter of facts*) gibt es natürlich auch Vorstellungen (*ideas of imagination*), Wünsche, Einbildungen, die aber können keinerlei Wahrheitsanspruch erheben. Dazu zählen auch die religiösen Vorstellungen. Gott ist nicht sinnlich wahrnehmbar, also ist seine Existenzbehauptung keine wahrheitsfähige Tatsache, sondern reine Einbildung, unbeweisbarer Glaube (*faith*).

Am Ende seiner „Untersuchung über den menschlichen Verstand“ (1758) fasst Hume brüsk zusammen: „Greifen wir irgendeinen Band (aus einer Bibliothek) heraus, etwa über Gotteslehre oder Schulmetaphysik, so sollten wir fragen: *Enthält er irgendeine abstrakte Schlussfolgerung über Größe oder Zahl?* Nein. *Enthält er irgendeine auf Erfahrung gestützte Schlussfolgerung über Tatsachen und Dasein*? Nein. So übergebt ihn den Flammen, denn er kann nichts als Blendwerk und Täuschung enthalten."[20]

In seiner „Naturgeschichte der Religion" bezeichnet Hume religiösen Glauben zwar als „allgemeine Begleiterscheinung der menschlichen Natur"[21], sie sei aber kein allgemeines natürliches Phänomen, wie etwa die Liebe oder die Selbstsucht des Menschen. Religion war nicht stets und überall vorhanden, es gibt durchaus areligiöse Gesellschaften. Hume lobt den frühen Polytheismus, der lange vor dem Monotheismus entstand, als Religion mit „menschlichen", lebensnahen Göttern, die als Vorbild für die Menschen fungieren konnten. Die Götter des Polytheismus waren in ihren Zuständigkeiten begrenzt, daher weniger Furcht einflößend und meistens mit anderen Göttern fremder Kulturen vereinbar. Den Monotheismus kritisiert er scharf: Er überhöht den einen Gott und erniedrigt damit die Menschen. Der Gläubige muss unterwürfig sein, der Absolutheitsanspruch des Monotheismus macht die Religion intolerant und aggressiv. Da der allmächtige Gott der monotheistischen Religionen auch das Innenleben, Gedanken und Gefühle der Gläubigen kennt, müssen sie in ständigen Gewissensqualen leben und alle kritischen Stimmen gegen Gott in sich unterdrücken. So dient der Monotheismus der Angsterzeugung und Unterdrückung der Natürlichkeit des Menschen. Die Religion lässt „den Verstand abstumpfen, das Herz verhärten, die Fantasie verdüstern und das Gemüt verbittern".[22]

Hier klingt die schärfste Kritik Humes an der Religion bereits an: Sie behindert und unterdrückt die „natürliche Moral" des Menschen. Humes Moraltheorie (vgl. S. 160 f.) geht von einer natürlichen Veranlagung des Menschen zur Sympathie mit anderen aus. Diese bildet die Grundlage der moralischen Beziehungen der Menschen. Moral ist eine Frage des Gemüts, und dabei ist entscheidend, dass dieses nicht irritiert, verunsichert oder abgelenkt wird. Genau dies aber wirft er der Religion vor. Durch ihre Bräuche und Sitten, ihre falschen Forderungen und ihre Konzentration auf Gott und Heilige statt auf die Mitmenschen müsse sie „die natürlichen Antriebe der Gerechtigkeit und Menschlichkeit aufs äußerste schwächen".[23]

Die Konzentration des Gläubigen auf sein Seelenheil sei imstande, „die wohlwollenden Gemütsregungen auszulöschen und eine engherzige, beschränkte Selbstsucht zuwegezubringen".[24] Religiosität, besonders jene der monotheistischen Religionen, und „natürliche Moral" sind nach Hume unvereinbar.

Immanuel Kant (1724–1804) war, anders als der Atheist Hume, ein pietistisch erzogener, gläubiger protestantischer Christ. Von seiner religionstheoretischen Hauptschrift „Die Religion innerhalb der Grenzen der bloßen Vernunft" (1793) erhoffte er sich, sie möge „zur Annehmung der christlichen Glaubenslehre geneigt"[25] machen. Dennoch trägt Kant insofern zur fundamentalen Religionskritik bei, als er die Idee einer Vernunftreligion des Deismus aufgreift und vertieft. Der Deismus dreht das Begründungsverhältnis von Religion und Moral um: Nicht die Religion (oder Gott) begründet die Moral, vielmehr ist es vernünftig, aus der Existenz der Moral auf die Existenz eines Gottes zu schließen. Auch für Kant ist die Moral das Primäre: „Gott ist nicht ein Wesen außer mir. [...] Gott ist die moralisch-praktische Vernunft."[26] Religion wird mit „Gewissenhaftigkeit" gleichgesetzt. Die Offenbarungen in den heiligen Schriften gewinnen Bedeutung nur insofern, als sie vernünftig sind und die Sittlichkeit der Menschen befördern. Kants Religion ist ohne Kult und ohne Kirche zu denken. Er setzt die „Kirchenreligion", die er für falsch und entbehrlich hält, ab von der „Vernunftreligion", die allein begründbar und notwendig ist. Kant hält für unabweisbar: „Alles, was außer dem guten Lebenswandel der Mensch noch thun zu können vermeint, um Gott wohlgefällig zu werden, ist bloßer Religionswahn und Afterdienst Gottes."[27]

Kants „moralischer Gottesbeweis", den er formuliert, nachdem alle gängigen Gottesbeweise seiner Kritik nicht standhielten, ist zugleich die

Aufhebung aller Gottesbeweise: Nach theologischer Auffassung verpflichten die moralischen Gesetze, weil sie Gottes Gebote sind; nach Kant sind sie nur deshalb als Gebote Gottes anzusehen, „weil wir dazu innerlich verpflichtet sind".[28] Die Existenz des Sittengesetzes im autonomen Menschen begründet die Idee Gottes. Gott wird damit zur abgeleiteten Größe einer praktischen Vernunft.

In Deutschland konzentriert sich die Veröffentlichung der wirkungsvollsten fundamental-kritischen Schriften auf den kurzen Zeitraum von nur zehn Jahren. Es ist die vor-revolutionäre Zeit vor der „Märzrevolution" 1848, in der David F. Strauß, Bruno Bauer, Ludwig Feuerbach, Max Stirner und Karl Marx ihre radikalen Kritiken verfassen.

David Friedrich Strauß (1808–1874) untersuchte 1835 in das „Leben Jesu" die literarischen Quellen des Christentums und zeigt, dass der historisch belegbare Jesus ein anderer ist als der Christus des Glaubens. Letzterer ist nur eine mythologische, irreale Gestalt.

Bruno Bauer (1809–1882) gelangte in seinen textkritischen Arbeiten zum AT „Kritik der Geschichte der Offenbarung" (1838) und zum NT „Kritik der evangelischen Geschichte der Synoptiker" (1841/42) zu der Einschätzung, dass die Evangelien reine literarische Produkte der Evangelisten sind. Was im NT steht, ist literarische Erfindung, entspringt dem Selbstbewusstsein der Verfasser und ist keineswegs Überlieferung von Offenbarungen eines Gottes. Letztlich gelangt er zur Überzeugung, dass es selbst eine historische Figur Jesus nie gegeben habe. Die historischen Analysen erweisen das Christentum als eine der „großen Erzählungen", ihre Glaubwürdigkeit entspricht jener von anderen fiktiven Werken der Weltliteratur.

Ludwig Feuerbach (1804–1872) kann in seinem Hauptwerk „Das Wesen des Christentums" (1841) hier anknüpfen. Wenn die Evangelien das Produkt des Selbstbewusstseins der Evangelisten sind, dann ist es kein weiter Schritt zu der Einsicht: „Jedes Wesen hat seinen Gott, sein höchstes Wesen in sich selbst. Preisest Du die Herrlichkeit Gottes, so preisest Du die Herrlichkeit des eigenen Wesens."[29] Wenn Feuerbach also den Schöpfungsprozess umkehrt, nicht Gott den Menschen, vielmehr dieser seinen Gott schafft – „alle Bestimmungen des göttlichen Wesens" sagt er, „sind menschliche Bestimmungen"[30] –, so versteht er die Vorstellung von Gott als Projektion menschlicher Bedürfnisse. Feuerbach stützt seine Behauptung geschichtlich, indem er zeigt, dass der historische Wandel der Götter- und Gottesbilder dem Wandel der menschlichen Kultur und Selbstbilder vollkommen entspricht. Die späteren Religionen betrachten die früheren als Götzendienst, oder, positiv gewendet: „Jeder Fortschritt in der Religion ist daher ein tieferes Selbstverständnis."[31] Feuerbach argumentiert aber nicht nur historisch, sondern auch anthropologisch und logisch. Der logische Fehler des Gläubigen besteht in der Verwechslung oder Gleichsetzung von Prädikaten und Existenzbehauptung. Weil Menschen gewohnt sind, Prädikate an eine Existenzbehauptung zu binden, fällt nicht auf, dass in dem Satz „Gott ist allmächtig" zwei Behauptungen stecken: Die Existenzbehauptung „Gott existiert" gilt uns als selbstverständliche *Voraussetzung* der Prädikatsbehauptung, er sei allmächtig,

20 *Hume, D.*: Eine Untersuchung über den menschlichen Verstand. Frankfurt/M. 2007. S. 205.
21 Ebd. S. 70.
22 *Ders.*: Enquiry, II. S. 198; zit. nach: *Heinrich, E.*: Religionskritik in der Neuzeit. München 2001. S. 318.
23 *Ders.*: Dialogs concerning Natural Religion, S. 114; zit. nach: Ebd. S. 317.
24 Ebd.
25 *Kant, I.*: Die Religion in den Grenzen der bloßen Vernunft. In: Werke, Bd. XX. S. 440.
26 *Ders.*: Ebd., Bd. XXI. S. 145.
27 *Ders.*: A. a. O. (s. Anm. 25) S. 164.
28 *Ders.*: Kritik der reinen Vernunft. B 847.
29 *Feuerbach, L.*: Das Wesen des Christentums. Frankfurt/M. 1976. S. 26.
30 Ebd. S. 32.
31 Ebd. S. 31.

obwohl sie in Wirklichkeit nur eine *Folge* der Prädikate ist. Die Idee der Allmacht sucht sich eine Existenz, der sie angehaftet werden kann. Da nun aber die Gott zugeschriebenen Prädikate, nämlich weise, gütig, allwissend, gerecht, etc. zu sein, in Wirklichkeit nichts anderes sind als menschliche Ideale, Prädikate eines idealisierten Menschen, ist die Behauptung einer göttlichen Existenz nur eine Projektion unseres Selbstbewusstseins. Lernen die Menschen diesen Trugschluss zu durchschauen, so werden die Gott zugeschriebenen Prädikate wieder frei, können als menschliche Ideale wieder ihre utopische Kraft geltend machen und zu Zielen einer humanen Lebensführung werden. Das ist der ethische Kern der Feuerbach'schen Kritik: Ein wahrer Humanismus kann sich erst entfalten, wenn die göttlichen Prädikate wieder zu menschlichen Zielen werden.

In diesem Sinne versteht sich Feuerbach auch nicht als konsequenter Atheist: „Ein wahrer Atheist", sagt er, „ist daher auch nur der, welchem die göttlichen Prädikate, die Liebe, die Weisheit, die Gerechtigkeit nichts sind, aber nicht der, welchem das Subjekt dieser Prädikate nichts ist."[32]

Max Stirner (1806–1856) vollzieht in seinem provokanten, von der preußischen Zensur sofort verbotenen Werk „Der Einzige und sein Eigentum" (1844) diesen letzten Schritt. Er negiert nicht nur die Existenz, sondern auch die Prädikate Gottes als sinnvolle humanistische Ziele. Er bestreitet jede Art von Verpflichtung gegenüber anderen, auch gegenüber einer transzendenten Macht – falls diese existieren sollte –, und beharrt auf einem konsequenten Egoismus. Hier klingt bereits das Programm des Nihilismus an, das Nietzsche dann aufgreift und vertieft. Stirner schreibt: „Das Göttliche ist Sache Gottes, das Menschliche Sache ‚des Menschen'. Meine Sache ist weder das Göttliche noch das Menschliche, ist nicht das Wahre, Gute, Rechte, Freie usw., sondern allein das *Meinige*, und sie ist keine allgemeine, sondern ist – *einzig*, wie ich einzig bin. Mir geht nichts über mich!"[33]

Karl Marx (1818–1883) zieht ganz andere Konsequenzen aus der Feuerbach'schen Religionskritik. Er zeigt in der Einleitung zur „Kritik der Hegelschen Rechtsphilosophie" (1844) die praktischen politischen Konsequenzen der radikalen Religionskritik und bettet sie zugleich in die allgemeine Kritik der „Überbauphänomene" von Staat, Recht und Kultur ein. In dreifacher Hinsicht ergänzt und konkretisiert er die Kritik Feuerbachs.

Er liefert, erstens, das bei Feuerbach fehlende Motiv dafür, warum die Gläubigen sich ihre Ideale – unbewusst – in den Himmel projizieren: „Dieser Staat, diese Sozietät produzieren die Religion, ein verkehrtes Weltbewusstsein, weil sie eine verkehrte Welt sind."[34] Das religiöse Bewusstsein ist also entfremdetes Bewusstsein in einer entfremdeten Welt. In dieser erfindet sich nicht der einzelne Gläubige seine Glaubensinhalte, sondern diese werden ihm im Ganzen gesellschaftlich vermittelt.

Er zeigt, zweitens, die Folgen und Funktionen der Religiosität für den Einzelnen: Sie ist der „Trost- und Rechtfertigungsgrund [...] einer herzlosen Welt". Sie hilft, das irdische Jammertal durchzustehen, und verhindert damit zugleich die Bereitschaft zur Rebellion. Sie betäubt den Menschen und lenkt ihn von der Möglichkeit seiner Emanzipation ab. Sie ist „das Opium des Volkes".[35]

Marx betont hier die Dialektik von Trost und Vertröstung, von abstrakter religiöser Verheißung und konkreter weltlicher Hoffnung.

Er zeigt, drittens, dass die Religionskritik als Katalysator für die allgemeine Kritik herrschender Zustände dient: „Die Kritik des Himmels verwandelt sich in die Kritik der Erde, die Kritik der Religion in die Kritik des Rechts ..."[36] Damit ist Religionskritik die Voraussetzung für eine reale revolutionäre Veränderung der Gesellschaft.

Anders als für den Philosophen Feuerbach, für den Religionskritik eine intellektuelle Herausforderung war, ist sie für den Revolutionär Marx „Herzenssache". Seine revolutionäre Ungeduld leidet an der religiösen Duldsamkeit und Ergebenheit der entfremdeten Gläubigen.

Friedrich Nietzsche (1844–1900) veröffentlicht keine zusammenhängende Darstellung einer Religionskritik. Religionskritische Bemerkungen finden sich, überwiegend in aphoristischer Form, in seinem gesamten Werk. Mit zunehmendem Alter werden die Aphorismen kritischer, besonders gegenüber dem Christentum. Im Gegensatz zu den „vornehmen" Religionen der griechischen Antike, so Nietzsche, negiere das Christentum alles Ästhetische, sei weder apollinisch noch dionysisch, vielmehr eine barbarische Religion: „Mit jeder Ausbreitung des Christentums über noch breitere, noch rohere Massen, denen die Voraussetzungen immer mehr abgiengen, aus denen es geboren ist, wurde es nötiger, das Christenthum zu vulgarisieren, zu barbarisieren, – es hat Lehren und Riten aller unterirdischen Kulte des Imperium Romanum, es hat den Unsinn aller Arten kranker Vernunft in sich eingeschluckt."[37]

Im direkten Widerspruch zu Feuerbachs Sichtweise einer Höherentwicklung des Gottesbilds mit der Zunahme der Selbsterkenntnis der Menschen, aber in Anknüpfung an Humes Hochschätzung polytheistischer Religionen, steht schon Nietzsches Sicht im frühen Werk „Menschliches, Allzumenschliches", etwa in seinem Aphorismus „Das Ungriechische im Christenthum". „Der Mensch denkt vornehm von sich", heißt es hier, „wenn er sich solche Götter giebt"[38], wie es die Griechen mit ihren Göttern taten, die als Spiegelbild der edelsten und besten Exemplare der eigenen Gattung erscheinen – im Gegensatz zu den Christen, die in einem Knechtschaftsverhältnis zu ihrem Gott stehen, die sich unterwerfen müssen, von göttlicher Gnade beschämt werden. Das Christentum will „vernichten, zerbrechen, betäuben, berauschen, es will nur Eins nicht: das Mass, und deshalb ist es im tiefsten Verstande barbarisch, … unvornehm, ungriechisch".[39] Aber Nietzsche argumentiert nicht nur religionsgeschichtlich, sondern auch logisch.

Er verweist etwa in „Die Gefangenen" auf die Selbstwidersprüchlichkeit religiöser Begriffe: Wer sich wirklich für andere einsetzen will, wie Jesus das behauptet, lässt sich nicht durch deren Haltung davon abbringen. Da Jesus aber den Glauben an ihn zur Bedingung seines erlösenden Handelns macht, will er sich nicht wirklich für die Menschen einsetzen, er liebt sie nicht selbstlos.

Im Aphorismus „Der Alltagschrist" zeigt er dessen Widerspruch zwischen Denken und Verhalten: Wer wirklich an den „Jüngsten Tag" und eine jenseitige Vergeltung glaubte, der müsste, angesichts der Ungeheuerlichkeit von Drohung und Verheißung ein völlig anderes Leben führen, müsste „Priester, Apostel oder Einsiedler werden und mit Furcht und Zittern einzig am eigenen Heile arbeiten".[40] Da die meisten Menschen sich aber anders verhalten, demonstrieren sie damit, dass sie die religiöse Drohung und Verheißung nicht wirklich ernst nehmen.

In Nietzsches radikaler Kritik aller Metaphysik und Zerstörung des idealistischen Selbstbewusstseins bleibt kein Platz für ein Jenseits, das, so Nietzsche, erfunden wurde, „um die einzige Welt zu entwerthen, die es giebt, – um kein Ziel, keine Vernunft, keine Aufgabe für unsre Erden-Realität übrig zu behalten!" Es bleibt in Nietzsches Kritik kein Platz für eine „‚unsterbliche Seele', erfunden, um den Leib zu verachten, […] um allen Dingen, die Ernst im Leben verdienen, einen schauerlichen Leichtsinn"[41] entgegenzusetzen.

Und es bleibt zuletzt kein Platz für irgend eine Vorstellung einer „anderen Welt", die als „wahre Welt" erscheint, sei es als Welt der tugendhaften Weisen, bei Platon; sei es als verheißene Welt für die frommen Büßer, im Christentum; sei es als zwar unerreichbare, unbeweisbare, aber schon als

32 Ebd. S. 38.
33 *Stirner, M.*: Der Einzige und sein Eigentum. Bottrop 1986. S. 7
34 *Marx, K./Engels, F.*: Werkausgabe (MEW), Bd. 1. S. 378.
35 Ebd.
36 Ebd.
37 *Nietzsche, F.*: Der Antichrist. In: Werke, Bd. 6. Kritische Studienausgabe. S. 209.
38 *Ders.*: KSA, Bd. 2. S. 117.
39 Ebd.
40 Ebd. S. 470.
41 *Ders.*: Ecce homo. In: KSA, Bd. 6. S. 374.

denkmögliche, transzendentale Welt, Trost spendend und verpflichtend, bei Kant. Jede Form von Transzendenz ist für ihn „eine unnütz, eine überflüssig gewordene Idee“, so Nietzsche, „schaffen wir sie ab!“[42]

Nietzsches berühmtester Aphorismus, **„Der tolle Mensch“**, der den Tod Gottes beklagt und die moralischen Folgen dieses Mordes in apokalyptischen Bildern ausmalt, enthält mehrere Deutungsebenen:

1. Auf der Oberfläche stellt er den weit verbreiteten Atheismus der Zeit fest: „Da dort gerade Viele von denen zusammenstanden, die nicht an Gott glaubten, so erregte er ein grosses Gelächter.“[43]
2. Die nächste Ebene zeigt das moralische Vakuum, die ethische Desorientierung, die nach dem Verlust religiöser Moralbegründung einsetzt: „Irren wir nicht wie durch ein unendliches Nichts? Haucht uns nicht der leere Raum an? Ist es nicht kälter geworden?“
3. Aber das ist nicht die letzte Aussage des Texts. Der Tod Gottes verweist auf dessen Geschichtlichkeit. Wer ermordet werden kann, muss geboren worden sein. Religiosität ist ein historisches Phänomen, Gott ist nichts Unendliches, seine Erzeuger sind wir, und so wie er unsere Kopfgeburt ist, stirbt er auch in unserem Kopf. „Wir alle sind seine Mörder“, ruft der tolle Mensch.
4. In der tiefsten Schicht der Deutung erweist sich dieser Mord an Gott als heroische Groß- und Befreiungstat, die den „neuen Menschen“ möglich macht, weil sie die letzte Stufe der „Umwertung aller Werte“ vollzieht, indem sie die „wahre Welt“, die letzte Ausflucht, als Schein entlarvt. Mit dem Mord an Gott, als Vatermord, befreit sich der Mensch von seiner letzten, stärksten Fessel, die ihn an der Erkenntnis des Nihilismus gehindert hat, und ihn nun zu wahrer Autonomie befähigt. „Ist nicht die Größe dieser Tat zu gross für uns? Müssen wir nicht selber zu Göttern werden, um nur ihrer würdig zu erscheinen? […] Wer immer nach uns geboren wird, gehört um dieser Tat willen in eine höhere Geschichte, als alle Geschichte bisher war!“[44] „Der tolle Mensch“ zeigt Nietzsches Programm zur vollendeten moralischen Autonomie.

Sigmund Freud (1856–1939) knüpft an Nietzsches Religionskritik an und integriert sie in die von ihm entwickelte Wissenschaft der Psychoanalyse. Welcher psychische Mechanismus liegt dem Gottesglauben zugrunde? Wie entstehen die religiösen Gefühle von Schuld, Scham und Sünde? Was verbindet religiöse Rituale mit neurotischen Zwangshandlungen? Diese Fragen versucht die Psychoanalyse zu beantworten. In ihr wird die „unsterbliche Seele“ zur vergänglichen Psyche, das religiöse Bewusstsein wird zum Teil des „Über-Ichs“ (vgl. S. 127), die religiöse Heilserwartung wird zum kindlichen Wunschdenken, dessen Hoffnung ohne Grund bleibt. „Die Zukunft einer Illusion“, so der Titel von Freuds religionskritischem Hauptwerk von 1927, ist zu Ende, sobald sie von der kritischen Vernunft als solche entlarvt wurde.
Freuds frühe Darstellung der Entstehung von Religiosität in „Totem und Tabu“ (1912) behauptet: Gott ist der erhöhte, in die Jenseitigkeit verlängerte, reale Vater – „der Vater im Himmel“. Die „Vatersehnsucht“ ist die Wurzel des religiösen Bedürfnisses. Der religiöse Mensch bleibt insofern infantil (kindlich), als es ihm nicht gelingt, die vom realen Vater vermittelte Welt der Normen, die Gebote und Verbote als völlig im Über-Ich aufgegangene zu begreifen. Er braucht die Verkörperlichung der Normen in einer väterlichen – strengen und gütigen – Figur. Seine Ich-Identität bleibt unvollendet, weil ihm ein letzter Schritt der Ablösung von den väterlich vermittelten Normen und deren Auflösung in der Abstraktion nicht gelingt. Und weil dieser Mechanismus nicht nur in der Ontogenese (beim Einzelmenschen) funktioniert, sondern auch in der Phylogenese (bei der Menschheit), ist Religiosität sowohl eine subjektive Zwangsneurose als auch ein Massenwahn. Freud stellt schon früh (1907) auffällige Gemeinsamkeiten zwischen den Handlungen von Zwangsneurotikern (z. B. Waschzwang) und den rituellen religiösen Handlungen fest:

- Gewissensangst bei der Unterlassung eines Rituals;

- das Bedürfnis, den Ablauf des Rituals vor äußeren Störungen zu schützen;
- die extreme Gewissenhaftigkeit in der Ausführung;
- die Steigerung zu einem immer komplizierteren, kleinlichen Zeremoniell;
- Bußhandlungen im Hinblick auf mögliche Strafen bei Fehlern oder Mängeln;
- kurzfristiges Gefühl der Befriedigung nach Vollzug des Rituals schlägt rasch in neues, starkes Schuldgefühl um.

„Nach diesen Übereinstimmungen", fasst Freud zusammen, kann man „die Zwangsneurose als pathologisches Gegenstück zur Religionsausübung auffassen [...], die Religion als eine universelle Zwangsneurose."[45]
Im späteren Werk zieht Freud neben dem Über-Ich auch das Es, neben dem Vater auch die Mutter zur Erklärung der Entstehung von Religiosität heran. Die Ohmacht und Hilflosigkeit des Kleinkinds lässt es sein erstes Liebes-Objekt in der schützenden und nährenden Mutter finden, sie wird „zum ersten Angstschutz"[46]. Zusammenfassend heißt es bei Freud:
„Wenn nun der Heranwachsende merkt, dass es ihm bestimmt ist, immer ein Kind zu bleiben, dass er des Schutzes gegen fremde Übermächte nie entbehren kann, verleiht er diesen die Züge der Vatergestalt, er schafft sich die Götter, vor denen er sich fürchtet, die er zu gewinnen sucht und denen er doch seinen Schutz überträgt. So ist das Motiv der Vatersehnsucht identisch mit dem Bedürfnis nach Schutz gegen die Folgen der menschlichen Ohnmacht."[47]

Aber anders als Nietzsche bleibt Freud sehr selbstkritisch. Er erfindet sich einen kritischen Gegenspieler, der ihn mit Einwänden aus der Sicht des Gläubigen konfrontiert. Es sei, so dieser Gegenspieler, doch seinerseits eine Illusion Freuds zu glauben, die Vernunft könne die Rolle der Religion ersetzen, wenn es um Erziehung, Kultur und Moral gehe. Und Freud räumt ein: „Der Primat des Intellekts liegt gewiss in weiter, weiter, aber wahrscheinlich doch nicht unendlicher Ferne."[48]
Die Religion ist der neurotische Zweig der Kultur. Ihre drei Funktionen, die Wissbegierde des Menschen zu stillen, Trost und Sicherheit zu spenden und den gesellschaftlich notwendigen Triebverzicht zu begründen, erfüllt sie nicht wirklich: Ihre Antworten auf die ungelösten Fragen (Wissbegier) sind falsch; ihrem Trost liegt eine falsche Verheißung zugrunde, und sie fordert viel mehr Triebverzicht, als es kulturell notwendig wäre. Freud ist überzeugt, nur die Wissenschaft, als Teil der Kultur, ist fähig, diese Funktionen wirklich zu erfüllen.
Daher beharrt er am Ende doch darauf: „Nein, unsere Wissenschaft ist keine Illusion. Eine Illusion aber wäre es zu glauben, dass wir anderswoher bekommen könnten, was sie uns nicht geben kann."[49]
Mit diesem „Glaubensbekenntnis" an die Kraft der menschlichen Vernunft, die allein jene Probleme wirklich wird lösen können, die einst die Religion fälschlicherweise zu lösen vorgab, endet Freuds Religionskritik. Und damit endet auch die „klassische" Phase der fundamentalen Religionskritik, die mit der Aufklärung begann.

Die Religionskritik ist auch in der Gegenwart nicht verstummt. Drei Positionen sind vor allem bedeutend, eine naturwissenschaftlich argumentierende (Dawkins), eine analytisch-rational argumentierende (Flew) und eine anthropologisch argumentierende (Tugendhat).

42 Ebd.
43 *Ders.*: Die fröhliche Wissenschaft, Nr. 125. In: KSA, Bd. 3, S. 480.
44 Ebd.
45 *Freud, S.*: Zwangshandlungen und Religionsausübung (1907). In: Studienausgabe, Bd. VII. Frankfurt/M. 2000. S. 21
46 *Ders.*: Die Zukunft einer Illusion. In: Studienausgabe, Bd. IX. S. 156
47 Ebd. S. 158.
48 Ebd. S. 186.
49 Ebd. S. 189.

Richard Dawkins (*1941) ist ein radikaler Atheist im doppelten Sinn: Er hält religiöse Gefühle nicht nur für Wahnideen, sondern wirft religiösen Institutionen auch vor, gefährlich zu sein, weil sie intolerant, aggressiv und unmoralisch seien. Er plädiert daher für einen liberalen, weltlichen Humanismus als moralische Grundlage von Gesellschaften. Als Biologe wendet er sich u.a. gegen den Kreationismus. Dieser besagt, es sei extrem unwahrscheinlich, dass die Erde und alle Formen komplexen Lebens zufällig entstanden seien. Viel plausibler sei es, einen Schöpfergott (Kreator) anzunehmen, der alles nach einem Plan gestaltet habe. (Das Argument reicht in die Antike zurück. Schon Aristoteles spricht von einer notwendig ersten Substanz, einem „unbewegten Beweger", der den Kosmos in Gang setzt und hält.[50] Auch der Deismus der Aufklärung stützt sich auf einen Schöpfergott.)
Dawkins zeigt nun, dass Gestaltung oder Zufall nicht die einzige Alternative zum Verständnis der Welt und des Lebens ist. Die Kosmologie erklärt Entstehung und Wandel des Universums, die Geologie die Veränderungen auf der Erde, und die Evolutionsbiologie liefert mit dem von Darwin entdeckten Prinzip der natürlichen Selektion eine naturwissenschaftliche Deutung der Entstehung und Entwicklung aller Lebensformen von der Bakterie bis zum Menschen. Tatsächlich sei, so Dawkins, die natürliche Selektion „nicht nur eine sparsame, plausible und elegante Lösung, sie ist auch die einzige jemals vorgeschlagene Alternative zum Zufall, die wirklich funktioniert".[51]
Andererseits führe die vermeintliche Lösung des Zufallsproblems durch die Annahme eines göttlichen Gestalters nur zu einer noch größeren Unwahrscheinlichkeit: Ein Gott, der etwas so Unwahrscheinliches wie einen Menschen nach Plan gestalten kann, ist seinerseits noch viel unwahrscheinlicher als dieser Mensch. „Die Lösung ‚Gott' beendet also nicht die unendliche Regression, sondern verstärkt sie ganz gewaltig."[52]

Anthony Flew (* 1923) galt bis zu seiner Wandlung zum Deisten, 2005, als atheistischer Philosoph, der auf logische Widersprüche im religiösen Denken verwies. Berühmt ist sein Hinweis auf einen verbreiteten Trugschluss in religiöser Argumentation, der nicht akzeptiert, dass es ganz unterschiedliche Ausprägungen religiöser Überzeugungen gibt, und stattdessen auf einem einzigen, allein richtigen Glauben beharrt:
A sagt: „Kein Christ kann je die Embryonenforschung billigen."
B sagt: „Aber mein Onkel ist Christ und Embryonenforscher."
A sagt: „Dann ist dein Onkel eben kein *wahrer* Christ."
Flew will damit zeigen, dass es so viele unterschiedliche Definitionen von religiösem Glauben gibt, dass die realen Handlungen von Personen keine Bedeutung für die Definition des Glaubens haben. Umgekehrt heißt das: Alles Handeln ist – irgendwie – religiös begründbar. Mutter Teresa beruft sich auf Gott, wie sich die Attentäter des 11. September 2001 auf Allah berufen.
Der Grundwiderspruch religiösen Denkens besteht darin, dass es einerseits auf reinem, unbelegbarem Glauben beruht, andererseits auf absoluter Wahrheit besteht. Im Laufe der Geschichte wurden die religiösen Überzeugungen ständig dem Stand des Wissens angepasst. Was früher als Tatsachenbehauptung galt, die wörtlich zu nehmen war – die Erschaffung der Erde in sieben Tagen, die Jungfrauengeburt Jesu, die Auferstehung, etc. –, wird heute bildlich umgedeutet, spiritualisiert und metaphorisch verdünnt: Die Rede ist nun vom „Gott in uns", der „Hölle in uns" etc. Damit entzieht sich der religiöse Wahrheitsanspruch jeder Überprüfbarkeit oder Widerlegbarkeit. Aber eine Behauptung, die nicht widerlegt werden kann, ist letztlich völlig inhaltsleer. Anthony Flew fragt daher:
„Was müsste eigentlich geschehen, um uns [...] zur Aussage zu berechtigen: ‚Gott liebt uns nicht', oder sogar ‚Gott existiert nicht'? Ich stelle daher einfach die zentrale Frage: Was müsste geschehen oder geschehen sein, das für Sie einen Gegenbeweis gegen die Liebe oder Existenz Gottes darstellen würde?"[53]

Ernst Tugendhat (* 1930) fragt: Brauchen wir die Religion, weil uns letztlich nur das religiöse „Kreaturgefühl" oder der Glaube an etwas Größeres vor der Verabsolutierung und Selbstanbetung bewahren und uns einen Weg eröffnen, die eigene Egozentrizität (Ich-Bezogenheit) zu überwinden?

Anders als den Egoismus kann ich meinen Egozentrismus nur sehr schwer überwinden. Auch wenn ich, ganz altruistisch, das Wohl des anderen über mein eigenes stelle, bleibe doch *ich* es, der das will und tut. „Auch bei demjenigen", sagt Tugendhat, „dem es nicht um sein eigenes Wohl geht, bleibt die Struktur der Egozentrizität erhalten, weil er das Wohl von anderen zu *seinem* Zweck macht."[54]

Es gibt also zwei Wege, sich selbst und seine Interessen weniger wichtig zu nehmen: Im einfachen Fall dämpfe ich meine Selbstbezogenheit, relativ zum anderen. Im schwierigen Fall nehme ich meine Sorgen um und mein Engagement für den anderen nicht so wichtig. Der Altruismus bleibt also vereinbar mit der Vorstellung, ich sei der Mittelpunkt des Universums. Vielleicht nehme ich mich gar umso wichtiger, je mehr ich mich um andere kümmere: Wohin gerät die Welt ohne meine Opferbereitschaft?

Was hilft uns, diese letzte Selbstbezogenheit zu überwinden, von uns selbst und unseren Sorgen um uns und die Welt zurückzutreten, mehr Gelassenheit zu erreichen angesichts all der Enttäuschungen und Ungewissheiten, gegen die wir trotz allen Einsatzes machtlos bleiben? Hier findet, als Antwort, der Gottesglaube eine letzte Begründung. In der Hinwendung zum unbegreiflichen, unfassbaren Gott gelingt es dem Gläubigen, die Selbstbezogenheit zu überwinden, die eigene Perspektive zu verlassen und die Welt distanziert und bescheiden zu sehen.

Allerdings wird hier nur dem Gläubigen geholfen. Der Ungläubige muss sich andere Wege suchen. Tugendhat schlägt dazu die Mystik vor, nicht die religiöse, die als Mittel zur Gottfindung dient, sondern eine Mystik, die im Gegensatz zur Religion steht, weil sie uns helfen will, die eigenen Wünsche zu relativieren und zu einem neuen Selbstverständnis zu gelangen.

„Der Weg der Religion hingegen besteht darin, dass man die Wünsche lässt, wie sie sind, und stattdessen eine *Transformation der Welt* mittels einer Wunschprojektion vornimmt: Die Macht, die die Menschen umgibt, wird zu diskreten Wesen verdichtet, von deren Wirken man sich vorstellen kann, dass das eigene Glück oder Unglück abhängt, und die als von uns beeinflussbar angesehen werden."[55]

Der Weg der nichtreligiösen Mystik, als einem Zurücktreten von der eigenen Wichtigkeit in der Welt, ist der des Staunens. Nicht jenen Staunens allerdings, das gleich nach Gründen für das Erstaunliche fragt, vielmehr des Staunens, das es beim Unbegreiflichen belässt, das uns nicht zum Enträtseln drängt, sondern im Anstaunen verharrt. Das gilt für vieles, was unseren Sinnen nicht zugänglich ist: die Zeit, der Raum, das Sein, die Zahl, das Bewusstsein, alles, was bei Platon die ewigen Ideen der Welt sind. Und es gilt für manches, was wir sinnlich erleben, aber nicht begrifflich fassen können: Musik, ein Bild, ein dunkles Gedicht, die Ausstrahlung von Berg und Meer, der „gestirnte Himmel über mir" (Kant). Auch im ganz weltlichen Staunen über das Unfassbare, Wunderbare, im fortdauernden Nicht-Verstehen des Erstaunlichen kann die Selbstbezogenheit überwunden werden, ohne religiöse Transzendenz.

50 *Aristoteles*: Metaphysik, XII,6.
51 *Dawkins, R.*: Der Gotteswahn, A.a.O. S. 166.
52 Ebd.
53 *Flew, A.* in: *Dahl, E.* (Hrsg.): Brauchen wir Gott? Moderne Texte zur Religionskritik. München 2006. S. 76.
54 *Tugendhat, E.*: Egozentrizität und Mystik. München 2003. S. 39.
55 Ebd. S. 122.

Philosophische Ästhetik

1. Die ästhetische Erfahrung
2. Ästhetische Eigenschaften
3. Ästhetische Gegenstände
4. Geschichtliche Positionen der philosophischen Ästhetik
5. Was ist Kunst?

Der Begriff „Ästhetik" ist vom griech. „*aisthesis*" abgeleitet. Dieser Begriff bedeutet etwa „sinnliche Wahrnehmung". Als philosophische Disziplin taucht er im 18. Jahrhundert bei Alexander Gottlieb Baumgarten auf, der „Ästhetik" als die „Wissenschaft von dem sinnlichen Erkennen" definiert. Eine philosophische Ästhetik hat vor allem die Aufgabe einer Begriffsklärung, während beispielsweise die empirisch orientierte soziologische Ästhetik sich mit der Beziehung zwischen Kunst und Gesellschaft befasst. Schon in der Antike gingen Philosophen Fragen der Ästhetik nach. Die Bedeutung des Terminus „Ästhetik" wie auch die entsprechenden Inhalte waren starken Wandlungen unterworfen. Die bekanntesten traditionellen Definitionen lauten:

1. Ästhetik ist die Theorie der Kunst.
2. Ästhetik ist die Theorie des Schönen.
3. Ästhetik ist die Theorie der sinnlichen Erkenntnis (der sinnlichen Wahrnehmung).

Aus heutiger Sicht sind diese Definitionen unzureichend, mögen sie auch Wesentliches enthalten.[1]

Zu 1.: Ästhetische Erfahrungen oder Erlebnisse kommen zwar durch Kunstwerke zustande, wenn wir etwa Musik hören oder ein Gemälde betrachten. Sie können aber auch von Alltagsdingen ausgelöst werden wie durch die Spiegelung auf einer regennassen Straße oder durch einen festlich geschmückten Raum. Auch Naturdinge können auf uns ästhetisch wirken: ein Regenbogen, ein Frühlingswald oder der Flug eines Raubvogels.

Zu 2.: Diese Definition umfasst zwar auch Naturdinge, aber es sind weder alle Naturdinge noch alle Kunstwerke schön. Es gibt Kunstwerke, die hässlich und dennoch Kunstwerke sind, wenn die Hässlichkeit vom Künstler gewollt ist. Außerdem gibt es nicht nur „schön" oder „hässlich" als ästhetische Eigenschaften, sondern auch „erhaben", „anrührend", „anmutig" „ausgewogen" oder „sentimental".

Zu 3.: Sinnliche Wahrnehmung spielt für die ästhetische Erfahrung eine zentrale Rolle. Dennoch ist die Definition nicht angemessen. Nicht jede Wahrnehmung ist eine ästhetische Wahrnehmung in dem Sinne, wie wir „ästhetisch" gewöhnlich verstehen. Und nicht jedes ästhetische Erlebnis ist ein auf sinnliche Qualitäten bezogenes Wahrnehmungserlebnis, wenn wir beispielsweise eine Novelle als „spannend", „witzig" oder „pointenreich" empfinden.

Die folgende Definition von „Ästhetik" umgeht die Unzulänglichkeiten der genannten Definitionen, berücksichtig sie dennoch in Teilbereichen angemessen:

„Ästhetik ist die Theorie der ästhetischen Erfahrung, der ästhetischen Gegenstände und der ästhetischen Eigenschaften."[2]

Diese umfassende – keineswegs zirkuläre – Definition verlangt, dass die Grundbegriffe geklärt und ihre Problematik in Hinsicht auf das Ästhetische erörtert werden. Es ergeben sich hier u. a. folgende Fragen:

- Wie unterscheiden sich ästhetische Erfahrungen von nichtästhetischen? Was ist das Charakteristische einer ästhetischen Erfahrung? Kann man ein und denselben Gegenstand ästhetisch und nichtästhetisch erleben?
- Welche Gegenstände können überhaupt ästhetische Gegenstände sein: Sind es nur materielle Gegenstände, die wir sinnlich wahrnehmen, oder sind es nur Gebilde unseres Bewusstseins?
- Wenn wir sagen „Das Bild ist schön", sprechen wir damit einem Gegenstand eine Eigenschaft zu oder wollen wir damit nur sagen, dass uns das Bild gefällt? Wie kommt es, dass bei der ästhetischen Beurteilung eines Gegenstandes die Meinungen oft weit auseinandergehen? Gibt es überhaupt echte ästhetische Eigenschaften oder lassen sie sich auf nichtästhetische zurückführen?

1. Die ästhetische Erfahrung

Man spricht von einer ästhetischen Erfahrung (oder einem ästhetischen Erlebnis), wenn wir uns daran erfreuen, dass etwas schön aussieht – ein Sandstrand in einer Felsenbucht – oder dass etwas sich gut anhört wie – das gilt nicht für jeden – ein Song von Sting. Auch wenn wir ein Buch lesen und es spannend oder amüsant finden, spricht man von einer ästhetischen Erfahrung. Diese kann aber auch negativ sein: Wir finden etwas hässlich oder eklig, langweilig oder fade. Zu fragen ist: Was ist charakteristisch für eine ästhetische Erfahrung?

Zu einer ästhetischen Erfahrung oder einem ästhetischen Erlebnis gehört immer eine **Vorstellung** im weiten Sinne, die Präsenz von etwas in unserem Bewusstsein. Vorstellungen sind u. a. Sinnesempfindungen, sinnliche Wahrnehmungen, Erinnerungen und Fantasievorstellungen. Die meisten ästhetischen Erlebnisse sind Wahrnehmungserlebnisse. Jedoch gibt es auch solche, die auf Fantasievorstellungen beruhen, wie dies beispielsweise bei der Lektüre eines Romans der Fall ist.

Bestandteil des ästhetischen Erlebnisses ist immer auch ein **Gefühl**. Typischerweise sind dies Wohlgefallen und Missfallen. Fraglich ist, ob es überhaupt genuin ästhetische Gefühle gibt.

Die beiden Komponenten Vorstellung und Gefühl sind notwendig, aber nicht hinreichend für die Kennzeichnung ästhetischen Erlebens. Denn der Anblick von weggeworfenem Müll am Feldrand in Kombination mit der Empörung über den Umweltverschmutzer ist noch kein ästhetisches Erlebnis. Es muss also noch ein Faktor hinzukommen, damit das Erlebnis zu einem ästhetischen Erlebnis wird.

Die genauere Bestimmung der dritten Komponente kann vom Subjekt ausgehen, nämlich davon, *wie* wir wahrnehmen. Dabei kommen Gefallen und Nichtgefallen als das Dritte nicht in Betracht, da diese Gefühle auch im Bereich des Moralischen eine Rolle spielen. Wohl aber kann die ***Einstellung*** des Subjekts die dritte Komponente ausmachen, also die Art, wie es rezipiert.

a) Eine solche Einstellung findet sich in dem von Kant erörterten „interesselosen Wohlgefallen" (siehe S. 252). ***Interesselosigkeit*** bedeutet hier nicht, wie in der Umgangssprache, dass ich nicht bereit bin, mich auf einen Gegenstand einzulassen. Denn es kommt beim ästhetischen Erleben darauf an, sich aufmerksam und konzentriert der Sache zu widmen.

1 Die folgende Bestimmung von „Ästhetik" orientiert sich weitgehend an: *Reicher, Maria R.*: Einführung in die philosophische Ästhetik. Darmstadt ^{2}2010. S. 9–91.

2 Ebd. S. 16.

Gemeint ist vielmehr, dass ich mich dem Gegenstand um seiner selbst willen zuwende und ihn nicht unter dem Gesichtspunkt betrachte, ob er meinem Wollen und Begehren dienlich ist. Die Betrachtung eines Gemäldes als Geldanlage ist demnach keine ästhetische Einstellung.

b) Als eine weiter reichende Charakterisierung der ästhetischen Einstellung kann man die ***psychische Distanz*** nennen. Diese bedeutet nicht nur die Abwesenheit von Wollen und Begehren, sondern auch die Abwesenheit von Gefühlen überhaupt.

Beide Einstellungen kann man als kontemplativ bezeichnen. – Zu untersuchen ist, ob Interesselosigkeit oder psychische Distanz tatsächlich eine Erfahrung zu einer ästhetischen machen.

Zu a) Interesselosigkeit ist auch im beschriebenen Sinne nicht möglich. Wenn uns ein Gegenstand gefällt, dann wollen wir auch, dass er existiert. Jedenfalls dann, wenn die Existenz des Gegenstandes die notwendige Bedingung dafür ist, dass wir das Wohlgefallen überhaupt haben können. Außerdem ist es durchaus möglich, dass wir externe Interessen haben und gleichzeitig den Gegenstand um seiner selbst willen betrachten. Auch wer sich über die den nötigen Regen bringenden Wolken freut, also den Nutzen im Auge hat, kann ein ästhetisches Vergnügen an ihnen haben.

Zu b) Da Gefallen und Missfallen emotionale Reaktionen bei einem ästhetischen Erlebnis sind, kann es in der psychischen Distanz, der Abwesenheit aller Emotionen, kein solches Erleben geben. Zudem spielen auch nichtästhetische Emotionen in Kunstwerken eine große Rolle, wie etwa in Tragödien. Ästhetische Erfahrungen sind nicht notwendig frei von solchen Emotionen.

Selbst wenn man zugibt, dass eine ästhetische Einstellung darin besteht, einen Gegenstand um seiner selbst willen zu betrachten, ist dies für die Bestimmung einer ästhetischen Erfahrung nicht hinreichend. Denn es gibt auch anderes, mit dem wir uns um seiner selbst willen beschäftigen und an dem wir Gefallen haben, z. B. Wissenschaft, Philosophie oder auch Sport und Spiel. Dennoch stimmt, dass für eine ästhetische Erfahrung eine gewisse Einstellung nötig ist, etwa die Aufmerksamkeit um der Sache selbst willen und das Beiseitelassen der üblichen praktischen Erwägungen; diese Haltung ist jedoch nicht spezifisch ästhetisch.

Die – neben Vorstellung und Gefühl – dritte Komponente, die eine Erfahrung erst zu einer ästhetischen macht, kann offenbar nicht im ***Subjekt***, in einer besonderen psychischen Haltung gefunden werden. Daher ist zu vermuten, dass das ästhetische Erleben sich im ***Objekt*** gründet, nämlich in den ästhetischen Eigenschaften des Gegenstandes selbst. Zu einem ästhetischen Erlebnis gehört immer das Erfassen einer ästhetischen Eigenschaft. Der Begriff Wahrnehmen trifft in diesem Zusammenhang zwar oft zu, wäre aber hier zu eng, da beispielsweise eine Novelle nicht mit den Sinnen wahrgenommen wird (die Wahrnehmung der bedruckten Seiten ist nicht identisch mit der Rezeption der Novelle).

2. Ästhetische Eigenschaften

Das Ergebnis des letzten Abschnitts lässt die Richtigkeit des folgendes Satzes vermuten: „Man hat ein ästhetisches Erlebnis genau dann, wenn man an einem Gegenstand ästhetische Eigenschaften erfasst." Die Untersuchung dieses Satzes muss mit der Beantwortung der Frage beginnen, was überhaupt ästhetische Eigenschaften sind.

Die folgende als Versuch anzusehende Klassifikation macht die große Vielfalt ästhetischer Eigenschaften deutlich. Sie sind hier mit dem Synonym Qualitäten bezeichnet. Den genannten Beispielen lassen sich weitere hinzufügen:

a) *Reine ästhetische Wertqualitäten*: schön, hässlich, erhaben, lächerlich.
b) *Gefühlsqualitäten*: traurig, fröhlich, zornig, melancholisch.
c) *Formale Qualitäten*: ausgewogen, harmonisch, streng komponiert.
d) *Verhaltensqualitäten*: kühn, träge, sprunghaft.
e) *Evokationsqualitäten*: langweilig, unterhaltsam, rührend, aufwühlend, spannend.
f) *Repräsentationale Qualitäten*: realistisch, wirklichkeitsgetreu, verfremdet.
g) *Wahrnehmungsqualitäten zweiter Ordnung*: lebhaft, intensiv, gedämpft, trübe (als Qualitäten von Farben und Tönen).

h) *Historische Qualitäten*: originell, bahnbrechend, konservativ.[3]

Als Evokationsqualitäten bezeichnet man die Eigenschaften, die eine bestimmte Wirkung beim Rezipienten *hervorrufen*. – Wahrnehmungsqualitäten 1. Ordnung sind die Farben oder Töne selbst: rot, blau, c"-Klarinettenton.
Die genannten Beispiele zeigen, wie schwierig es ist, ästhetische Eigenschaften zu bestimmen. Denn viele der Begriffe haben in einem anderen Kontext eine nichtästhetische Bedeutung, z.B. „melancholisch", „realistisch", „kühn". Außerdem haben viele der genannten Eigenschaften eine wertende Komponente, wie „schön", „erhaben", „harmonisch" oder „originell". Werturteile gelten in der Philosophie als problematisch.
Fragwürdig ist auch die Beziehung ästhetischer Eigenschaften zu den nichtästhetischen Eigenschaften, vor allem zu den sog. „natürlichen" Eigenschaften. Damit sind Eigenschaften gemeint, die vom Standpunkt der Naturwissenschaften relevant sind, vor allem physikalische und chemische Eigenschaften. So lässt sich ein Tisch hinsichtlich seiner Größe, seines Gewichts, seiner Form, seiner Farbe und seiner chemischen Bausteine beschreiben. Die Begriffe „zweckmäßig" und „formschön" würden nicht hierher gehören. Aber: ästhetische Eigenschaften hängen von natürlichen Eigenschaften ab, sie gründen in ihnen. Werden diese verändert, verändern sich auch die ästhetischen Eigenschaften. So ist es ein ästhetischer Unterschied, ob eine Skulptur aus Holz oder aus Edelstahl besteht.

Es stellt sich die Frage, ob es überhaupt spezifisch ästhetische Eigenschaften gibt. Diese Frage bejaht der **Realismus**, der **Anti-Realismus** verneint sie. Letzterer stützt sich vor allem auf ein bekanntes Phänomen: Bei der Beurteilung der natürlichen Eigenschaften eines Gegenstandes stimmen Menschen in der Regel überein, ihre Urteile hinsichtlich einer ästhetischen Bewertung desselben Gegenstandes gehen aber oft weit auseinander. Dies ist umso befremdlicher, als die ästhetischen Eigenschaften sich doch auf die natürlichen gründen.

Dieses Phänomen deutet der Anti-Realismus so: Es handelt sich bei Sätzen wie „Das Bild ist schön" oder „Der Roman ist langweilig" gar nicht um eine Zuschreibung von Eigenschaften, sondern um die Benennung der Beziehung des Gegenstandes zum Betrachter oder Leser. Richtig müsste es nach dieser Auffassung heißen: „Das Bild gefällt mir" und „Der Roman langweilt mich". Es gibt, so folgert der Anti-Realismus, keine ästhetischen Eigenschaften.
Außerdem behauptet er: Selbst für den Fall, dass es ästhetische Eigenschaften gäbe, hätten wir kein Mittel, sie zu erkennen.
Tatsächlich können wir ästhetische Eigenschaften nicht allein durch sinnliche Wahrnehmung oder allein durch das Denken und auch nicht allein durch die Kombination beider Vermögen erkennen. Es bleibt nur die Möglichkeit, durch Gefühle ästhetische Qualitäten zu erfassen.

Wie dies – so die Auffassung des ***Realismus*** – möglich ist, macht eine Analogie zwischen Sinnesempfindungen und ästhetischen Gefühlen deutlich.
Sinnesempfindungen (rot, bitter, weich, schrill, modrig) gelten gewöhnlich als etwas bloß Subjektives. Man kann sie aber auch als objektive Eigenschaften von Dingen ansehen, dann nämlich, wenn man sie als ***dispositionelle Eigenschaften*** auffasst. Eine solche Eigenschaft ist beispielsweise die Löslichkeit von Zucker oder die Zerbrechlichkeit von Glas. Nur unter bestimmten Bedingungen löst sich Zucker auf oder zerbricht Glas. Dispositionelle Eigenschaften sind objektiv in den Dingen vorhanden.
Wenn man von einer blauen Kugel spricht und „blau" als dispositionelle Eigenschaft auffasst, bedeutet dies: Diese Kugel erscheint Menschen unter ***Normalbedingungen*** als blau. Normalbedingungen sind hier: Der Wahrnehmende ist körperlich und geistig gesund und steht nicht unter Drogen. Zu den äußeren Bedingungen gehört weißes Licht. Blau-Sein ist also – so verstanden – eine objektive Eigenschaft. Die genannte Kugel ist auch nachts blau, jedenfalls im Sinne ihrer Disposition.

3 Die Auflistung folgt *inhaltlich* der Darstellung in: Ebd. S. 58.

Auch ***ästhetische Wertqualitäten*** kann man als dispositionelle Eigenschaften auffassen. Wenn wir einen Gegenstand als schön bezeichnen, dann bedeutet dies jetzt: Der Gegenstand hat die Disposition – das Vermögen –, bei einem Menschen unter bestimmten Bedingungen ein „Schönheitsgefühl" zu verursachen. Wegen der Komplexität der Sache spricht man hier besser von ***Idealbedingungen***. Zu ihnen gehören u. a. Aufmerksamkeit, Sensibilität, Unterscheidungsvermögen und, wenn es um Kunst geht, eine Vertrautheit mit kulturellen Kontexten. Ein Streit über die ästhetischen Qualitäten eines Gegenstandes ist durchaus möglich und, wenn argumentiert wird, auch sinnvoll. Zugrunde liegen nämlich unterschiedliche Bedingungen. Wer unmusikalisch ist und eine Mozart-Sinfonie nicht von einer Beethoven-Sinfonie unterscheiden kann, ist auch nicht fähig, die ästhetischen Qualitäten der Werke zu erkennen.
Der ästhetische Realismus, für den ästhetische Eigenschaften etwas Objektives sind, entspricht dem Alltagsverständnis. So sagen wir etwa, jemand habe Geschmack, einen Sinn für Schönheit oder ein Gefühl für Farben. Dabei setzen wir voraus, dass dieser Mensch nicht bloß subjektiv urteilt, sondern sich jeweils auf Objektives bezieht.

3. Ästhetische Gegenstände

Ästhetische Gegenstände sind Gegenstände, die mindestens eine ästhetische Eigenschaft besitzen. Um ihre Existenzweise näher zu bestimmen, muss geklärt werden, was Wahrnehmung ist. Wahrnehmung ist ein komplexer Vorgang. Zu ihm gehört:

1. Ein wahrnehmendes Subjekt mit der Ausstattung bestimmter Sinne.
2. Ein bewusstseinsunabhängiger Gegenstand. Da er außerhalb des Bewusstseins existiert, kann man ihn als „transzendent" bezeichnen.
3. Der Gegenstand als von uns wahrgenommener. Er ist „in" unserem Bewusstsein. Daher kann man ihn als „immanent" bezeichnen. Der „immanente" Gegenstand entsteht durch die Verarbeitung von physikalischen Reizen wie Licht- und Schallwellen. Zu dieser Verarbeitung gehört eine Interpretation. Diese ist abhängig von den Erwartungen, Erfahrungen, Kenntnissen und der Aufmerksamkeit des wahrnehmenden Subjekts. Bei einem Konzert ist das aufgeführte Werk der *eine* „transzendente" Gegenstand. Die „immanenten" Gegenstände aber – das, was die Zuhörer tatsächlich hören – gibt es nur in der Mehrzahl, und sie unterscheiden sich voneinander.

Den Unterschied zwischen dem transzendenten und dem immanenten Gegenstand kann man sich mithilfe von Kippfiguren deutlich machen. Bekannt ist die Zeichnung, die man als Hase und als Ente „sehen" kann. Objektiv gegeben ist eine geschwungene Linie und ein Punkt: der transzendente Gegenstand. Als Ergebnis der Interpretation nehmen wir eine Ente oder einen Hasen wahr. Wer keine Enten oder entsprechende Vögel kennt, wird auch keine Ente wahrnehmen. Die Wahrnehmung ein und desselben transzendenten Gegenstandes erzeugt unterschiedliche immanente Gegenstände.
Es gibt die Theorie, dass nur „immanente" Gegenstände Träger ästhetischer Eigenschaften sind. Nicht der Sonnengang als transzendenter Gegenstand ist schön, sondern der Sonnenuntergang als wahrgenommener, als „immanenter" Gegenstand. Nach dieser Theorie gibt es keine Meinungsverschiedenheiten bei unterschiedlichen ästhetischen Urteilen, sondern nur Missverständnisse: Es wird nämlich nicht über dasselbe geurteilt, sondern über Unterschiedliches, nämlich über die „immanenten" Gegenstände. Damit hat es keinen Sinn, über ästhetische Werturteile zu diskutieren.
Diese Theorie scheint vorauszusetzen, dass die Gegenstände unserer Wahrnehmung grundsätzlich „immanente", von unserem Bewusstsein konstruierte Gegenstände sind. Wenn ich einen Baum sehe, dann sehe ich – so diese Auffassung – nicht wirklich einen Baum, sondern das Konstrukt meines Bewusstseins. Sinnliche Wahrnehmung ist immer auf einen „immanenten" Gegenstand gerichtet.
Hier liegt ein Fehlschluss vor. Wenn ein Subjekt einen Gegenstand wahrnimmt, dann *erscheint* der Gegenstand dem Subjekt. Das heißt aber nicht, dass das Subjekt eine *Erscheinung* wahrnimmt. Wir nehmen Gegenstände unserer Umwelt wahr und nicht Gegenstände des Bewusstseins. Wenn

die Argumente des ästhetischen Realismus richtig sind, dürften „transzendente" Gegenstände Träger ästhetischer Eigenschaften sein – und nicht immanente.

Es bleiben auch bei dieser möglichen Lösung Schwierigkeiten bei der Bestimmung der Seinsweise von bestimmten ästhetischen Gegenständen, den Kunstwerken. Diese Schwierigkeiten sollen anhand von Fragen verdeutlicht werden, die man an ein Kunstwerk stellen kann. Nehmen wir als Beispiel den Roman „Buddenbrooks" von Thomas Mann.

Existiert der Roman in Form der vielen Bücher, die man in die Hand nehmen und aufschlagen kann? (Was ist, wenn es diese Bücher nicht mehr gibt?) Existiert er als Originalmanuskript von Thomas Mann? (Was ist, wenn dieses vernichtet wird?) Als Bewusstsein des Autors? (Dieses gibt es offensichtlich nicht mehr.) Als das Leseerlebnis der Leser? (Dann gibt es das Werk nur zu verschiedenen Zeiten und in Unterbrechungen.) Oder – so eine bedenkenswerte Möglichkeit –: Existiert dieser von Thomas Mann in den Jahren vor 1901 geschaffene Gegenstand seither als ein ganzer und einzelner und ohne Unterbrechung, und zwar als ein „idealer" oder „abstrakter" Gegenstand wie Zahlen (nicht Ziffern) oder Dreiecke der Geometrie?

Ähnliches gilt für Musikwerke: In welcher Weise existiert der „Bolero" von Ravel? Als Notation, als Vorstellung des Komponisten, als Hörerlebnis, in Form eines Tonträgers (Schallplatte, DVD, CD, Magnetband) oder als Aufführung, in der das Werk in keinem Augenblick ganz vorhanden ist?

4. Geschichtliche Positionen der philosophischen Ästhetik

Platons (427–347 v. Chr.) Auffassung von Kunst und dem Schönen lässt sich nur von seiner Ideenlehre her verstehen. Alle sinnlich wahrnehmbaren Dinge der raumzeitlichen Welt, in der wir leben, sind wandelbar und vergänglich, und sie unterscheiden sich auch dann voneinander, wenn sie gleich bezeichnet werden. Diesen Dingen stellt Platon die Ideen gegenüber. Mit „Idee" meint Platon nicht, wie es unserem Sprachgebrauch entspricht, eine bloße Vorstellung. Die Ideen bestehen vielmehr unabhängig von unserem Erkennen und können nur geistig angeschaut werden. Sie sind die unwandelbaren, unvergänglichen und damit eigentlich wirklichen Urbilder – Archetypen – der sinnlich wahrnehmbaren Dinge. Diese sind die mehr oder minder entsprechenden Abbilder der jeweiligen Idee. Das Urbild-Abbild-Verhältnis drückt Platon auf zweifache Weise aus: Das Konkrete hat Anteil an der Idee, oder die Idee ist in unterschiedlichem Maße im Einzelnen anwesend. Einzelne Pferde unterscheiden sich voneinander, verändern sich, vergehen. Die Idee Pferd oder das „Pferd selbst", wie Platon sagt, ist einheitlich und der Zeit enthoben.

So gibt es auch die eine an sich bestehende Idee der Schönheit oder das Schöne selbst, aber es gibt vieles Einzelne, das schön ist: schöne Krüge, schöne Pferde, schöne Mädchen und schöne Sitten. Platon sagt, dass im Menschen eine Sehnsucht nach dem Schönen liegt: „Wenn es etwas gibt, wofür es sich lohnt zu leben, dann ist es die Betrachtung des Schönen." (*Platon*: Symposion, 211 d) Der Weg zum eigentlich Schönen ist lang. Er beginnt mit der Liebe zu einem einzelnen Leib und führt über die Liebe zum Schönen, das sich in vielen Leibern findet, zur Liebe der Schönheit der Seele, die sich in der Lebensführung zeigt, und schließlich zur Betrachtung des Schönen selbst, das vollkommen ist und nichts Unschönes enthält. Das Schöne selbst ist wahrnehmbar nur für den geistigen, nicht aber für den sinnlichen Blick. Die Idee des Schönen ist für den Menschen das Hellste, Glänzendste und damit das, was ihn am meisten anzieht.

Für Platon ist das Schöne zugleich das Gute und das Wahre. Dies ist auch nur von seiner Ideenlehre her zu verstehen:

1. Die Ideen machen das konkret Einzelne zum Sein tauglich, also *gut*, und je mehr das Einzelne an der Idee teilhat, umso wirklicher, seiender ist es.
2. Je mehr im Einzelnen die Idee präsent ist, umso *wahrer* ist es, d. h. umso mehr zeigt es sich in dem, was es ist. Wahrheit bedeutet hier also ein Sich-Zeigen in seinem Wesen.
3. Sich möglichst klar in dem zeigen, *was* etwas ist, bedeutet für Platon zugleich, *schön* zu sein.

Der Zusammenhang zwischen der Unverdecktheit des Wahren, der Tauglichkeit des Guten und dem Scheinen des Schönen liegt nach Platon in Maßhaftigkeit und Symmetrie. Mit Maßhaftigkeit *(metriotes)* ist das mittlere Maß gemeint. Symmetrie *(symmetria)* bedeutet ursprünglich nicht Spiegelbildlichkeit, sondern Ebenmaß, Gleichmaß. Diese Symmetrie besteht in harmonischen Proportionen, d.h. im rechten Verhältnis der Teile zum Ganzen. Harmonie bedeutet hierbei nicht einfach Einheitlichkeit, sondern enthält immer eine Spannung zwischen Unterschiedlichem oder auch Gegensätzlichem. Durch das rechte Maß ist etwas gut (tauglich), wahr – sichtbar in seinem Wesen – und schön. In der Musik tritt Schönheit durch das Maß der Intervalle auf, im Chorreigen durch Zahlenverhältnisse in Rhythmus und Melos, im Jahresablauf in der Ordnung der Jahreszeiten und im Kosmos als Harmonie des Weltalls. Ein Mensch ist schön durch die Entsprechung von Leib und Seele.

Exkurs. Eine Entsprechung zu Platons Vorstellungen findet sich bei dem Bildhauer **Polyklet (~ 480 – ~ 410 v. Chr.)**, den Platon schätzte. Polyklet hat eine Schrift mit dem Titel „Kanon" verfasst. „Kanon" bedeutet Maßstab, Richtschnur, verbindliche Vorschrift. Hierin beschreibt er detailliert die idealen, also schönen Maßverhältnisse des menschlichen Körpers, die Vorbild jeder klassischen Kunst waren und bis heute Anerkennung finden. Seine berühmteste Statue ist der „Doryphoros" (Speerträger).
Die platonische Vorstellung vom Schönen als dem Maßbestimmten und Symmetrischen hatte eine große Wirkung durch die Jahrhunderte. Kanonische Bedeutung hatten auch die „Zehn Bücher über Architektur" von **Vitruv (1. Jh. v. Chr.)**, die in der Renaissance grundlegend für die Architektur wurden. Das Werk enthält eine Theorie des wohlgeformten Menschen *(homo bene figuratus)*: Anhand geometrischer Formen werden die Proportionen des Menschen zueinander beschrieben. Bekannt ist „Der vetruvianische Mensch" von Leonardo da Vinci, der einen Mann in zwei einander überlagernden Positionen in einem Quadrat und einem Kreis zeigt.
Um Proportionalität, also Verhältnismäßigkeit, geht es auch bei dem schon vor Platon entdeckten Goldenen Schnitt, der sectio aurea. Eine Strecke wird nach dem goldenen Schnitt geteilt, wenn die kleinere Strecke sich zur größeren verhält wie die größere zur ganzen Strecke. Die Maßzahl ist Φ (Phi), ungefähr 1,618. Die Seitenlängen eines DIN-A-4-Blattes entsprechen ungefähr dem goldenen Schnitt. Wichtig war dieses Maßverhältnis vor allem in der Architektur, aber auch in der Malerei und Bildhauerei.
Noch im 20. Jahrhundert entwarf und verwendete der Architekt **Le Corbusier (1887 – 1965)** eine Proportionenlehre, die sich am menschlichen Maß orientiert und den goldenen Schnitt einbezieht. Seine Proportionsfigur wurde unter dem Namen „Modulor" bekannt. Die Anwendung ihrer Maße fand weltweit Verbreitung.

Platons Wertschätzung für das Schöne steht seine Geringschätzung für die Kunst gegenüber. Wie kommt es dazu? Deutlich wird dies durch seinen Vergleich des Handwerkers mit dem Maler. Wenn ein Tischler ein Bettgestell anfertigt, hat er die Idee des Bettgestells vor Augen, die dann im fertigen Werk sichtbar wird. Das Bettgestell ist also ein mehr oder weniger getreues Abbild der Idee des Bettgestells. Der Maler aber, der ein Bettgestell malt, schafft nur ein schwaches Abbild eines Abbildes. Sein Werk ist also weniger wahr als das Werk des Handwerkers. Was vom Maler gilt, gilt auch von den anderen Künstlern. Kunst ist nur Nachbildung oder Darstellung *(mimesis)*, ihre Werke sind nur der Schein des Wahren.
Von Homer an sind nach Platon alle Dichter „nur Nachbildner von Schattenbildern der Tugend" („Politeia", 600 c), sie haben keine richtige Vorstellung von dem, was sie darstellen. Ihr Werk ist nur „Spiel und kein Ernst" (ebd., 602 b), sie stellen nicht dar, was gut und schlecht ist, sondern nur, wie ihnen dies scheint. In ihrer Distanz zur Wahrheit appellieren sie an die der Vernunft entgegengesetzten Leidenschaften.
Platon hat das Wohl der Polis im Blick. Daher müssen Schauspiel, Musik und Kunst geregelt werden. Es ist der Inhalt der Werke, der darüber entscheidet, was in der Polis zulässig ist. Verworfen werden Geschichten, die z. B. von der Feindschaft zwischen den Göttern, von den Schimpfreden zwischen Achill und Agamemnon oder dem Ehebruch zwischen Ares und Aphrodite erzäh-

len. Gezeigt werden dürfen nur Taten tapferer, besonnener, frommer und freier Menschen, aber keine Leidenschaft, nichts Weichliches, kein Nervenkitzel. Maßstab für die Kunst ist das für die Erziehung und Bildung Förderliche. Das gilt auch für die Musik: Ausgeschlossen werden die klagenden und verweichlichenden Tonarten (*lydisch* und *ionisch*), willkommen sind nur die Mut und Besonnenheit fördernden Tonarten (*dorisch* und *phrygisch*).

Kunst muss schön sein. Die Schönheit einer Darstellung liegt aber nicht in der Form, sondern in der Schönheit des Dargestellten, die zugleich seine Wahrheit ist.

Platons Schüler **Aristoteles (384–322 v. Chr.)** setzt sich von seinem Lehrer deutlich ab, indem er die Unterscheidung des Reichs der sinnlich wahrnehmbaren Dinge und des Reichs der jenseitigen Ideen aufgibt. Die sinnlich wahrnehmbaren Dinge sind nicht Abbilder der ewigen, nur geistig zu erfassenden, unabhängig von unserem Denken existierenden Ideen, vielmehr existieren die Ideen, aufgefasst als Formen des konkret Seienden, in den Dingen selbst. Wenn für Aristoteles Kunst Darstellung oder Nachahmung *(mimesis)* ist, dann bedeutet dies nicht mehr, dass der Künstler etwas Minderwertiges, nämlich Abbilder einer Scheinwirklichkeit schafft, sondern einen Bezug zur Wirklichkeit selbst herstellt. Allerdings gibt der Künstler nicht einfach Gegebenes wieder. Seine Aufgabe ist nicht zu zeigen, was wirklich geschehen ist oder existiert, sondern darzustellen, was existieren oder geschehen könnte. Den Dichter interessiert nicht das Besondere, wie dies beim Geschichtsschreiber der Fall ist, ihn interessiert das Allgemeine, das im Einzelnen zum Ausdruck kommt. Hier gibt es also nicht einen Gegensatz von Kunst und Philosophie wie bei Platon, sondern eine Verwandtschaft. Auch Platons Auffassung, dass ein Kunstwerk nur schön durch die Schönheit des Dargestellten ist, gilt für Aristoteles nicht mehr.

Die „Poetik“ des Aristoteles ist eine ausgearbeitete systematische Literaturtheorie. „Poetik“, (griech. *poietike [techne]*), bedeutet wörtlich „hervorbringende Kunst“. Sie schildert, was Dichtung ist, und gibt Regeln für die Gestaltung von Dichtung an, sie ist also deskriptiv und präskriptiv. Aristoteles sieht den Grund für das Schaffen von Dichtung in zwei Motiven: 1. Menschen haben die Fähigkeit und die Lust zur Nachahmung und einen Sinn für Melodie und Rhythmus. 2. Dichtung dient der Befriedigung der intellektuellen Lust des Menschen an Erkenntnis.

Den Stoff zu ihren Werken können die Dichter aus drei Quellen schöpfen: aus dem wirklichen Leben, aus der Überlieferung oder aus der eigenen Überzeugung, wie die Dinge sein sollten. Dichtung soll nicht Nachahmung von Charakteren, sondern von Handlungen sein.

Den größten Teil seiner „Poetik“ widmet Aristoteles der Tragödie. Die Tragödie ist ein Drama; „*drama*“ bedeutet wörtlich einfach „Handlung“. Daher ist das Drama die Darstellung einer Handlung. – Der Teil der Poetik, der sich der Komödie widmete, ist verloren gegangen.

Die Zielsetzung der Tragödie geht aus der folgenden Definition hervor:

„Die Tragödie ist Nachahmung einer guten und in sich geschlossenen Handlung von bestimmter Größe, in anziehend geformter Sprache, wobei diese formenden Mittel in den einzelnen Abschnitten je verschieden angewandt werden. Nachahmung von Handelnden und nicht durch Bericht, die Jammer und Schaudern hervorruft und hierdurch eine Reinigung von derartigen Erregungszuständen bewirkt.“[4]

Ziel der Tragödie ist also eine bestimmte Wirkung, nämlich die Reinigung, „*Katharsis*“, von Affekten, genauer von Jammer und Schauder. Die entsprechenden griechischen Begriffe wurden früher mit „Mitleid“ und „Furcht“ übersetzt. Heute verwendet man eher die genannten weniger objektbezogenen Begriffe. Jammer bzw. Mitleid empfinden die Zuschauer bei der Darstellung unverdienten Unglücks, Schauder bzw. Furcht aber, wenn sie sich mit den dargestellten Personen identifizieren können. Ein sprechendes Beispiel für unverdientes Leid ist das Schicksal des Ödipus, der gerade durch den Versuch, das

4 *Aristoteles*: Poetik. Griechisch/Deutsch. Übers. u. hrsg. v. *Manfred Fuhrmann*. Stuttgart 1991. S. 19.

Schlimmstmögliche zu verhindern, dieses selbst auslöst und so unschuldig schuldig wird. Frühere Interpretationen sahen in der „Katharsis“ eine moralische Besserung oder sittliche Läuterung, während nach heutiger Auffassung diese Katharsis als Befreiung von den Affekten zu verstehen ist. Gerade durch die Intensivierung der aus dem Alltag bekannten Affekte wird der Zuschauer schließlich von ihnen befreit. Die Gewinnung des inneren Gleichgewichts erlebt er als Lust *(hedone)*. Das Erlebnis der Tragödie gleicht also einer medizinischen Heilkur. Dichter sind in der Polis durchaus willkommen.

Ihr Ziel erreicht die Tragödie durch die für sie charakteristischen Wendepunkte (Singular: *metabasis, metabole*). In der *Peripetie* (wörtl. „Umschwung“) schlägt das angestrebte Ziel in sein Gegenteil um (das Glück des Ödipus – er hat die Königin von Theben geheiratet und ist König geworden – schlägt um in tiefes Unglück). In der *Anagnorisis* (wörtl. „Wiedererkennung“) gibt es den Umschlag von Nichtwissen in Wissen (Ödipus erkennt, dass er seinen Vater erschlagen und seine Mutter geheiratet hat). Die *Katastrophe* (wörtl. „Wendung zum Niedergang“) führt in ein schweres Leid *(pathos)* wie Verletzung oder Tod (Ödipus blendet sich selbst und geht ins Exil).

Die Schönheit der Tragödie liegt nicht im Dargestellten wie bei Platon, sondern in ihrer Gestaltung. Sie beruht auf Anordnung *(taxis)* und einer bestimmten Größe *(megethos)*, gemeint ist der Umfang der Aufführung. Ein richtig angeordnetes Ganzes besitzt Anfang, Mitte und Ende. Der Anfang muss voraussetzungslos sein, aber es müssen sich Konsequenzen ergeben. Die Mitte geht folgerichtig aus dem Vorhergehenden hervor und bildet die Vorbereitung des Folgenden. Das Ende enthält die Konsequenz aus dem Vorhergehenden, es dürfen aber keine weiteren Konsequenzen folgen.
Der Umfang der Tragödie muss so gestaltet sein, dass das Dargestellte überschaubar und einprägsam ist. (Sie darf nicht so lang sein, dass der Zuschauer am Ende den Anfang vergessen hat.)
Unverzichtbar ist die Einheit der Handlung. Sie ergibt sich noch nicht aus der notwendigen Identität der Personen, vielmehr müssen die Teile funktional auf das Ganze bezogen sein. Nebenhandlungen sind zu vermeiden.
Keine andere Literaturtheorie dürfte im Laufe der Geschichte eine solche Wirkung wie die der „Poetik“ des Aristoteles gehabt haben. Erinnert sei an Lessings Dramentheorie im 18. Jahrhundert und Brechts Gegenentwurf des epischen Theaters im 20. Jahrhundert.

Kunst entsteht nach **Immanuel Kant (1724–1804)** durch ein regelgeleitetes Tun. Die Regeln bestimmen, was Kunst und was das Schöne ist. Diese Auffassung der klassizistischen Ästhetik gilt in Deutschland bis etwa zur Mitte des 18. Jahrhunderts. Ihr entgegengesetzt ist die Ästhetik des Gefühls, die sich in England als Gegenbewegung gegen die rationalistische Ästhetik entwickelt. Nicht die Untersuchung der Regelmäßigkeit entscheidet darüber, ob etwas schön ist, sondern das Gefühl. Schön ist ein Gegenstand, wenn wir ihn als schön empfinden, unabhängig von seiner objektiven Beschaffenheit. Beide Auffassungen verfehlen nach Kant das Wesen des Ästhetischen. In seiner 1790 erschienenen „Kritik der Urteilskraft“[5] entwickelt er seine Theorie des Ästhetischen, die einen neuen Weg einschlägt.
Dabei geht Kant vom Urteil aus. Erkenntnisurteile sagen etwas darüber, was und wie der beurteilte Gegenstand ist: „Die Wiese ist grün“. Einem Objekt wird ein Begriff zugesprochen. Ästhetische Urteile, die Kant Geschmacksurteile nennt, beziehen sich auch auf den Gegenstand: „Die Wiese ist lieblich.“ Ich beurteile ihn jetzt aber in der Beziehung zu mir, genauer: zu dem Gefühlszustand, den er in mir auslöst. Die wahrgenommene Wiese gefällt mir.
Schönheit (und damit auch Kunst) bestimmt Kant auf vierfache Weise.

1. Schön ist, was ohne alles Interesse gefällt.[6]
Dieser Satz ist höchst missverständlich. Mit Interesselosigkeit ist keineswegs Gleichgültigkeit gemeint (s. S. 245). Zum Interesse gehört nach Kant, dass es um die Existenz des Gegenstandes geht und dass ein Streben oder Begehren vorliegt. Das *Angenehme* gefällt uns aufgrund unserer Empfindung, und wir wollen, dass dieses uns Angenehme existiert; die angenehme Empfindung

habe ich nur, so lange das mir Angenehme existiert. Hier ist also Interesse im Spiel. Das *Gute* gefällt uns als das Nützliche oder als das Sittliche, beides soll erhalten bleiben oder erst verwirklicht werden, es geht also ebenfalls um die Existenz. Hier liegt also auch ein Interesse vor. Das Gefallen am *Schönen* aber ist frei von derart auf Existenz bezogenen Interessen. Wie das zu verstehen ist, macht Kant an einem Beispiel deutlich:
Wenn ihm ein Palast gezeigt werde und man ihn frage, ob er ihn schön fände, dann komme es nicht darauf an, ob er das Prachtgebäude für den Ausdruck von Eitelkeit der Großen halte, die die Arbeit des Volkes für Unentbehrliches ausnutzten, und es komme auch nicht darauf an, ob er einen solchen Palast gern auf einer einsamen Insel als Wohnstätte hätte (er würde eine bequeme Hütte vorziehen). Vielmehr gehe es bei dieser Frage nur darum, ob die bloße Wahrnehmung des Palastes von einem Wohlgefallen begleitet sei (§ 2).
In der Betrachtung des Schönen spielen Bedürfnisse und Begehren keine Rolle, entscheidend ist, was die bloße Vorstellung des Gegenstands in mir bewirkt, nicht seine Existenz. Ein Gegenstand ist schön, wenn die bloße Betrachtung Wohlgefallen in mir auslöst. Die Interesselosigkeit ist ein Freisein für die reine Präsenz des Gegenstandes.

2. „Schön ist das, was ohne Begriff allgemein gefällt." (§ 9)

Ein ästhetisches Urteil erhebt Anspruch auf allgemeine Verbindlichkeit. Denn die genannte Interesselosigkeit besagt, dass ich nicht nur eine Privatmeinung oder ein bloß subjektives Gefallen äußere. Die Allgemeinheit des ästhetischen Urteils beruht allerdings nicht auf der Allgemeinheit des Begriffs, mit dem ich den Gegenstand beurteile (Begriffe sind immer allgemein: das Haus, die Blume, der Kater). Das heißt: Ein Gegenstand ist nicht dadurch schön, *was* er ist. Die Allgemeinheit des ästhetischen Urteils beruht vielmehr auf der Allgemeinheit des Gefühlszustands, den das Schöne hervorruft. Die Lust am Schönen ist nach Kant keine bloße Sinneslust. Ihr liegt vielmehr das Zusammenspiel von Sinnlichkeit (Einbildungskraft) und Verstand zugrunde. Kant spricht hier von dem erleichterten Spiele der beiden Gemütskräfte, die durch die wechselseitige Zusammenstimmung belebt werden. Durch dieses harmonische Zusammenspiel der beiden Erkenntnisvermögen aktiviert ein Kunstwerk nicht nur den Verstand, sondern auch die Einbildungskraft und ist somit unerschöpflich.

3. „Schönheit ist Form der Zweckmäßigkeit eines Gegenstandes, sofern sie, ohne Vorstellung eines Zwecks, an ihm wahrgenommen wird." (§ 17)

Von einer zweckfreien Zweckmäßigkeit kann man sprechen, wo sich die Teile harmonisch, also zweckmäßig in das Ganze einfügen, ohne dass man dem Ganzen einen Zweck zusprechen kann. Ein Gegenstand wird als schön beurteilt aufgrund von Form und Begrenztheit.

4. „Schön ist, was ohne Begriff als Gegenstand eines notwendigen Wohlgefallens erkannt wird." (§ 22)

Gemeint ist die Notwendigkeit der Beistimmung aller Menschen zu einem ästhetischen Urteil. Dieses will, dass jedermann den vorliegenden Gegenstand für schön erklären soll. Dies ist nur möglich unter der Voraussetzung, dass es einen Gemeinsinn gibt. Mit diesem Begriff ist hier nicht der *sensus communis* der Aufklärung gemeint, der nach Begriffen urteilt, sondern ein subjektives nichtbegriffliches Beurteilungsprinzip, das dennoch Grund einer Allgemeinverbindlichkeit ist. Es handelt sich hier nicht um ein Privatgefühl, sondern um ein gemeinschaftliches Gefühl, das bei jedem vorauszusetzen ist. Es ist die Wirkung aus dem freien Spiel unserer Erkenntniskräfte.

Das zweite Phänomen, das Kant untersucht, ist das **Erhabene**, das wie das Schöne für sich gefällt. Das Wohlgefallen am Erhabenen erregt nicht

5 *Kant, Immanuel*: Kritik der Urteilskraft. Hrsg. v. *W. Weischedel.* Frankfurt/M. [2]1996. Die im Folgenden angegebenen Paragraphen beziehen sich auf dieses Werk.

6 In der KdU heißt es wörtlich: „Geschmack ist das Beurteilungsvermögen eines Gegenstandes und einer Vorstellungsart durch ein Wohlgefallen oder Missfallen ohne alles Interesse. Der Gegenstand eines solchen Wohlgefallens heißt schön." (§ 5)

positive Lust wie das Schöne, sondern Bewunderung und Achtung. Diese nennt Kant eine negative Lust, da sie durch eine Unlust vermittelt ist. Denn erhaben werden Gegenstände genannt, wenn sie unsere sinnliche Fassungskraft übersteigen und in uns die Vorstellung des Unbegrenzten wecken.

Das mathematisch Erhabene lässt uns die Natur als über alle Maßen groß erscheinen. Beim dynamisch Erhabenen erscheint die Natur als eine furchterregende Macht (z.B. Orkane, die Verwüstung hinterlassen). Eigentlich sind nicht die Gegenstände oder Ereignisse der Natur erhaben. Vielmehr ist die Stimmung des Menschen erhaben, nämlich dann, wenn er sich der Natur überlegen fühlt, da er sich als sittliches Wesen erfährt.

Den wahren **Künstler** nennt Kant Genie. Er schafft nicht nach vorgegebenen Regeln. Wenn dies der Fall wäre, könnte man auch beweisen, dass ein Gegenstand schön ist. Das Genie ist vielmehr „das Talent, das der Kunst die Regel gibt" (§ 46). Die Werke des genialen Künstlers sind Produkte der Freiheit. Sie sind originell, da sie keiner Vorschrift verpflichtet sind, und sie sind exemplarisch, da sie neue Maßstäbe setzen und so eine Nachfolge – nicht Nachahmung – möglich ist. Schöne Kunst ist Darstellung ästhetischer Ideen. Eine ästhetische Idee ist „diejenige Vorstellung der Einbildungskraft, die viel zu denken veranlasst, ohne dass ihr doch irgendein bestimmter Gedanke, d. i. Begriff, adäquat sein kann, die folglich keine Sprache erreicht und verständlich machen kann" (§ 49).

Kants Ästhetik begründet die Auffassung einer autonomen Kunst, die nicht mehr außerästhetischen Zwecken wie Kult, Zauber oder Schmuck dienlich sein will. Sie hat vor allem auf Schiller und Goethe in ihrem Selbstverständnis als Dichter gewirkt. Die Romantik weitete den Geniebegriff auf andere Bereiche aus.

Kunst und allgemein das Ästhetische haben für **Friedrich Schiller (1759–1805)** eine moralische und politische Bedeutung. Es geht ihm um die Vervollkommnung des Menschen.[7]

Der Mensch ist ein denkendes und fühlendes Wesen. Seine Vollkommenheit kann nicht darin bestehen, dass die aus der Vernunft stammenden moralischen Gesetze die natürlichen Empfindungen beherrschen oder dass die Gefühle die Obermacht über die Vernunft haben. Wer sich nur von seinen Gefühlen leiten lässt, ohne Grundsätze zu beachten, ist nach Schiller ein Wilder. Und wer auf Gefühle keine Rücksicht nimmt und nur nach Grundsätzen lebt, ist ein Barbar. Wie können die beiden Seiten des Menschen harmonisiert werden? Schillers Antwort: durch das Spiel, die Kunst, das Ästhetische. Zum Menschen gehören nach Schiller der Formtrieb und der Stofftrieb.

Der **Stofftrieb**, den Schiller auch als sinnlichen Trieb oder Naturtrieb bezeichnet, ist der Sinnlichkeit des Menschen zuzuordnen und dient der Befriedigung der Gefühle und Instinkte. Er verhält sich empfangend und fordert die sinnliche Fülle der Wirklichkeit, den unablässigen Wandel, das sinnlich konkrete Objekt und den einzigartigen Augenblick. Er nötigt den Menschen als Sinneswesen.

Der **Formtrieb** geht von der vernünftigen Natur des Menschen aus. Er will bestimmen und strebt nach dem Allgemeinen, nach der Universalität des moralischen Gesetzes und nach dem ewig Gültigen. Ihm geht es um den Menschen als Person, um seine Identität. Er nötigt den Menschen als Freiheitswesen.

Werden diese beiden Triebe vereinigt, entsteht der **Spieltrieb**. In ihm schränken sich Form- und Stofftrieb ein und verhelfen so einander zu einer selbständigen Wirksamkeit. Im Spieltrieb verschwindet die äußere Nötigung des Naturzwangs, der Sinnlichkeit, und die innere, nämlich moralische Nötigung durch das Gesetz moralischen Sollens. Dieses Gesetz verschwindet aber nicht, sondern verliert seine bestimmende Gewalt. Erst im Spiel werden die beiden Seiten des Menschen versöhnt:

„Der Mensch spielt nur, wo er in vollster Bedeutung des Wortes Mensch ist, und er ist nur da ganz Mensch, wo er spielt." (15. Brief)

Mit „Spiel" ist aber nicht so etwas wie ein Kinderspiel gemeint, vielmehr eine Tätigkeit, in der die Vergeistigung des Sinnlichen und die Versinnlichung des Geistigen geschieht. Es geht um das Spiel mit dem Schönen. Spielend bringt der Künstler Schönes hervor, nämlich *lebende Ge-*

stalt. Das Schöne ist lebend, weil es sinnlich unmittelbar ist, und es ist Gestalt, sofern es vernunftbezogen ist. In der spielenden Betrachtung des Schönen wird der Mensch als Sinneswesen zur Form und zum Denken geleitet, als Vernunftwesen wird er aber zur Materie, also zur Sinnlichkeit geführt. Den Zustand der Harmonie von Stoff- und Formtrieb nennt Schiller den ästhetischen Zustand. In ihm erfährt der Mensch, dass er frei sein kann. Schönheit stellt also dem Menschen sein wahres Menschsein vor Augen, nämlich die Einheit von Vernunft und Sinnlichkeit. Damit ist nur etwas über das Können des Menschen gesagt, nichts darüber, wie er sich tatsächlich entscheidet. Gleichwohl ist der ästhetische Zustand die Bedingung für die Erreichung des moralischen Zustandes.

Der Scheincharakter der Kunst tut dem keinen Abbruch, denn der ästhetische Schein ist kein täuschender Anschein, vielmehr ist er aufrichtig: reiner Schein. Der ästhetische Mensch hat Freude am Schein, er verwechselt ihn nicht mit der Wirklichkeit.

Wenn viele Menschen den ästhetischen Zustand erreichen, hat dies Auswirkungen. Ihre innere Harmonie kann Harmonie in die Gesellschaft bringen. Das Individuum handelt in Übereinstimmung mit dem Ganzen, da es mit sich selbst in Übereinstimmung ist. Schiller spricht sogar vom ästhetischen Staat, dieser ist ein humaner Staat der Freien und Gleichen.

Den zu seiner Zeit üblichen Begriff „Ästhetik“ behält **Georg Wilhelm Friedrich Hegel (1770–1831)** bei, meint damit aber ausdrücklich eine „Philosophie der schönen Kunst“, eine Einschränkung, die lange Zeit verbindlich war.[8]

Hegels Ästhetik lässt sich nur von seinem philosophischen System her verstehen. Das wahrhaft Wirkliche ist für Hegel der Geist. Die bisherige Natur- und Weltgeschichte ist der dialektisch verlaufende Prozess der Entwicklung des Geistes. Auf der ersten Stufe ist er subjektiver, auf der zweiten objektiver und auf der dritten absoluter Geist. Dieser ist die Einheit von subjektivem und objektivem Geist, und er wird sich als des Absoluten, des alles Umfassenden, bewusst.

Auf dieser höchsten Stufe durchläuft er wieder drei Stadien: als Kunst, Religion und Philosophie. Im Stadium der Kunst ist sich der Geist seiner bewusst in der Anschauung und im Bild. In der Kunst, und das heißt im Schönen, ist der Stoff, das Sinnlich-Materielle, vom Geist durchdrungen. Der Stoff soll nichts anderes ausdrücken als den ihn beseelenden und durchleuchtenden Gedanken, dessen äußere Erscheinung er ist.

Hegels Ästhetik enthält eine Kunstgeschichte. Denn es zeichnen sich in ihr drei Kunstformen ab, die wiederum bestimmten Epochen zuzuordnen sind. Es geht jeweils um das Verhältnis, wie Stoff und Form vereinigt sind. In der ***symbolischen*** Kunst überwiegt der Stoff. Der Gedanke dringt nur mit Mühe hindurch, um in ihm zur Erscheinung zu gelangen. In der ***klassischen*** Kunstform hat das Ideale im Stoff sein adäquates Dasein gefunden: Inhalt und Form sind einander angemessen. In der ***romantischen*** Kunstform überwiegt der Geist. Der Stoff wird zum bloßen Schein und Zeichen, durch welche der Geist überall hindurchblickt. Diesen drei Kunstformen entsprechen die Grundepochen der (alt-)orientalischen, der griechisch-römischen und der christlichen Kunst. Hegel spricht von der Kunst als etwas Vergangenem. Sie ist nur eine, wenn auch notwendige, Manifestationsstufe des absoluten Geistes, eine Stufe, die die Religion und schließlich die Philosophie überschreiten.

Hegels Ästhetik beschränkt sich auf das ***Kunstschöne***. In seinem System hat das Geistige einen Vorrang vor der Natur, in der das Geistige weitgehend verborgen ist. Das Kunstschöne aber ist eine Hervorbringung des selbstbewussten Geistes des Menschen. Im Kunstwerk ist das Sinnliche vergeistigt, der Geist erscheint in ihm als versinnlicht. Hegel verdeutlicht dies durch einen Vergleich. Die Seele des Menschen tritt an keiner Stelle des Leibes klarer zum Vorschein als im Auge. Analog dazu muss der Künstler danach

7 Die folgende Kurzfassung der Ästhetik Schillers bezieht sich auf: *Schiller, Friedrich*: Über die ästhetische Erziehung des Menschen in einer Reihe von Briefen. Hrsg. v. *Klaus L. Berghahn*. Stuttgart 2000.

8 *Hegel, Georg Wilhelm Friedrich*: Vorlesungen über die Ästhetik (1835–1838) http://www.textlog.de/hegel_aesthetik.html

streben, das Kunstwerk so zu gestalten, dass jeder Punkt sozusagen Auge ist: Die innere Seele und Geistigkeit muss an allen Punkten der Erscheinung wahrzunehmen sein.

Ein solches Kunstwerk ist schön. Das Schöne selbst ist – so die zentrale Auffassung Hegels – das sinnliche Scheinen der Idee. Mit „Idee" ist hier nicht eine Vorstellung oder ein Einfall des Künstlers zu verstehen. Die Idee ist für Hegel das eigentlich Wirkliche und das Wahre. Das sinnliche Erscheinen ist hier nicht bloßer Schein, sondern das Hervortreten der Wahrheit selbst.

Wahrheit ist für Hegel die Auflösung und Versöhnung aller Widersprüche in einer höheren Einheit. Daher muss sich Kunst über das Leben erheben. Bei einem Porträt etwa sollten vorfindliche Details – Poren, Flecken, Härchen – ignoriert werden, damit das Geistige rein zum Ausdruck kommt. Kunst muss ideal sein, sie muss die gegebene Realität idealisieren. Das schließt eine bloße Nachahmung der Natur aus.

Der Zweck der Kunst besteht weder in der Belehrung, der Reinigung von Affekten, der moralischen Besserung oder in dem Streben nach Ruhm und Ehre. Vielmehr ist es ihr Endzweck, Wahrheit sinnlich darzustellen und so zu enthüllen. Dazu gehört, das geschichtlich bestimmte Verhältnis des Menschen zu sich selbst, zu seinesgleichen, zur Natur und zum Göttlichen zum Bewusstsein zu bringen.

In seinem Essay „Das Kunstwerk im Zeitalter seiner technischen Reproduzierbarkeit" (1936) schildert **Walter Benjamin (1892–1940)** die einschneidende Veränderung von Kunst durch die Erfindung von Fotografie und Film, deren Technik eine Massenreproduktion ermöglichte.[9] Fotografie und Film sind Kunstformen, denen fehlt, was frühere Kunst auszeichnete: die **Aura**. Dieser Begriff bedeutet heute soviel wie geheimnisvolle Ausstrahlung einer Person. Für Benjamin jedoch ist die Aura eine „einmalige Erscheinung der Ferne, so nah sie auch sein mag" (S. 18). Mit der Aura des Kunstwerks meint er seine Einmaligkeit, Echtheit und Unnahbarkeit. Zu ihr gehört das Hier und Jetzt, sein einmaliges Dasein an dem Orte, an dem es sich befindet (S. 139). In der Aura ist noch die ursprüngliche Bedeutung des Kunstwerks als eines kultischen Gegenstands anwesend, die ihm Unnahbarkeit und Autorität verlieh.

Die gesellschaftliche Funktion der Verkümmerung der Aura besteht in der Erschütterung der Tradition, ja in der Liquidierung des Traditionswertes am Kulturerbe. Der Verfall der Aura gründet letztlich in dem Anliegen der Massen, sich entfernte Dinge räumlich nahezubringen, und in der Befriedigung ihres Sinns für das Gleichartige.

Auch wenn Benjamin an einigen Stellen seines Werks den Verlust der Aura zu beklagen scheint, spricht er sich für eine anti-auratische Kunst aus. In diesem Zusammenhang kritisiert er scharf den Faschismus. Dieser betreibt die Ästhetisierung und Auratisierung des politischen Lebens und instrumentalisiert die mit der Aura verknüpften Begriffe wie Schöpfertum, Genialität, Ewigkeitswert und Geheimnis. Sogar den Krieg erklärt der Faschismus zum Kunstwerk und betrachtet Vernichtung als ästhetischen Genuss. Der Faschismus ändert nichts an den bestehenden Eigentumsverhältnissen und damit auch nichts an der bestehenden Ungerechtigkeit und der Ungleichheit der Menschen.

Eine Ästhetisierung der Politik lehnt Benjamin ab. Er fordert dagegen eine Politisierung der Kunst. Diese setzt die Zerstörung der Aura voraus. Dadurch löst sich der Betrachter aus dem Bann des Kunstwerks und kann so eine kritische Position einnehmen und die Haltung des Begutachters einnehmen. Durch das nichtauratische Werk wird er auf die Wirklichkeit verwiesen. Von der Kunst verlangt Benjamin einen revolutionären Gebrauchswert.

Martin Heidegger (1889–1976) fragt nach dem Wesen der Kunst und geht bei seiner Betrachtung vom Kunstwerk selbst aus.[10] Kunstwerke sind Dinge, so sagt er, sie hängen an der Wand, werden verschickt und liegen in Lagerräumen. Zum Dinghaften der Werke gehört, dass sie hölzern oder steinern sind und lauten oder klingen. In der Tradition wird das Ding auf dreifache Weise bestimmt: als Träger von Eigenschaften (Substanz – Akzidenz), als Einheit der Mannigfaltigkeit, insofern Dinge sinnlich wahrgenommen werden, und als die Verbindung von Stoff und Form. Die Herkunft der letzten Bestimmung ist das handwerklich Gefertigte, das Heidegger in Anlehnung an „Werkzeug", „Flugzeug" usw. als „Zeug" bezeichnet. Die Gebrauchsdinge, das Zeug, zeichnen sich durch Dienlichkeit aus.

Keine der drei Bestimmungen ist dem Kunstwerk gemäß. Um das Wesen des Zeugs und zugleich das Eigentümliche des Kunstwerks zu erblicken, betrachtet Heidegger van Goghs Gemälde „Ein Paar Schuhe", das er als Darstellung von Bauernschuhen deutet. In der Betrachtung zeigt sich die wesenhafte Weltzugehörigkeit der Gebrauchsdinge, die durch ihre Verlässlichkeit der Welt ihre Grundlage geben. Unter „Welt" versteht Heidegger nicht das All des Vorhandenen oder das Ganze der Schöpfung, sondern das Ganze der Bezüge, in denen der Mensch denkend, erkennend, erfahrend, empfindend und handelnd steht. Diese geschichtlich zu verstehende Welt wird im genannten Kunstwerk dadurch sichtbar, dass das „Zeug" in seinem Wesen hervortritt und so Welt eröffnet. Das Wesen der Kunst ist demnach **„das Sich-ins-Werk-Setzen der Wahrheit des Seienden"** (S. 25). Wie versteht Heidegger die Wahrheit, die sich ins Werk setzt und dort Stand findet? Wahrheit bedeutet hier nicht Richtigkeit im Sinne der Übereinstimmung von Aussage und Wirklichkeit oder die Anwesenheit der Idee im Einzelnen (Platon), sondern sie ist Unverborgenheit (griech. *aletheia*), das Zum-Vorschein-Kommen des Seins des Seienden. Heidegger lehnt die Vorstellung ab, Kunst sei eine Nachahmung und Abschilderung des Wirklichen (S. 25).

Das Kunstwerk errichtet und eröffnet eine Welt. Und indem es eine Welt eröffnet, „lichtet" es zugleich die Erde. Diese wird hier verstanden als „Physis" („Natur"), als das, was Pflanzen, Tiere und andere Naturerscheinungen hervorgehen lässt und worin und worauf der Mensch sein Wohnen gründet. Im Unterschied zum Gebrauchsding verbraucht das Kunstwerk nicht den der Erde entnommenen Stoff, sondern lässt ihn erst in seinem Wesen hervorkommen: im Blitzen und Schimmern der Metalle, im Leuchten der Farben, im Klingen des Tons. Erst die Erde gibt dem Werk seine Sinnlichkeit.

Kunst ist ein Werden und Geschehen der Wahrheit, sie ist geschichtlich. Im Kunstwerk geht eine Welt auf, eine menschliche Welt. Die Wahrheit, die aufleuchtet, betrifft den Menschen selbst. Andere Weisen, wie Wahrheit sich ereignet, sind für Heidegger die staatsgründende Tat und das philosophische Denken.

Theodor W. Adorno (1903–1969) ist, neben Max Horkheimer, einer der Begründer und Hauptvertreter der von Marx beeinflussten sozialphilosophischen Denkrichtung des 20. Jahrhunderts, die unter den Bezeichnungen „Frankfurter Schule" oder „Kritischer Theorie" bekannt ist.

Adornos „Ästhetische Theorie" wird von dem Gedanken bestimmt, dass Kunst nach dem Entsetzen von Auschwitz nicht bleiben kann, was sie war.[11] Kunst ist aber notwendig, um das Bewusstsein wach zu halten, dass das Bestehende nicht so ist, wie es sein soll. Zugleich muss sie die Sehnsucht nach einer Veränderung stärken. Sie hat die Realität zu zeigen, aber so, dass deren Falschheit erkennbar ist. Sie entzieht sich dem gesellschaftlichen Zwang zur Identität, d.h. dem Zwang zu Gleichheit, Anpassung und Aufgabe des Besonderen. Dies kann sie nur, indem sie ihr Anderssein, ihre Nicht-Identität behauptet, Kommunikation verweigert und sich der Forderung nach Sinn entzieht. „Die Male der Zerrüttung sind das Echtheitssiegel der Moderne; das, wodurch sie die Geschlossenheit des Immergleichen verzweifelt negiert." (S. 41) Die Hässlichkeit der Kunst macht die Hässlichkeit der Welt bewusst. Sie ist chaotisch und zeigt so, dass die angebliche Ordnung in Wirklichkeit chaotisch ist. Und sie tut weh, um das Verlogene des gesellschaftlichen Zustands bewusstzumachen. Ihre Sinnlosigkeit spiegelt nur eine sinnlose Welt.

9 *Benjamin, Walter*: Das Kunstwerk im Zeitalter seiner technischen Reproduzierbarkeit. Drei Studien zur Kunstsoziologie. Frankfurt/M. 1963. Die folgenden Seitenzahlen in Klammern beziehen sich auf dieses Werk.

10 *Heidegger, Martin*: Der Ursprung des Kunstwerks. In: *Ders.*: Holzwege. Frankfurt/M. 1950.

11 *Adorno, Theodor W.*: Ästhetische Theorie. Frankfurt/M. 1973. Die folgenden in Klammern stehenden Seitenzahlen beziehen sich auf dieses Werk.

Insofern das Kunstwerk auf seiner Andersheit besteht, verteidigt es das Humane in einer inhumanen Welt: „Kunstwerke sind die Statthalter der nicht länger vom Tausch verunstalteten Dinge, des nicht durch den Profit und das falsche Bedürfnis der entwürdigten Menschheit Zugerichteten." (S. 337) „Vom Tausch verunstaltet" meint hier: Die Dinge sind zur Ware und damit lediglich zum Geldwert degeneriert.
Eine ästhetische Erfahrung ist nicht durch bloßes Anschauen möglich, sie bedarf auch der Kenntnisse und der Reflexion. Zu ihr gehört auch das Vernehmen des Rätselhaften und Fremden, das jedem genuinen Kunstwerk eigen ist.
Kunstwerke stellen sich der Katastrophe Weltgeschichte. Sie haben dennoch den Charakter des Versprechens: „Kunst ist das Versprechen des Glücks, das gebrochen wird." (S. 205)

Kunstwerke sind für den amerikanischen Philosophen **Nelson Goodman (1906–1998)** komplexe Symbole. Den Symbolbegriff versteht er in einem sehr weiten Sinne, er umfasst Buchstaben, Wörter, Texte, Töne, Bilder, Diagramme, Karten und vieles mehr. Symbole sind Zeichen, die sich auf etwas beziehen oder für etwas stehen.[12]
Die Bezugnahme oder Symbolisierung durch Kunstwerke kann auf mehrfache Weise geschehen: als Repräsentation, als Exemplifizierung und als Ausdruck.
Repräsentation (Darstellung; wörtlich: Vergegenwärtigung) bedeutet weder Ähnlichkeit noch notwendigerweise Bezugnahme auf etwas der außerhalb des Bildes liegenden Realität. Zu sagen, ein Bild sei dem repräsentierten Gegenstand ähnlich, ist insofern problematisch, als es *den* Gegenstand nicht gibt. Denn Wahrnehmungen sind wie sog. Tatsachen stets Interpretationen. Das Bild eines Einhorns bezieht sich nicht auf eine äußere Realität, aber es steht für etwas, das nur als Bild existiert. Bei der Repräsentation muss man unterscheiden zwischen dem, was repräsentiert wird, und dem, als was dieses Repräsentierte charakterisiert wird. Dabei eröffnen sich bisher unbemerkte Aspekte des Gegenstandes.
Zur *Exemplifizierung* (wörtlich: etwas zu einem Beispiel machen): Auch Kunstwerke, die wegen ihrer Abstraktheit nichts repräsentieren, können Symbole sein. Hierbei geht es um Eigenschaften, die das Kunstwerk nicht nur *besitzt* – z.B. eine bestimmte Farbe –, sondern auf diese *hinweist*, indem es diese *beispielhaft* vorführt.
Ausdruck ist die dritte Art der symbolischen Bezugnahme, Goodman versteht ihn als metaphorische Exemplifizierung. Während Objekte und Ereignisse repräsentiert werden, werden Gefühle und Eigenschaften, die sich einer unmittelbaren Exemplifizierung entziehen, metaphorisch ausgedrückt. So kann das Grau eines Bildes Traurigkeit ausdrücken.
Nach Goodman gibt es nicht die eine vorfindliche Welt, vielmehr wird Welt erschaffen durch die Art, wie wir uns ihr beschreibend, ordnend, unterscheidend, analysierend und anschauend zuwenden.[13] Welt wird in gewisser Weise erzeugt. Dabei entstehen verschiedene Weltversionen, von denen keine einen absoluten erkenntnisbezogenen Vorrang vor der anderen hat. Die Welterzeugung geschieht mithilfe von *Symbolsystemen.* Zu ihnen gehören neben anderen die Wissenschaften, Philosophie und die Künste.
Zur Charakterisierung des Symbolsystems Kunst nennt Goodman als Symptome des Ästhetischen u. a.: – Für jeden Bedeutungsunterschied kann das Kunstwerk Zeichen bereitstellen. – Unbestimmbar viele Aspekte der konkreten Gestalt des Kunstwerks haben Relevanz für die Bedeutung, jedes Detail ist wichtig (bei einem Gemälde: Verteilung der Farben, Beschaffenheit der Leinwand, Größe, Rahmung usw.). – Jede Veränderung des Werks erzeugt ein Werk mit einer anderen Bedeutung. – Kunstwerke stehen in vielfachen bedeutenden Beziehungen zu anderen Kunstwerken.
Das Kunstwerk ist ein komplexes Symbol. Daher genügt es nicht, es einfach zu betrachten. Es muss vielmehr genau gelesen, entziffert und interpretiert werden. Es ist unbegrenzt deutbar.
Zweck der Kunst ist Erkenntnis – dies aber nicht als Festlegung, sondern als Eröffnung neuer Perspektiven, neuer Sichtweisen und somit als Erzeugung einer weiteren Version von Welt.

Was macht ein Kunstwerk zu einem Kunstwerk? Diese Frage stellte sich **Arthur C. Danto (*1924)** angesichts einer Andy Warhol-Ausstellung 1964 in New York. Der Künstler hatte in der Galerie eine Reihe von Holzkisten ausgestellt, die genauso aussahen wie die Kartons mit Topfreinigern

der Marke Brillo. Wie war es möglich, dass von zwei gleich aussehenden Gegenständen der eine ein Kunstwerk ist, der andere aber nicht?[14]
Ähnliches wie bei Warhol hatte es schon ein halbes Jahrhundert früher gegeben, als Marcel Duchamp ein Urinal und einen Flaschentrockner ausgestellt und zur Kunst erklärt hatte. Damit hatte Duchamp die Betrachter nicht nur provoziert, sondern ihnen auch die Augen für die besondere sinnliche Qualität der Gegenstände geöffnet, die bei ihrem Gebrauch übersehen wird. Die Brillo-Boxes waren aber nicht schöner als andere Dinge, und dennoch Kunst?
Gewöhnliche Dinge sind nur, was sie sind, Kunstwerke aber, so die Antwort Dantos, sind immer „über" etwas. Ihre *„aboutness"*, ihr „Über-etwas-Sein", macht den Unterschied zu den anderen Dingen aus. Sie „sagen" etwas über die Welt, in der wir leben, und über unsere Wahrnehmung. Sie repräsentieren etwas, und zwar nicht bloß im Sinne einer Abbildung. Vielmehr repräsentieren sie auch das Bewusstsein des Künstlers, seine Weltsicht und seine Kunstanschauung. Nicht die materiale Beschaffenheit macht einen Gegenstand zum Kunstwerk, sondern seine Aussagefähigkeit.
Erst die Möglichkeit zu einer Interpretation macht das Kunstwerk zu einem solchen. Ich muss wissen, wann, wo und in welcher Situation ein Werk geschaffen wurde und wogegen es sich möglicherweise richtet. Auch der Titel eines Werks ist von Bedeutung. Wenn Breughels Bild „Sturz des Ikarus" den auch denkbaren Titel „Fleiß zu Wasser und zu Lande" hätte, dann hätten die aus dem Wasser ragenden Beinchen rechts unten im Bild eine ganz andere Bedeutung als mit dem Originaltitel.
Die Bedeutung von Kenntnissen unterstreicht Danto mit der Behauptung: „Etwas überhaupt als Kunst zu sehen, verlangt nichts weniger als dies: eine Atmosphäre der Kunsttheorie, eine Kenntnis der Kunstgeschichte. Kunst ist eine Sache, deren Existenz von Theorien abhängt." (S. 207) Kunstwerke sind sozusagen Texte, die man nur lesen kann, wenn man den Kontext kennt.

5. Was ist Kunst?

1. Ein- und Unterordnung

In den Bereich der Ästhetik fällt vieles: – die Natur, traditionell das „Naturschöne", – Dinge des Alltags, wie sie Designer entwerfen (Autos, Kleidung, Kaffeemaschinen), – Kosmetik (Schminke, Schönheitsoperationen), – Ausgestaltung von Events (ESC, Oktoberfest, Parade, Parteitage), – Werbung (Plakat, Film, Fernsehen, Texte), – Gestaltung von Web-Sites.
Der wohl wichtigste Bereich ist die **Kunst**. Das Wort „Kunst" ist mehrdeutig. Es meint einmal eine Fertigkeit oder Fähigkeit wie in „Kochkunst", „Rechenkunst" oder „Kunst des Fliegenfischens". Dann meint dieser Begriff das, was man seit der Aufklärung traditionell die „schönen Künste" nannte, also Musik, Literatur, Malerei usw. Die folgende Nennung der vier **Hauptgattungen** von Kunst als „schöner" Kunst vermittelt eine kurze Übersicht. Die Unterarten und in Klammern genannten Beispiele dienen der Veranschaulichung und sind nicht vollständig.

- **Bildende Kunst**: Architektur (Kirchen, Wohnanlagen, Stadien, Brücken), Bildhauerei, Malerei (abstrakte Malerei, Pop Art, Action Painting), Graphik, Fotografie;
- **Darstellende Kunst**: Theater (Schwank, absurdes Theater), Tanz, Pantomime, Hörspiel, Film (Roadmovie, Western, Fantasy);
- **Musik**: E- und U-Musik (eine fragwürdige Unterscheidung!); Sinfonie, Lied, Walzer, Jazz, Blues, Rock, Computermusik;
- **Literatur**: Epik (Roman, Märchen, Novelle, Kurzgeschichte), Lyrik (Sonett, Lied, Ballade, Rap, Haiku) und Dramatik (Tragödie, Komödie, Schauspiel).

Es gibt Kunstformen, die sich nicht eindeutig zuordnen lassen, wie die Oper. Auch neuere Kunstformen, z.B. Performance, Happening, Land Art, Video-Installationen, sperren sich gegen eine Einordnung.
Eine bedenkenswerte Einteilung hat **Gotthold Ephraim Lessing (1729–1781)** vorgenommen.

12 *Goodman, Nelson*: Sprachen der Kunst. Ein Ansatz zu einer Symboltheorie (1968). Frankfurt/M. 1973.
13 *Ders.*: Weisen der Welterzeugung (1978). Frankfurt/M. 1984.
14 *Danto, Arthur C.*: Die Verklärung des Gewöhnlichen. Frankfurt/M. 1984.

Er teilt die Künste in Raumkünste und Zeitkünste ein. Raumkünste wie Architektur, Plastik und Malerei bieten sich im Raum dar und sind simultan als Ganze vorhanden. Zeitkünste wie Literatur und Musik benötigen Zeit, um sich zu entfalten. Es handelt sich um Aufführungskünste.
Auf die Bedeutung dessen, was man früher als „schöne" Kunst bezeichnet hat, bezieht sich die Frage „Was ist Kunst?" Die Antwort soll Auskunft darüber geben, wodurch sich Kunstwerke von anderen Gegenständen unterscheiden. Es gibt neben anderen folgende Kunsttheorien.[15]

2. Die Darstellungstheorie

In der Kunst geht es, so die traditionelle Auffassung, darum, Personen, Dinge und Ereignisse darzustellen. Der Begriff „darstellen" ist mehrdeutig. Er wird relational gebraucht, wenn ein Bezug zu einem Existierenden hergestellt wird: „Das Gemälde stellt die Queen Viktoria dar." In einem nichtrelationalen Sinne wird er gebraucht, wenn das Dargestellte nicht außerhalb des Werks existiert: „Escher stellt unmögliche Gegenstände dar." Beide Bedeutungen sind möglich, wenn wir sagen, dass ein Kunstwerk etwas darstellt.
Etwas Dargestelltes zu erkennen, bedeutet immer, dass ich etwas *als etwas* wahrnehme, z. B. die in sich verschlungenen Linien auf dem Papier als Kamel. Wenn wir dagegen eine Wolke als Krokodil sehen, sagen wir nicht, es wird da ein Krokodil dargestellt, da hier die Absicht fehlt. Zur Darstellung gehört, dass es jemanden gibt, der die Absicht hat, dass das Wahrgenommene *als etwas* wahrgenommen wird. Um hier misslungene Darstellungen auszuschließen, muss zum Begriff der Darstellung auch die Möglichkeit des Erkennens hinzugefügt sein. Also:
„X stellt y dar, wenn die Autorin oder der Autor von x intendierte, dass x als y gesehen wird, und x als y gesehen werden kann."
Die Darstellungstheorie war mehr als 2000 Jahren die vorherrschende. Sie geht auf Platon und Aristoteles zurück, die die Nachahmung als wesentliches Merkmal von Kunst angesehen haben. Gegen diese Theorie spricht, dass sie sowohl zu eng als auch zu weit ist. 1. Sie umfasst nicht die ungegenständliche Kunst wie die im 20. Jahrhundert entstandene „abstrakte" Malerei. 2. Sie schließt die Kunstgattungen Architektur, Musik und Tanz weitgehend aus. 3. Sie trifft auch auf Darstellungen zu, die nicht Kunst sind, wie die meisten Fotos. Als eine *allgemeine* Kunsttheorie ist die Darstellungstheorie nicht zu halten.

3. Die Ausdruckstheorie

Das Wesen der Kunst liegt nicht in der Darstellung, sondern im Ausdruck. Diese Auffassung hat Vorzüge gegenüber der zuerst genannten. Sie lässt allgemein auch nichtdarstellende Werke als Kunstwerke zu. Sie verleiht besonders der Malerei, die nach der Erfindung der Fotografie in die Krise geraten war, die Legitimation für neue Möglichkeiten. Es gibt in der Tat Kunstwerke, für die Ausdrucksqualitäten wesentlich sind, wie dies vor allem bei der Musik der Fall ist.
Fragt man, was denn im Kunstwerk ausgedrückt werden soll, gibt es zwei Antworten. Es sind dies erstens Gefühle. Wenn dies der Fall ist, spricht man auch von der Expressivität des Werks. Und es sind zweitens bedeutende geistige Gehalte oder Ideen, die ausgedrückt werden.
Die Gefühlsausdruckstheorie greift nur zum Teil, denn es drücken nicht alle Kunstwerke Gefühle aus, und es gibt auch außerhalb der Kunst Gefühlsäußerungen („Ich liebe dich").
Auch die zweite Version der Ausdruckstheorie ist problematisch. Wenn man unter einem geistigen Gehalt allgemein das versteht, was wir mithilfe des Verstandes erfassen können, dann können Kunstwerke in der Tat geistige Gehalte ausdrücken. Sie erzählen Geschichten (auch Gemälde tun dies), sie vermitteln allgemeine Inhalte wie soziale Missstände, oder sie drücken archetypische menschliche Befindlichkeiten wie Verzweiflung oder Einsamkeit aus. *Aber*: Das Ausdrücken geistiger Gehalte ist kein Privileg der Kunst, das können auch wissenschaftliche Arbeiten oder Berichte in Tageszeitungen. Und ob Stillleben, die als Kunst gelten, stets einen bedeutenden geistigen Gehalt haben, ist fraglich.
Verteidiger der Ausdruckstheorie grenzen Kunstwerke von anderen Gegenständen mit geistigem Gehalt ab, indem sie behaupten: „Der geistige Gehalt eines Kunstwerks lässt sich grundsätzlich nicht (vollständig und adäquat) mit anderen als künstlerischen Mitteln ausdrücken."[16] Dahinter stecken folgende richtige Beobachtungen und Einsichten:

1. Keine noch so gute sprachliche Wiedergabe des Gehalts eines Kunstwerks ist Ersatz für seine Betrachtung. 2. Kunstwerke können nicht eins zu eins in ein anderes Medium übertragen werden. 3. Die Wirkung eines Kunstwerks kann auch durch kleinste Änderungen zerstört werden.
Daraus folgt aber noch nicht, dass die geistigen Gehalte nur so ausgedrückt werden können, wie sie ausgedrückt werden. Denn es ist keineswegs nur der geistige Gehalt, der die ästhetische Wirkung und den ästhetischen Wert des Kunstwerks bestimmt. Offen bleibt, ob es überhaupt geistige Gehalte gibt, die nur mit künstlerischen Mitteln ausgedrückt werden können. Sicher aber ist, dass sich Kunstwerke nicht allgemein durch einen besonderen geistigen Gehalt auszeichnen.

4. Der kunstästhetische Formalismus

In der Kunstästhetik bedeutet der Begriff „Formalismus" die Auffassung, dass es in der Kunst primär auf die Form ankommt. Diese Auffassung war im 20. Jahrhundert für die Verteidigung der nichtgegenständlichen Kunst wichtig. Die Vertreter des Formalismus stellen die Forderung auf, Kunst müsse autonom sein und dürfe nicht für außerkünstlerische Zwecke wie religiöse, politische oder pädagogische Ziele geschaffen werden. Kunst kann umso eher für außerkünstlerische Zwecke eingesetzt werden, je stärker der Inhalt eine Rolle spielt.
Aber: Lässt sich die Frage „Was ist Kunst?" mit Hinweis auf bestimmte formale Kriterien beantworten? Zwar wird etwa gesagt, es müsse sich beim Kunstwerk um signifikante Formen handeln, die besondere ästhetische Emotionen auslösen. Zu bezweifeln ist jedoch, ob es überhaupt besondere ästhetische Emotionen gibt und ob sich formale Merkmale finden lassen, die ausschließlich Kunstwerken zukommen, und zwar allen.
Außerdem gibt es die Erfahrung, dass sich ein ästhetischer Genuss gerade durch eine geglückte Verbindung von Form und Inhalt einstellt.

5. Die Institutionstheorie

Ein Mann steht im Museum vor einem Feuerlöscher und fragt sich, ob es sich um ein Kunstwerk oder nur um den vorgeschriebenen Feuerlöscher handelt. Hintergrund dieser Karikatur ist die Institutionstheorie der Kunst: Kunst ist, was in der Kunstwelt eine Rolle spielt. Zur Kunstwelt gehören u.a. Künstler, Kunstkritiker, Museen und Kunsttheorien. Als Kunst gilt, was im Zusammenhang mit dieser Quasi-Institution Kunstwelt als Kunst behandelt wird, d.h., beispielsweise in einem Museum auf ein Podest gestellt oder in einer Fachzeitschrift besprochen wird. Zur Behandlung eines Gegenstandes als Kunst gehört auch, ihn als Kunstwerk zu betrachten. Das ist der Fall, wenn wir in besonderem Maße auf ästhetische Qualitäten achten, wenn wir den Gegenstand zu interpretieren versuchen und wenn wir zugleich seine außerkünstlerische Funktion und Zweckmäßigkeit außer Acht lassen. Aber wird dadurch ein Gegenstand zu einem Kunstwerk?
Ihre Wirksamkeit bewies die Institutionstheorie bei Ready-Mades. Dies sind banale Objekte, die vom Künstler in den Status eines Kunstwerks erhoben werden, wie beispielsweise der Flaschentrockner, die Schneeschaufel oder das Pissoirbecken von **Marcel Duchamp (1887–1968)**. Auch die Brillo-Boxes von **Andy Warhol** (s. S. 258f.) gehören in diesen Zusammenhang.
Nicht nur Artefakte, sondern auch Naturdinge können zu Kunstwerken werden, wenn sie als solche präsentiert werden (z.B. in der asiatischen Kunstwelt die Suiseki: interessant geformte Steine, die wie Skulpturen oder abstrakte Gebilde aussehen).
Plausibel wird die Institutionstheorie, wenn man die folgende Bedingung an die Zugehörigkeit zur Kunstwelt stellt: Ihre Mitglieder müssen Kunstexperten sein, also über Kenntnisse der Kunstgeschichte und Kunsttheorien verfügen. Allerdings kann sich auch die so eingeschränkte Kunstwelt – wie auch das Publikum immer wieder – bei der Anerkennung von Gegenständen als Kunst irren. Zu fragen ist auch, ob noch nicht

15 Die folgende Darstellung der Kunsttheorien orientiert sich an: *Reicher, Maria E.*: A. a. O. (s. Anm. 1) S. 128–167.
16 Ebd. S. 149.

entdeckte Kunstwerke nach dieser Theorie überhaupt Kunstwerke sein können.
Entscheidend ist: Auch Kunstexperten können nicht Beliebiges als Kunst erklären. Sie müssen vielmehr Gründe für ihre Entscheidungen anführen. Diese Gründe können sich nur auf das beziehen, was Gegenstände zu Kunstwerken macht, nämlich auf das Wesen von Kunst. Nicht die bloße Anerkennung durch Experten macht Dinge zur Kunst, sondern bestimmte innere Merkmale, die Kunstwerken gemein sind.

6. Kunst als ästhetische Kommunikation

Kunst lässt sich als eine besondere Form der Kommunikation definieren. Bei der Kommunikation gibt es mindesten einen Sender, mindestens einen Empfänger und das Medium der Kommunikation, den Gegenstand, der den Inhalt übermittelt. In der künstlerischen Kommunikation ist das Kunstwerk das Medium. Künstlerinnen und Künstler – die „Sender" – haben die Intention, eine ästhetische Erfahrung oder ein ästhetisches Erlebnis zu vermitteln. Zu diesem Zweck erzeugen oder verwenden sie Gegenstände, von denen sie glauben, dass bestimmte Rezipienten bei der Wahrnehmung diese Erfahrungen oder Erlebnisse haben werden. Hier ist nicht von Produzenten, sondern allgemeiner von Sendern die Rede, da es ja auch Kunst gibt, die nicht hergestellt wird wie die schon erwähnten Readymades.
Vorzüge dieser Theorie, die die Autorenintention in den Mittelpunkt stellt:

1. Sie umfasst auch nichtdarstellende und nichtexpressive Gegenstände, schließt aber die Behauptung aus, jeder darstellende oder expressive Gegenstand sei ein Kunstwerk.
2. Sie verlangt nicht, dass alle Kunstwerke spezielle formale Eigenschaften gemeinsam haben.
3. Sie erlaubt, dass mit einem Kunstwerk auch außerkünstlerische Absichten verfolgt werden können.
4. Sie lässt auch Ready-mades und Objets trouvés zu, wenn mit ihnen ästhetische Erfahrungen intendiert sind.

Die Schwäche dieser Theorie liegt darin, dass sie zu weit ist und vieles umfasst, was wir nicht als Kunst bezeichnen würden. Zudem ist diese Theorie nicht geeignet, Kunst und Kitsch zu unterscheiden. Dem könnte man allerdings entgegenhalten, dass auch Kitsch eine Art Kunst ist. Brauchbar wäre diese Theorie, wenn man genau sagen könnte, auf welche *bestimmte Art* der ästhetischen Erfahrung sich das Medium Kunst bezieht.

Keine der wiedergegebenen Kunsttheorien kann zufriedenstellen. Dennoch können alle einen Beitrag leisten zum Verstehen dessen, was Kunst ist. Grundsätzlich muss es möglich sein, die Frage nach der Kunst durch eine brauchbare Definition zu beantworten. Denn wenn wir das Wort „Kunst" benutzen, müssen wir doch zumindest eine vage Vorstellung von seiner Bedeutung haben. Bedenkenswert, wenn auch nicht unbedingt richtig, ist die kunstästhetische Skepsis. Ihre These: Es kann aus zwei Gründen keine allgemeine Definition von Kunst geben: 1. Es gibt nichts, was allen Gegenständen, die wir als Kunst bezeichnen, gemeinsam ist, und 2. Kunst entwickelt sich weiter, und Künstler können irgendwann etwas schaffen, das über den bisherigen Kunstbegriff hinausgeht.

Übungen und Lösungen

Übung zur Definition (S. 38)

1. – Der ***Kreis*** ist die Menge aller Punkte auf einer euklidischen Ebene, die von einem Punkt M gleich weit entfernt sind.
   – Eine ***Primzahl*** ist eine natürliche Zahl, die größer als eins und nur durch sich selbst und durch eins teilbar ist.
   – ***Tapferkeit* (1)** ist eine sich an Klugheit und Gerechtigkeit orientierende Tugend, die darin besteht, sich auch bei Gefahren und Widerständen für eine gute Sache einzusetzen.
   – ***Tapferkeit* (2)** ist das klaglose Erdulden von Anstrengungen oder Schmerzen.
   – Ein ***Planet*** ist ein Himmelskörper, der sich auf einer Bahn um die Sonne befindet und über eine ausreichende Masse verfügt, um durch seine Eigengravitation eine annähernd runde Form zu bilden.

2. Der Begriff „Lebewesen“ ist nicht der nächst höhere Oberbegriff, er ist zu allgemein. Der nächst höhere Oberbegriff ist „Primat“. Die traditionelle Definition ist aber sinnvoll, da der Mensch als das einzige Lebewesen angesehen wurde, das Vernunft hat.

3. a) Zirkulär, da „rund“ hier etwa „kreisförmig“ heißt, also erklärt werden müsste.
   b) Zu allgemein.
   c) Zirkulär, da „toxisch“ ja „giftig“ bedeutet.
   d) Bloß witzig.
   e) Es fehlt die spezifische Differenz.
   f) Es fehlt der Oberbegriff. Die spezifische Differenz ist zu eng. Die Formulierung „... ist, wenn ...“ ist sprachlich schlecht.
   g) Ungenau, da auch der Irrtum ein Gegenteil zur Wahrheit ist. Außerdem wird hier nur gesagt, was Wahrheit *nicht* ist.
   h) Es fehlt der Oberbegriff, und es wird nur gesagt, in welchem Fall ein Ding kein Bumerang ist.
   i) Zirkulär.
   j) Eine nur negative Bestimmung.
   k) Der Oberbegriff ist ungenau, und die spezifische Differenz ist entschieden zu eng.
   l) Zu weit, denn auch „Totschlag“ bedeutet die Tötung eines Menschen.

Übung zur Begriffsbestimmung (S. 42)

1. Ich bezweifle, dass diese Aussage *der Wirklichkeit entspricht.*
2. Dies ist die Stunde, in der sich entscheidet, *wie jemand oder eine Sache wirklich ist.*
3. Äußere nur *wahre Sätze* und sage *alles, was für den vorliegenden Fall von Bedeutung ist.*
4. Es wird ans Licht kommen, *wie eine Sache sich wirklich verhält.*
5. Dem habe ich einmal unverblümt gesagt, *was ich von ihm halte.*
6. Das Leben *nach dem richten, was man für die Wahrheit hält.*
7. Das, was jemand *für wahr hält.*
8. *Echte* oder *wirkliche* Liebe; ein *echter* oder *wirklicher* Freund; jemand, der *kein* Teufel ist, aber *die negativen Eigenschaften eines Teufels hat*; ein *typischer und zugleich vollkommener* Rembrandt (Gemälde).
9. Pilatus: „*Was ist in diesem Fall wahr*?“ Der Philosoph: „Was *bedeutet der Begriff Wahrheit im Allgemeinen*?“
10. Was du da machst, ist nicht *sinnvoll, zweckmäßig* oder *richtig*.

Übung zum kategorischen Schluss (S. 45)

1. Herr Müller ist ein guter Denker.
2. Kein Chinese ist allwissend.
3. Einige Jungen sind gute Sportler.
4. Kein Schluss möglich, denn die Prämissen lassen offen, ob sich die Kreise für „sehr intelligent“ und „hervorragende Sängerinnen“ überschneiden oder nicht. Die Möglichkeit, dass hervorragende Sängerinnen auch sehr intelligent sind, wird aber nicht ausgeschlossen.
5. Kein Schluss möglich, da aus den Prämissen nicht zu ersehen ist, ob der Kreis für „giftig“ auch den für „Blumen“ schneidet oder nicht. Dass einige oder alle Blumen giftig sind, lässt sich aber nicht ausschließen.

6. Kein Insekt ist eine Spinne. Keine Spinne ist ein Insekt ...
7. Einige fröhliche Menschen haben manchmal Kummer ...

Übung zum hypothetischen Schluss (S. 46)

1. Falsch.
2. Falsch.
3. Richtig: „Ja zur Bedingung"-Argument.
4. Falsch.
5. Falsch.
6. Falsch.
7. Richtig: „Ja zur Bedingung"-Argument.
8. a) Falsch.
   b) Falsch.
   c) Richtig: „Nein zum Bedingten"-Argument.
   d) Richtig: „Ja zur Bedingung"-Argument.

Übung zum Satz vom Widerspruch (S. 50)

Liegt in den Beispielen ein logischer Widerspruch vor?

a) Kein logischer Widerspruch, da es weitere Möglichkeiten gäbe. Allerdings liegt eine Unvereinbarkeit vor.
b) Kein logischer Widerspruch, da beides gleichzeitig möglich ist.
c) Kein logischer Widerspruch. Die Negation zum ersten Satz müsste bei einem Widerspruch „Tini lügt nicht" lauten. Diese Formulierung schließt sowohl das Sagen der Wahrheit und das irrtümliche Sagen der Unwahrheit ein.
d) Kein logischer Widerspruch. Denn es gibt ein Drittes: „Hans ist Agnostiker."
e) Ja, echter logischer Widerspruch.

Übung zur Vermeidung des Sein-Sollens-Fehlschlusses (S. 55)

Einzufügen sind folgende Sollenssätze:

a) Es ist nicht gut, dass sich Wale verirren.
b) Es ist nicht gut, dass Tiere unter Tierversuchen leiden.
c) Es ist nicht gut, dass Bergpflanzen unter dem Kunstschnee leiden und die Lawinengefahr wächst.

Personen- und Themenübersicht

Zivilrecht / Strafrecht – öffentlich

|

privat – Instrument

| Recht für Bürger

hauptsächl. Verträge, die

die privaten Rechtsbeziehung

zwischen 2 Menschen Bürgern regeln

Kauf, Vermietung, Scheidung

Staatsanwälte

Gerichte nur, wenn man

selbst klagt o verklagt

wird

Geldstrafen

BGB

Verletzung eines

Straftatsbestands aus

Strafgesetzbuch

Staatsgewalt als

Gegenüber

Bestrafung von

Vergehen + Verbrechen

regelt, welche Handlung

von Staats wegen bestraft

werden müssen

auch Haftstrafen

Stabilisierung d.

Ordnung im Staat

Schutz des Lebens,

Eigentums, Würde

Jede Straftat wird

verfolgt – unabhäng.

vom Opferinteresse

StGB